Digitale Fotografie

Grundlagen und Fotopraxis

von
Jacqueline Esen

Vierfarben

WICHTIGER HINWEIS!

Sie finden bei fast allen Bildern in diesem Buch die Aufnahmedaten angegeben. Diese sind wie folgt zu lesen:

[Brennweite in Millimetern | Cropfaktor (CF) | Belichtungszeit in Sekunden | Blendenwert (f) | ISO-Wert]

Dahinter finden Sie ggf. weitere Parameter wie etwa eine Belichtungskorrektur (z. B. −2/3) oder Angaben zum Weißabgleich (WB) etc. Mit Hilfe des Cropfaktors (Seite 294) können Sie die Brennweitenangaben von digitalen Kameras mit einem kleineren Sensor als das traditionelle analoge Kleinbildformat (24 × 36 mm) auf die Brennweiten für dieses Format umrechnen. Auf diese Weise können Sie sehen, mit welcher Brennweite man an einer Kleinbildkamera denselben Bildwinkel und damit denselben Bildeindruck erzielen würde. Falls die Angabe des Cropfaktors fehlt, ist eine Kamera mit Kleinbildsensor verwendet worden (Cropfaktor 1).

Liebe Leserin, lieber Leser,

die Digitalisierung der Fotografie gehört sicher zu den spannendsten Entwicklungen der letzten Jahre. Nie war es so einfach, sich ein eigenes Bild von der Welt zu machen, und zahlreiche neue Fototechniken sind plötzlich möglich geworden. Eben diese Fülle an Möglichkeiten aber kann den Einstieg manchmal auch erschweren.

Damit Sie einen besonders leichten Einstieg in die Welt der digitalen Fotografie finden, hat die Fotografin und erfolgreiche Buchautorin Jacqueline Esen diesen Ratgeber für Sie verfasst. Sie versteht es wie keine zweite, auch komplexe Themen leicht verständlich und praxisnah zu vermitteln – so können Sie Ihr Wissen schnell erweitern und in tolle Fotos umsetzen! Erfahren Sie kurz und knackig alles zur digitalen Fotografie: Motive sehen, Fotos richtig belichten und scharfstellen, Bilder bearbeiten und auf der eigenen Homepage oder als Fotobuch präsentieren und vieles mehr. Die wichtigsten Fakten zum Thema finden Sie immer am Ende eines Kapitels noch einmal übersichtlich zusammengefasst. Dort sehen Sie schnell, worauf es ankommt.

Ich wünsche Ihnen viel Spaß mit diesem Buch und viele besondere Fotomomente! Falls Sie Anregungen haben oder konstruktive Kritik äußern möchten, so freue ich mich über Ihre Mail.

Ihre Alexandra Rauhut
Lektorat Vierfarben

alexandra.rauhut@vierfarben.de

Inhaltsverzeichnis

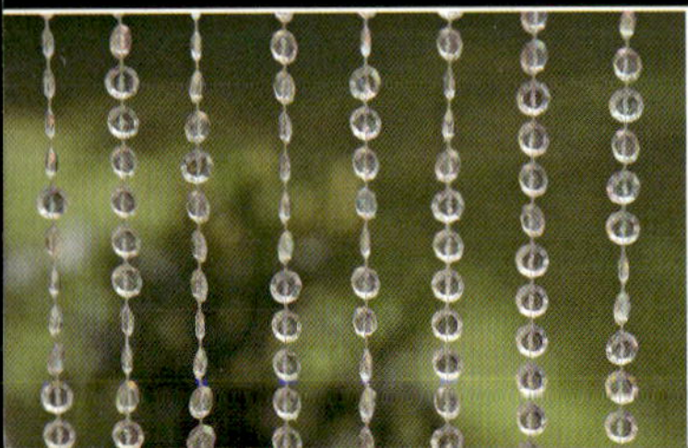

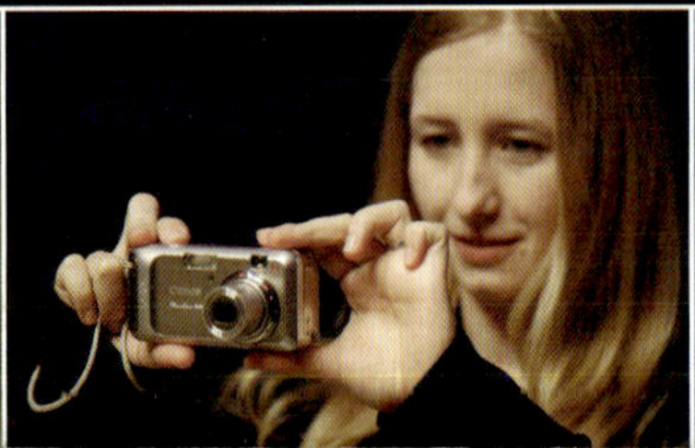

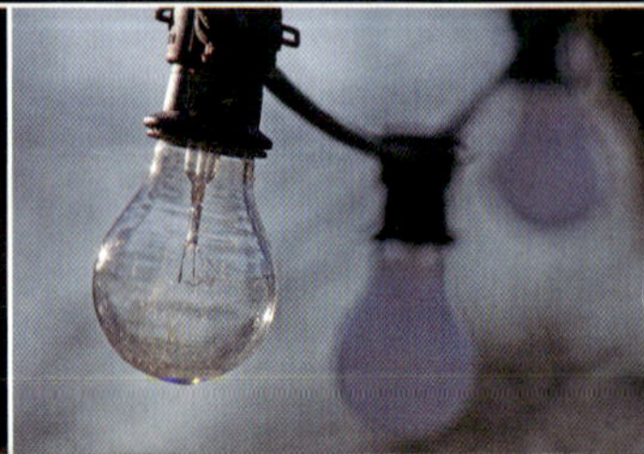

Kapitel 4: Richtig scharf stellen

Kapitel 5: Motive sehen

Kapitel 6: Bilder gestalten

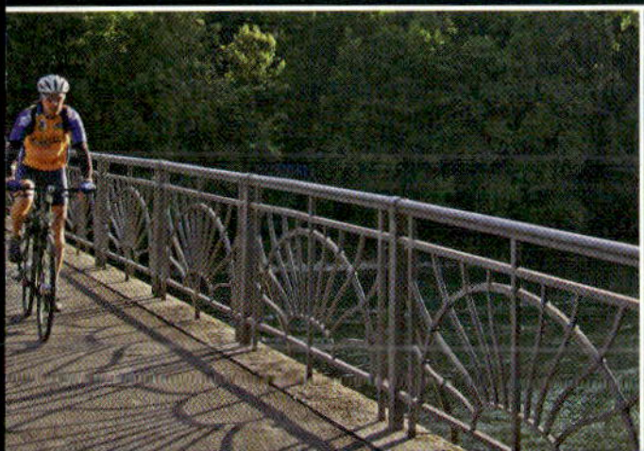
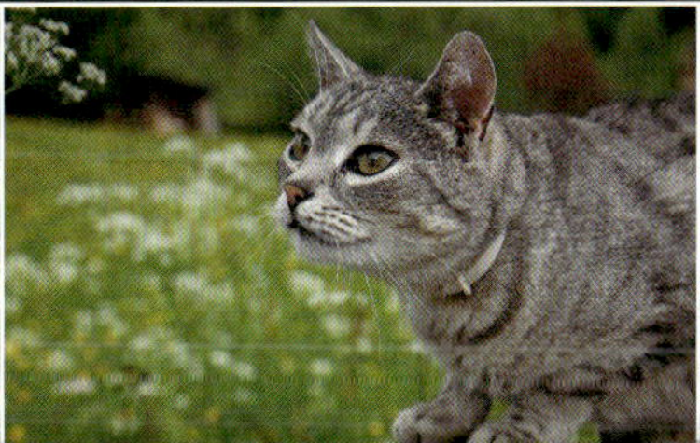
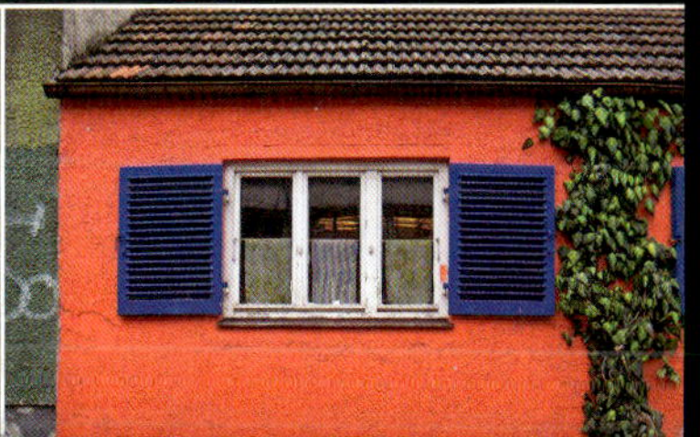

Kapitel 7: Porträts fotografieren

Kapitel 8: Kinder fotografieren

Kapitel 9: Tiere aufnehmen

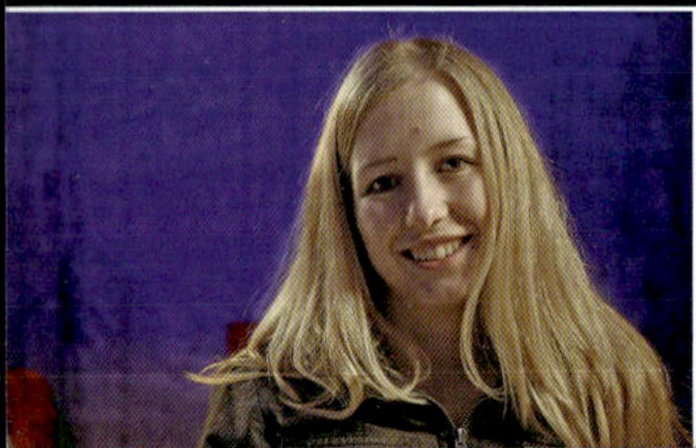

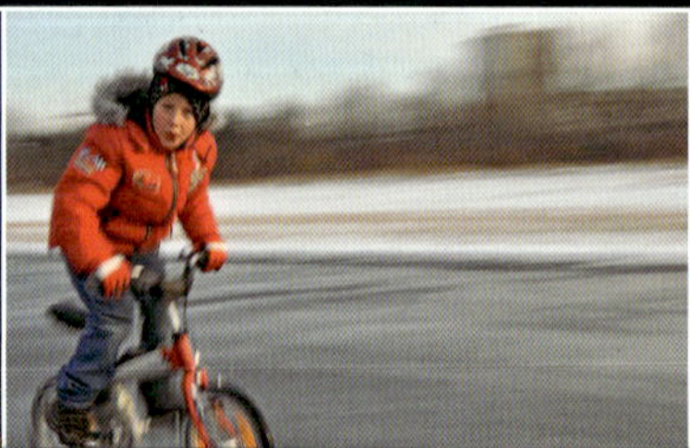

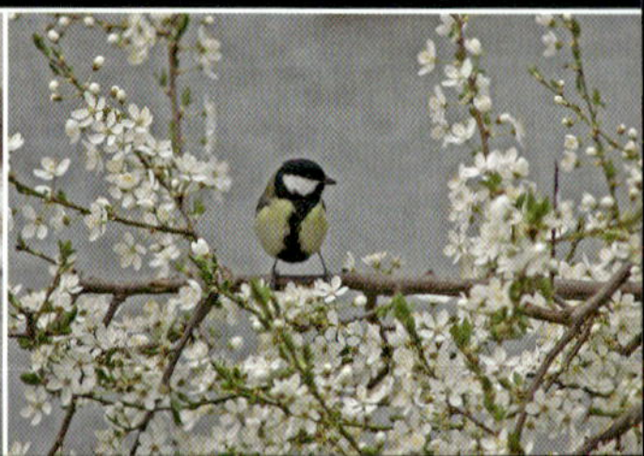

Kapitel 10: Nahaufnahmen

Kapitel 11: Landschaften aufnehmen

Kapitel 12: Fotografieren im Urlaub

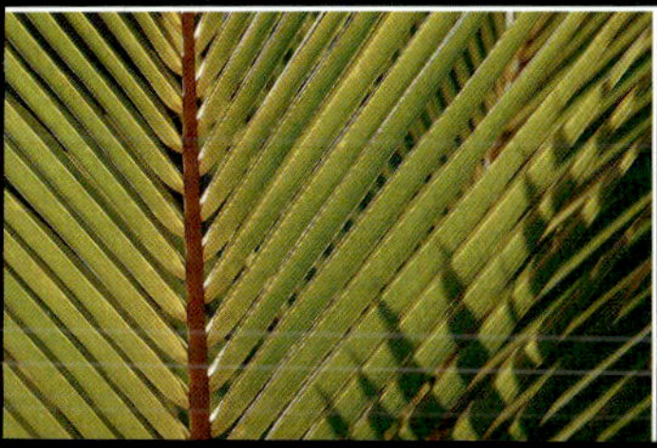
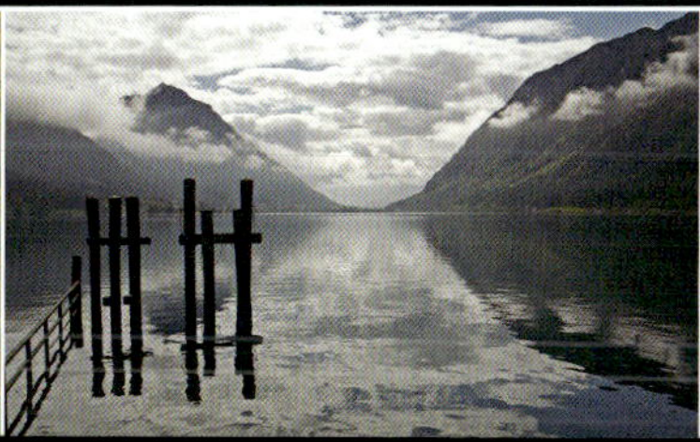
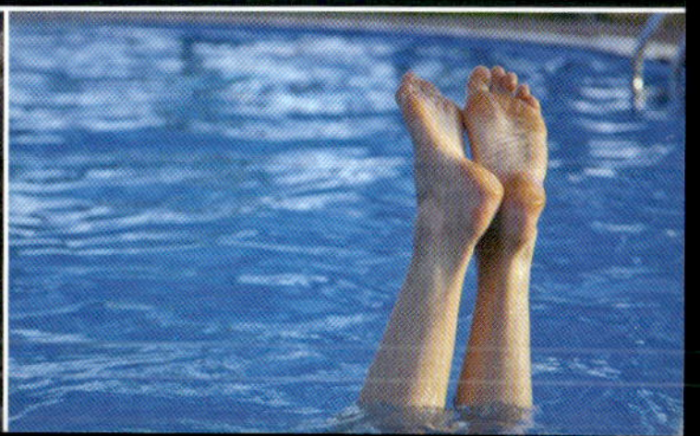

Kapitel 13: Fotografieren in der Stadt

Kapitel 14: Panorama und HDR

Kapitel 15: Bilder bearbeiten

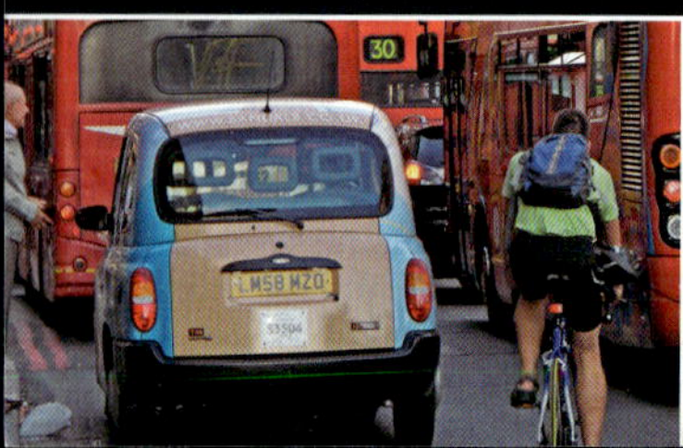

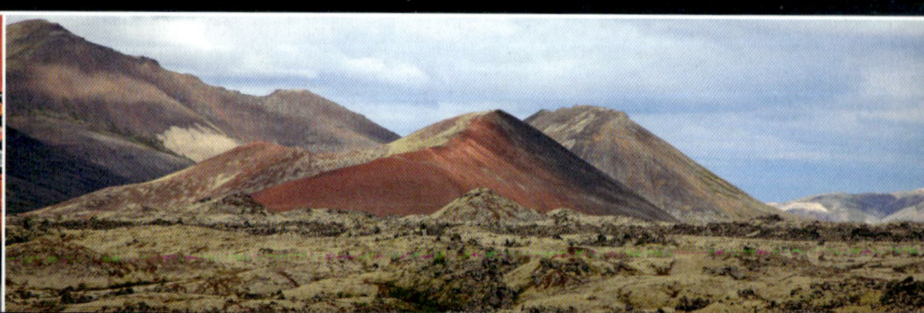

Kapitel 16: Bilder drucken

Kapitel 17: Ein Fotobuch herausbringen

Kapitel 18: Foto-Webseite gestalten

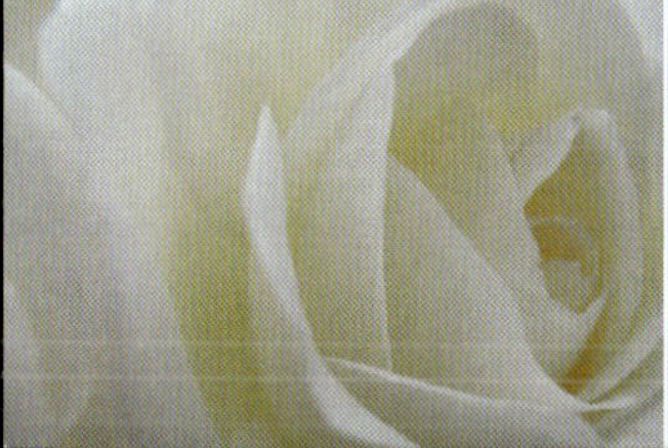

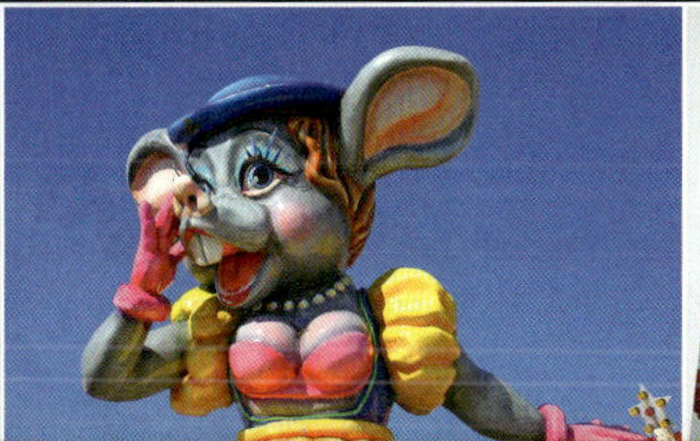

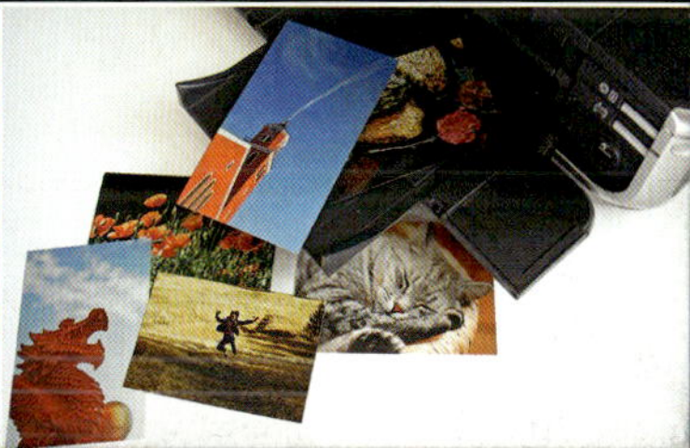

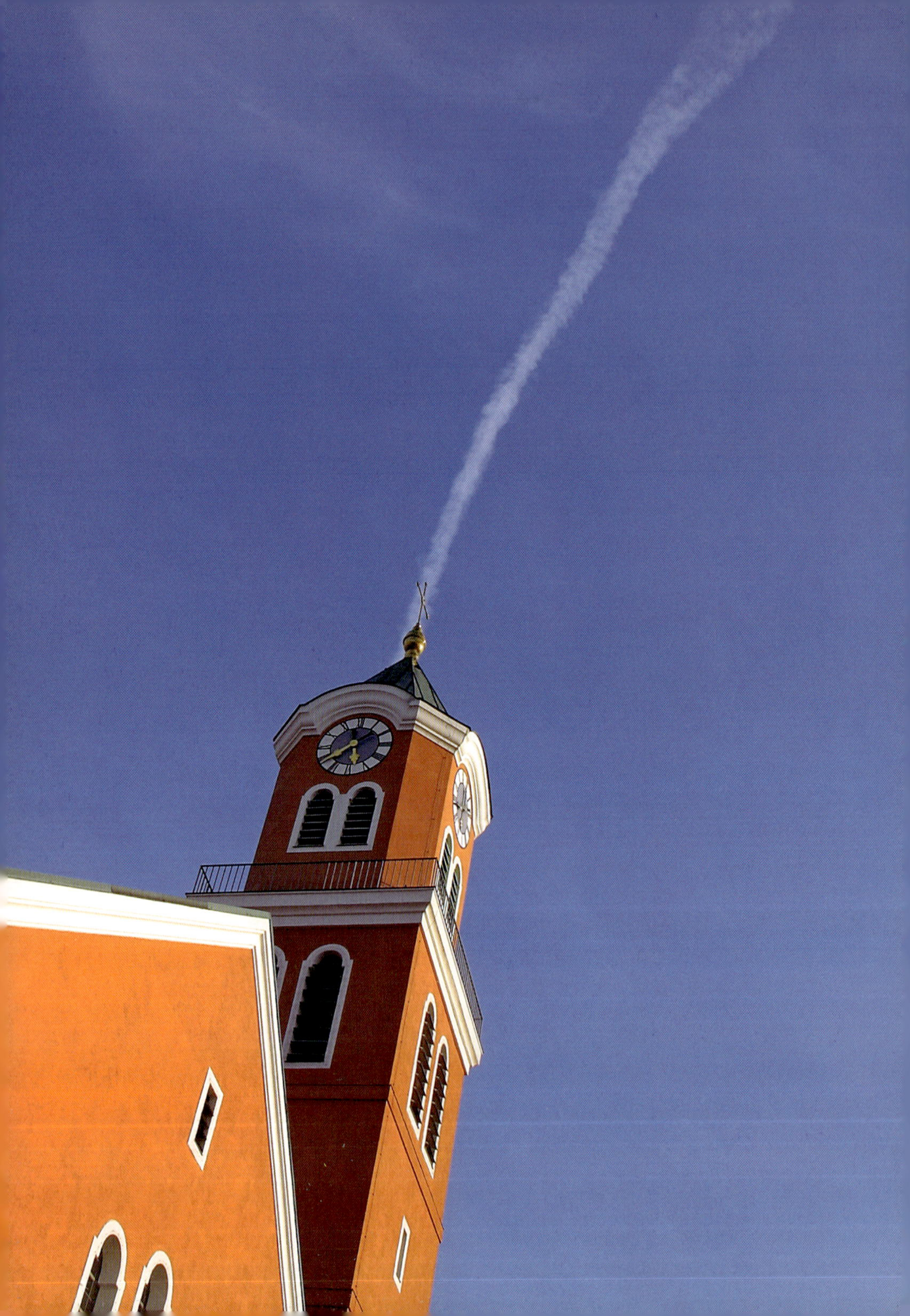

Vorwort

Als Foto-Einsteiger haben Sie sicher schon viele Bildmotive fotografiert: Menschen, Tiere, Landschaften, Blumen, interessante Details, die Ihnen ins Auge gesprungen sind, oder lustige Momente – spontane Schnappschüsse. Für all diese Aufnahmesituationen gibt es an der Kamera Programme, die dabei helfen sollen, das jeweilige Motiv so gut wie möglich einzufangen. Aber wahrscheinlich ist es Ihnen dabei so ergangen wie den meisten Menschen: Sie haben nicht das richtige Knöpfchen gefunden, oder Sie waren einfach nicht schnell genug.

Das meistgenannte Kriterium für Bildqualität bezieht sich auf die technische Umsetzung: Ist das Foto scharf und korrekt belichtet, sind die Farben schön? Die Kameraautomatik versucht all das zu gewährleisten. Trotzdem sehen die Fotos nicht automatisch interessant oder eindrucksvoll aus. Es gibt Bilder die wir langweilig finden, oder die wir ablehnen, weil wir die abgebildete Szene hässlich oder abstoßend finden. Manchmal passt ein Foto auch einfach nicht in den Kontext, in dem es präsentiert wird. Ein handwerklich guter Fotograf kann jedes Motiv gut fotografieren. Sie werden vielleicht denken: Es liegt an der teuren *Technik,* die er benutzt, an seiner *Ausbildung,* an seiner *Erfahrung* und oder an der *Nachbearbeitung*. All das spielt eine Rolle, aber das wirklich Entscheidende sind der **Blick fürs Motiv** und die **Idee** hinter dem Bild.

Sobald Sie verstehen, warum die Kamera bestimmte Dinge macht, werden Sie technische Fehler vermeiden, Sie werden aber auch Ihre Fotomotive mit anderen Augen sehen. Garantiert haben Sie schon jetzt einige glänzende Fotoperlen, auf die Sie zu Recht stolz sind. Mit diesem Buch möchte ich Ihnen zeigen, wie Sie mehr von diesen Perlen ernten können.

Sie können die Kamera als kreatives Spielzeug oder als Werkzeug benutzen – das eine schließt das andere nicht aus. In diesem Buch erfahren Sie, wie Sie die Technik einsetzen, um Fotos nach Ihrem Geschmack zu gestalten. Ich wünsche Ihnen viel Spaß beim Entdecken und eindrucksvolle Aha-Erlebnisse beim Fotografieren.

Jacqueline Esen

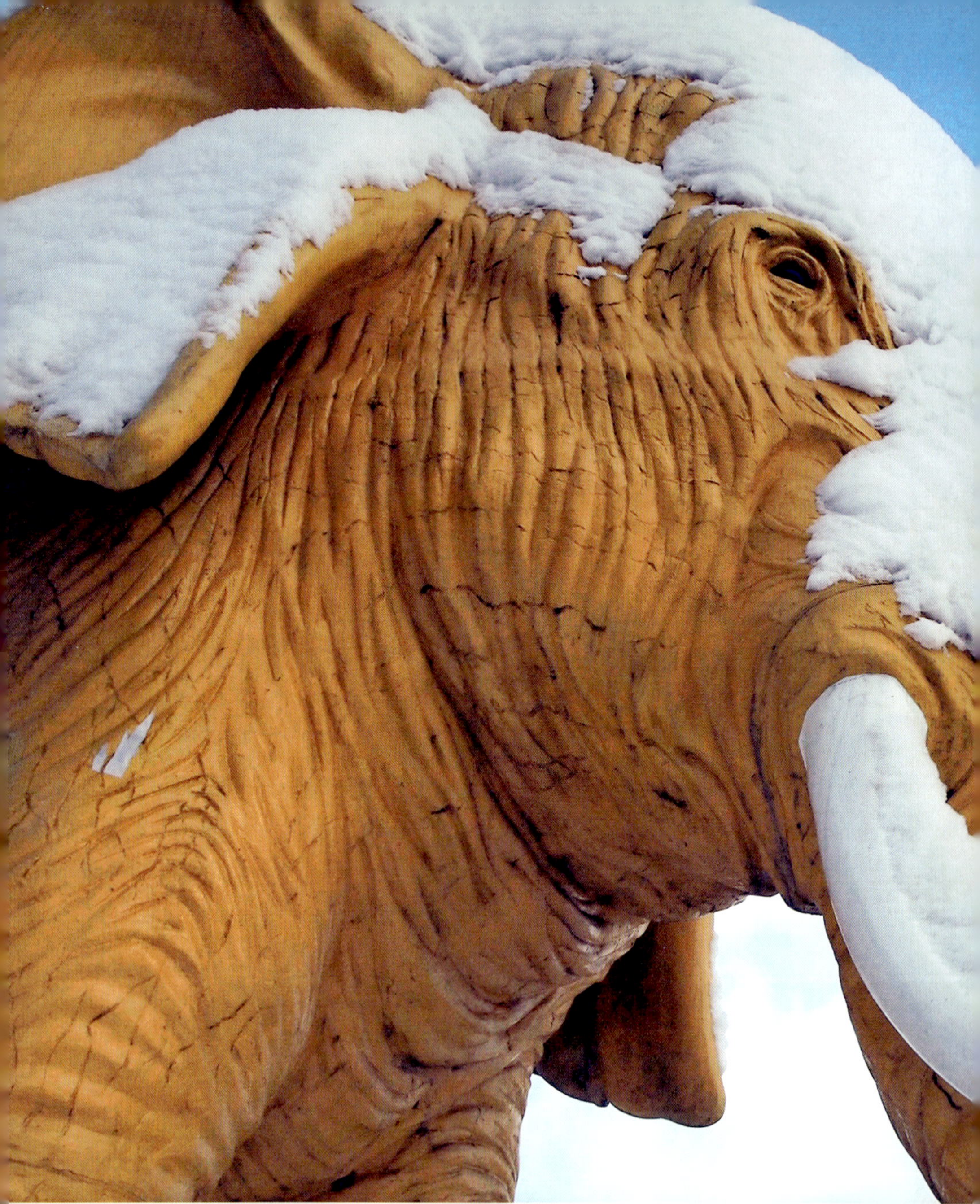
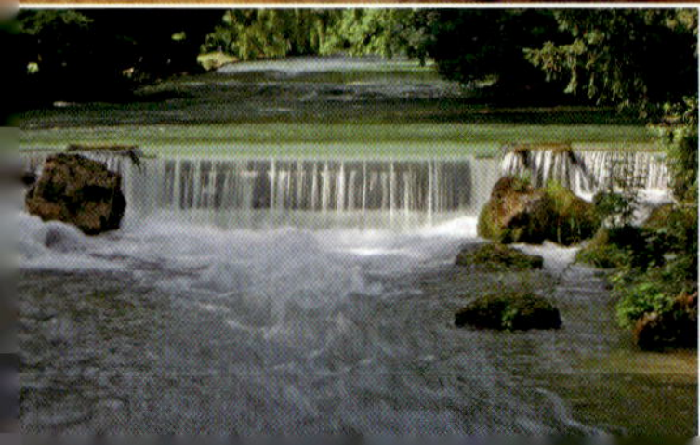
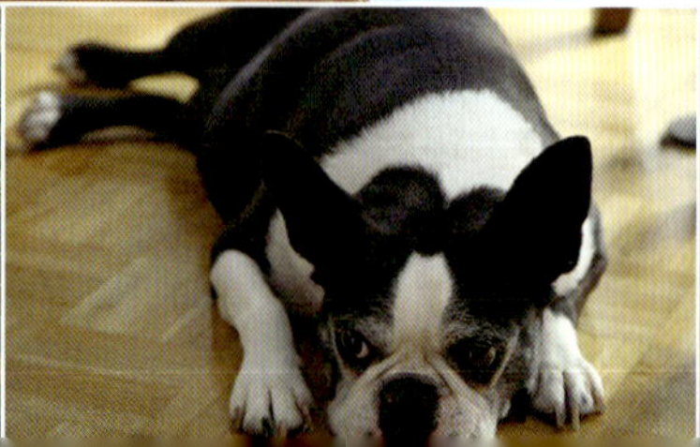
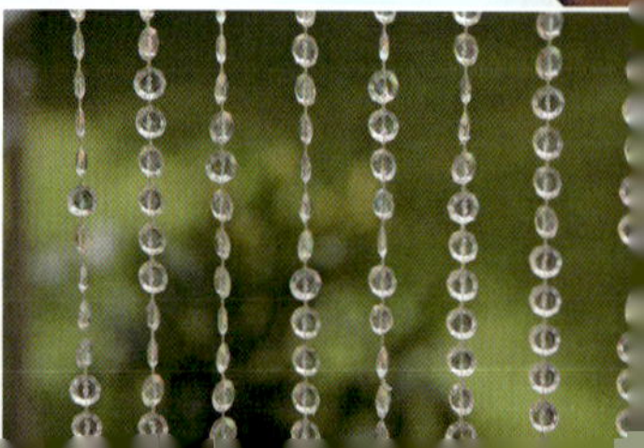

Kapitel 1

Worauf es beim Fotografieren ankommt

- Was ein gutes Bild ausmacht
- Schnelle erste Hilfe: Wie viel Technik braucht Ihr Bild?

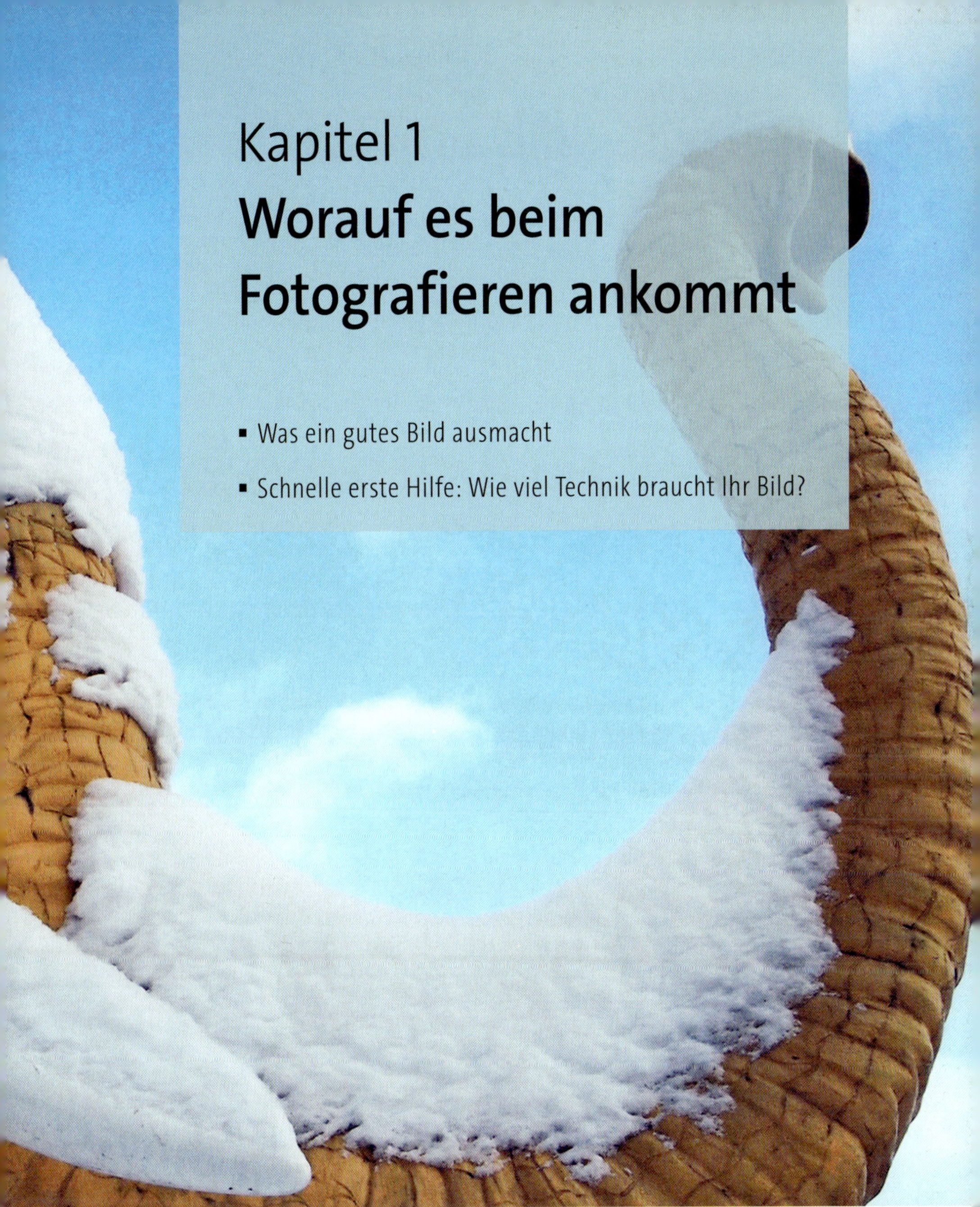

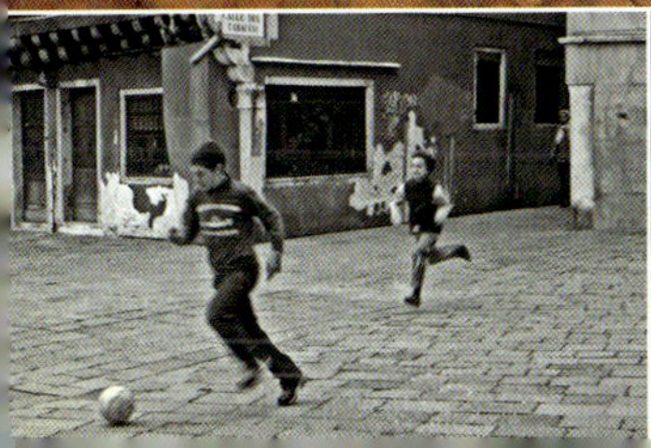

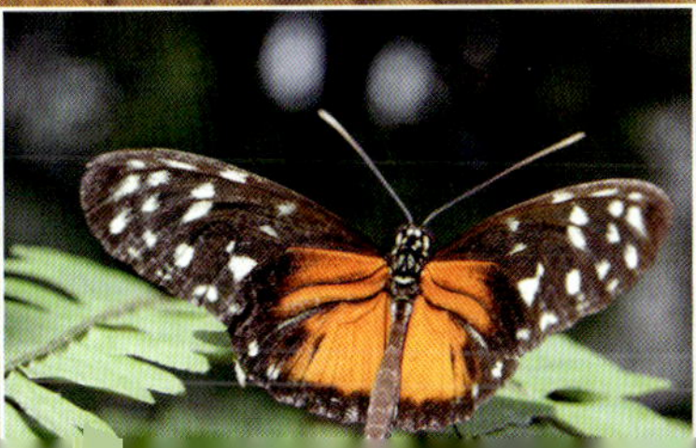

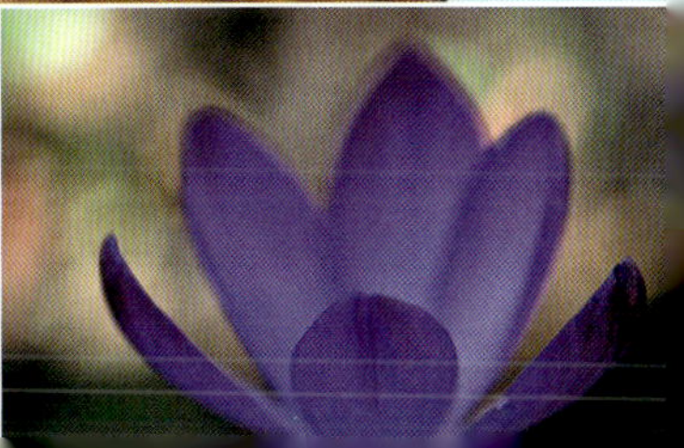

Was ein gutes Bild ausmacht

Worauf es beim Fotografieren zuallererst ankommt, ist das **Sehen**. Nicht alles, was wir beim Anschauen toll finden, sieht im Foto genauso gut aus. Sie werden schon festgestellt haben, dass es oft nicht reicht, die Kamera einfach nur draufzuhalten und abzudrücken. Das hat mit unserer subjektiven Wahrnehmung zu tun, die ganz anders funktioniert als das technisch-objektive Auge der Kamera.

Das Geheimnis guter Bilder besteht darin, **das Besondere** an einem Motiv oder einer Szene im Foto zu betonen, also Akzente zu setzen. Fotografieren bedeutet immer, dass Sie **Entscheidungen treffen.** Zunächst stehen Sie nur vor der Wahl: Fotografiere ich diese Szene jetzt? Ja oder nein? Aber das ist längst noch nicht alles. Als Nächstes entscheiden Sie bewusst oder unbewusst darüber, aus welcher **Perspektive** Sie das Bild machen. Auch durch die **Wahl des Bildausschnitts** beeinflussen Sie das Ergebnis. Sie bekommen nie die gesamte Szene in den rechteckigen Rahmen hinein. Sie müssen etwas weglassen. Auch das ist eine Entscheidung, die davon abhängt, welche Gedanken bzw. welche **Idee** Sie in dem Moment hatten, als Sie das Motiv entdeckten. Deshalb gibt es stets viele unterschiedliche Möglichkeiten, ein Motiv fotografisch umzusetzen. Schauen Sie sich dazu das Beispiel der Mariensäule am Münchner Marienplatz an.

Ihr fotografischer Blick ist entscheidend. Was wollen Sie dem Betrachter zeigen? Durch den Sucher oder auf dem Display Ihrer Kamera sehen Sie ein zweidimensionales Bild, das manchmal schon in diesem Augenblick ernüchternd wirkt, weil irgendetwas fehlt. Wenn Sie dann trotzdem abdrücken, wird es ein Knipsbild. Damit Ihre Fotos eindrucksvoller werden, gehen Sie ei-

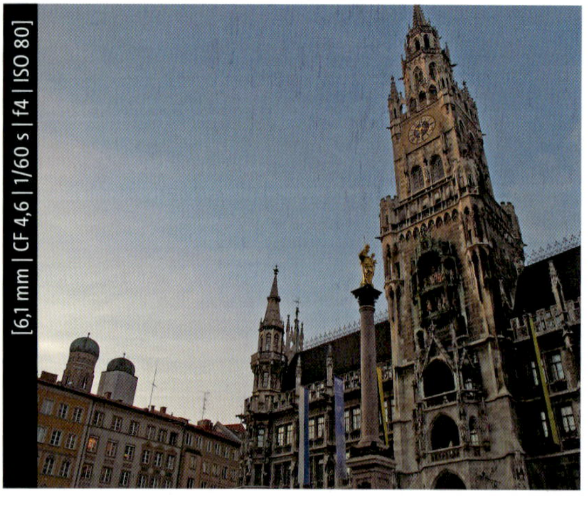

^ Beliebig
Als Teil der Gesamtszene geht die Säule im Bild unter: Sie ist zu klein, um Aufmerksamkeit zu erregen.

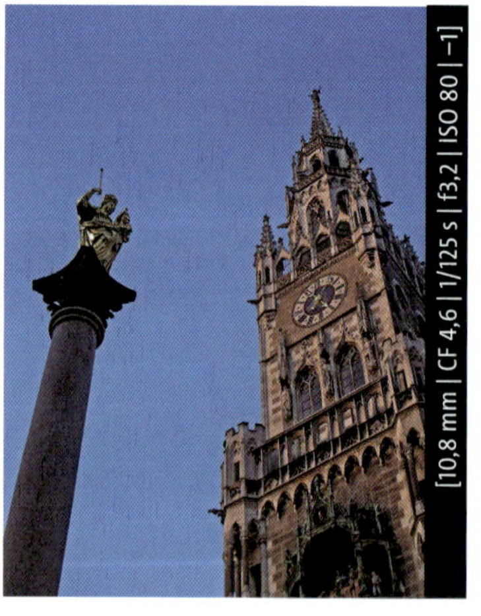

^ Kombiniert
Im Gegenspiel mit dem Gebäude erfährt der Betrachter etwas über den Standort der Figur.

nen Schritt weiter: Fangen Sie an, Ihre Bilder aktiv zu gestalten. Dazu müssen Sie anfangs noch gar nichts über Fototechnik wissen. Allein die Anwendung einiger Gestaltungsregeln führt in den meisten Fällen schon zu einer deutlichen Verbesserung der Bilder. Die Drittelregel (siehe Seite 90), kombiniert mit einem klaren Bildaufbau und wenigen satten Farben, macht selbst schlichte Motive zu einem echten Hingucker.

Die Wahl des Motivs

Jeder Mensch hat einen anderen Geschmack, aber es gibt bestimmte Motive und Situationen, in denen wir besonders gerne und häufig fotografieren. Deshalb finden Sie an Ihrer Kamera auch Programme für genau diese Aufnahmesituationen. Damit Ihre Fotos die besondere Atmosphäre eines Moments auch wirklich transportieren, finden Sie in den nachfolgenden Kapiteln Tipps für die fotografische Umsetzung. Bleiben wir aber noch einen Moment beim fotografischen Sehen: Es gibt nichts, was man nicht fotografieren könnte. Die typischen Sehenswürdigkeiten aus allen Ecken dieser Welt oder rote Rosen hat jeder schon hundertfach gesehen, sie gehören deshalb zu den schwierigsten, weil langweiligsten Motiven. Darum brauchen Sie eine gute Idee, damit ein besonders gutes Bild davon gelingt.

Was fotografieren Sie am liebsten? Wenn es die klassischen Urlaubs- und Freizeitmotive sind, können Sie Ihren Horizont erweitern, indem Sie hin und wieder Dinge fotografieren, die Sie noch nicht im Archiv haben. Wahrscheinlich werden die Betrachter Ihrer Bilder beim Anblick solcher Fotos sagen: »Das ist aber ungewöhnlich!«, weil sie so ein Foto von Ihnen nicht erwartet haben. Sie sehen, die Erwartungshaltung der Betrachter spielt natürlich auch eine Rolle bei der Bildbeurteilung.

Sie können selbstverständlich Fotos weiterhin auf die Schnelle »mitnehmen«, Sie können aber auch auf Entdeckungsreise gehen und mit Ihrer Kamera zum Forscher werden. Eine

[100 mm | CF 1,6 | 1/250 s | f8 | ISO 100]

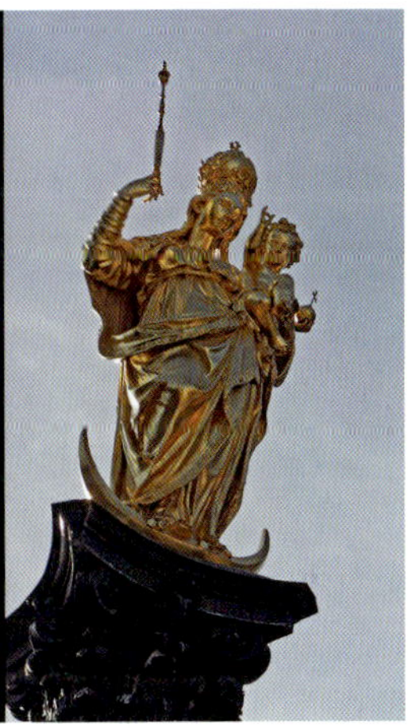

∧ Ganz nah herangezoomt
Jetzt ist die Figur die wichtigste, weil einzige Sache im Bild. Sie könnte überall stehen.

[300 mm | CF 1,6 | 1/60 s | f5,6 | ISO 100]

∧ Spiel mit dem Licht
Im Gegenlicht wird die Mariensäule zur Silhouette ...

[85 mm | CF 1,6 | 1/2000 s | f22 | ISO 100 | –1⅓]

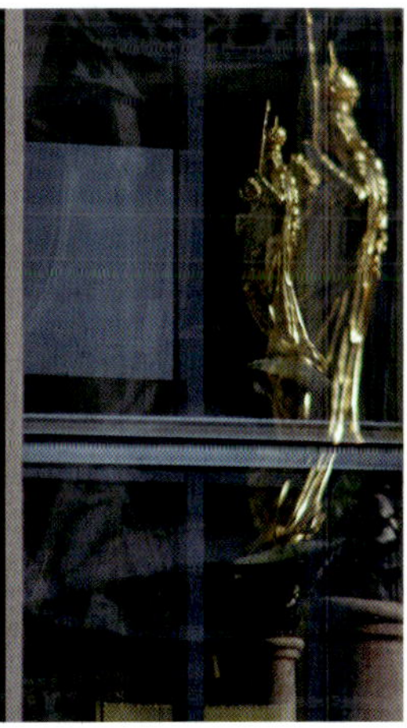

∧ Verfremdung
Im Fenster gespiegelt, wird aus dem Motiv ein abstraktes Bild.

andere Möglichkeit ist das Sammeln von bestimmten, immer wiederkehrenden Motiven. Auch wenn das Einzelbild nicht besonders heraussticht: Die Menge ähnlicher Fotos kann sehr eindrucksvoll wirken, wenn man sie geschickt präsentiert.

Was für ein fotografischer Typ sind Sie?

Fotografieren kann man aus ganz unterschiedlichen Beweggründen. Das Festhalten von Erinnerungen und das Dokumentieren von Ereignissen stehen bei den meisten Hobbyfotografen im Vordergrund. Im Lauf der Zeit entwickeln sich daraus oft ganz unterschiedliche Stile.

Viele Menschen suchen Bildmotive, die besonders schön und dekorativ sind. Anderen geht es darum, mit ihren Bildern Geschichten zu erzählen. Einige entdecken ihre Leidenschaft für die digitale Schwarzweißfotografie. Und wieder andere sehen in der Fotografie eine Art künstlerische Betätigung, bei der die Fotos nur als Ausgangsmaterial für abstrakte, verfremdete oder am Rechner zusammenmontierte Bildmotive dienen.

˅ Weniger ist mehr
Haben Sie den Mut, in Ihren Fotos auch größere Flächen frei zu lassen, und platzieren Sie Ihr Motiv außerhalb der Bildmitte.

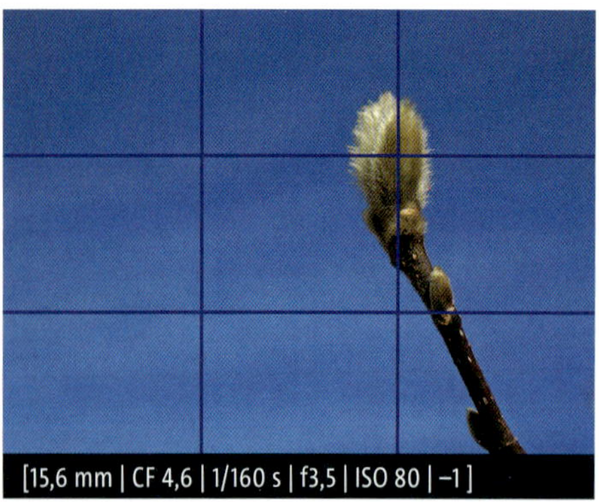

[15,6 mm | CF 4,6 | 1/160 s | f3,5 | ISO 80 | –1]

˅ Hingucker
Ungewöhnliche Motive, untypisches Licht und ein klarer Bildaufbau erregen Aufmerksamkeit, auch wenn die technische Umsetzung – hier ein Handyfoto – nicht perfekt ist.

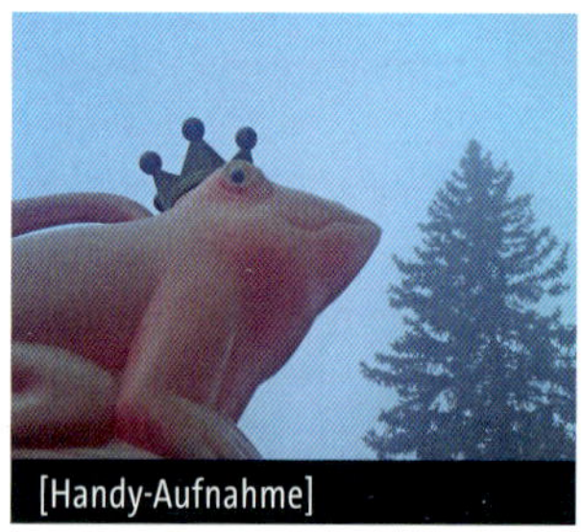

[Handy-Aufnahme]

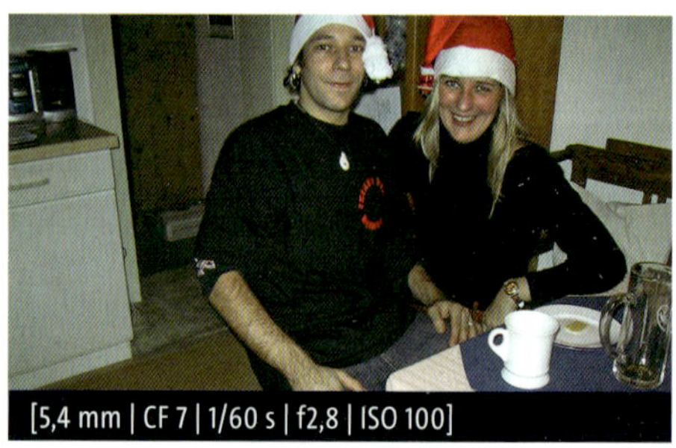

[5,4 mm | CF 7 | 1/60 s | f2,8 | ISO 100]

˄ Erinnerungen festhalten
Jeder hat mal angefangen zu knipsen: abgeschnittene Köpfe und rote Kaninchenaugen inklusive.

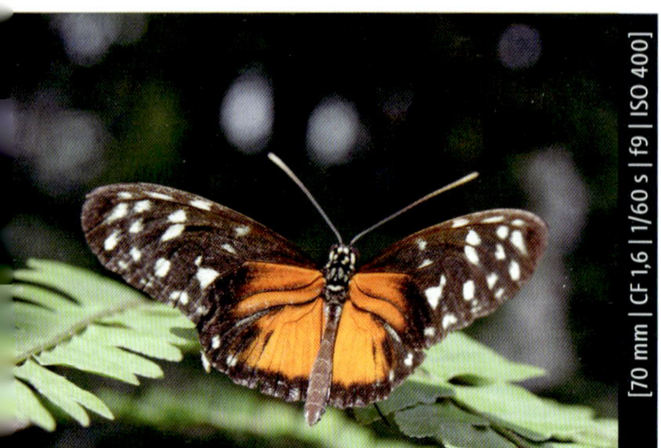

[70 mm | CF 1,6 | 1/60 s | f9 | ISO 400]

< Schönheit einfangen
... einer der wichtigsten Gründe, die Kamera zu benutzen

Schnelle erste Hilfe: **Wie viel Technik braucht Ihr Bild?**

Auch wenn Kameras auf immer intelligentere Programmierungen zurückgreifen: Sie bleiben gefühllose Knipsmaschinen, die nicht verstehen, was dem Fotografen beim Anblick des Motivs durch den Kopf geht. Deshalb können Kameras immer nur so gut sein wie der Mensch, der sie benutzt. Formal betrachtet, erzeugt die Kamera das Bild, aber Sie drücken auf den Auslöser, und Sie können darüber entscheiden, mit welchen Einstellungen die Kamera die Aufnahme machen soll. Die Technik ist das Handwerkszeug, um Bilder so zu gestalten, wie Sie sie haben wollen. Selbst die einfachsten Kameras bieten Ihnen Möglichkeiten, das Bildergebnis zu beeinflussen. Zunächst sollten Sie verstehen, was die Kamera macht und warum: So können Sie typische Fehler direkt von Anfang an vermeiden.

Der **Autofokus** sorgt dafür, dass die Kamera auf das anvisierte Motiv scharf stellt. Mit dem Effekt von Schärfe/Unschärfe wird in der Fotografie oft ganz bewusst gespielt.

Der **Weißabgleich** der Kamera bewirkt manchmal Farbstiche im Bild: Ist das Foto zu blau, orange oder gelb, ist das ein Signal dafür, dass etwas nicht stimmt.

Die **Belichtungszeit** hat Auswirkungen darauf, ob ein Foto verwackelt, oder ob Bewegungen im Foto scharf oder verwischt wiedergegeben werden. Fließendes Wasser sieht, mit unterschiedlichen Belichtungszeiten aufgenommen, im Foto jeweils unterschiedlich aus. Eine längere Belichtungszeit erhöht auch bei Sonnenschein das Risiko, die Aufnahme zu verwackeln.

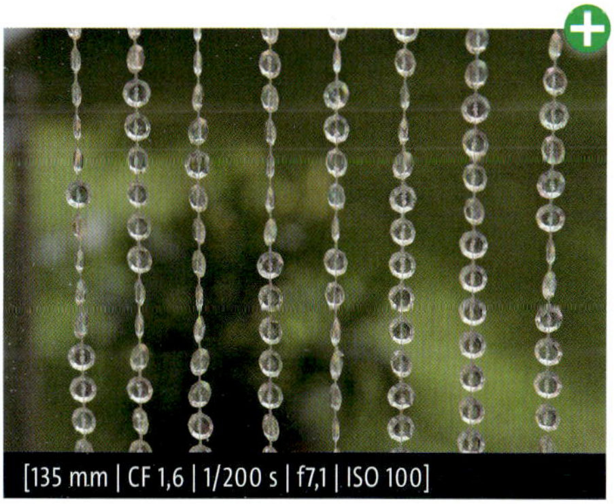

^ Genau zielen
Wenn der Autofokus (AF) den Perlenvorhang im Vordergrund trifft, bleibt der Oleander unscharf.

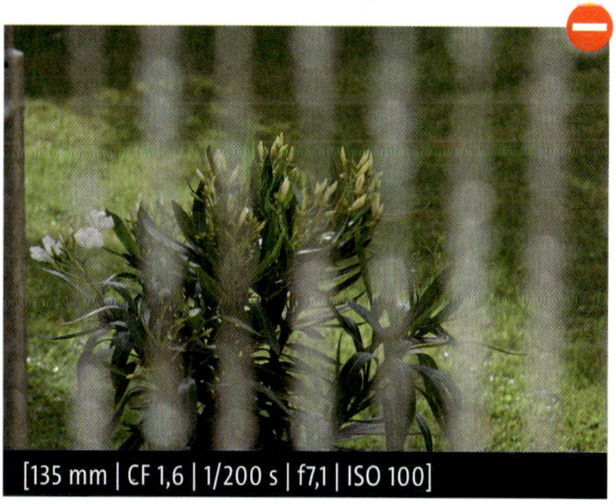

^ Knapp vorbei
Schießt der Autofokus zwischen den Perlenfäden hindurch, entsteht ein ganz anderes Bild. Bei vielen Aufnahmen rutscht der AF versehentlich auf die falsche Stelle im Bild – der Fotograf muss hier genau aufpassen.

Der **Blitz** schaltet sich ein, wenn die Automatik erkennt, dass es für eine Aufnahme aus der Hand zu dunkel ist.

Wenn Sie den Blitz ausschalten, wird die Kamera die Signale des Kamerasensors verstärken, das heißt, sie erhöht den **ISO-Wert** und nutzt das vorhandene Licht besser aus. Dadurch verstärkt sich leider auch das sogenannte Bildrauschen: Die Fotos werden grieselig, verlieren oft an Leuchtkraft und wirken leicht unscharf.

Die Kamera weiß, wie viel Licht sie für eine Aufnahme benötigt. Die **Belichtungsmessung,** die jeder Aufnahme vorausgeht, informiert die Kamera, wie viel Licht tatsächlich vorhanden ist. Daraus leitet die Kamera die Einstellungen für Zeit und Blende ab. Bei den meisten Motiven gibt es hellere und dunklere Bereiche. Wenn sehr helle neben sehr dunklen Stellen liegen, genügt oft ein kleiner Kameraschwenk, und Sie bekommen bei einer Aufnahme ein helleres, bei der nächsten ein dunkleres Foto. Deshalb ist es sehr wichtig, sich bereits vor dem Fotografieren klarzumachen, ob das Motiv gleichmäßig beleuchtet ist oder nicht.

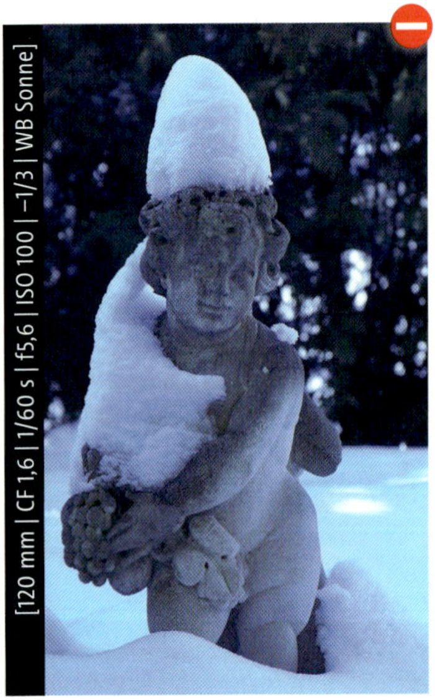

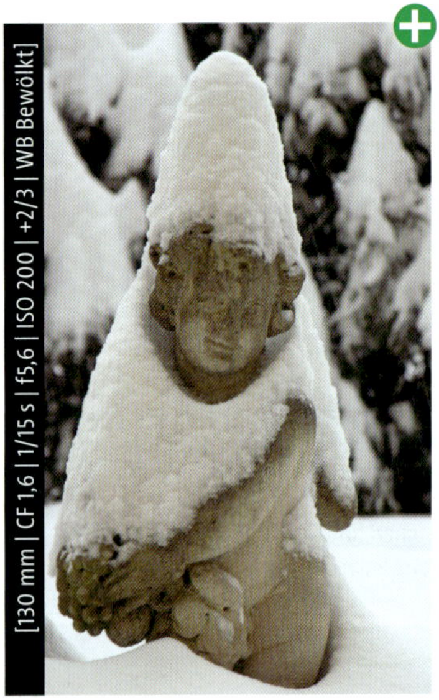

<< Falscher Weißabgleich
Schnee wird manchmal zu bläulich wiedergegeben, Fotos in Innenräumen werden bei Kunstlicht oft zu gelb.

< Farbneutrale Bilder
Mit einer angepassten Einstellung des Weißabgleichs können Sie die Farbstiche schon beim Fotografieren verringern.

> Ein typisches Bild
Normale Belichtungszeit mit der Automatik

>> Weicher Schleier
Eine längere Belichtungszeit mit der Halbautomatik verändert das Aussehen des fließenden Wassers.

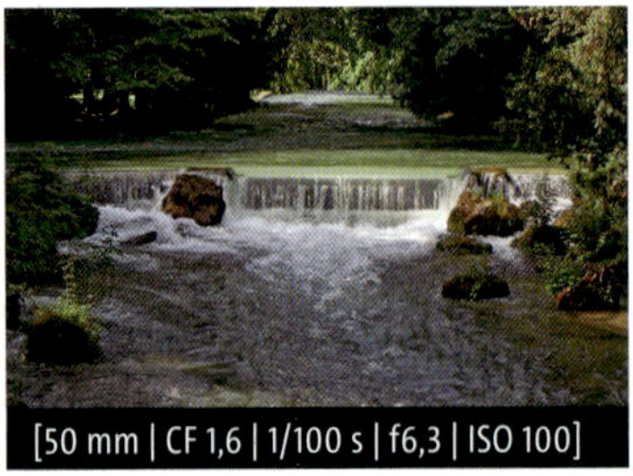

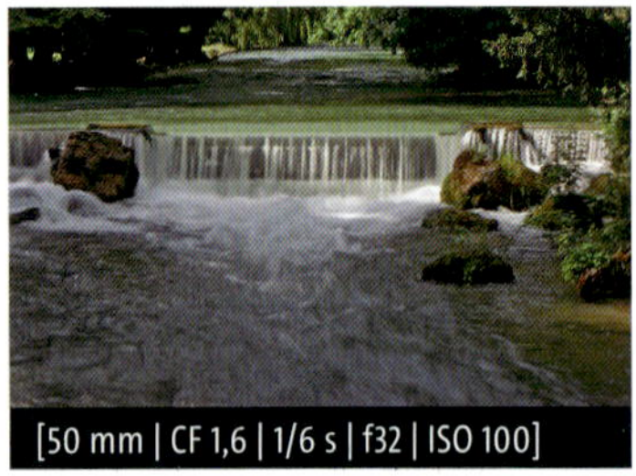

Die **Blende** im Objektiv der Kamera kann man, ähnlich wie die Pupille des menschlichen Auges, weiter öffnen oder schließen. Dadurch verändert sich im Foto die Schärfeverteilung. Bei offener Blende verschwimmen Teile des Bildes zu diffusen Farbflächen. Schließt man die Blende, verstärken sich die Konturen im Hintergrund.

Nicht alle Kameras verfügen über eine echte Blende. Sie steuern die Helligkeit des Bildes zum Beispiel mit eingebauten Graufiltern. Deshalb lassen sich fotografische Effekte, die typisch für die Blendeneinstellung sind, mit solchen Geräten nicht erzeugen. Auch die Bauweise und die Größe einer Kamera spielen eine Rolle dabei, wie sich die Schärfe im Bild ausdehnt. Fotografieren im **Rohdatenformat** (RAW) wird häufig als Lösung aller fotografischen Probleme gehandelt, weil man, so heißt es, darin nachträglich noch alle Kameraeinstellungen wunschgemäß anpassen könne. Das stimmt so nicht ganz, denn ein verwackeltes Foto bekommen Sie auf diese Weise nicht scharf. Das **RAW-Format** setzt zudem voraus, dass Sie sich intensiver mit der Bildbearbeitung am Rechner befassen. Ihre Kamera ist imstande, ansehnliche

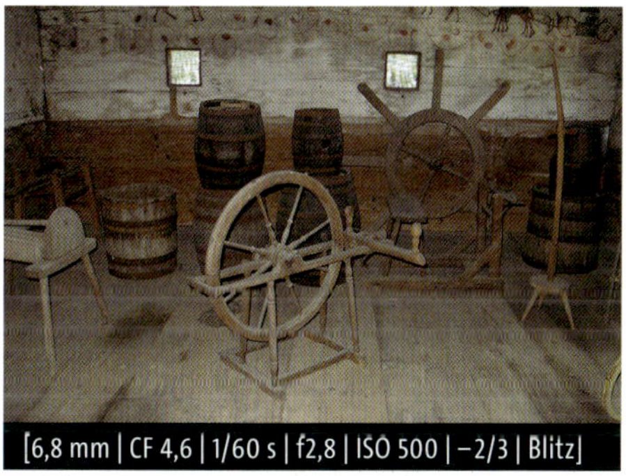

[6,8 mm | CF 4,6 | 1/60 s | f2,8 | ISO 500 | –2/3 | Blitz]

∧ Ausgeleuchtet
Der Blitz sorgt in kleinen Räumen für eine gleichmäßige Ausleuchtung, zerstört jedoch die natürliche Lichtstimmung.

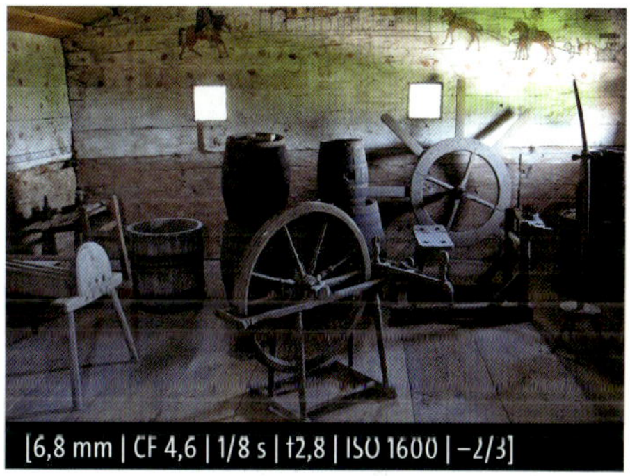

[6,8 mm | CF 4,6 | 1/8 s | f2,8 | ISO 1600 | –2/3]

∧ Natürliche Lichtstimmung
Das Foto ohne Blitz gibt die ursprünglichen Helligkeitsnuancen im Raum wieder, es besteht dabei aber auch immer Verwacklungsgefahr.

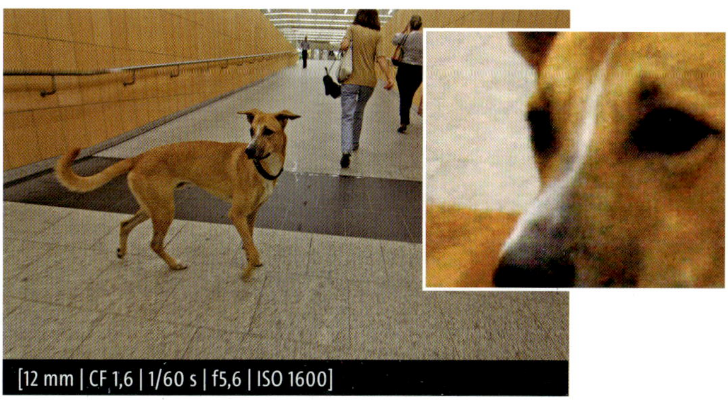

[12 mm | CF 1,6 | 1/60 s | f5,6 | ISO 1600]

< Körnige Bilder
Das sogenannte Bildrauschen entsteht bei hohen ISO-Werten. Bei Ausschnittvergrößerungen sieht man es besonders stark.

JPEG-Dateien zu produzieren. Fast alle Bilder in diesem Buch sind solche Kamera-JPEGs. Sie nutzen Ihre Zeit als Fotoeinsteiger sinnvoller, wenn Sie lernen, beim Fotografieren weniger Fehler zu machen. Das Verarbeiten von RAW-Dateien ist später das Sahnehäubchen obendrauf. Wichtig ist, dass Sie an der Kamera die höchstmögliche **Auflösung** mit der geringsten JPEG-Komprimierung einstellen, also maximale **Größe** und maximale **Qualität** **◢L**.

BELICHTUNGSMESSUNG

Die Belichtungsmessung blendet im Sucher bzw. auf dem Display Zahlenwerte ein, die Auskunft darüber geben, mit welchen Einstellungen die Kamera das Foto machen wird. Mehr zu diesem Thema erfahren Sie in Kapitel 3, »Richtig belichten«, ab Seite 38.

[5,4 mm | CF 7 | 1/6 s | f2,8 | ISO 200]

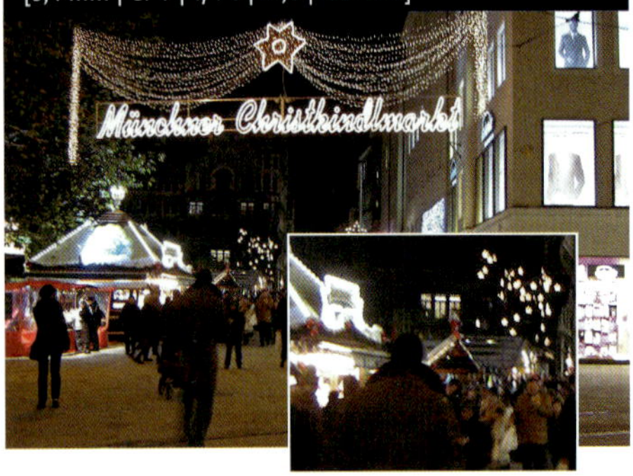

∧ Der Sensor macht den Unterschied
Eine kleine Kompaktkamera ist unter schlechten Lichtverhältnissen weniger leistungsstark als eine Kamera mit großem Sensor.

[35 mm | 1/60 s | f4 | ISO 800]

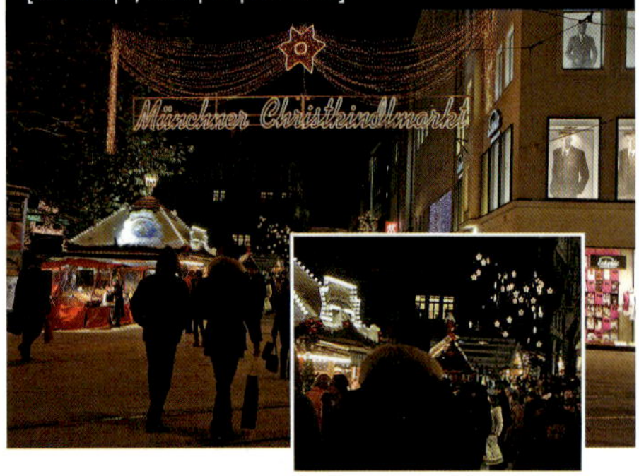

∧ Es muss nicht immer gleich eine Spiegelreflexkamera sein, ...
... aber wichtig für rauscharme und klare Bilder ist ein großer Sensor im Kameragehäuse.

[135 mm | 1/200 s | f7,1 | ISO 100]

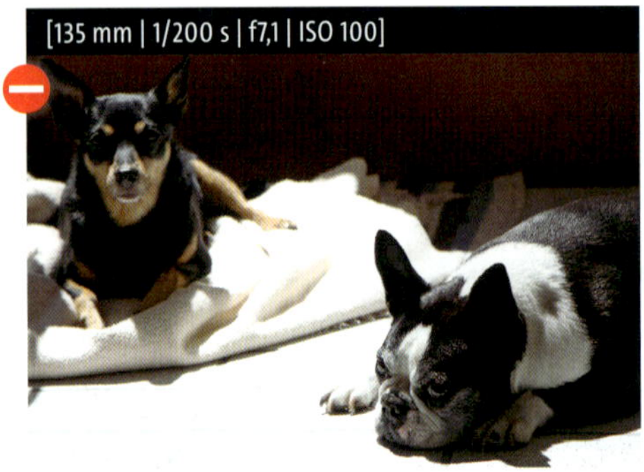

∧ Schwieriges Licht
Motive mit hohen Hell-dunkel-Kontrasten sind für die Kamera nur schwer zu bewältigen.

[135 mm | 1/20 s | f5,6 | ISO 640]

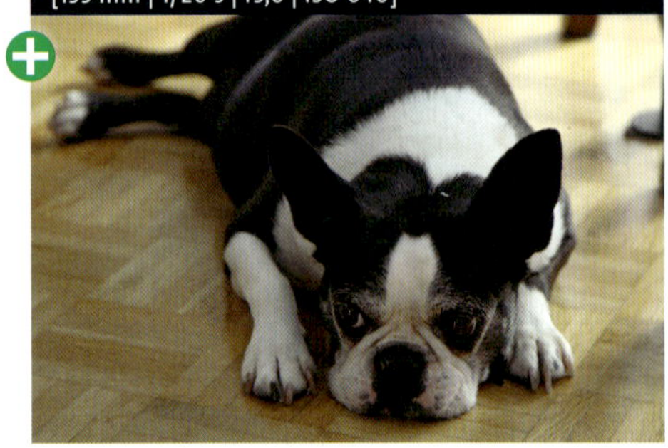

∧ Ausgewogene Beleuchtung
In einer gleichmäßig beleuchteten Umgebung sehen die Motive ruhiger aus und wirken harmonischer.

MIT DER SCHÄRFE SPIELEN

Die Schärfe im Bild ist ein wesentliches Gestaltungsmittel in der Fotografie und von mehreren Faktoren abhängig. Mehr dazu erfahren Sie in Kapitel 3, »Richtig belichten« (ab Seite 42), und in Kapitel 4, »Richtig scharf stellen« (ab Seite 58).

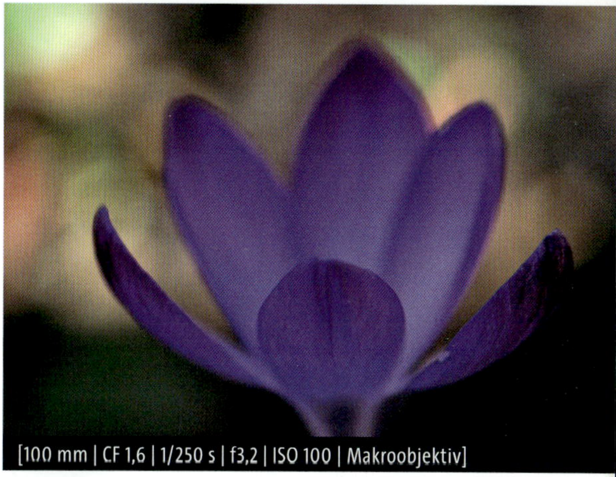

[100 mm | CF 1,6 | 1/250 s | f3,2 | ISO 100 | Makroobjektiv]

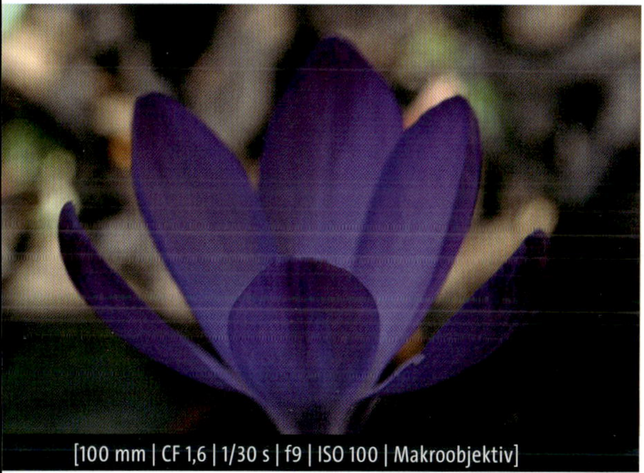

[100 mm | CF 1,6 | 1/30 s | f9 | ISO 100 | Makroobjektiv]

^ Diffuse Unschärfe
Eine weit geöffnete Blende lässt nur das vordere Blütenblatt scharf erscheinen, die Schärfentiefe ist gering.

< Abblenden
Schließt man die Blende, dehnt sich die Schärfe nach hinten aus. Im Makrobereich ist die Schärfentiefe stets kleiner als bei normalen Aufnahmen!

DAS WICHTIGSTE IN KÜRZE

- Auch mit einfachen Kameras im Automatikmodus lassen sich überzeugende Bilder fotografieren: Wichtig ist ein guter Bildaufbau.
- Achten Sie auch auf Kleinigkeiten, und stellen Sie auf den richtigen Punkt scharf.
- Eine interessante fotografische Idee und die Originalität eines Motivs sind wichtiger als teures Equipment.
- Wenn Sie sich etwas mehr Zeit zum Fotografieren nehmen, werden Sie schneller Fortschritte machen.
- Mit ein wenig Hintergrundwissen über die Technik können Sie die Möglichkeiten Ihrer Kamera besser nutzen.
- Wenn Sie die Grenzen Ihrer Kamera kennen, wissen Sie, worauf Sie beim Kauf eines neuen Geräts achten müssen.

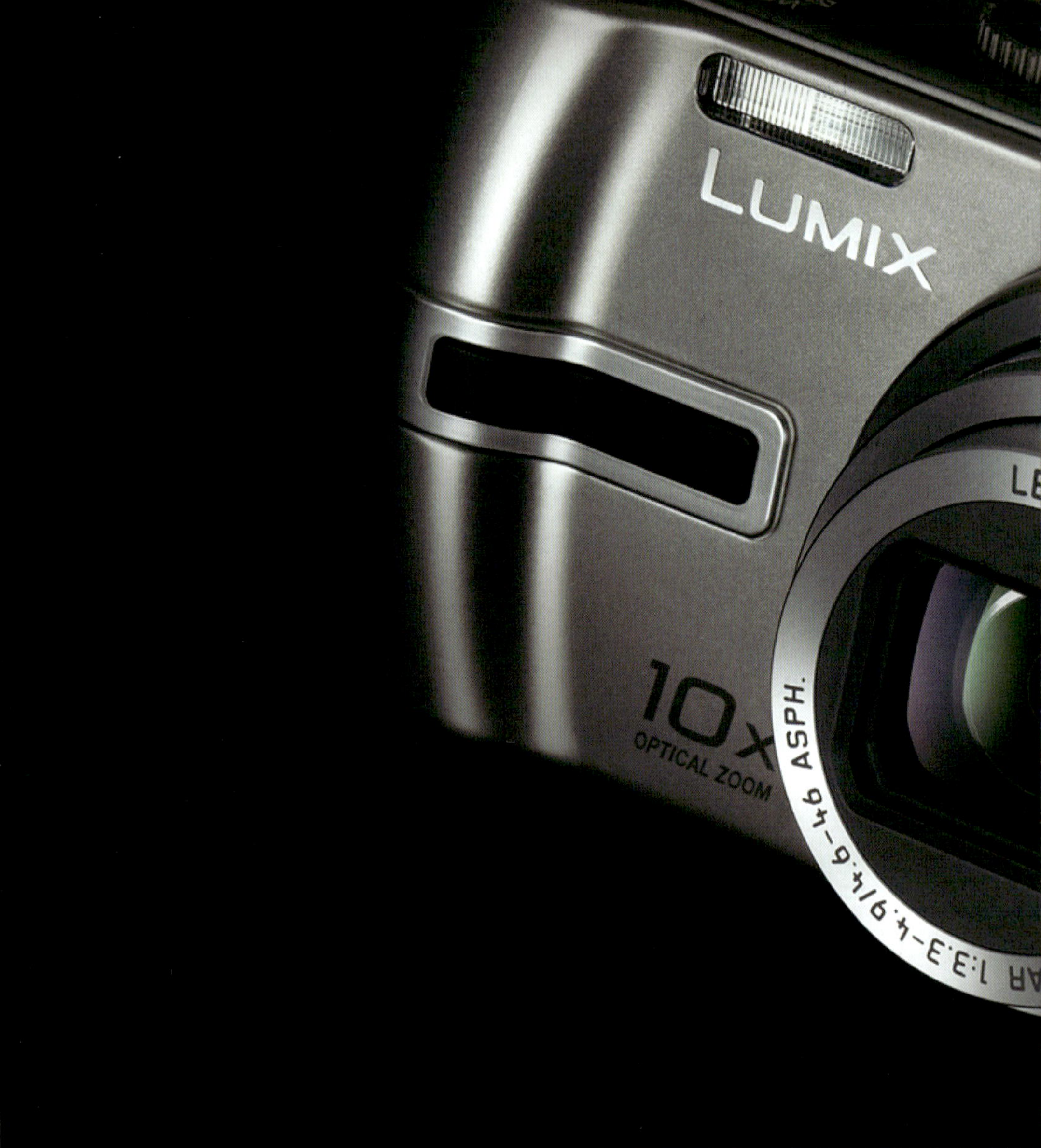
LUMIX
10X
OPTICAL ZOOM
1:3.3-4.9/4.6-46 ASPH.

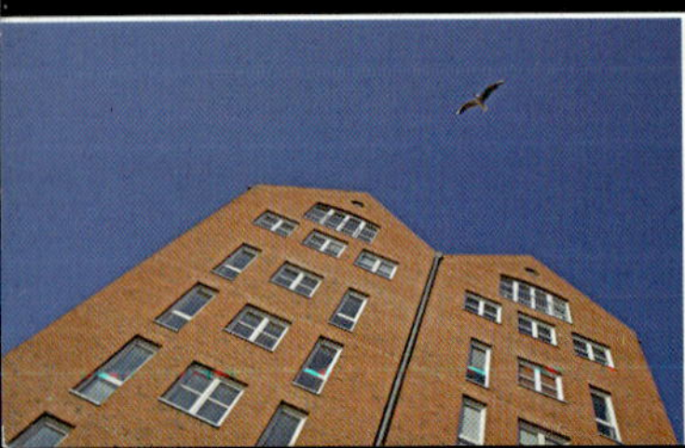

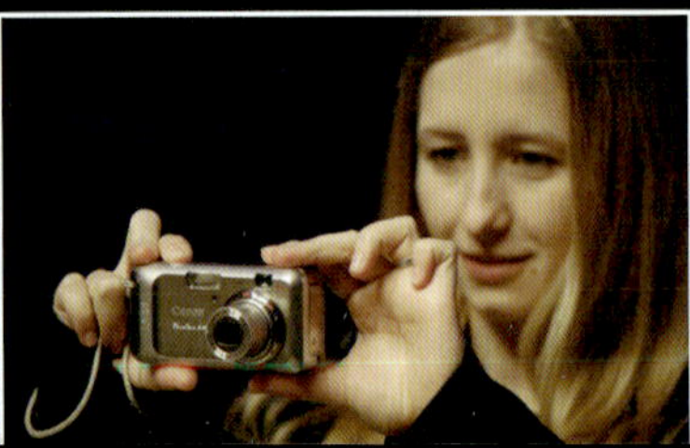

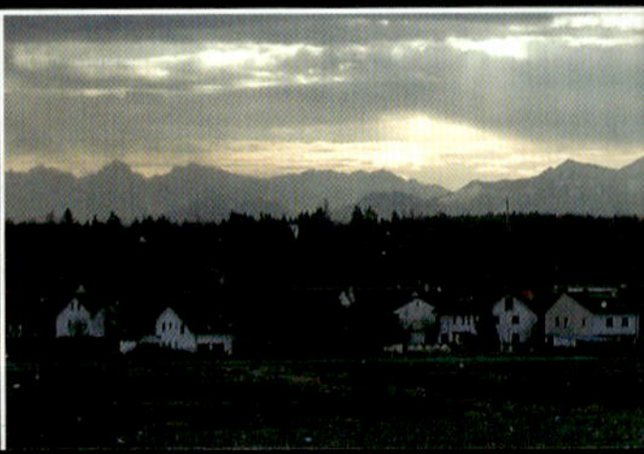

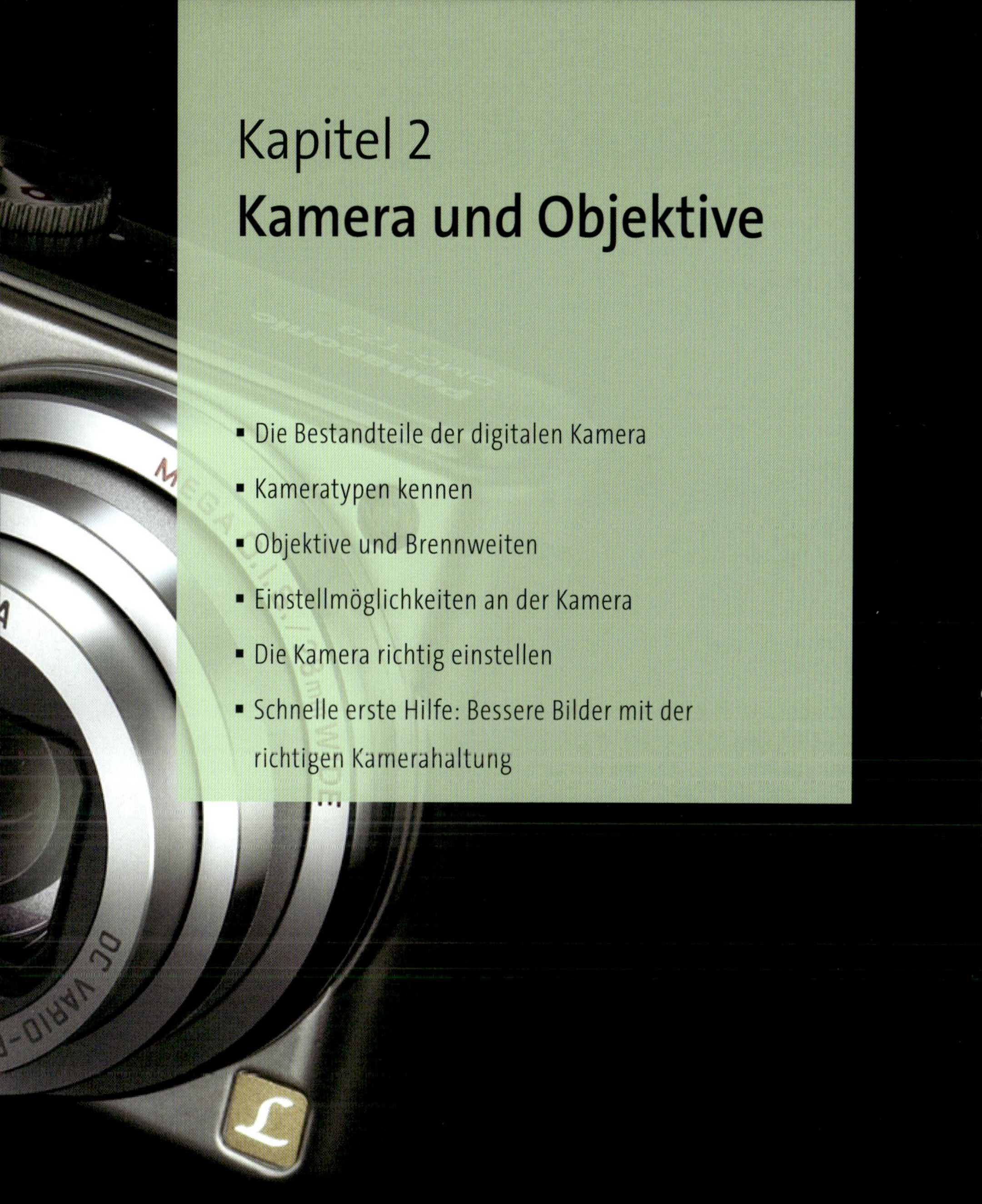

Kapitel 2
Kamera und Objektive

- Die Bestandteile der digitalen Kamera
- Kameratypen kennen
- Objektive und Brennweiten
- Einstellmöglichkeiten an der Kamera
- Die Kamera richtig einstellen
- Schnelle erste Hilfe: Bessere Bilder mit der richtigen Kamerahaltung

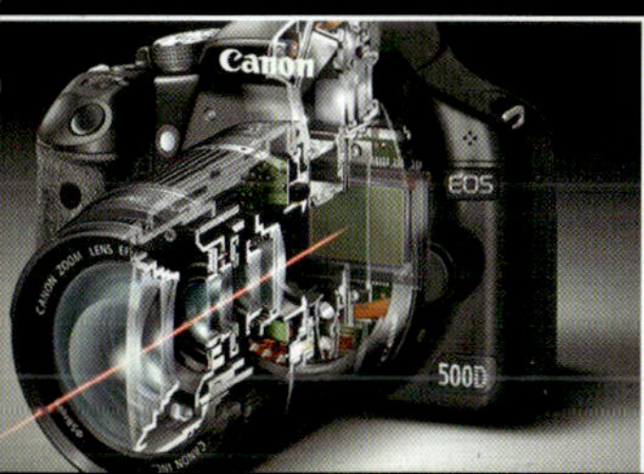

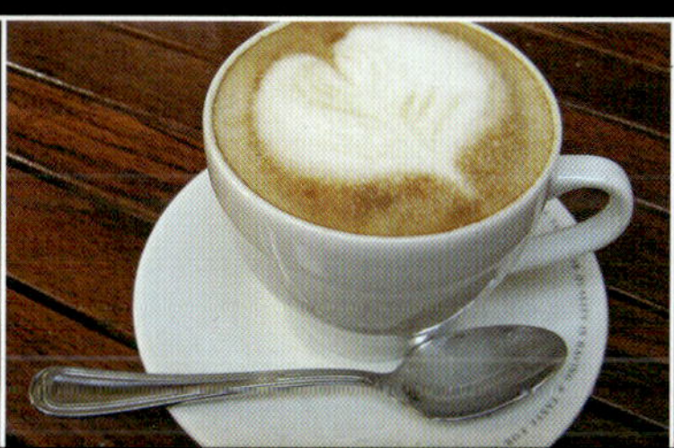

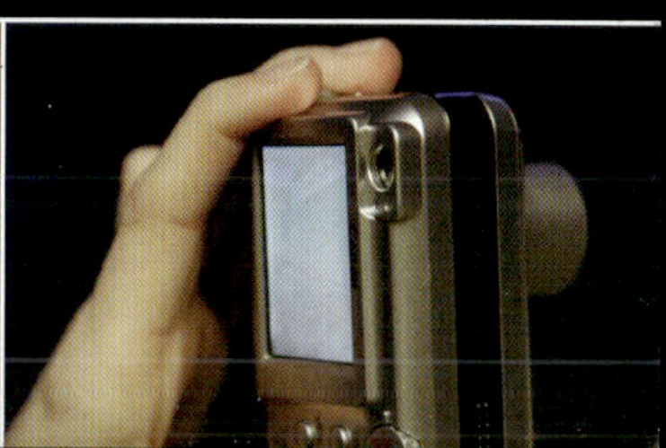

Die Bestandteile der digitalen Kamera

Im Gehäuse der Kamera befinden sich der lichtempfindliche **Sensor**, die Elektronik und die Stromversorgung. Beim Betätigen des Auslösers öffnet sich der **Verschluss**, der hinter dem Objektiv sitzt. Für die Dauer der Belichtungszeit gelangt Licht durch die **Blendenöffnung** des Objektivs auf den Sensor und erzeugt dort die Signale, die vom Prozessor zum digitalen Bild weiterverarbeitet und schließlich auf die Speicherkarte geschrieben werden. Das Display an der Rückseite der Kamera wird nicht nur dazu benutzt, um Bilder zu gestalten und sie sich anzusehen, es ist auch die Eingabeschnittstelle zu vielen Kamerafunktionen. Bei großen Spiegelreflexkameras muss eine sogenannte **Live-View-Funktion** vorhanden sein, damit man das Bild ständig auf dem Display sehen kann. Trotzdem gestaltet man das Bild bei solchen Kameras lieber durch den optischen **Sucher** an der Kameraoberseite – ein großer Vorteil in einer hellen Umgebung. Einige Kameras haben einen elektronischen Sucher, der aussieht wie bei einer Spiegelreflexkamera, aber kein so helles und scharfes Bild liefert.

Ebenfalls im Gehäuse untergebracht sind die Anschlüsse für die Verbindung zum Computer sowie ein Fach für die **Speicherkarte**. Die meisten Digitalkameras verfügen über ein eingebautes **Blitzgerät**. Manche haben zusätzlich einen Zubehörschuh an der Oberseite, um dort ein externes Blitzgerät oder GPS-Geräte anzuschließen. Hinzu kommen verschiedene Bedienelemente: Einstellräder, Bedienknöpfe und Pfeil- oder Kipptasten. Sie dienen zum Navigieren in den **Kameramenüs** und zum Ansteuern der Funktionen. Weil moderne Kameras möglichst klein und handlich sein sollen, geht es leider nicht ohne Symbole und Abkürzungen.

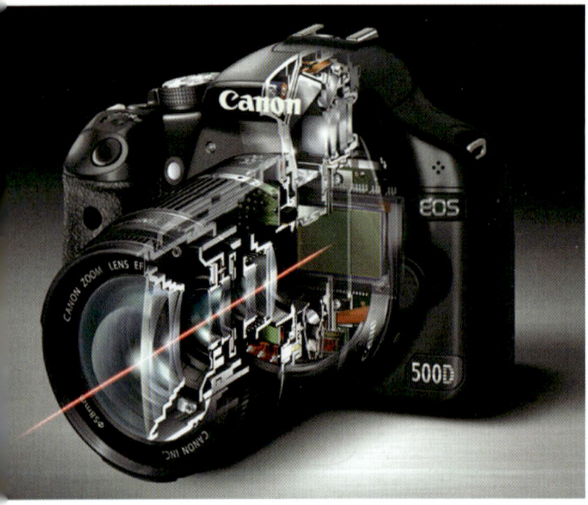

^ Blick in eine Kamera
Moderne Digitalkameras sind leistungsfähige Minicomputer – selbst die kleinen Kompakten (Bilder: Canon).

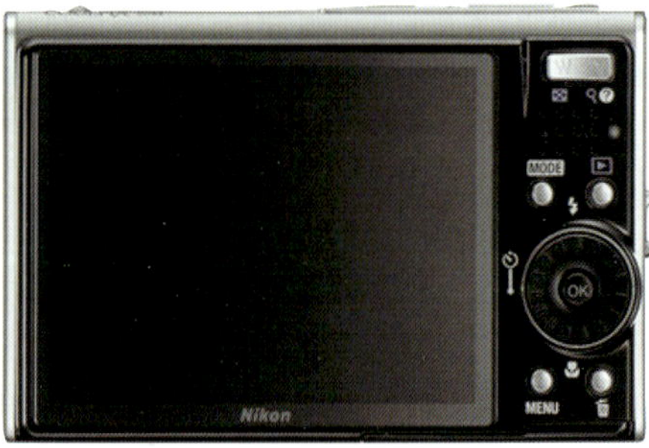

^ Großes Display
Das Display ist zwar schön groß, aber leider drückt man oft auf den falschen Knopf, wenn dadurch die Bedienelemente zu klein geraten sind … (Bild: Nikon)

Sensor

Auf dem Sensor befinden sich die lichtempfindlichen Pixel. Deren maximale Anzahl (Megapixelzahl) ist nicht das Maß aller Dinge, es kommt vielmehr darauf an, wie es um das Verhältnis von Pixelgröße zu Pixelmenge bestellt ist. Auf einem großen Sensor lassen sich mehr und/oder größere Einzelpixel unterbringen, und das wirkt sich direkt auf die Bildqualität aus. Wenn die Kamera nur einen kleinen Sensor hat, auf dem viele Pixel eng nebeneinandersitzen, entstehen viel leichter Störungen bei der Signalverarbeitung, unter anderem das so gefürchtete **Bildrauschen**. Eine Kamera mit großem Sensor ist deutlich teurer als eine mit einer kleinen Sensorfläche, liefert dafür aber bessere Bilder – vor allem bei wenig Licht.

Auflösung

Die Gesamtzahl der Bildpunkte (Pixel), aus denen das Bild besteht, bezeichnet man als **Auflösung**. Eine Kamera mit einer Auflösung von 10 Megapixeln (10 Millionen Pixel) besitzt einen Sensor, auf dem 10 Millionen Punkte sitzen. Sie zeichnen die Farb- und Helligkeitsinformationen auf, die später als Bild wiedergegeben werden. Eine Angabe von 5 MP bedeutet 5 Millionen Pixel, 10 MP entspricht 10 Millionen Pixel usw. Um ein Bild in einem Fotobuch auf einer DIN-A4-Seite großformatig in guter Qualität drucken zu lassen, sollte das Originalfoto mit 6 bis 8 MP aufgenommen worden sein.

Manche Kameras bieten als Option S (*small*/klein), M (*medium*/mittel) und L (*large*/groß) in Kombination mit Viertelkreisgrafiken. Die beste Qualität und maximale Größe erhalten Sie mit dieser Einstellung: ◢**L**.

> **TIPP**
>
> Achten Sie auf hochwertige Verarbeitung, zum Beispiel stabile Scharniere. Metall ist besser als Plastik. Die Bedienknöpfe sollten nicht zu klein sein.

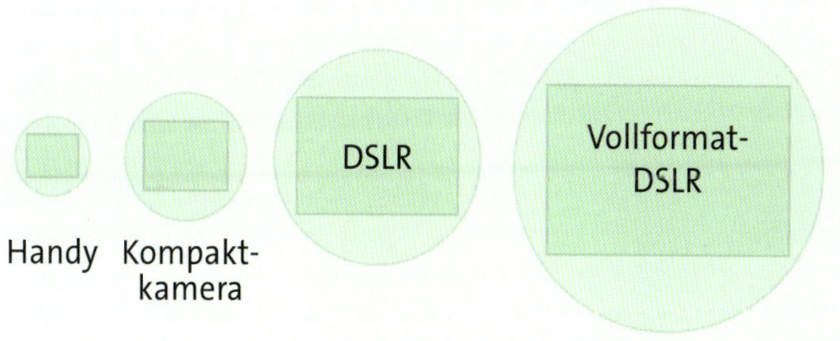

< Größenvergleich
Ein großer Sensor kann viel mehr Details wiedergeben.

> Auflösung
Steigt die Auflösung eines Sensors, so müssen mehr Pixel auf derselben Fläche untergebracht werden.

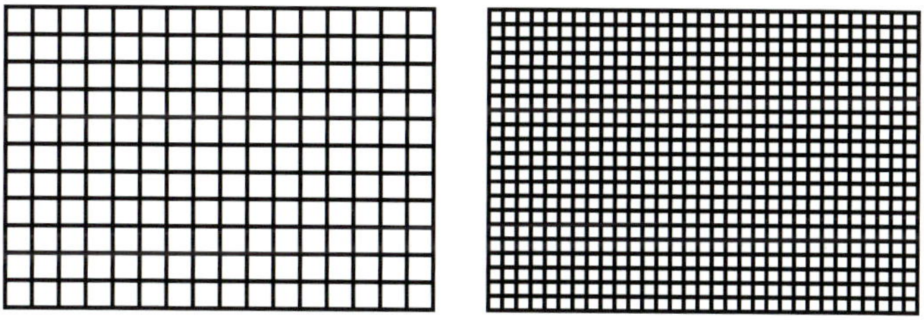

Kameratypen kennen

Welche Kamera ist die richtige? Leider können nicht alle Kamerasysteme alles gleich gut. Bei Ihrer Kaufentscheidung sollten Sie sich daran orientieren, welche Motive Sie am häufigsten fotografieren und bei welchen Lichtverhältnissen Sie dies tun. Eine Kamera, die immer nur zu Hause liegt, weil sie zu schwer oder zu sperrig ist, wäre keine gute Wahl, aber es gibt ja erfreulicherweise mehr als ein System auf dem Markt.

Die Kompaktkamera

Die kleinen Kompakten sind handlich und relativ robust: Das empfindliche Objektiv bleibt eingefahren, solange man die Kamera nicht einschaltet. Das Gehäuse ist hermetisch verschlossen, es kann kein Staub auf den Sensor gelangen. Weil die flachen Geräte in nahezu jede Jackentasche passen, kann man sie fast überall mit hinnehmen. Es gibt sogar wasserdichte Modelle für den Badeurlaub und besonders robuste Geräte, die selbst einen Sturz verkraften. Der Nachteil dieses Kameratyps besteht darin, dass die winzigen Sensoren in einer dunklen Umgebung keine guten Bildergebnisse liefern. Fotos mit Blitz gelingen nur mittelprächtig und sind meist mit dem gefürchteten Rote-Augen-Effekt verbunden. Oft lässt auch der Zoombereich zu wünschen übrig: Entfernte Motive lassen sich nicht nah genug heranzoomen, oder die Fotos werden flau. Solche Kameras reagieren manchmal sehr träge, sodass dann das Motiv bzw. die Szene häufig bereits vorbei ist, wenn sich die Kamera auslösebereit zeigt. Eine kurze Einschaltzeit und eine geringe Auslöseverzögerung machen beim Fotografieren mehr Spaß, und auch die Bildausbeute wird größer.

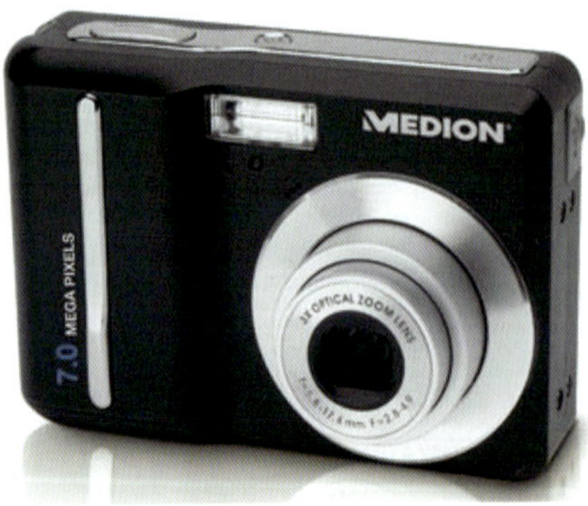

^ Kompaktkamera
Einfache Kameras gibt es sogar beim Discounter. Für den Einstieg ins Fotohobby ist fast jede Kamera geeignet (Bild: Medion).

KOMPAKTKAMERA

- Eignet sich gut für Motive bei hellem Sonnenschein, für Landschaften und Motive auf Städtereisen, Erinnerungsbilder. Sehr gut gelingen Makroaufnahmen, Stillleben.
- Eignet sich bedingt für Porträts, Schnappschüsse.
- Eignet sich nicht für schnell bewegte Motive, Aufnahmen bei wenig Licht.

Bridgekamera

Bridgekameras sind in der Regel kleiner als Spiegelreflexkameras, verfügen aber meist über einen vergleichbaren Funktionsumfang. Das Objektiv kann nicht gewechselt werden, ist oft sehr hochwertig und ermöglicht es, weit entfernte Objekte nah heranzuzoomen (»Superzoom«-Kameras). Leider erzeugen die kleinen Sensoren bei schwachem Licht Störun-

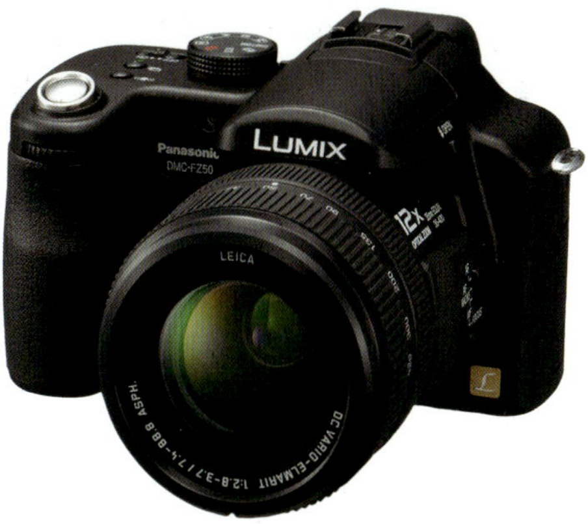

^ Bridgekamera
Kleiner als eine Spiegelreflex, aber ohne Wechselmöglichkeit: Bridgekameras haben fest eingebaute, meist hochwertige Objektive und einen großen Zoombereich (Bild: Panasonic).

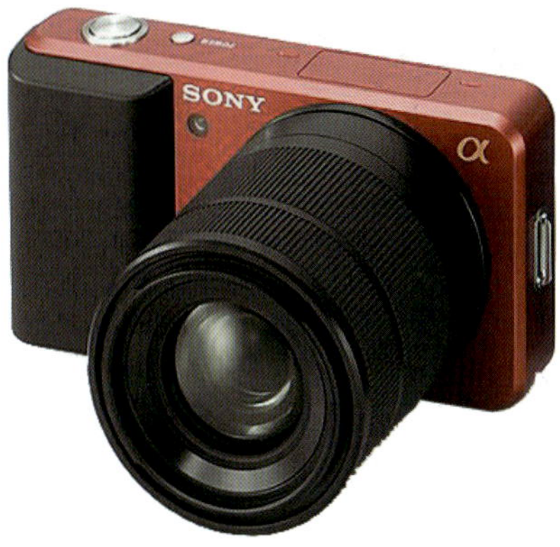

^ Viel Objektiv, wenig Kamera
Die spiegellosen Systeme verbinden das Beste aus zwei Welten: ein handliches und kompaktes Kameraformat mit Objektiven, die man wechseln kann (Bild: Sony).

gen im Bild. Anstelle eines optischen Suchers gibt es nur einen elektronischen. Dessen Bildwiedergabe ist oft zu dunkel, Bewegungen werden verzögert wiedergegeben.

BRIDGEKAMERA

- Eignet sich gut für typische Aufnahmesituationen.
- Eignet sich bedingt für Aufnahmen bei wenig Licht.
- Eignet sich nicht für schnell bewegte Objekte bei schlechten Lichtverhältnissen (Sport, Tierfotografie).

Spiegellose Systemkameras

Die neuen, spiegellosen Systeme (Sony, Olympus, Panasonic) machen vor allem den Bridgekameras Konkurrenz. Sie sind für Fotografen konzipiert, die von kleinen Kompaktkameras auf ein erweiterbares System umsteigen wollen. Mit ihrem sehr kleinen Gehäuse sind diese Kameras eher wie Kompaktmodelle zu bedienen. Die Objektive wirken im Verhältnis zum Gehäuse groß. Insgesamt sind diese Modelle kleiner und leichter als so manche Bridgekamera. Da das Kameragehäuse nicht hermetisch verschlossen ist, kann im Lauf der Zeit Staub auf den Sensor gelangen. Weil das System relativ neu ist, ist die Zahl der Wechselobjektive noch etwas eingeschränkt. Wer mit der Handhabung seiner Kompaktkamera gut zurechtkommt, wird mit diesen Modellen seine Freude haben.

SYSTEMKAMERA

- Eignet sich gut für die meisten Aufnahmesituationen.
- Eignet sich bedingt für Aufnahmen bei wenig Licht.
- Eignet sich nicht für Makroaufnahmen (Makroobjektiv erforderlich), schnelle Bildserien.

Spiegelreflexkameras

Das im Kameragehäuse untergebrachte Spiegelsystem, das diesem Kameratyp seinen Namen gibt, lenkt das vom Objektiv eingefangene Bild nach oben in den optischen Sucher um. Die Helligkeit und Übersichtlichkeit eines solchen optischen Suchers variieren von Kameramodell zu Kameramodell, sind aber um Längen besser als das »Mäusekino« des elektronischen Suchers. Die voluminösen Kameras mit ihren teilweise sehr ausladenden und schweren Objektiven sind vielen Fotoeinsteigern zu sperrig, um sie überallhin mitzunehmen. Dennoch: Wer Fotografie als ernsthaftes Hobby betreiben möchte, kommt um die Anschaffung eines Spiegelreflexsystems nicht herum. Es ist nach wie vor der Maßstab für hochwertige Fotografie.

Je nachdem, welche Motive man bevorzugt, sollte man zu unterschiedlichen Kameragehäusen greifen. Einige erlauben besonders schnelle Bildfolgen, andere sind mit einem besonders großen **Vollformatsensor** ausgestattet. Der liefert auch bei schlechten Lichtverhältnissen klare und scharfe Bilder. Die große Anzahl von Pixeln erlaubt Ausschnittvergrößerungen. Die Bandbreite an verfügbaren Objektiven ist beim Spiegelreflexsystem sehr groß, so dass man sich alle erdenklichen Kombinationen aus Kameragehäuse und Objektiven selbst zusammenstellen kann. Weil die Systeme der großen Hersteller konsequent gepflegt werden, kann man seine Ausrüstung über mehrere Jahre erweitern. Die typische Einsteigerausstattung im Spiegelreflexbereich ist ein preiswertes Kameragehäuse (Body) in Kombination mit einem sogenannten Reisezoom, das einen großen Brennweitenbereich abdeckt (18–200 mm).

SPIEGELREFLEXKAMERA

- Eignet sich gut für Sport- und Tierfotografie, schnelle Bildserien, Aufnahmen bei schwierigen Lichtverhältnissen, Porträts, Studiofotografie.
- Eignet sich bedingt für Makrofotografie (Makroobjektiv muss angeschafft werden), Extremsituationen auf Reisen.
- Eignet sich nicht für Personen, die nur gelegentlich ein paar Erinnerungsfotos machen und wenig investieren wollen.

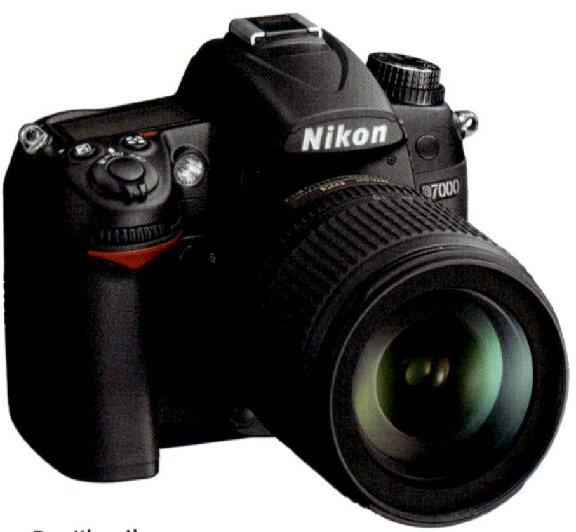

^ Der Klassiker
Spiegelreflexkameras bieten eine hohe Bildqualität und Flexibilität, sind allerdings nicht so handlich wie kompakte Kameras (Bild: Nikon).

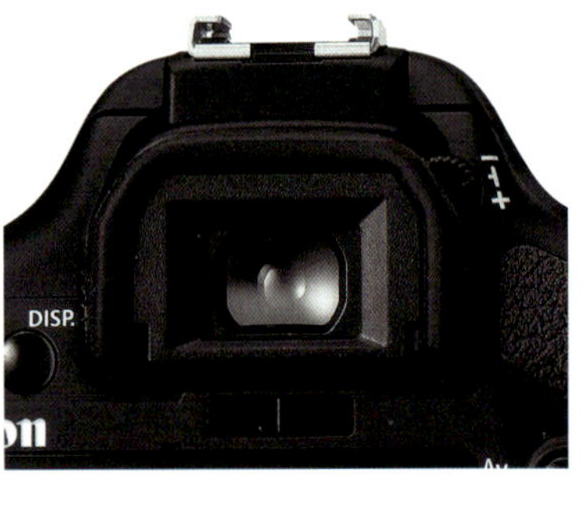

^ Der Sucher
Auf die Qualität eines echten optischen Suchers möchten die wenigsten Spiegelreflexfotografen verzichten (Bild: Canon).

Objektive und Brennweiten

Das Objektiv ist das »Auge der Kamera«. Es besteht aus verschiedenen Linsen(gruppen), die gegeneinander verschoben werden. Dabei wird einerseits auf das Motiv scharf gestellt (fokussiert), andererseits können Sie durch Zoomen den Bildausschnitt verändern. Im Objektiv befinden sich das Antriebssystem für den **Autofokus** sowie die **Blende**, ein Lamellensystem, das sich wie eine Pupille öffnen oder schließen lässt. Durch die Größe der Blendenöffnung steuert die Kamera einerseits die Menge des einfallenden Lichts, andererseits auch die Schärfeverteilung.

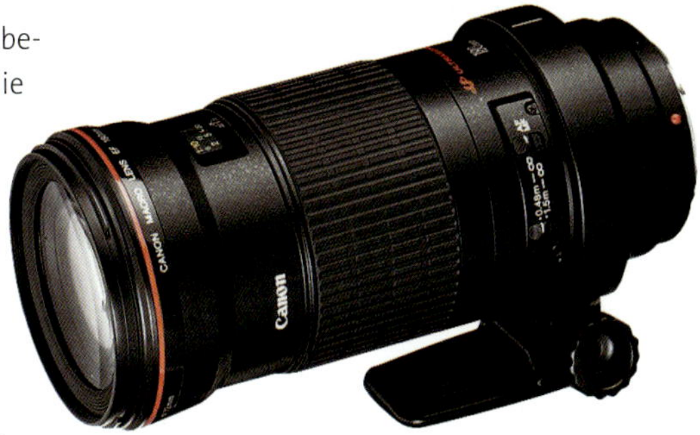

∧ Teleobjektiv
Teleobjektive sind lang und deutlich schwerer als kürzere Brennweiten. Je länger das Objektiv (ausgefahren) ist, desto leichter verwackelt das Foto – auch bei kleinen Kameras (Bild: Canon).

Brennweitenbereiche

Bei vielen Kameras sind die Objektive fest eingebaut und können nicht gewechselt werden. Achten Sie daher schon beim Kauf auf einen für Ihre Motive sinnvollen Zoombereich der sogenannten **Brennweite**. Diese wird in Millimetern angegeben und kann vorn am Objektiv abgelesen werden. Sie finden dort Angaben wie 6,1–30,5 mm, 18–55 mm oder 100–300 mm.

Eine kleine Zahl bedeutet: kurze Brennweite (= Weitwinkelobjektiv), Sie bekommen viel aufs Bild. Eine große Zahl bedeutet: lange Brennweite (= Teleobjektiv), Sie können entfernte Objekte nah heranholen. Bei Weitwinkelobjektiven sieht man fast immer eine sogenannte tonnenförmige Verzeichnung, das heißt, gerade Linien wölben sich leicht nach außen. Bei Teleobjektiven sind die Linien leicht nach innen verbogen (»kissenförmige Verzeichnung«).

Am häufigsten kommen **Zoomobjektive** zum Einsatz. Sie decken einen Brennweitenbereich vom moderaten Weitwinkel bis zum moderaten Tele ab. Damit lassen sich alle typischen Aufnahmesituationen bewältigen. Bei Feiern und Erinnerungsbildern, auf Reisen und bei Landschaftsfotos kommen eher die kurzen Brennweiten zum Einsatz. Für Porträts sollte man stets ein wenig zoomen, also die Telestellung des Objektivs benutzen. Dadurch kann man Teile des Hintergrunds ausblenden, und Gesichter sehen vorteilhafter aus.

FESTBRENNWEITE
Heutzutage werden überwiegend Zoomobjektive benutzt. Es gibt aber auch Objektive ohne Zoom: Diese bezeichnet man als Festbrennweite.

Für Nahaufnahmen gibt es an kleinen Kameras den **Makro**-Modus, mit dem Sie zum Teil extrem nah ans Motiv herangehen können. Bei großen Kameras benötigen Sie dafür spezielle Makroobjektive oder Zoomobjektive mit Makrofunktion. In der Natur- und Sportfotografie kommen starke Teleobjektive zum Einsatz. Je kleiner die Kamera, desto schwieriger sind solche Motive zu fotografieren. Eine Safari ohne

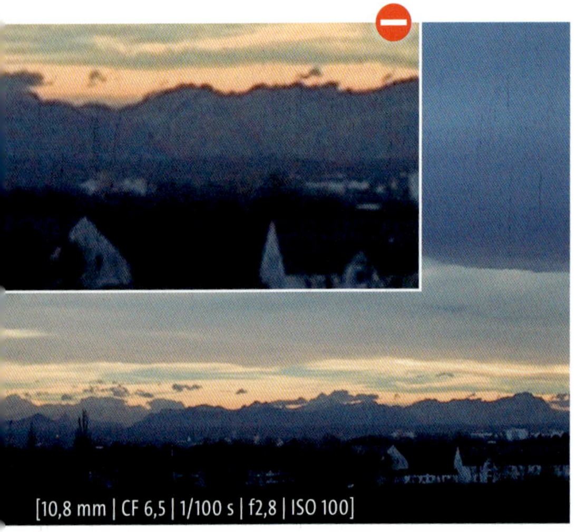

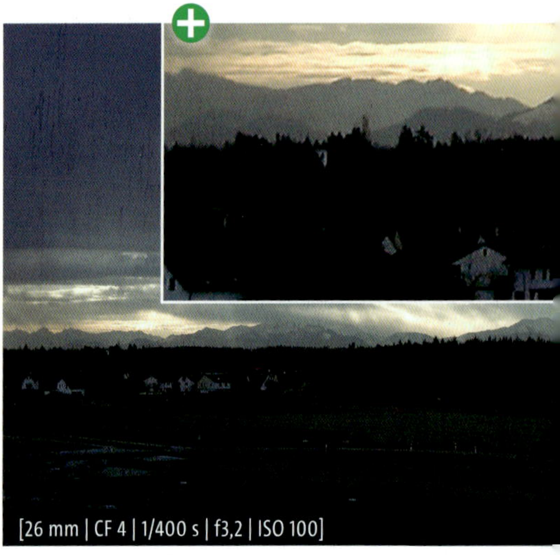

Im Vergleich
Das Digitalzoom (links) liefert keine klaren Konturen. Mit dem optischen Zoom (rechts) erhalten Sie bessere Ergebnisse.

gutes Teleobjektiv ist frustrierend, deshalb sind Kameras mit Wechselobjektiven für solche Aufgaben sinnvoller.

Ein wichtiger Aspekt beim Kamerakauf ist die Unterscheidung zwischen dem **optischen Zoom** und dem **Digitalzoom**. Wirklich gute Qualität liefert nur das optische Zoom. Sobald das Digitalzoom eingeschaltet wird, berechnet die Kamera eine Ausschnittvergrößerung, die oft unscharf und flau ausfällt.

Lichtstärke und Qualität

Bei Kameras mit Wechselobjektiven gibt es keine Unterscheidung zwischen optischem und digitalem Zoom – es handelt sich hier immer um einen optischen Zoom. In diesem Zusammenhang sollte man einerseits auf den benötigten Brennweitenbereich achten (zum Beispiel Weitwinkelzoom 12–24 mm oder Telezoom 100–300 mm), andererseits auf die **Lichtstärke** des Objektivs. Den Wert für die Lichtstärke können Sie ebenfalls vorn am Objektiv ablesen. Er sieht typischerweise so aus: 1:3,5–5,6 oder 1:2,8–4,5.

Je kleiner die Zahl nach dem Doppelpunkt ist, desto weiter kann die Blende geöffnet werden. Angegeben wird nur die größtmögliche Öffnung, die Ihnen zur Verfügung steht. Bei Zoomobjektiven finden Sie zwei Werte: Der erste ist gültig für den Weitwinkelbereich, der zweite für die Telestellung.

Mit einem lichtstarken Objektiv können Sie in der Dämmerung länger fotografieren, und Sie haben mehr Gestaltungsmöglichkeiten beim Spiel mit der Schärfe. Gute Objektive sind teuer, deshalb werden Sie oftmals einen Kompromiss eingehen müssen. Die Traumnote für Zoomobjektive wäre 1:2,8 – realistisch ist meist 1:3,5–5,6. Mehr dazu erfahren Sie in Kapitel 3, »Richtig belichten«, ab Seite 44.

Einstellmöglichkeiten an der Kamera

Selbst einfache Kameras verfügen über eine Vielzahl an Einstellmöglichkeiten. Sie brauchen nicht alle, aber zumindest die wichtigsten sollten Sie kennen und benutzen. Je mehr Knöpfe die Kamera *außen* am Gehäuse hat, desto schneller können Sie auf die Funktionen zugreifen. Gibt es solche Einstellräder oder Knöpfe nicht, finden Sie eine MENU- oder FUNC/SET-Taste, mit der Sie weitere Einstellungsoptionen am Display aufrufen können. Die Pfeiltasten oder das Kipprad an der Kamerarückseite benutzen Sie, um durch die Menüstrukturen zu navigieren. Die gewünschte Funktion wählen Sie mit der SET/OK-Taste aus und bestätigen sie anschließend mit derselben Taste.

Die **Grundeinstellungen** ändert man in der Regel nur, wenn man die Kamera in Betrieb nimmt. Wichtig sind das korrekte Datum und die Uhrzeit, weil viele Bildverwaltungsprogramme auf diese Daten zugreifen, zum Beispiel um die Fotos chronologisch zu sortieren. Die **Bildgröße** bzw. Auflösung ist wichtig, damit Ihre Bilder später auch als Poster oder Fotobuch gedruckt werden können. Interessant ist auch das **Dateiformat**: Wenn Ihre Kamera nicht nur die üblichen JPEG-Dateien liefert, sondern auch Rohdaten (RAW), können Sie solche Dateien zusätzlich speichern. Diese müssen Sie später in einem speziellen Bildbearbeitungsprogramm, dem RAW-Konverter, bearbeiten und in ein JPEG umwandeln. Wenn Sie auf Reisen den Akku schonen wollen, können Sie die automatische Abschaltzeit verkürzen und eine kurze Bildrückschauzeit einstellen.

Die **aufnahmerelevanten Einstellungen** beeinflussen Ihre Bildergebnisse am stärksten. Die Vollautomatik benutzt immer bestimmte Standardeinstellungen, die für viele Situationen durchaus brauchbar sind. Es gibt aber noch viel mehr Möglichkeiten, die Kamera für sich arbeiten zu lassen.

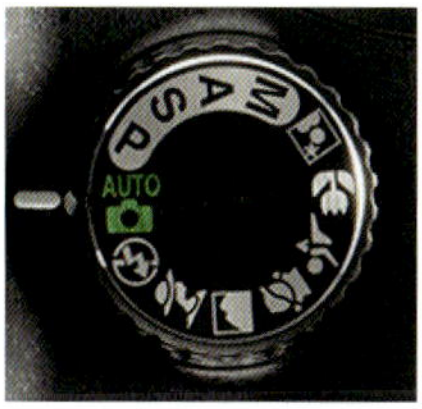

< Der richtige Dreh
Mit einem Einstellrad können Sie die Kamera schnell an bestimmte Aufnahmesituationen anpassen.

Benutzen Sie die Motivprogramme

Drehen Sie das Einstellrad auf das jeweilige Symbol (Porträt, Landschaft, Makro, Action, Nachtporträt), bzw. suchen Sie das zu Ihrem Motiv passende Programm aus der Auswahlliste am Display heraus. Damit Ihnen die verschiedenen Optionen zu den Motiven angezeigt werden, müssen Sie bei einigen Kameras das Einstellrad zuvor auf SCN/BEST SHOT o. Ä. (*Scene*-Programm) drehen.

Programmautomatik statt Vollautomatik

In der Vollautomatik haben Sie wenig bis gar keinen Einfluss auf das, was die Kamera macht. In der Programmautomatik (P) können Sie sich weiterhin auf viele Automatiken der Kamera verlassen, aber Sie können einzelne Parameter nach Ihren Vorstellungen abändern. Wenn Sie versuchen, eine der in diesem Buch beschriebenen Funktionen zu ändern und die Kamera lässt dies nicht zu, dann prüfen Sie, ob Sie vielleicht noch den Vollautomatik-Modus eingeschaltet haben. Wenn ja: Wechseln Sie zu P oder einem an Ihrer Kamera vergleichbaren Modus.

Halbautomatik

Mit der Halbautomatik können Sie entweder die Belichtungszeit (Tv/T/S/Sv) oder die Blende (Av/A) der Kamera direkt ansteuern. Wann und warum Sie diese Funktion benutzen sollten, erfahren Sie in Kapitel 3, »Richtig belichten«, ab Seite 47.

Manuelle Steuerung

Die einfachen Kameras erlauben im »Manuellen Modus« das Abändern einiger Aufnahmeparameter, was dem Modus P bei Spiegelreflexmodellen entspricht. Eine echte manuelle Steuerung (M) bedeutet, dass Sie *alle* Parameter von Hand korrekt einstellen können oder vielmehr müssen. Unerfahrene Fotografen machen dabei viele Fehler. Wirklich brauchen werden Sie das »echte M« nur in sehr speziellen Situationen, deshalb können Sie diese Stellung des Einstellrads erst einmal ignorieren.

Wichtige Funktionstasten

Die Nahaufnahmetaste brauchen Sie, um mit der Kamera näher ans Motiv herangehen zu können. Bei großen Kameras hängt der Mindestaufnahmeabstand vom verwendeten Objektiv ab. Nur mit den kleinen Kameras können Sie ohne Zusatzobjektive extrem nah ans Motiv herangehen.

Für den **Blitz** gibt es nicht nur den An/Aus-Schalter, sondern oft noch weitere Einstellmöglichkeiten: eine Funktion zur Reduktion roter Augen oder die sogenannte Nachtblitzfunktion, mit der die Aufnahmen weicher und wärmer aussehen als mit dem Automatikblitz: ⚡ ⚡SLOW ⊛ ⚡◉.

Um die Fotos heller oder dunkler zu machen, gibt es die **Belichtungskorrektur**. Sie wird über eine +/–-Taste bzw. eine Skala von –2 bis +2 (manchmal auch +/–3) aktiviert: Steht der Pfeil auf der Skala im Plusbereich, wird das Foto heller, drehen Sie den Pfeil in den Minusbereich, wird das Foto dunkler.

Sie können zwischen **Einzelaufnahmen** und einer **Serienbildfunktion** wählen oder den **Selbstauslöser** verwenden, um zeitversetzte Aufnahmen zu machen. Der Selbstauslöser ist nicht nur gut, um selbst mit aufs Bild zu kommen, sondern erlaubt auch das verwacklungsfreie Auslösen, zum Beispiel wenn Sie die Kamera für Langzeitbelichtungen aufs Stativ gestellt haben.

Die Taste für den **Weißabgleich** (WB-Taste) verändert die Farbstimmung im Bild. Besonders bei Kunstlicht in Innenräumen hilft Ihnen eine veränderte Einstellung dabei, Farbstiche zu reduzieren.

Mit dem **ISO-Wert** können Sie den Sensor Ihrer Kamera lichtempfindlicher machen, was vor allem bei schlechten Lichtverhältnissen die Verwacklungsgefahr verringert. Die ISO-Automatik vereinfacht das Fotografieren, nutzt aber oft nicht das volle Empfindlichkeitsspektrum.

Im Wiedergabe-Modus können Sie mit diesen Tasten Bilder löschen, die Anzeige vergrößern oder sich Aufnahmeinformationen (i, INFO. oder DISP.) anzeigen lassen.

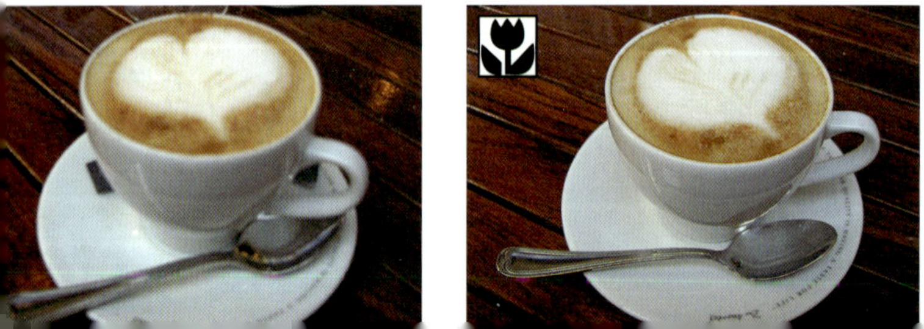

< Zu nah am Motiv
Bei einer Kompaktkamera müssen Sie bei solchen Motiven oft schon den Nahaufnahme-Modus (Blumensymbol) benutzen, und schon ist die Tasse scharf.

Die Kamera richtig einstellen

Gute Fotos entstehen manchmal durch Zufall, viel häufiger aber, weil sich der Fotograf schon im Vorfeld auf bestimmte Situationen eingestellt hat. Ein Tierfotograf wird zum Beispiel nicht davon überrascht, dass ein Gepard eine Antilope jagt – er wählt an der Kamera schon vorher eine bestimmte (kurze) Belichtungszeit. Ein Architekturfotograf wird dagegen ganz anders vorgehen, und ein Porträtfotograf wiederum wird seinerseits eine bestimmte Einstellung wählen.

Für jedes Motiv und jede Situation müssen verschiedene Einstellungen angepasst werden: Es ist also gut, schon im Vorfeld zu wissen, was auf einen zukommt. Deshalb überlegt man als erfahrener Fotograf stets vorher, welche Motive man bei einer Fototour antreffen könnte, und nimmt die jeweils passende Ausrüstung bzw. das passende Zubehör mit.

Wie Sie Ihre Kamera möglichst schon vorher auf die erwartete Situation voreinstellen können, erfahren Sie in den folgenden Kapiteln.

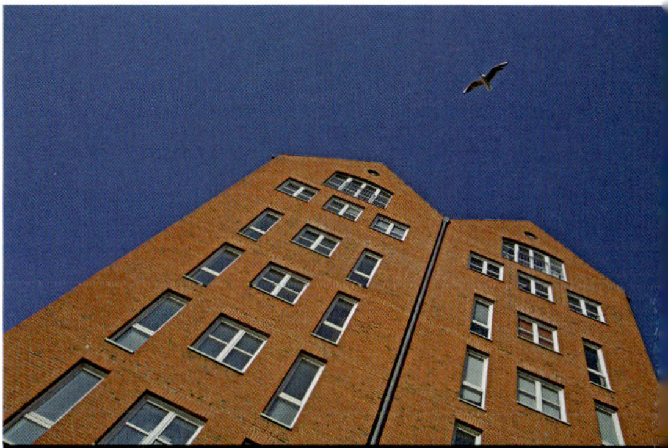

[50 mm | 1/640 s | f5,6 | ISO 50]

^ Kein Zufall
Mit Möwe sieht das Motiv interessanter aus. Ein solches Bild lässt sich planen, wenn man sich Zeit nimmt.

ERSTER AUSRÜSTUNGS-CHECK

- Stimmen Datum/Uhrzeit der Kamera?
- Ist die richtige Bildauflösung eingestellt (5 MP/ 8 MP/10 MP)? Benutzen Sie eine mittlere bis hohe Auflösung.
- Ist die Speicherkarte leer? Nehmen Sie gegebenenfalls eine zweite Karte mit.
- Wie ist der Ladezustand des Akkus? Nehmen Sie stets einen Ersatzakku oder Ersatzbatterien mit!
- Welche Motive wollen Sie fotografieren? Wenn Sie zu einer Feier aufbrechen, können Sie an der Kamera bereits das Porträt-Programm voreinstellen. Wenn Sie spielende Kinder oder tobende Hunde erwarten, aktivieren Sie das Sport/Action-Programm. Wenn Sie es noch nicht wissen, stellen Sie die Kamera auf P – meiden Sie die Vollautomatik.
- Wer mit der Handhabung seiner Kamera schon vertrauter ist, kann weitere Einstellungen bereits vorab modifizieren. Wenn Sie wissen, dass Sie bei bestimmten Lichtverhältnissen fotografieren werden, können Sie den ISO-Wert erhöhen oder den Weißabgleich anpassen (WB-Taste).
- Falls Sie mit einer Kompaktkamera fotografieren, die Sie immer wieder mal mit einer Auslöseverzögerung ärgert, dann schalten Sie die Kamera frühzeitig ein. Lassen Sie sie bei Ihrem Spaziergang eingeschaltet, aber nehmen Sie auch genug Ersatzbatterien mit.

Schnelle erste Hilfe:
Bessere Bilder mit der richtigen Kamerahaltung

Weil es immer weniger Kameras mit optischem Sucher gibt, hält man die Geräte heutzutage etwa 30 cm vor dem Körper, um das Bild am Display zu gestalten. Mit einer Hand knipsen ist nur sicher, wenn die Sonne hell scheint. Sie können die Verwacklungsgefahr reduzieren, wenn Sie die Kamera in beide Hände nehmen und für einen sicheren und stabilen Stand sorgen. Je größer die Kamera und je weiter das Zoom ausgefahren wird, desto wichtiger ist die stabile Position. Lehnen Sie sich bei Bedarf an eine Mauer oder eine Säule, oder stabilisieren Sie die Kamera auf einer festen Unterlage.

Um ein Hochformat aufzunehmen, können Sie die Kamera nach rechts oder links kippen: Nach links ist vor allem bei großen Kameras

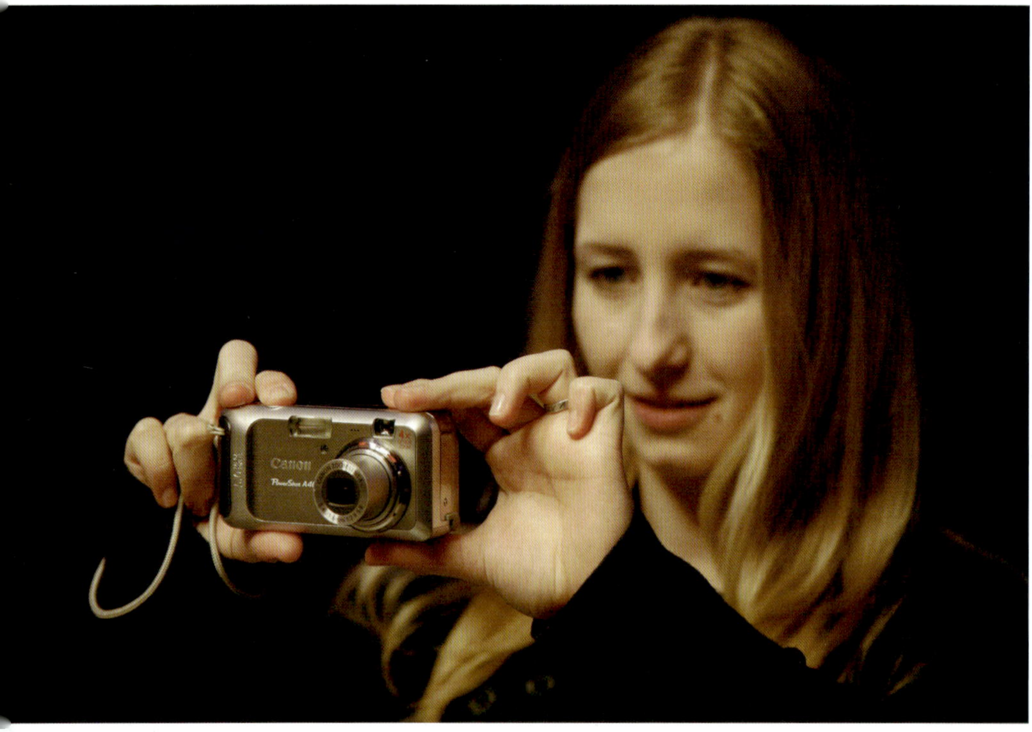

∧ Nutzen Sie die Handschlaufe
Schon so manche Minikamera ist versehentlich abgestürzt.

günstiger. Da der Auslöser immer rechts oben an der Kamera angebracht ist, können Sie so den linken Arm am Oberkörper abstützen. Damit bilden Sie ein stabiles Dreieck am Körper, auf dem die Kamera in Ihrer linken Hand ruht, während sich Ihr rechter Arm frei bewegen und den Auslöser betätigen kann.

Fassen Sie eine Spiegelreflexkamera am Objektiv an. Mit der linken Hand zoomen Sie, mit der rechten lösen Sie aus.

Für Aufnahmen aus ungewöhnlichen Perspektiven – über dem Kopf und in Bodennähe – sind Kameras mit schwenkbarem Display von Vorteil. Auch wenn Sie kein solches Display haben: Nutzen Sie ungewöhnliche Kamerapositionen.

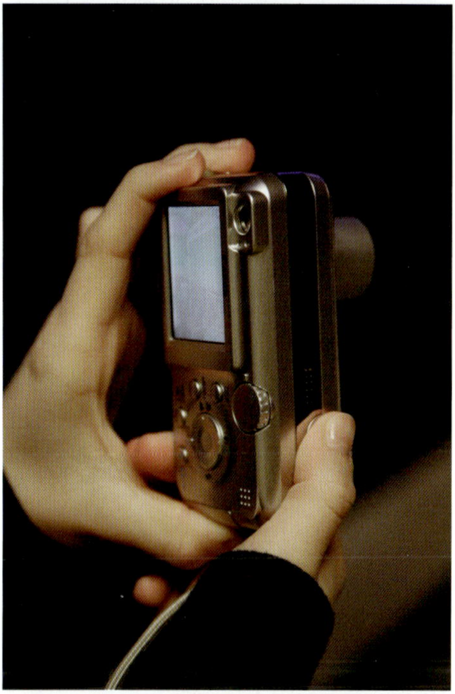

> Stabil in der Hand
Bei kleinen Kameras ist es nicht so wichtig, ob Sie sie nach links oder rechts kippen: Hauptsache, die Kamera liegt gut in der Hand.

DAS WICHTIGSTE IN KÜRZE

- Alle Kameras bestehen im Wesentlichen aus einem Gehäuse und einem Objektiv. Sie arbeiten stets nach dem gleichen Grundprinzip: Der Sensor empfängt bei der Belichtung, die über Verschlusszeit und Blendenöffnung gesteuert wird, die Lichtsignale. Der Prozessor verarbeitet die Daten zum Bild.
- Es gibt verschiedene Kamerasysteme, die unterschiedliche Vor- und Nachteile haben: Die eine richtige Kamera für alle(s) gibt es nicht. Die Wahl der Kamera hängt von den bevorzugten Motiven ab.
- Für Aufnahmen bei wenig Licht, für Sport- und Tieraufnahmen sind größere Kameras besser geeignet als kleine.
- Zoomobjektive mit einem großen Brennwei-

nahmesituationen, haben aber auch qualitative Grenzen. Gute Objektive zeichnen sich durch eine große Lichtstärke und hochwertige Verarbeitung aus.

- Die wichtigsten Einstellungen an der Kamera sind die motivspezifischen Aufnahmeprogramme. Wenn Sie P und die Halbautomatiken benutzen, sollten Sie auch wissen, wo Sie den ISO-Wert, die Plus-/Minus-Korrektur und den Weißabgleich finden.
- Mit einem Einstellrad am Kameragehäuse und den verschiedenen Knöpfen für die einzelnen Funktionen können Sie die Kamera schneller an eine bestimmte Situation anpassen.
- Eine stabile Kamerahaltung hilft, verwackel-

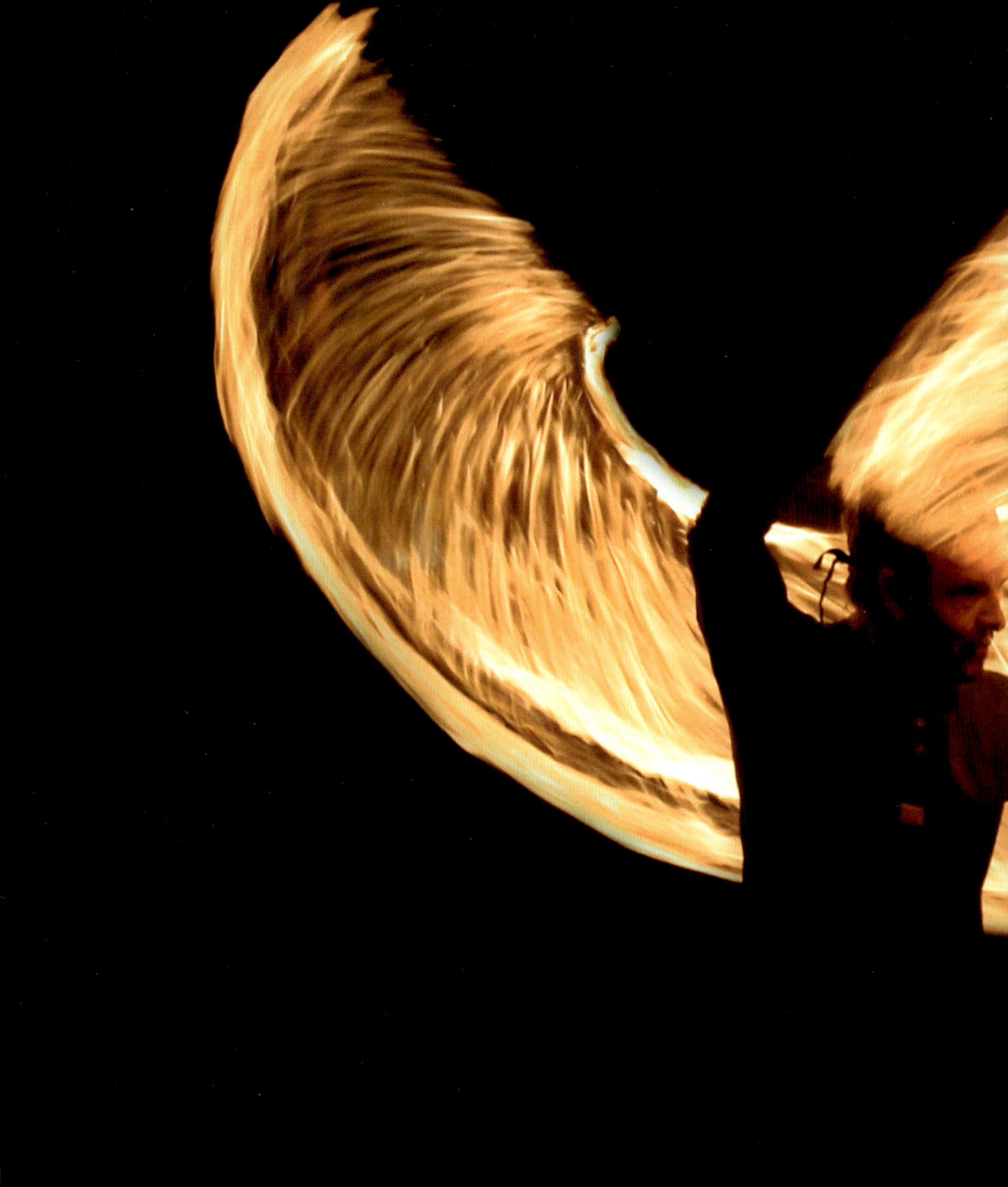
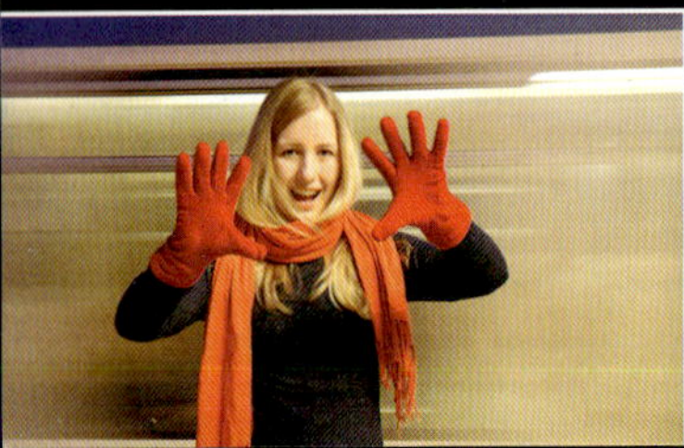
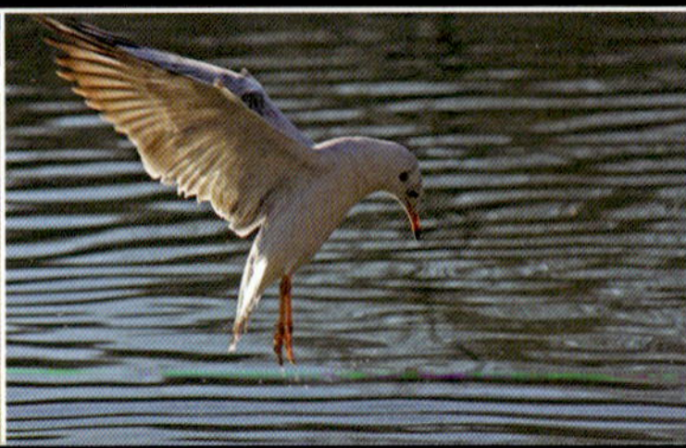
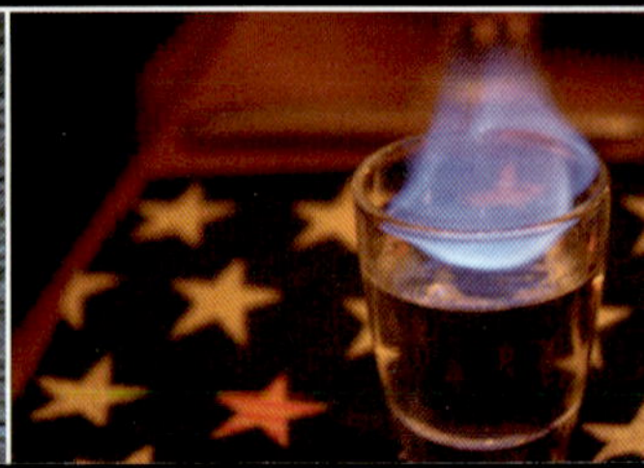

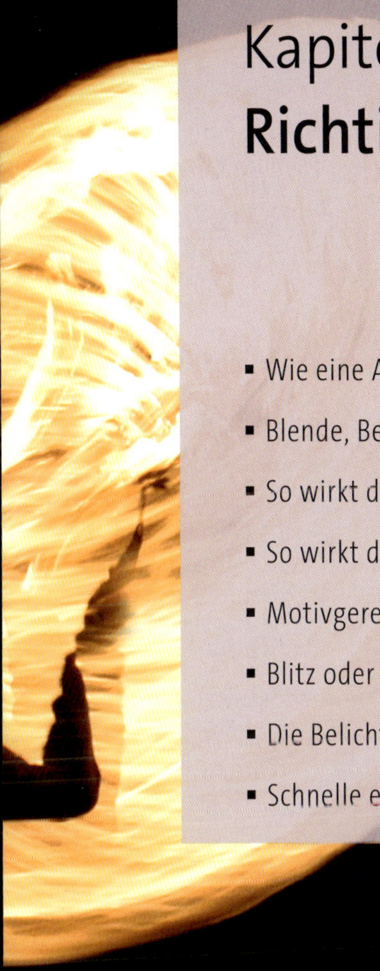

Kapitel 3
Richtig belichten

- Wie eine Aufnahme entsteht
- Blende, Belichtungszeit und ISO-Wert
- So wirkt die Belichtungszeit
- So wirkt die Blendenöffnung
- Motivgerecht belichten
- Blitz oder Stativ?
- Die Belichtungskorrektur
- Schnelle erste Hilfe: Bilder bei Gegenlicht aufnehmen

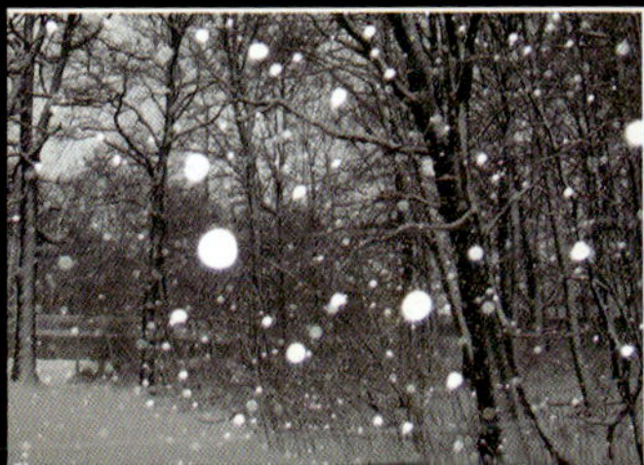
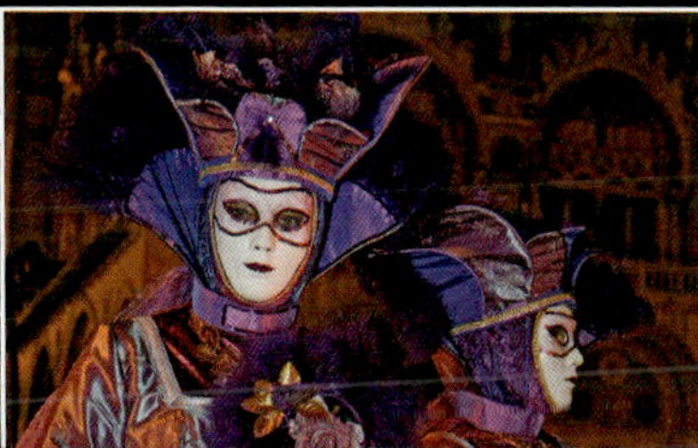
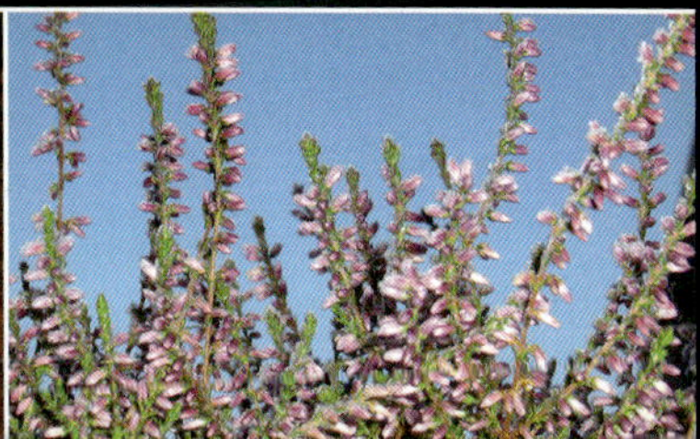

Wie eine Aufnahme entsteht

Je mehr Sie über die Abläufe in Ihrer Kamera wissen, desto besser können Sie die technischen und gestalterischen Möglichkeiten, die sie Ihnen bietet, nutzen. Was also passiert, wenn Sie den Auslöser antippen? Zunächst stellt der Autofokus auf das anvisierte Motiv scharf. Gleichzeitig misst die Kamera, wie viel Licht vom Motiv zurückgeworfen wird. Dieses Licht wird blitzschnell analysiert: Einerseits erkennt die Kamera die Menge des Lichts (Helligkeit), aber auch dessen Farbe (Lichttemperatur). Sobald Sie den Auslöser ganz durchdrücken, öffnet sich der Verschluss. Das Licht gelangt nun durch die Blendenöffnung des Objektivs auf den Sensor. Das eingestellte Aufnahmeprogramm entscheidet über die Kombination von Blende und Verschlusszeit. Wenn Sie das Sport/Action-Programm verwenden, benutzt die Kamera eine andere Zeit-Blenden-Kombination als im Landschafts- oder Porträt-Programm.

Lichtsignal in Daten umwandeln

Während der Belichtung empfängt der Sensor die Bildinformation in Form von Helligkeits- und Farbsignalen. Er wandelt diese in elektrische Impulse um und reicht sie an den Prozessor weiter. In dieser »kamerainternen Entwicklungsmaschine« werden die Signale zum digitalen Foto weiterverarbeitet und schließlich

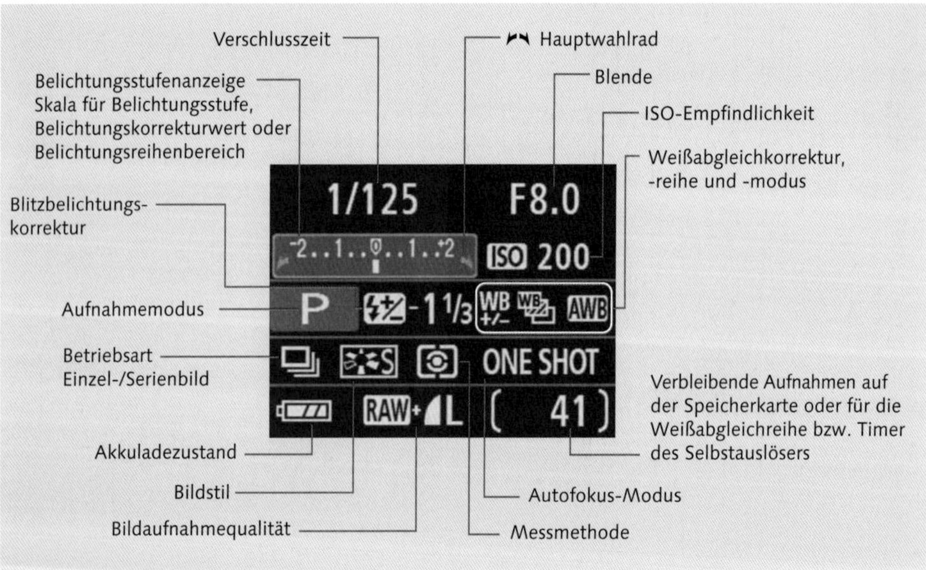

^ Orientierung am Display
Die Symbole und Zahlen, die die Kamera anzeigt, geben Auskunft darüber, mit welchen Einstellungen die Aufnahme erfolgen wird.

auf der Karte gespeichert. Der Weißabgleich sorgt dafür, dass die Farben möglichst natürlich wiedergegeben werden. Die Informationen, wie in der jeweiligen Situation zu verfahren ist, sind in den Kameraprogrammen hinterlegt. Sie beruhen auf Tausenden von Erfahrungswerten. Ein geübter Fotograf kennt die typischen Kombinationen und greift bei Bedarf korrigierend ein.

Verschaffen Sie sich anhand Ihrer Bedienungsanleitung einen Überblick darüber, wo die einzelnen Aufnahmeparameter auf Ihrem Display stehen. Die Kamera ist nicht unfehlbar: Sie als Fotograf können die Aufnahmesituation viel genauer beurteilen. Mit dem Wissen aus diesem Buch werden Sie das Feintuning der Einstellungen bald selbst in die Hand nehmen.

Speichervorgang

Häufig wird das Datenpaket, aus dem die Aufnahme besteht, vorübergehend in einen Zwischenspeicher (Puffer) übertragen, bevor es auf die Speicherkarte geschrieben wird. Je nach Datenmenge kann das Speichern etwas länger dauern, zum Beispiel bei Nachtaufnahmen. Sobald die Daten auf der Karte vollständig angekommen sind, können Sie das Bild am Display anschauen oder auf den Computer übertragen. Manche Kameras sind in der Lage, sehr viele Bilder und große Datenmengen schnell zu übertragen, andere reagieren etwas träger. Bei Serienaufnahmen kann eine »schnelle« Speicherkarte von Vorteil sein, bei Einzelbildaufnahmen spielt die Art der Karte keine Rolle. Eine ältere Kamera wird mit einer modernen Karte nicht schneller. Schalten Sie die Kamera erst ab, wenn der Schreibvorgang sicher beendet ist. Ein guter Ladezustand des Akkus verhindert Fehler beim Speichern.

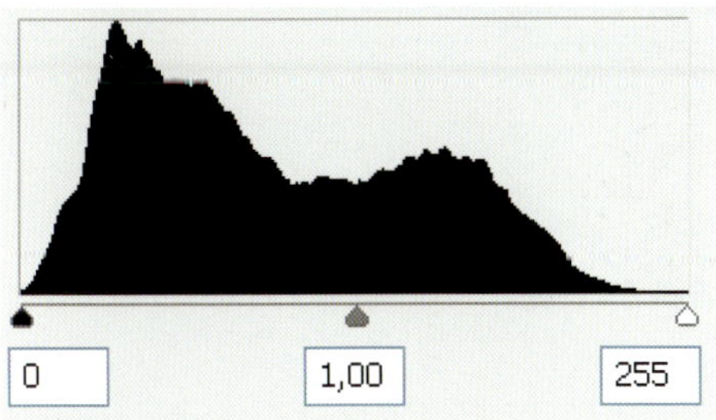

∧ Das Histogramm
Diese grafische Darstellung der Lichtsignale gibt Auskunft darüber, wie sich die Helligkeitswerte im Bild verteilen: links schwarz, rechts weiß. Je höher der Balken, desto mehr Anteile eines Helligkeitswerts sind vorhanden.

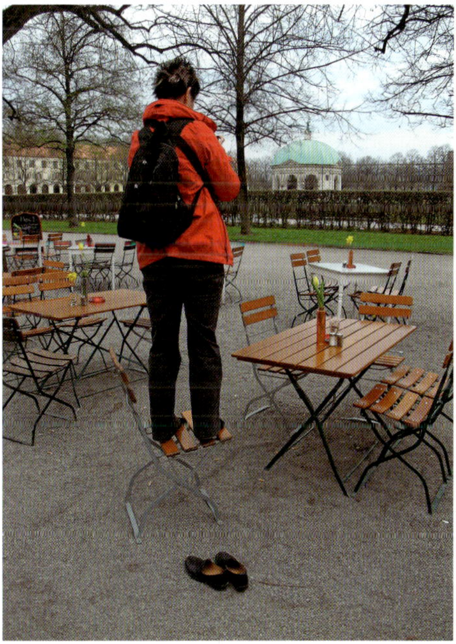

∧ Technik ist nicht alles
Beim Fotografieren hat man meist ganz andere Dinge im Kopf als die technischen Abläufe in der Kamera. Trotzdem ist es gut, darüber Bescheid zu wissen.

Blende, Belichtungszeit und ISO-Wert

Für eine korrekt belichtete Aufnahme ist stets eine bestimmte Menge an Licht erforderlich, die auf dem Sensor ankommen muss. Die Belichtungsmessung ermittelt, wie viel Licht in der aktuellen Situation benötigt wird und wie viel auf dem Motiv vorhanden ist. Um die Lichtmenge exakt zu dosieren, stehen der Kamera bzw. dem Fotografen zunächst zwei Dinge zur Verfügung: die Größe der Durchtrittsöffnung im Objektiv (Blende) und der Zeitraum, über den der Verschluss geöffnet bleibt (Belichtungszeit).

Das Licht kann durch eine weit geöffnete **Blende** über einen kurzen Zeitraum auf den Sensor gelangen, dann ist die Verwacklungsgefahr gering. Man kann die Blende aber auch weiter schließen und die Durchtrittsöffnung verkleinern. Dann dauert es entsprechend länger, bis die erforderliche Lichtmenge auf dem Sensor angekommen ist: Die **Belichtungszeit** verlängert sich. Welche Zeit das nun genau ist, hängt jeweils von der Helligkeit des Motivs ab. Bei schummriger Beleuchtung oder im Schatten gibt es leider oft ein verwackeltes Bild.

Automatische Belichtung

Würde man die Belichtungszeit so einstellen, dass man nicht verwackelt, und die Blende

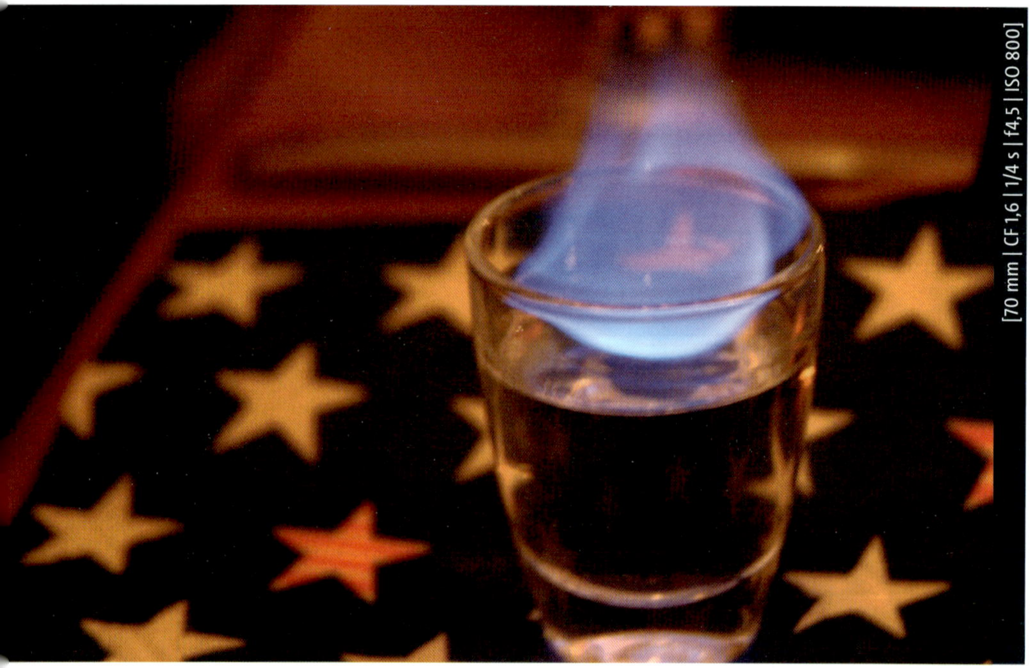

∧ Vorhandenes Licht nutzen
Fotografieren ohne Blitz bei wenig Licht: Das geht, wenn der ISO-Wert erhöht wird.

trotzdem weiter schließen, käme weniger Licht an, als die Messung ermittelt hat: Das Foto würde zu dunkel (Unterbelichtung). Umgekehrt würde ein Foto zu hell, wenn Sie versehentlich zu viel Licht auf den Sensor gelangen lassen (Überbelichtung). Die Automatik und auch die Halbautomatiken verhindern solche Fehler. Sie verwenden immer eine Zeit-Blenden-Kombination, die ein korrekt belichtetes Bild ergibt. Korrekt belichtet bedeutet: Es ist nur die richtige Lichtmenge dosiert worden. Das bedeutet aber noch lange nicht, dass das Foto toll aussieht. Gestalten müssen Sie das Bild immer noch selbst. Erste Priorität beim Belichtungsvorgang ist, dass das Foto nicht verwackelt. Bei hellem Sonnenschein gibt es nur selten Probleme. Hier können viele sichere Kombinationen mit kurzen Verschlusszeiten benutzt werden. Stellt man versehentlich eine lange Zeit ein, kommt es auch bei hellem Sonnenschein zu verwackelten Bildern. Kritisch wird es, wenn die Helligkeit nachlässt. Dann verlängert sich auch in der Automatikeinstellung die Belichtungszeit, und Ihre Fotos können unscharf werden. Deshalb schaltet sich der Blitz ein: Seine Aufgabe ist es, das fehlende Licht zu ersetzen. Verzichtet man auf den Blitz, kommt der ISO-Wert ins Spiel.

Der ISO-Wert als Joker

Der **ISO-Wert** ist eine Maßangabe für die Lichtempfindlichkeit des Sensors. Ein niedriger Wert von (*Low*, 50 – 200) steht für geringe bzw. normale Empfindlichkeit. Sind hohe Werte (ab 800, *High*) eingestellt, werden die ankommenden Signale verstärkt. Das bedeutet: Sie können auch bei schummriger Beleuchtung ohne Blitz fotografieren. Das hat allerdings seinen Preis: Es kommt zu Störungen in der Signalverarbeitung, dem **Bildrauschen**. Das Foto ist übersät mit unschönen kleinen Farbflecken. Manchmal werden Linien und Konturen matschig wiedergegeben, und die Farben sind weniger brillant. Die ISO-Automatik schöpft das mögliche Spektrum nicht vollständig aus oder erhöht den Wert zu spät. Es ist also sinnvoll, dass Sie sich selbst mit dem Thema beschäftigen.

Abhängig von der Größe und Bauweise des Sensors, liefern viele Kameras heute auch bei hohen ISO-Werten ordentliche Bilder, vor allem die Spiegelreflexkamera-Modelle. Wenn das Rauschen stört, kann man zudem mit einer speziellen Software dagegen vorgehen. Wer viel bei schlechten Lichtverhältnissen fotografiert, sollte sich eine Kamera mit einem größeren Sensor zulegen.

Die Faustregel für den ISO-Wert lautet: so niedrig wie möglich. Wenn es zu dunkel wird, und Sie ohne Blitz und ohne Stativ fotografieren müssen, dann erhöhen Sie den ISO-Wert. Denken Sie daran, dass die Kameraeinstellungen, die Sie von Hand machen, gespeichert bleiben. Sobald sich die Lichtsituation ändert, müssen Sie Ihre Einstellungen überprüfen und erneut anpassen.

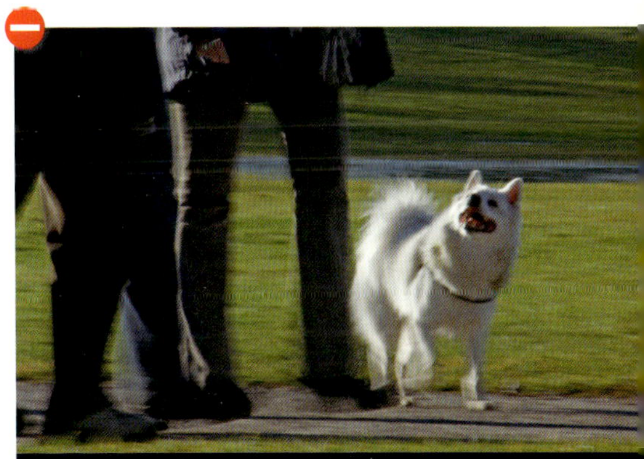

[300 mm | CF 1,6 | 1/15 s | f45 | ISO 200]

^ Unscharf trotz Sonnenschein
Ist die Verschlusszeit zu lang, verwischen bewegte Motive oder das Foto verwackelt – manchmal leider auch beides, wie hier.

So wirkt die Belichtungszeit

Eine lange Verschlusszeit führt häufig zur Verwacklung. Sie könnten ein Stativ benutzen, aber das ist nicht immer zur Hand. Lange Belichtungszeiten haben außerdem zur Folge, dass bewegte Objekte im Bild verwischen, während unbewegte Teile des Motivs scharf wiedergegeben werden. Ein Stativ hilft also nicht in allen Situationen. Um bewegte Objekte im Foto scharf abzubilden – man spricht von »Einfrieren« –, benötigen Sie eine kurze Belichtungszeit. Das Sport/Action-Programm ist für solche Motive die bessere Wahl als die Automatik oder P. Sie können aber auch eine Halbautomatik verwenden und die gewünschte Verschluss-

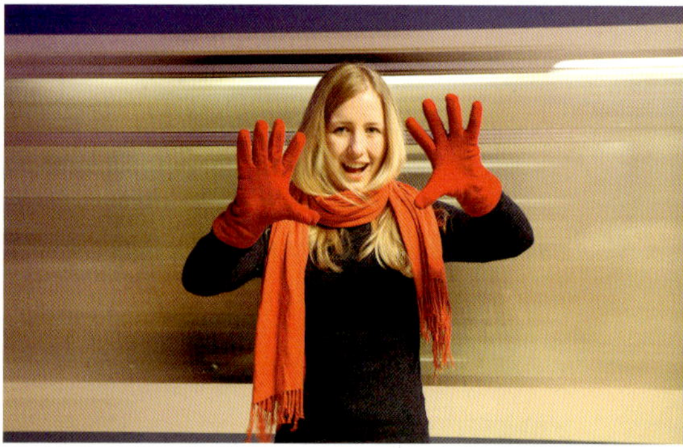

[75 mm | 1/10 s | f8 | ISO 1250]

< **Verwischt I**
Das unbewegte Modell ist scharf abgebildet, der im Hintergrund vorbeifahrende Zug verwischt zu einer Farbfläche.

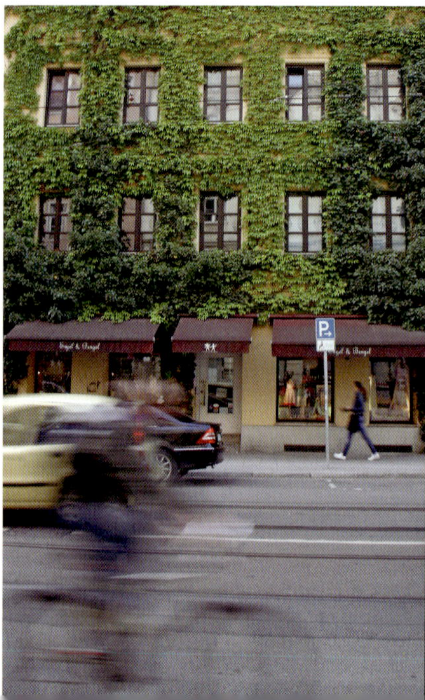

[28 mm | 1/15 s | f14 | ISO 320]

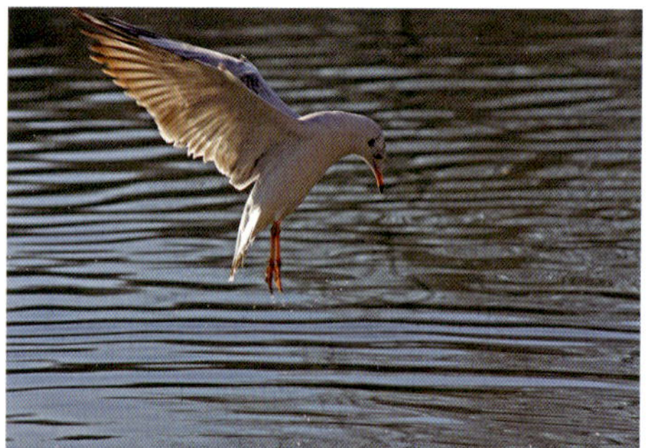

[300 mm | CF 1,6 | 1/800 s | f10 | ISO 200]

< **Verwischt II**
Je nachdem, wie schnell sich Objekte durchs Bild bewegen, verwischen sie mehr oder weniger stark; die statische Umgebung wird scharf abgebildet.

∧ **Gestochen scharf**
Mit einer kurzen Belichtungszeit werden Bewegungen eingefroren. Dafür brauchen Sie viel Licht – oder einen hohen ISO-Wert.

zeit selbst bestimmen: Dazu drehen Sie das Einstellrad auf Tv/S/Sv und geben der Kamera als Zeit 1/500 sek oder kürzer vor. Je schneller sich das Motiv bewegt, desto kürzer muss die Belichtungszeit sein: Für einen wild herumtobenden Hund brauchen Sie eine kürzere Zeit als für einen Spaziergänger.

Bei Dämmerung und in Innenräumen reicht das Licht meistens nicht aus. Hier hilft nur das Erhöhen des ISO-Wertes, um doch noch möglichst kurze Zeiten verwenden zu können. Sie werden feststellen, dass Ihre Kamera bereits im Schatten eines Hauses oder im Wald große Probleme bekommt. Was wir mit den Augen noch als hell wahrnehmen, ist für eine kurze Belichtungszeit oft schon zu dunkel.

Belichtungszeiten zur Orientierung

Die Belichtungszeit wirkt sich im Foto auf alles aus, was sich bewegt. Je kürzer die Zeit, desto »knackiger« werden bewegte Objekte eingefroren. Je länger die Zeit, desto stärker erscheinen bewegte Objekte verwischt, oder das ganze Foto verwackelt. Eine Übersicht über die Belichtungszeiten sehen Sie in der Grafik unten.

Bildstabilisator gegen Verwacklung

Viele Kameras haben ein eingebautes System zur Bildstabilisierung. Es befindet sich entweder im Kameragehäuse oder im Objektiv. Solche Systeme sind sehr nützlich, weil sie das Verwackeln hervorragend ausgleichen und Ihnen das Fotografieren bei schlechten Lichtverhältnissen erleichtern. Trotzdem gibt es Grenzen. Bei 1/10 sek oder länger kann kaum jemand die Kamera so ruhig halten, dass das Foto scharf bleibt. Achten Sie beim Kauf auf ein mechanisches oder optisches System zur Bildstabilisierung. Manche Hersteller arbeiten nur mit der Erhöhung des ISO-Wertes, und das kann jede Kamera sowieso. Sobald Sie mit dem Stativ arbeiten, müssen Sie den Bildstabilisator allerdings deaktivieren, weil er sonst selbst zur Ursache für Unschärfe werden kann.

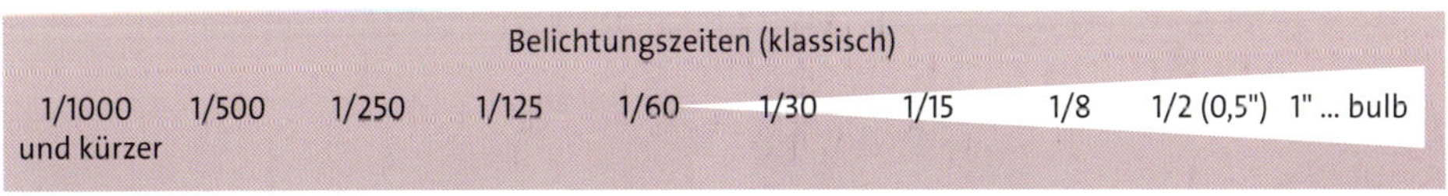

∧ Verwacklung
Mit der Länge der Belichtungszeit steigt die Verwacklungsgefahr (weißer Bereich).

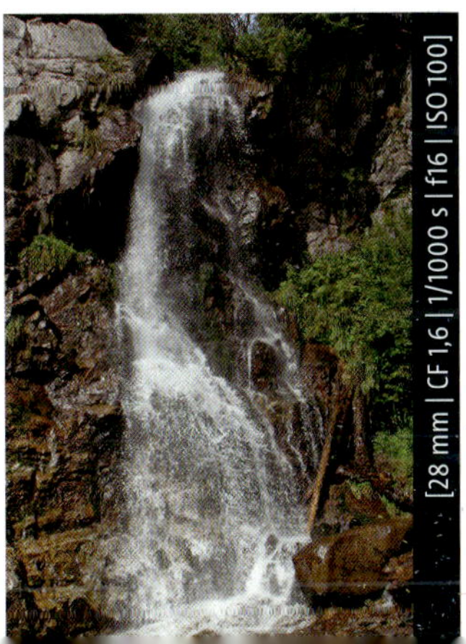

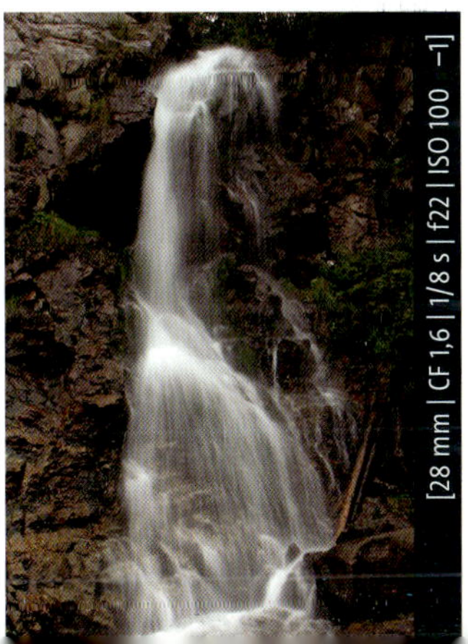

<< Harte Konturen
Die kurze Belichtungszeit lässt das Wasser sehr konturenreich erscheinen, man kann sogar einzelne Tropfen erkennen.

< Weiches Wasser
Bei einer langen Belichtungszeit verschwimmen die Konturen des bewegten Wassers, der unbewegte Fels wird scharf abgebildet.

So wirkt die Blendenöffnung

Die Blende kann man immer nur so weit öffnen, wie es die Bauweise des Objektivs zulässt. Die größtmögliche Blendenöffnung können Sie vorn am Objektiv ablesen. Gute Objektive verfügen über eine große Öffnung, in einem solchen Fall sehen Sie einen Zahlenwert von 2,8 oder weniger. Je größer die Blendenzahl, desto kleiner die Durchtrittsöffnung. Je kleiner die Öffnung, desto länger die Belichtungszeit – und damit die Verwacklungsgefahr. Es ist wie bei einem Wasserhahn, den Sie weit (f2,8) oder nur ein bisschen (f16) aufdrehen können: Wenn das Wasser (Licht) langsam tröpfelt, dauert es länger, bis Ihr Becher (Sensor/Pixel) voll ist.

Die meisten Fotos in der Automatik werden mit Blendeneinstellungen von f5,6 oder f8 geschossen. Je heller es am Aufnahmeort ist, desto weiter kann die Blende geschlossen werden (f16, f22). Je dunkler es wird, desto mehr wird die Kamera versuchen, die Blende zu öffnen – oder sie erhöht den ISO-Wert.

Einfluss auf die Schärfe

Nun könnte man denken: Wenn es ein Problem mit der Blende gibt, dann fotografiere ich eben immer mit offener Blende – dann kommt am meisten Licht auf den Sensor. Das ist kor-

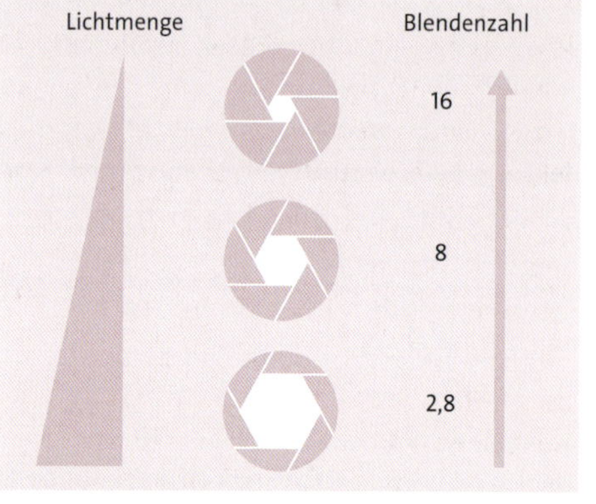

^ Blende und Licht
Zusammenhang zwischen der Blendenöffnung, der Lichtmenge und der Blendenzahl

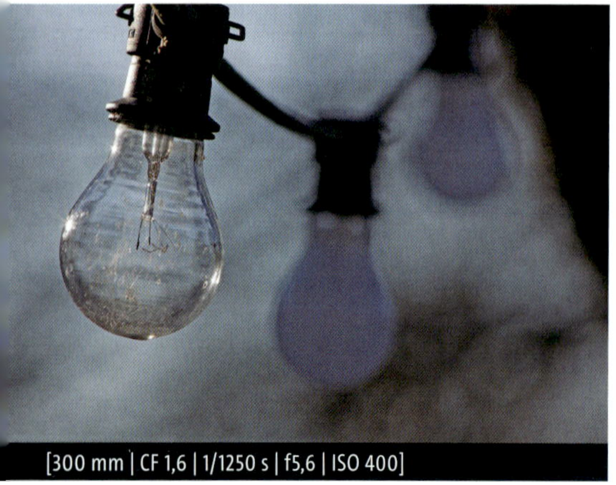
[300 mm | CF 1,6 | 1/1250 s | f5,6 | ISO 400]

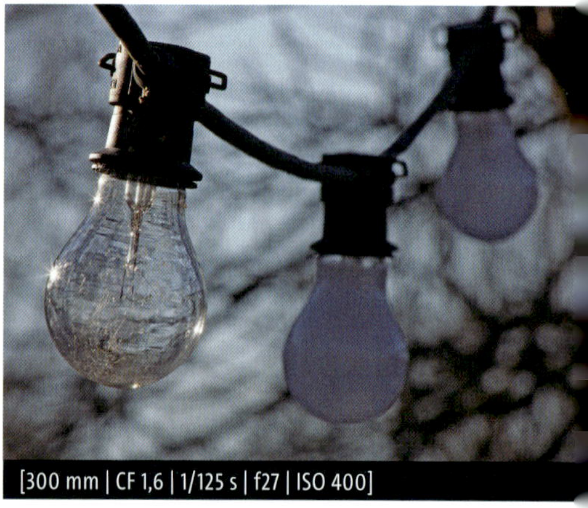
[300 mm | CF 1,6 | 1/125 s | f27 | ISO 400]

^ Schärfentiefe beeinflussen
Mit Blende 5,6 erscheinen die hinteren Glühbirnen stark verschwommen, die Äste sind kaum zu erkennen. Mit Blende 27 nimmt die Schärfentiefe zu, die Konturen im Hintergrund treten viel deutlicher in Erscheinung.

rekt, und das wird auch sehr oft so gemacht. Die Blende hat allerdings noch einen weiteren wichtigen Effekt auf Ihr Bild: Sie verändert die sogenannte **Schärfentiefe**. Eine offene Blende führt dazu, dass dreidimensionale Objekte, die sich in die Tiefe erstrecken, nicht von vorn bis hinten scharf abgebildet werden. Mit einer offenen Blende werden Sie einerseits nicht so leicht verwackeln, dafür haben Sie aber in einer Landschaftsaufnahme oder bei einem Architekturmotiv nur einen kleinen Teilbereich, der wirklich scharf erscheint.

Bei kleinen Kompaktkameras ist dieser Effekt nicht so deutlich zu sehen wie bei Spiegelreflexkameras. Das hängt mit der geringen Größe des Sensors zusammen. Was auf der einen Seite angenehm ist, weil man sich nicht so viele Gedanken um die Blende machen muss, kann auf der anderen Seite stören, wenn man den Hintergrund ganz bewusst unscharf haben möchte.

Blendenwerte zur Orientierung

Mit der Blende steuern Sie die Schärfentiefe im Bild, Sie kontrollieren damit, wie weit sich die Schärfe nach vorn und hinten (bzw. bei gekippter Kamera nach oben) ausdehnt. Ein *kleiner Zahlenwert* signalisiert: Die Blende ist weit

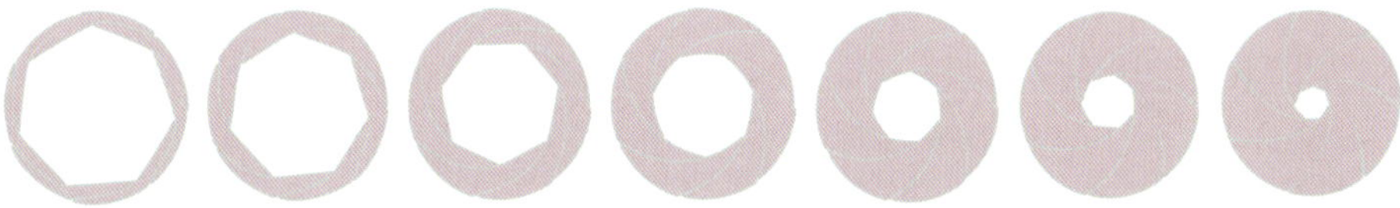

∧ Blendenstufen
Eine große Blendenöffnung bringt keine ultrascharfen Bilder, sie erhöht aber die Gestaltungsmöglichkeiten. Die beste Abbildungsleistung haben Objektive, wenn man die Blende um zwei bis drei Stufen schließt, das heißt, mit der Standardblende 5,6 ist ein lichtstarkes Objektiv leistungsfähiger als ein lichtschwaches.

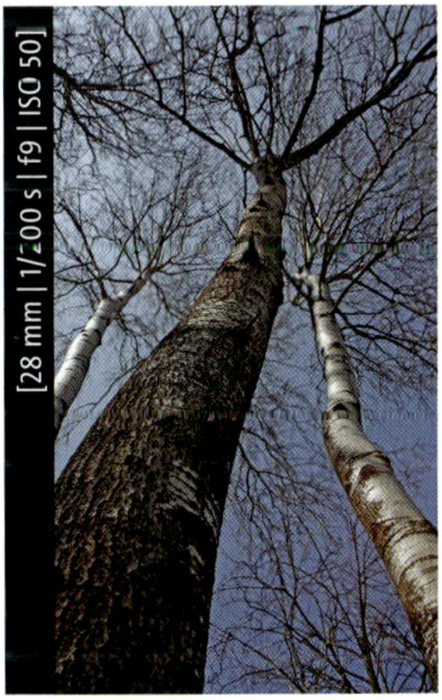

∧ Mittlere Blendenstufe
Das Foto erscheint scharf, Stamm und Zweige sind jedoch leicht verschwommen.

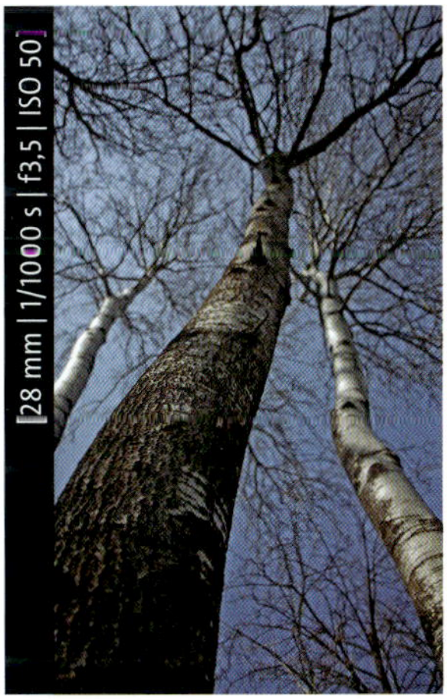

∧ Blende weit geöffnet
Der Stamm ist nur in der Mitte scharf, unten aber nicht – wie die oberen Äste.

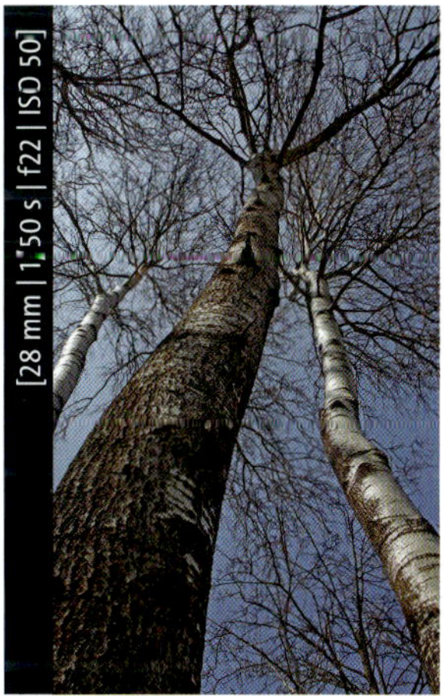

∧ Blende weit geschlossen
Sowohl der Stamm als auch die Äste sind jetzt von unten bis oben scharf abgebildet.

geöffnet, die Schärfentiefe ist *klein*. Ein *großer Zahlenwert* signalisiert: Die Blende ist weit geschlossen, die Schärfentiefe ist *groß*.

Bei manchen Kameras reichen die Blendenstufen von 1,x bis 8, höhere Werte: Fehlanzeige. Bei anderen Kameras bzw. Objektiven liegt der verfügbare Blendenbereich zwischen 4,x und 32. Das sind die technischen Grenzen der Ausrüstung, die Sie nur durch den Kauf eines anderen Wechselobjektivs oder Kameramodells durchbrechen können.

EIN KLEINER TRICK

Wenn Sie stärker zoomen und die Teleeinstellung benutzen, wirkt der Hintergrund meist weicher. Auch wenn Sie näher an Ihr Hauptmotiv herangehen, verändert sich der Schärfeeindruck des Hintergrunds. Mehr zu diesen Zusammenhängen erfahren Sie in Kapitel 6, »Bilder gestalten«, ab Seite 98.

Selektive Schärfe
Bei Kompaktkameras können Sie diesen Effekt am besten erreichen, wenn Sie stark zoomen oder nah ans Motiv herangehen und den Makro-Modus nutzen.

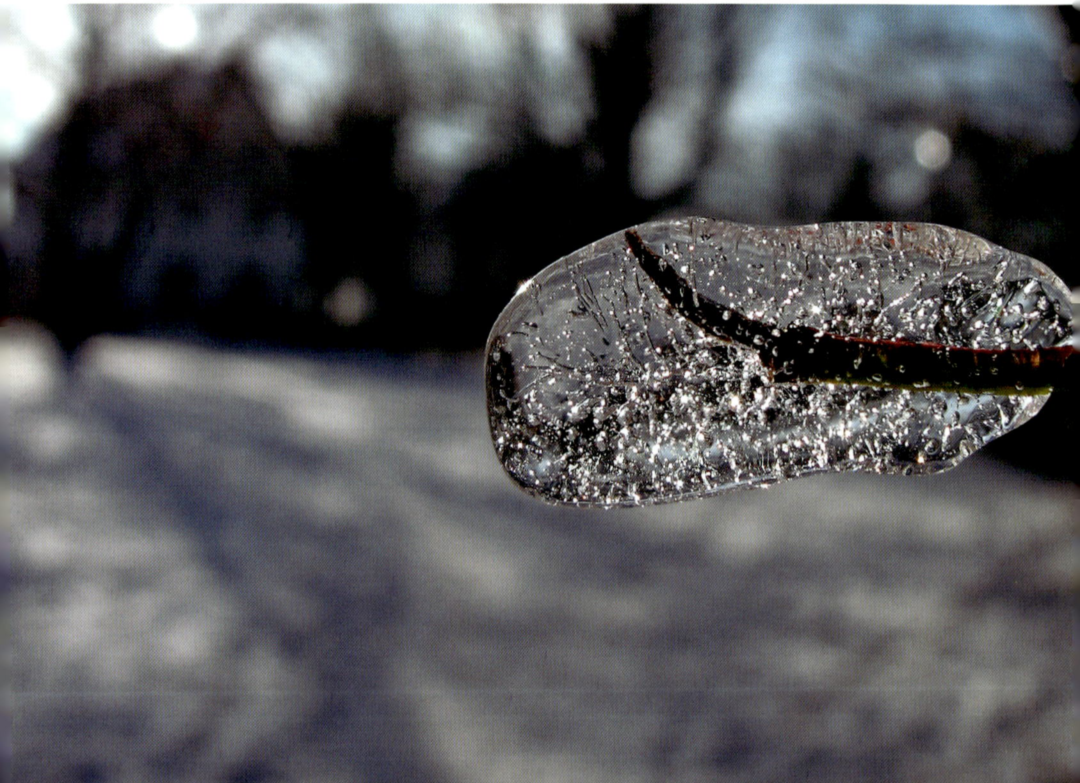

[6,1 mm | CF 4,6 | 1/1000 s | f4 | ISO 80]

Motivgerecht belichten

Sie haben sicher auch ein paar Kleidungsstücke, die Sie am liebsten tragen – und andere, die nur im Schrank hängen: Das eine sitzt perfekt, das andere ist hier zu weit oder dort zu kurz. Mit den Kameraeinstellungen verhält es sich ähnlich. Die Automatik liefert eine »0815-Belichtung«. Wenn die Situation, die Sie fotografieren, zufällig exakt zur »0815-Einstellung« der Automatik passt, dann wird Ihr Foto hervorragend. Oft haben Sie aber keine »0815-Situation« vor der Kamera, sondern »0820« oder »0810«. Ihr Automatikfoto wird in einem solchen Fall nicht misslingen, aber es wird auch nicht toll aussehen.

Mit etwas Übung wird es Ihnen gelingen, die Einstellungen der Kamera so zu verändern, dass es genau passt. Die wichtigste Grundvoraussetzung ist, dass Sie Ihr Motiv richtig einschätzen lernen. Beim Fotografieren geht es nicht um irgendwelche losgelösten technischen Parameter, sondern vielmehr darum, dass Sie genau beobachten und die richtigen Entscheidungen treffen – alles dreht sich hier also um das sogenannte *fotografische Sehen*. Beginnen Sie dabei mit den Motivprogrammen, und wechseln Sie allmählich zu den Halbautomatiken.

WANN IST WELCHE EINSTELLUNG RICHTIG?

- Wenn sich in Ihrem Motiv etwas bewegt, müssen Sie auf die Belichtungszeit achten. Um das Motiv einzufrieren, wählen Sie eine möglichst kurze Belichtungszeit: Zeitvorwahl + kurze Zeit.
- Wenn Sie in Ihrem Motiv die Schärfentiefe genau steuern wollen, achten Sie auf die Einstellung der Blende: große Zahl = große Schärfentiefe, kleine Zahl = geringe Schärfentiefe.
- Bei wenig Licht, oder wenn Sie mit einer großen Blendenzahl arbeiten, wächst die Verwacklungsgefahr: Erhöhen Sie den ISO-Wert, oder benutzen Sie ein Stativ.
- Wenn Ihre Fotos einen Farbstich haben: Überprüfen Sie die Einstellung des Weißabgleichs.

˅ Unbewegtes Motiv
Über die Blendenöffnung steuern Sie die Weichheit des Hintergrundes.

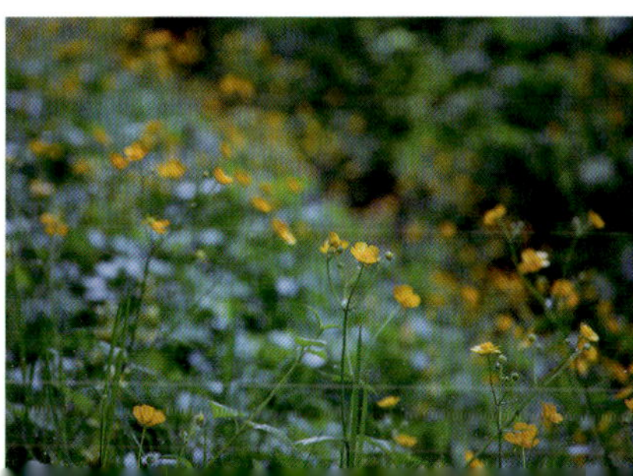

[135 mm | 1/80 s | f5,6 | ISO 320]

> Bewegtes Motiv
Wenn die Personen im Karussell nicht verwischen sollen, stellen Sie eine kurze Verschlusszeit ein.

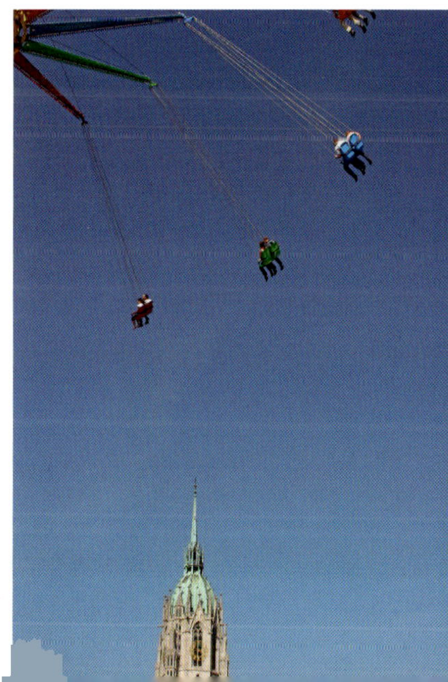

[35 mm | CF 1,6 | 1/250 s | f10 | ISO 100]

Blitz oder Stativ?

Der Kamerablitz sorgt dafür, dass Sie auch bei schlechten Lichtverhältnissen fotografieren können, er verändert jedoch immer die Lichtstimmung und die Farben. Halbwegs geeignet ist der Blitz nur für Motive, die sich in einem Abstand von bis zu etwa drei Metern befinden, für größere Entfernungen ist die Leistung meist zu schwach. Ein weiteres Problem ist der Rote-Augen-Effekt. Bei kleinen Kameras befindet sich das Blitzlicht nah am Objektiv, so dass sich das Aufleuchten der Augen vor allem in einer dunklen Umgebung kaum vermeiden lässt. Nur durch eine Nachbearbeitung der Fotos kann dieser Fehler wieder ausgeglichen werden.

Unterschiedliche Blitzeinstellungen

Bei der Einstellung **Automatikblitz** entscheidet die Kamera, wann es zu dunkel ist, und aktiviert dementsprechend das Blitzlicht. Sie erhalten ein korrekt belichtetes Bild, wenn sich das Motiv innerhalb der Reichweite des Blitzes befindet.

Mit der Einstellung **Blitz aus** unterdrücken Sie den Blitz vollständig, die Kamera wird das vorhandene Licht für die Aufnahme verwenden und eine längere Verschlusszeit einstellen. Ist der ISO-Wert niedrig, dauert die Belichtung sehr lang, also erhöhen Sie ihn besser. In Kirchen und Museen, in denen das Fotografieren mit Blitz meist verboten ist, müssen Sie von dieser Einstellung Gebrauch machen. In vielen Fällen ist das Ergebnis eine verwackelte Aufnahme, aber probieren Sie es trotzdem. Wenn Sie die Kamera auflegen oder sich irgendwo anlehnen können, kann das Bild gelingen.

Die Funktion **Nachtblitz** kombiniert das Blitzlicht mit einer längeren Verschlusszeit, die Fotos sehen wärmer und natürlicher aus. Schnelle Bewegungen können aber zum Verwischen oder Verwackeln des Motivs führen. Sie müs-

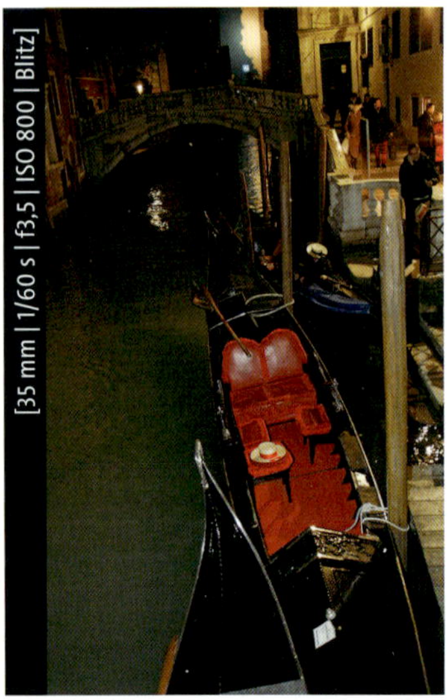

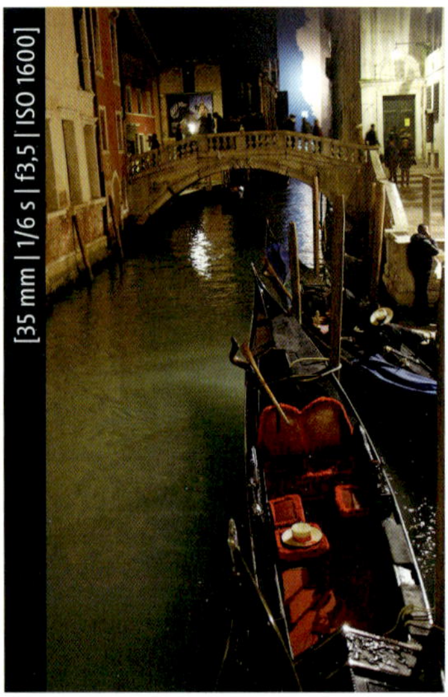

<< Blitzwirkung einschätzen
Das geblitzte Foto ist vorn stets heller als hinten, die Gondel ist innen voll ausgeleuchtet.

< Stativ oder Blitz?
Beim Fotografieren mit Stativ und einer langen Belichtungszeit würden bewegte Motive wie die schwankende Gondel verwischen. Entscheidet man sich gegen den Blitz, muss der ISO-Wert in jedem Fall drastisch erhöht werden.

sen dann dafür sorgen, dass sich das Motiv möglichst nicht bewegt. Halten Sie die Kamera ruhig, oder stabilisieren Sie sie. Dynamisch bewegte Motive lassen sich mit dieser Art des Blitzens effektvoll in Szene setzen.

Die Funktion **Rote-Augen-Blitz** sendet einen hellen Vorblitz aus, der bewirken soll, dass sich die Pupillen der fotografierten Personen weiter schließen. Dieser Vorblitz benötigt zusätzliche Batterieleistung und bringt oft mehr Ärger als Nutzen, weil die Leute denken, die Kamera hätte bereits ausgelöst. Diese Funktion wird heute mehr und mehr durch eine Bildbearbeitungsfunktion in der Kamera ersetzt.

Am günstigsten ist es, wenn Sie ein separates Blitzgerät haben, das oben auf die Kamera aufgesteckt wird und das Sie gegen die Zimmerdecke richten können. Durch das **indirekte Blitzen** entsteht eine Beleuchtung, die so ähnlich wirkt wie eine Deckenbeleuchtung. Ihr Motiv wird gleichmäßiger ausgeleuchtet, und die Bilder sehen natürlicher aus. Doch Vorsicht: Bei farbigen Wänden kann auf diese Weise leicht ein Farbstich entstehen.

BLITZBELICHTUNGSKORREKTUR ⚡+/–

Manche Kameras verfügen auch über eine Blitzbelichtungskorrektur, mit der Sie die Helligkeit des Blitzes regeln können. Sie funktioniert im Prinzip wie die auf Seite 52 beschriebene allgemeine Belichtungskorrektur. Über einen Regler wird die Intensität des Blitzimpulses verstärkt (+) oder reduziert (–): Das angeblitzte Motiv erscheint im Bild heller oder dunkler.

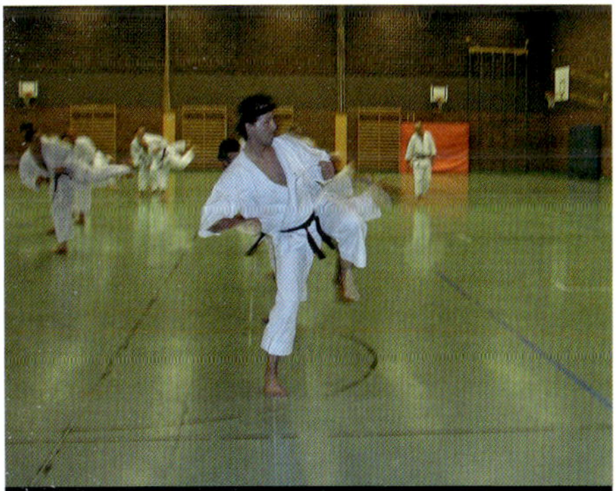
[8,6 mm | CF 6,5 | 1/40 s | f1,8 | ISO 160]

∧ Blitzen in Sporthallen?
In schlecht beleuchteten Sporthallen sind kurze Belichtungszeiten nur schwer zu erzielen. Nur wenn es die Sportler nicht stört, können Sie es mit dem Blitz versuchen.

∨ Clever blitzen
Der Night-Shot oder die Nachtblitz-Funktion ist die optimale Einstellung für Fotos in der Dunkelheit.

[55 mm | 1/20 s | f4,5 | ISO 1600]
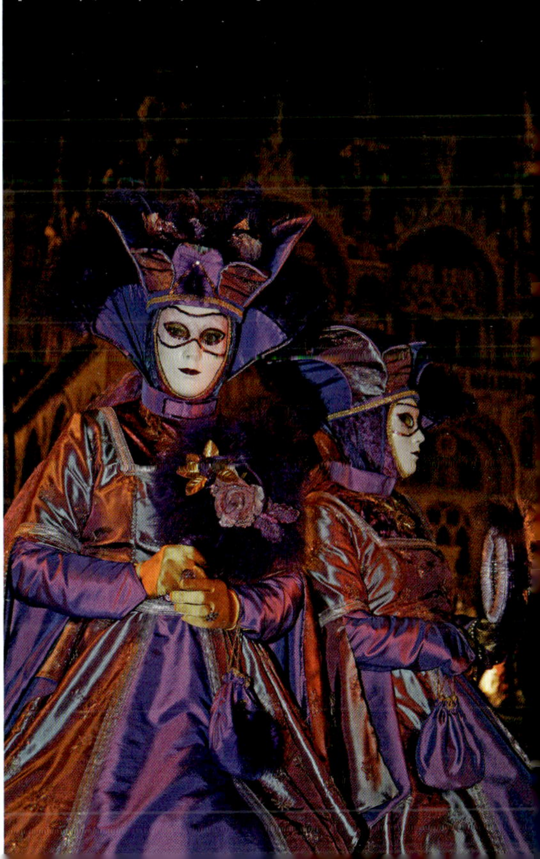

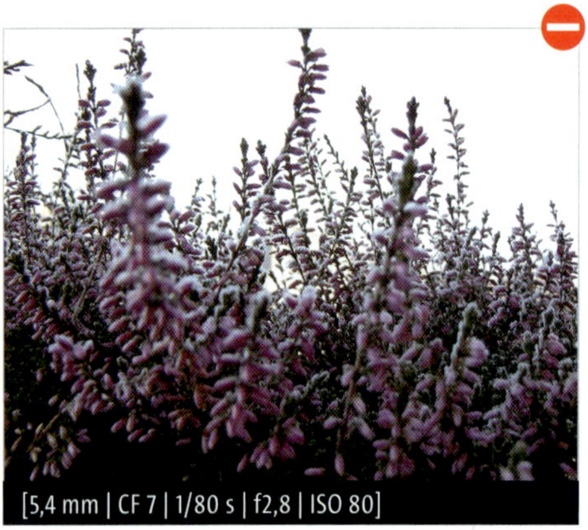

^ Kühl und abweisend
Der helle Himmel suggeriert der Kamera, dass es hell genug ist, und die Automatik löst den Blitz nicht aus. Ergebnis: ein fahler weißer Himmel und ein zu dunkler Vordergrund

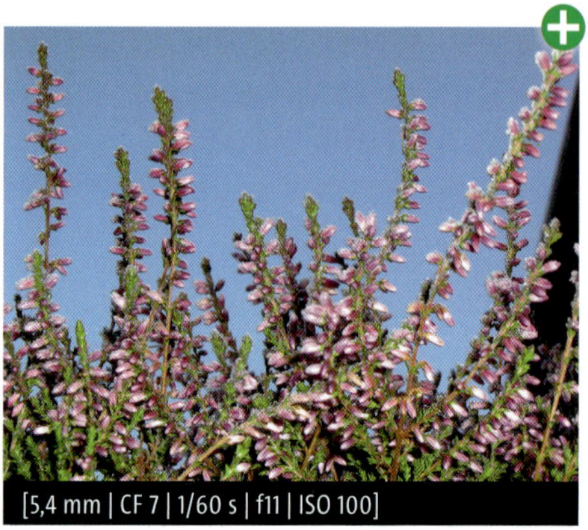

^ Warm und einladend
Nimmt man den Blitz hinzu, sieht man plötzlich, dass der Himmel blau ist, der Blitz ersetzt den Sonnenschein. Ganz realistisch ist der künstlich erzeugte Sonnenschein zwar nicht, aber es sieht deutlich besser aus.

Aufhellblitzen bedeutet, dass der Blitz nur benutzt wird, um den Schatten aufzuhellen, den zum Beispiel von hinten einfallendes Licht verursacht. Hier kann der Kamerablitz richtig gut punkten: Benutzen Sie ihn für Porträts bei Sonnenschein oder zum Aufhellen von Gegenlicht.

Fotografieren mit dem Stativ

Zugegeben: Es ist nicht jedermanns Sache, mit der Kamera auch noch ein schweres und oft sperriges Stativ mitzuschleppen. Man braucht es nicht immer, aber für Langzeitaufnahmen ist es unverzichtbar. Viele Landschaftsfotografen benutzen es ebenfalls gerne, weil sie – für maximale Bildqualität – mit niedrigen ISO-Einstellungen fotografieren.

Die Schärfentiefe lässt sich nur durch das Schließen der Blende maximal ausdehnen, und die Kombination aus niedrigem ISO-Wert und großer Blendenzahl führt zu den langen Verschlusszeiten. Wenn die Sonne tief am Horizont steht und das Licht langsam nachlässt, bekommt man mit dem Stativ bessere, weil schärfere Bilder. Je kleiner die Kamera, desto kleiner und handlicher kann das Stativ sein. Machen Sie nicht den Fehler, aus Bequemlichkeit ein zu kleines und zu leichtes Stativ zu kaufen: Eine schwere Kamera vibriert beim Auslösen, oder die Halterung ist zu schwach, um die Kamera richtig zu arretieren. Jedes Stativ ist für ein bestimmtes Gewicht ausgelegt. Nehmen Sie lieber eine Nummer größer, vor allem, wenn Sie mit Teleobjektiven fotografieren.

Ganz wichtig ist der **Stativkopf**, auf dem die Kamera befestigt wird. Einige Stative werden ohne Kopf geliefert, dann muss er extra dazugekauft werden. Üblicherweise gibt es sogenannte Drei-Wege-Neiger: Sie müssen drei Schrauben betätigen, um die Kamera in die richtige Position zu bringen. Einfacher und schneller geht es mit einem Kugelkopf: Hier gibt es nur eine Schraube, die bedient werden muss.

Einen weiteren Unterschied gibt es zwischen **Einbein**- und **Dreibeinstativen**. Das Dreibein ist die sicherste und stabilste Lösung, die Sie für Langzeitbelichtungen unbedingt besitzen sollten. Mit dem Einbeinstativ sind Sie beweglicher, aber es eignet sich nur für eine minimale Stabilisierung der Kamera: Sobald die Belichtungszeiten über eine halbe Sekunde hinausgehen, wird es auch hier kritisch. Nachtaufnahmen oder Bilder von Feuerwerken sind damit nicht möglich.

Benutzen Sie in Kombination mit dem Stativ am besten den Selbstauslöser, oder besorgen Sie sich gegebenenfalls einen Fernauslöser, mit dem Sie die Kamera berührungsfrei auslösen können. So reduzieren Sie die Gefahr, dass die Kamera bedingt durch den Auslösevorgang auf dem Stativ vibriert.

ZUBEHÖR: SCHNELLKUPPLUNG

Nicht zu verwechseln mit dem Stativkopf ist die Schnellkupplung, ein zweiteiliges Zwischenstück: Die Halterung wird am Stativkopf, das Gegenstück an der Kamera befestigt. Damit lassen sich Kamera und Stativ schnell voneinander lösen.

˅ Stativeinsatz
Nur mit einem Dreibeinstativ sind Langzeitbelichtungen möglich.

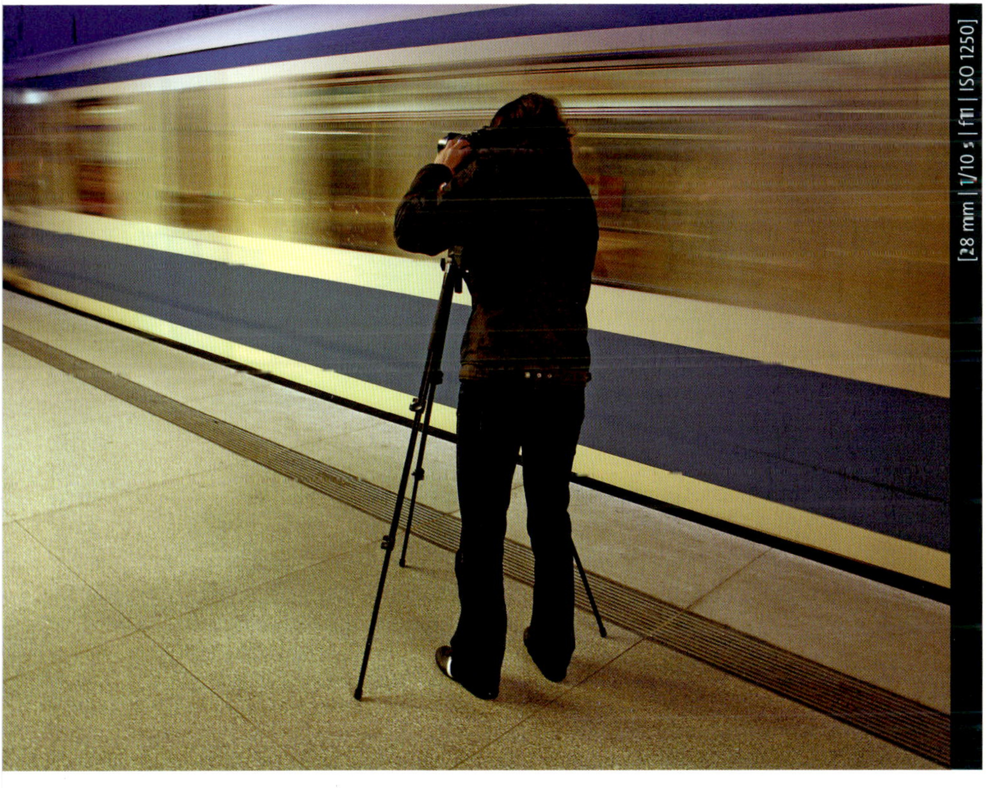

Schnelle erste Hilfe: **Bilder bei Gegenlicht aufnehmen**

Oft möchte man keine Silhouettenwirkung wie im Bild unten. Eine typische Aufnahmesituation ist das Gegenlicht: Sie fotografieren ein Motiv, das vor einem hellen Hintergrund steht, zum Beispiel am Fenster. Draußen ist es heller als drinnen – und schon wird das Hauptmotiv zu dunkel. Die Kamera hat die Helligkeit des Hintergrunds bei der Messung zu stark berücksichtigt.

In dieser Situation haben Sie mehrere Möglichkeiten:

- **Aufhellblitzen:** Wenn Sie nah genug am Motiv sind, können Sie den Blitz einschalten, dann wird das Motiv von vorn beleuchtet. Man spricht hier vom Aufhellblitzen. Falls Ihnen der Blitz in dieser Situation zu hell ist: Prüfen Sie, ob Ihre Kamera die Anpassung der Blitzleistung erlaubt.
- **Belichtungskorrektur:** Wenn Sie nicht blitzen können, dann steht Ihnen die Belichtungskorrektur zur Verfügung. Stellen Sie den Pfeil auf +, und Ihr Foto wird insgesamt heller. Bei dieser Korrektur kann es allerdings passieren, dass der Hintergrund sehr hell wird und überstrahlt, vielleicht bekommt das Motiv auch einen weichen hellen Schleier. Je nachdem, ob das vorteilhaft aussieht oder nicht: Verwenden Sie unterschiedlich starke Stufen für die Belichtungskorrektur.
- **Ausschnitt ändern:** Ein einfacher gestalterischer Trick: Verändern Sie den Bildausschnitt so, dass weniger vom hellen Hintergrund im Bildrahmen zu sehen ist. Gehen Sie näher ans Motiv heran, dann nimmt es mehr Raum ein, und es gelangt weniger Helligkeit von hinten ins Bild. Oder verändern Sie die Perspektive: Fotografieren Sie mehr von der Seite, damit die Kamera nicht geblendet wird.

˅ Mit dem Licht arbeiten
Die Richtung, aus der das Licht kommt, entscheidet darüber, wie ein Motiv im Foto erscheint. Gegen den hellen Himmel fotografiert, wird jede Form zur Silhouette.

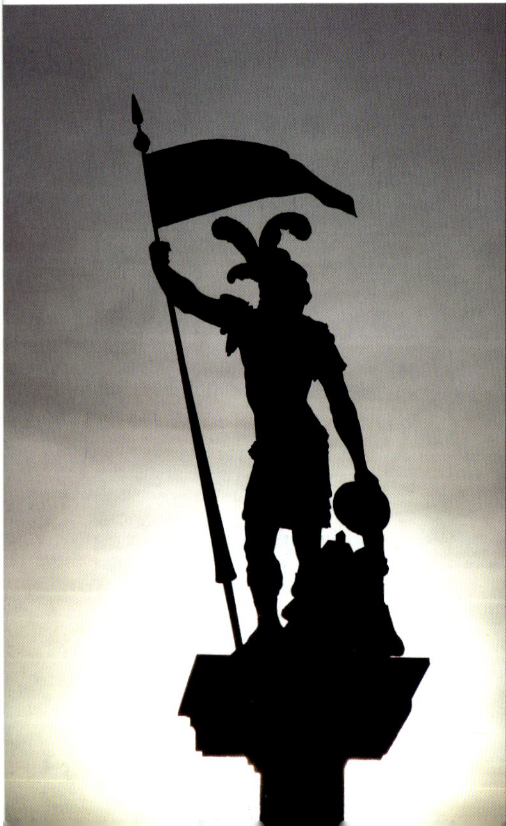

[115 mm | CF 1,6 | 1/2000 s | f22 | ISO 400]

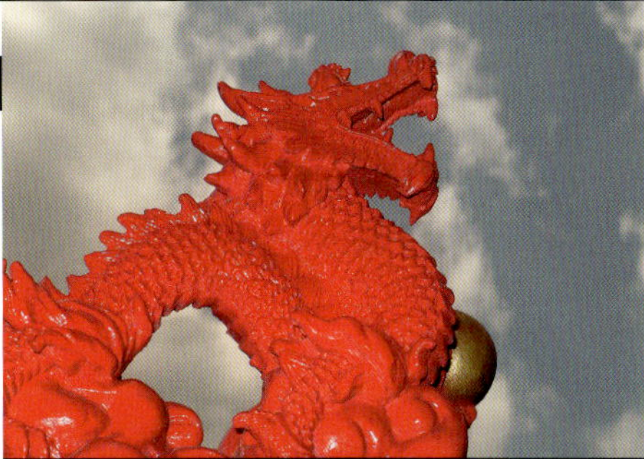

[6,1 mm | CF 4,6 | 1/500 s | f8 | ISO 80]

^ Aufhellblitz
Das Motiv wird von vorn beleuchtet.

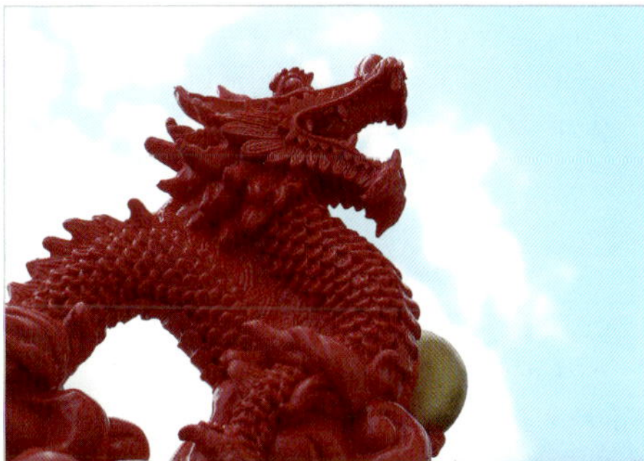

[6,1 mm | CF 4,6 | 1/500 s | f4 | ISO 80 | +1]

^ Belichtungskorrektur
Das Hauptmotiv wird heller, der Hintergrund allerdings auch. Eine Spotmessung würde ein ähnliches Ergebnis liefern.

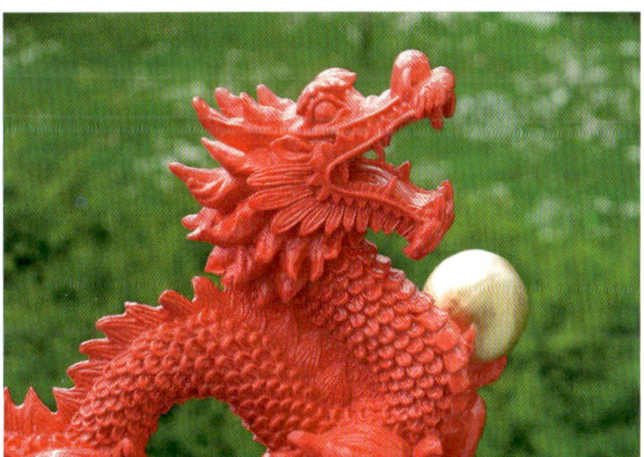

[6,1 mm | CF 4,6 | 1/400 s | f8 | ISO 80]

^ Anderer Bildausschnitt
Indem Sie den hellen Hintergrund auf ein Minimum reduzieren oder sogar komplett aus dem Bild verbannen, umgehen Sie das Problem.

DAS WICHTIGSTE IN KÜRZE

- Die Kombination aus Blende und Verschlusszeit bestimmt im Wesentlichen, wie das Motiv wiedergegeben wird.
- Für bewegte Motive brauchen Sie eine kurze Verschlusszeit – das heißt meistens auch viel Licht.
- Um Verwacklung zu vermeiden: auf kurze Belichtungszeit achten und gegebenenfalls den ISO-Wert erhöhen.
- Ein Bildstabilisator hilft bei wenig Licht.
- Für große Schärfentiefe: Blende schließen (große Zahl), aber auch darauf achten, dass die Belichtungszeit nicht zu lang wird.
- Ein hoher ISO-Wert beugt dem Verwackeln vor, erhöht jedoch das Bildrauschen: Wenn möglich, bei unbewegten Motiven das Stativ benutzen oder Kamera auflegen.
- Mit der Belichtungskorrektur lässt sich die Helligkeit des Fotos schon bei der Aufnahme anpassen.
- Der Weißabgleich verhindert Farbstiche – oder fügt welche hinzu.
- Für das Blitzen gibt es unterschiedliche Einstellungen: Benutzen Sie auch mal die Blitzfunktion »Nachtblitz«. Falls vorhanden, regeln Sie die Helligkeit des Blitzlichts über die (Blitz-)Belichtungskorrektur.

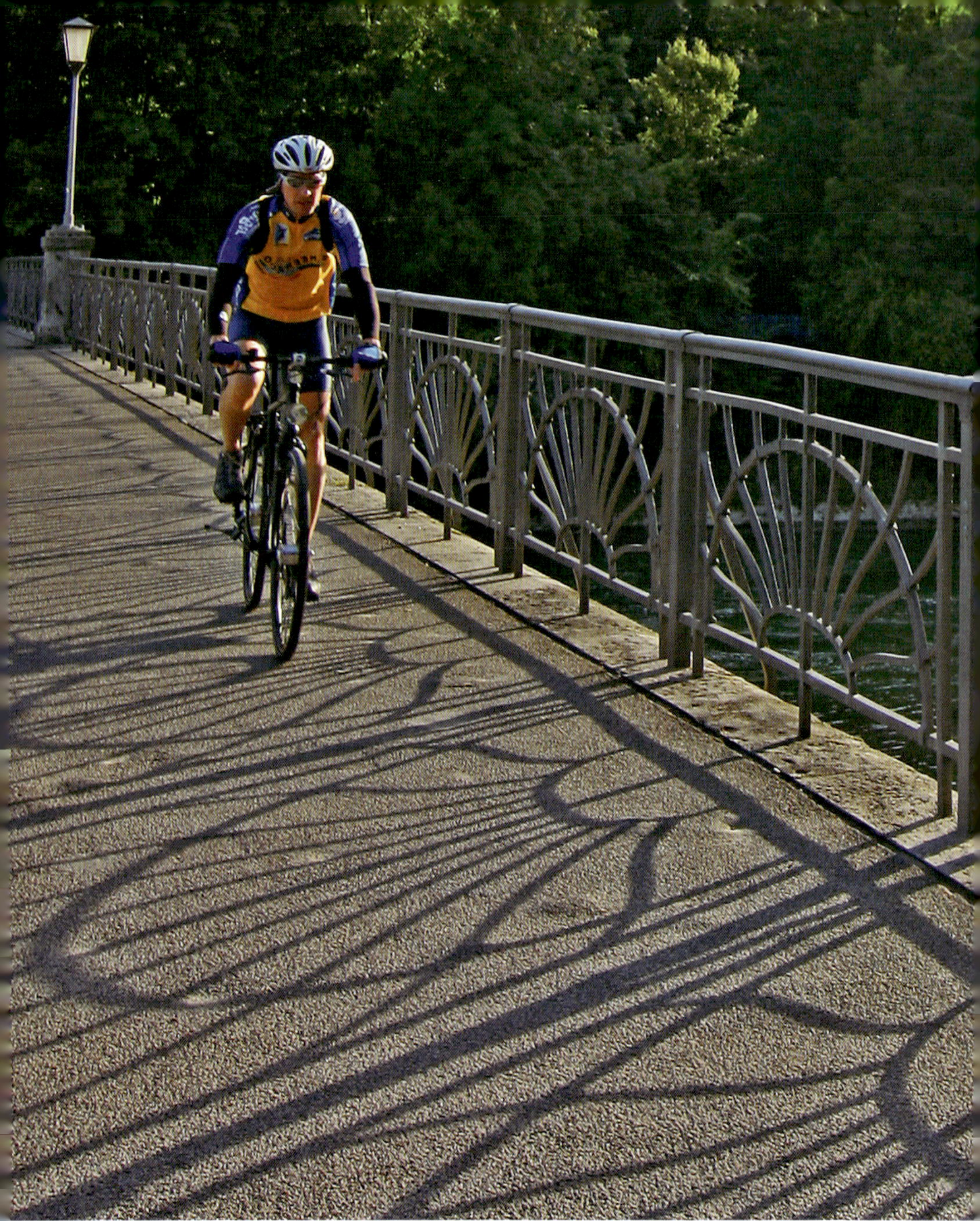

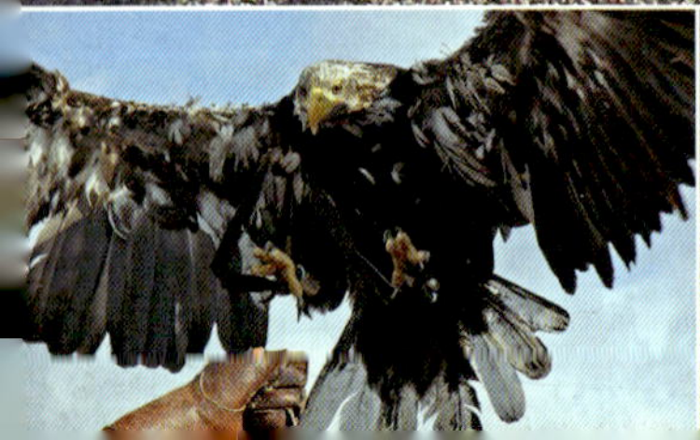

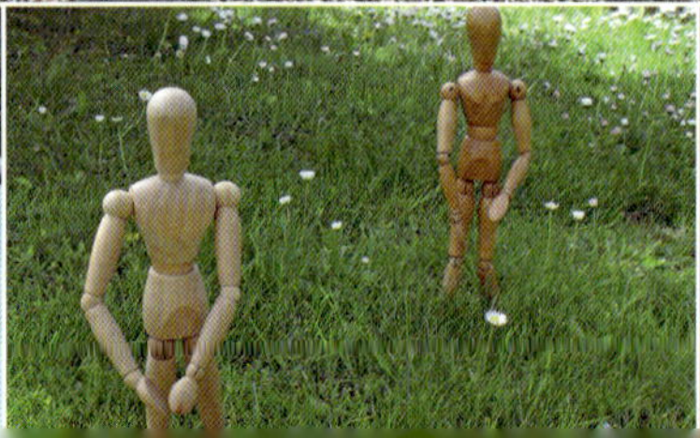

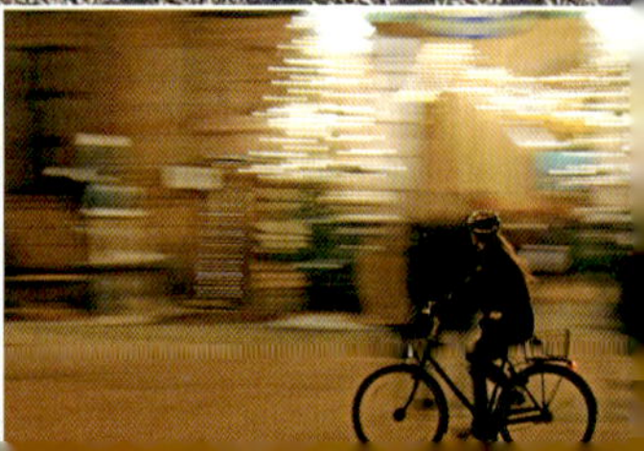

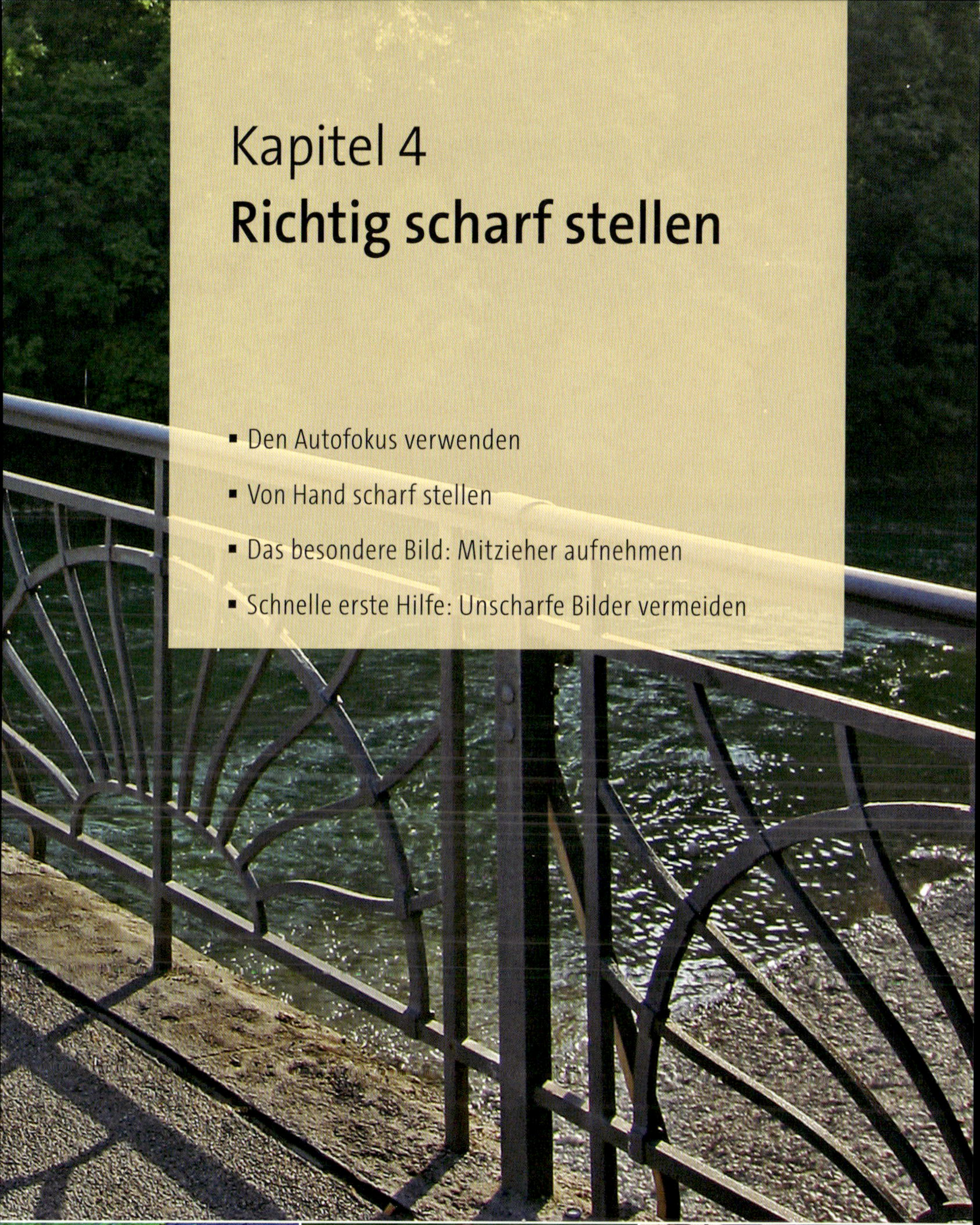

Kapitel 4

Richtig scharf stellen

- Den Autofokus verwenden
- Von Hand scharf stellen
- Das besondere Bild: Mitzieher aufnehmen
- Schnelle erste Hilfe: Unscharfe Bilder vermeiden

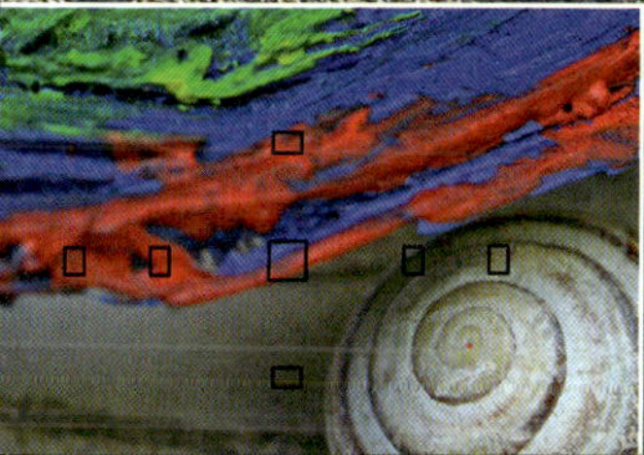
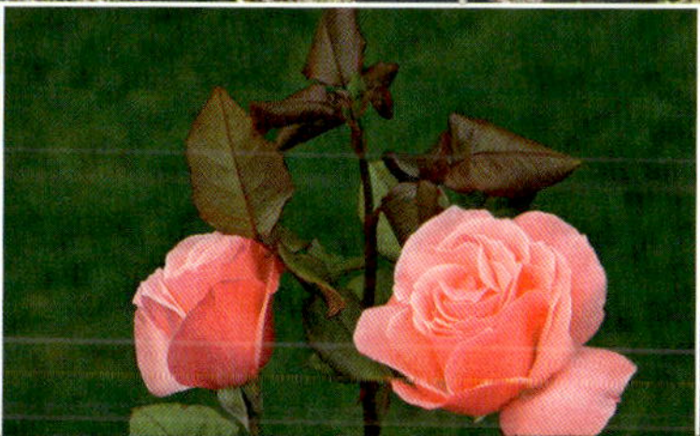
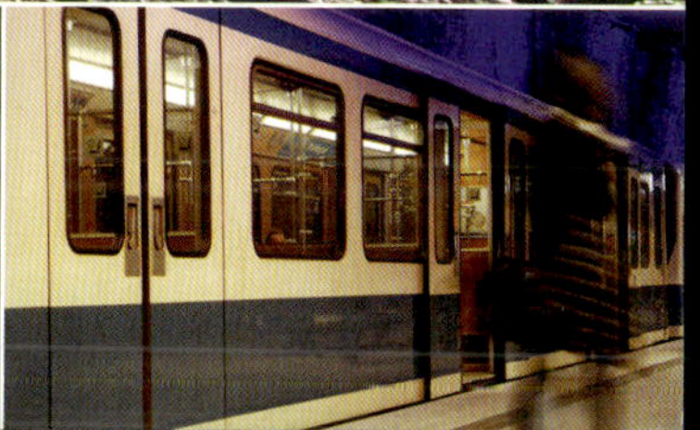

Den Autofokus verwenden

Sobald Sie den Auslöser antippen, stellt die Kamera automatisch auf das anvisierte Objekt scharf. Manchmal hören Sie dabei den kleinen Motor, der die Linsen in der Kamera bewegt, oder Sie sehen kleine farbige Felder im Sucher, die Ihnen anzeigen, welche Punkte die Kamera erfasst hat. Der Autofokus (AF) orientiert sich an kontrastreichen Linien, bei Dunkelheit oder kontrastarmen Motiven bekommt er aber gelegentlich Probleme. Auch bei bewegten Motiven geht öfter mal etwas schief. Hier helfen angepasste Kameraeinstellungen.

Nutzen Sie das Autofokus-Feld

Je nachdem, was für eine Kamera Sie benutzen, haben Sie vielleicht nur ein rechteckiges Autofokus-Feld, das genau in der Bildmitte fixiert ist. Diese mittige Anordnung verleitet natürlich dazu, das Hauptmotiv in der Bildmitte zu platzieren. Das ist die sicherste Lösung, und es geht auch am schnellsten. Leider ergibt die zentrale Gestaltung eher langweilige Bilder, deshalb lautet eine Regel: Motiv heraus aus der Bildmitte. Dummerweise trifft der zentrale Autofokus dann nicht mehr ganz genau, im schlimmsten Fall schießt er am Motiv vorbei.

An vielen Kameras lässt sich das beheben: Das Messfeld kann aus der Mitte heraus an jeden gewünschten Punkt des Bildfeldes bewegt werden. Meist ist dazu eine Taste zu drücken, das Feld wird anschließend mit den Pfeiltasten oder einem Einstellrad verschoben. Bewegen Sie das Feld an die Stelle, an der Sie Ihr Hauptmotiv platzieren wollen. Beim Porträt sind das zum Beispiel die Augen. Einige Kameramodelle arbeiten mit einem Touchscreen. Tippen Sie dort auf den Punkt, der für das Bild am wichtigsten ist.

Bei größeren Kameras sehen Sie eine mehr oder weniger große Ansammlung von kleinen Punkten oder Zonen, die beim Antippen des Auslösers farbig aufleuchten. Dieses Aufleuchten signalisiert Ihnen, wo die Kamera die Entfernung gemessen hat. Falls es nicht die richtigen Stellen des Motivs sind, greifen Sie ein: Sie haben mehrere Messfelder zur Auswahl, die

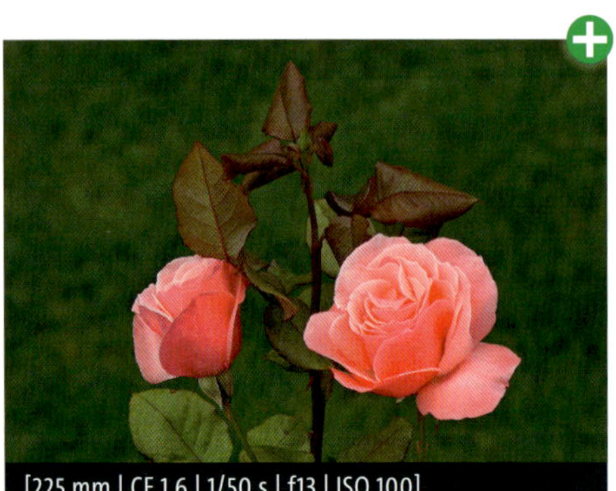

∧ Genau getroffen
So soll das Foto aussehen ...

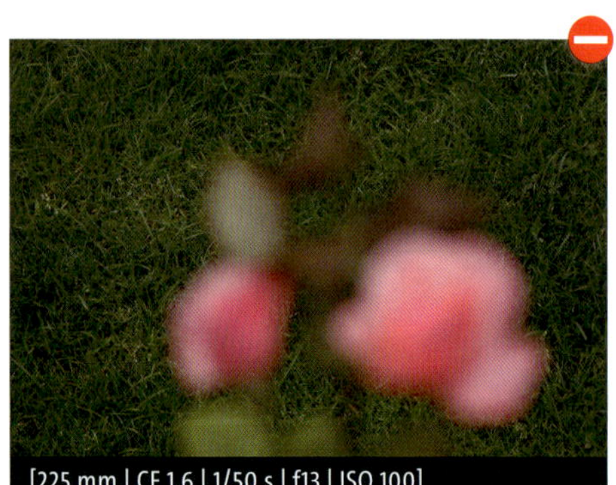

∧ Voll daneben
Manchmal schießt der Autofokus am Hauptmotiv vorbei.

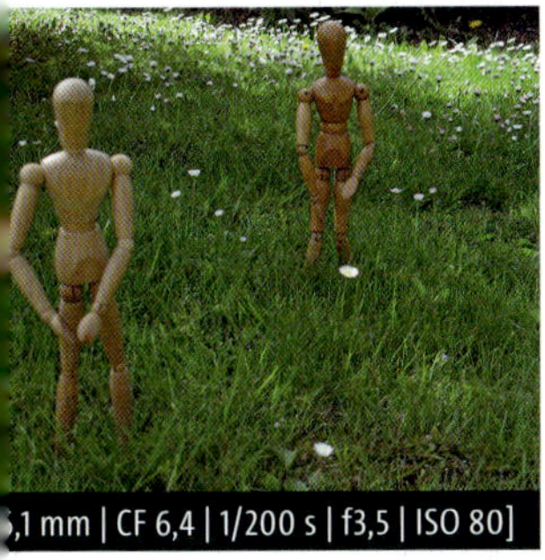

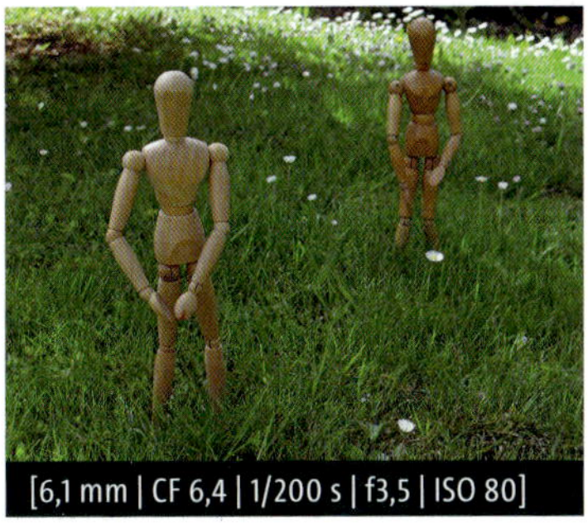

^ Vorn scharf, hinten oder beides?
Wo der Autofokus hinzielt, stellt die Kamera scharf. Sind mehrere Autofokuspunkte aktiviert, ermittelt die Kamera einen Durchschnittswert – allerdings nicht immer ganz genau.

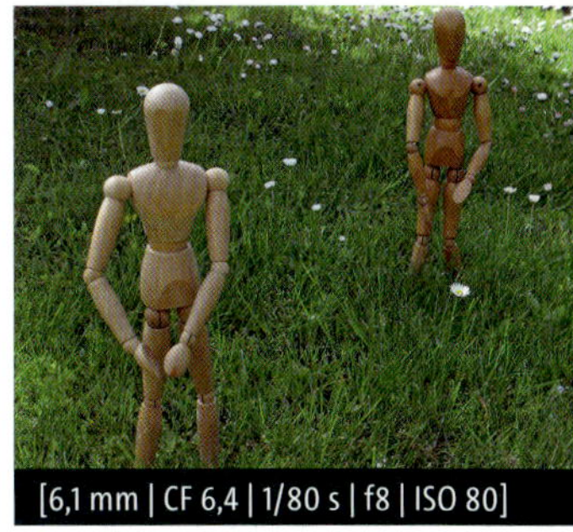

^ Erst genau zielen, dann abblenden
Mit einer größeren Blendenzahl vergrößert sich auch die Schärfentiefe; doch Vorsicht: Die Belichtungszeit verlängert sich mit dem Schließen der Blende.

Sie gezielt ein- und ausschalten können. Benutzen Sie das Messfeld, das dem Hauptmotiv am nächsten liegt. Das dauert zwar länger als das normale Fotografieren mit allen AF-Messfeldern, es liefert aber auch eine exaktere Schärfe auf dem Hauptmotiv.

Bei der sogenannten »intelligenten Automatik« erkennt die Kamera Gesichter oder hat vielleicht sogar eine Funktion, die den Auslöser erst freigibt, wenn alle erkannten Gesichter lächeln. Wenn sie exakt arbeitet, benutzen Sie diese Funktion ruhig. Viel wichtiger ist jedoch, dass Ihre Kamera Ihnen die Möglichkeit gibt, den Schärfepunkt selbst zu bestimmen.

Je nach Kamerasystem kehrt der AF beim Ausschalten zurück in die Mitte – oder die Kamera merkt sich, welcher Punkt beim letzten Mal aktiv war. Probieren Sie es aus, und übernehmen Sie die Kontrolle.

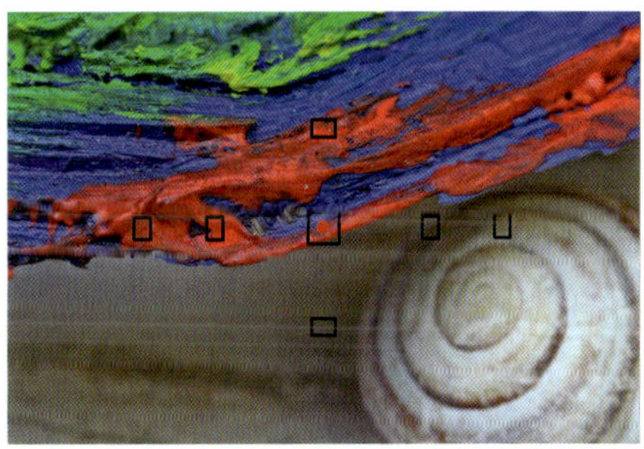

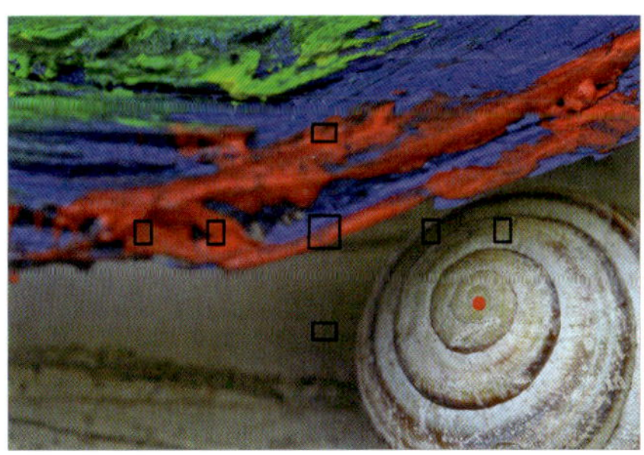

^ Exakte Schärfe
Worauf soll die Kamera scharf stellen? Auf die farbige Kante oder doch lieber auf die Schnecke? Wenn die Schärfentiefe nicht für alles reicht, müssen Sie entscheiden, indem Sie den gewünschten Autofokus-Messpunkt aktivieren oder von Hand scharf stellen.

Bewegte Motive – schnellen AF nutzen

An den meisten Kameras gibt es mehrere unterschiedliche Betriebsarten für die automatische Scharfstellung. Für unbewegte Motive wie

Details oder Landschaften genügt es, wenn die Kamera den Abstand zum Objekt einmal misst. Wenn Sie keine größeren Bewegungen machen, wird die Entfernung gleich bleiben, bis Sie den Auslöser ganz heruntergedrückt haben. Anders ist es mit bewegten Motiven: Ein Hund, der auf Sie zuläuft, ist innerhalb weniger Sekundenbruchteile schon deutlich näher bei Ihnen als zu dem Zeitpunkt, als der Autofokus den Abstand gemessen hat. Wenn sich der Verschluss in der Kamera öffnet, befindet sich der Hund bereits zu nah an der Kamera. Ihr bewegtes Hauptmotiv wird unscharf, während die Grashalme hinter dem Hund gestochen scharf im Foto erscheinen – da, wo sich der Hund zum Zeitpunkt des Scharfstellens noch befunden hat. Um diesem Problem zu begegnen, gibt es den Nachführ-Modus. Das bedeutet: Die Kamera erkennt bei der Entfernungsmessung, dass sich das Objekt bewegt und wie schnell es ist. Diese Information wird beim Scharfstellen berücksichtigt und die Abweichung im Voraus berechnet: Der Hund wird scharf abgebildet. Die Sport- und Action-Programme in der Kamera arbeiten stets mit dieser Zusatzmessung. In der Halbautomatik können Sie diese Funktion aktivieren, und Sie sollten es immer tun, wenn Sie bewegte Motive fotografieren. Im Standardbetrieb arbeiten fast alle Kameras mit einer Mischung aus Unbewegt- und Bewegt-Modus. Das heißt, dass die Kamera grundsätzlich davon ausgeht, dass sich nichts bewegt. Sollte aber doch eine Bewegung registriert werden, schaltet sich der Bewegt-Modus nachträglich noch ein. Das kann bei sehr schnell bewegten Motiven aber noch zu langsam sein.

˅ Schärfe verfolgen
Schärfere Bilder mit dem Nachführ-Modus: Verschiedene Kamerahersteller verwenden unterschiedliche Bezeichnungen für die AF-Betriebsarten für bewegte/unbewegte Motive. Die Bedienungsanleitung hilft hier weiter.

[135 mm | CF 1,6 | 1/800 s | f14 | ISO 800]

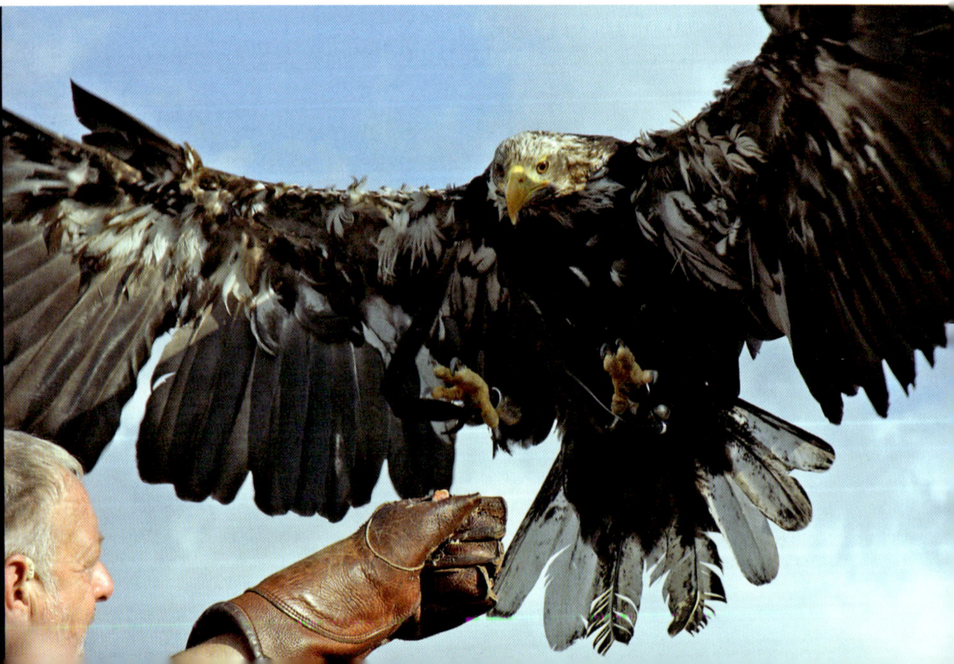

Von Hand scharf stellen

Was ist zu tun, wenn der Autofokus immer wieder vor- und zurückfährt und einfach keinen Punkt zum Scharfstellen findet? Sie haben zwei Möglichkeiten: Entweder richten Sie die Kamera auf eine Stelle, die genauso weit entfernt ist wie das eigentliche Motiv. Dort lassen Sie den Autofokus die Entfernung messen. Mit halb heruntergedrücktem Auslöser schwenken Sie dann zurück und machen Ihr Foto. Doch Vorsicht: Beim Scharfstellen wird nicht nur die Entfernung, sondern auch die Helligkeit (Belichtung) gemessen. Die Ersatzmessung mit halb heruntergedrücktem Auslöser kann also zu einer Fehlbelichtung führen, die Sie gegebenenfalls zusätzlich korrigieren müssen. Außerdem funktioniert der Trick nicht immer: Beim Schwenken der Kamera kann man sich mit den Abständen leicht verschätzen, und das Bild wird unscharf. Besser, weil genauer, wäre in einem solchen Fall die zweite Möglichkeit, nämlich das manuelle Fokussieren, also das Scharfstellen von Hand. Voraussetzung dafür ist, dass Sie am Display oder im Sucher genau sehen können, worauf Sie scharf stellen. Wenn Sie Brillenträger sind, in der Dunkelheit fotografieren oder mit einem spiegelnden Display kampfen, ist das manuelle Scharfstellen auch kein Kinderspiel.

Probieren Sie aus, welche Strategie für Sie am besten funktioniert. Ausschalten können Sie den Autofokus je nach Kameratyp über eine Taste an der Kamerarückseite (Kompaktmodelle), oder Sie haben am Objektiv einen seitlichen Schalter, den Sie von der Position AF auf MF stellen. Vor oder hinter dem Zoomgewinde befindet sich der Entfernungsring, mit dem sich die Schärfe von Hand steuern lässt.

Vorsicht: Die Autofokus-Messpunkte leuchten bei manchen Kamerasystemen beim Antippen des Auslösers weiterhin, auch wenn das Objektiv verriegelt ist. Falls Sie manuell scharf gestellt haben, schalten Sie den AF nach einer schwierigen Aufnahme unbedingt wieder an, sonst bemerken Sie erst zu Hause am Rechner, dass Sie eine ganze Serie unscharfer Fotos gemacht haben. Auf dem Display sieht immer alles schärfer aus, als es ist.

SCHARF SEHEN

Für Brillenträger interessant: Am optischen Sucher von Spiegelreflexkameras kann man eine Dioptrienkorrektur einstellen.

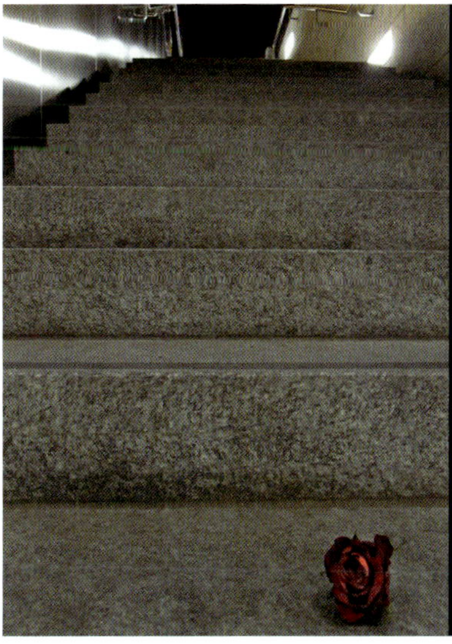
[6,1 mm | CF 4,6 | 1/20 s | f2,8 | ISO 1250]

> Von Hand scharf stellen
Je weiter sich das Hauptmotiv außerhalb der Bildmitte befindet, desto wichtiger wird das exakte Scharfstellen. Der Trick mit dem halb heruntergedrückten Auslöser funktioniert in einer solchen Situation nicht mehr.

Das besondere Bild: Mitzieher aufnehmen

Unschärfe ist nicht immer schlecht: Manchmal möchte man einen weichgezeichneten Hintergrund, weil sich das Hauptmotiv dann viel besser vom Umfeld abhebt. Zudem erzeugen Wischeffekte im Bild den Eindruck von Bewegung und Dynamik. Durch einen verwischten Hintergrund kann man störende Objekte weichzeichnen, so dass sie dann nicht mehr vom eigentlichen Hauptmotiv ablenken. Wichtig ist dabei natürlich, dass das Hauptmotiv scharf abgebildet wird – auch wenn es sich bewegt. Diesen besonderen Effekt erreicht man durch das Mitziehen der Kamera.

Voreinstellungen wählen

Um Mitzieher aufzunehmen, müssen Sie an der Kamera eine Belichtungszeit einstellen, bei der Sie normalerweise leicht verwackeln würden, also eine längere Zeit als üblich. Welche Zeit richtig ist, hängt von der Geschwindigkeit Ihres Motivs ab und auch davon, wie weit Sie davon entfernt sind. Da hilft oft nur Ausprobieren, es gibt aber auch Erfahrungswerte. Am einfachsten lässt sich das Mitziehen bei Motiven üben, die sich geradlinig und mit gleichbleibender Geschwindigkeit am Fotografen vorbeibewegen, also Radfahrer, langsame Motorradfahrer oder Läufer. Suchen Sie sich einen Platz, an dem Sie ungestört fotografieren können und an dem die »richtigen« Motive vorbeikommen. Vielleicht haben Sie jemanden, der für Sie das »Bewegt-Modell« spielt. Der ideale Abstand zum Motiv beträgt drei bis acht Meter, die optimale Brennweite (Zoomeinstellung) ist ein leichtes Weitwinkel bis hin zum moderaten Tele (35–80 mm).

Es sollte am Aufnahmeort nicht zu hell sein. Sie können solche Bilder am besten an einem

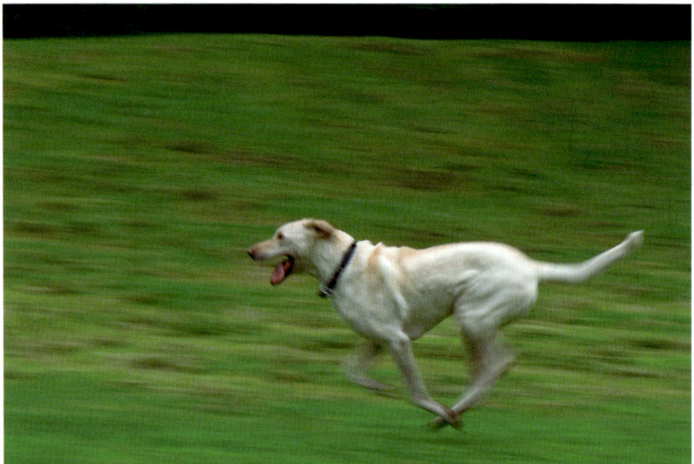

[30 mm | CF 4,6 | 1/30 s | f8 | ISO 80]

> Mit der Bewegung
Auch wenn die Fotos nicht immer perfekt scharf werden, in ihrer dynamischen Wirkung sind sie nicht zu unterschätzen. Mit einer Spiegelreflexkamera sind solche Bilder einfacher zu realisieren als mit Kompaktkameras.

trüben Tag oder am späten Nachmittag üben. Drehen Sie das Einstellrad der Kamera auf die Halbautomatik Zeitvorwahl, und geben Sie eine Verschlusszeit von 1/15 oder 1/10 sek vor. Den ISO-Wert können Sie auf einen niedrigen Wert stellen oder auf Automatik. Aktivieren Sie den Bewegt-(Nachführ-)Modus des Autofokus. Wenn Ihre Kamera über keine halb automatischen Einstellungen verfügt, benutzen Sie das Sport/Action-Programm.

Mitzieher aufnehmen

Richten Sie die Kamera auf das herannahende Motiv, und drücken Sie den Auslöser halb durch, damit der Autofokus das Motiv erfassen kann. Während Sie es mit der Kamera weiterverfolgen, sorgt der Bewegt-Modus dafür, dass die Entfernung (Schärfe) kontinuierlich angepasst wird. Verfolgen Sie das Motiv, so wie Sie es durch ein Fernglas tun würden, bis es an der Stelle ist, die für die Aufnahme am günstigsten ist. Lassen Sie dabei die ganze Zeit den Finger auf dem Auslöser, und drücken Sie erst dann voll durch, wenn Sie die richtige Geschwindigkeit erreicht haben. Nach dem Auslösen ziehen Sie die Kamera noch ein kleines Stück weiter in Bewegungsrichtung durch, während sich das Motiv davonbewegt. Ein abruptes Stoppen würde einen ungewollten Wackler im Bild verursachen.

Die ersten Versuche gehen wahrscheinlich daneben, aber es ist nur eine Frage des Trainings, bis Sie erste gute Mitzieher erzielen. Falls der Hintergrund zu wenig verwischt, verlängern Sie die Verschlusszeit. Wenn alles immer nur unscharf und verwackelt aussieht, versuchen Sie es mit einer kürzeren Zeit, zum Beispiel 1/30 oder 1/60 sek. Je schneller das Motiv unterwegs ist oder je näher Sie dran sind, desto kürzer kann die Belichtungszeit sein. Beachten Sie jedoch, dass Sie mit einer kurzen Zeit (zum Beispiel 1/125 sek) den Wischeffekt des Hintergrunds nicht erreichen können.

Natürlich können Sie auch mit anderen Abständen und Brennweiten Mitzieher aufnehmen, dann müssen Sie gegebenenfalls die Belichtungszeit anpassen. Probieren Sie es aus, und sammeln Sie eigene Erfahrungen.

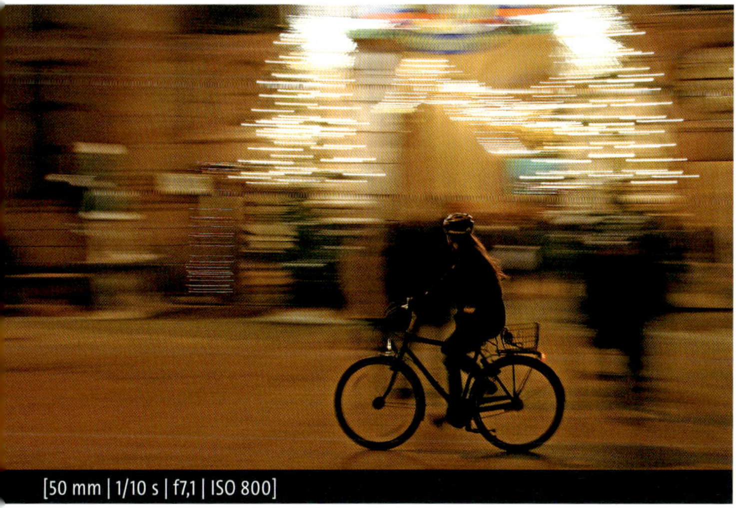

< Lichtspuren
Durch das Mitziehen der Kamera wird der bewegte Radfahrer scharf abgc bildet, der unbewegte Hintergrund verwischt. Solche Aufnahmen können Sie sogar am Abend aufnehmen.

Schnelle erste Hilfe: **Unscharfe Bilder vermeiden**

Unschärfe kann verschiedene Ursachen haben. Folglich gibt es auch unterschiedliche Methoden, diesen Fehler zu verhindern. Sie als Fotograf sollten unterscheiden können, welche Art von Unschärfe in der jeweiligen Situation aufgetreten ist.

Verwacklung ❶

Verwacklungen erkennen Sie daran, dass das gesamte Bild ungleichmäßig unscharf ist und zittrig aussieht.

- Ursache: Die Belichtungszeit war zu lang, die Kamera wurde beim Auslösen zu stark bewegt.
- Abhilfe: Kamera stabilisieren (auflegen, Stativ), die Belichtungszeit verkürzen, dazu den ISO-Wert erhöhen, Blitz verwenden.

Schärfentiefe reicht nicht aus ❷

Diese Form der Unschärfe erkennen Sie daran, dass im Bild nur ein Teil dessen scharf ist, was Sie scharf haben wollten.

- Ursache: Die Kamera hat das Foto mit einer weit geöffneten Blende gemacht, wodurch die Schärfentiefe sehr gering ist; Sie haben vielleicht zusätzlich auf den falschen Punkt des Motivs scharf gestellt.
- Abhilfe: Verwenden Sie die Blendenvorwahl (Zeitautomatik), und stellen Sie einen Blendenwert ein, bei dem die Schärfentiefe größer ist (große Blendenzahl, zum Beispiel f11 oder f16); stellen Sie genau scharf, oder fotografieren Sie das Motiv aus einer anderen Perspektive.

[5,4 mm | CF 7 | 1/8 s | f2,8 | ISO 200]

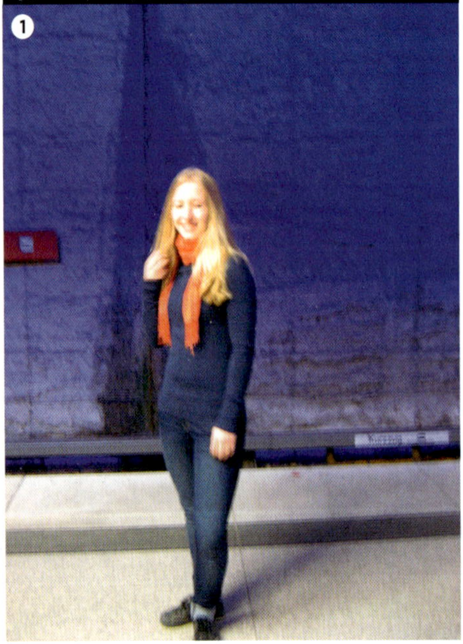

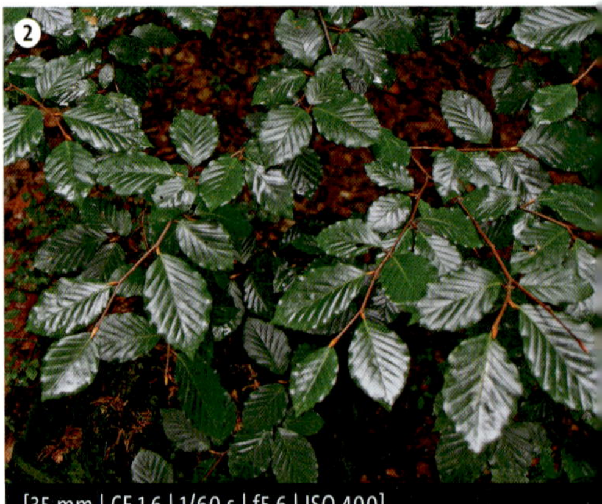

[35 mm | CF 1,6 | 1/60 s | f5,6 | ISO 400]

Fehlfokussierung ❸

Fehlfokussierung erkennen Sie daran, dass im Bild etwas anderes scharf ist als das, was Sie scharf haben wollten.

- Ursache: Der Autofokus hat den falschen Punkt erwischt; der Autofokus war versehentlich abgeschaltet; Sie haben vergessen, den Nahaufnahme-Modus einzuschalten; Sie waren zu nah am Motiv; etwas befand sich versehentlich zwischen der Kamera und Ihrem Motiv.

Verwischen ❹

Verwischen erkennen Sie daran, dass bewegte Objekte eine farbig verwischte Spur im Bild erzeugt haben, die Umgebung jedoch scharf abgebildet ist.

- Ursache: Die Belichtungszeit war zu lang für die Geschwindigkeit des bewegten Objekts.
- Abhilfe: Belichtungszeit verkürzen, gegebenenfalls ISO-Wert erhöhen.

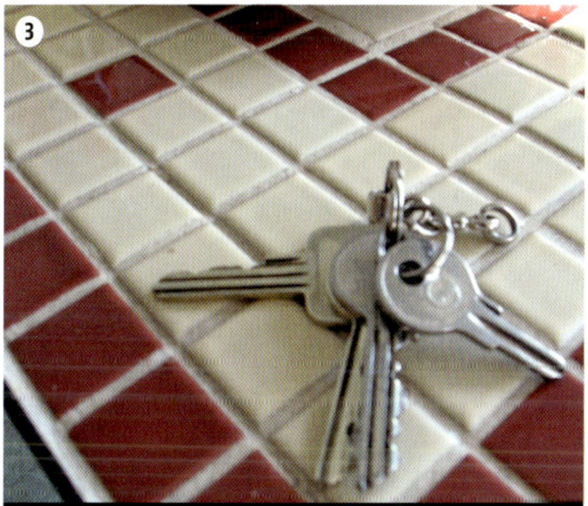

[6,1 mm | CF 4,6 | 1/30 s | f2,8 | ISO 80]

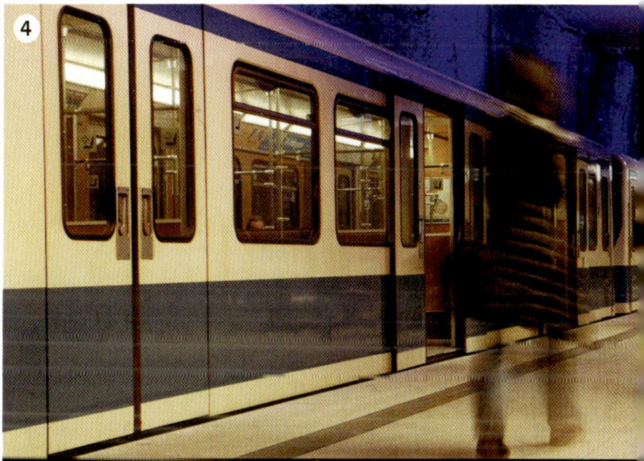

[55 mm | 1/3 s | f13 | ISO 400]

DAS WICHTIGSTE IN KÜRZE

- Für bessere Bilder sind genauere Kameraeinstellungen erforderlich.
- Nehmen Sie das Hauptmotiv aus der Bildmitte, und passen Sie die Einstellungen des Autofokus entsprechend an.
- Unschärfe kann unterschiedliche Ursachen haben: Finden Sie heraus, welche der Ursachen es genau ist, um gezielte Gegenmaßnahmen zu ergreifen.
- Die Kamera bietet Ihnen verschiedene Möglichkeiten, um die Schärfe exakt zu steuern. Die AF-Betriebsart ist wichtig für bewegte Motive, die AF-Messfelder entscheiden darüber, worauf die Kamera scharf stellt; der manuelle Fokus hilft bei besonders schwierigen Lichtverhältnissen und wenn der Bildaufbau stark vom »0815-Standard« abweicht.
- Die Blendeneinstellung ist wichtig zur Steuerung der Schärfentiefe.
- Die Belichtungszeit entscheidet, ob das Motiv verwackelt oder verwischt.

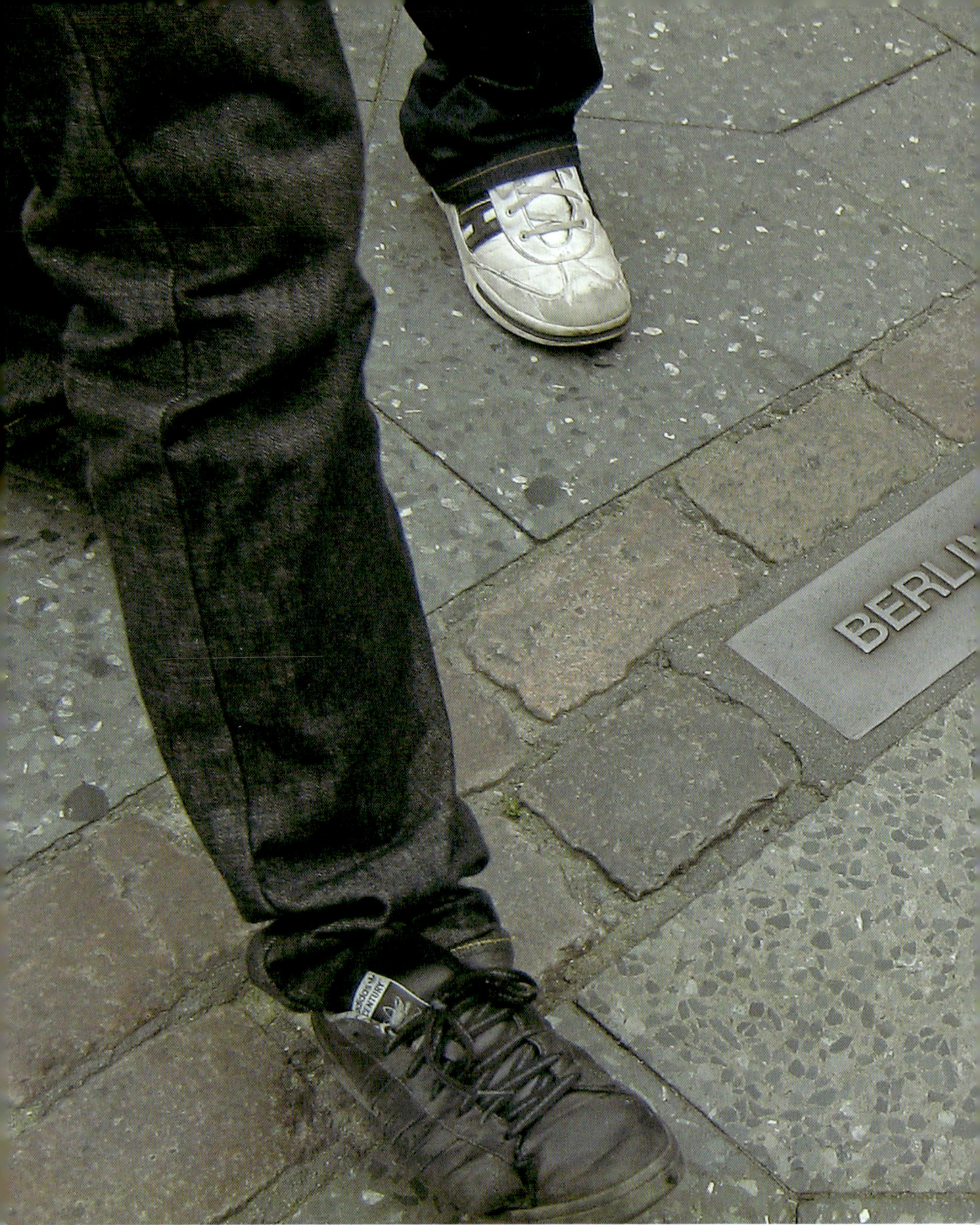

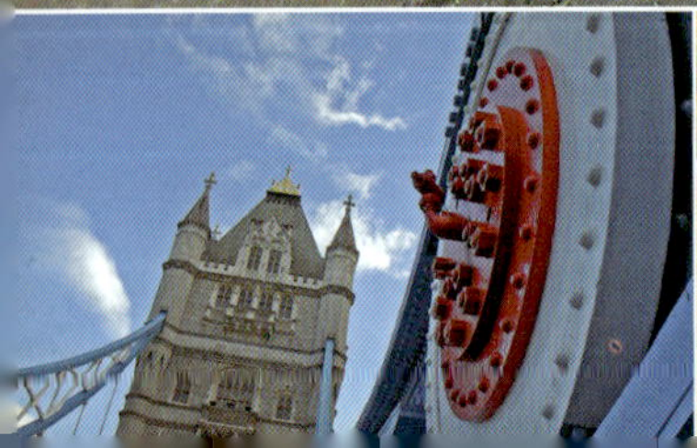

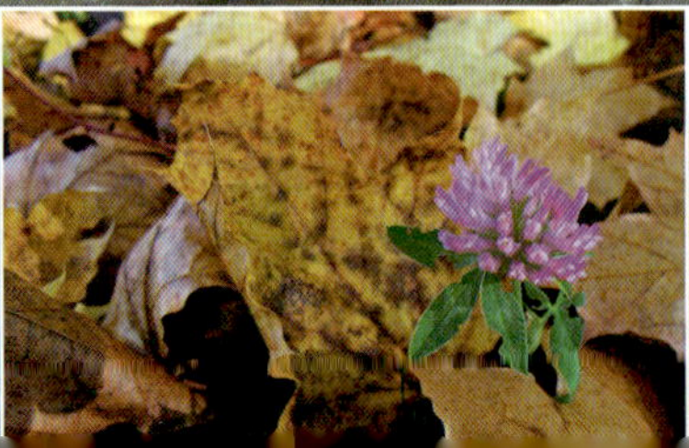

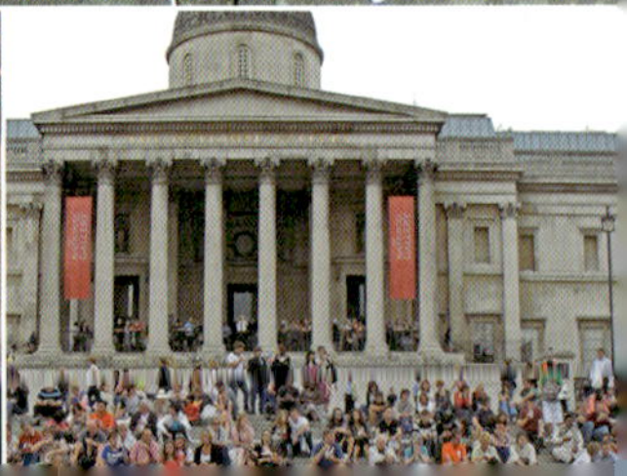

Kapitel 5
Motive sehen

- Sehenswürdigkeiten neu sehen
- Alltäglichkeiten spannend aufnehmen
- Ausschnitt oder Totalansicht?
- Störende Kleinigkeiten: Das Motiv »aufräumen«
- Schwarzweiß – was sieht gut aus?
- Die Kamera kreativ einstellen
- Bilderserien und Videoaufnahmen

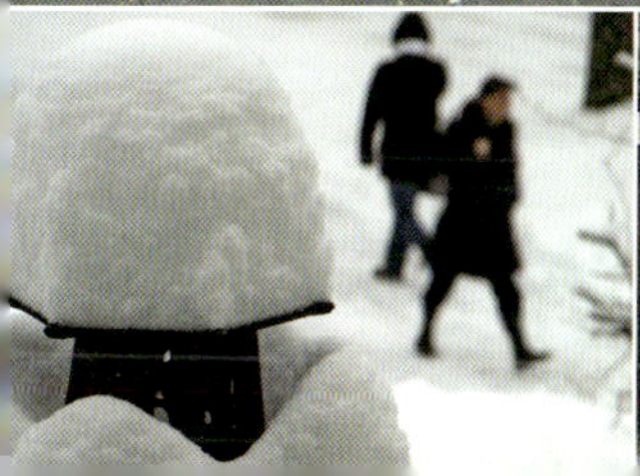

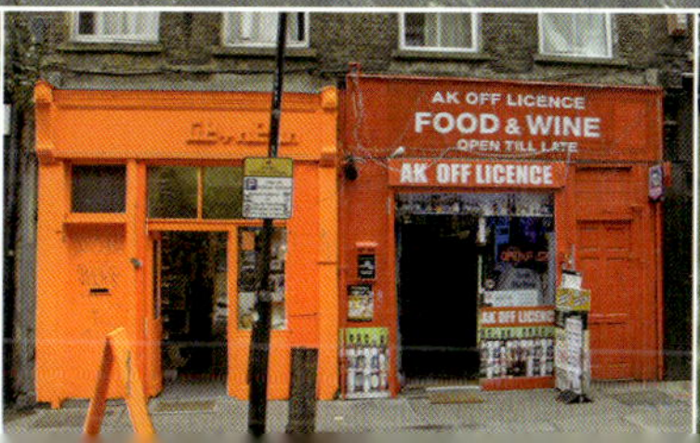

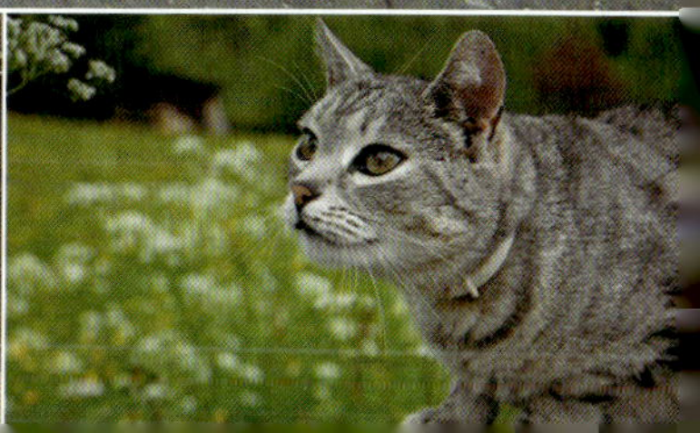

Sehenswürdigkeiten neu sehen

Tante Lisa vor dem Schiefen Turm von Pisa: Die meisten Erinnerungsfotos aus dem Urlaub zeigen die Reisenden vor einem besonders berühmten oder interessanten Hintergrund. Diese Bilder haben einen hohen persönlichen Erinnerungswert und gehören einfach mit dazu. Mit ein paar kleinen Tricks kann man sie auch für andere Menschen interessant werden lassen.

Postkartenmotive

Vielleicht möchten Sie berühmte Sehenswürdigkeiten gar nicht selbst fotografieren, denn man hat sie ja schon so oft gesehen: auf Postkarten, in Reiseprospekten, in Büchern oder im Fernsehen. Deshalb ist es auch gar nicht so einfach, sie gut zu fotografieren. Der Betrachter hat bereits tolle Aufnahmen davon gesehen, und so vergleicht er jedes neue Foto mit den Bildern aus seiner Erinnerung. Manchmal werden die Daheimgebliebenen dann doch erstaunt sein, dass es Ihnen gelungen ist, ein postkartenwürdiges Abbild der Sehenswürdigkeit aufzunehmen. Aber mit neuen und ungewöhnlichen Ansichten kann man sogar fotografisch erfahrene und reiseerprobte Men-

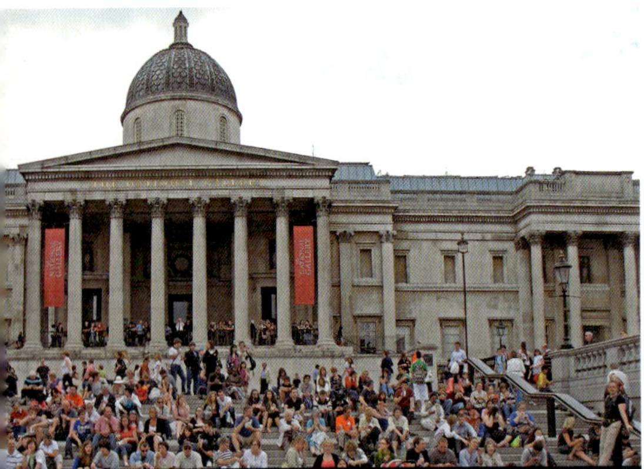

[6,1 mm | CF 4,6 | 1/250 s | f4 | ISO 80]

^ Klarer Fokus?
Im Gewühl der touristischen Massen sind schöne Bilder eine Ausnahmeerscheinung.

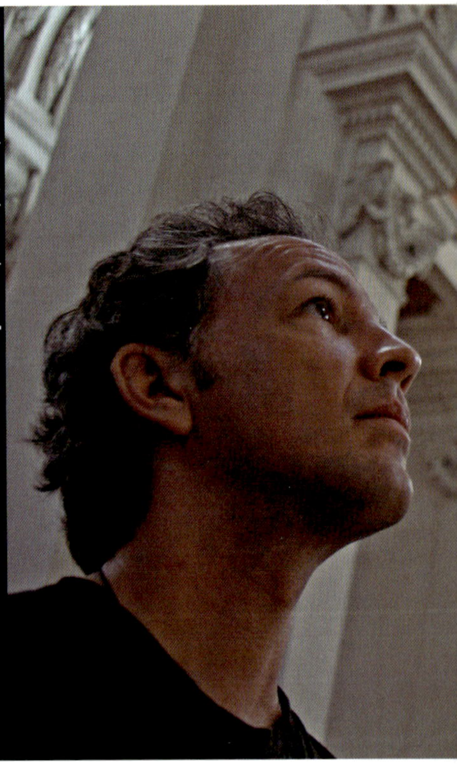

[35 mm | CF 1,6 | 1/30 s | f4,5 | ISO 400]

> Blickrichtung nutzen
Wenn Sie Personen fotografieren, dann müssen diese nicht immer in die Kamera schauen.

schen beeindrucken. Ein möglicher Nachteil der ungewöhnlichen Ansichten besteht darin, dass man das berühmte Motiv auf den ersten Blick vielleicht gar nicht wiedererkennt. Ob ein Foto »gelungen« ist, hängt also ganz davon ab, ob Sie mehr auf persönliche Erinnerungen mit Wiedererkennungswert aus sind oder eher auf den Überraschungseffekt. Im Idealfall kommt beides zusammen.

SCHNELLE TRICKS

Bessere Bilder bekommen Sie, wenn Sie:

- nicht immer nur aus Augenhöhe fotografieren
- das Hauptmotiv aus der Mitte herausnehmen
- nach besonderen Details suchen
- Details durch Größe (nah ran!) und exakte Schärfe betonen
- Passanten und Alltägliches in die Komposition einbeziehen

> Übermächtige Bilderflut
Die Bildaufteilung würden die meisten Fotografen anders wählen und stattdessen mehr von der Person zeigen. Durch diese Extremperspektive werden jedoch Menge und Anordnung der Bilder betont.

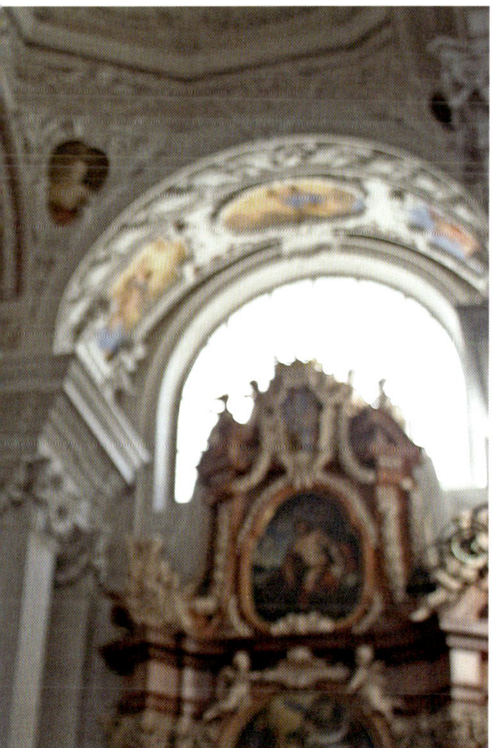

[28 mm | CF 1,6 | 1/30 s | f4,0 | ISO 200]

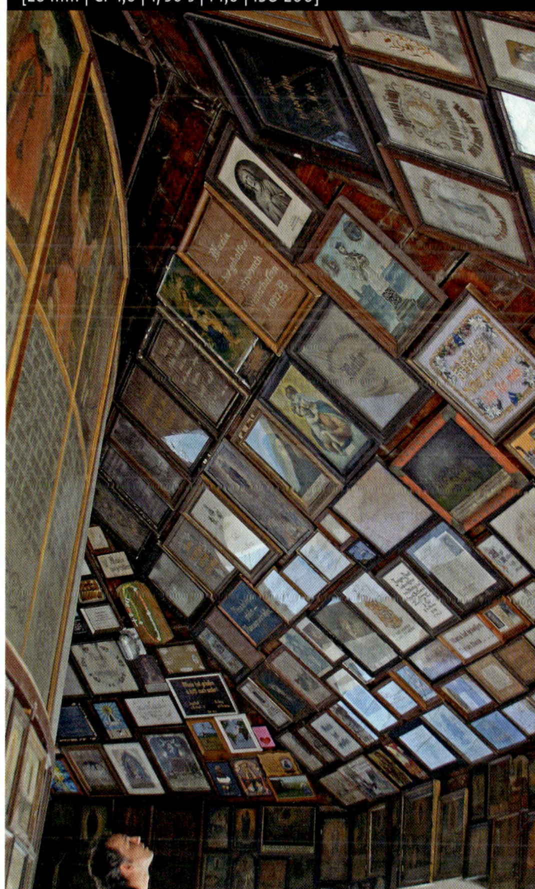

Neue Perspektiven finden

Der erste Blick auf das Motiv bietet meistens nicht die interessanteste Perspektive für ein Foto. Es mag ein nettes Bildchen daraus werden, auf dem jeder erkennt, wo Sie waren. Fangen Sie damit an, mehr zu fotografieren. Suchen Sie möglichst viele verschiedene Blickwinkel. Das Wichtigste am Ende ist, dass Sie den Zuhausegebliebenen trotzdem nur das Beste aus der Serie zeigen. Durch die Beschäftigung mit dem Motiv lernen Sie sehr schnell, was im Foto gut wirkt und was nicht. Bald werden Sie schon vor einer Aufnahme erkennen, was sich zu fotografieren lohnt. Gegen parkende Fahrzeuge und störende Passanten lässt sich oft nichts unternehmen. Wenn Sie sie nicht aus dem Bild verbannen können, ist es günstiger, sie mit ins Bild einzubauen.

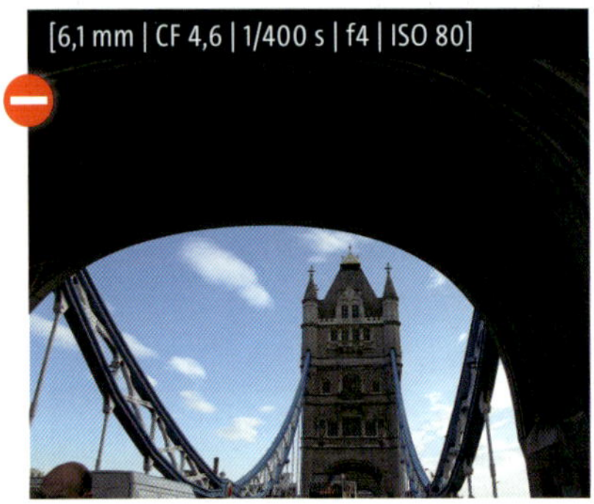

∧ Typische Knipsaufnahme
Unten sieht man angeschnittene Fahrzeuge, oben einen dicken schwarzen Bogen ... nicht gerade einladend.

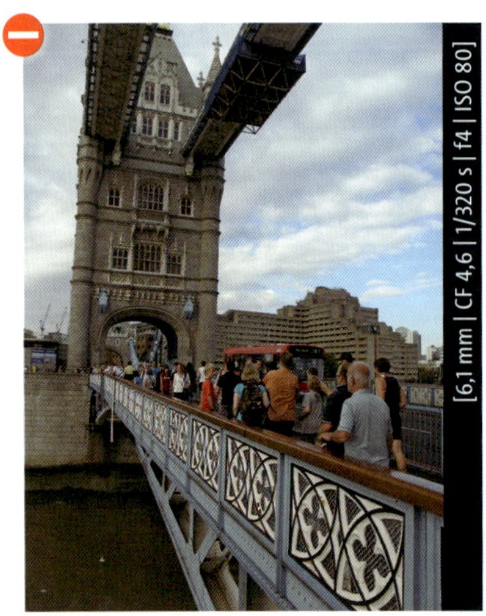

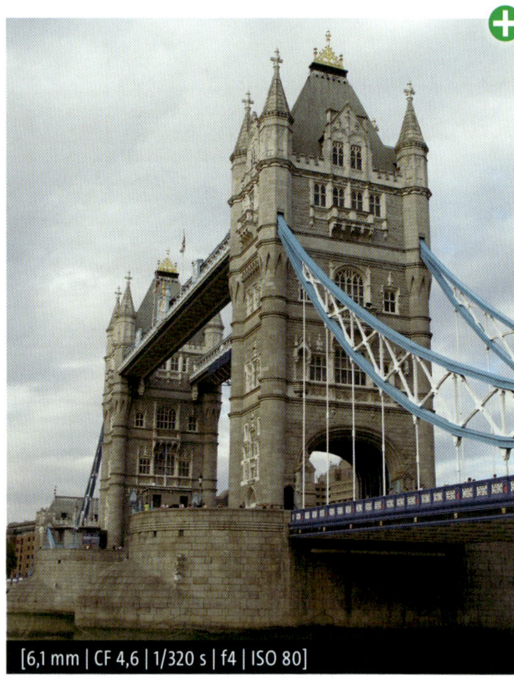

∧ Angenehmer Anblick
Das störende Durcheinander ist in dieser Ansicht verschwunden. Die wichtigsten Linien verlaufen hier parallel zum Bildrand, aber die Türme scheinen nach hinten zu stürzen: ein Effekt, der immer dann auftritt, wenn die Kamera nicht exakt parallel zum aufragenden Gebäude gehalten werden kann.

< Schräg und unruhig
Touristenmassen und Fahrzeuge lassen sich bei Städtereisen kaum vermeiden. Eine schiefe Kamerahaltung lässt das Motiv schräg nach rechts kippen, und der Hintergrund ist unschön – kein Bild zum Behalten.

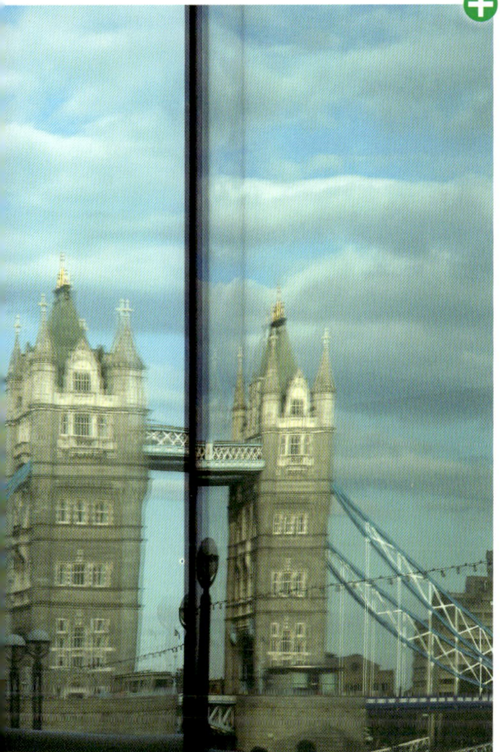

[24 mm | CF 4,6 | 1/160 s | f4,5 | ISO 200]

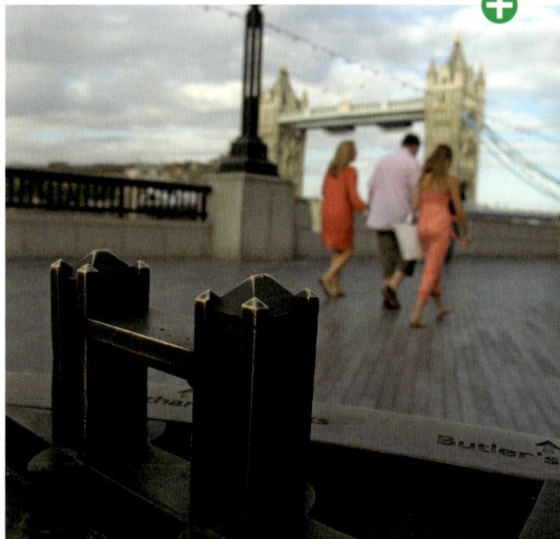

[24 mm | CF 4,6 | 1/400 s | f4 | ISO 80 | Nahaufnahme | –1]

^ Ungewöhnliche Ansichten finden
Hier ist die Miniaturansicht der Tower Bridge im Vordergrund betont, dahinter sieht man das Original. Die vorbeilaufenden Passanten und der Hintergrund lassen sich durch den Nahaufnahme-Modus oder eine große Blendenöffnung bewusst unscharf halten.

^ Spiegelungen nutzen
Gläserne Fassaden sind eine mögliche Alternative für enge Straßenschluchten, in denen man nur selten das ganze Gebaude aufnehmen kann.

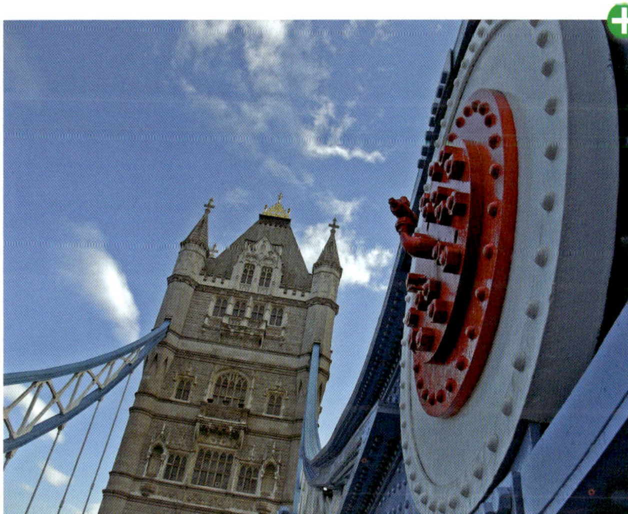

[6,1 mm | CF 4,6 | 1/320 s | f4 | ISO 80]

> Mein persönliches Lieblingsmotiv
Die Metallstrukturen in Kombination mit der roten Farbe betonen den Vordergrund und dienen als Blickfang. Die geschwungene Linie führt den Blick hinauf zum Turm. Störende Passanten sind ausgeblendet und die Farben reduziert auf wenige Töne.

Alltäglichkeiten spannend aufnehmen

Was Sie auf einer Reise als besondere Sehenswürdigkeit einstufen, ist für die Einheimischen oft etwas ganz Alltägliches, nichts, was als Fotomotiv taugen würde. Frei nach dem Motto »Man sieht den Wald vor lauter Bäumen nicht mehr« nehmen wir die Dinge, von denen wir täglich umgeben sind, gar nicht als Bildidee wahr. Nur ein Oldtimer fällt uns noch auf oder auch besonders teure, seltene oder bunt angemalte Fahrzeuge.

Alltagsgegenstände inszenieren

Alles, was sich von der Norm abhebt, ist uns ein Foto wert. Dabei übersehen wir die Tatsache, dass ein banaler Alltagsgegenstand in ein paar Jahren bereits verschwunden oder aber zum Kultobjekt mutiert sein könnte. Denken Sie an Telefone mit Wählscheiben, Menschen mit Badekappen oder Röhrenbildschirme. Zugegeben: Letztere sind vielleicht nicht besonders fotogen, aber in jedem Foto sind die »trendigen Gegenstände von heute« die »ollen Kamellen von gestern«. Alles, was gerade modern ist, wird zu einem verräterischen Zeitzeugen, der es dem Betrachter erlaubt, einzuschätzen, in welchem Jahrzehnt ein Foto aufgenommen wurde. Zunächst wird man das Bild vielleicht »altbacken« finden, ein paar Jahre später ist es dann vielleicht sogar »historisch wertvoll«. Peinliche Frisuren aus den Achtzigerjahren, schrille Mode aus den Siebzigern – wer würde sich heute noch daran erinnern, wenn wir davon kei-

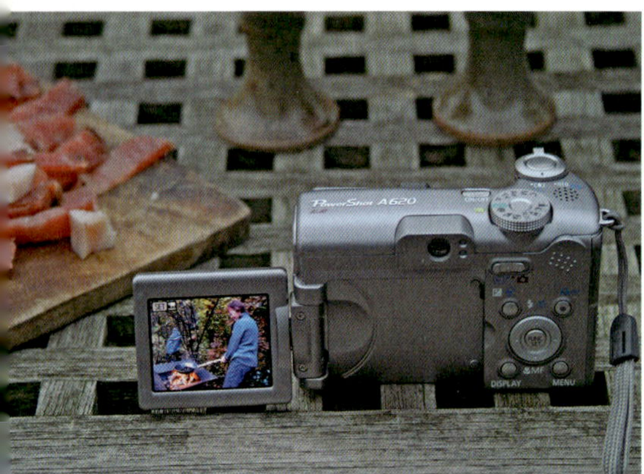

[85 mm | CF 1,6 | 1/60 s | f5,6 | ISO 400]

^ Törggelen mal ganz anders
Erinnerungen lassen sich auf vielfältige Weise dokumentieren. Hier wurde die typische Südtiroler Herbstmahlzeit so abgelichtet, dass erst ein genauer Blick den Brauch »verrät«.

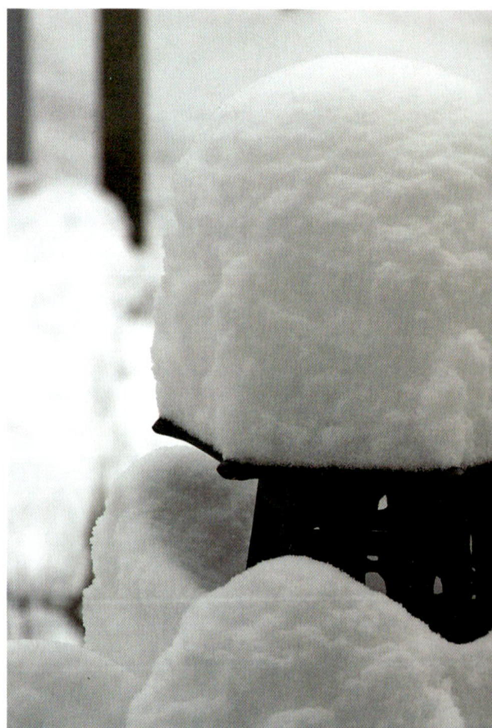

ne Fotos hätten? Viele Fotografen kramen das alte Zeug wieder hervor und veranstalten Fotoshootings im Retro-Look. Versuchen Sie heute mal eine Gruppe von Spatzen zu finden, die vor einem Restaurant Brotkrümel aufpicken – die ehemaligen Allerweltsvögel stehen seit Kurzem auf der Vorwarnliste der Roten Liste bedrohter Tierarten.

Persönliches dokumentieren

Es gibt nichts, was man nicht fotografieren könnte. Sie als Fotograf sind immer auch ein Zeitzeuge. Ihre Bilder, Ihre ganz persönliche Sicht auf Ihre Umgebung, sei sie noch so unspektakulär, wird in Ihnen später nicht nur Erinnerungen an »die guten alten Zeiten« wecken. Sie können auch Ihre ganz persönlichen Symbole fotografieren: Dinge, mit denen Sie sich gerne umgeben, die eine Bedeutung für Sie haben. Vielleicht dokumentieren Sie den Weg zur Arbeit, oder Sie fotografieren die Gegenstände, von denen Sie sich bisher nicht trennen konnten. Mit einem Foto im Archiv fällt das Entrümpeln leichter, und Sie haben außerdem gleich noch ein Bild für die eBay-Auktion.

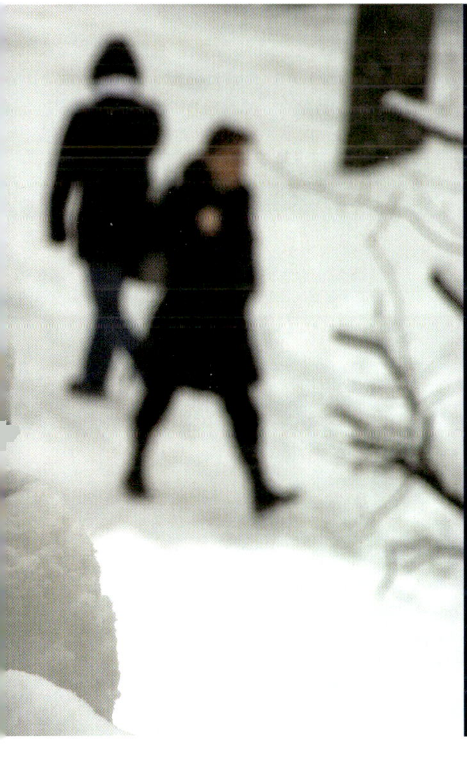

[200 mm | CF 1,6 | 1/80 s | f4,5 | ISO 400 | +1]

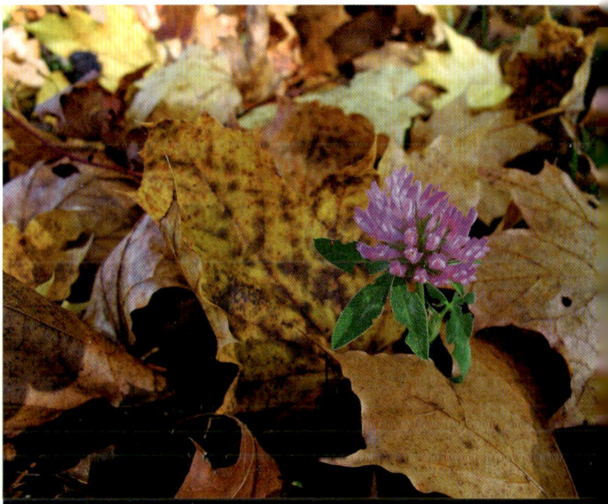

[6,1 mm | CF 4,6 | 1/60 s | f4 | ISO 80 | Nahaufnahme]

∧ Letztes Aufbäumen
Es wär' so schön, wenn's noch mal Sommer wär' ... Ein solches Foto kann Ihre persönliche Rebellion gegen den herannahenden Winter symbolisieren.

< Alltäglich und doch nicht
Besonders große Schneemengen verleiten dazu, das Wetter zu dokumentieren. Die Passanten im Hintergrund wären dazu zwar nicht unbedingt nötig, aber sie machen aus dem Dokumentarfoto eine winterliche Straßenszene. Wichtig ist eine klare Trennung von Vorder- und Hintergrund durch selektive Schärfe, die Sie mit einer offenen Blende oder durch starkes Zoomen erzielen.

Ausschnitt oder Totalansicht?

Beim Fotografieren stehen Sie immer vor der Wahl: Soll das Motiv ganz drauf, oder reicht ein Teilausschnitt? Oft entscheidet man sich für die Totale, weil man die Stimmung der gesamten Szene einfangen möchte. Und selbst da erscheint die weitwinklige Gesamtansicht oft noch zu klein, man will ja das »Ganze«. Genau da fangen allerdings die fotografischen Probleme an. Werden Sie immer ganz vorsichtig, wenn Sie »Stimmungen« festhalten wollen. Das ist in dieser Form nicht möglich, denn ein Foto zeichnet nur das auf, was man sehen kann. Eine Stimmung besteht zu 90 Prozent aus Gefühlen. Keine Kamera der Welt ist in der Lage, dieses Erleben abzubilden. Deshalb würde Ihnen an dieser Stelle ein Superweitwinkel auch nicht weiterhelfen. Stimmungsvolle Fotos zeigen oft nur Teilansichten. Licht und Farbe sind die wichtigsten Stimmungsmacher im Foto. Viele verschiedene Details, die bei einer Totalansicht zwangsläufig in ein kleines Foto gequetscht werden, überfrachten das Bild. Gehen Sie also eher den umgekehrten Weg, reduzieren Sie die Anzahl von Bildelementen, konzentrieren Sie sich auf Teilaspekte, und fotografieren Sie lieber mehrere Einzelfotos.

Die Totalansicht hat trotzdem ihre Berechtigung: Sie funktioniert immer dann, wenn sich die Bildelemente zu einer harmonischen Komposition verbinden lassen. Das ist mit Worten schwer zu erklären, deshalb hier einige Bildbeispiele.

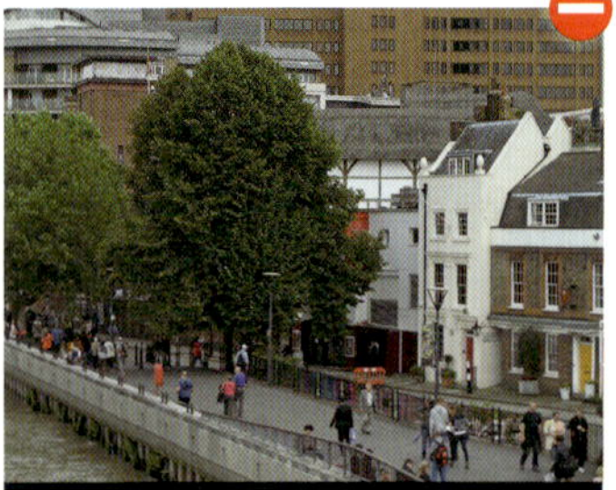

[18,1 mm | CF 4,6 | 1/250 s | f4 | ISO 80]

^ Viel drauf ...
... aber keine klare Aussage: Der Betrachter weiß nicht, worum es eigentlich geht. Der Versuch, das Miteinander von alten und neuen Hausfassaden, von Bäumen und Passanten in einem »Stimmungsbild« zu komprimieren, kann nur scheitern.

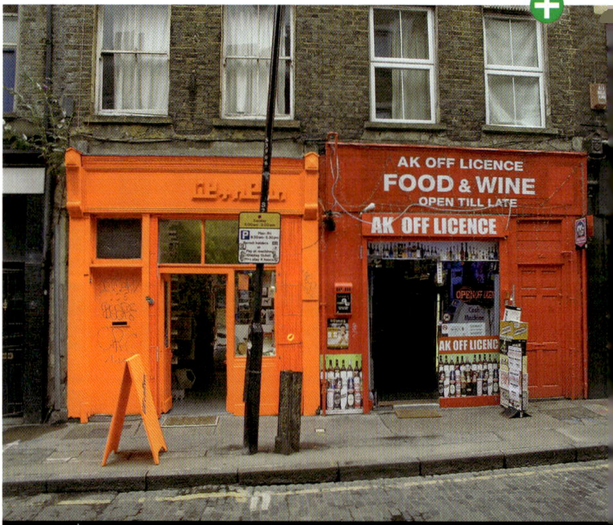

[6,1 mm | CF 4,6 | 1/160 s | f4 | ISO 80]

^ Eindeutige Aussage
Hier geht es ganz eindeutig um die bunten Geschäfte. Ein einzelner Passant würde nicht stören, viele davon oder parkende Autos hingegen sehr.

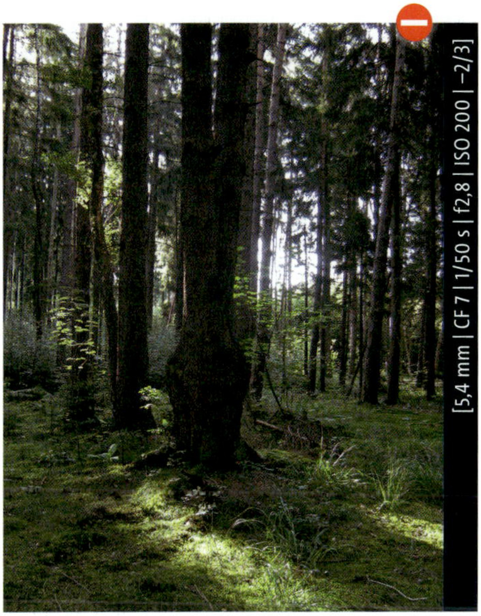

[5,4 mm | CF 7 | 1/50 s | f2,8 | ISO 200 | –2/3]

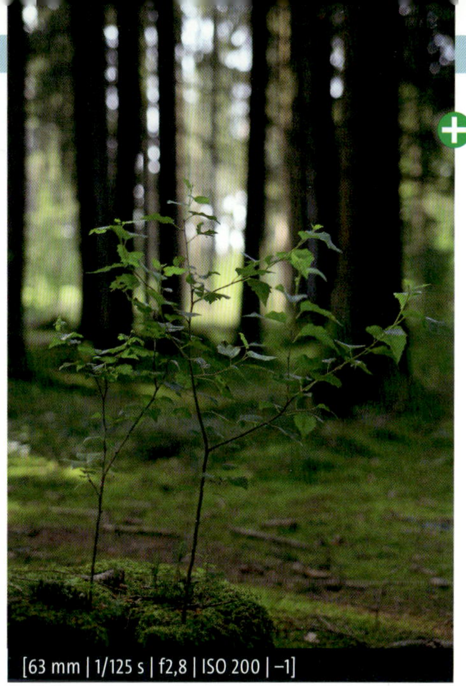

[63 mm | 1/125 s | f2,8 | ISO 200 | –1]

∧ Frühling im Wald?
Schönes aber auch schwieriges Licht, dazu ein eher langweiliger Bildaufbau ohne klaren Motivmittelpunkt lassen nicht die gewünschte »Frühling im Wald«-Stimmung aufkommen.

∧ Gut gestaltet
So klappt es deutlich besser: Das zartgrüne Pflänzchen im Vordergrund transportiert die Stimmung, während den Bäumen im Hintergrund eine wichtige Statistenrolle zufällt. Der Betrachter kann gerade noch erkennen, wo die Szene spielt, die Unschärfe verleiht dem Bild zusätzlich Tiefe.

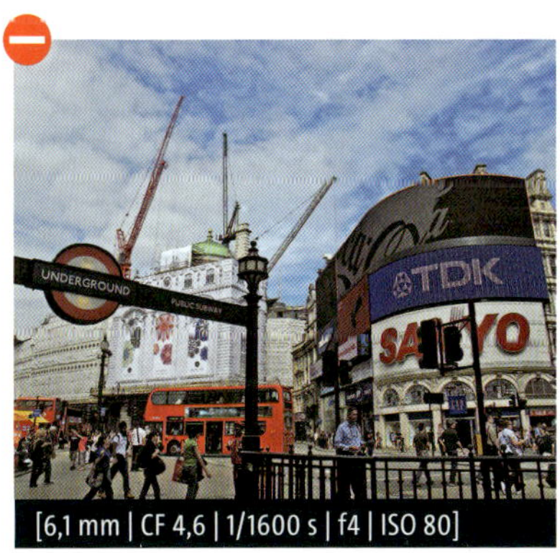

[6,1 mm | CF 4,6 | 1/1600 s | f4 | ISO 80]

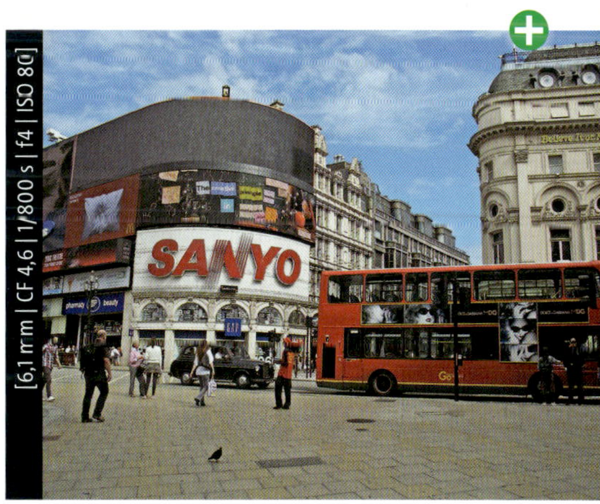

[6,1 mm | CF 4,6 | 1/800 s | f4 | ISO 80]

∧ Bildaufbau funktioniert nicht
Das Bild zeigt zu viele unsortierte Details, die sich zum Teil auch noch gegenseitig verdecken. Die abgeschnittenen Füße der Passanten erhöhen die Unruhe im Bild zusätzlich.

∧ Bildaufbau funktioniert
Bus und Schriftzug sind die Hauptblickfänge. Die Passanten links bilden mit der Taube eine Gruppe, die Passanten rechts steigen in den Bus. Da Ampel, Bus und Schriftzug dieselbe Farbe wie der Passant in der Mitte haben, fällt dieser nicht unangenehm auf.

Störende Kleinigkeiten: Das Motiv »aufräumen«

Alles, was nicht unmittelbar zum Motiv gehört, sollte gar nicht erst im Bild erscheinen. Oft fallen uns solche Details – die unwichtigen Nebensächlichkeiten – beim Fotografieren gar nicht auf. Erst im Foto verunziert ein Lichtschalter den Hintergrund, erscheint die sonst so dekorative Zimmerpflanze als störendes Monster.

Die Ursache: Während unsere Augen ein dreidimensionales Bild liefern, ist das Foto zweidimensional. Die räumliche Tiefe geht verloren. Objekte, die sich hintereinander befinden, scheinen daher im Bild direkt aufeinanderzukleben.

Deshalb müssen Sie beim Fotografieren nicht nur auf Ihr eigentliches Motiv achten, sondern Ihre Aufmerksamkeit auch auf das richten, was sich davor, dahinter und daneben befindet. Alle Kleinigkeiten, die innerhalb des Bildfeldes zu sehen sind, können zu Störenfrieden werden. Es sind nicht nur die unvermeidlichen Telegrafendrähte in der Landschaft oder Passanten, die im Hintergrund vorbeilaufen: Auch Papier-

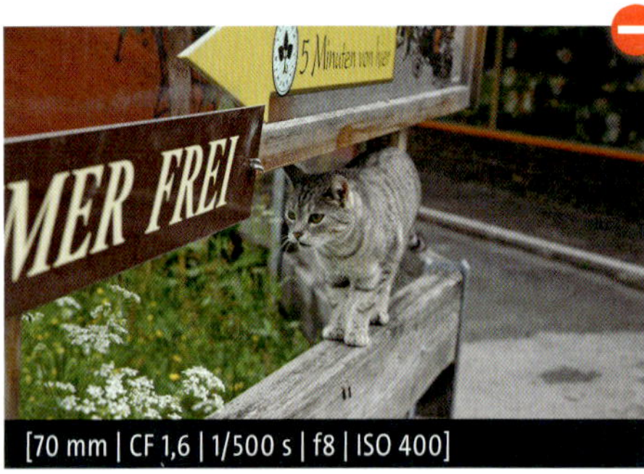

< Schnappschuss
Erst mal draufhalten, damit man sie überhaupt erwischt – aber ein schönes Katzenporträt ist das Bild nicht.

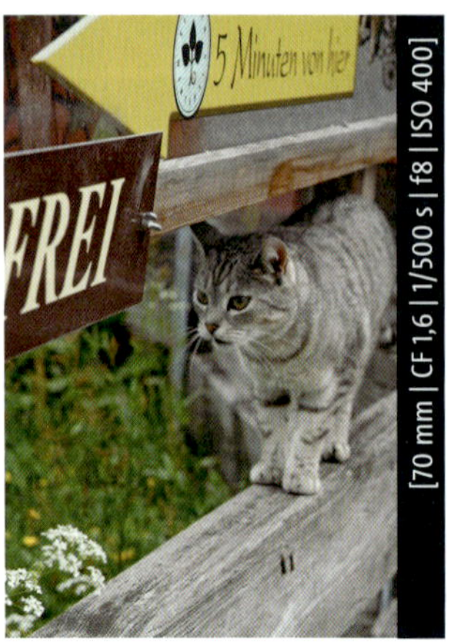

> Bildausschnitt wechseln
Das Hochformat bewirkt schon ein stärkeres Foto – leider ist die Katze nicht ganz scharf, weil der Autofokus das Schild darüber wichtiger fand.

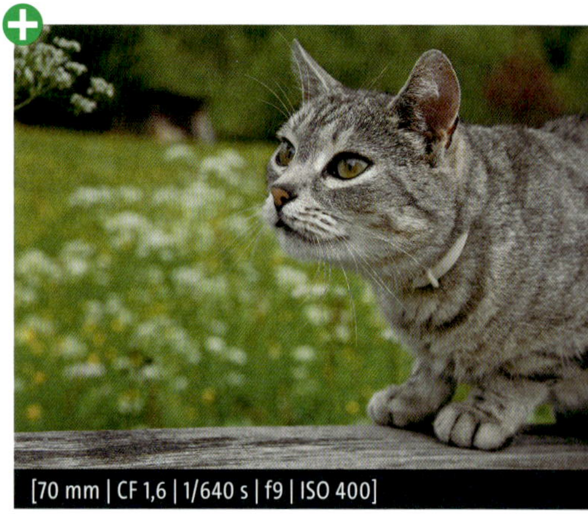

∧ Vorsichtig anschleichen
Wenn das Fotomodell mitspielt und nicht wegläuft, kann man sowohl Bildausschnitt als auch Schärfe weiter verbessern. Zwei Schritte nach rechts, eine etwas tiefere Aufnahmeperspektive, und schon sieht der Hintergrund völlig anders aus.

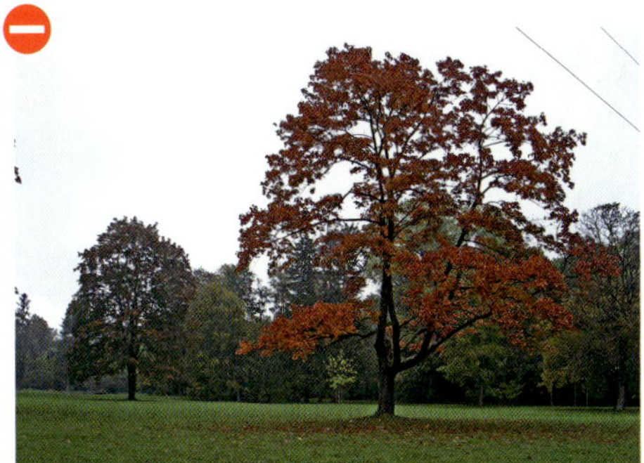

[28 mm | CF 1,6 | 1/30 s | f4 | ISO 100]

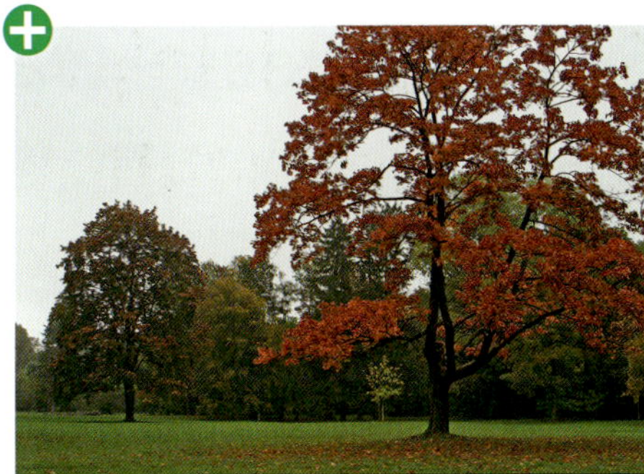

[30 mm | CF 1,6 | 1/45 s | f4 | ISO 100]

^> Der Klassiker: Telegrafendraht
Störende Elemente kann man zwar oft wegretuschieren, aber es ist besser, sie gleich beim Fotografieren zu vermeiden. So spart man sich anschließend die mühsame Retusche.

v Kleinigkeiten beachten
Schöne Rosen, aber im Hintergrund auf der Wiese liegen viele abgefallene Blütenblätter, die das Motiv unruhig machen. Sie können entweder die störenden Blätter aufsammeln und den gleichen Bildausschnitt noch einmal fotografieren, oder Sie zoomen etwas stärker.

schnipsel am Boden, Gläser auf dem Esstisch, Kabel oder Raumdekorationen können stören.

Vielleicht haben Sie bisher noch gar nicht auf solche Dinge geachtet, aber sobald Sie es tun, werden Ihre Fotos ansprechender. Bewegliche Objekte wie Gläser oder Flaschen können Sie zur Seite stellen, manchmal kann man für ein Erinnerungsbild auch einen anderen Platz im Raum aussuchen, der besser geeignet ist. Und oftmals lassen sich die Störenfriede einfach durch einen engeren Bildausschnitt oder durch eine veränderte Perspektive aus dem Foto verbannen.

Der Fotograf kann die Aufnahmesituation oftmals beeinflussen. Manchmal sind dazu nur ein paar Handgriffe oder kleine Regieanweisungen nötig. Sicher kann man argumentieren, dass solche Eingriffe die Echtheit des Bildes beeinträchtigen. Bedenken Sie jedoch, dass viele große Fotografen bei ihren so natürlich wirkenden Momentaufnahmen ebenfalls vielfach Regie geführt haben. Sie wollen schöne und emotionale Bilder machen – am Ende zählt also das Ergebnis.

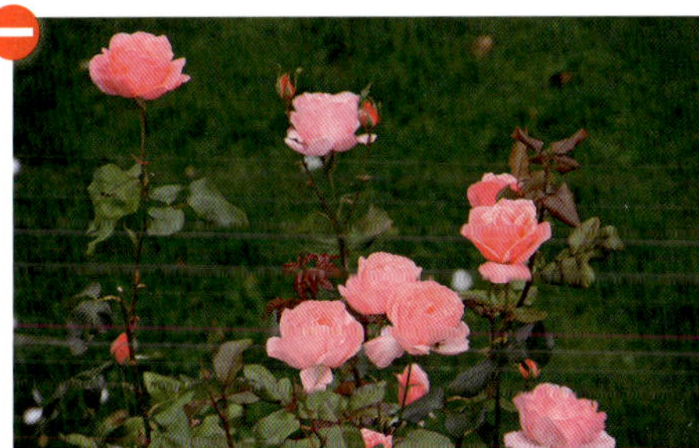

[135 mm | CF 1,6 | 1/160 s | f5,6 | ISO 100]

[255 mm | CF 1,6 | 1/320 s | f5,6 | ISO 100]

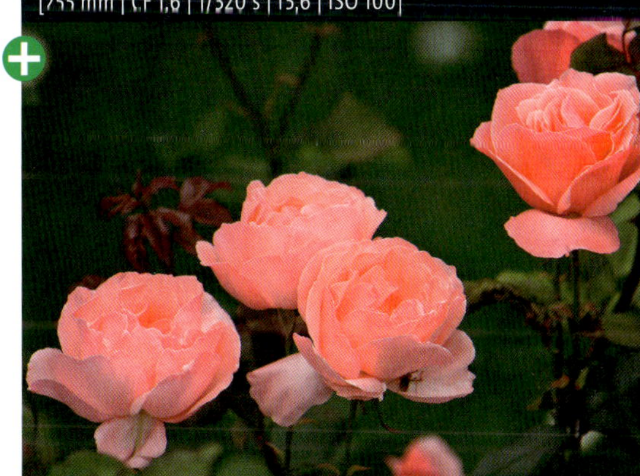

Schwarzweiß – was sieht gut aus?

Totgesagte leben länger: Die Schwarzweißfotografie hat die Einführung des Farbfilms überlebt und erfreut sich auch bei Digitalfotografen wachsender Beliebtheit. Weil wir es gewohnt sind, die Welt in Farbe zu sehen, fällt es vielen Fotografen zunächst schwer, sich ein Motiv überhaupt in Schwarzweiß vorzustellen. An den meisten Kameras gibt es eine Funktion, mit der man vom Farb- auf den Monochrom-Modus umschalten kann. Damit fällt die Beurteilung, ob ein Motiv in Schwarzweiß gut aussieht, deutlich leichter.

Wenn Sie generell keine Bildbearbeitung am Rechner machen möchten, benutzen Sie diese Einstellung auch zum Fotografieren. Besser ist es aber, die Fotos zunächst im Farbmodus aufzunehmen und sie erst später in Schwarzweiß umzuwandeln. Dadurch haben Sie mehr Möglichkeiten, die Grautöne und Kontraste ans jeweilige Motiv anzupassen. Egal, ob Porträt, Architektur, Naturmotiv oder Landschaft: Es gibt kaum etwas, was sich nicht in Schwarzweiß umsetzen ließe. Dabei kommt es aber sehr stark auf die Bearbeitungseinstellungen an.

Der persönliche Geschmack spielt bei der Schwarzweißumwandlung eine wichtige Rolle: Manche Menschen bevorzugen sehr kontrastreiche Schwarzweißbilder, andere lieben die feinen Abstufungen zwischen vielen Graunuancen. Kommt das Foto bereits in Schwarzweiß aus der Kamera, lässt sich die ursprüngliche Farbe nicht wiederherstellen, und auch der Nachbearbeitung sind Grenzen gesetzt.

˅ Monochrome Stimmung
Motive, die an sich schon wenige Farben enthalten, sind ein guter Einstieg in die Schwarzweißfotografie.

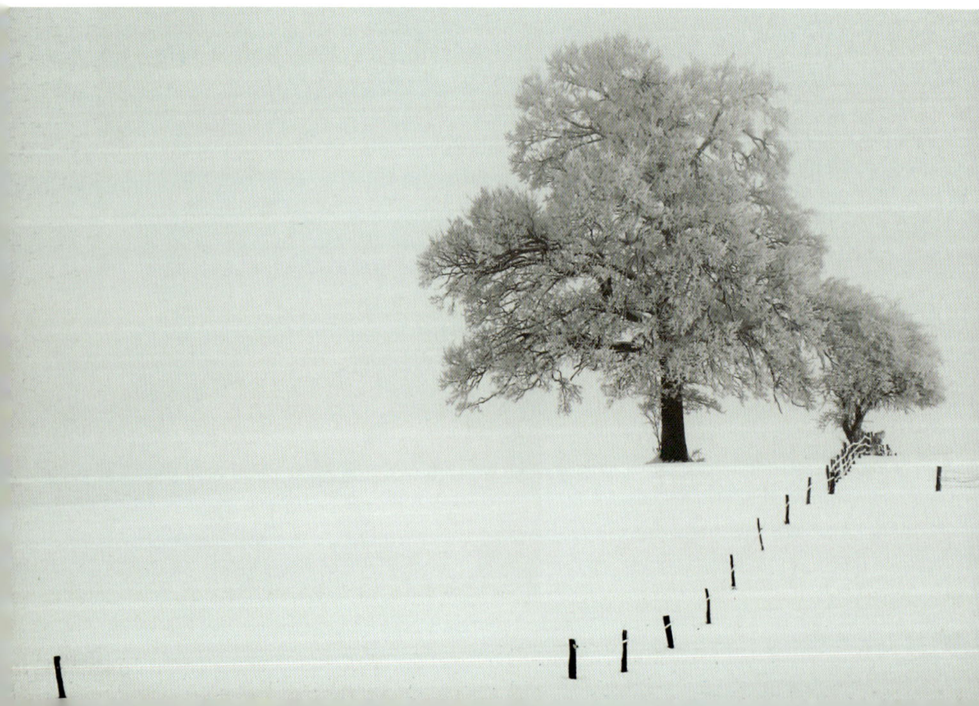

[113 mm | CF 1,6 | 1/500 s | f11 | ISO 100]

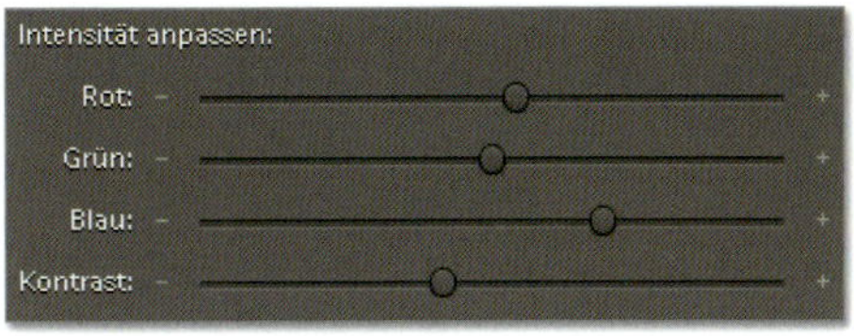

^ Schwarzweißumwandlung
In Photoshop Elements ÜBERARBEITEN • IN SCHWARZWEISS KONVERTIEREN aufrufen: Wenn Sie den Regler für BLAU weiter nach rechts und die anderen weiter nach links ziehen, verändert sich die Helligkeit des Bildes. Die Schwarzweißumsetzung mit dem Regler für BLAU erzeugt ein eher düsteres Ergebnis ... während die Veränderung am Regler für ROT das Gesicht engelhaft aufhellt.

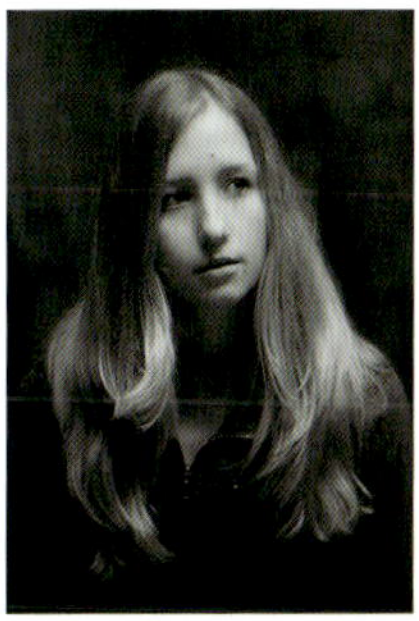

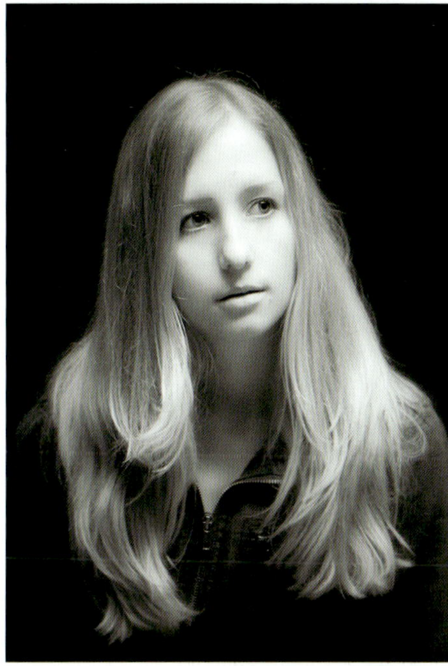

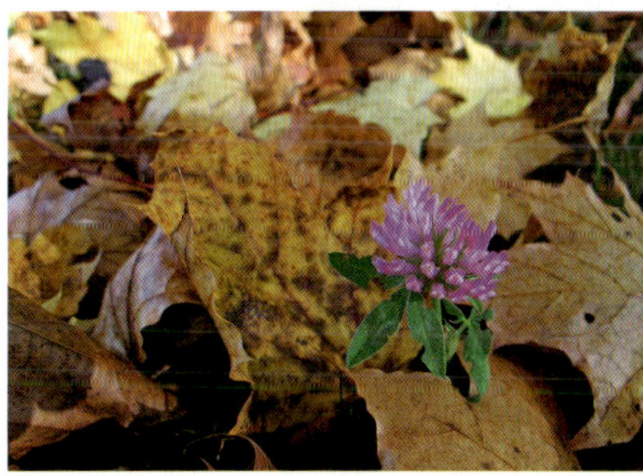

> Farbe
Ein Motiv, das von den Farben lebt, sieht in der »0815-Umsetzung« (Farben entfernen) völlig unspektakulär aus (unten), wird aber durch veränderte Umwandlungseinstellungen am Rechner erneut zu einem interessanten Motiv (u. rechts). Jetzt dominieren nicht mehr die Farben, sondern die Helligkeitsunterschiede und Strukturen.

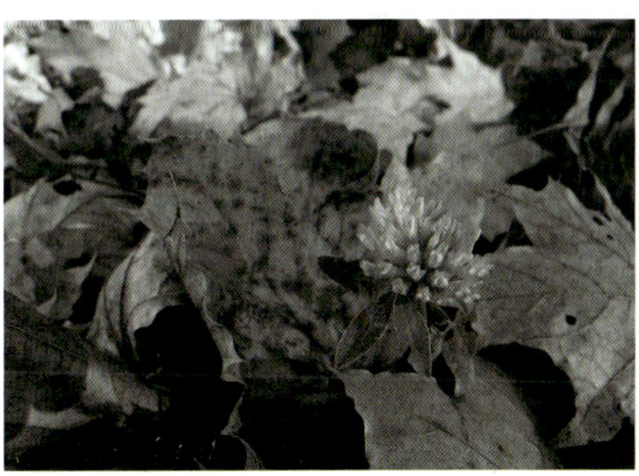

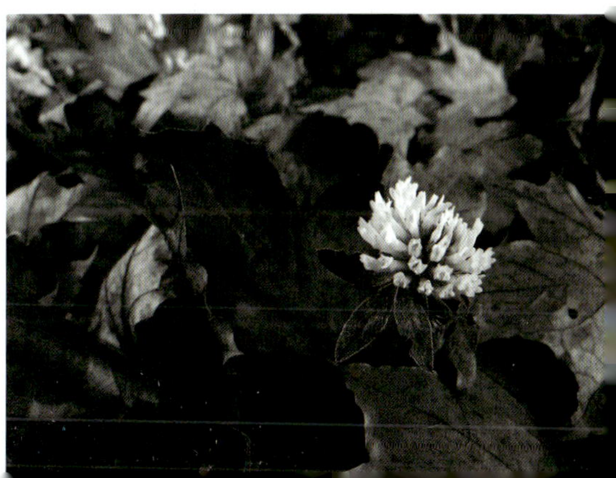

Die Kamera kreativ einstellen

Ihre Kamera bietet womöglich »kreative« Aufnahmemodi, mit denen die Bilder sofort in veränderten Farbtönen oder noch stärker bearbeitet ausgegeben werden. Experimentieren Sie ruhig mit solchen Effekten. Kreativität per Knopfdruck ist aber nur die erste Stufe auf Ihrem fotografischen Weg. Der wirklich kreative Vorgang beim Fotografieren findet vor der eigentlichen Aufnahme statt. Es ist der Moment, in dem Sie etwas sehen und sich Gedanken darüber machen, wie das fertige Bild aussehen sollte. Sie haben bereits einige Möglichkeiten kennengelernt, wie Sie das Bildergebnis mit den grundlegenden Aufnahmetechniken (Blende, Belichtungszeit, Autofokus, Weißabgleich) beeinflussen können. Was dem kreativen Prozess folgt, ist die situationsgerechte Anwendung dieser Einstellungen. Das mögen Sie als handwerkliche Fähigkeit ansehen, aber es ist viel mehr! Denn es gibt stets unterschiedliche Möglichkeiten, ein Bild durch die Technik zu gestalten.

Was für die Beispiele auf dieser Seite gilt, lässt sich im Prinzip auf jede fotografische Situation anwenden. Es gibt zwar immer Rahmenbedingungen, die Ihren Handlungsspielraum einengen – zum Beispiel wenig Licht –, aber je besser Sie die Möglichkeiten Ihrer Kamera kennen, desto einfallsreicher werden Sie diese anwenden. Auch wenn anfangs nicht jedes Bild so wird, wie Sie es sich vorgestellt haben: Bleiben Sie dran. Sie werden staunen, was mit ein bisschen Erfahrung alles möglich ist.

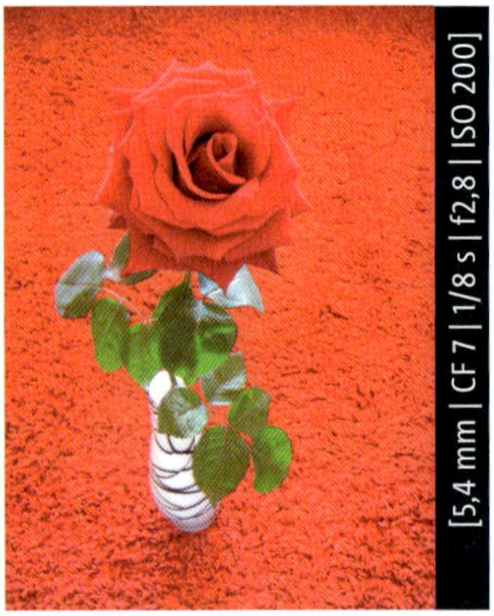

^ Tageslicht
Eine rote Rose auf rotem Teppich: Das Bild bei Tageslicht (Automatik ohne Blitz) ergibt eine sehr natürliche und realistische Wiedergabe des Motivs.

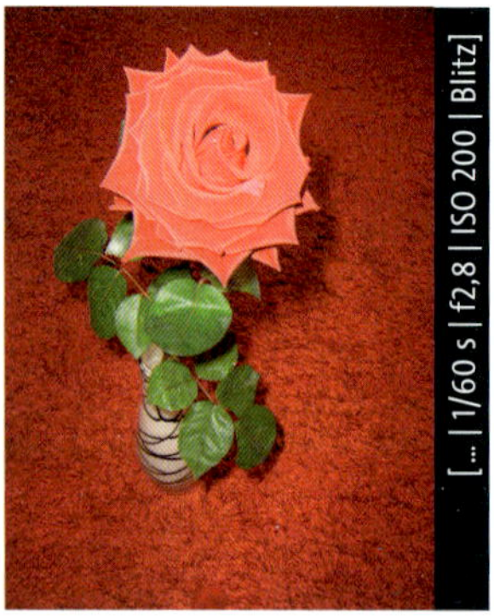

^ Blitzlicht
Die Aufnahme mit Vollautomatik und Blitz lässt die Blüte völlig anders aussehen: Der Blitz leuchtet das Motiv von vorn aus, die rote Farbe verringert sich, weil das Licht von den Blütenblättern stark reflektiert wird; im Hintergrund entsteht ein leichter Schlagschatten.

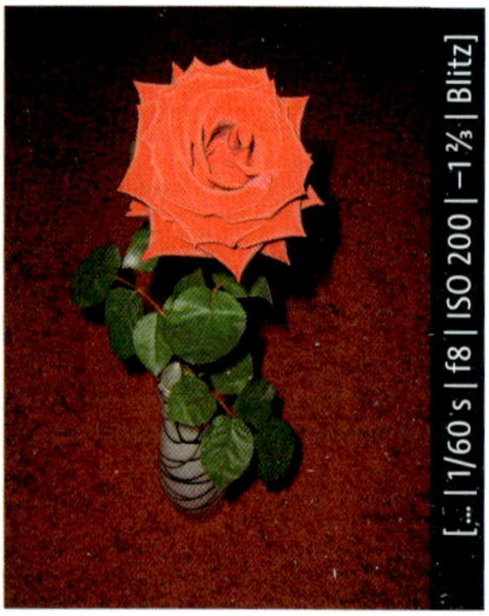

^ Blitzlicht und Belichtungskorrektur
Bei dieser Aufnahme wurde ebenfalls geblitzt, aber zusätzlich eine Belichtungskorrektur benutzt: Nun wird die Blüte intensiv rot und der Hintergrund abgedunkelt. Dreimal dasselbe Motiv, drei Einstellungen, drei unterschiedliche Bilder!

Bilderserien und Videoaufnahmen

Ein Foto kommt selten allein. Im Lauf der Zeit kommt eine große Anzahl von Aufnahmen zusammen, sozusagen Ihre persönlichen Fotonotizen aus allen Lebenslagen. Womöglich stellen Sie erst beim Durchblättern der Bilder am Rechner fest, dass Sie bei ganz verschiedenen Gelegenheiten immer wieder bestimmte Motive fotografieren: schöne Häuser, Blumen, Tiere usw. Solche Fotos werden eindrucksvoller, wenn man sie zu Serien zusammenstellt.

Sobald Sie herausgefunden haben, welche Bilder in Serie Ihnen besonders gut gefallen, werden Ihnen schon beim Spaziergang mit der Kamera erheblich mehr passende Motive ins Auge fallen, die Sie dann auch regelrecht sammeln können.

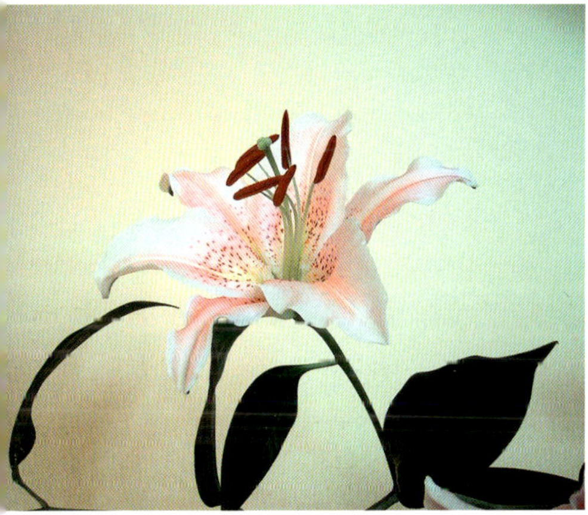

< In guter Gesellschaft
Es spielt keine Rolle, ob Sie gerne Rosen, Tulpen, Lilien oder etwas ganz anderes wieder und wieder fotografieren: Sammeln Sie ähnliche Motive, und arrangieren Sie die schönsten davon in einem Rahmen.

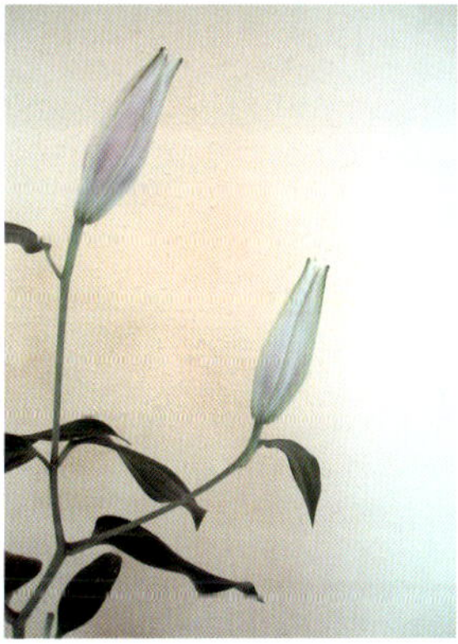

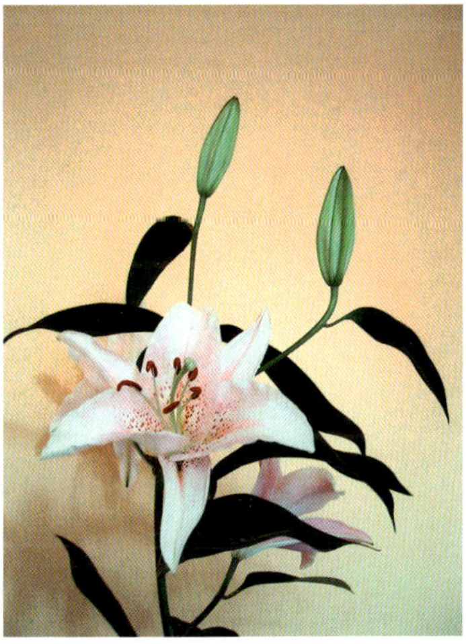

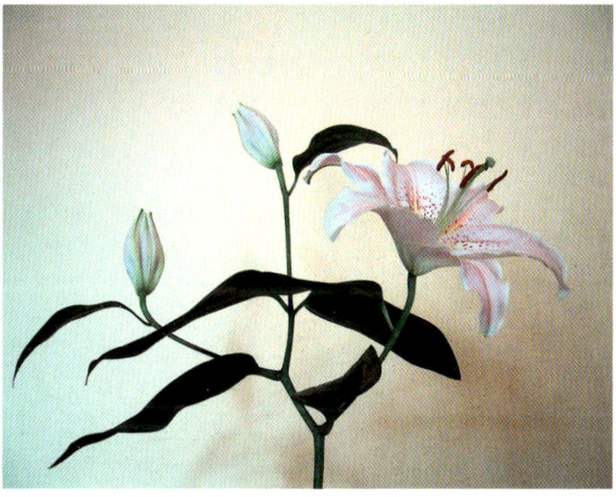

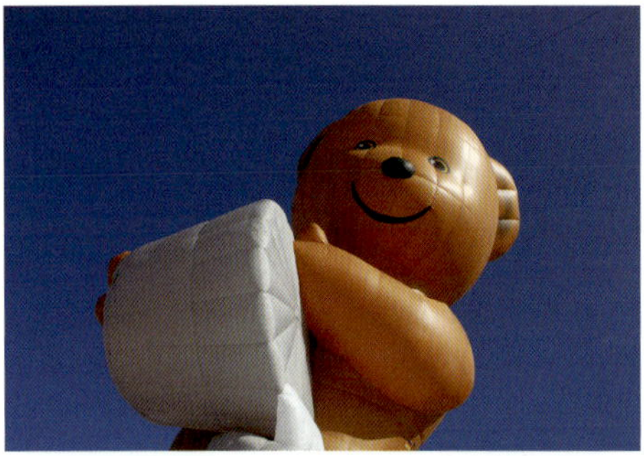

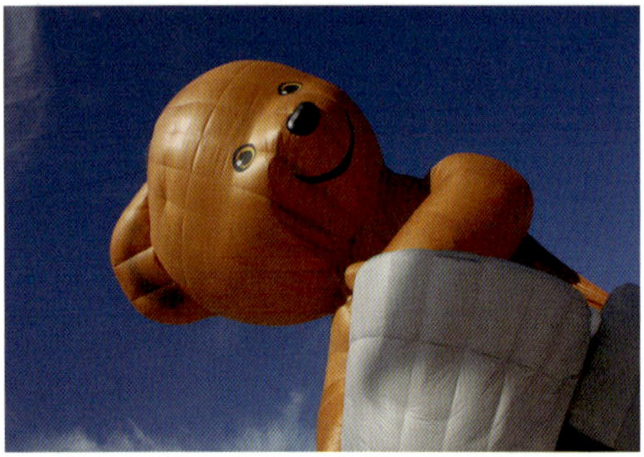

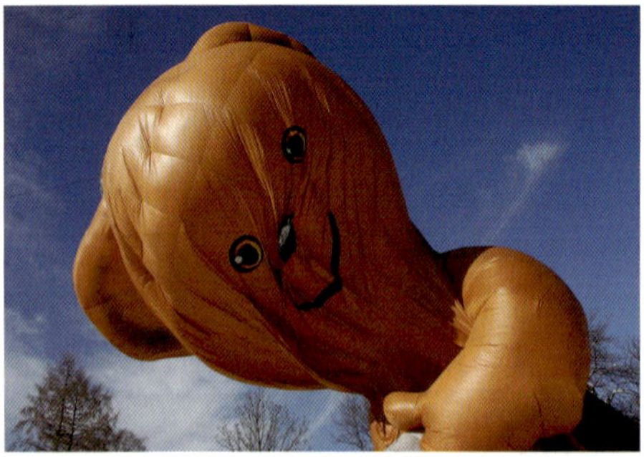

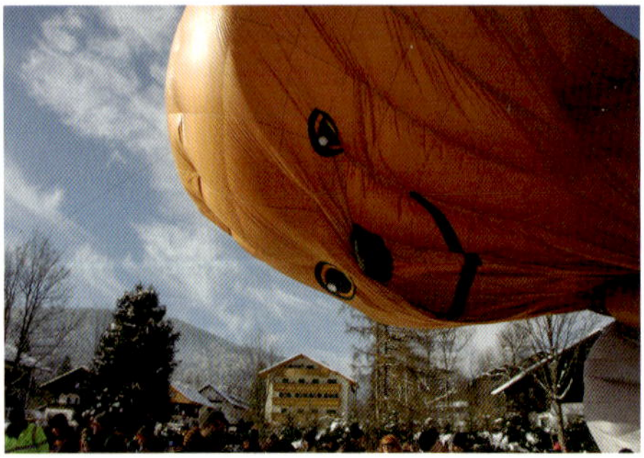

Serie oder Sequenz?

Von einer Serie spricht man, wenn es eine gewisse Anzahl von Bildern zu einem Thema gibt. Die Bilder können zu unterschiedlichen Zeiten und aus verschiedenen Perspektiven aufgenommen worden sein. Die Sequenz ist eine spezielle Bilderserie: Sie zeigt einen zeitlichen Ablauf. Häufig werden die Fotos während einer Aufnahmesession direkt hintereinander gemacht. Es gibt einen klaren Anfang und ein Ende einer Sequenz, während die Serie jederzeit erweitert werden kann.

Video

Inzwischen haben die Bilder in fast jeder Kamera das Laufen gelernt: Auch hochwertige Spiegelreflexkameras zeichnen Videos auf. Kleine Kompaktkameras können das schon seit vielen Jahren. Full-HD für den großen Fernsehbildschirm bekommt man noch nicht mit allen Kameras, aber für ein kleines Filmchen am Rechner reicht es allemal.

In Situationen, in denen die Stimmung vor allem durch Töne und Bewegung erzeugt wird, kann man die Videofunktion als Ergänzung zu den stummen und statischen Fotos nutzen. Dabei ist es wichtig, Geduld zu haben: Als Fotograf ist man mit einem Bild schnell fertig, Videosequenzen dürfen aber nicht zu kurz sein. Wenn man schnell schwenkt oder zu viel hin- und herzoomt, wird dem Zuschauer schwindlig. Die Tonaufzeichnung klingt häufig blechern, und alles, was um einen herum gesprochen wird, wird ebenfalls mit auf dem Video

< Die Luft ist raus ...
Die Sequenz zeigt, wie der Heißluftballon allmählich in sich zusammenfällt.

aufgezeichnet. Starker Wind kann den Audiogenuss ebenfalls beeinträchtigen: viele Gründe, die für eine bessere Ausrüstung sprechen. Dass man die Kamera möglichst ruhig und nur im Querformat halten sollte, versteht sich von selbst. Wer durch die kleinen Clips Spaß am Filmen bekommt, wird sich wahrscheinlich irgendwann eine richtige Videokamera kaufen oder zumindest ein Gerät, an das man ein externes Mikrofon anschließen kann.

Für private Zwecke ist das Filmen ohne Stativ an den meisten Orten kein Problem, aber erkundigen Sie sich besser vorher, ob Sie es dort auch wirklich dürfen.

Das THM-Format enthält Aufnahmeinformationen (sogenannte Exif-Daten) und eine Miniversion des ersten Videoframes (Thumbnail). Dieses Miniaturbild wird von einigen Bild- und Videobetrachtungsprogrammen zu Vorschauzwecken genutzt.

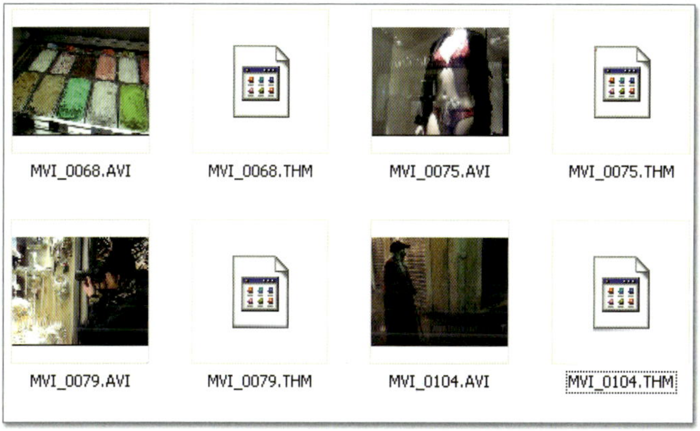

< Bewegte Bilder
Wenn es Nacht wird in Venedig sind die Klänge in den Gassen der Stadt besonders intensiv. Die Videofunktion ermöglicht es, solche Eindrücke festzuhalten. Bei der Bildqualität muss man nachts auch beim Video Einschränkungen in Kauf nehmen.

DAS WICHTIGSTE IN KÜRZE

- Nehmen Sie nicht die erstbeste Ansicht: Probieren Sie neue Perspektiven aus.
- Nutzen Sie nicht nur die Totalansicht, sondern picken Sie sich auch interessante Details heraus: Weniger ist oft mehr.
- Erweitern Sie Ihre fotografischen Möglichkeiten, indem Sie bei Bedarf das Motiv aufräumen oder Regieanweisungen geben.
- Richten Sie Ihren Blick auf das Alltägliche: Hier verstecken sich oft die interessantesten Motive.
- Experimentieren Sie mit dem Schwarzweiß-

Farbe. Am Rechner gelingt die Schwarzweißumwandlung meist besser.

- Denken und fotografieren Sie in Serien. Präsentieren Sie ähnliche Motive zusammen, auch wenn die Bilder bei verschiedensten Anlässen entstanden sind.
- Dokumentieren Sie ein Ereignis in Form einer Sequenz: Ziehen Sie die stärksten und wichtigsten Bilder heraus, und erzählen Sie eine Geschichte in drei bis acht Bildern.
- Nutzen Sie die Videofunktion als Ergänzung zu Ihren Bildern. Vielleicht bekommen Sie

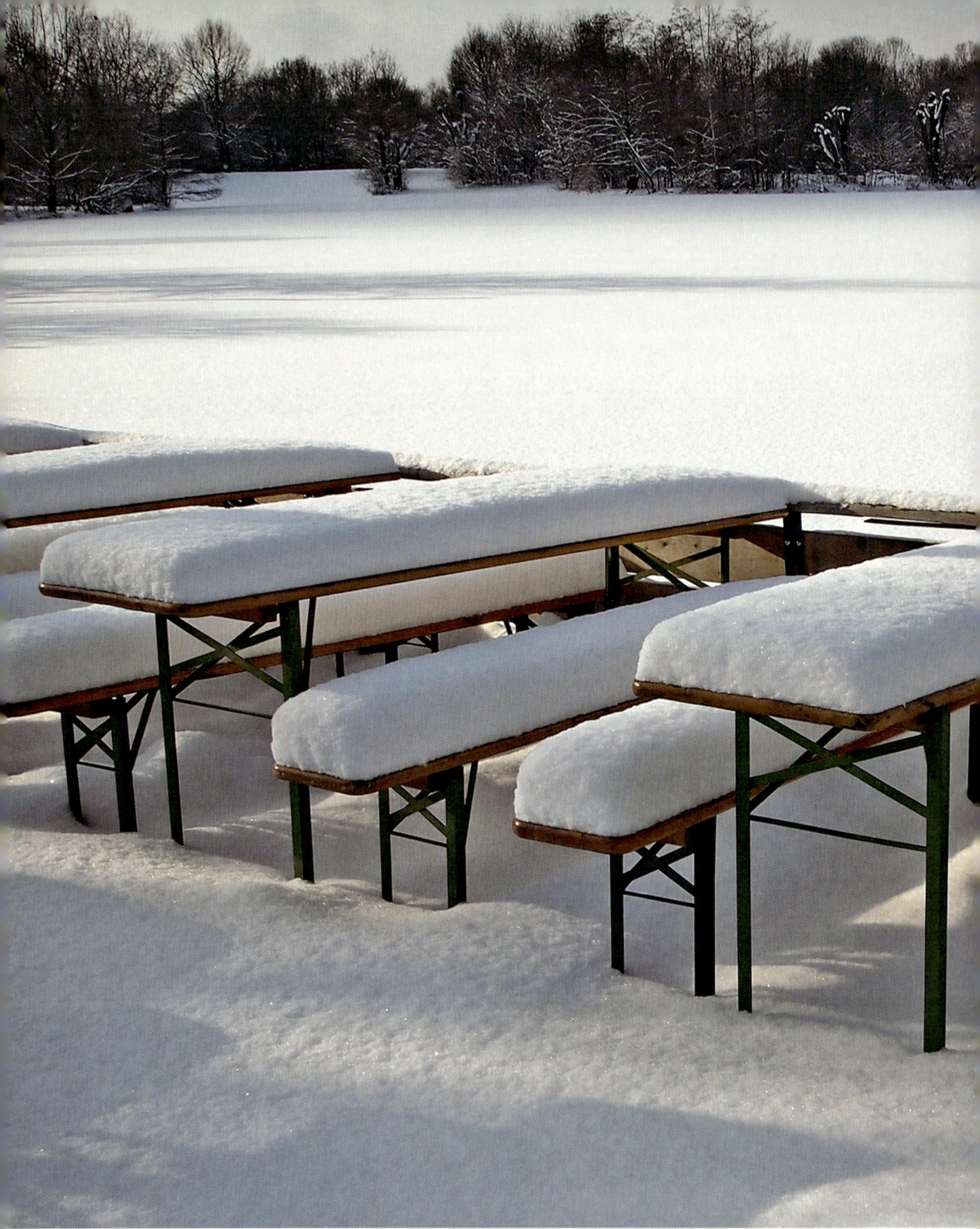
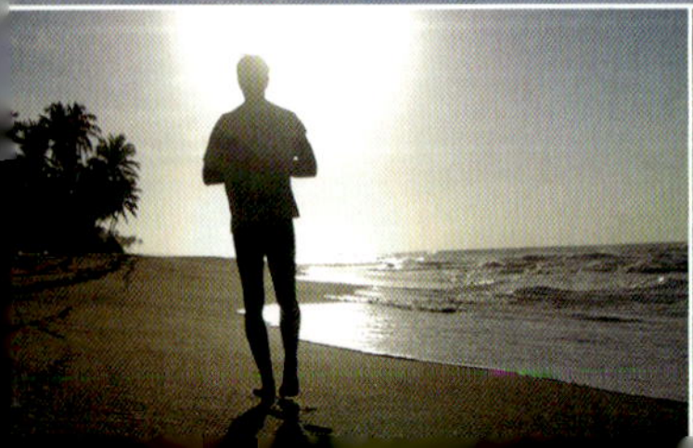
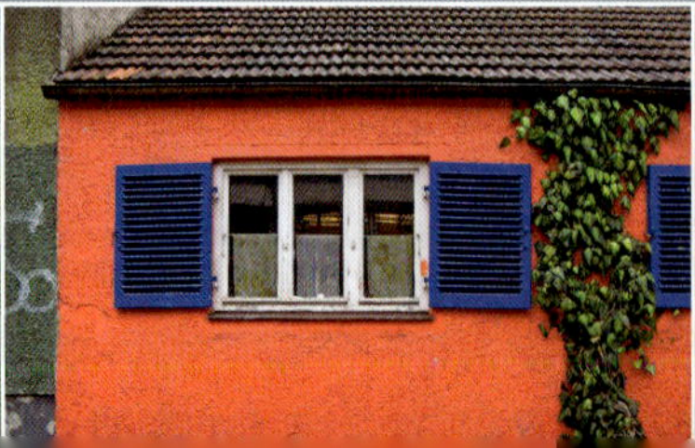
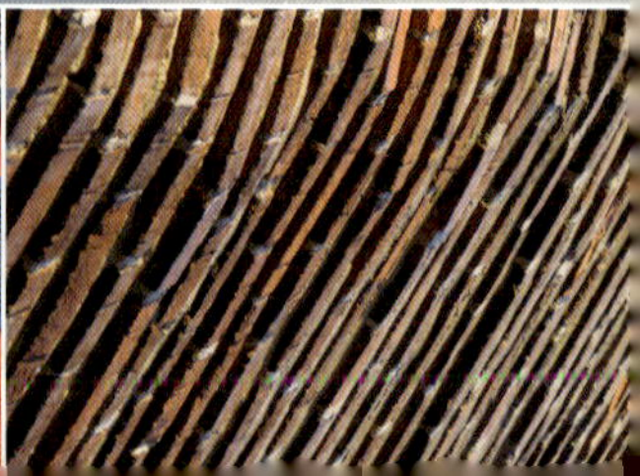

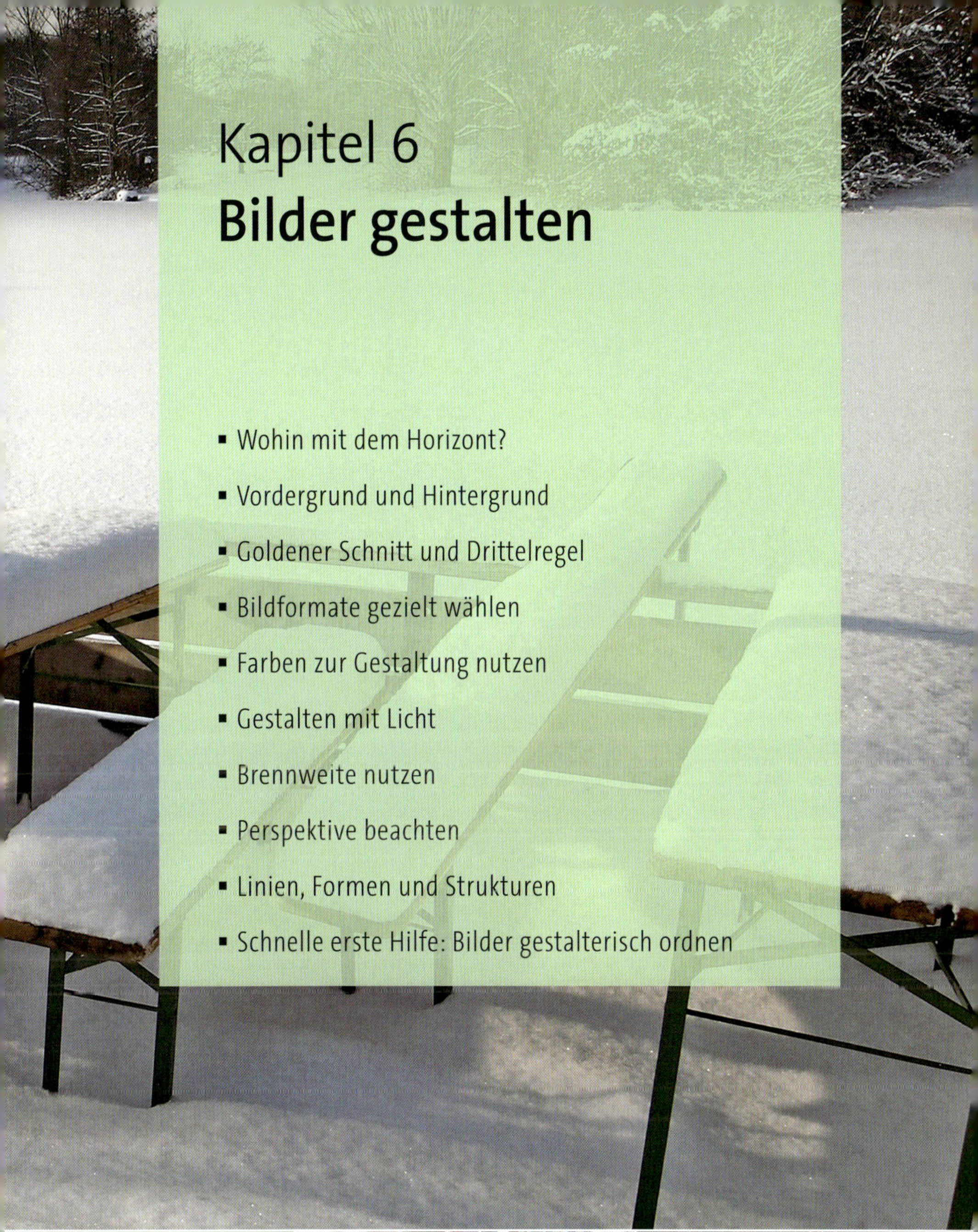

Kapitel 6
Bilder gestalten

- Wohin mit dem Horizont?
- Vordergrund und Hintergrund
- Goldener Schnitt und Drittelregel
- Bildformate gezielt wählen
- Farben zur Gestaltung nutzen
- Gestalten mit Licht
- Brennweite nutzen
- Perspektive beachten
- Linien, Formen und Strukturen
- Schnelle erste Hilfe: Bilder gestalterisch ordnen

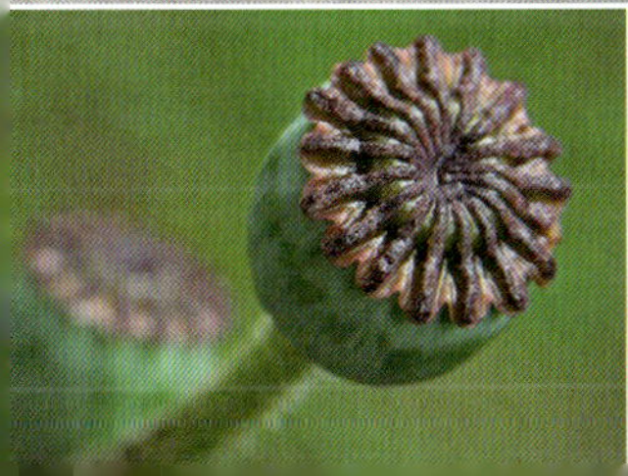
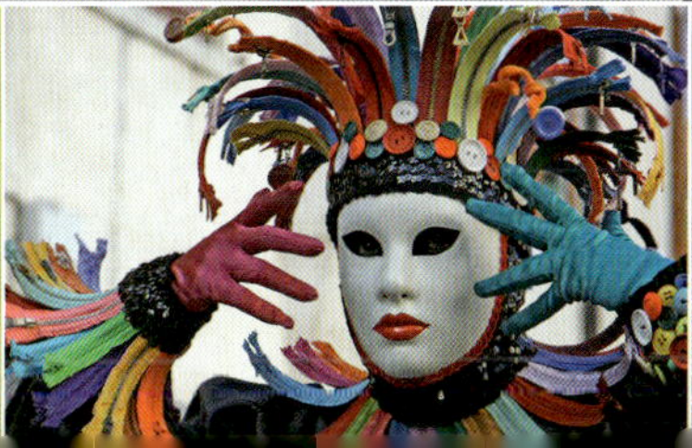
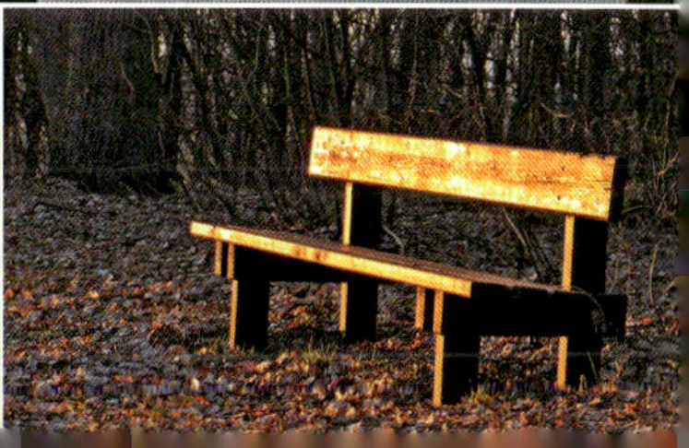

Wohin mit dem Horizont?

Besonders in der Landschaftsfotografie spielt die Horizontlinie eine wichtige Rolle. Sie teilt das Foto in zwei mehr oder weniger große Bereiche auf. Die klassische Aufteilung besteht in einer Drittelung des Bildes: unten zwei Drittel Landschaft, oben ein Drittel Himmel, manchmal auch umgekehrt. Das wird im Allgemeinen als harmonisch empfunden.

Manchmal rutscht die Horizontlinie jedoch in die Bildmitte, wo sie meistens nicht gut wirkt. Sind beide Bildhälften gleichwertig, kommt es sehr auf den Bildinhalt an, ob die mittige Aufteilung stört oder nicht. Ein tiefer Horizont betont den Himmel, ein hoch angesetzter dagegen das Motiv im Vordergrund. Je näher die Horizontlinie an eine der Bildkanten rückt, desto dramatischer wirkt das Motiv.

Keine krummen Sachen

In vielen Fotos kippt die Horizontlinie nach einer Seite. Die Schräglage entsteht nicht nur aus Unachtsamkeit, sondern oft auch durch eine Fehleinschätzung beim Gestalten. Sie können eine Wasserwaage verwenden, um die Kamera exakt auszurichten. Es gibt sie als Zubehör zum Aufstecken bzw. in manchen Kameramodellen auch als elektronische Funktion integriert. Oft wird die Schräglage aber auch durch die Perspektive verursacht: Da hilft keine Wasserwaage – Sie müssen entscheiden. Im Normalfall ge-

[9,8 mm | CF 7 | 1/125 s | f10 | ISO 80 | –1]

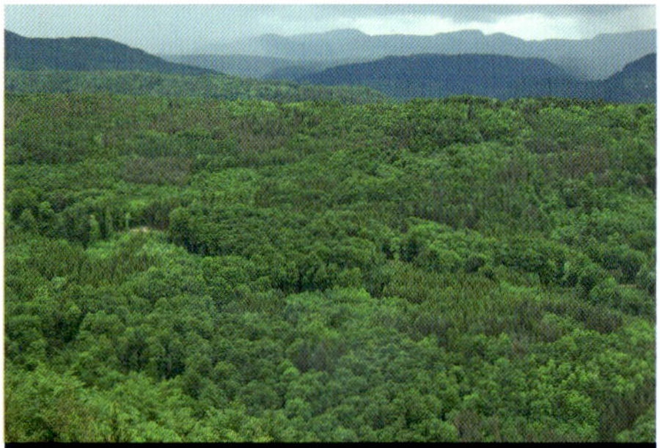

[9,8 mm | CF 7 | 1/250 s | f3,5 | ISO 80 | –1]

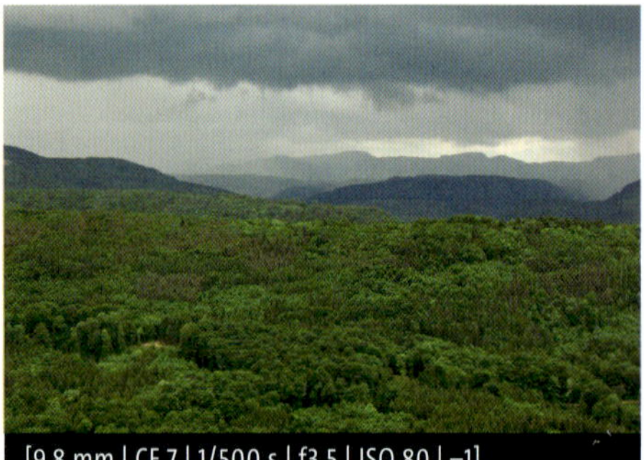

[9,8 mm | CF 7 | 1/500 s | f3,5 | ISO 80 | –1]

^> Variationsmöglichkeiten
Dasselbe Motiv, dreimal mit unterschiedlicher Horizontlage fotografiert: Während der tiefe Horizont die bedrohlichen Wolken betont, richtet sich der Blick des Betrachters beim hoch angelegten Horizont auf die große grüne Waldfläche. Die Wirkung der Bilder verändert sich. Beim mittig angeordneten Horizont halten sich die blauen und grünen Bildanteile die Waage.

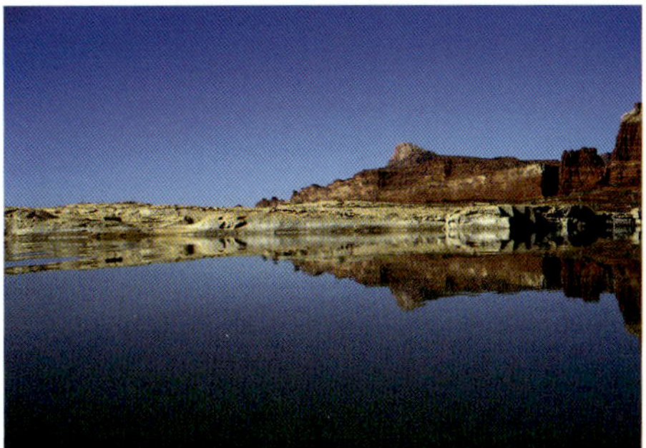

[28 mm | 1/250 s | f11 | ISO 100]

^ Mittigen Horizont vermeiden
Spiegelungen verleiten zu einer mittigen Teilung des Bildes, die den Betrachter verwirrt. In einigen Fällen »funktioniert« die Halbierung, aber nur, wenn man sie ganz bewusst einsetzt.

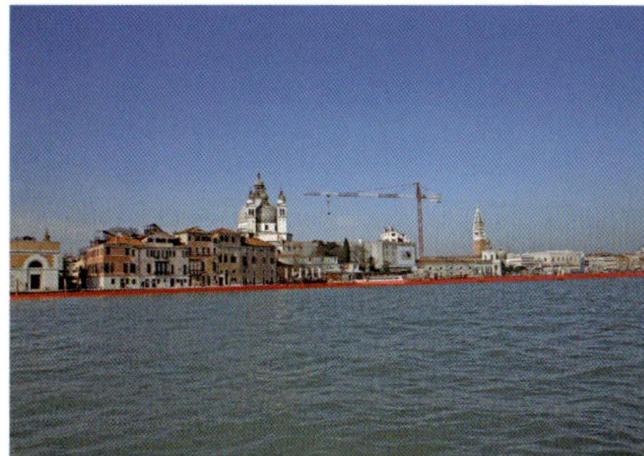

[28 mm | 1/640 s | f22 | ISO 640]

^ Schiefer Horizont
Ein schiefer Horizont entsteht manchmal auch durch die Perspektive. Im Foto sieht das nicht schön aus.

nügt es, wenn Sie beim Fotografieren bewusst auf die Linien achten. Falls nicht, können Sie das Foto nachträglich gerade richten. Auch bei Architekturmotiven ist die gerade Ausrichtung wichtig. Hier gibt es oft mehrere Linien, die miteinander konkurrieren. Richten Sie im Zweifelsfall die wichtigste (dominierende) Linie parallel zur längeren Bildkante aus.

Ein Horizont kann auch ganz bewusst schräg angelegt werden. Aber wenn Sie die Kamera schon schief halten, dann richtig: Ein bisschen schief sieht immer nach einem Fehler aus, nur eine extreme Schieflage erzeugt die gewünschte dynamische Wirkung im Bild (siehe Bild von der Löwenzahnblüte auf Seite 98).

Verzeichnung

Kameras mit Weitwinkeloptik bilden gerade Linien oft mit einer tonnenförmigen Verzeichnung ab, die umso deutlicher zu sehen ist, je näher sich die Linie am Bildrand befindet. Leichtes Zoomen verringert die Verzerrung. Bei starken Teleobjektiven biegen sich die Linien in die andere Richtung, dann spricht man von einer kissenförmigen Verzeichnung. Beides kann, wenn es zu sehr stört, am Rechner korrigiert werden.

> Unschöne Verzeichnung
Tonnenförmige Verzeichnung beim Weitwinkel (links): Die Fliesenbordüre wölbt sich im Bild extrem nach außen. Kissenförmige Verzeichnung beim Teleobjektiv (rechts): Die Linie am unteren Bildrand wölbt sich zur Bildmitte hin.

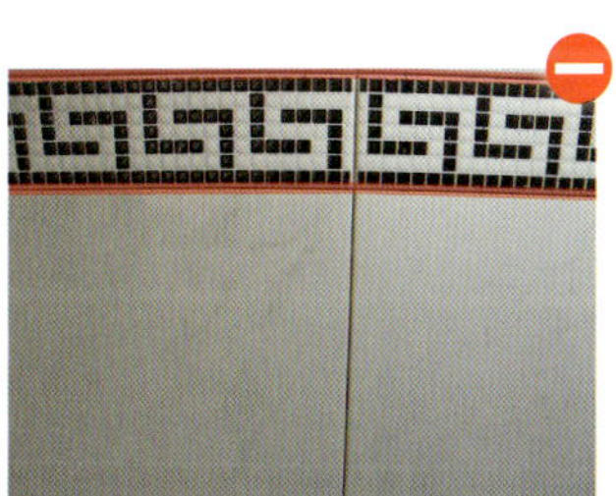

[6,1 mm | 1/30 s | f2,8 | ISO 160]

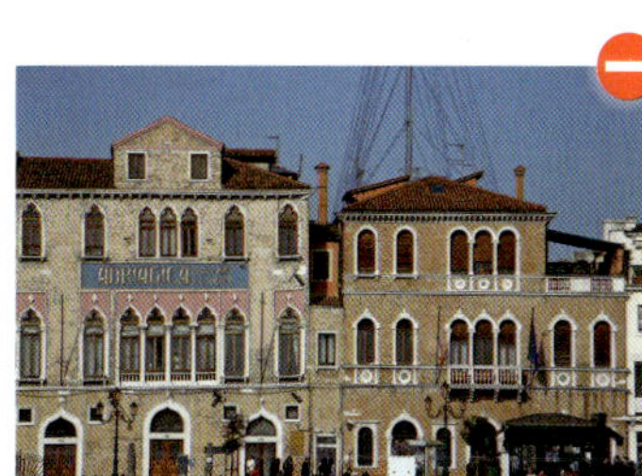

[135 mm | 1/500 s | f11 | ISO 100]

Vordergrund und Hintergrund

Wenn Sie beim Gestalten klare Schwerpunkte setzen, weiß der Betrachter Ihrer Bilder sofort, worum es geht. Alles, was im Foto besonders groß, besonders scharf, besonders hell oder in einer Signalfarbe wirkt, zieht den Blick unmittelbar an. Das wiederum bedeutet: Lassen Sie alles weg, was den Blick in eine falsche Richtung lenken würde. Im Idealfall erfüllt Ihr Hauptmotiv eines oder mehrere der genannten Kriterien (hell, groß, scharf, poppig).

Eine klare Aufteilung in Vorder- und Hintergrund ist ein zusätzliches Mittel, um Ordnung im Bild zu schaffen. Das gelingt über die Größenverhältnisse, durch gezielt gesetzte (Un-) Schärfe oder eine geschickte Linienführung.

Größenverhältnisse nutzen

Gegenstände oder Personen im Bild geben dem Betrachter Aufschluss darüber, welche Ausmaße eine Landschaft oder ein Raum hat, das erleichtert die räumliche Orientierung und erlaubt eine realistische Einschätzung der gezeig-

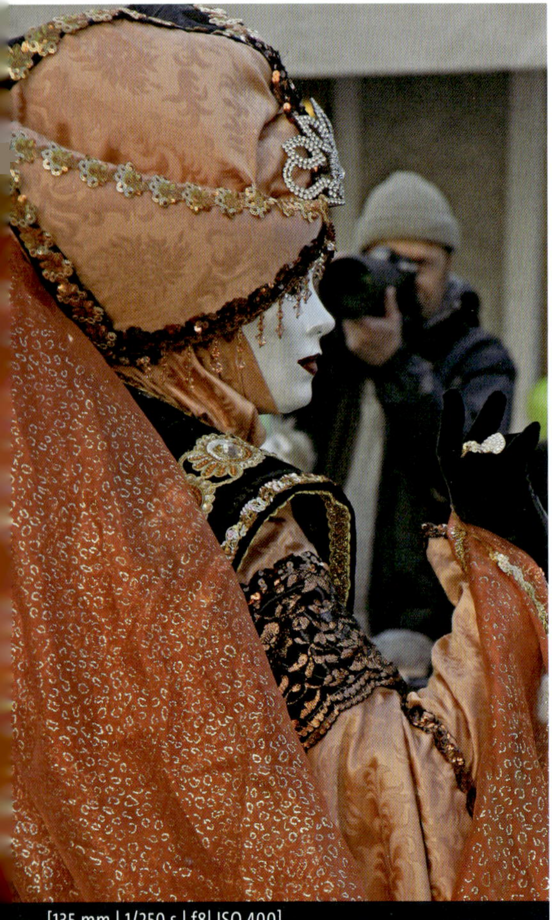

[135 mm | 1/250 s | f8| ISO 400]

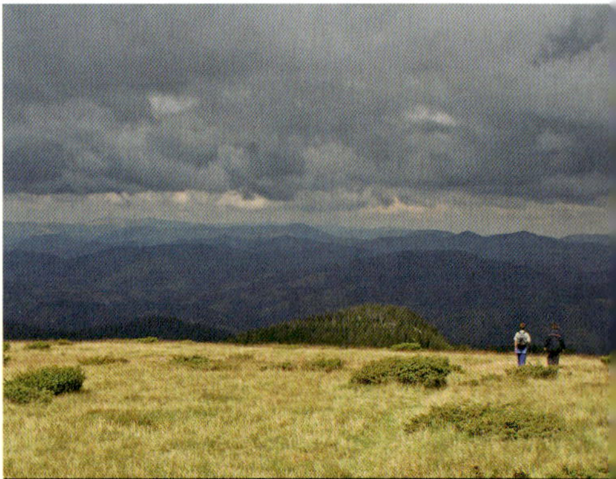

[28 mm | CF 1,6 | 1/200 s | f9 | ISO 100]

< Schärfe vs. Unschärfe
Die Kamera stellt auf die Maske im Vordergrund scharf, der Fotograf im Hintergrund bleibt unscharf und lenkt kaum ab. Der neongelbe Fleck am rechten Bildrand stört allerdings.

^ Mensch als Maßstab
Die Wanderer dienen als Blickfang, Entfernungen lassen sich außerdem so besser schätzen. Auch die Beleuchtung trennt den Vordergrund vom Hintergrund.

ten Szene. Sie können aber auch mit den Größenverhältnissen spielen: Wenn Sie ein kleines Objekt aus der Nähe fotografieren, erscheint es im Foto größer, als es in Wirklichkeit ist.

Die Bildaussage

Je nachdem, welchen Hintergrund Sie zu Ihrem Motiv zeigen, verändern sich die Bildaussage und die Wirkung des Bildes. Durch das Weglassen störender Elemente verschönern Sie Ihr Foto. Durch das Einbeziehen ausgewählter Details verändert sich die Bedeutung – und das mitunter dramatisch.

˅ Groß vs. klein
Großer Ballon, kleiner Mann: Eine Aufnahme aus unmittelbarer Nähe lässt den Ballon größer wirken. Die Farbe Gelb zieht den Blick zusätzlich an.

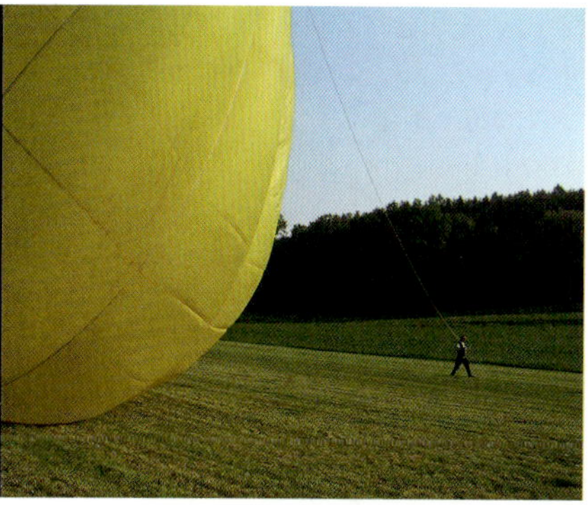

[5,4 mm | CF 5,6 | 1/350 s | f7,1 | ISO 100]

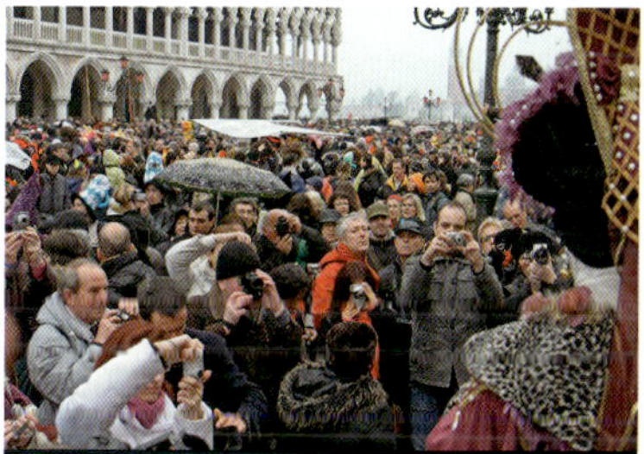

[28 mm | CF 1,6 | 1/100 s | f5 | ISO 800]

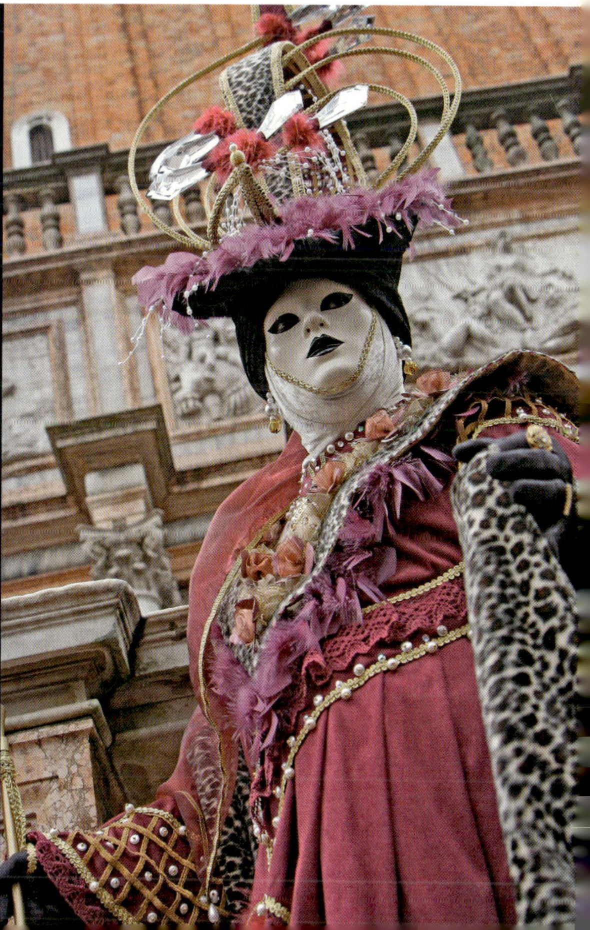

[28 mm | CF 1,6 | 1/60 s | f4 | ISO 400]

˄˃ Der Hintergrund macht den Unterschied
Vor historischer Kulisse wird aus der kostümierten Person ein Postkartenbild, das eine romantische Vorstellung weckt. Schaut man der Figur von hinten über die Schulter, sieht man einen anderen Ausschnitt der Wirklichkeit.

Goldener Schnitt und Drittelregel

Der Goldene Schnitt wurde bereits von den alten griechischen Mathematikern beschrieben und gilt bis heute als Prinzip in der künstlerischen Gestaltung für einen möglichst harmonischen Bildaufbau. Vereinfacht bedeutet es für die Gestaltung eines Bildes, dass man sich das rechteckige Bild in etwa so vorstellt, als wäre es in neun gleich große Rechtecke unterteilt (Drittelregel). Das Hauptmotiv wird dort platziert, wo sich die Linien schneiden. Die Drittelregel ist nicht ganz so exakt wie die Fibonacci-Zahlenreihe und die daraus entwickelte Gestaltungsspirale, aber sie reicht zur Orientierung völlig aus. Die Prinzipien des Goldenen Schnitts und der Fibonacci-Spirale findet man übrigens auch an vielen Stellen in der Natur: An den spiralförmig gewundenen Linien von Schneckenhäusern kann man sie zum Beispiel gut nachvollziehen.

Viele Kameras bieten die Möglichkeit, am Display ein Raster einzublenden, an dem man nicht nur den Horizont gerade ausrichtet, sondern auch die genaue Lage der Schnittpunkte erkennt und das Motiv entsprechend platzieren kann.

Die dezentrale Anordnung eines Motivs führt zu einer harmonischeren und interessanteren Bildwirkung. Je weiter das Motiv an den Rand rückt, desto mehr Spannung und Dramatik lässt sich erzeugen. Wählt man ganz bewusst die zentrale Platzierung, kann man dadurch Ruhe und Konzentration ausdrücken, wenn es zum Motiv passt. Der Goldene Schnitt bzw. die fotografische Drittelregel ist kein Muss, aber eine gute Orientierung, wenn man anfängt, Fotos bewusster zu gestalten.

Je nachdem, in welche Richtung sich ein Motiv bewegt oder wohin eine Person im Foto schaut, nutzt man die oberen oder unteren Schnittpunkte. Dabei werden die meisten Menschen intuitiv den Bereich bevorzugen, bei dem in Blick- oder Bewegungsrichtung mehr Raum bleibt.

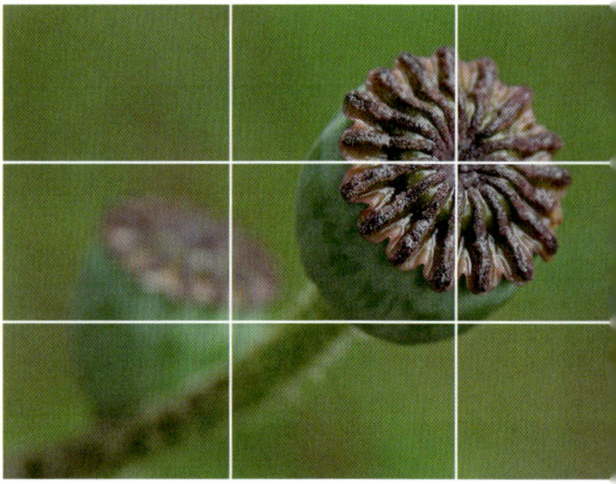

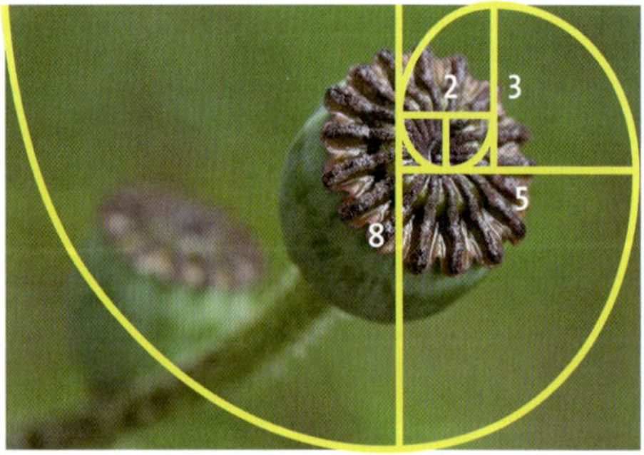

> Goldener Schnitt bzw. Drittelregel
Das Hauptmotiv wird nicht genau in die Mitte gesetzt, sondern an einen der vier Schnittpunkte. Ein ähnliches Prinzip steckt hinter der Fibonacci-Spirale.

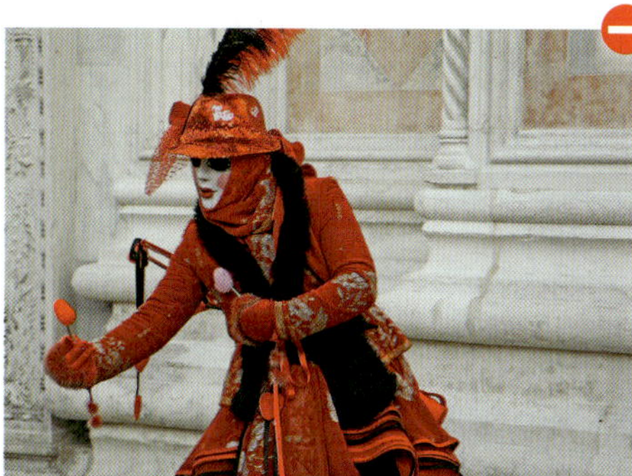

[135 mm | 1/500 s | f11 | ISO 400]

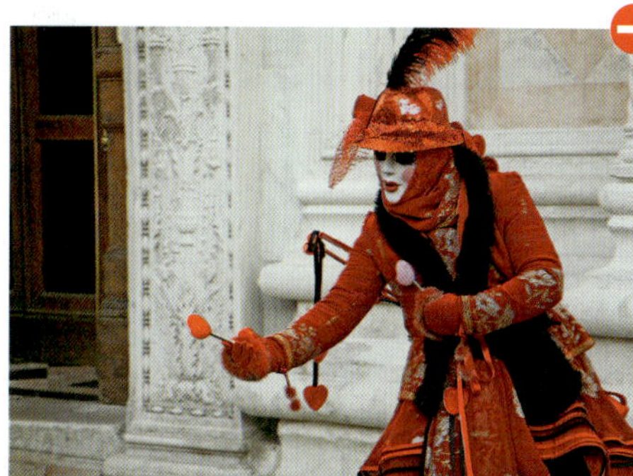

[135 mm | 1/400 s | f10 | ISO 400]

^> Schwieriger Blickwinkel
Hinter dem Motiv ist viel leerer Platz. Lässt man jedoch nach vorn mehr Raum, ist die Tür mit im Bild. Die Lösung: Im Hochformat bleibt Platz für den Blick der Person. Man könnte auch ein paar Schritte zur Seite gehen und die Perspektive wechseln.

[135 mm | 1/500 s | f11 | ISO 400]

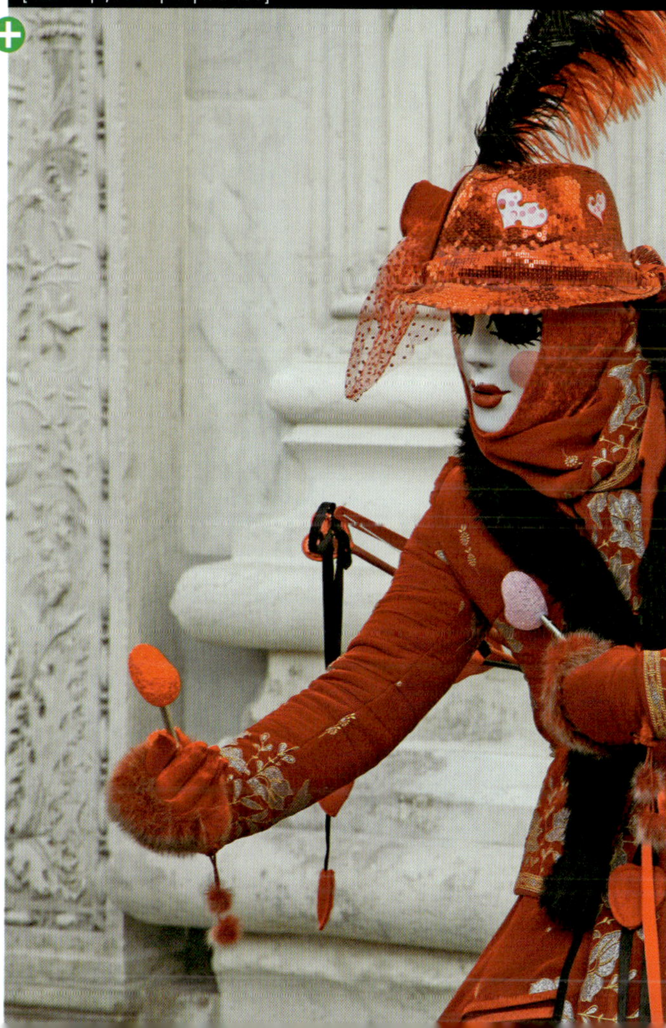

Bildformate gezielt wählen

Mit Bildformat ist in diesem Fall nicht die Pixelzahl oder Auflösung gemeint, sondern zunächst nur die Frage, ob Sie Ihr Foto im Querformat, im Hochformat oder vielleicht sogar in einem quadratischen Format aufnehmen möchten. Das Querformat ist das mit Abstand am häufigsten genutzte. Auf dem kleinen Kameradisplay werden Hochformate zum Betrachten oft automatisch gedreht, aber am Rechner oder bei der Wiedergabe auf einem Fernsehbildschirm verliert das Hochformat: Es füllt nur einen geringen Teil der Fläche aus, und alles wirkt hier kleiner. Das ist schade, denn manche Motive lassen sich in einem Hochformat viel schöner und spannender einfangen. Die meisten Zeitschriften- und Buchcover verlangen nach dem Hochformat, und auch Sie sollten es nicht vernachlässigen. Neue Kameras bieten als weitere Option noch ein quadratisches und ein Breitbildformat (»Panorama«). Spielen Sie mit den Möglichkeiten, denn so werden aus einem Motiv viele unterschiedliche Bilder.

Allein die Kombination aus den verfügbaren Bildformaten, Ausrichtungen und Perspektiven ergibt bei jedem Motiv viele unterschiedliche Gestaltungsmöglichkeiten. Und wir haben noch gar nicht über Licht und Farben gesprochen ...

> Hochformat
Das Hochformat wird oft vernachlässigt, doch es bietet die Möglichkeit, zusätzliche gestalterische Schwerpunkte zu setzen.

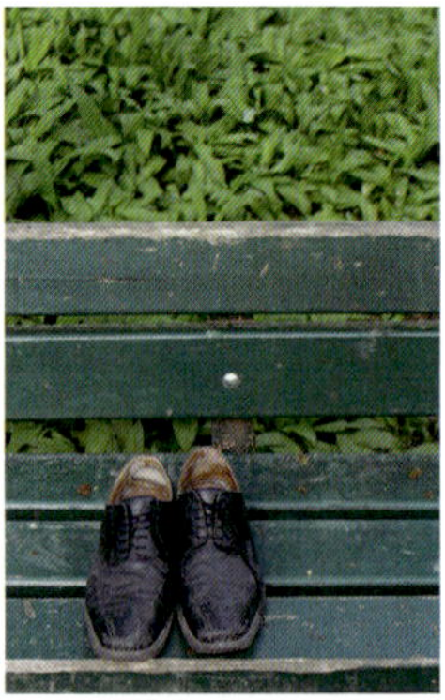

v Quadrat
Das quadratische Format kommt wieder in Mode.

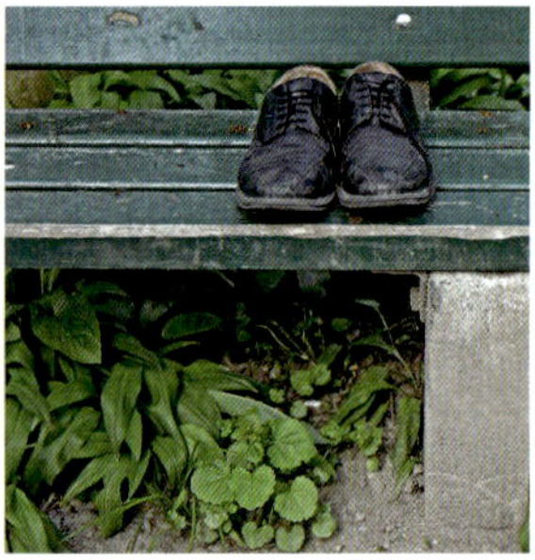

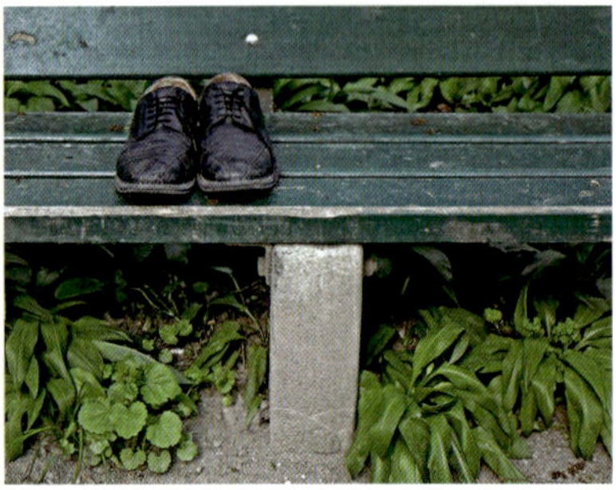

<v Querformat
Ein Bild im Querformat mit dem Seitenverhältnis 3:2 lässt das Motiv anders erscheinen als das flachere und breitere 16:9-Format.

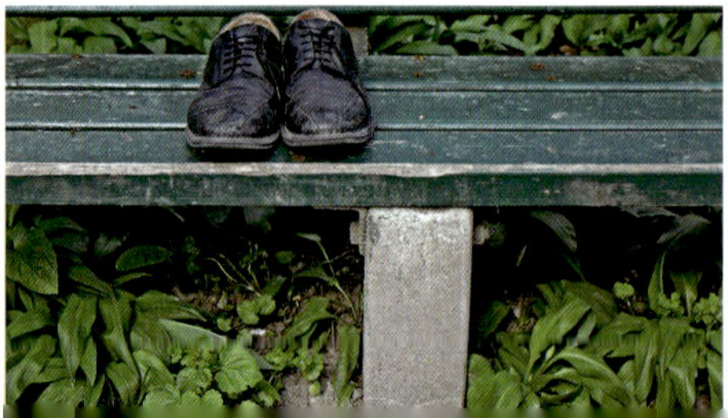

Farben zur Gestaltung nutzen

Vielleicht haben Sie sich bisher noch nicht so viele Gedanken darüber gemacht, Bildmotive nach farblichen Kriterien zu wählen. Eine Wiese ist grün, der Himmel blau, und der blühende Raps ist nun mal gelb – daran lässt sich nicht rütteln. Stimmt. Aber Sie wählen die Perspektive und den Bildausschnitt. Sie müssen nicht alles ins Bild nehmen, was zufällig am Aufnahmeort zu sehen ist. Je stärker Sie die Menge an Farben reduzieren, desto ansprechender wird Ihr Foto.

Verschaffen Sie sich einen Überblick, bevor Sie auf den Auslöser drücken: Vielleicht überwiegen in der Szene vor Ihnen die warmen Farben (Rot, Orange), oder sie besteht eher aus kalten Farben (Grün, Blau). Welche Kleidung tragen die Personen, die Sie fotografieren, oder welche Farbe hat Ihr Hauptmotiv? Suchen Sie eine Perspektive, bei der innerhalb des Bildrahmens Farben zu sehen sind, die sich harmonisch ergänzen. Sehr plakativ sind Bilder, die aus nur drei Farben bestehen. Das können die klassischen Grundfarben Rot, Blau und Gelb sein, aber auch andere Kombinationen.

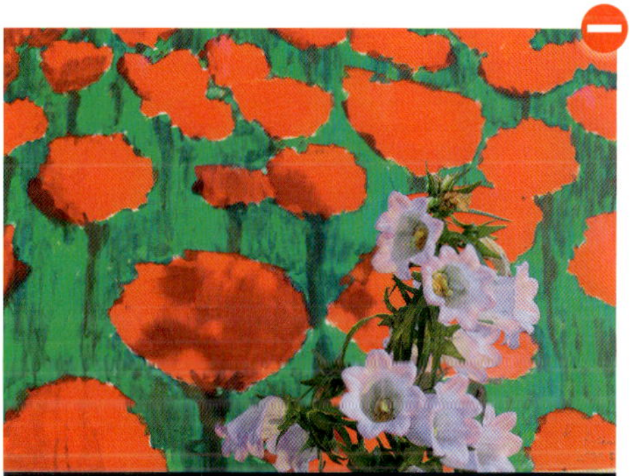

[30 mm | CF 1,6 | 1/60 s | f5 | ISO 400]

> Rot, Grün und Rosa
Nur drei Farben, aber trotzdem nicht schön: Nicht alle Farben bilden einen harmonischen Dreiklang.

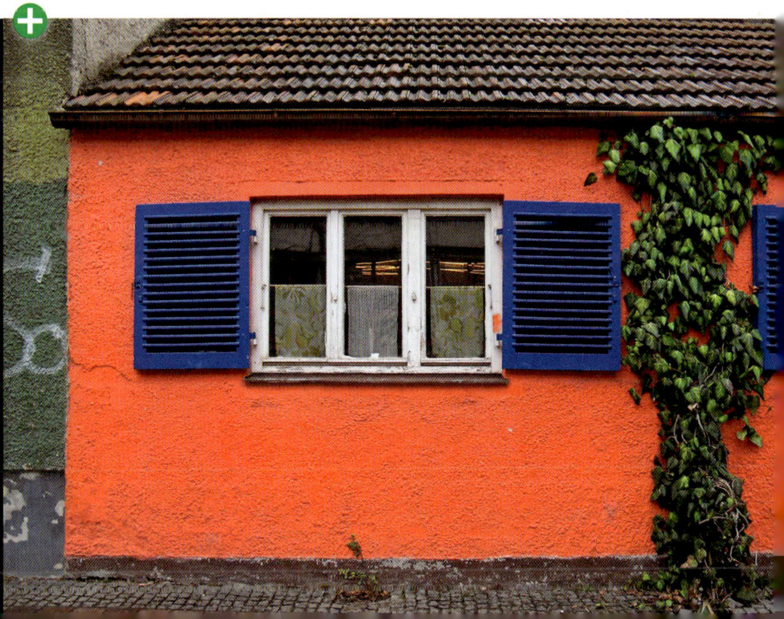

[6,1 mm | 1/500 s | f2,8 | ISO 400]

> Rot, Blau und Grün
Diese Hausfassade lässt sich wunderbar nach der Drei-Farben-Regel fotografieren.

Farbkontraste und Farbharmonien

Besonders wirkungsvoll sind auch Farbkontraste zwischen Blau und Orange, Rot und Grün sowie Gelb und Violett. Die idealtypischen Kombinationen findet man nicht immer, aber Ihr fotografisch geschultes Auge wird durch die Beschäftigung mit Farben auf einmal viele neue Motive entdecken, an denen Sie bisher achtlos vorübergegangen sind.

Beim Gestalten mit Farben haben Sie die Wahl zwischen warmen und kalten Farben. Sie können auch nach Motiven Ausschau halten, die nur aus einer Hauptfarbe bestehen, zum Beispiel überwiegend aus Blau oder Rot. Damit keine Langeweile aufkommt, sollten die Ton in Ton gehaltenen Bilder interessante Formen oder Strukturen zeigen – ähnlich wie in der Schwarzweißfotografie.

Die Beleuchtung beeinflusst die Farbintensität: Im strahlenden Sonnenschein leuchten Farben kräftiger und wirken satter, bei Nebel oder an bewölkten Tagen erscheinen sie eher flau und gedämpft.

˅ Farbkreis
Farben, die sich im Farbkreis gegenüberstehen, bilden besonders intensive Farbkontraste.

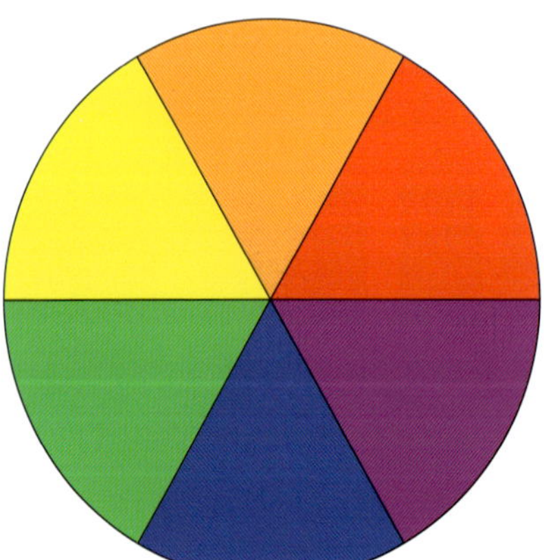

Farbwiedergabe der Kamera beeinflussen

Moderne Kameras liefern im Allgemeinen sehr kräftige und knackige Farben. Wenn Sie ein neues Gerät kaufen, werden Sie vielleicht feststellen, dass die Farben anders ausfallen, als Sie es bisher gewohnt waren. Das liegt daran, dass die Bilddaten von verschiedenen Prozessoren unterschiedlich aufbereitet werden. Motivprogramme und die Vollautomatik verändern die Farben zudem anders als die Halbautomatik. Über sogenannte Bild- oder Farbstile können Sie das Ergebnis jedoch ein Stück weit beeinflussen. Wenn Sie das Rohdatenformat verwenden, entscheiden Sie bei der späteren Bildbearbeitung, wie kräftig oder dezent die Farben ausfallen sollen.

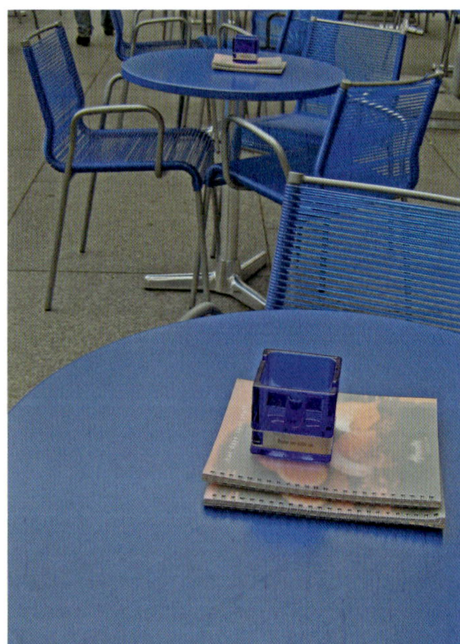

[5,4 mm | CF 7 | 1/250 s | f8 | ISO 80]

˄ Ton in Ton
Der blaue Würfel ist als Hauptmotiv im Goldenen Schnitt platziert, zusätzlich dient der leichte rötliche Farbton als Blickfang.

Gestalten mit Licht

Fotografieren kann man fast immer, aber die Qualität des Lichts entscheidet darüber, ob eine Aufnahme mittelprächtig oder fantastisch aussieht. Vor allem in der Landschaftsfotografie sind Sie von den Lichtverhältnissen abhängig, aber nicht nur dort.

Das, was wir als tolles Wetter wahrnehmen, weil es warm und sonnig ist und unsere Stimmung hebt, eignet sich oft gar nicht so gut zum Fotografieren. Die schönsten Lichtstimmungen erlebt man in den frühen Morgen- und Abendstunden. Damit sind noch nicht einmal die fantastischen Sonnenauf- und -untergänge gemeint, sondern schlichtweg der Einfallwinkel der Sonnenstrahlen. Während die Sonne tagsüber alles steil von oben beleuchtet, erzeugt sie kurze, aber tiefe Schatten: Je nachdem, was Sie gerade fotografieren, kann das Sonnenlicht von Vorteil sein oder das Motiv flach und langweilig erscheinen lassen. Das größte Problem am Sonnenlicht sind die harten Kontraste zwischen Licht und Schatten.

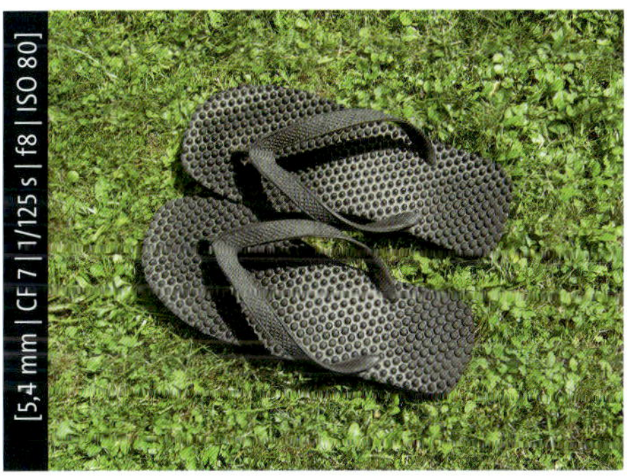

<∨ Sonne und Schatten
Der Schattenwurf (links) erzeugt räumliche Tiefe, die beim Foto, das im Schatten gemacht wurde (unten), fehlt.

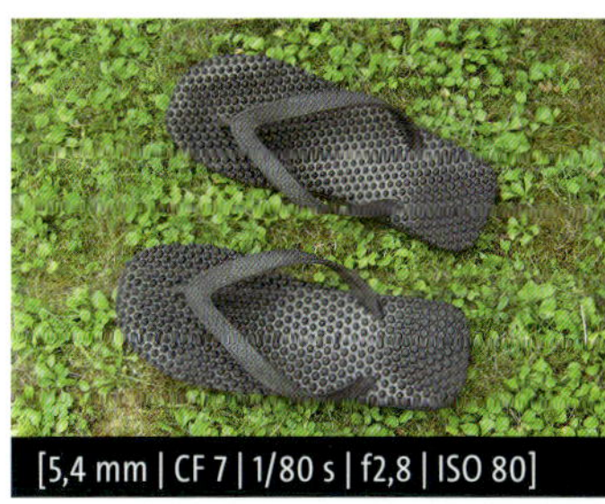

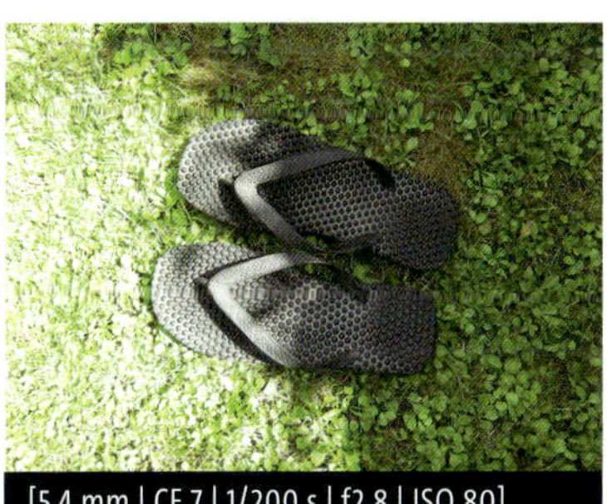

∧ Halb Sonne, halb Schatten
Problematisch sind Motive, die sich halb in der Sonne und halb im Schatten befinden. Hier hat die Kamera Probleme, das gesamte Bild korrekt zu belichten, und tendiert zur Überbelichtung.

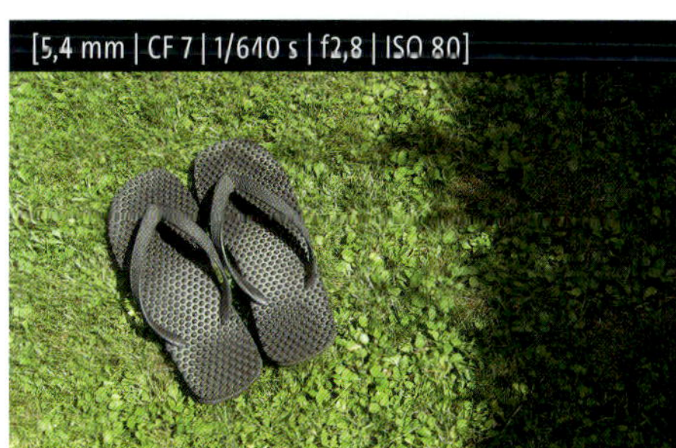

∧ Besser dunkler belichten
Die für den den sonnigen Teil des Motivs korrekte Belichtung sorgt auch für tiefdunkle Schattenbereiche. Das stört bei fast allen Motiven weniger als eine Überbelichtung.

Diffuses Licht

Bei trübem Wetter ist das Licht sehr diffus, es wird von den Wolken weich gestreut. Die Kontraste sind, wie bei Aufnahmen im Schatten, deutlich weicher, aber nun steht man vor dem Problem, dass die Farben nicht mehr so schön leuchten. Zudem gähnt oft ein unansehnlicher weißer Himmel über dem Landschafts- oder Architekturmotiv. Was tun?

Je weniger Sie vom weißen Himmel aufnehmen, desto besser. Verändern Sie den Bildausschnitt und die Perspektive so, dass Ihr Bild mit anderen Inhalten gefüllt wird. Wenn Sie bevorzugt die Teleeinstellung Ihres Zooms verwen-

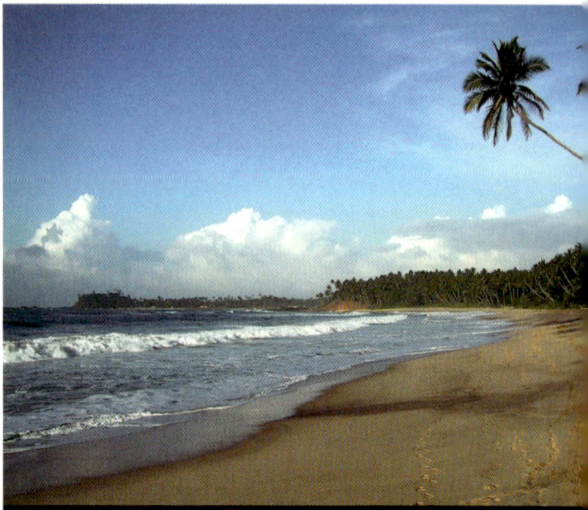
[28 mm | 1/125s | f8 | ISO 100]

∧ Kräftige Farben
Im Morgen- und Abendlicht sehen Landschaften am schönsten aus.

∨ Ausschnitt
Lassen Sie den konturlosen Himmel weg, dann wirken die Farben besser (rechts).

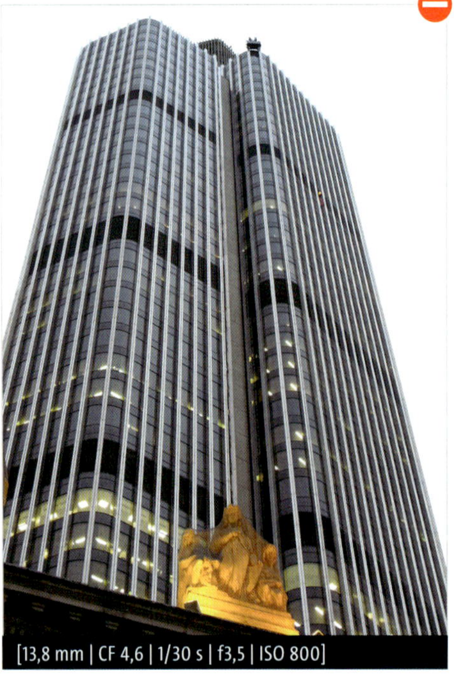
[13,8 mm | CF 4,6 | 1/30 s | f3,5 | ISO 800]

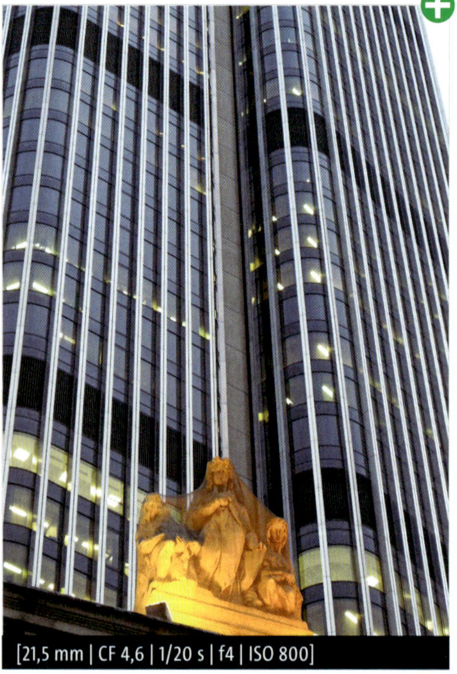
[21,5 mm | CF 4,6 | 1/20 s | f4 | ISO 800]

den oder Ausschnitte fotografieren, sehen die Fotos ansprechender aus. Porträts lassen sich bei diffusem Licht sogar besser aufnehmen als in der prallen Sonne. Mit dem Blitz können Sie gegebenenfalls für kräftigere Farben sorgen oder den Vordergrund aufhellen.

Lichtrichtung

Die Richtung, aus der das Licht auf Ihr Motiv scheint, ist ebenfalls von Bedeutung. Wenn Sie gegen die Sonne fotografieren, wird die Silhouette, also der Umriss eines Gegenstands, betont. Je nachdem, wie tief die Sonne steht, bildet sich dabei vielleicht sogar ein Lichtkranz oder ein Sonnenstern. Auch auf den Haaren einer Person können schöne Lichtreflexionen entstehen.

Mit der Sonne im Rücken erhalten Sie die kräftigsten Farben, oft auch eine sehr gleichmäßige Ausleuchtung des Motivs. Kommt das Licht eher von der Seite, können Sie Oberflächenstrukturen herausarbeiten. Wenn es das Motiv erlaubt, fotografieren Sie es von verschiedenen Seiten, um die Wirkung des einfallenden Lichts zu erkunden.

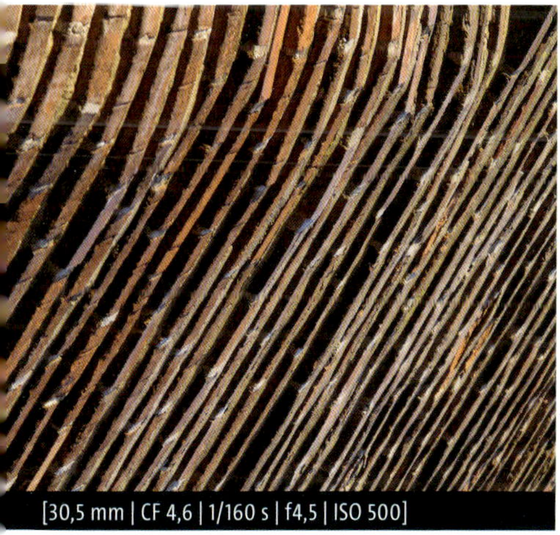
[30,5 mm | CF 4,6 | 1/160 s | f4,5 | ISO 500]

^ Seitliches Licht
Oberflächenstrukturen kommen bei seitlich einfallendem Licht besonders gut zur Geltung.

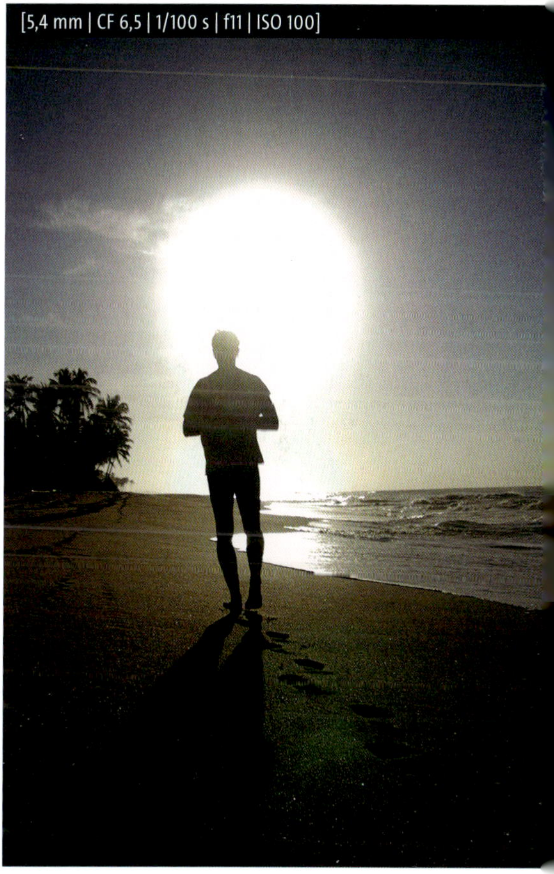
[5,4 mm | CF 6,5 | 1/100 s | f11 | ISO 100]

^ Extremes Gegenlicht
Es funktioniert nicht immer so gut wie hier, aber wagen Sie einen Versuch.

Brennweite nutzen

Zoomen ist eine bequeme Sache, weil man sich nicht viel bewegen muss, um den Bildausschnitt zu verändern. Warum Sie sich dennoch bewegen sollten, zeigen die Beispielfotos. Jede Brennweite, das heißt jede Zoomstellung Ihres Objektivs, hat einen anderen Bildwinkel und andere Abbildungseigenschaften. Im Weitwinkelbereich erscheinen Linien an den Bildrändern oft krumm. Diese tonnenförmige Verzeichnung hat bei Porträtaufnahmen den unangenehmen Nebeneffekt, dass Gesichter unvorteilhaft abgebildet werden. Die Größenverhältnisse von Vorder- und Hintergrund verändern sich, wenn Sie zoomen. In der Bilderserie wurde die Blüte stets so fotografiert, dass sie immer etwa gleich groß bleibt. Dazu müssen Sie näher ans Motiv gehen und mit dem Weitwinkel fotografieren oder sich einige Schritte davon entfernen und zoomen. Abhängig davon, wie groß das Motiv ist, sollten Sie gegebenenfalls den Nahaufnahme-Modus benutzen.

Für Ihre Fotos bedeutet das: Sie können durch das Zoomen viel mehr beeinflussen als nur die Größe Ihres Hauptmotivs. Besonders bei Landschaftsaufnahmen wird häufig mit dem Weitwinkel fotografiert, um die Größe der Landschaft zu zeigen, aber genau das ist kontraproduktiv. Denn die Weitwinkeleinstellung betont den Vordergrund und lässt weit entfernte Dinge kleiner erscheinen, als sie in Wirklichkeit sind. Bei einem Landschaftsfoto sollten Sie also lieber zoomen – und bei der Porträtaufnahme ebenso. Mehr dazu erfahren Sie in den jeweiligen Kapiteln.

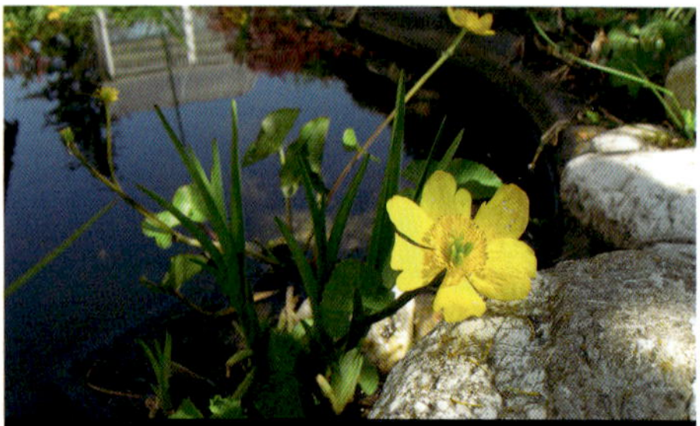
[6,1 mm | CF 4,6 | 1/200 s | f4 | ISO 80]

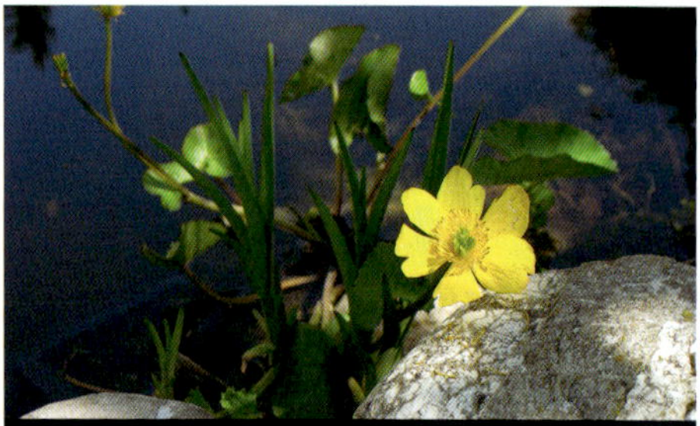
[18,2 mm | CF 4,6 | 1/200 s | f4 | ISO 80]

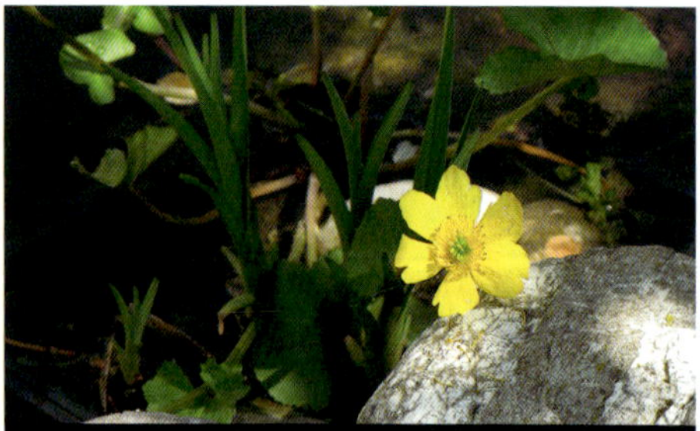
[30,1 mm | CF 4,6 | 1/125 s | f4 | ISO 80]

^ Zoomreihe
Wenn Sie die Bilder vergleichen, können Sie sehen, dass der Hintergrund beim Weitwinkel (oben) kleiner und weiter entfernt erscheint. Bei der Aufnahme in der Telestellung (unten) verschwinden Teile des Vordergrunds, der Bildwinkel ist viel enger. Der Hintergrund erscheint größer und viel näher als in der ersten Aufnahme. In der mittleren Aufnahme (»Normalbrennweite«) halten sich Vorder- und Hintergrund die Waage.

Perspektive beachten

In diesem Buch war schon oft von der Perspektive die Rede. Doch was ist damit eigentlich genau gemeint? Es bedeutet zum einen, dass die Richtung, aus der Sie Ihr Motiv anvisieren, darüber entscheidet, vor welchem Hintergrund es im Bild erscheint. Es bedeutet zum anderen, dass Ihr Motiv durch den Lichteinfall jeweils anders aussieht, wenn sie es eher von links hinten oder eher von rechts vorn fotografieren. Eine dritte Variante der Perspektive ist die Höhe, aus der Sie das Motiv aufnehmen. Die meisten Bilder werden aus Augen- oder Brusthöhe gemacht, je nachdem, ob Sie durch einen optischen Sucher schauen oder Ihr Bild mit dem Display gestalten. Das ist aber nur eine Möglichkeit, und es ist nicht immer die beste. Gehen Sie ruhig auch einmal in die Knie, oder suchen Sie sich einen erhöhten Aufnahmestandort. Von dort sehen Sie nicht nur besser, Sie bekommen auch ganz andere Ein- und Ausblicke. Am Beispiel einer unscheinbaren Löwenzahnblüte können Sie sehen, wie sich die Bildwirkung und die Aussage verändern, wenn sich der Fotograf auf Augenhöhe mit dem Motiv begibt oder es aus der Frosch- bzw. Adlerperspektive fotografiert.

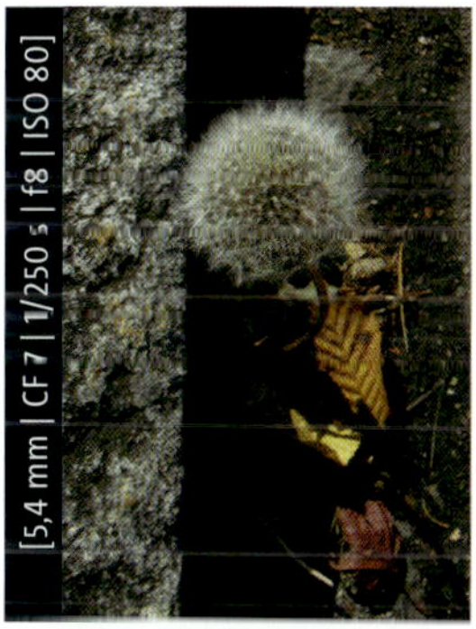

> Von oben herab
Die Adlerperspektive von oben: Klein und unscheinbar zwischen Herbstlaub, duckt sich die Blume an den Straßenrand.

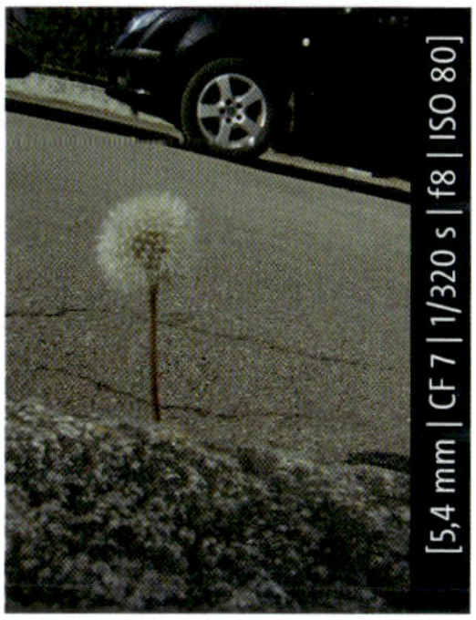

> Auf gleicher Höhe
Mit seitlich einfallendem Licht aus Augenhöhe des Motivs fotografiert, erscheinen die parkenden Fahrzeuge im Hintergrund.

∨ Aufstrebend
Aus der Froschperspektive leicht gegen das Licht fotografiert, erhebt sich die gleiche Blume wie eine filigrane Königin in den Himmel.

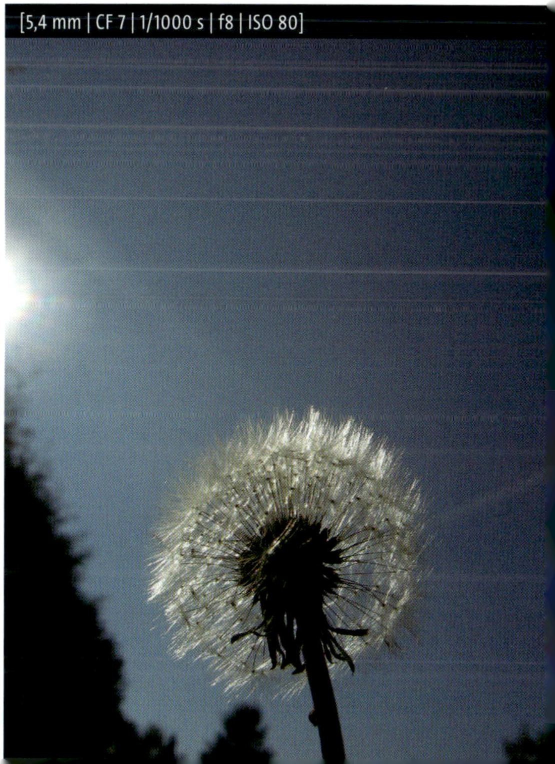

Linien, Formen und Strukturen

Linien führen den Blick des Betrachters, deshalb ist es so wichtig, sie im Bild geschickt anzuordnen. Die Zentralperspektive funktioniert immer gut: Linien, die im Hintergrund zusammenlaufen, erzeugen einen Eindruck von Tiefe. Gerade Linien können auf- oder absteigend verlaufen. Besonders stark und wirkungsvoll ist eine Anordnung über die Bilddiagonale.

Beim Fotografieren denken wir nicht in abstrakten Formen. Wir machen ein Bild, weil uns irgendetwas gut gefällt. Bei genauem Hinsehen stellt sich dann aber oft heraus, dass es ganz typische Formen und Muster sind, auf die wir spontan reagieren: Kreise, Quadrate, Spiralen, Wellen, Herzen, Pfeile oder andere Symbole, die unser Interesse wecken.

Wenn man einfache Formen fotografiert, erhält man sehr abstrakte Bilder mit starker grafischer Wirkung. Das Gleiche gilt für Aufnahmen von Strukturen. Jedes Material hat eine charakteristische Oberfläche, die je nach Lichteinfall besonders stark in Erscheinung tritt. Raue Oberflächen kann man durch seitlich einfallendes Licht herausarbeiten, transparente Gegenstände beginnen im Gegenlicht magisch zu leuchten.

Mit Herz
Linien, die von links unten nach rechts oben verlaufen, werden als aufsteigend bezeichnet. Sie erzeugen eine positive Stimmung – und ein Herz sowieso.Werden Sie kreativ, und erzeugen Sie Ihre ganz eigenen Linien ...

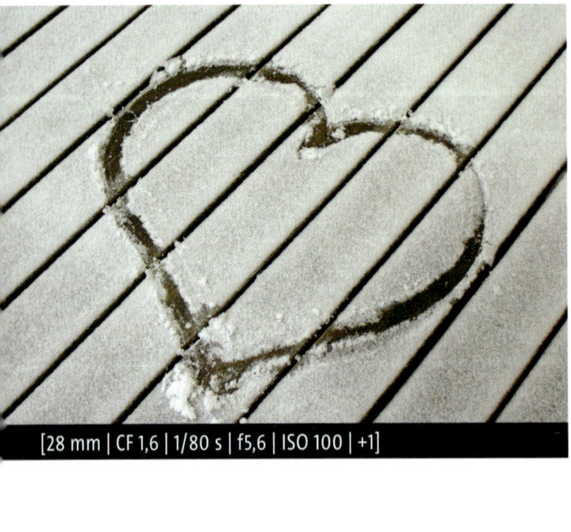

[28 mm | CF 1,6 | 1/80 s | f5,6 | ISO 100 | +1]

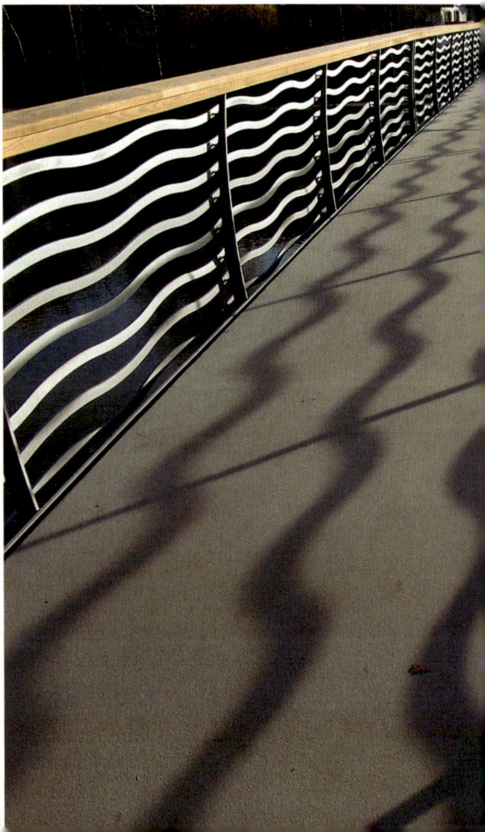

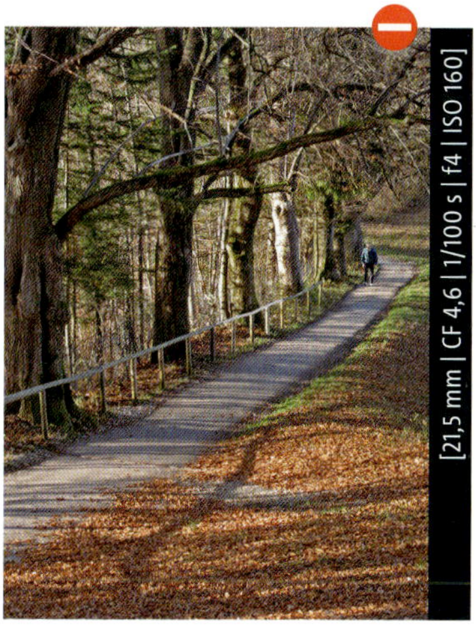

^ Weniger günstig
Die Linie läuft links aus dem Bild, der Einstieg für den Betrachter ist so schwieriger.

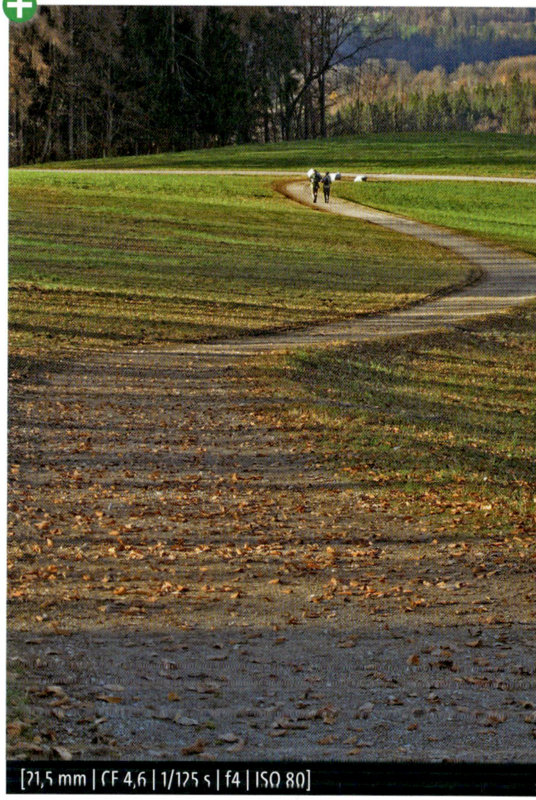

^ Schwung
Das Auge folgt den geschwungenen Linien des Weges: Die gerade Linie unterbricht diesen Fluss und trennt den oberen Teil des Motivs vom unteren.

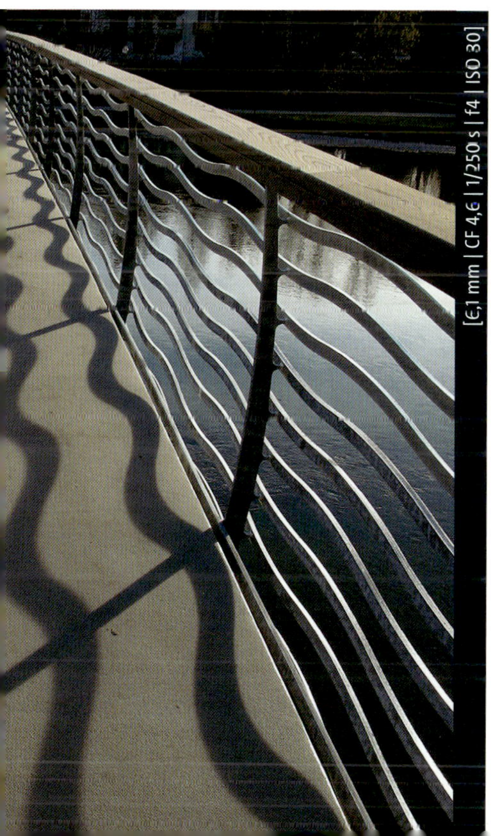

< Zusammenlaufende Linien
Die Zentralperspektive funktioniert immer, hier kommt noch eine Wellenlinie hinzu. Schattenwürfe eignen sich ebenfalls zur Gestaltung von Bildern.

Schnelle erste Hilfe: **Bilder gestalterisch ordnen**

Gute Fotos entstehen, wenn mehrere Faktoren zusammenkommen. Die Wahl des Aufnahmeorts ist dabei ganz wichtig. Natürlich geht es vor allem um Ihr Hauptmotiv, aber wenn Sie merken, dass der Hintergrund nicht geeignet ist, dann suchen Sie nach einer Alternative.

Die beiden Fotos auf der Skipiste sind mit einer ganz einfachen Kompaktkamera im Automatik-Modus aufgenommen worden. Beim ersten Bild sieht man im Hintergrund viele störende Bildelemente: Signalfarbige Details, die mit dem Hauptmotiv nichts zu tun haben, ziehen den Blick an, die Säule des Skilifts stört, und eine Gondel verdeckt oben rechts die Baumspitzen. Zudem ist die Skifahrerin, um die es geht, gerade in einer ungünstigen Bewegungsphase und fährt aus dem Bild hinaus. Zwar kann man sicher sein, dass die sonnige Piste hell genug ist, um das Aufnehmen schnell bewegter Motive zu ermöglichen, aber das Foto wirkt dennoch nicht.

Im zweiten Bild wäre bereits der Hintergrund ein Foto wert: Die Schneekanonen erzeugen im Gegenlicht einen imposanten Effekt. Die Aufnahme ist im Schatten aufgenommen, dadurch entstand ein leichter Blaustich. Die gelbe Jacke der Skifahrerin zieht den Blick an und bildet einen attraktiven Farbkontrast zur blauen Umgebung. Die Aufnahme ist in einer dynamischen Bewegungsphase entstanden, in Bewegungsrichtung ist Raum gelassen. Die Platzierung der Person an der rechten unteren Bildkante verstärkt die Dynamik zusätzlich. Die verstreuten Figuren im Hintergrund sind alle dunkel gekleidet und verteilen sich in harmonischen Grüppchen. Der Skilift erscheint als dezente Linie im Hintergrund, die Horizontlinie liegt im oberen Drittel – hier passt alles zusammen.

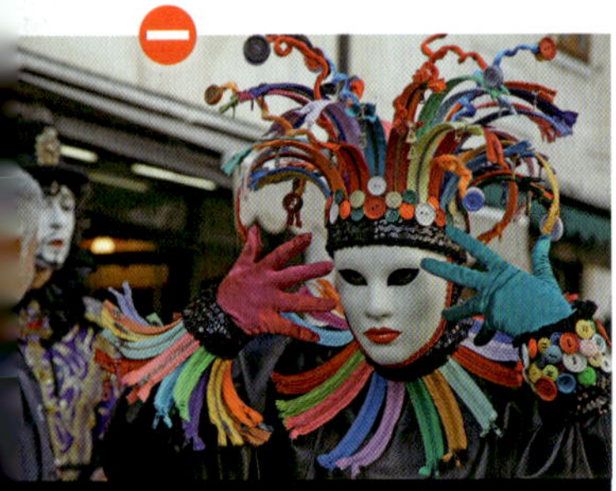

[120 mm | 1/200 s | f8 | ISO 400]

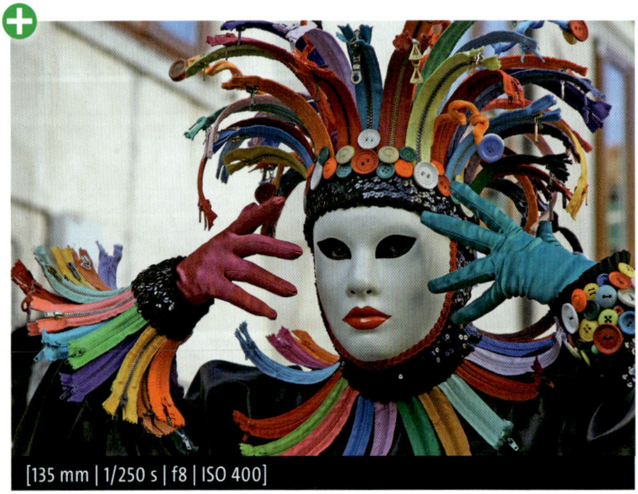

[135 mm | 1/250 s | f8 | ISO 400]

^ > Hintergrund beruhigen
Wenn das Motiv sehr bunt ist, stört ein unruhiges Umfeld umso mehr: Ein enger Bildschnitt ist oft die beste Lösung.

Aufräumen können Sie auch, indem Sie in die Knie gehen, um weiter von unten zu fotografieren, oder Sie machen einen Schritt zur Seite: Schon verändert sich die Perspektive. Sie können auch zoomen oder vom Quer- ins Hochformat wechseln, um störende Elemente verschwinden zu lassen. Vielleicht heben Sie auch einige Papierschnipsel auf, die herumliegen. All das bedeutet: Sie müssen später nicht mühselig an Ihrem Bild herumretuschieren.

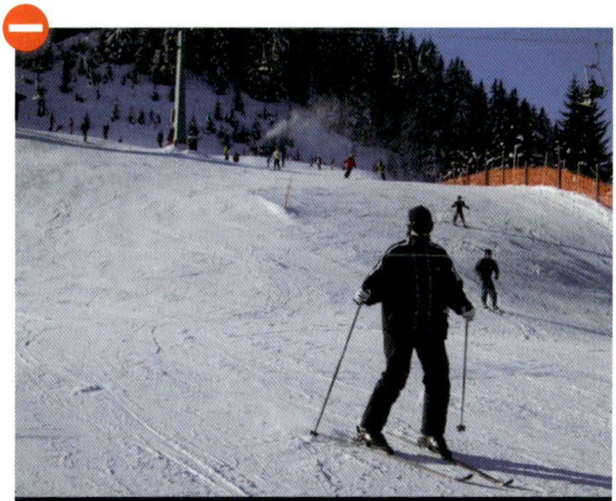

[10,8 mm | CF 6,5 | 1/350 s | f10 | ISO 200]

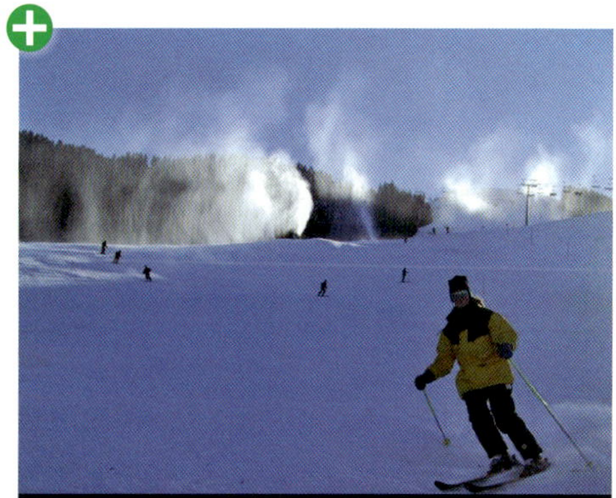

[10,8 mm | CF 6,5 | 1/250 s | f10 | ISO 200]

Bewusste Gestaltung
Der richtige Moment und die richtige Umgebung sind für ein gutes Foto ausschlaggebend.

DAS WICHTIGSTE IN KÜRZE

- Achten Sie auf die Ausrichtung der Linien im Bild.
- Der Horizont sollte gerade sein und nur ausnahmsweise in der Bildmitte liegen.
- Teilen Sie Ihr Bild bewusst in Vordergrund und Hintergrund ein.
- Nutzen Sie alle Formate – hoch, quer, quadratisch –, um dem Motiv gerecht zu werden und die Bildaussage zu verstärken.
- Orientieren Sie sich bei Bedarf an den Regeln des Goldenen Schnitts.
- Reduzieren Sie die Menge an Farben, und suchen Sie interessante Farbkombinationen.
- Das Licht ist Ihr Feind und Verbündeter zugleich: Beobachten Sie, wie es auf das Motiv fällt, und passen Sie den Bildausschnitt dementsprechend an.
- Nutzen Sie das Zoom, um den Hintergrund zu betonen oder abzuschwächen.
- Wechseln Sie die Perspektive, um verschiedene Ansichten einer Szene zu zeigen.
- Typische Formen ziehen den Blick an, Linien führen das Auge des Betrachters durch das Bild.
- Je mehr Sie Ihr Motiv auf Formen und Strukturen reduzieren, desto stärker wird die grafische Wirkung.
- Nutzen Sie die Einstellmöglichkeiten der Kamera, um verschiedene Ergebnisse zu erzielen.

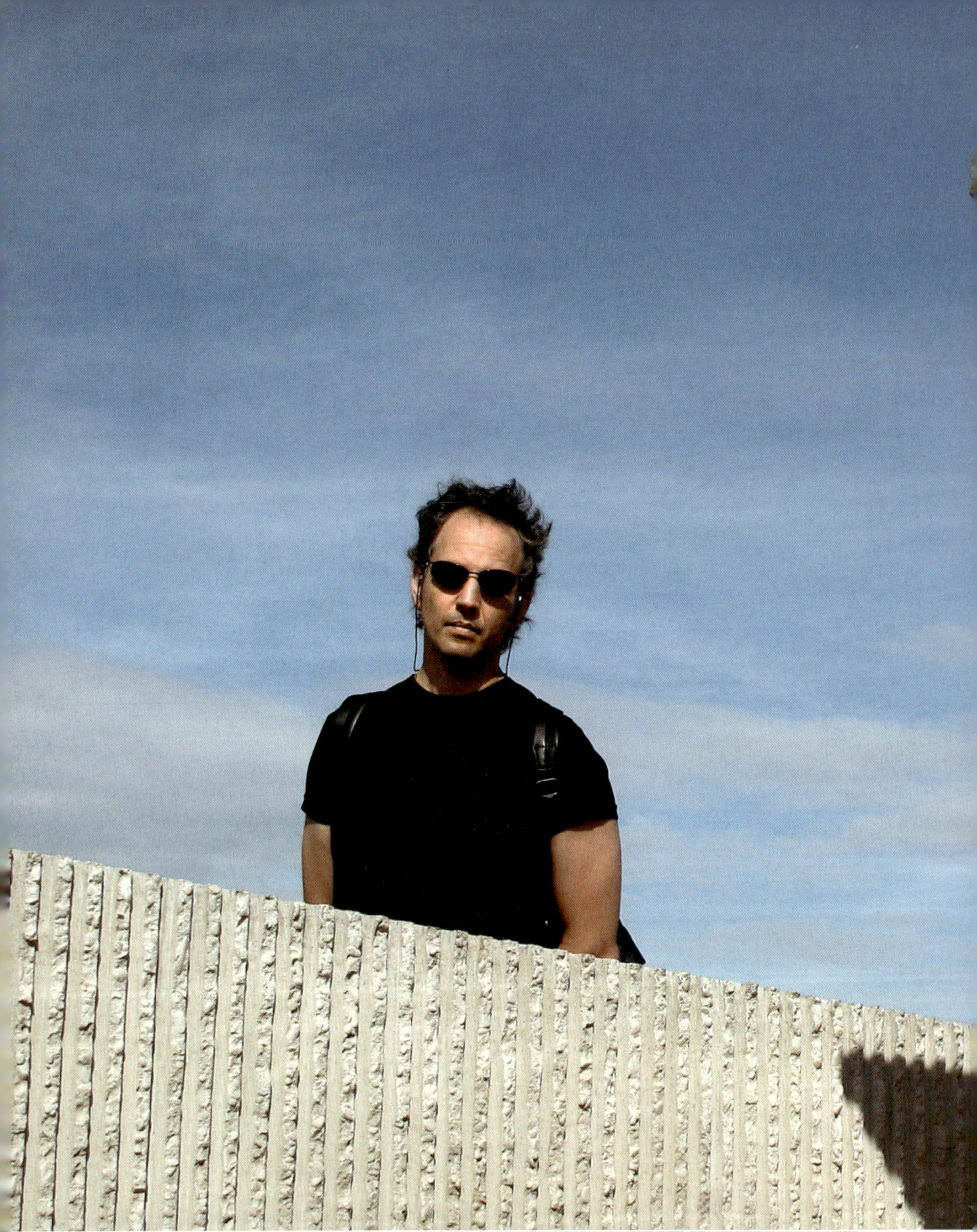
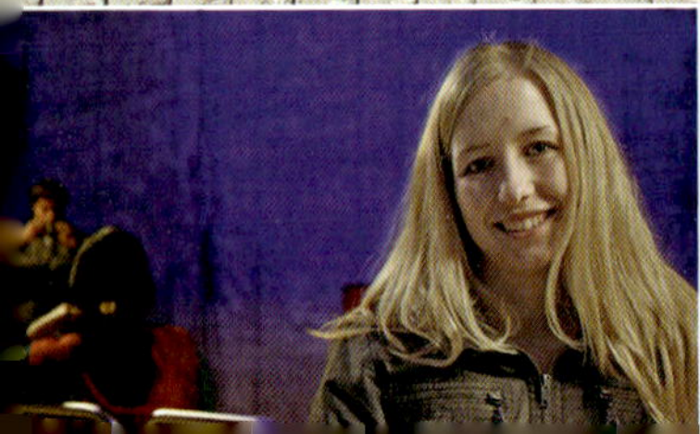
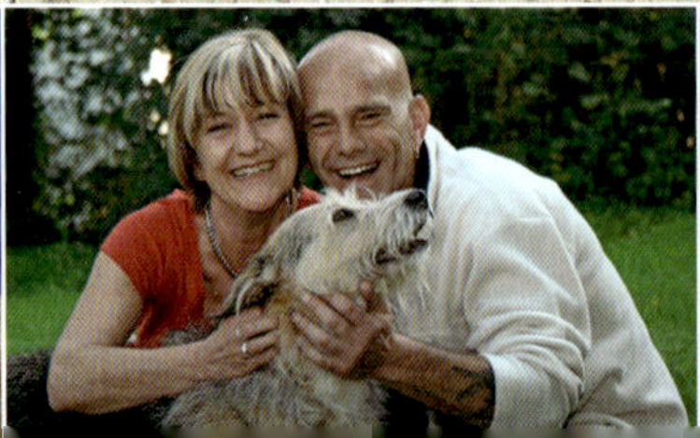
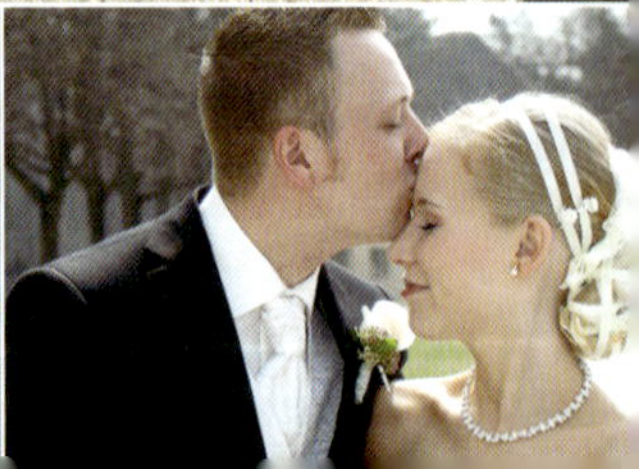

Kapitel 7
Porträts fotografieren

- Mit Menschen vor der Kamera umgehen
- Das Einzelporträt
- Rahmenbedingungen für ein gutes Porträt
- Gruppen aufnehmen
- Porträts mit dem Blitz
- Schnelle erste Hilfe: Eine Person gut aussehen lassen

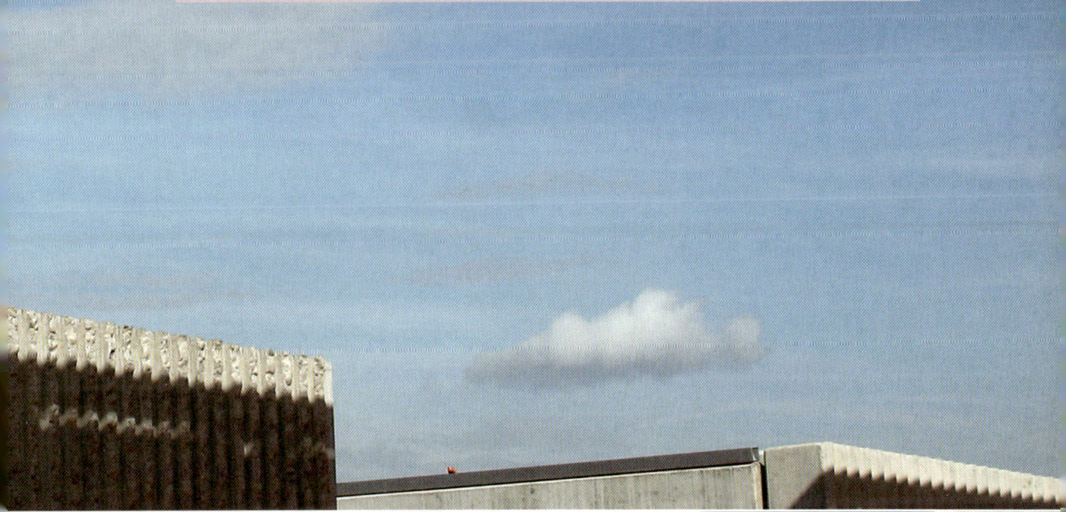

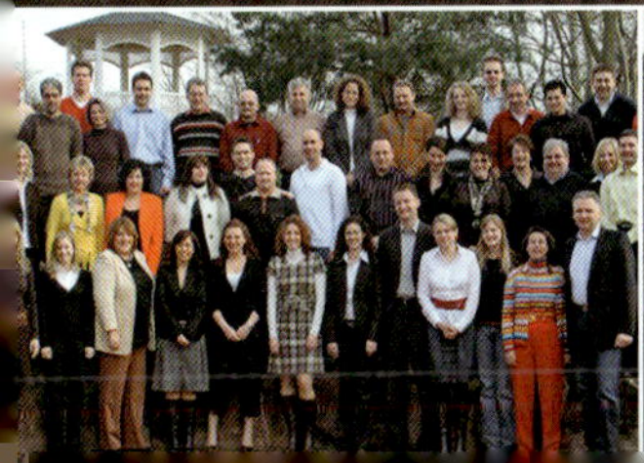

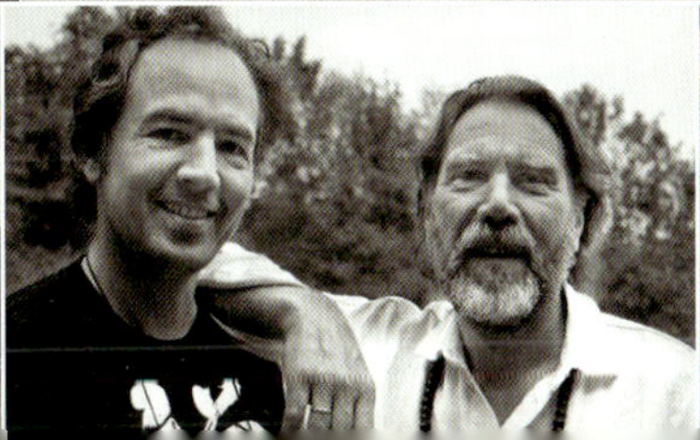

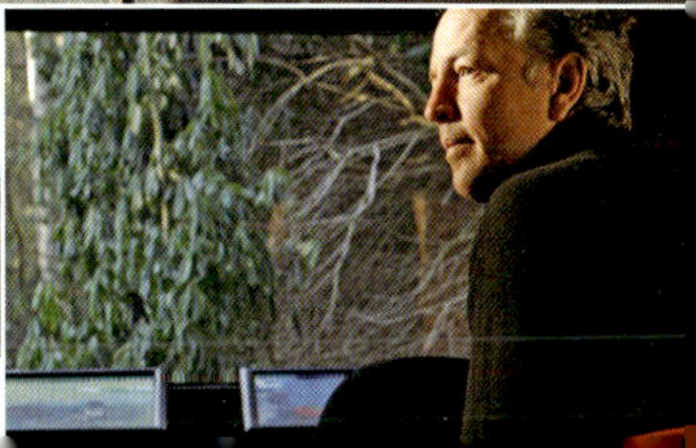

Mit Menschen vor der Kamera umgehen

Schnappschussporträts, die aus einer guten Laune heraus geknipst werden, sind technisch und gestalterisch oft nicht perfekt, aber wenn sich die abgebildeten Personen gut gefallen, ist der Zweck erfüllt. Für einfache Erinnerungsbilder genügt es, wenn sich die Personen einfach mal schnell irgendwo hinstellen und in die Kamera lächeln. Aber vielleicht wollen Sie mehr aus Ihren Bildern machen, oder jemand bittet Sie um ein repräsentatives Foto. Vielleicht erwarten Sie nun als Erstes eine Anleitung, wie Sie Ihre Kamera einstellen sollen. Keine Sorge, das kommt noch. Es gibt aber zunächst ein paar andere Dinge, die genauso wichtig sind wie die Kamerafunktionen.

Mit dem Modell reden

»Der Fotograf hat dauernd nur auf sein Display gestarrt und eine ernste Miene gemacht. Ich wusste nicht, ob das an mir lag und was ich falsch gemacht hatte. Ich wusste überhaupt nicht, was ich machen sollte!« Diese Aussage eines noch unerfahrenen Fotomodells bringt es auf den Punkt: Die meisten (Hobby-)Fotografen sind so mit ihren Kameras beschäftigt, dass sie die Leute vor der Kamera ganz vergessen, sobald der Auslöser gedrückt ist. Es ist gut und richtig, die Kamera vor der Aufnahme passend einzustellen. Es ist auch sinnvoll, sich das Ergebnis sofort **danach** anzuschauen, damit man die Aufnahmen wiederholen kann, wenn etwas nicht geklappt hat. Aber **dazwischen** ist es Ihre Aufgabe, mit den Leuten zu kommunizieren, die vor der Kamera ausharren. Das Wichtigste: Vermitteln Sie eine gute Stimmung. Je wohler sich die Menschen vor der Kamera fühlen und je motivierter die Modelle sind, desto leichter haben Sie es.

Machen Sie von vornherein zwei oder drei Aufnahmen ohne Pause hintereinander, und wenn Sie die Kamera sinken lassen, bitten Sie Ihr Modell, einen Augenblick zu warten. Erklären Sie, was Sie tun und was Sie vorhaben, auch wenn Sie meinen, Ihr Gegenüber wüsste das von selbst. Gute Porträtfotografen reden viel mit ihren Modellen, vor, während und nach der Aufnahme. Weil sich die Modelle nicht selbst sehen können, gibt der Fotograf gleichzeitig Regieanweisungen und reagiert auch sofort auf das, was die Person vor der Kamera tut, zum Beispiel »Dreh doch bitte mal den Kopf etwas weiter in meine Richtung« und »Ja, so ist es besser!«. Bleiben Sie immer freundlich, und loben Sie Ihre Modelle für jede Kleinigkeit, die gut läuft. Vermeiden Sie Kritik!

Vielleicht stellen Sie fest, dass der Hintergrund nicht passt, und Sie wollen die Person ein paar Meter weiter nach links oder rechts di-

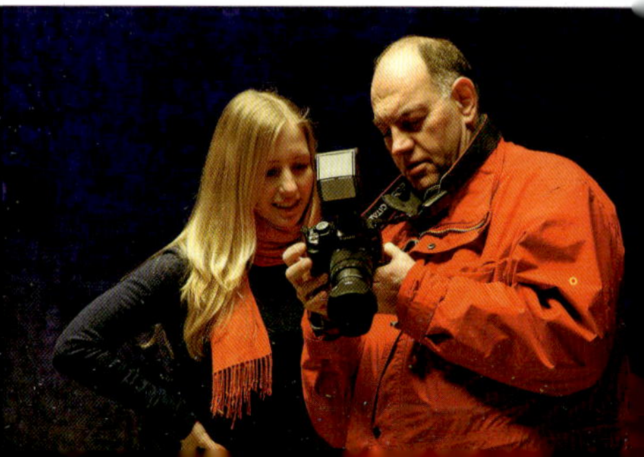

[125 mm | 1/30 s | f8 | ISO 1250]

> Zwischenbesprechung mit dem Modell
Anhand der Bilder kann man genauer erklären, was man in der nächsten Aufnahmerunde anders machen möchte.

rigieren. Zeigen Sie den genauen Platz, indem Sie selbst dorthin gehen, und erläutern Sie, warum Sie so vorgehen. Wenn Sie Richtungsanweisungen geben, bedenken Sie: Was für Sie rechts ist, ist für die Porträtierten links und umgekehrt. Besser ist der Hinweis auf feste Bezugspunkte im Raum: eine Tür, eine Lichtquelle, einen Gegenstand, der für alle gut sichtbar ist.

Mit dem Modell zusammenarbeiten

Es mag seltsam klingen, aber: Je enger Menschen miteinander vertraut sind, desto schwieriger kann die Sache mit der Kommunikation sein. Zwischen Eltern und Kindern, zwischen Mann und Frau gibt es meist »eingeschliffene Umgangsformen«, in denen Respekt und Höflichkeit anders ausgedrückt werden, als man es fremden Menschen gegenüber tun würde. Darin liegt eine Chance, aber auch ein Risiko. Formulierungen wie »Ihr seht ja aus wie ein Haufen Ameisen« oder »Nun stell dich nicht so an« sind kaum geeignet, mehr Ordnung in eine Gruppe zu bringen oder freundlichere Gesichter zu erzeugen. Pubertierende Jugendliche hassen das gestellte Familienporträt vor dem Museum sowieso. Also ist es ratsam, sich ein paar Gedanken über kreative Porträtfotografie zu machen. Motivation ist alles ...

˅ Gestalten
Auch scheinbar einfache Porträtaufnahmen sind das Ergebnis eines guten Teamworks zwischen Fotograf und Modell.

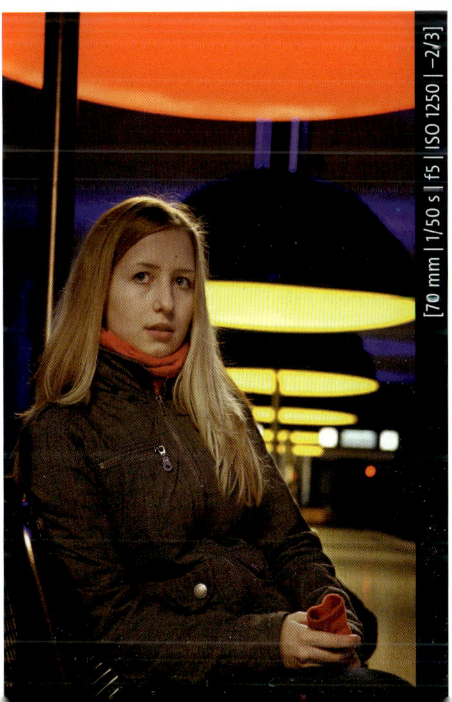

[70 mm | 1/50 s | f5 | ISO 1250 | –2/3]

> Dirigieren
Einfach nur abdrücken reicht nicht: Beim Fotografieren von Menschen sind klare Anweisungen an die Modelle essenziell.

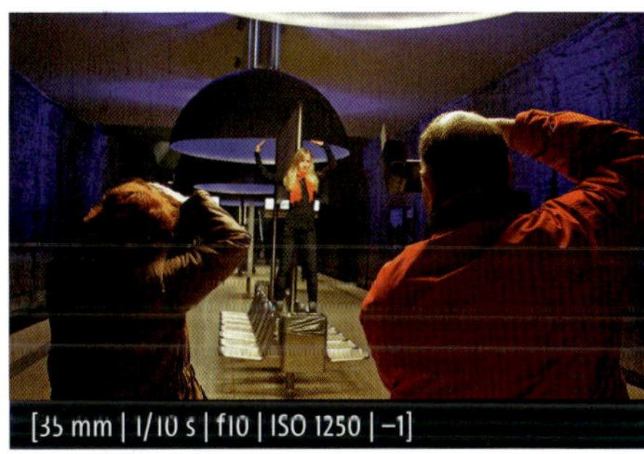

[35 mm | 1/10 s | f10 | ISO 1250 | –1]

RÜCKSPRACHE HALTEN

Es gibt geteilte Meinungen darüber, ob man die soeben geschossenen Bilder gleich mit dem Modell zusammen anschauen sollte. Das hängt von der Situation und von den beteiligten Personen ab, hat sich aber oft bewährt. Was der Fotograf in Ordnung findet, wird dem oder der Porträtierten nicht immer gefallen. Dann kann man die unvorteilhaften Fotos löschen und neu ansetzen. Auf diese Weise lernt der Fotograf, was dem Modell schmeichelt, er kann sich beim Fotografieren darauf einstellen, und so wächst auch das Vertrauen für weitere Aufnahmen. Nicht selten entwickeln die Porträtierten eigene Ideen, und die Sache kommt so richtig in Fahrt.

Das Einzelporträt

Der Begriff Porträt ist natürlich nicht auf Gesichtsfotos eingeschränkt: Sowohl der Oberkörper als auch Arme, Hände und Beine dürfen zu sehen sein. Achten Sie als Erstes darauf, dass Köpfe und Füße nicht abgeschnitten sind, und dehnen Sie Ihren Blick auf den Hintergrund aus, damit Sie keine störenden Elemente ins Bild bekommen.

Sie können ein Porträt im Hoch- oder Querformat fotografieren, wobei im Querformat manchmal das Problem auftritt, dass man den leeren Raum um das Modell herum füllen möchte und dabei eher Unruhe im Bild erzeugt. Sie können im Querformat entweder einen engen Bildausschnitt nehmen und das Gesicht bewusst anschneiden, oder Sie fotografieren die Person seitlich und lassen sie in die freie Fläche hineinschauen.

Oft werden Menschen am Arbeitsplatz oder in einer anderen für sie typischen Umgebung fotografiert. Ob Sportler, Angler oder Musiker: Das Hinzunehmen von typischen Gegenständen oder das Fotografieren an einem ausgewählten Ort wird in der professionellen Porträtfotografie oft als Stilmittel eingesetzt, um eine Person oder eine Berufsgruppe zu charakterisieren. Auch Sie können sich dieser Mittel bedienen.

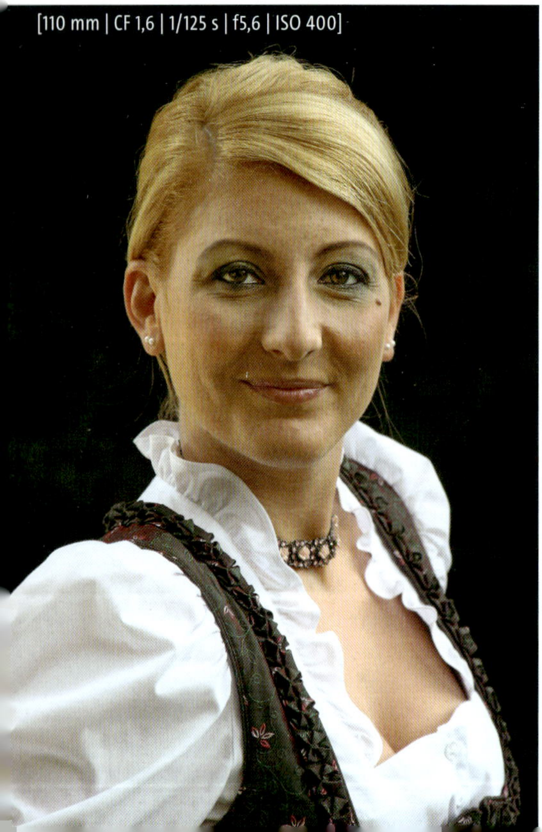

[110 mm | CF 1,6 | 1/125 s | f5,6 | ISO 400]

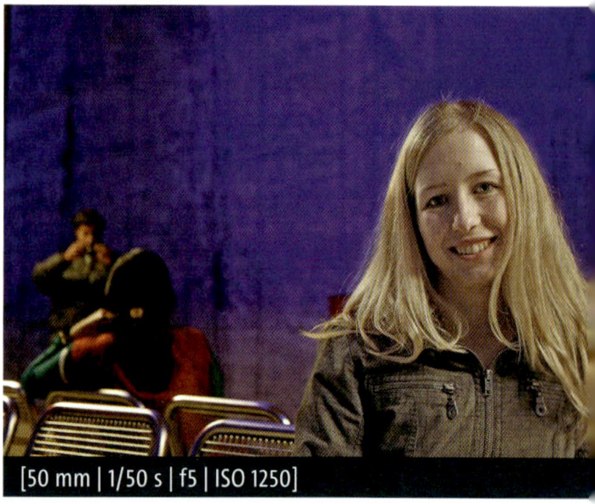

[50 mm | 1/50 s | f5 | ISO 1250]

< Klassisches Porträt
Beim Begriff Porträt denkt man zunächst an Gesichtsbilder vor neutralem Hintergrund.

∧ Ablenkung
Achten Sie auf das, was sich im Hintergrund abspielt. Was wir hier als kleinen Gag mit eingebaut haben, kann stören, wenn es aus Versehen passiert.

Kleidung

Es macht einen riesigen Unterschied, ob Sie Ihr Modell im Freizeitlook, in Businesskleidung oder im Abendkleid fotografieren. Nicht nur, weil die Art der Kleidung auch immer etwas über die Person aussagt, sondern auch, weil jeder Mensch in seiner Ausgehuniform anders gestimmt ist und eine andere Haltung einnimmt, als wenn er mit Bermudas und Badelatschen abgelichtet wird. Die Farbe der Kleidung hat Einfluss auf die Umsetzung der Hauttöne im Bild. Rot, Orange und andere grelle Farbtöne lassen die Gesichtsfarbe oft unnatürlich wirken. Neutralere Farben sind für Gesichtsporträts daher meist günstiger. Schwarz macht schlank, Weiß eher nicht. Vermeiden Sie große Muster und Streifen in der Oberbekleidung: Alles, was zu auffällig ist, lenkt vom Gesicht ab. Wenn eine Person von Kopf bis Fuß im Bild zu sehen sein soll, müssen auch die Schuhe zum Outfit passen.

Die Pose

Die Körperhaltung wird beim Fotografieren oft vernachlässigt. Die Bilder sollen authentisch wirken, und eine verkrampfte Haltung wäre unnatürlich. Trotzdem braucht es eine gewisse Körperspannung, damit eine Person im Foto gut aussieht. Es gibt eine Reihe von erprobten Fotografierposen, im Sitzen und im Stehen, mit denen sich so mancher »Haltungsfehler« kaschieren lässt. Ob Sie die Nachdenklichkeitsgeste mit verschränkten Armen und einer Hand am Kinn mögen, ist Geschmackssache.

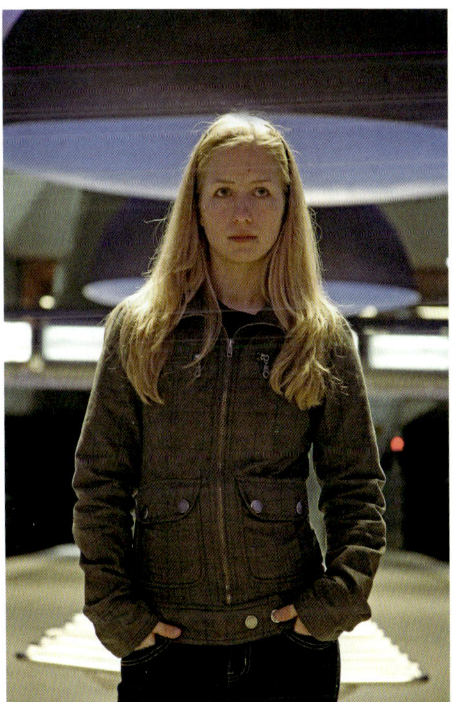

[135 mm | 1/20 s | f5,6 | ISO 1250]

<∨ Eine Pose, zwei Bilder
Die gleiche Pose kann bei verändertem Bildausschnitt und veränderter Beleuchtung zu einer völlig unterschiedlichen Wirkung führen. Was sieht für Sie gut aus? Trainieren Sie Ihren Blick!

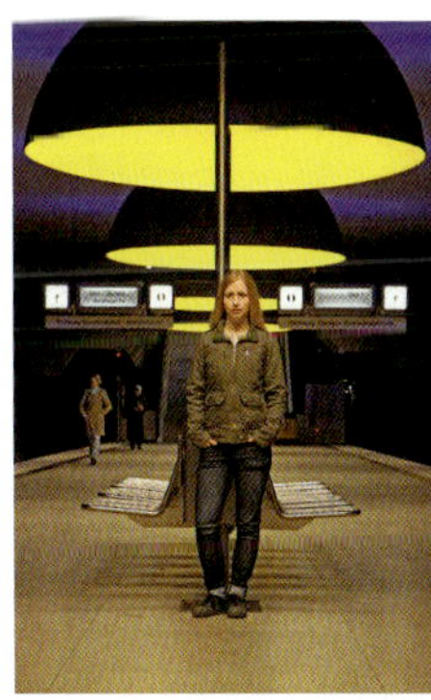

[90 mm | 1/80 s | f6,3 | ISO 250]

KLEINER TIPP FÜR DIE DAMEN

Ein kleiner Absatz macht die Beine länger und schöner. Flache Schuhe sind zwar bequemer zum Laufen, aber fürs Posieren sollten Sie lieber mal eine Etage drauflegen.

Für alle Bilder, bei denen mehr als nur das Gesicht zu sehen ist, lautet die Devise: Brust raus, Bauch rein und die Schultern nicht hängen lassen. Ein Schatten unter dem Kinn hilft oft beim Kaschieren der Problemzone Doppelkinn. Ein leichtes Nach-vorn-Lehnen lässt Gesicht und Halspartie selbst bei schlanken Menschen vorteilhafter wirken. Wenn die porträtierte Person eine Schulter etwas in die Richtung des Fotografen dreht, entsteht eine leicht seitliche Position: Auch das wirkt im Bild wie eine Schlankheitskur. Der Vorteil einer leicht seitlichen Position besteht auch darin, dass Sie durch das Wechseln von Stand- und Spielbein einmal die linke und einmal die rechte Gesichtshälfte betonen. Nutzen Sie die seitliche Aufstellung, auch wenn Sie nur das Gesicht fotografieren. Jeder Mensch hat seine Schokoladenseite, und jeder wird Ihnen beim Durchsehen der Bilder sofort sagen können, ob er sich von links oder von rechts besser gefällt. Bei allen Körperhaltungen, die man für ein Foto einnehmen kann, sind solche am stimmigsten, die das Modell auch im normalen Leben einnehmen würde. Nehmen Sie eine Pose, die sich spontan ergibt, und verbessern Sie anschließend Kleinigkeiten, indem Sie genaue Anleitung geben, zum Beispiel »die Hand etwas höher« oder »den Kopf leicht senken«.

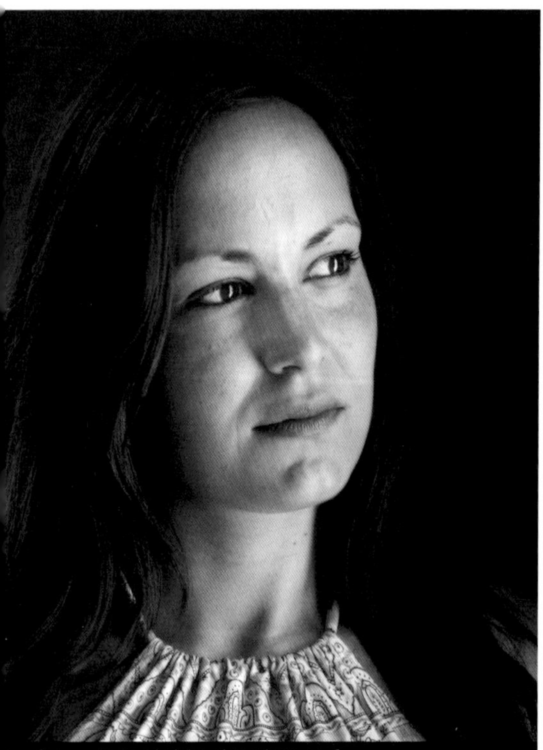

Blickrichtung und Perspektive

Es ist nicht unbedingt nötig, dass das Modell direkt in die Kamera blickt. Wenn die fotografierte Person nur in die Richtung des Fotografen schaut, dann sollte der Blick deutlich an der Kamera vorbeigehen. Gerade bei Kameras mit Live View kann es vorkommen, dass das Modell den Fotografen anschaut, während er die Kamera zwanzig oder dreißig Zentimeter tiefer hält. Diese leicht verschobene Blickrichtung wirkt eher ungünstig.

Ist die Aufnahmerichtung seitlich, entsteht ein Halbprofil- oder Profilbild. Lassen Sie in diesem Fall etwas mehr Richtung vor dem Gesicht, so dass in Blickrichtung ein größerer Raum entsteht. Die Form der Nase wird bei Profilaufnahmen betont und sollte daher nur bei Personen eingesetzt werden, die sich und ihre Nase schön finden. Normalerweise sieht man sich nur selten von der Seite, weshalb manche Menschen ihr Profil im Bild nicht mögen. Lassen Sie das Modell den Kopf lieber ein wenig in Richtung Kamera drehen.

< Blick zur Seite
Das Modell muss nicht immer direkt in die Kamera schauen. Lassen Sie in Blickrichtung genug Raum.

Sie können Porträts aus Augenhöhe, aus einer leichten Untersicht oder von oben fotografieren. Die Aufnahmerichtung beeinflusst, wie die Körperhaltung und die Proportionen im Foto wiedergegeben werden. Beim Bildbetrachter entsteht zudem ein bestimmter Eindruck: Wird er gezwungen, zu einer Person aufzuschauen oder begegnet man sich – auch im übertragenen Sinn – auf Augenhöhe? Bei Aufnahmen für Business- und Bewerbungsbilder wird auf solche Kleinigkeiten genau geachtet.

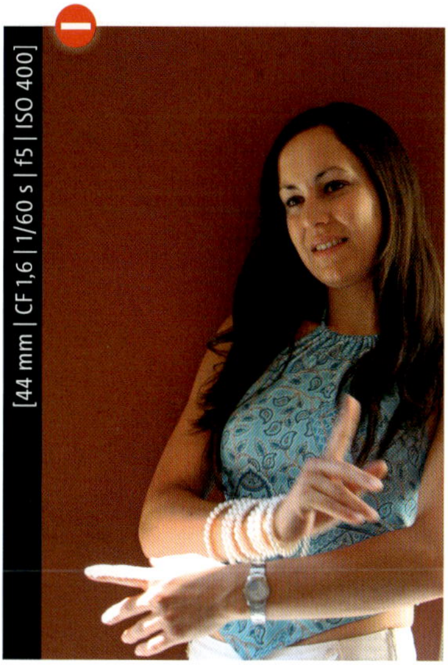

> Zu lange Belichtungszeit
Die Hände sind überbelichtet, weil die Ausleuchtung der Szene ungleichmäßig ist, und gleichzeitig verwischen sie.

DIE KAMERAEINSTELLUNGEN

- Verwenden Sie ein leichtes Teleobjektiv, bzw. zoomen Sie leicht ein – weg vom Weitwinkel. Nehmen Sie die Bilder aus einer etwas größeren Entfernung auf, dann sehen die Gesichter vorteilhafter aus.
- Richten Sie den Autofokus auf die Augen, denn sie sind das Wichtigste im Bild und sollten immer scharf sein.
- Das Porträt-Programm ist besser geeignet als die Vollautomatik. Bei manchen Kameras schaltet der Porträt-Modus aber auch den Blitz ein. Wenn das nicht erwünscht ist, benutzen Sie besser eine Halbautomatik (S/Tv oder A/Av).
- Während der Porträt-Modus den ISO-Wert automatisch anpasst, müssen Sie ihn in einer Halbautomatik gegebenenfalls selbst anpassen, das heißt in dunkler Umgebung den ISO-Wert erhöhen, in heller Umgebung den ISO-Wert reduzieren – oder, falls vorhanden, die ISO-Automatik nutzen.
- Achten Sie stets auf die Kombination aus Blende und Verschlusszeit: Eine zu lange Belichtungszeit führt zu Verwacklern oder zum Verwischen, wenn sich die Person bewegt. Mit 1/125 s und mehr sind Sie im Modus S/Tv auf der sicheren Seite.
- Wenn Sie lieber mit der Blendenvorwahl Av/A fotografieren, stellen Sie die Blende auf einen Wert von 5,6 oder 8 für Standardaufnahmen. Versuchen Sie auch bei wenig Licht die Blende ein Stück weit zu schließen, sonst erscheint womöglich die Nasenspitze scharf, und die Augen sind bereits leicht unscharf abgebildet. Nur wenn Sie gezielt mit der selektiven Schärfe spielen wollen, verwenden Sie eine offenere Blende (weniger als 5,6).
- Die Farbwirkung verändern Sie über die Bildstile und/oder den Weißabgleich, je nachdem, wo Sie Ihr Foto machen. Probieren Sie auch mal den Schwarzweiß-Modus aus, aber denken Sie daran, dass eine Umwandlung am Rechner oft bessere Ergebnisse liefert.

Rahmenbedingungen für ein gutes Porträt

Bei einem gelungenen Porträt kommen stets mehrere Faktoren zusammen. Über gute Stimmung, die richtige Kleidung, eine vorteilhafte Pose und die richtigen Kameraeinstellungen haben wir schon gesprochen. Nun kommen wir zu weiteren wesentlichen Einflussgrößen.

Beleuchtung und Farbe bei Außenaufnahmen

Porträts bei Sonnenschein leiden oft unter dem Problem, dass die steile Beleuchtung von oben unter Augen und Nase einen harten, dunklen Schlagschatten erzeugt. Besonders schwierig sind Aufnahmen von Menschen mit Schirmmütze: Hier verschwinden die Augen komplett im Schatten. Gehen Sie daher lieber an einen schattigen Ort, an dem der Kontrastunterschied zwischen Licht und Schatten deutlich geringer ist. Wenn der Ort wichtig ist für das Foto, dann benutzen Sie den Blitz, um die Schatten aufzuhellen.

Weil sich die Lichtfarbe im Tagesverlauf verändert, erscheinen Porträts im Morgen- oder Abendlicht in einer wärmeren Farbnote: Der Hautton kann unter Umständen ins Gelbliche oder Orangefarbene tendieren. Solange es nicht stört: Lassen Sie es dabei. Falls der Farbton zu stark abweicht und Sie nicht mit dem Rohdatenformat arbeiten wollen, können Sie

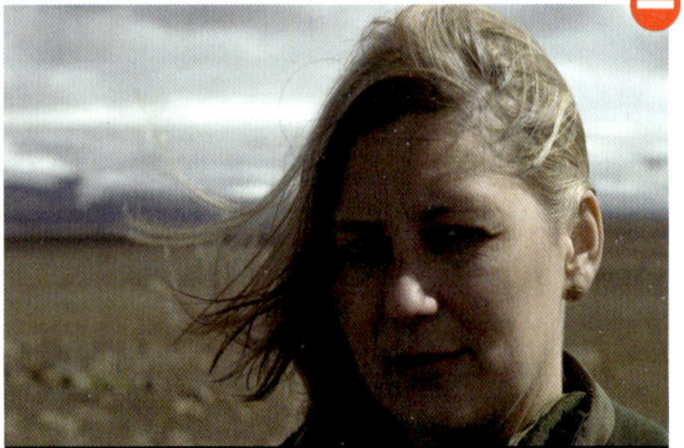

[85 mm | CF 1,6 | 1/250 s | f9 | ISO 100]

^ Gesicht im Schatten
Als unerfahrener Fotograf achtet man nicht auf solche Details. Die Kamera verstärkt die Licht-Schatten-Wirkung zusätzlich.

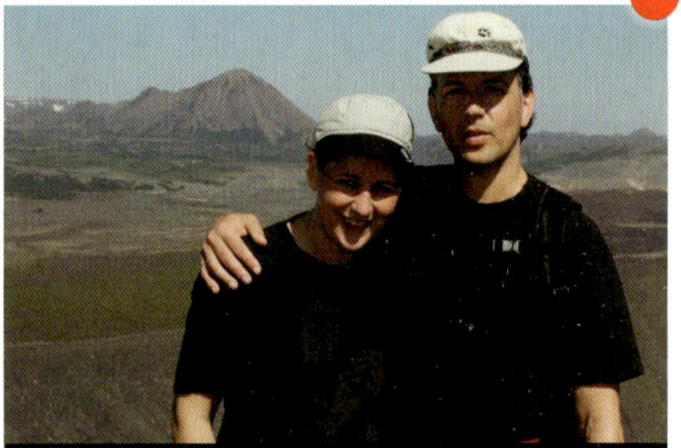

[50 mm | CF 1,6 | 1/200 s | f16 | ISO 100 | Blitz]

^ Schirmkappen in der Sonne ...
... ein Garant für schlechte Porträts. Benutzen Sie wenigstens den Blitz zum Aufhellen.

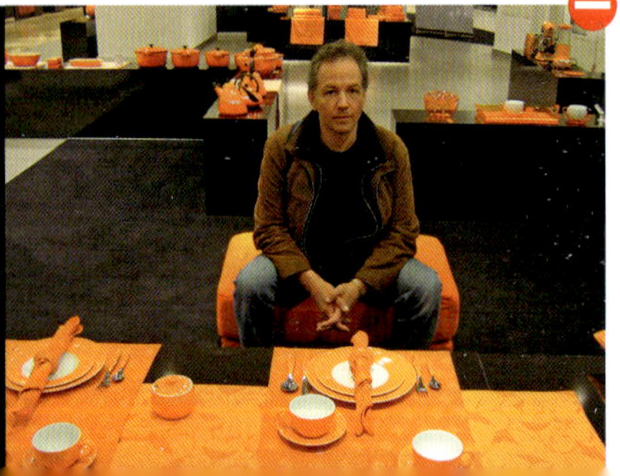

[5,4 mm | CF 7 | 1/50 s | f2,8 | ISO 200]

> Umgebungsfarbe beachten
Die Hauttöne werden oft nicht natürlich wiedergegeben, Kunstlicht verstärkt den Effekt zusätzlich.

mit den Farbstilen und dem Weißabgleich an der Kamera bereits bei der Aufnahme korrigierend eingreifen.

Porträts, die im Schatten von Bäumen oder unter farbigen Sonnenschirmen aufgenommen werden, haben oft einen leichten Grünstich bzw. nehmen die Farbe an, die vom Sonnenschirm oder einer farbigen Wand zurückgeworfen werden. Benutzen Sie den Blitz, um Farbstiche zu neutralisieren.

Beleuchtung und Farbe bei Innenaufnahmen

Sobald Sie im Schatten oder in Innenräumen fotografieren, verlängert sich die Belichtungszeit, und die Verwacklungsgefahr nimmt zu. Erhöhen Sie bei Bedarf den ISO-Wert. Ist es trotzdem zu dunkel, überprüfen Sie zuerst, ob Sie die Aufnahme auch an einen helleren Platz verlegen oder mehr Licht einschalten können, bevor Sie den Blitz hinzunehmen. Natürliches Licht ist oft schöner als der Blitzlichteffekt. Zimmerbeleuchtung besteht meist aus kleinen, punktförmigen Lichtquellen, die genauso wie das Sonnenlicht harte Schatten erzeugen. Hinzu kommt, dass die Lichttemperatur von Kunstlichtquellen die Farben beeinflusst: Hier helfen die Farbstile und der Weißabgleich.

Bei einer kontrastreichen Beleuchtung im Raum kommt es stark aufs Motiv und die Belichtungsmessung an, ob ein Foto gut aussieht.

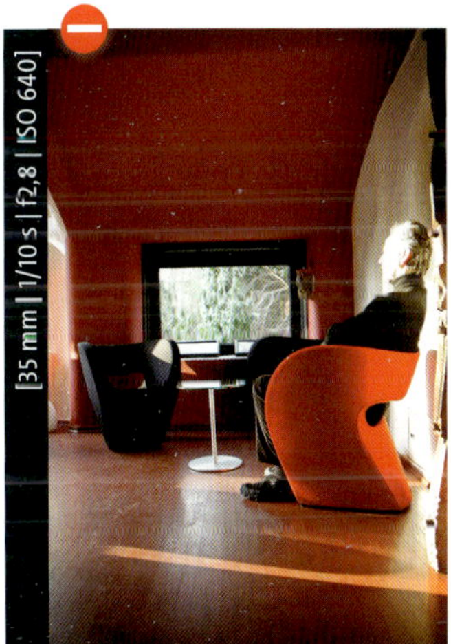

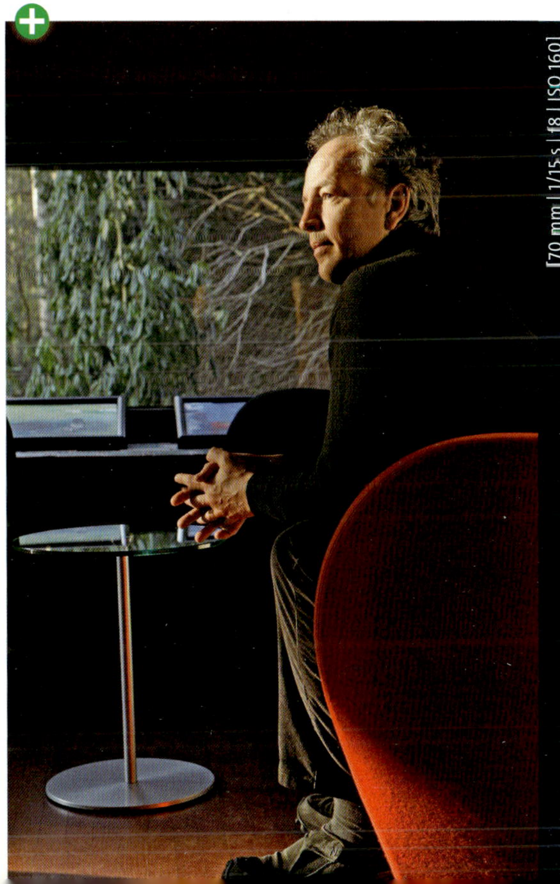

∧ Extreme Kontraste
Wird die Belichtung auf den Innenraum abgestimmt, sieht man zwar die tolle Raumfarbe, aber alles, was vom Sonnenlicht angestrahlt wird, ist komplett überbelichtet (»frisst aus«).

> Exakte Belichtung
Mit einer auf die hellsten Bereiche abgestimmten Belichtung wird das Porträt herausgearbeitet.

Besonders schönes Porträtlicht erhalten Sie, wenn die Lichtquelle weich gestreut ist, zum Beispiel bei indirekter Beleuchtung. Im Fotostudio verwendet man großflächige Lichtquellen, sogenannte Softboxen, die ein helles, aber weitgehend schattenfreies Licht erzeugen. Eine ähnliche Lichtsituation entsteht bei bedecktem Himmel: Störende Schatten verschwinden. Hier können Sie das Blitzlicht einsetzen, um eine wärmere Farbnote im Bild zu erzeugen.

Requisiten

Sobald man mehr aufnimmt als das klassische Gesichts- oder Brustbild, kommen die Arme und Hände mit ins Spiel. Oft wissen die Porträtierten nicht, was sie mit ihren Händen anfangen sollen. Hier helfen kleinere oder größere Requisiten. Ein Stift, ein Buch, ein Mobiltelefon, eine Zeitschrift – schon haben die Hände Arbeit. Requisiten sind nicht nur Festhaltegegenstände, sondern auch symbolische Elemente, mit denen man die Bildaussage beeinflussen kann.

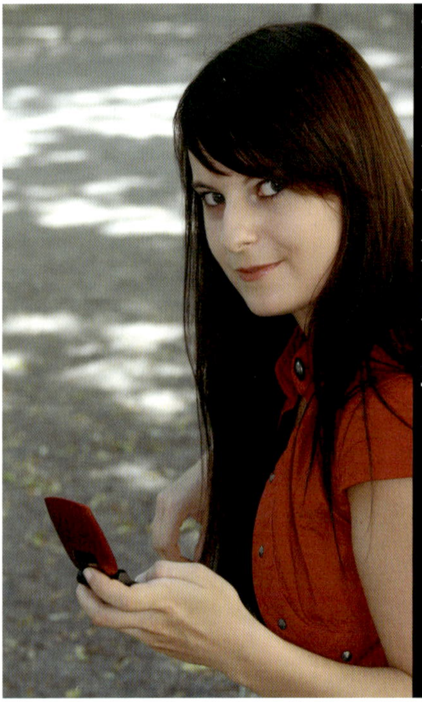

^ Requisiten
Häufig sagen im Bild gezeigte Gegenstände auch etwas mehr über eine Person oder eine Situation aus.

Die Umgebung

Auf Reisen werden viele Porträts gemacht, weil man einen Menschen in der ungewohnten und schönen Umgebung zeigen möchte. Für solche Aufnahmen ist es günstig, sich einen Platz zu suchen, der auch ohne Person(en) gut aussieht. Damit der Ort zu einer interessanten Kulisse wird, dürfen nicht zu viele Details oder störende Elemente zu sehen sein, die ablenken würden. Platzieren Sie die Personen im Bild nicht di-

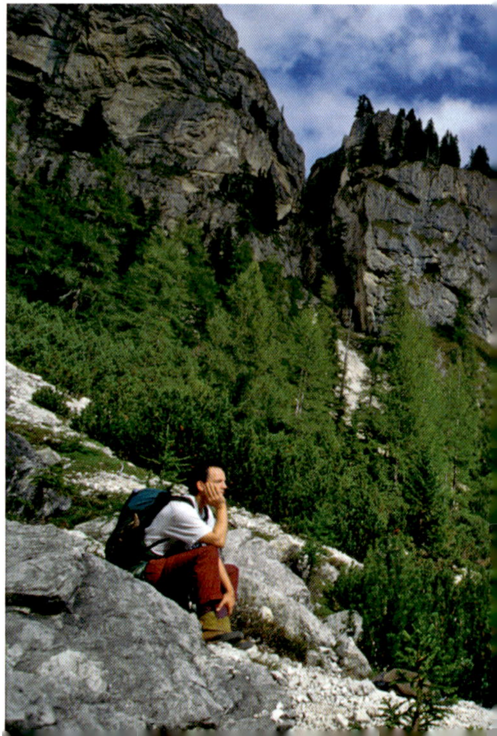

rekt in die Mitte vor eine Kulisse, sondern leicht versetzt. So ergänzen sich Umgebung und Personenmotiv zu einem harmonischen Ganzen.

Auch wenn Sie zu Hause Porträts aufnehmen: Wählen Sie nicht die erstbeste Ecke in der Wohnung oder im Garten. Stellen Sie ein paar Überlegungen an: Welcher Platz ist fotogen? Wo finden Sie einen ruhigen Hintergrund? Wo haben Sie eine gute Beleuchtung? Raumbereiche, die eher spartanisch eingerichtet sind, eignen sich meist am besten. Ein Stuhl oder Sofa genügt, Bilder an der Wand können schon zu viel sein. Stellen Sie Personen nicht vor eine Zimmerpflanze oder einen blühenden Busch. Grüne Umrahmungen sind zwar prinzipiell eine Option, aber nur wenn die Gesamtkomposition stimmt. Das Porträt muss im Vordergrund stehen, Pflanzen, vor allem wenn sie blühen, wirken oft zu dominant.

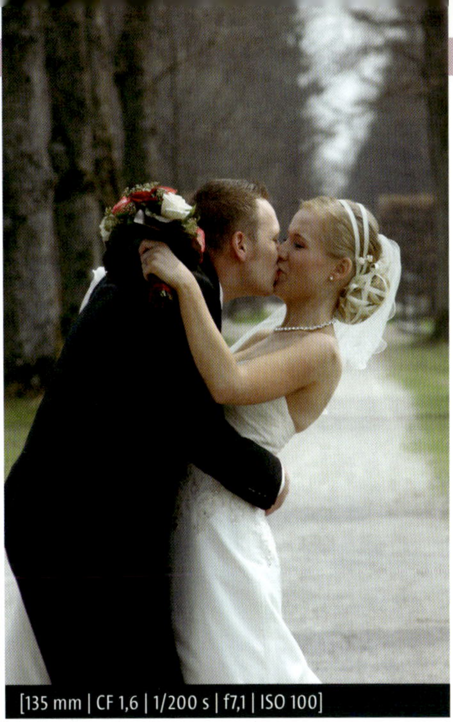

∧ Selektive Schärfe
Nutzen Sie das Teleobjektiv, um durch Unschärfe Personen vom Hintergrund zu lösen.

UNSCHARFER HINTERGRUND

Bei Aufnahmen im Freien können Sie Personen mit dem Teleobjektiv oder mit einer weit geöffneten Blende vom Hintergrund lösen. Dazu dürfen die Porträtierten aber nicht zu nah am Hintergrund stehen. Je mehr Raum Sie hinter einer Person haben, desto schöner wird der diffuse Hintergrund.

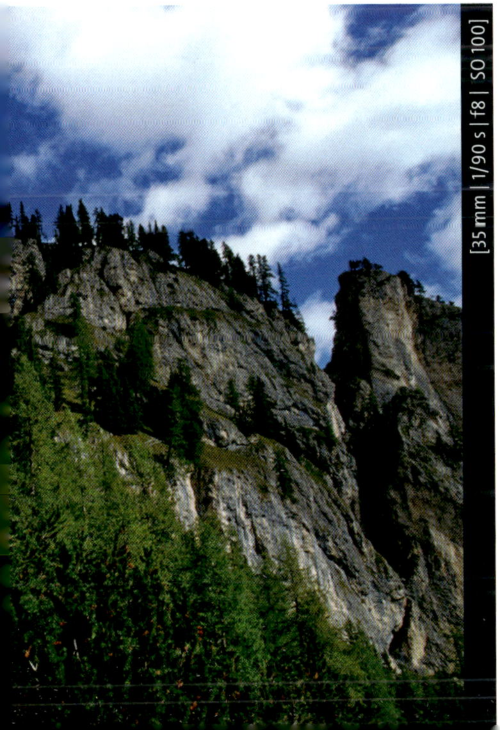

< Grandiose Kulisse
Ein Porträt kann den Menschen auch in seiner Umgebung zeigen. Je typischer die Kulisse dabei für den jeweiligen Menschen ist, desto besser.

Gruppen aufnehmen

Bei Gruppenbildern ist der Fotograf besonders gefordert. Es reicht nun nicht mehr aus, nur auf den Gesichtsausdruck einer Person zu achten, sondern man muss die Aufmerksamkeit auf zwei, vier oder mehr Menschen verteilen. Wenn Sie wollen, dass alle in die Kamera schauen, müssen Sie den Moment der Aufnahme deutlich vernehmbar ankündigen. Weil fast immer einer aus der Gruppe gerade blinzelt, abgelenkt wird und wegschaut, das Gesicht verzieht oder sonst irgendetwas nicht gleich auf Anhieb hundertprozentig klappt: Nutzen Sie die Serienbildschaltung, oder machen Sie mehrere Aufnahmen kurz hintereinander.

Personen im Bild arrangieren

Je mehr Personen im Bild untergebracht werden müssen, desto wichtiger sind Regieanweisungen. Gruppen müssen arrangiert werden, das heißt: Die Leute sollten sich möglichst gleichmäßig über die vorhandene Bildfläche verteilen. Wenn mehr als sechs Personen nebeneinander Aufstellung nehmen, muss der Fotograf den Abstand vergrößern, damit alle draufpassen. Günstiger ist es, die Personen leicht versetzt hintereinanderzustellen. Zwei Reihen können Sie ebenerdig noch gut aufstellen, damit sind Gruppenaufnahmen von bis zu zehn Personen ohne jegliche Hilfsmittel möglich. Je mehr es werden, desto enger müssen die Leute zusammenrücken und desto eher besteht die Gefahr, dass sie sich gegenseitig verdecken. Holen Sie kleine Personen und Kinder nach vorn, und stellen Sie große eher nach hinten, so dass sich insgesamt ein gleichmäßiges Bild ergibt. Wenn eine sehr große und eine sehr

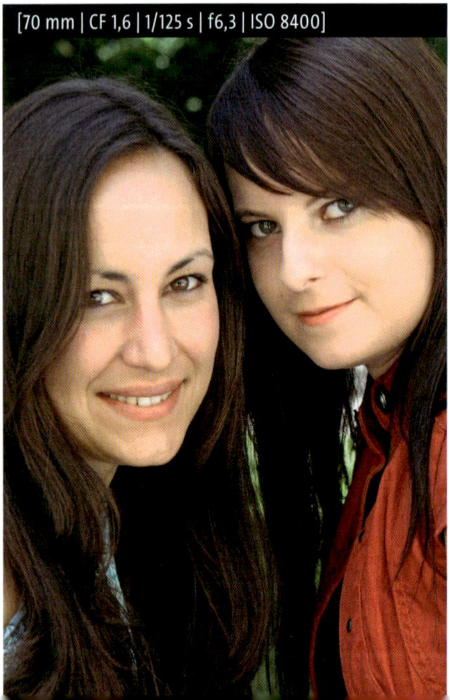

[70 mm | CF 1,6 | 1/125 s | f6,3 | ISO 8400]

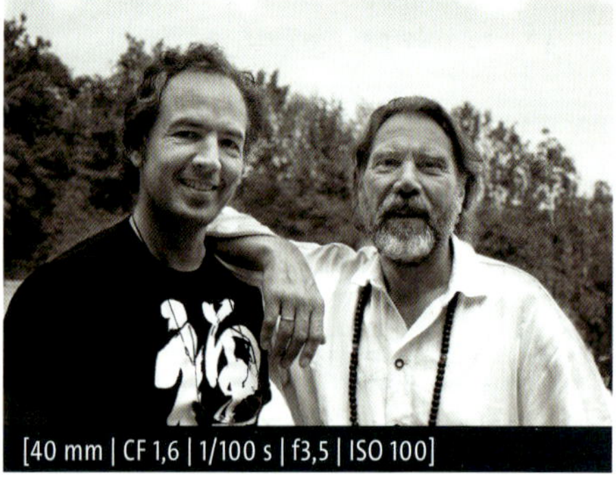

[40 mm | CF 1,6 | 1/100 s | f3,5 | ISO 100]

< Eng zusammenrücken
Je näher die Personen aneinanderrücken, desto enger kann man den Bildausschnitt anlegen.

^ Doppelporträt
Die Personen können mit dem Fotografen, aber auch miteinander agieren.

kleine Person zusammengehören und im Bild nebeneinanderstehen sollen, stellen Sie die große Person nach außen an den Rand, die kleinere daneben oder schräg davor. Damit die Leute enger zusammenrücken, lassen Sie sie eine leicht seitliche Aufnahmeposition einnehmen: Alle Personen, die vom Fotografen aus gesehen links stehen, nehmen das rechte Bein und die rechte Schulter nach vorn, alle, die rechts stehen, das linke Bein und die linke Schulter. Dadurch ergibt sich schon allein durch die Körperhaltung automatisch ein geschlossenes Gesamtbild der Gruppe.

Aufnahmeposition wählen

Am günstigsten für das Arrangieren großer Gruppen sind Stufen. Eine Treppe lässt sich fast überall finden. Die Personen in der zweiten, dritten und vierten Reihe stehen jeweils höher als die davor, aber auch leicht versetzt nach hinten, worauf wir später noch zu sprechen kommen werden. Achten Sie beim Arrangieren der Personen darauf, dass Sie alle Gesichter sehen können, und geben Sie den Leuten die Anweisung, ins Objektiv der Kamera zu schauen: Wer das Objektiv sieht, dessen Gesicht ist mit im Bild. Eine weitere Möglichkeit, große bzw. sehr große Gruppen aufzunehmen, besteht darin, dass der Fotograf eine erhöhte Aufnahmeposition einnimmt und von oben nach unten fotografiert.

Der Ort, an dem Sie die Aufnahme machen, darf nicht zur Hälfte im Schatten und zur Hälfte im Sonnenlicht liegen. Suchen Sie einen Ort,

HILFE BEI DER AUFSTELLUNG

Bei zwei bis vier Personen ist es noch relativ leicht, die Szene zu kontrollieren, bei mehr als zehn sollten Sie sich jemanden aus der Gruppe zum Assistieren holen. Da Sie relativ weit entfernt Aufstellung nehmen müssen, um die gesamte Gruppe ins Bild zu bekommen, brauchen Sie entweder eine laute Stimme oder jemanden, der Ihre Regieanweisungen an die Gruppe weitergibt. Je mehr die Person in der Gruppe respektiert wird, desto besser. Stehen schließlich alle richtig, nimmt auch Ihr Assistent Aufstellung, und es ist Zeit fürs Bild.

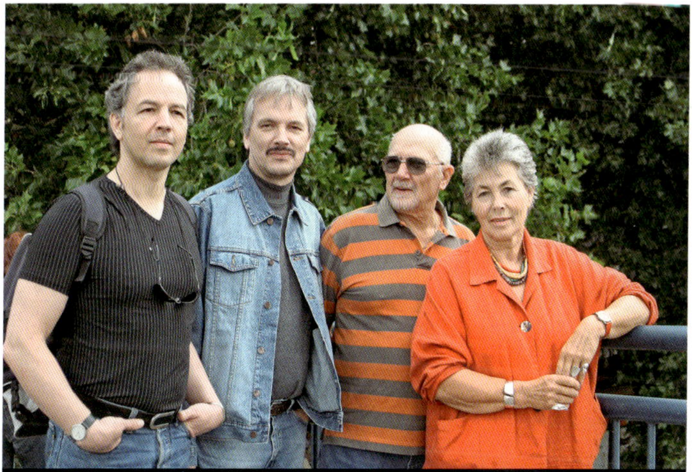

[40 mm | CF 1,6 | 1/100 s | f5,6 | ISO 100]

> Ruhiger Hintergrund
Ein enger Bildausschnitt, fotografiert mit einem leichten Teleobjektiv, hilft, störende Elemente im Umfeld der Gruppe auszublenden.

an dem die Gruppe gleichmäßig beleuchtet ist. Sonnenschein hilft Ihnen zwar dabei, eine kurze, verwacklungsfreie Belichtungszeit zu erzielen, aber die Leute werden schnell ungeduldig, wenn ihnen zu warm wird. Zudem werden Sie in dieser Lichtsituation mit dem Problem konfrontiert, dass die abgelichteten Personen entweder starke Schatten unter den Augen haben oder aufgrund des blendenden Gegenlichts die Augen zukneifen. Ein heller, diffus beleuchteter Platz im Halbschatten wäre also ideal.

Nun ist es absolut wichtig, dass alle Leute aufmerksam bleiben und in die Kamera schauen. Bleiben Sie im Gesprächskontakt mit der Gruppe, heben Sie den Arm, oder vereinbaren Sie ein anderes Signal, mit dem Sie die Blicke auf sich lenken. Lassen Sie die Leute nicht auseinanderlaufen, bevor Sie nicht mindestens zehn Bilder im Kasten haben. Das Beste suchen Sie am Ende heraus. Wenn dann immer noch einzelne Personen die Augen geschlossen haben sollten, können Sie mit einer Spezialfunktion von Photoshop Elements die gut gelungenen Gesichter aus anderen Bildern der Serie einkopieren (PHOTOMERGE).

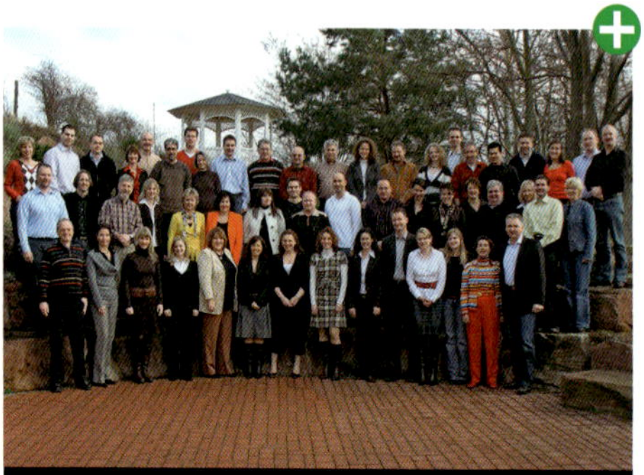

[28 mm | CF 1,6 | 1/80 s | f5,6 | ISO 200]

^ Gut aufgestellt
Ein Ort mit Treppen und das genaue Aufstellen aller Personen sind für das Gelingen von Gruppenaufnahmen äußerst wichtig.

KAMERAEINSTELLUNGEN FÜR GRUPPENBILDER

- Am günstigsten ist es, wenn Sie das Gruppenbild nicht mit voller Weitwinkelstellung machen, sondern mit einer Brennweite, die etwa 50 mm (»Normalbrennweite«) entspricht. Dadurch vermeiden Sie, dass Personen am Rand verzerrt abgebildet werden.
- Schärfentiefe ist besonders wichtig, wenn mehrere Personen hintereinander aufgestellt werden. Benutzen Sie die Blendenvorwahl (Av/A), und stellen Sie die Blende auf einen Wert von 11 oder 16, wenn es das Licht erlaubt. Weniger als 8 sollte der Wert hier nicht betragen. Den ISO-Wert müssen Sie bei Bedarf erhöhen, um keine Verwacklung zu riskieren. Sobald die Belichtungszeit unter 1/60 s fällt, wird es kritisch.
- Es ist wichtig, dass sich alle Leute innerhalb der Schärfezone befinden. Die Verwendung von Mehrfach-Messzonen ist sinnvoll, aber beobachten Sie genau, welche Messzellen aufleuchten: Am besten, Sie haben aktive Messpunkte ganz vorn und ganz hinten mit dabei. Falls Sie nur mit einem Feld arbeiten, richten Sie den Autofokus auf einen Punkt im vorderen Drittel zwischen der ersten und letzten Reihe, weil sich die Schärfentiefe vom anfokussierten Punkt nach hinten weiter ausdehnt als nach vorne.
- Ein Blitz kann zum Aufhellen sinnvoll sein. Der eingebaute Kamerablitz wird für große Gruppen nicht ausreichen, weil der Abstand zu groß ist. Bei kleinen Gruppen, die Sie in einem Innenraum mit hellen Wänden fotografieren, tut er jedoch durchaus seinen Dienst.

Porträts mit dem Blitz

Sobald es zu dunkel für eine Aufnahme aus der Hand wird, schaltet sich der Blitz ein. Und nun gehen die Probleme erst richtig los: Wirklich schön sind »typische Blitzbilder« nicht. Das liegt an den Eigenschaften der Lichtquelle: Der Blitz ist klein, extrem hell, er ist dominanter als das vorhandene Raumlicht, und er beleuchtet das Motiv immer von vorn. Dadurch entstehen hinter dem Motiv Schlagschatten, deren Lage, Form und Größe sich verändert, je nachdem, wie groß die Abstände zwischen Fotograf und Modell bzw. zwischen Modell und Hintergrund sind. Auf einem hellen Hintergrund sieht man die Schattenwürfe deutlicher als auf einem gemusterten oder dunklen Hintergrund. Die Kamerahaltung spielt ebenfalls eine Rolle für die Ausleuchtung: Bei Bildern im Hochformat wird eine Seite des Gesichts stärker beleuchtet als die andere, weil der Blitz nun nicht mehr mittig nach vorn strahlt.

Blitzlicht einschätzen

Die Wirkung des Blitzes ist vorab nur schwer einzuschätzen. Der Fotograf sieht sein Motiv bei natürlichem Licht oder bei Raumbeleuchtung. Lichter, Schattenverläufe und Farben veranlassen ihn dazu, ein Bild zu machen, aber das Blitzlicht stellt die ganze Situation auf den Kopf: Es beleuchtet alles, was sich in der Nähe befindet: je näher, desto heller. Hinzu kommt, dass helle Gegenstände das Licht deutlich stärker reflektieren als dunkle: Die Motive sehen also im Bild mitunter völlig anders aus. Deshalb kommt der Bildgestaltung beim Blitzen eine besondere Rolle zu. Ein überdurchschnittlich gutes Blitzfoto ist eines, von dem jeder denkt, es sei bei Tageslicht entstanden.

Blitzlicht weicher machen

Gegen die harten Schatten beim Blitzen gibt es den Trick, das Blitzlicht mit einem aufgeklebten Butterbrotpapier weich zu streuen. Für größere Kameras und externe Kompaktblitzgeräte können Sie Diffusoren als Zubehör kaufen. Damit wird die Ausleuchtung von Porträts weicher. Wer ein separates Blitzgerät hat, kann damit indirekt blitzen, also den Blitzkopf nach oben an die Decke richten. Dadurch wird das

˅ Schlagschatten
Bei geblitzten Bildern entstehen harte Schatten hinter dem Motiv.

> Blitz im Hochformat
Die Spiegelung landet auf dem Klavier, auch das Brillengestell reflektiert das Licht überproportional. Auch bei aktiviertem Blitz erhöht die Kameraautomatik oft den ISO-Wert, Bildrauschen entsteht.

[30 mm | CF 1,6 | 1/60 s | f4,5 | ISO 400 | Blitz]

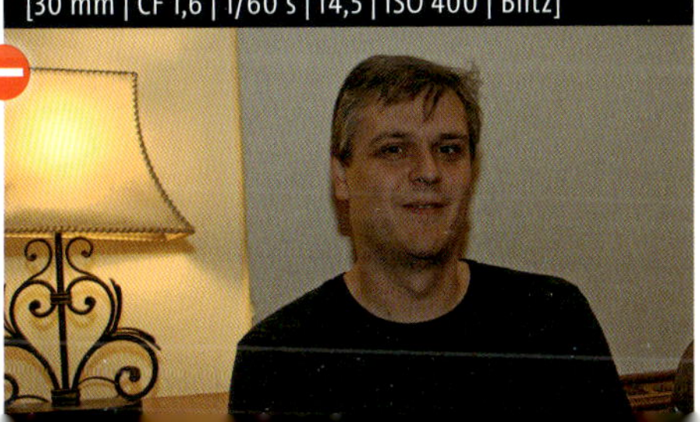

[5,4 mm | CF 7 | 1/60 s | f2,8 | ISO 400]

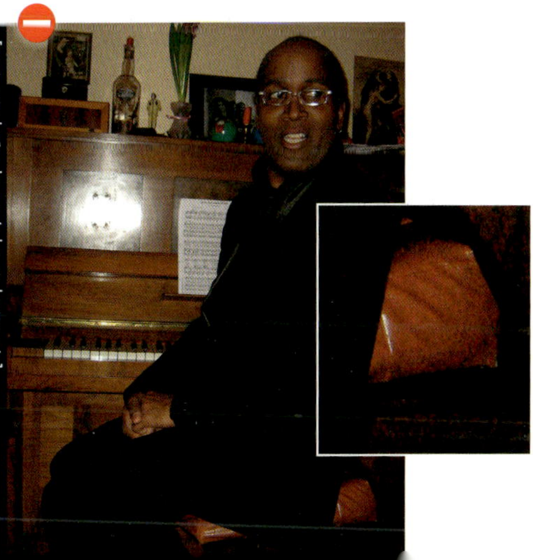

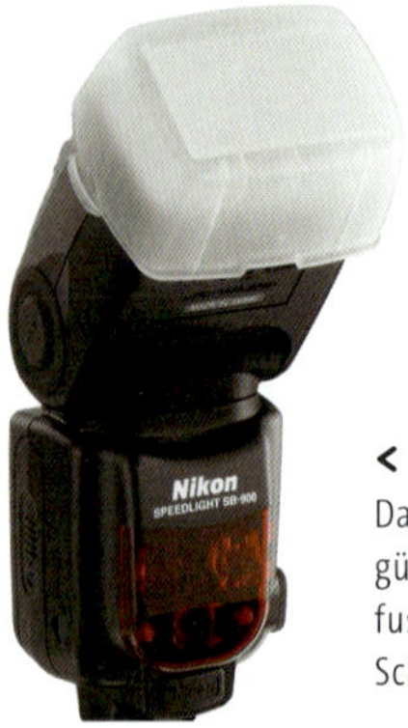

< Weiches Licht
Das indirekte Blitzen erzeugt eine günstigere Beleuchtung. Ein Diffusoraufsatz reduziert die harten Schatten (Bild: Nikon).

Licht von oben weich gestreut und wirkt eher wie eine diffuse Zimmerbeleuchtung. Vor allem für Fotos von Brillenträgern ist diese Methode sehr zu empfehlen, denn der Blitz wird von allen reflektierenden Materialien zurückgeworfen. Spiegelungen in Fenstern oder verglasten Bilderrahmen lassen sich auf diese Weise ebenfalls vermeiden. Haben Sie nur den eingebauten Blitz, dann wechseln Sie den Standort und damit den Aufnahmewinkel.

Blitzfehler vermeiden

Weil das eingebaute Blitzlicht oft nur eine sehr geringe Leistung liefert, passt die Kamera in der Automatikeinstellung den ISO-Wert nach Bedarf an. In einer dunklen Umgebung kann es deshalb trotz Blitz zu sehr starkem Bildrauschen kommen. Das können Sie nur vermeiden, wenn Sie den ISO-Wert über das Kameramenü auf einen Wert von etwa 100 oder auch höher festsetzen. Im Gegenzug muss die Kamera die Leistung des Blitzlichts erhöhen: Die Ladezeiten des Blitzes verlängern sich dadurch, und der Akku wird schneller leer.

Der gefürchtete Rote-Augen-Effekt entsteht durch einen sehr geringen Abstand zwischen

∨ Rote-Augen-Effekt
In einer dunklen Umgebung sind rot geblitzte Augen oft nicht zu vermeiden. Dunkle Teile des Motivs schlucken das Licht, nur die hellen Bereiche können sinnvoll ausgeleuchtet werden.

> Diffuser Wischeffekt
Die Funktion Nachtporträt liefert nicht immer scharfe Bilder, dafür ist die Lichtstimmung deutlich besser.

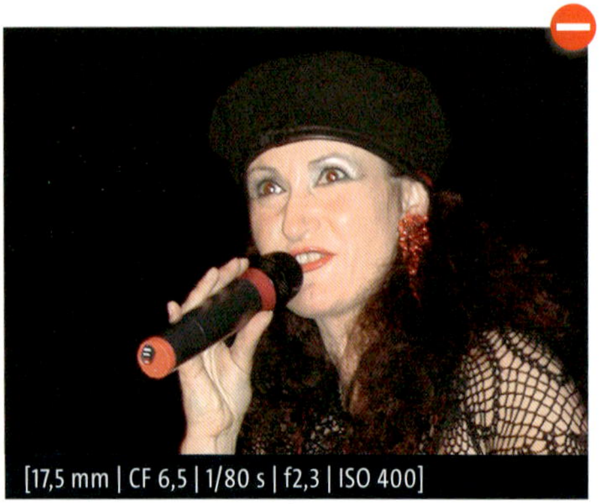

[17,5 mm | CF 6,5 | 1/80 s | f2,3 | ISO 400]

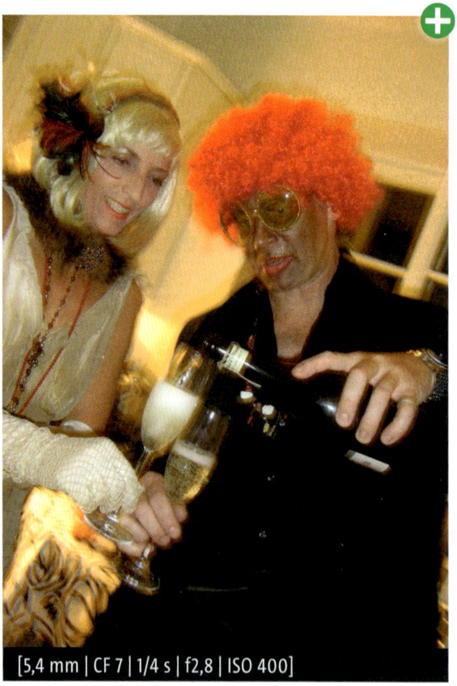

[5,4 mm | CF 7 | 1/4 s | f2,8 | ISO 400]

Blitz und Objektiv und ist bei kleinen Kameras daher kaum zu vermeiden. Dagegen hilft fast immer nur die nachträgliche Bildbearbeitung. Die neuesten Kameramodelle setzen bereits auf eine automatische Bildbearbeitung, andere Geräte arbeiten mit einem flackernden Vorblitz. Eine hundertprozentige Erfolgsgarantie gibt es bei beiden Varianten jedoch nicht.

Der Blitz mit der Vollautomatik funktioniert nahezu fehlerfrei, erzeugt aber stets die typische Blitzcharakteristik: hell angestrahltes Hauptmotiv, eher dunkler, manchmal fast schwarzer Hintergrund. Gegen diesen oft unerwünschten Nebeneffekt des Blitzens gibt es die Einstellung Nachtporträt oder Night-Shot. Sie bewirkt eine verlängerte Verschlusszeit, wodurch das noch vorhandene Restlicht im Bild stärker in Erscheinung tritt. Der Nachteil: Bewegte Motive können durch die längere Verschlusszeit verwischen, auch ein Verwackeln ist nicht ausgeschlossen.

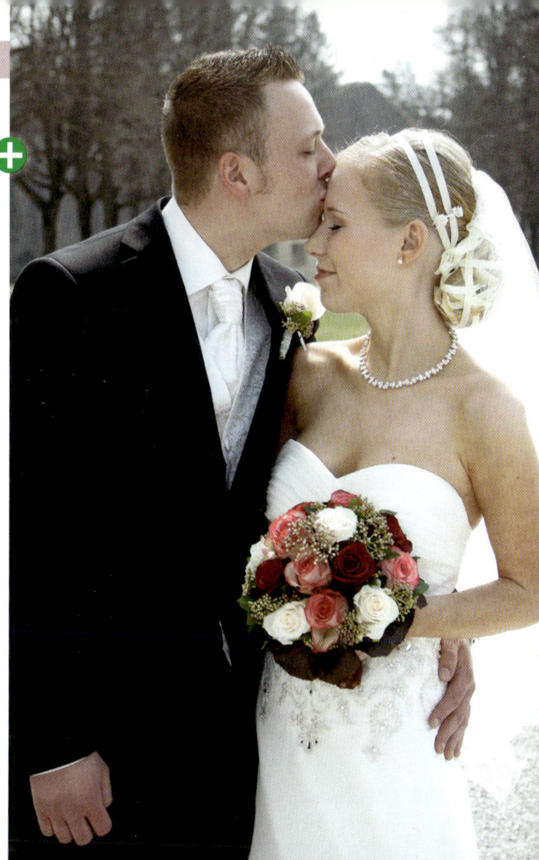

[50 mm | CF 1,6 | 1/250 s | f4,5 | ISO 100 | Blitz]

∧ Gegenlicht bewältigen
Ein Blitz, wo ihn niemand vermuten würde: Ohne Aufhellung wäre diese Aufnahme viel zu dunkel.

∨ Aufhellblitz
Ist genug Resthelligkeit vorhanden, wirkt der Blitz aufhellend und ist nicht so dominant.

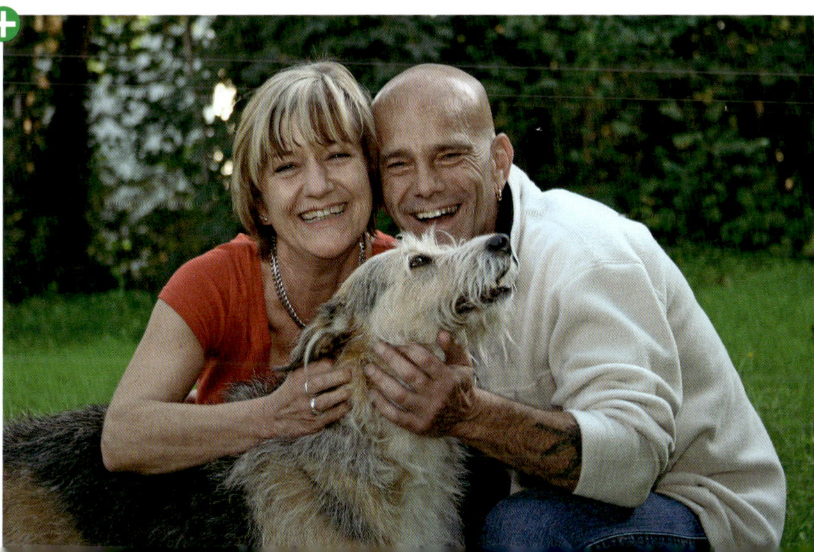

[65 mm | CF 1,6 | 1/60 s | f5 | ISO 400 | Blitz]

Schnelle erste Hilfe: **Eine Person gut aussehen lassen**

Mit ihren hohen Auflösungen liefern moderne Digitalkameras gestochen scharfe Bilder, bei denen man jedes noch so kleine Fältchen überdeutlich sieht. Weil die meisten Kameras zudem mit Weitwinkelobjektiven ausgestattet sind, ist die Versuchung sehr groß, die Aufnahmen aus geringer Distanz zu machen. Mit dieser fatalen Kombination erhalten Sie Personenfotos, bei denen die Gesichtsproportionen verzerrt und Schwächen betont werden. Schalten Sie also diese beiden Fehlerquellen als Erstes aus: Benutzen Sie ein leichtes Teleobjektiv, und fotografieren Sie aus einem etwas größeren Abstand. Steht das Modell weit genug vom Hintergrund entfernt, können Sie dadurch auch ihn in Unschärfe verschwimmen lassen.

Als Nächstes achten Sie darauf, dass Ihrem fotografierten Modell keine Laternenmasten oder Zweige aus dem Kopf wachsen: Ein ruhiger Hintergrund ist die halbe Miete. Wenn Sie blitzen müssen, verwenden Sie den Blitz indirekt oder setzen Sie einen – gekauften oder selbst gebastelten – Diffusor ein: Dadurch verringern Sie das Risiko der roten Kaninchenaugen.

Durch eine leicht nach vorn geneigte Haltung sehen Gesichter vorteilhafter aus. Eine

˅ Blick, Blickrichtung und Perspektive
Mit diesen drei Zutaten können Sie Porträts ganz unterschiedlich aussehen lassen.

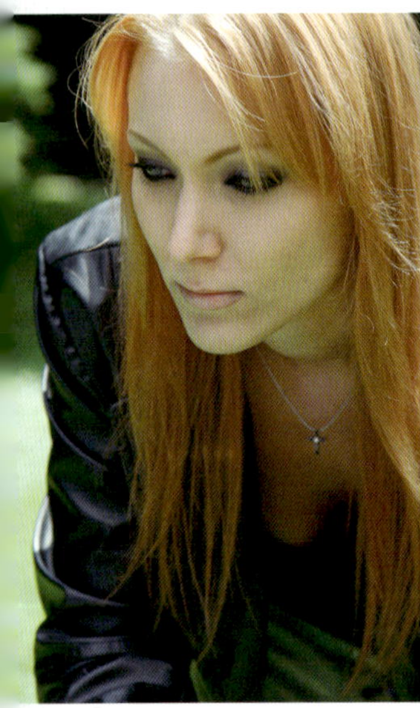

[135 mm | CF 1,6 | 1/200 s | f5,6 | ISO 200]

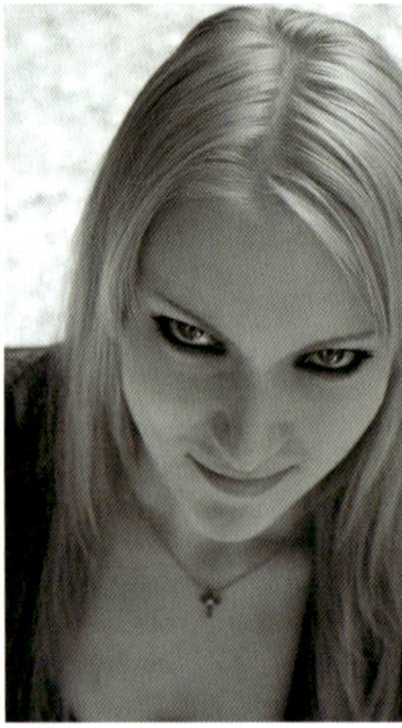

[35 mm | CF 1,6 | 1/800 s | f4,5 | ISO 200]

˄ Immer eine Option
Die Schwarzweißumsetzung funktioniert bei Porträts fast immer.

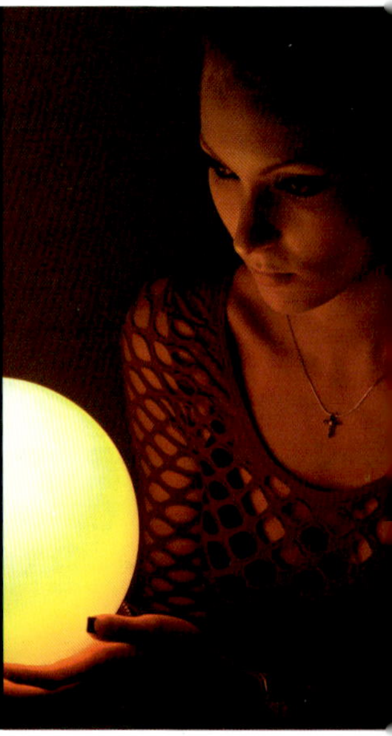

[105 mm | CF 1,6 | 1/60 s | f5,6 | ISO 640]

˄ Bewusst mit Farben spielen
Eine interessante oder ungewöhnliche Beleuchtung verleiht Ihren Bildern eine besondere Note.

leicht seitlich eingenommene Pose in Kombination mit dunkler Kleidung macht schlanker. Fotografieren Sie Ihr Modell von links und von rechts, um dessen »Schokoladenseite« zu finden. Unschöne Hauttöne korrigieren Sie mit den Bildstilen an der Kamera oder später am PC. Eine Schwarzweißumsetzung wird von vielen Menschen beim Porträt sehr geschätzt.

Achten Sie stets auf das Licht: Harte Schattenverläufe dürfen nicht quer durchs Gesicht, über Personen oder Gruppen laufen: Verlegen Sie dann besser den Aufnahmestandort.

[6,1 mm | CF 4,6 | 1/20 s | f2,8 | ISO 1000]

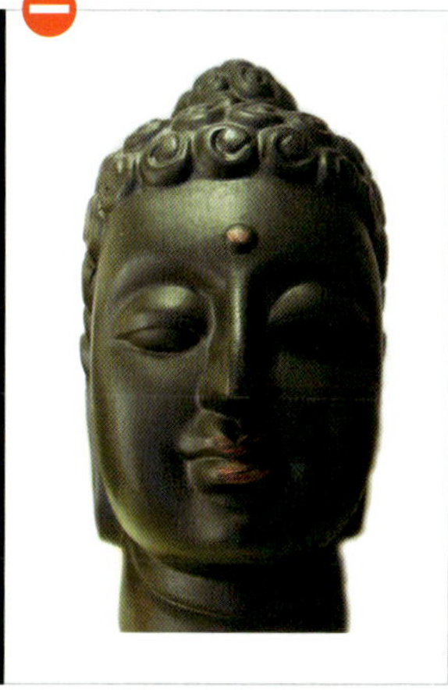

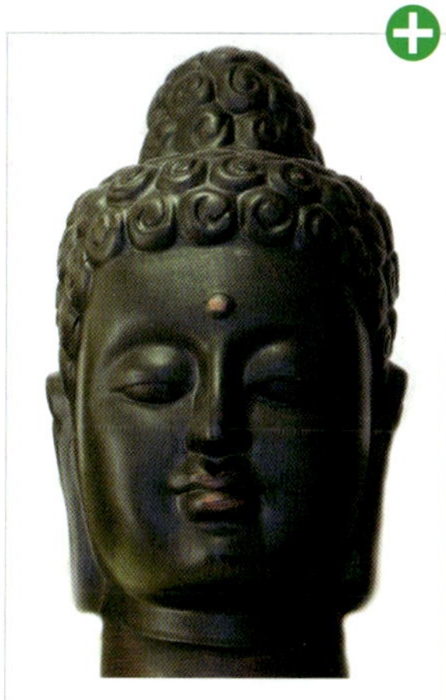

[25 mm | CF 4,6 | 1/15 s | f4,5 | ISO 1600]

< Weitwinkel vs. Tele
Die Weitwinkeleinstellung verzerrt Gesichter sehr stark (links). Leicht gezoomt und aus größerer Entfernung aufgenommen, verändern sich die Proportionen des Gesichts: Die Wiedergabe ist nicht nur realistischer, sondern auch vorteilhafter (rechts).

DAS WICHTIGSTE IN KÜRZE

- Für gute Porträts kann man eine Menge tun: Achten Sie als Erstes darauf, dass keine wichtigen Teile abgeschnitten werden, und vermeiden Sie störende Elemente.
- Benutzen Sie für Porträts immer die Tele-Einstellung Ihres Objektivs.
- Mit dem Teleobjektiv oder einer weit geöffneten Blende können Sie Personen vom Hintergrund lösen, wenn nach hinten genug Raum ist.
- Halten Sie Kontakt zum Modell, und geben Sie freundliche Regieanweisungen.
- Nutzen Sie unterschiedliche Blickwinkel und Blickrichtungen, wechseln Sie zwischen Hoch- und Querformat.
- Mit unterschiedlichen Posen, ergänzt durch Kleidung und Frisur, erhöhen Sie das Spektrum an Möglichkeiten.
- Verwenden Sie den Blitz zum Aufhellen, vor allem bei Gegenlicht und in prallem Sonnenlicht.
- Achten Sie beim Blitzen auf Reflexe in Brillen und spiegelnden Flächen; ein dunkler Hintergrund oder viel Abstand zum Hintergrund minimiert Schlagschatten.
- Sorgen Sie für eine gute Sortierung bei Gruppenaufnahmen: Gegen Enge hilft die Aufstellung auf einer Treppe oder ein erhöhter Aufnahmestandort des Fotografen.
- Sorgen Sie für eine gute Stimmung, und loben Sie Ihr(e) Modell(e).

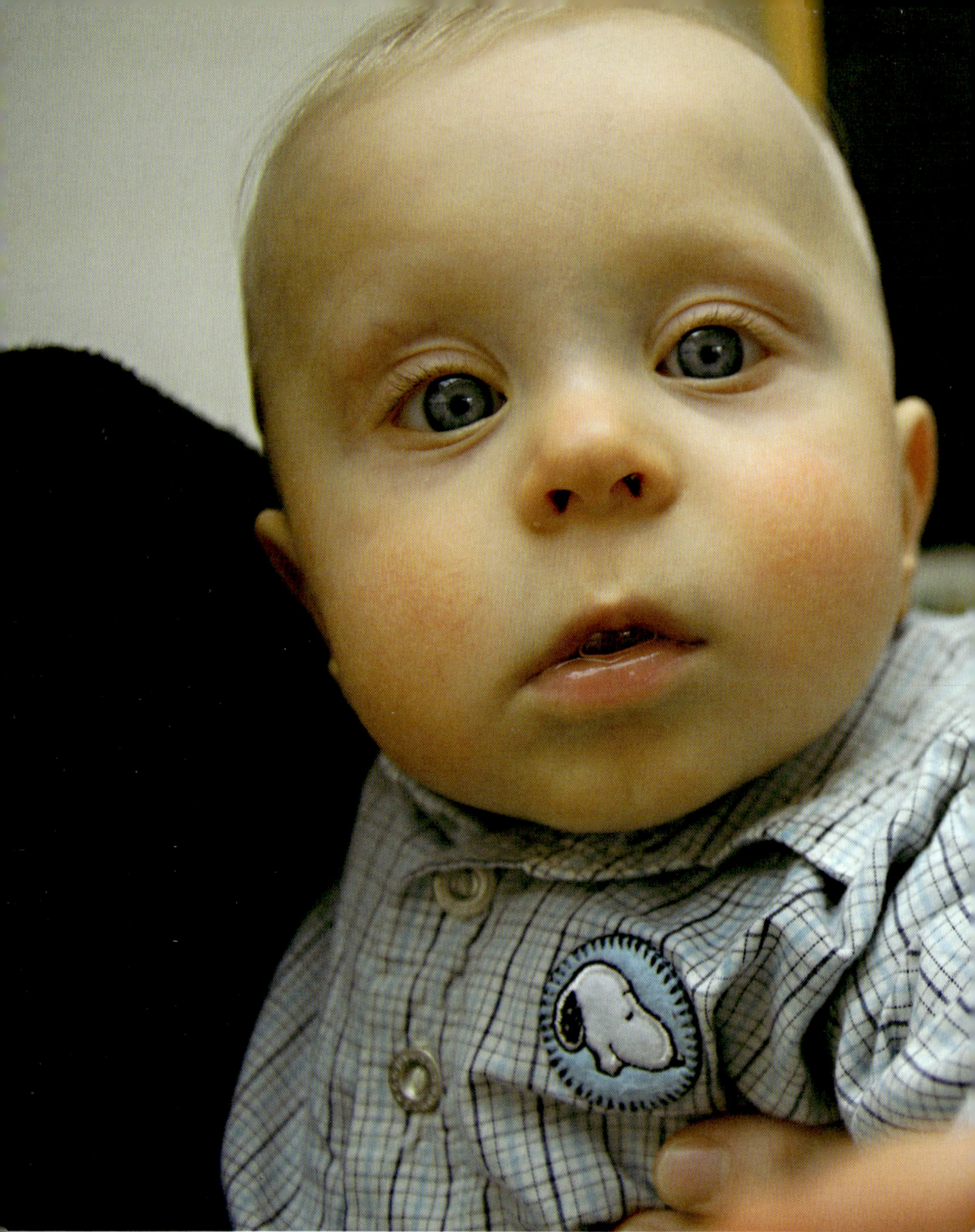
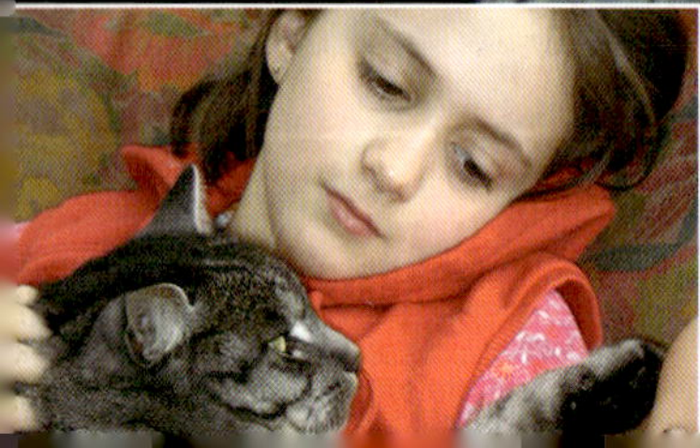
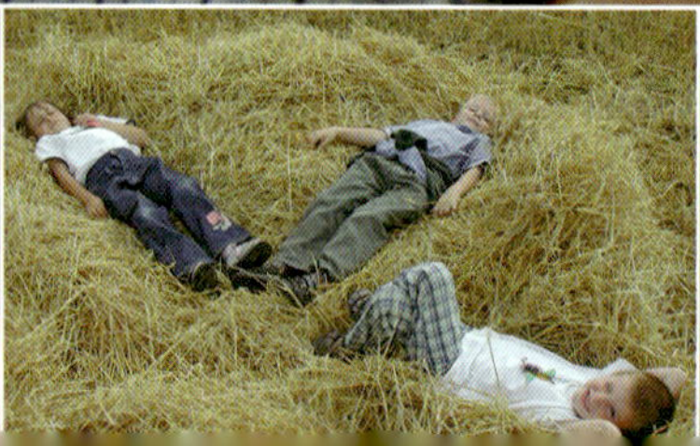
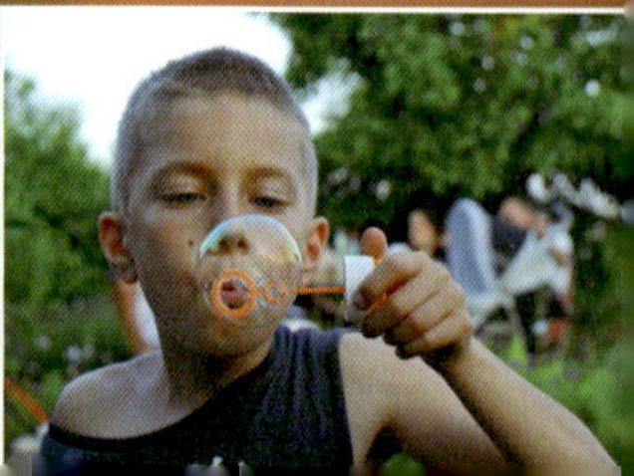

Kapitel 8

Kinder fotografieren

- Nah ran ans Motiv!
- Aus Augenhöhe fotografieren
- Das besondere Kinderfoto
- Kinder in Action
- Stille Momente einfangen
- Posieren fürs Bild
- Schnelle erste Hilfe: Gut vorbereitet ist halb gewonnen

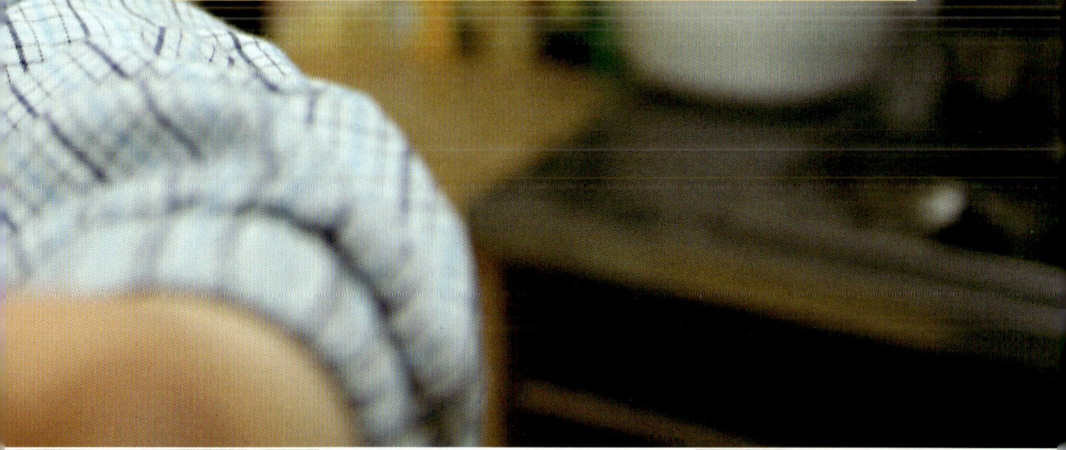

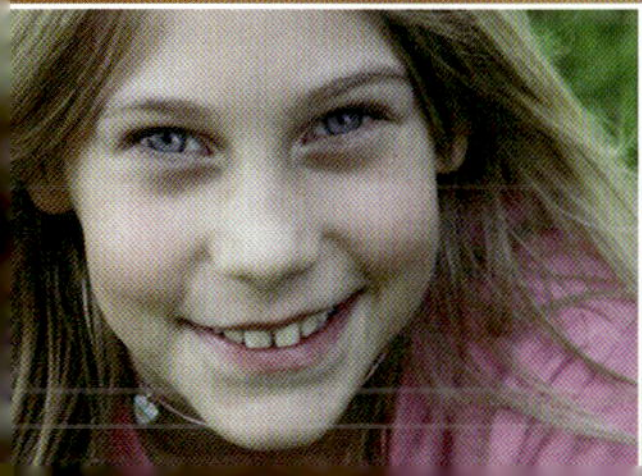

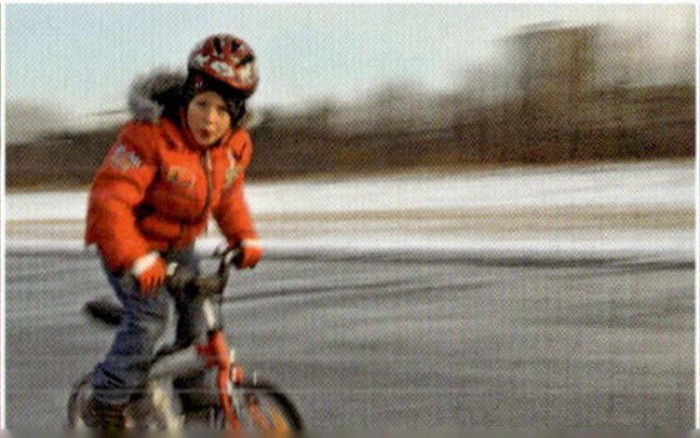

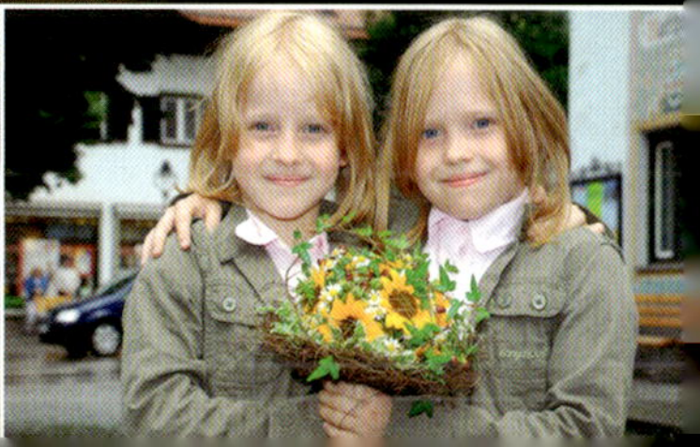

Nah ran ans Motiv!

Kinderfotos sind eine Herausforderung, weil die jungen Fotomodelle ihren eigenen Kopf haben und nur selten für ein Motiv stillhalten. An vielen Kameras gibt es die Motivprogramme Kinder/Tiere oder Sport/Action zur Auswahl. Damit sind Sie besser gerüstet als mit der Vollautomatik, aber sobald die Lichtverhältnisse schlechter werden, entstehen die immer gleichen Probleme: Die Fotos werden oft unscharf, das Bildrauschen nimmt zu, oder der Blitz schaltet sich ein und zerstört die Lichtstimmung. Je einfacher und kleiner Ihre Kamera, desto dringender brauchen Sie einen gut beleuchteten Ort für Ihre Aufnahmen.

Mit einer kurzen Belichtungszeit verhindern Sie, dass Ihre spontan agierenden und schnell bewegten Motive im Foto verwischen. Diese kurzen Verschlusszeiten erreichen Sie oft nur, indem Sie den ISO-Wert erhöhen. An dieser Stelle sind Spiegelreflexkameras deutlich im Vorteil, weil ihre Lichtausbeute größer ist, das heißt, Sie können viel besser mit hohen ISO-Werten fotografieren, ohne dass Ihre Bilder gleich völlig grobkörnig aussehen. Der Kauf einer teuren Kamera bedeutet aber nicht automatisch, dass die Bilder sofort besser gelingen: Sie müssen genau auf die Kameraeinstellungen achten. Und schon befinden wir uns in einem Dilemma: Eigentlich brauchen Sie all Ihre Aufmerksamkeit fürs Motiv. Drücken Sie daher im Zweifelsfall immer auf den Auslöser, auch wenn Sie das Bild später wieder löschen müssen. Es wäre schade, wenn Ihnen ein schöner Moment entgeht, nur weil Sie zu lange nachgedacht haben. Natürlich ist es auch schade, wenn Sie den richtigen Moment erwischen und das Bild misslingt, aber … nehmen Sie die

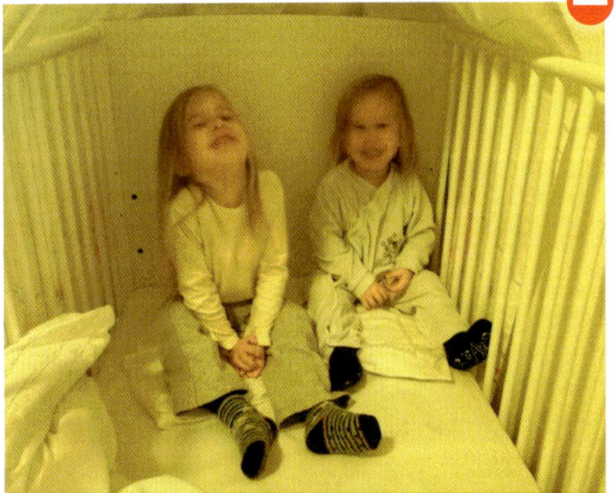

[5 mm | CF 5,6 | 1/4 s | f2,8 | ISO 1600]

∧ Unschärfe und Farbstich
Spontane Kinderfotos bei geringer Umgebungshelligkeit – speziell für Kompaktkameras eine unlösbare Aufgabe.

∨ Bewegt, aber trotzdem scharf
Wenn der Höhepunkt der Bewegung erreicht ist, steht das Motiv für einen kurzen Moment ganz still. Drücken Sie auf den Auslöser, bevor die Schaukel wieder zurückschwingt.

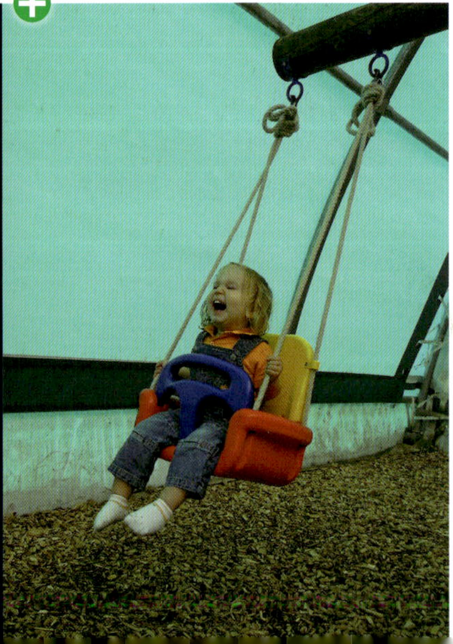

[5 mm | CF 5,6 | 1/160 s | f3,2 | ISO 125]

Herausforderung an! Je mehr Sie üben, desto schneller machen Sie Fortschritte.

Gestalterische Tricks

Wie beim Erwachsenenporträt ist das Weitwinkelobjektiv eher ungeeignet. Leichtes Zoomen verbessert die Bildwirkung, nicht nur wegen der Verzerrungen, sondern auch wegen des engeren Bildausschnitts. Kinder bewegen sich oft zwischen sehr vielen bunten Gegenständen, das Spielzimmer ist selten »aufgeräumt«. Schaffen Sie Ordnung im Foto, indem Sie den Bildausschnitt durch eine geeignete Perspektive aufs Wesentliche reduzieren. Das kann bedeuten, dass Sie aus einer anderen Richtung fotografieren oder warten, bis Ihr Kind von sich aus die Spielposition verändert.

Das Teleobjektiv ermöglicht Aufnahmen aus der Distanz, bei der die Kinder ungestört bleiben, und der Hintergrund lässt sich leichter unscharf machen. Das Spiel mit Schärfe und Unschärfe gelingt aber nur, wenn der Hintergrund weit genug entfernt ist. Und auch hier brauchen Sie viel Licht, denn je länger die Brennweite, desto leichter verwackeln die Bilder.

Achten Sie auf Kontraste

Sehr oft fällt Sonnenlicht nur auf einen Teil der Szene. Die Kinder spielen im Schatten, aber der Bildausschnitt erfasst im Hintergrund einen hellen Bereich, eine sonnenbeschienene Wiese oder einen Teil des Himmels. Oder das Kind sitzt in einem sonnendurchfluteten Teil eines Zimmers, während die restliche Umgebung im Schatten liegt. Wenn der Bildausschnitt sehr weit gefasst ist, wird ein Teil des Motivs sehr hell und ein anderer sehr schattig sein. Das Problem mit den Kontrastunterschieden zieht sich durch sämtliche Bereiche der Fotografie. Es ist also wichtig, den Verlauf von Licht und Schatten genau zu beobachten und den Bildausschnitt so zu legen, dass das Motiv gleichmäßig ausgeleuchtet ist. Ein Stück helle Wiese oder Himmel im Hintergrund können Sie notfalls ausgleichen, indem Sie den Blitz zum Aufhellen nutzen.

Hell-dunkel-Kontrast
Das helle Fenster sorgt für eine kurze Belichtungszeit, aber es dominiert auch die Bildwirkung. Das eigentliche Motiv bleibt im Schatten.

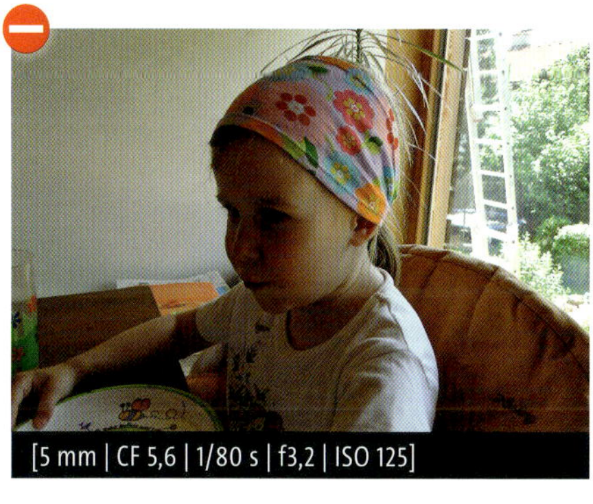

[5 mm | CF 5,6 | 1/80 s | f3,2 | ISO 125]

Ruhigerer Bildausschnitt
Die Kamera ist nun auf den dunkelsten Teil des Motivs gerichtet, das heißt, die Belichtungszeit wird länger. Eine spätere Aufhellung des Bildes am Rechner ist eine mögliche Alternative für ein solches Motiv.

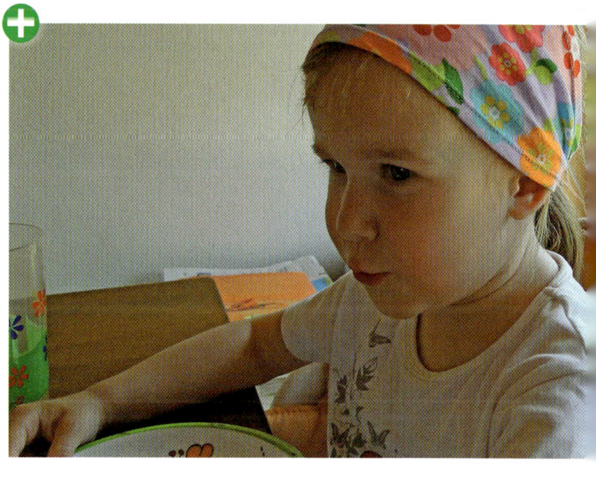

Wichtige Kameraeinstellungen

Achten Sie darauf, dass die Belichtungszeit nicht länger ist als 1/125 sek ist – je kürzer, desto besser. Damit vermeiden Sie Verwacklung und verwischte Bewegungen. Entweder Sie benutzen die Zeitvorwahl (Tv/S) in Kombination mit 1/125 sek und kürzer oder die Blendenvorwahl (Av/A) mit einem niedrigen Blendenwert. Stellen Sie den ISO-Wert auf Automatik oder höher ein als üblich (zum Beispiel 400), dann haben Sie mehr Spielraum für eine kurze Belichtung. Für ruhige Motive und Porträts kommen Sie mit diesen Einstellungen relativ weit, aber es sind nicht die einzig möglichen. Bedenken Sie, dass Ihre Kamera über eine ganze Klaviatur von Möglichkeiten verfügt, die Sie situationsgerecht anpassen können. Je mehr Erfahrung Sie im Umgang mit den Grundlagen (Zeit, Blende, ISO-Wert) haben, desto leichter und schneller können Sie Entscheidungen darüber treffen, mit welchen Einstellungen Sie in der konkreten Situation am weitesten kommen. Die hier genannten Werte sind also nur als Richtwerte für den Einstieg zu verstehen.

Für das Fotografieren mit Blitzlicht gelten die gleichen Regeln wie beim Erwachsenenporträt. Wenn es geht: Vermeiden Sie den Blitz, oder benutzen Sie ihn gezielt zum Aufhellen im Schatten, an bewölkten Tagen oder auch in Gegenlichtsituationen.

Details

Stofftiere, Kinderwagen, Minischuhe: Kinder entwickeln sich schnell weiter. In jeder Lebensphase sind Eltern und Kinder von ganz unterschiedlichen Gegenständen umgeben, an die sie sich später mit nostalgischer Stimmung oder einem Schmunzeln erinnern werden. Nehmen Sie diese Dinge mit ins Bild, oder fotografieren Sie ein symbolisches Stillleben. Die Fotos werden Ihren Kindern später vielleicht sehr willkommene Erinnerungen sein.

˅ Sonnige Stimmung
Der Blitz hellt das Doppelporträt auf und lässt die Farben auch an einem trüben Tag leuchten. Wenn Sie das Umfeld störend finden, lässt sich das Foto nachträglich ins Hochformat zurechtschneiden.

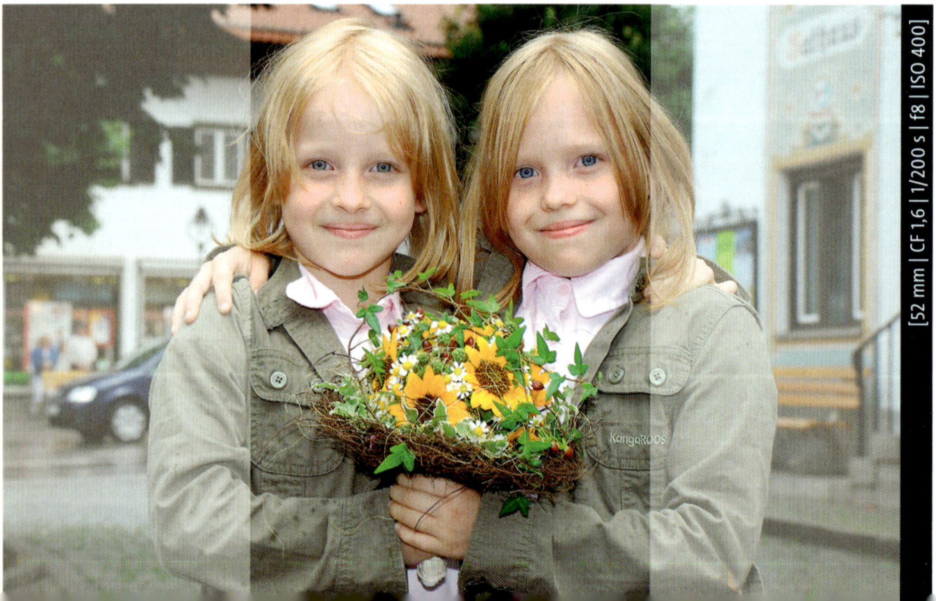

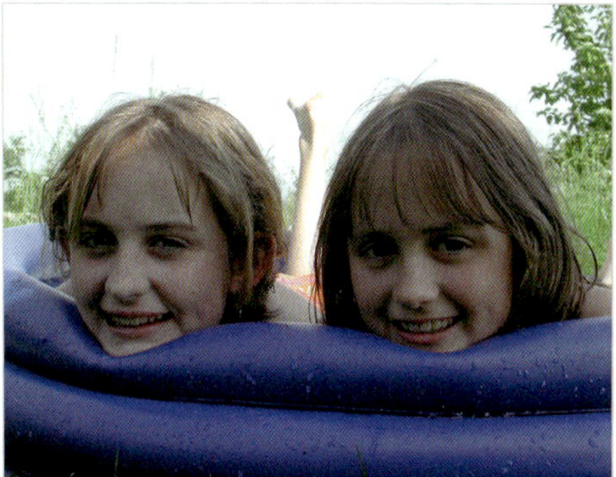

[10,6 mm | CF 3,6 | 1/160 s | f5,4 | ISO 100]

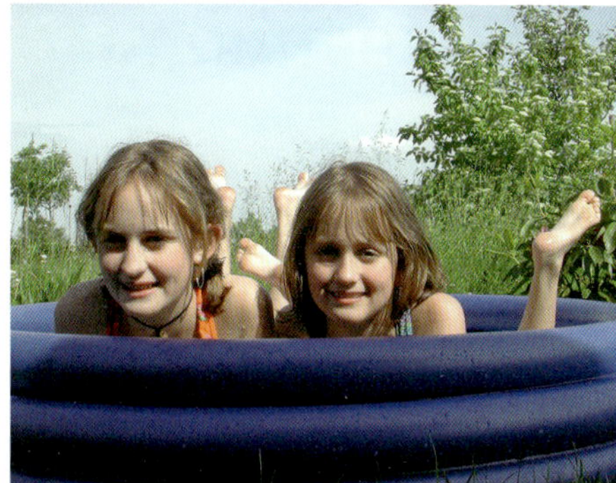

[10,6 mm | CF 3,6 | 1/190 s | f6,1 | ISO 100]

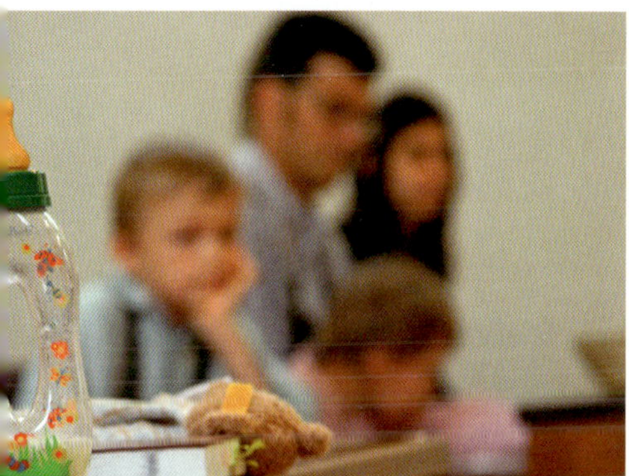

[135 mm | CF 1,6 | 1/13 s | f5,6 | ISO 800]

∧ Schwierige Lichtsituation
Gesichter im Schatten, Hintergrund in der Sonne (oben links): Eine gleichmäßige Ausleuchtung des Motivs ist nicht mehr gewährleistet. Sonne auf dem gesamten Motiv (oben rechts): Für die Belichtung ist das günstiger, aber in den Gesichtern entstehen harte Schlagschatten.

< Symbolisches
Halten Sie auch die Dinge im Bild fest, mit denen die Kleinen aufwachsen. Hier bietet dies eine Möglichkeit, mit der selektiven Schärfe zu spielen.

∨ Kleine Füße
Gerade bei kleinen Babys sind Hände und Füße ein lohnendes Motiv ob mit Schuhen oder ohne.

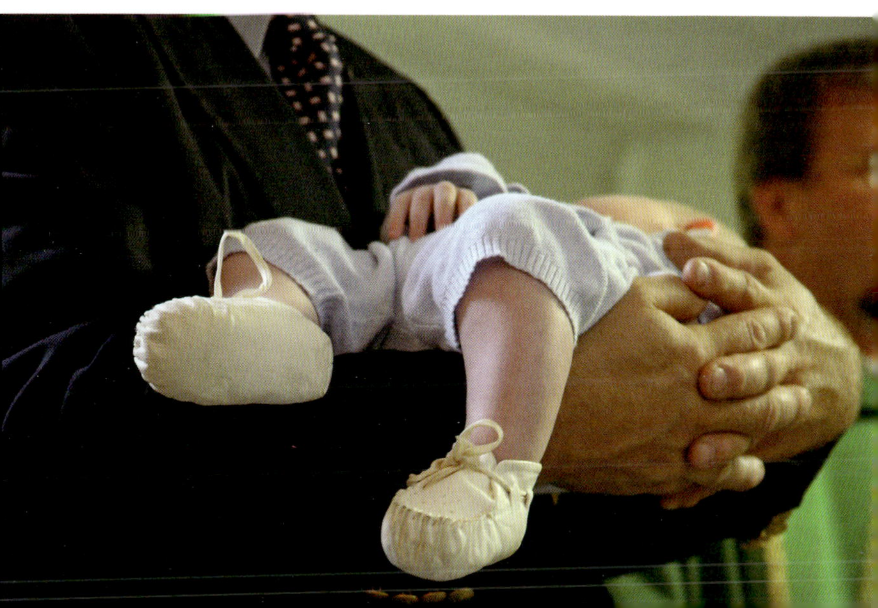

[100 mm | CF 1,6 | 1/15 s | f5,5 | ISO 1600]

Aus Augenhöhe fotografieren

Es passiert heute nicht mehr so oft wie früher, dass Erwachsene ihre Kinder nur von oben auf sie herabblickend fotografieren. Die schönsten Kinderporträts entstehen, wenn man beim Fotografieren in die Knie geht und sich die Welt aus der Perspektive eines Dreikäsehochs anschaut. Sie können sogar noch einen Schritt weitergehen und auf dem Boden liegend von unten nach oben fotografieren: Dadurch kommen die Kleinen im Bild ganz groß raus. Mit einem Schwenkdisplay ist es einfacher, Aufnahmen aus einer tiefen Perspektive zu machen.

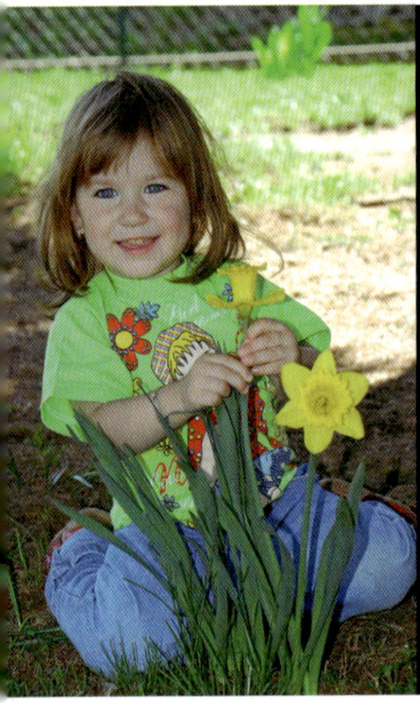

[66 mm | CF 1,6 | 1/200 s | f5,6 | ISO 400]

[52 mm | CF 1,6 | 1/1000 s | f5 | ISO 400]

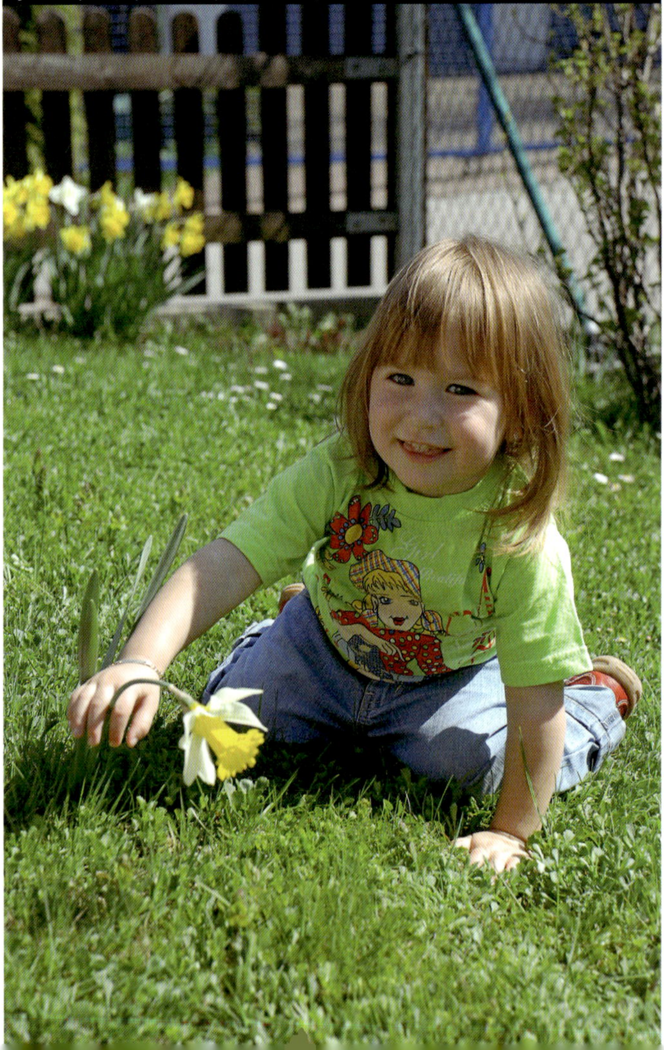

∧ Kontraste ausgleichen
Mit dem Blitz wird das Motiv ausgeleuchtet; der Schärfefokus liegt auf dem Gesicht und nicht versehentlich auf der Blume.

> Auf Augenhöhe
Auch bei einer tiefen Aufnahmeperspektive ist die Gestaltung des Hintergrunds wichtig.

Das besondere Kinderfoto

Besondere Ereignisse wie Geburtstagsfeiern, Weihnachten, Einschulung oder religiöse Feste wie Taufe und Firmung/Konfirmation werden besonders gerne im Bild festgehalten. Aber darüber hinaus gibt es weitere interessante Momente, die Sie fotografisch einfangen können. Schöne Fotos entstehen oft nebenbei, im Alltag, am Wochenende, in den Ferien. Wichtigste Voraussetzung: Die Kamera muss griffbereit sein. Im Idealfall ergibt sich beim Fotografieren eine Win-Win-Situation: Die Kinder sind begeistert, weil Sie mit ihnen aufregende Dinge unternehmen, und Sie bekommen gute Bilder. Aber legen Sie die Kamera beiseite, wenn die Kleinen von der Knipskiste genervt sind. Kinder spüren sehr genau, wenn sich die Ereignisse vor allem ums Fotohobby drehen. Hier ist also Motivation gefragt.

Die Kinder sind das Hauptmotiv, daran besteht kein Zweifel. Warum aber finden wir manche Fotos schöner als andere? Das Geheimnis liegt wie so oft in der Kombination aus mehreren Aspekten. Ein erfahrener Fotograf wird auch bei seinen Kinderfotos die vorhandene Lichtstimmung berücksichtigen und den Bildaufbau sehr bewusst komponieren. Der erste Schritt zu überdurchschnittlichen Kinderfotos besteht darin, die typischen Klischees zu erkennen und diese gelegentlich zu durchbrechen. Für Eltern ist das eine besondere Herausforderung, denn die Liebe zu den Kindern führt automatisch zu einer subjektiven und wohlwollenden Beurteilung der Bilder.

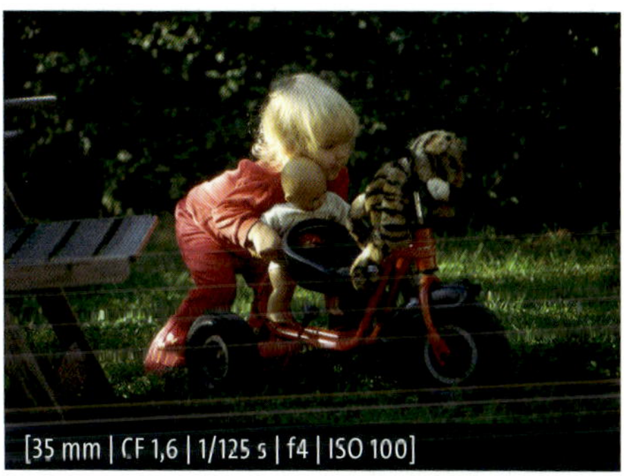

^ Malerisches Licht
Der richtige Moment für eine Aufnahme

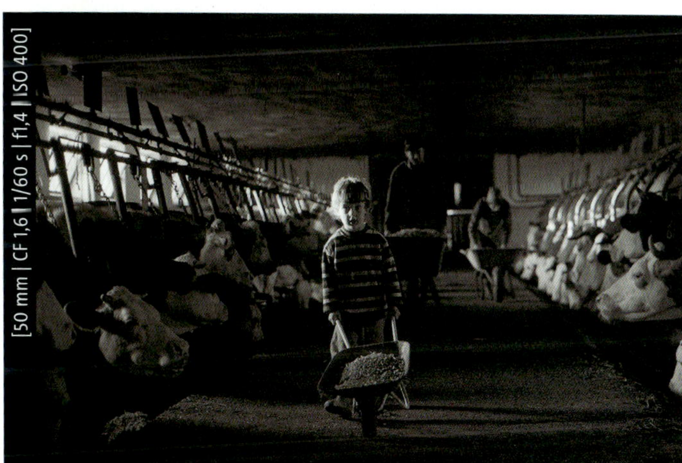

> Vollendete Komposition
Hier sieht man den ganzen Stall in Zentralperspektive, aber der Fokus liegt auf dem Kind, dessen Gesicht im Moment der Aufnahme seitlich von der Sonne angestrahlt wird. Die Schwarzweißumsetzung verwandelt die Szene in ein atmosphärisches Kunstwerk.

Kinder in Action

Rasante Action-Szenen ergeben sich beim Spielen fast von selbst: Beim Laufen, Radfahren, Skateboard- oder Schlittenfahren ist Bewegung an der Tagesordnung. Sie können die Bewegung einfrieren oder einen dynamischen Mitzieher aufnehmen. Dazu brauchen Sie entweder eine sehr kurze oder eine längere Belichtungszeit, als die Automatik normalerweise einstellen würde. Wenn Sie versuchen, bei strahlendem Sonnenschein einen Mitzieher aufzunehmen, kann das ebenso danebengehen wie der Versuch, bei wenig Licht mit kurzer Belichtungszeit zu fotografieren.

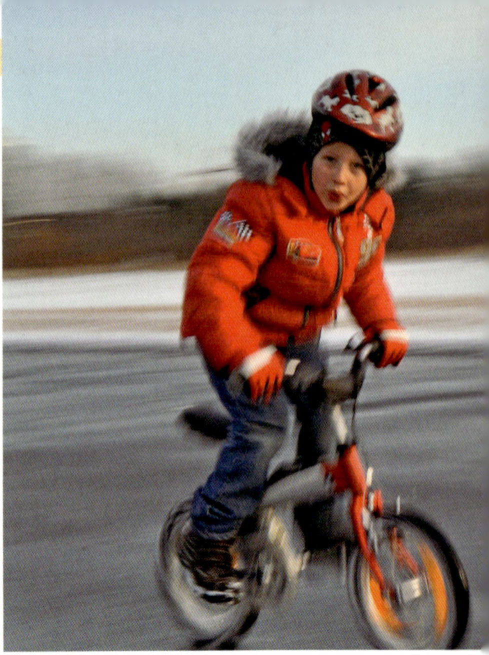

∧ Perfekter Mitzieher
Durch die lange Verschlusszeit verwischt der Hintergrund, das Gesicht bleibt scharf.

Bewegung einfrieren

Wechseln Sie zur Zeitvorwahl (Tv/S/Sv). Für Fotos mit eingefrorener Bewegung kommt es darauf an, wie schnell sich Ihr Motiv bewegt und wie nah Sie dran sind. Je schneller die Bewegung und je näher Sie am Motiv sind, desto kürzer muss die Belichtungszeit sein. Ein kleiner Trick dabei: Wenn sich das Motiv auf den Fotografen zubewegt, ist das Einfrieren einfacher. Mit einem Wert von 1/250 sek können Sie beginnen. Der Hintergrund wird mit dieser Verschlusszeit unverwackelt bleiben, eine sehr schnelle Bewegung könnte das Motiv noch unscharf aussehen lassen. In diesem Fall verkürzen Sie die Zeit auf 1/500 oder 1/1000 sek. Den ISO-Wert müssen Sie dafür unter Umständen auch an einem hellen Tag erhöhen. Wenn der Blendenwert im Display anfängt zu blinken, ist dies ein Signal dafür, dass eine korrekt belichtete Aufnahme unter den gegebenen Lichtverhältnissen nicht möglich ist. Dann müssen Sie die Belichtungszeit stufenweise verlängern. Bei weniger als 1/125 sek kommt es allerdings fast immer zu verwischten Bewegungen. Innenräume, schummrige Beleuchtung oder Szenen im Schatten eignen sich daher nur selten für Action-Fotos mit kurzer Verschlusszeit.

Lassen Sie den Blitz ausgeschaltet: Er funktioniert nur mit vergleichsweise langen Verschlusszeiten (1/60 oder 1/125 sek) und wird Ihren Plan zunichtemachen, die Bewegung einzufrieren. Einige Spiegelreflexkameras bieten die Möglichkeit, kurze Verschlusszeiten mit einem externen Blitzgerät zu kombinieren.

Mitzieher aufnehmen

Wenn die Lichtverhältnisse nicht so optimal sind, besteht fast immer die Möglichkeit für eine Mitziehaufnahme. Dafür können Sie den ISO-Wert auf 100 oder 200 stehen lassen. Benutzen Sie eine Verschlusszeit von 1/10 bis 1/60 sek (Tv/S/Sv), und führen Sie die Kamera in Bewegungsrichtung mit. Eine ausführliche Beschreibung dazu finden Sie in Kapitel 4, »Richtig scharf stellen«, auf Seite 62.

[44 mm | CF 1,6 | 1/15 s | f29 | ISO 200]

Autofokus richtig einstellen

Ob Mitzieher oder eingefrorene Bewegung: Der Autofokus darf nicht am Motiv vorbeizielen. Benutzen Sie nur ein Autofokus-Messfeld, mit dem Sie Ihr Motiv genau anvisieren können. Drücken Sie den Auslöser zunächst halb herunter, während Sie die Bewegung weiterverfolgen. Wenn Sie die Autofokus-Betriebsart auf den Bewegt-Modus umschalten, wird die Kamera die Schärfe kontinuierlich anpassen, solange Sie das Motiv verfolgen.

Aktivieren Sie bei Bedarf auch die Serienbildschaltung. Das ist allerdings nur dann sinnvoll, wenn Ihre Kamera die Bilderserie schnell hintereinander aufnehmen und verarbeiten kann. Normalerweise macht man nur ein Foto und bekommt es kurz nach der Aufnahme am Display eingeblendet. In der Zeit, die die Kamera für diese Prozesse benötigt, sind keine weiteren Aufnahmen möglich.

Um die Reaktionszeit zu verkürzen, ist es bei manchen Kameras sinnvoll, die Bilderrückschau vorübergehend ganz auszuschalten.

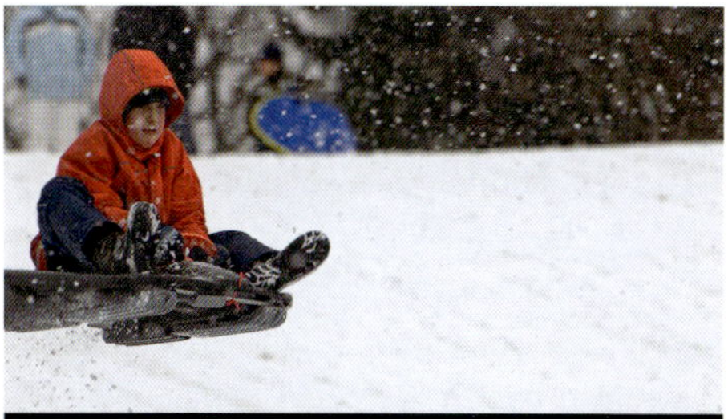

[240 mm | CF 1,6 | 1/500 s | f6,7 | ISO 140]

∧ Eingefrorene Bewegung
Damit der Autofokus bei einem außermittigen Hauptmotiv nicht danebenzielt, aktivieren Sie nicht das zentrale AF-Feld, sondern das auf der jeweiligen Seite.

FAUSTREGEL

- Viel Licht: gut für Fotos mit eingefrorener Bewegung bei kurzer Verschlusszeit
- Wenig Licht: gut für verwischte Mitzieher mit langer Verschlusszeit

∨ Bewegungsunschärfe
Drehbewegungen sind schwierig einzufangen: Unschärfe zeigt aber auch hier die Dynamik der Bewegung.

[30 mm | CF 1,6 | 1/80 s | f16 | ISO 400]

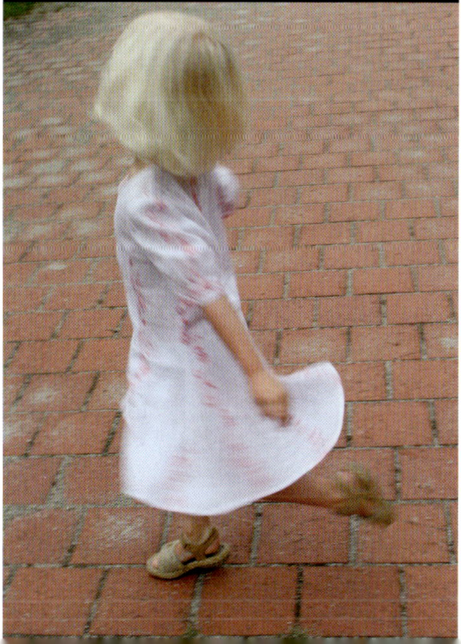

Stille Momente einfangen

Wenn Ruhe einkehrt, benötigen Sie keine besonders kurzen Belichtungszeiten mehr, Sie müssen nun darauf achten, dass die Belichtungszeit ausreicht, um nicht zu verwackeln. Fällt die ermittelte Verschlusszeit unter 1/60 sek, schaltet sich in der Automatik der Blitz ein. Versuchen Sie trotzdem, ohne das Zusatzlicht auszukommen, denn es lenkt ab, zerstört oft die schöne Lichtstimmung und führt zu roten Augen, bei Kindern und Haustieren oft noch stärker als bei Erwachsenen. Testen Sie Ihre Kamera: Wie hoch können Sie den ISO-Wert einstellen, ohne dass man im Foto unschöne farbige Flecken, das sogenannte Bildrauschen, sieht? Reizen Sie die Möglichkeiten Ihrer Ausrüstung aus. Wenn es in der Dämmerung oder in Innenräumen nicht so gut klappt, verlegen Sie Ihre fotografischen Streifzüge einfach nach draußen. Auch da gibt es stille Momente. Mit dem Teleobjektiv können Sie unbemerkt Porträts und Momentaufnahmen schießen, bei denen der Hintergrund in Unschärfe verschwimmt. Eine offene Blende verstärkt diesen Effekt zusätzlich. Dazu benutzen Sie die Blendenvorwahl in Kombination mit einem niedrigen Zahlenwert für die Blende, zum Beispiel f5,6 oder weniger. Die ISO-Automatik oder ein manuell erhöhter ISO-Wert hilft auch hier gegen das versehentliche Verwackeln.

˅ Kleiner Mensch
Bei Schnappschüssen mit dem Teleobjektiv brauchen Sie eine ruhige Hand.

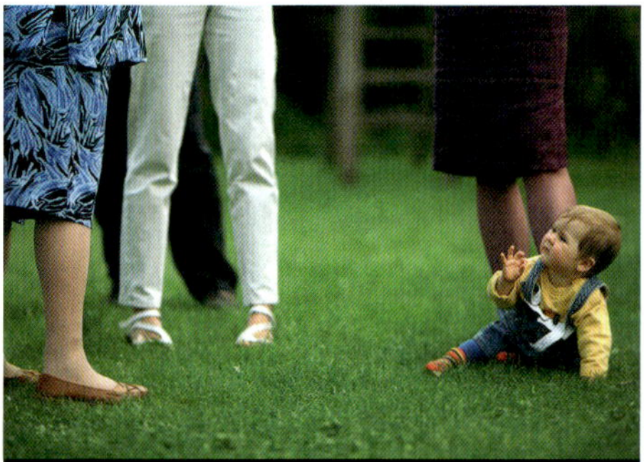

[135 mm | 1/80 s | f2 | ISO 400]

< Stille Zwiesprache
Der enge Bildausschnitt reduziert den schönen Moment aufs Wesentliche.

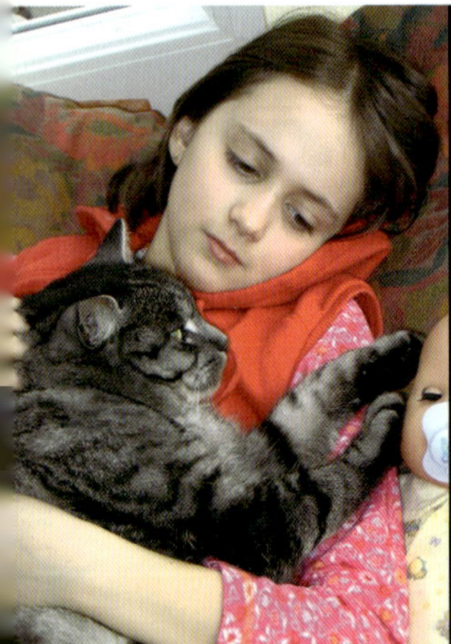

[11,31 mm | CF 6,4 | 1/60 s | f4 | ISO 100 | Blitz]

> Blickfang
Durch das Gegenüber von Kind und Schraube entsteht eine konzentrierte Spannung.

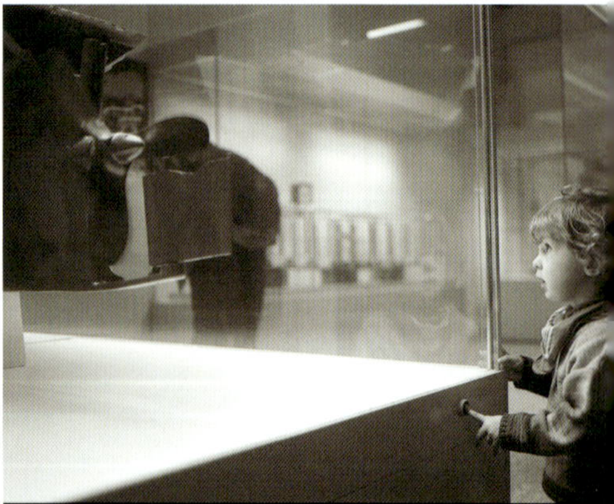

[35 mm | 1/60 s | f2,8 | ISO 400]

Posieren fürs Bild

Babys und kleine Kinder muss man nehmen, wie sie sind. Als Fotograf sind Sie hier ganz besonders auf das Beobachten angewiesen, um den richtigen Moment zu erwischen. Je größer die Kleinen werden, desto eher kann man sie in den Prozess des Fotografierens mit einbinden. Irgendwann werden sie vielleicht sogar Spaß daran haben, für ein Bild zu posieren. Anlass dazu kann ein neues Spielzeug sein, ein trendiges Sportgerät, ein Foto mit den besten Freunden.

Kinder werden schnell groß, die Freunde und Klassenkameraden wechseln, aber die Erinnerung bleibt. Heben Sie auch Fotos von Spielkameraden auf. Sie glauben vielleicht, die Kumpel vom Spielplatz seien nur eine vorübergehende Affäre. Aber eines Tages werden Ihre Kinder vielleicht fragen: »Wo ist denn eigentlich das Foto, das du damals von mir und meinem Freund gemacht hast?« Dann können Sie punkten, wenn Sie die Datei in Ihrem digitalen Archiv gut gesichert haben.

Auf die Wünsche der Kinder eingehen

Sobald sich ein Fotoshooting mit Kindern an deren Bedürfnissen und Wünschen orientiert, sind die Erfolgsaussichten groß. Sicher haben Sie ganz klare Vorstellungen davon, wie Sie Ihre Kinder fotografieren wollen: Ein schönes Familienfoto im Urlaub, das muss schon sein. Kinder sind davon nicht immer begeistert, manche rebellieren auch dagegen. Als Familienfotograf können Sie Ihr Schema trotzdem durchziehen oder sollten um des lieben Friedens willen ganz auf solche Bilder verzichten. Eine geschickte Methode, mit der Sie Ihr fotografisches Re-

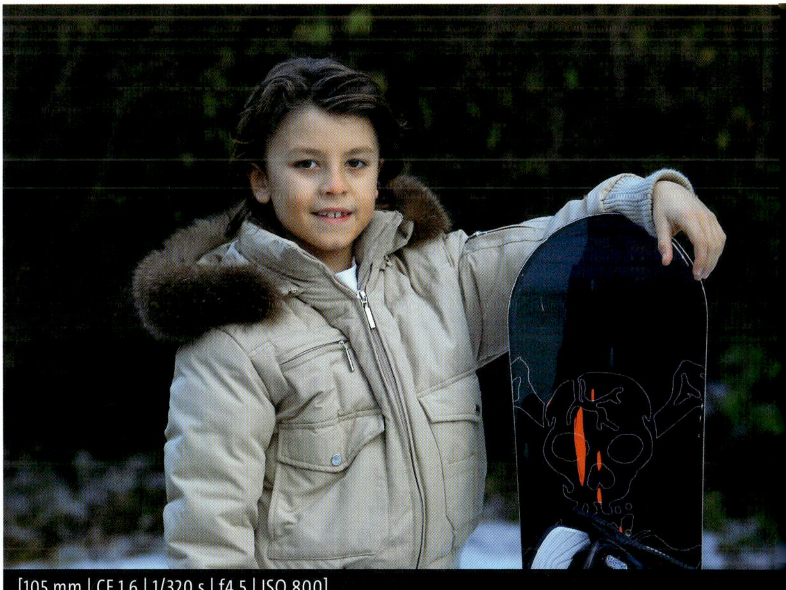

[105 mm | CF 1,6 | 1/320 s | f4,5 | ISO 800]

> Posieren fürs Bild
Die helle Kleidung hebt sich gut vom dunklen Hintergrund ab. Mit offener Blende oder mit dem Tele fotografiert, verschwimmen die Strukturen im Hintergrund in Unschärfe.

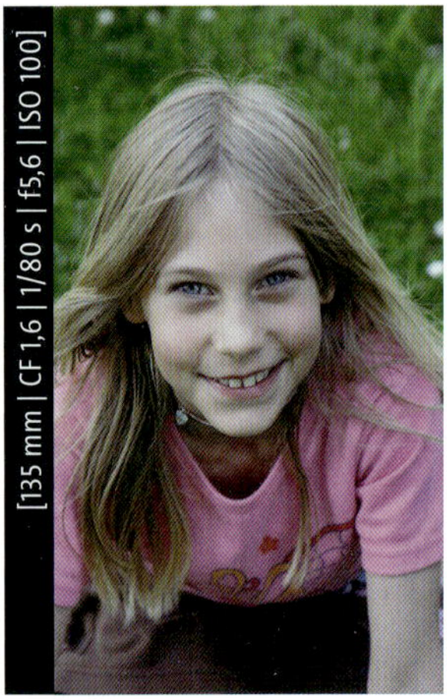

∧ Regelbruch
Wenn man von oben nach unten fotografiert, lässt sich ein unruhiger Hintergrund vermeiden.

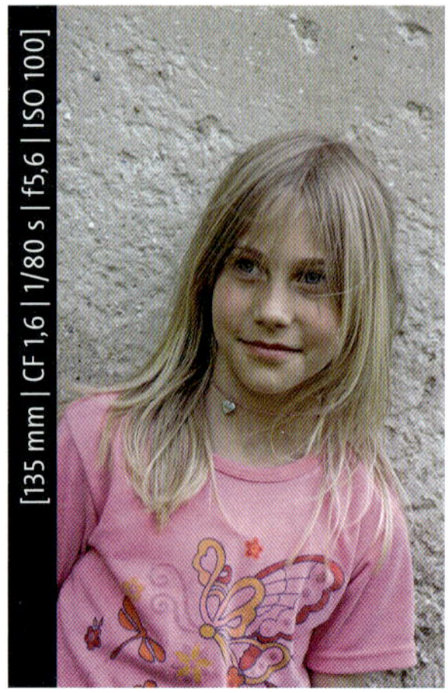

∧ Nicht so brav
Eine leicht schräge Perspektive erhöht die Dynamik im Bild.

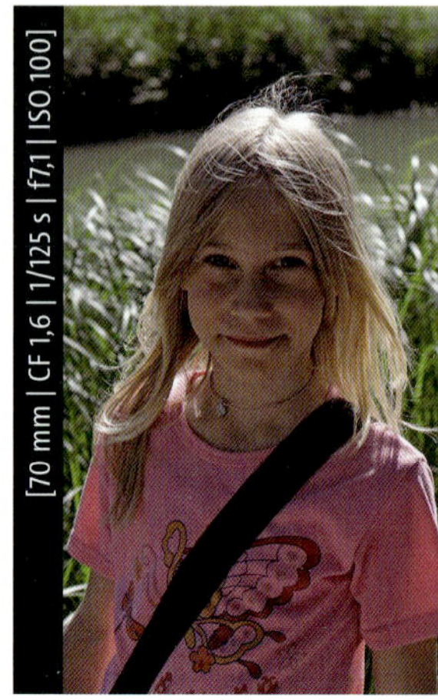

∧ Lichteffekte nutzen
Licht von hinten erzeugt oft einen schönen Lichtsaum.

pertoire erweitern, besteht darin, dass Sie sich hin und wieder spielerisch in die Rolle hineinversetzen, der Auftragsfotograf Ihrer Kinder zu sein. Das heißt: Lassen Sie es zu, dass die jugendlichen Modelle Ihnen Vorschläge für neue Aufnahmesituationen machen. Dabei kommen womöglich Ideen ans Licht, auf die Sie selbst nie gekommen wären.

Verantwortung mit Augenmaß

Kinderfotos sind in Zeiten des allgegenwärtigen Internetkonsums zu einer schwierigen Sache geworden. Viele Eltern sind äußerst skeptisch, was den Umgang mit digitalen Bildern ihrer Kinder angeht. Richtig ist, dass man nicht alles bedenkenlos ins Internet stellen sollte, was man privat fotografiert. Die Sorge nimmt jedoch bisweilen extreme Ausmaße an. Harmlose Fotos von Kindergartenfeiern, Sport- oder Schulveranstaltungen werden mit einem generellen Veröffentlichungsverbot belegt. Für seriöse Fotografen, die solche Ereignisse begleiten, bedeutet das eine spürbare Einschränkung ihrer beruflichen Tätigkeit oder zumindest einen massiven Mehraufwand für das Einholen von Einzelgenehmigungen. Dieses Buchkapitel über Kinderfotografie wäre ohne die freundliche Unterstützung der beteiligten Familien unmöglich gewesen. Wir könnten Ihnen nur Bilder aus Agenturen zeigen, die aber nicht stellvertretend für Ihren fotografischen Alltag sind. Deshalb: Lassen Sie Augenmaß walten, wenn Sie um eine Veröffentlichungserlaubnis gebeten werden. Auch wenn in den Medien oft der Eindruck erweckt wird, dass mit Fotos immer nur Unfug gemacht wird: Das Gegenteil ist überwiegend der Fall. Selbst ich als Fotografin möchte nicht in einer Welt leben, in der nur noch professionell unter Vertrag stehende Kinderfotomodelle veröffentlicht werden.

Schnelle erste Hilfe: **Gut vorbereitet ist halb gewonnen**

Oft sind nicht die Kameraeinstellungen ausschlaggebend für ein gelungenes Bild, sondern die Rahmenbedingungen, unter denen die Fotos entstehen. Der erste wichtige Punkt ist und bleibt das Licht. Schulen Sie Ihren Blick für gute und weniger gute Standorte. Wo ist es hell genug, wo wird es zu dunkel? Wo ist der Hintergrund ruhig? Arrangieren Sie sich mit den Verhältnissen, und machen Sie Ihre Bilder dort, wo es für Sie am leichtesten ist. Es gibt fast immer Plätze, wo Sie auch mit der Automatik und einer guten Bildkomposition schöne Ergebnisse erhalten.

Beobachten Sie gut, und halten Sie die Kamera stets einsatzbereit. In vielen Situationen wissen Sie, was im nächsten Moment passieren wird. Es ist klar, dass die Kinder versuchen werden, einen Ball auf den Basketballkorb zu werfen oder ihn ins Tor zu schießen. Das Spiel dauert eine Weile – genug Zeit für Sie, den günstigsten Platz zu finden, von dem aus Sie die Szene am besten erwischen. Es kommt nicht darauf an, gleich beim ersten Schuss das perfekte Bild im Kasten zu haben.

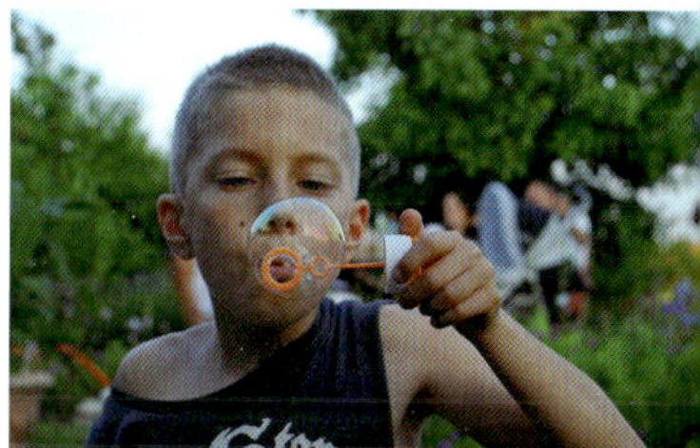

[48 mm | CF 1,6 | 1/200 s | f7,1 | ISO 400]

> Spontan und doch geplant
Das Spiel mit den Seifenblasen ist vorhersehbar.

DAS WICHTIGSTE IN KÜRZE

- Verwenden Sie eine leichte Telebrennweite, auch Kindergesichter sehen damit vorteilhafter aus.
- Ein enger Bildausschnitt bringt Ordnung ins Bild und führt fast automatisch zu schöneren Fotos: Gehen Sie nah heran, oder benutzen Sie das Teleobjektiv.
- Um Unschärfe zu vermeiden, brauchen Sie möglichst kurze Belichtungszeiten, daher oftmals auch einen höheren ISO-Wert.
- Nutzen Sie den Blitz vor allem zum Aufhellen, bei Gegenlicht und an trüben Tagen.
- Aus Augenhöhe entstehen die schönsten Porträts. Das Fotografieren von oben nach unten kann jedoch helfen, einen störenden Hintergrund zu vermeiden.
- Mit Teleobjektiv und offener Blende verschwimmt der Hintergrund leichter in Unschärfe.
- Nutzen Sie die Belichtungszeit für Bewegungseffekte: bei viel Licht kurze Zeit zum Einfrieren, bei wenig Licht lange Zeit für Mitzieher.
- Motivieren Sie die jungen Modelle zum Mitmachen, und profitieren Sie von deren Einfallsreichtum.
- Auf viele lustige und schöne Situationen kann man sich (und die Kamera) vorbereiten.
- Der erste Schuss kann, muss aber nicht das perfekte Foto ergeben.
- Sparen Sie an allem, nur nicht an der Zeit.

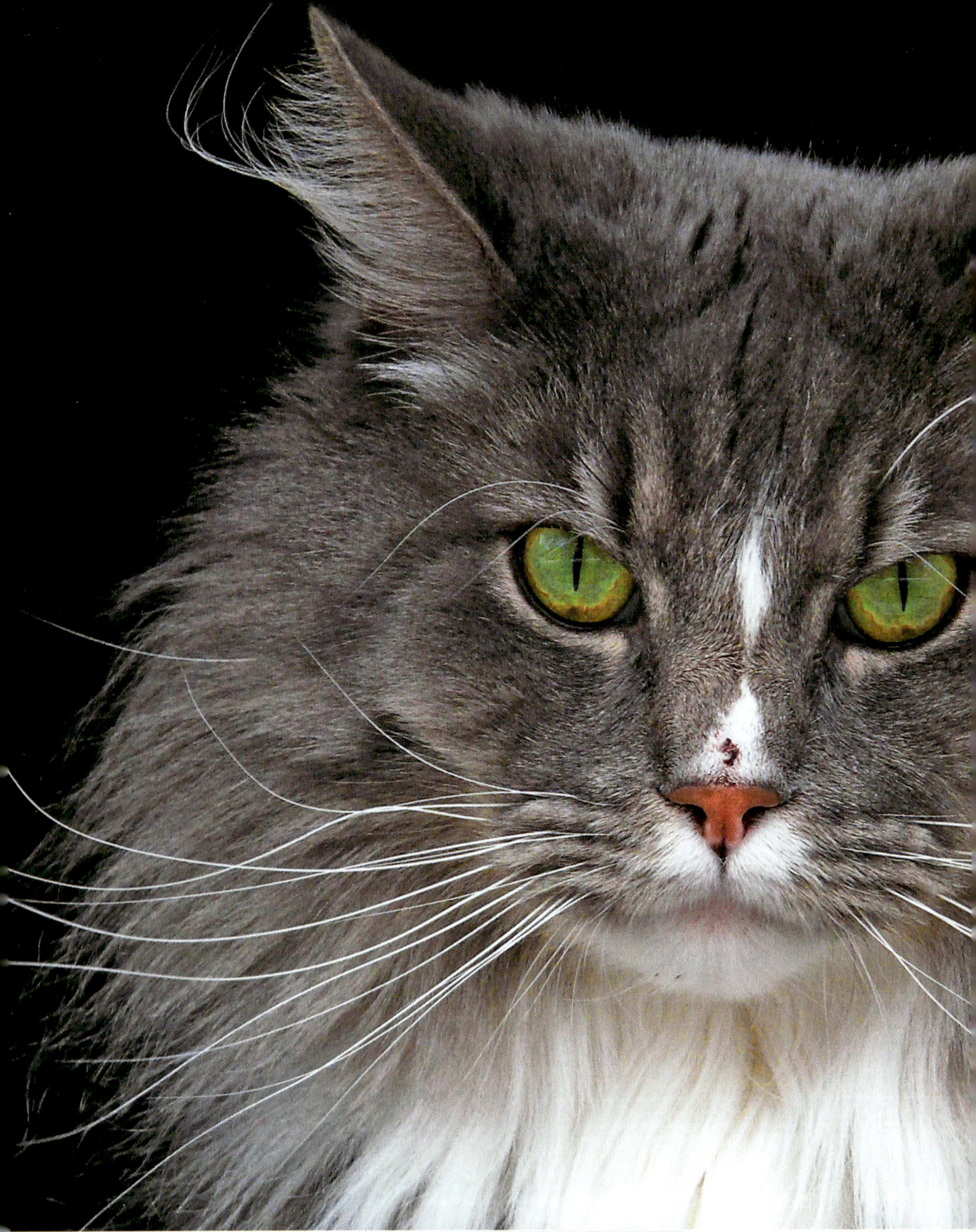
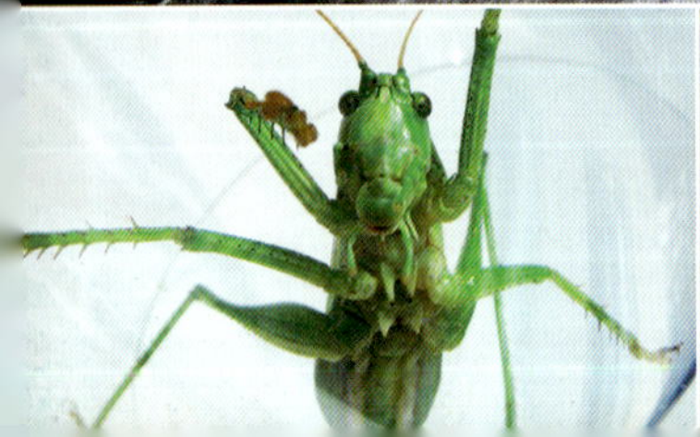
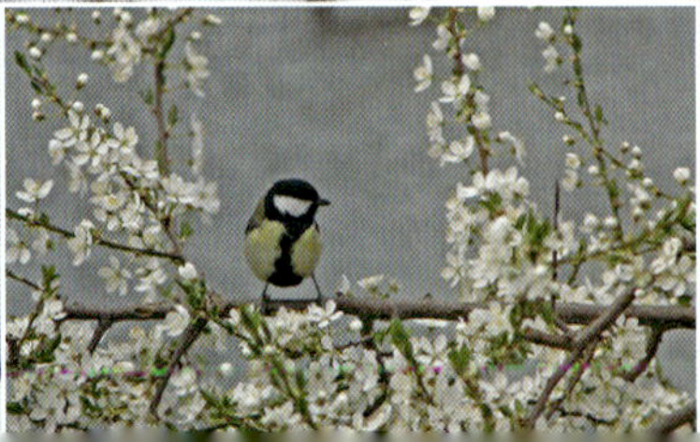
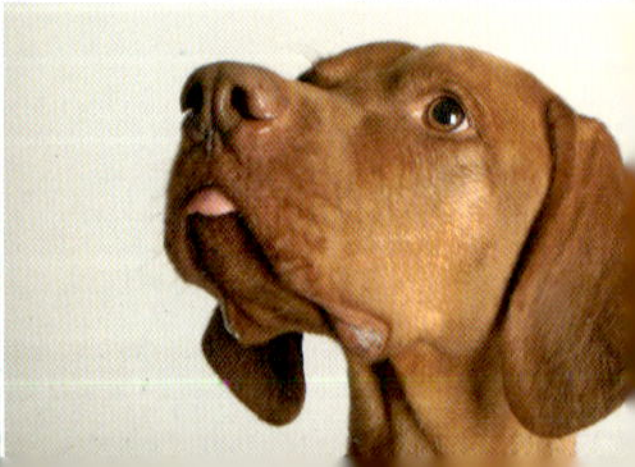

Kapitel 9
Tiere aufnehmen

- Elefant oder Maus? Die richtige Brennweite
- Tierfotos gestalten
- Porträtregeln für Tierfotografen
- Ungewöhnliche Ansichten
- Schnelle erste Hilfe: Den Hintergrund gestalten

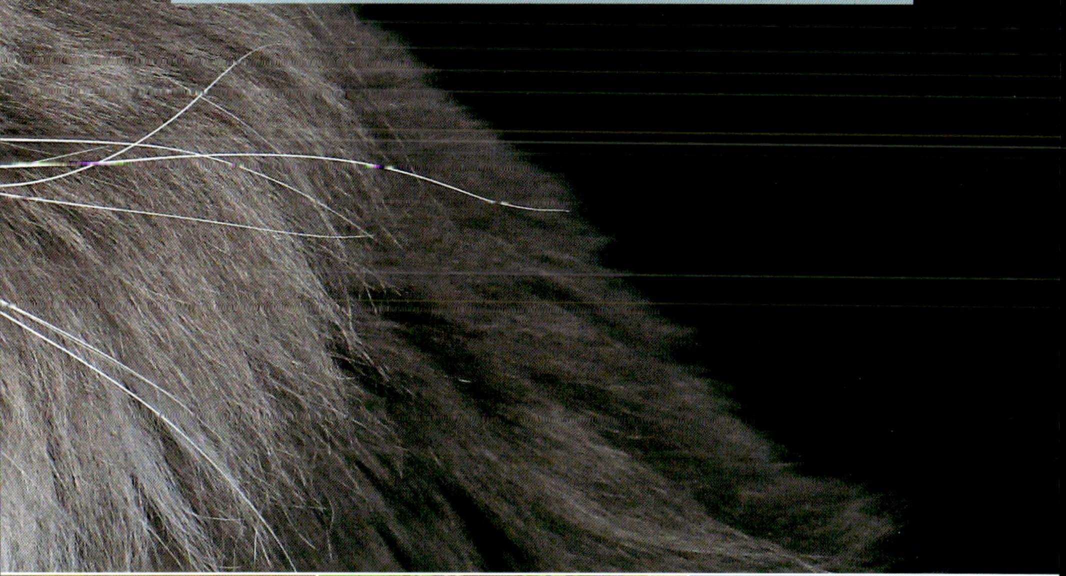

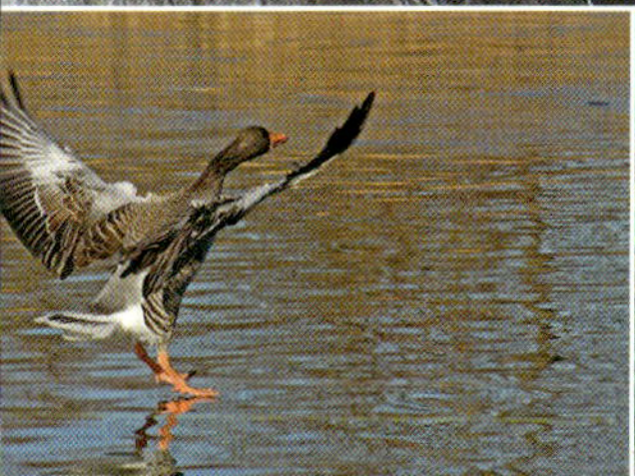

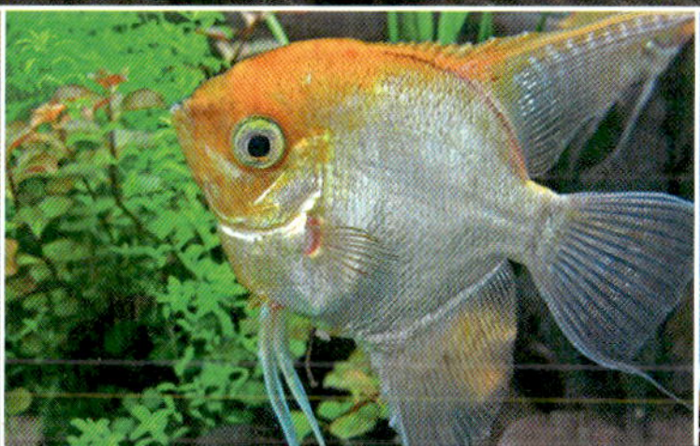

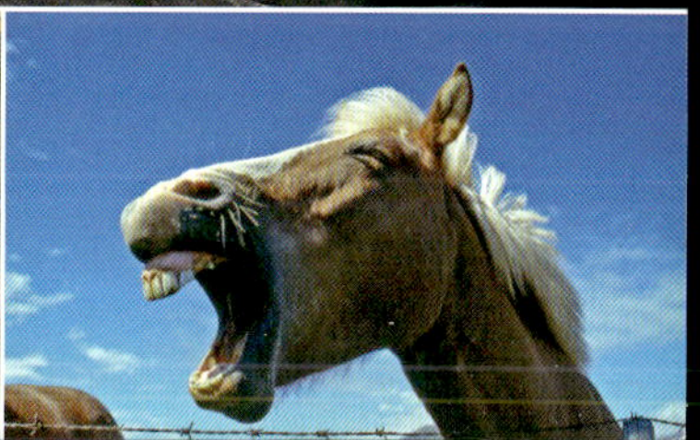

Elefant oder Maus? Die richtige Brennweite

Bei der Tierfotografie kommt es sehr darauf an, welche Ambitionen Sie haben. Wollen Sie große oder kleine Tiere aufnehmen, wild lebende oder erst einmal nur zahme Haustiere? Je nachdem, was Sie fotografieren, benötigen Sie ganz unterschiedliche Brennweiten. Für Hund, Katze, Kanarienvogel und Hamster genügt eine ganz einfache Kamera, Sie brauchen nicht einmal ein starkes Zoomobjektiv, denn Sie können ganz nah an das Motiv heran. Aber schon beim Spaziergang im Zoo werden Sie sich über ein gutes Teleobjektiv freuen. Das gilt erst recht, wenn Sie eine Reise machen, bei der auch eine Fotosafari mit wilden Tieren geplant ist. Hier sind Teleobjektive mit 200 mm Brennweite, oder besser noch 300–400 mm, die angemessenen Begleiter.

Verwacklungsgefahr

Die Verwendung von Telezooms bringt zwar Vorteile, wenn es darum geht, das entfernte Motiv nah heranzuholen, hat aber einen kleinen Haken: Je stärker Sie zoomen, desto größer wird die Verwacklungsgefahr. Erschwerend kommt hinzu, dass die Blende bei voll ausgefahrenem Tele meist nicht mehr vollständig geöffnet werden kann. Das bedeutet, dass sich die Belichtungszeit verlängert und die Verwacklungsgefahr noch weiter steigt. Weil Sie mit dem Blitz weit entfernte Motive überhaupt nicht erreichen, ist es meist unumgänglich, den ISO-Wert zu erhöhen. Naturfotografen verwenden deshalb ein Stativ für ihre Aufnahmen. Solange Sie jedoch bei sehr guten Lichtverhältnissen fotografieren, gelingen Ihre Bilder aber auch ohne Stativ. Trotzdem gibt es eine Faust-

> Trotz Teleobjektiv winzig
Die Blüten bilden einen attraktiven Rahmen um den Piepmatz.

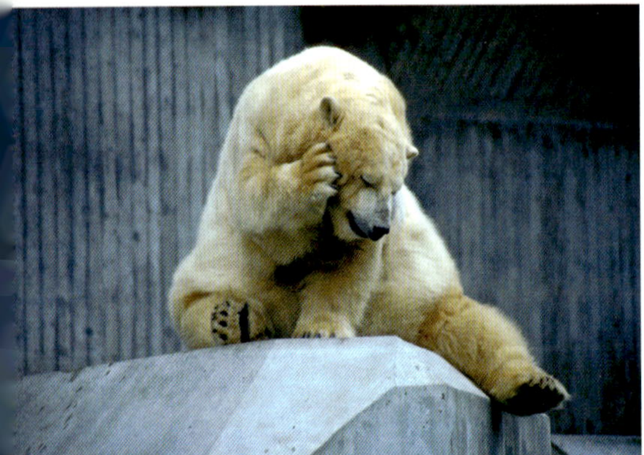

[200 mm | 1/125 s | f5.6 | ISO 400]

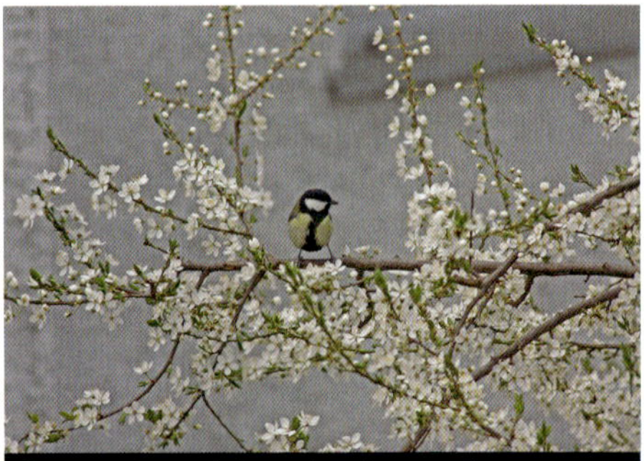

[300 mm | CF 1,6 | 1/400 s | f7,1 | ISO 800]

< Weichgezeichnet
Beim Fotografieren durch Glasscheiben entsteht automatisch eine leichte, diffuse Unschärfe. Der Vorteil: Man kann die Kamera an der Scheibe stabilisieren und so einer Verwacklung entgegenwirken.

regel, die Sie immer im Auge behalten sollten: Die Belichtungszeit sollte möglichst kurz sein, allein schon, weil sich die Tiere bewegen.

Sinnvoller Brennweitenbereich

Die sogenannten Reisezooms mit ihren variablen Brennweiten sind von Vorteil, wenn sich die Aufnahmesituation innerhalb kürzester Zeit verändert: Zunächst galoppieren die Isländer noch in der Ferne über die Wiese, dann entdecken sie die Fotografen und kommen neugierig angelaufen. Von einer Minute zur anderen ist nicht mehr das Teleobjektiv gefragt, sondern eine kürzere Brennweite.

Bei Tieren in freier Wildbahn braucht man die extrem langen Objektive von mehr als 300 mm, für Haustiere reicht ein Telezoom bis 200 mm. Mit dem Teleobjektiv verändert sich nicht nur die Größe des Motivs innerhalb des Bildrahmens, sondern auch der Bildwinkel und die Proportionen variieren. Je stärker Sie zoomen, desto weniger Hintergrund bekommen Sie mit ins Bild, entfernte Details verschwimmen stärker in Unschärfe. Das ist vor allem bei Aufnahmen im Zoo von Vorteil, weil Sie so störende Zäune und Stallungen ausblenden können. Wenn Sie Ihr Tiermotiv mit dem Weitwinkel aufnehmen können, weil es sich ganz nah vor Ihnen befindet, erscheint der Hintergrund kleiner, aber detailreicher.

DIGITALZOOM

Falls Ihre Kamera ein Digitalzoom hat: Vermeiden Sie es, damit zu fotografieren. Die Bilder sehen nur auf dem Display gut aus.

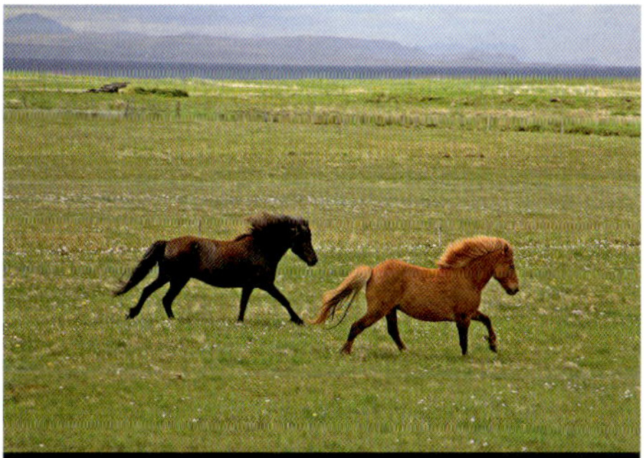

[135 mm | 1/200 s | f7,1 | ISO 50]

∧ Umgebung aufnehmen
Mit der maximalen Einstellung des Telezooms kann die große Entfernung zu den Pferden überbrückt werden. Eine kurze Verschlusszeit friert die Bewegungen ein und verhindert Verwacklungen.

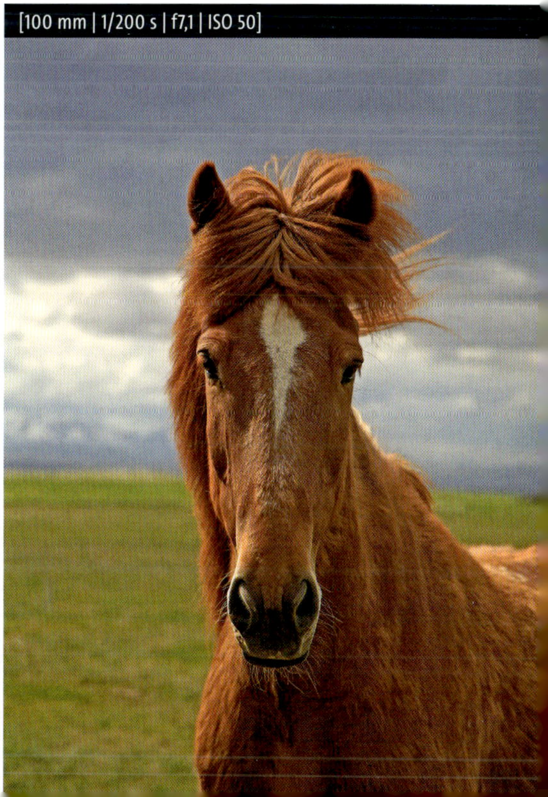

[100 mm | 1/200 s | f7,1 | ISO 50]

> Porträt
Für das Pferdeporträt mit ruhigem Hintergrund ist ein leichtes Teleobjektiv ideal.

Tierfotos gestalten

Wenn das Zoomobjektiv nicht ausreicht, um ein entferntes Motiv formatfüllend in den Bildrahmen zu setzen, stehen Sie vor der Qual der Wahl: Worauf legen Sie Wert? Ist es die gesamte Szenerie? Es muss einen eindeutigen Eyecatcher im Bild geben, sonst wirkt das Foto langweilig. Stellen Sie auf diesen Blickfang scharf. Die Abstände zwischen einzelnen Objekten sind in solchen Situationen oft größer als im normalen Fotoalltag. Deshalb reicht die Schärfentiefe manchmal nicht aus, um mehrere hintereinander angeordnete Bildelemente komplett scharf abzubilden. Zur Erinnerung: Ein niedriger Blendenwert führt zu geringer Schärfentiefe, ein hoher Blendenwert vergrößert den Bereich, verlängert aber auch die Verschlusszeit (große Verwacklungsgefahr).

Bilder klar aufbauen

Bei den Safari-Bildbeispielen ließen sich die Vögel im Vordergrund und die Wasserbüffel dahinter nicht gleichzeitig scharf abbilden. Richtet man den Autofokus auf die Büffel, werden die Vögel unscharf und umgekehrt. Angenehmer anzuschauen sind meist die Fotos, bei denen der Vordergrund schärfer ist als der Hinter-

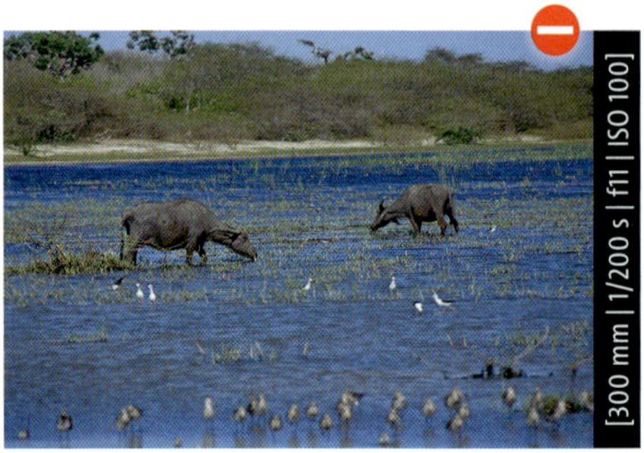

^ Unruhiger Bildaufbau
Hier liegt der Fokus auf den Wasserbüffeln, der Vordergrund bleibt unscharf. Zusätzlich stört die schiefe Horizontlinie, und der Blick geht nach oben aus dem Bild.

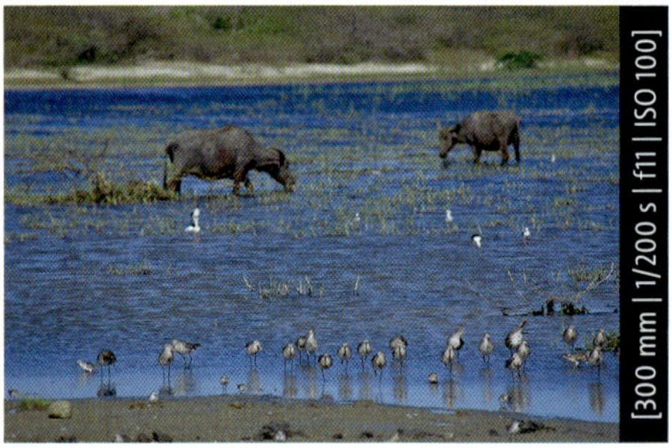

^ Angenehmer anzuschauen
Hier liegt der Fokus vorn auf den Vögeln. Die Horizontlinie ist etwas gerader. Der Himmel wurde weggelassen, dadurch bleibt der Blick im Bild.

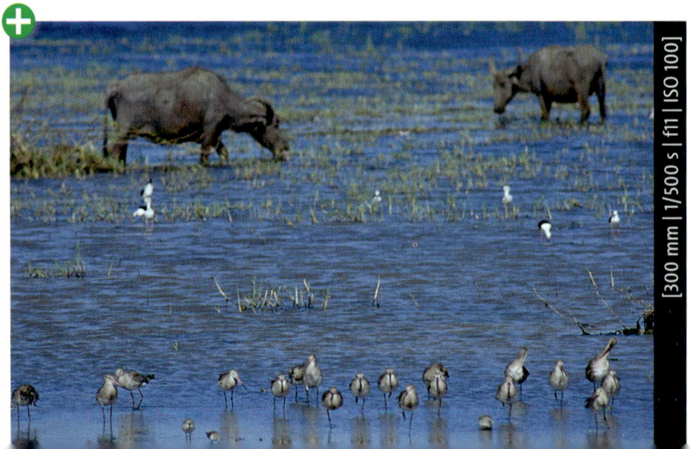

> Ausschnittvergrößerung
Der Blick konzentriert sich nun voll und ganz auf die Tiere.

grund, weil das unseren Sehgewohnheiten am ehesten entspricht. Ein anderes gestalterisches Problem ist die Linie im Hintergrund: Das Ufer verläuft leicht schräg, was in Natur zwar realistisch ist, im Foto aber als kippende Horizontlinie wahrgenommen wird. Eine nachträgliche Ausschnittvergrößerung löst das Problem, nun ist das Bild konzentriert auf die Tiere. Ein Ausschnitt verringert aber die ursprüngliche Bildgröße, so dass später unter Umständen kein großer Abdruck in einem Fotobuch mehr möglich ist.

Durch Scheiben fotografieren

Manche Tiermotive befinden sich hinter Glas. Nicht nur Aquarien und Terrarien sind davon betroffen, auch viele größere Tiere kann man im Zoo oftmals nur durch Scheiben beobachten. Neben dem Problem, dass die Scheiben häufig verschmutzt sind, entsteht beim Fotografieren durch Glas immer eine diffuse Unschärfe. Ein anderes Problem sind Spiegelungen. Diese können Sie vermeiden, indem Sie den Aufnahmewinkel verändern oder ein Polfilter verwenden. Das Polfilter schluckt zusätzlich Licht, achten Sie daher stets auf die Belichtungszeit, die Ihnen die Kamera im Display oder im Sucher einblendet. 1/60 sek sollte Ihr Grenzwert sein; längere Zeiten führen oft zur Verwacklung. Vermeiden Sie bei Tieraufnahmen das Blitzlicht. Oft reicht es nicht bis zum Motiv, und auf gläsernen Oberflächen würde es sich zudem ohnehin nur spiegeln.

KLEINER TRICK

Tragen Sie dunkle Kleidung, dann spiegeln Sie sich selbst am wenigsten in den Scheiben. Im Idealfall entsteht sogar eine dunkle Fläche, durch die Sie besonders gut hineinfotografieren können.

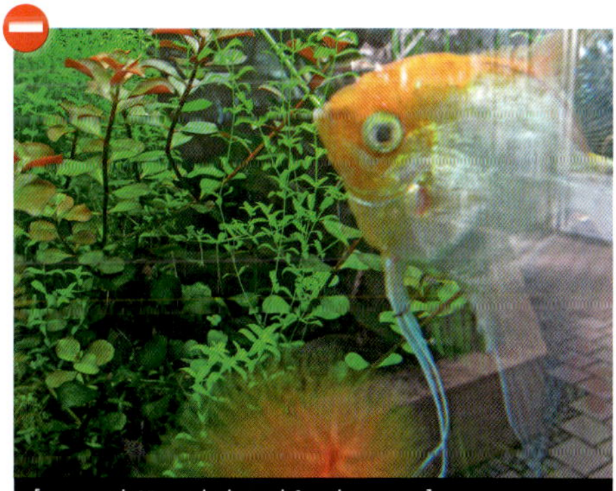

[6,1 mm | CF 4,6 | 1/30 s | f2,8 | ISO 100]

∧ Ungünstiger Winkel
In der Scheibe des Aquariums spiegelt sich der Raum. Zusätzlich ist der zentrale Autofokus neben den Fisch gerutscht.

[6,1 mm | CF 4,6 | 1/100 s | f2,8 | ISO 250]

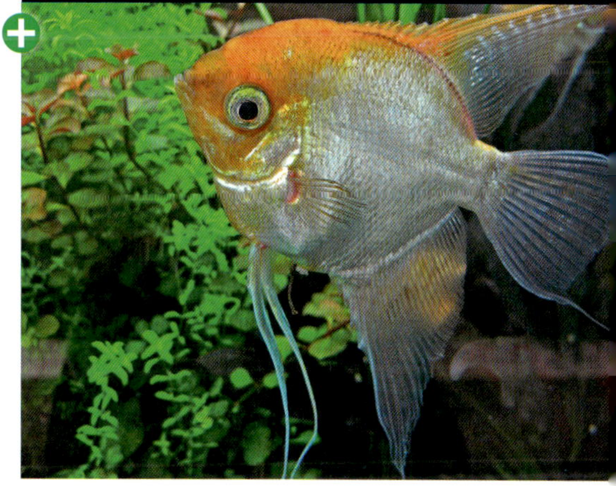

> Perspektivwechsel
Ein halber Schritt nach rechts reicht aus, schon ist das Bild deutlich klarer und der Fokus auf dem richtigen Punkt.

Porträtregeln für Tierfotografen

Auch bei Tierporträts gilt, dass die Augen scharf sein sollten. Richten Sie den Autofokus also genau dorthin. Manche Tiere haben ein langes Gesicht. Fotografiert man schräg oder frontal von vorn, ist es oft nicht möglich, die Nasen- oder Schnabelspitze und gleichzeitig die Augen innerhalb der Schärfentiefe unterzubringen. Versuchen Sie eine flachere Perspektive zu finden, dann wird es einfacher. Vielleicht wollen Sie allerdings gerade die Nase o. Ä. betonen, dann gilt diese Regel selbstverständlich nicht.

Aufnahmestandpunkt wählen

Ähnlich wie bei Kinderfotos werden auch Tierporträts am schönsten, wenn sich der Fotograf auf Augenhöhe begibt. Doch Vorsicht: Nicht alle (Haus-)Tiere interpretieren das als Signal der Freundlichkeit. Manche Hunde sehen es als Aufforderung zum Spielen, andere Tiere fühlen sich bedroht. Je besser Sie mit dem Tier oder den Verhaltensmustern einer Tierart vertraut sind, desto einfacher und sicherer wird das Fotografieren. Halten Sie Abstand, und benutzen Sie eine leichte Telebrennweite, damit bekommen Sie ohnehin schönere Bilder.

Regie führen

Bei Haustieren, insbesondere bei Hunden, kann man bereits beim Fotografieren korrigierend eingreifen und sogar ein wenig Regie führen. Suchen Sie sich den Platz aus, an dem Sie Ihre Bilder machen wollen. Am besten eignen sich helle, gleichmäßig beleuchtete Stellen im Frei-

˅ Fokus auf die Augen legen
Wenn Sie nicht alles scharf bekommen: Die Augen sind immer am wichtigsten – auch beim Tierporträt.

[300 mm | CF 1,6 | 1/80 s | f3,5 | ISO 320]

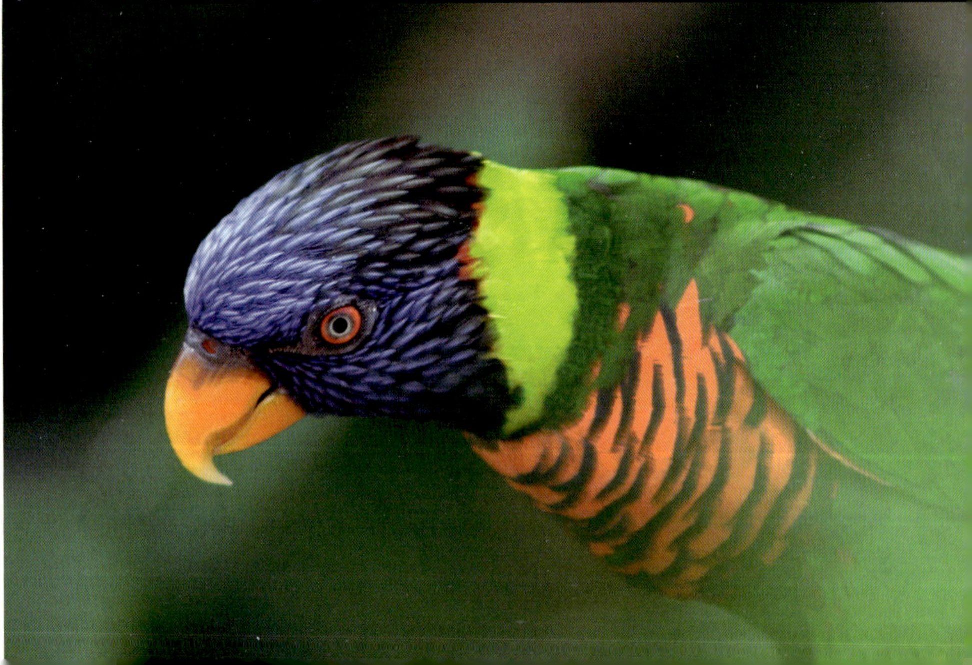

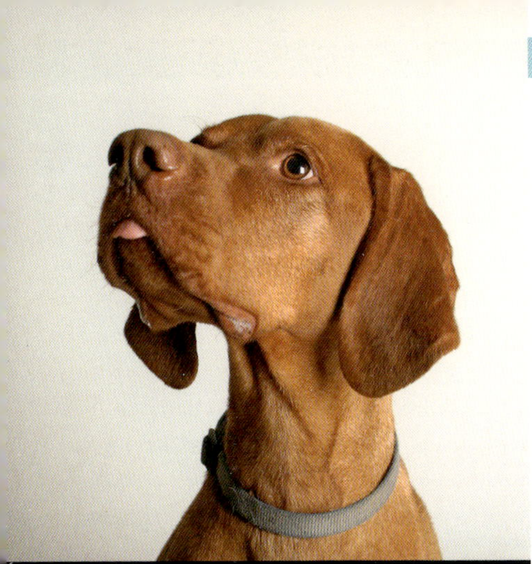

[40 mm | CF 1,6 | 1/160 s | f7,1| ISO 100 | Studioblitz]

∧ Langnase
Manchmal reicht die Schärfentiefe nicht von der Nasenspitze bis zu den Augen.

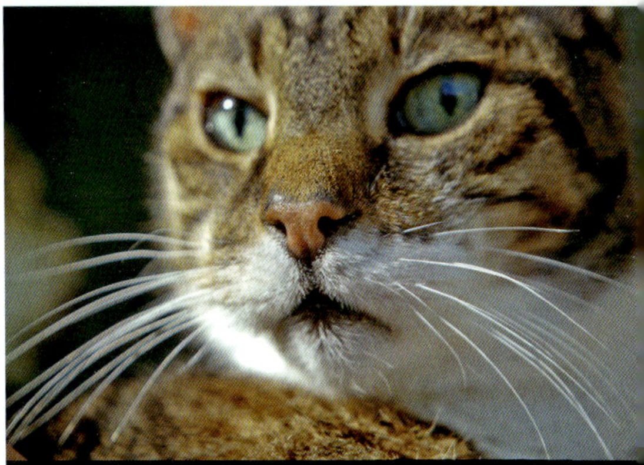

[50 mm | 1/90 s | f4,5 | ISO 100]

∧ Fokus vorn
Sie können auch die Nasenspitze und den Bart zum Hauptthema des Bildes machen.

en oder in der Wohnung, an denen Sie gleichzeitig auch einen schönen Hintergrund haben.

Achten Sie auf den aufmerksamen Blick des Hundes, der stets an der Kamera vorbeigehen sollte: Ich weiß nicht, ob man irgendwann einmal einen Hundekuchenhalter zum Aufstecken für Digitalkameras kaufen können wird – ich jedenfalls könnte das eine oder andere Mal einen brauchen!

Schwierige Lichtsituationen meistern

Eine kritische Aufnahmesituation sind Fotos von Tieren im Schnee oder auf einer von der Sonne beschienenen Wiese. Das Licht wird vom Untergrund so stark reflektiert, dass die Bilder

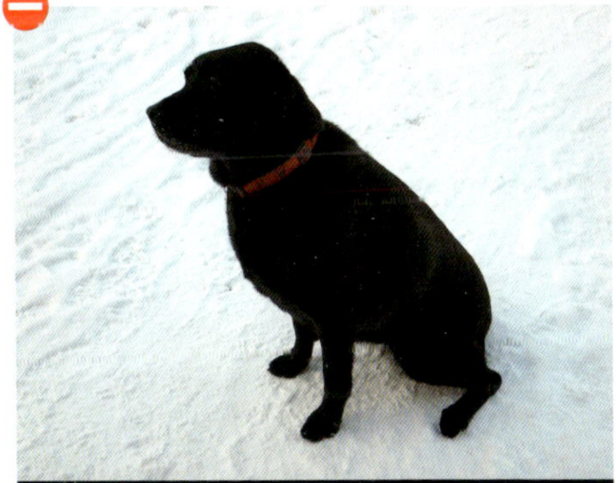

[27 mm | CF 2 | 1/200 s | f8 | ISO 200]

∧ Typische Silhouettenwirkung
Dunkles Motiv vor hellem Hintergrund: Benutzen Sie die Plus-/Minus-Korrektur in Richtung Plus oder das Motivprogramm Schnee/Strand.

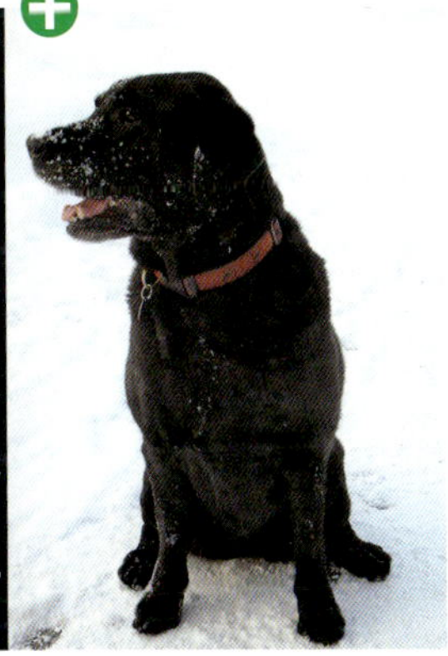

[31 mm | CF 2 | 1/60 s | f9 | ISO 320 | Blitz]

< Noch besser
Hellen Sie das Motiv mit dem Blitz leicht auf.

oft zu dunkel und die Motive unterbelichtet werden. Gegen dieses Phänomen gibt es drei Strategien, die davon abhängen, ob Sie Action-Fotos oder ruhige Porträtaufnahmen planen.

- **Belichtungskorrektur:** Im Fall von Action-Fotos können Sie die Halbautomatik Zeitvorwahl benutzen. Dazu stellen Sie eine kurze Belichtungszeit ein, zum Beispiel 1/1000 sek. Diese Zeit sorgt dafür, dass Bewegungen eingefroren werden. Falls das Tier zu dunkel abgebildet wird, stellen Sie die Belichtungskorrektur auf Plus. Wie stark Sie die Fotos korrigieren, hängt von der Beleuchtung und dem gewählten Bildausschnitt ab. Machen Sie ein paar Probeschüsse.
- **Spotmessung:** Wenn Sie nicht ständig korrigieren wollen, können Sie die Belichtungsmessmethode von der Mehrfeld- auf die Spotmessung umschalten. Dann orientiert sich die Kamera bei der Ermittlung der Helligkeit auf eine sehr enge Zone rund um den Autofokus-Messpunkt, der Ihr Hauptmotiv anvisieren sollte. Kameras, die über diese Methode nicht verfügen, haben möglicherweise ein Motivprogramm für Schnee/Strand. Auch hier wird die Helligkeit korrigiert.
- **Aufhellblitzen:** Wenn Sie ein Tierporträt aufnehmen möchten, dann können Sie auch den Blitz benutzen. Stellen Sie ihn aber nicht auf den automatischen Blitz, denn der bleibt in der hellen Umgebung normalerweise aus. Sie müssen den Lichtimpuls mit der Einstellung »Immer Blitzen« erzwingen.

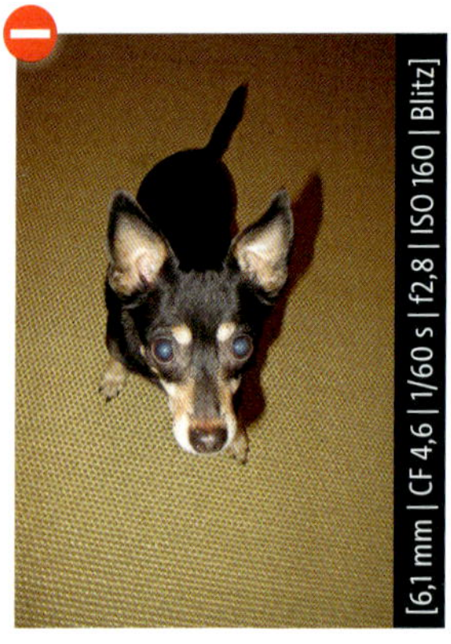

^ Vollautomatik
Das passiert, wenn man sich auf das Motivprogramm Kinder und Tiere verlässt: Obwohl es im Raum relativ hell ist, schaltet die Kamera den Blitz ein. Es gibt einen hässlichen Schlagschatten, und der Augenhintergrund leuchtet blau (Rote-Augen-Effekt bei Tieren). Die Weitwinkeleinstellung der Kamera verzerrt Gesicht und Körperproportionen sehr stark.

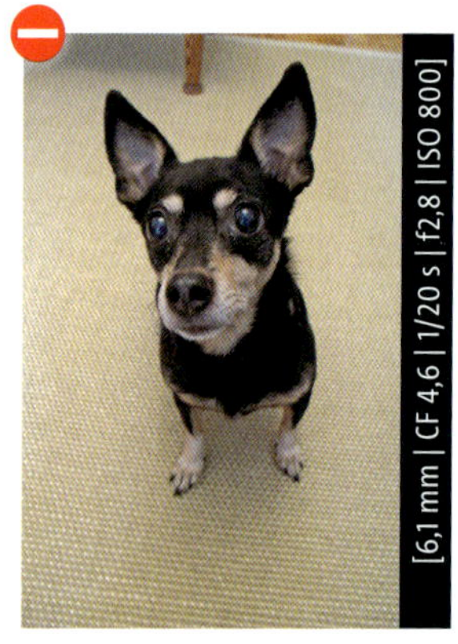

^ Programm- und ISO-Automatik
Hier sieht man die natürliche Lichtstimmung, aber auch eine leichte Unschärfe: Nasenspitze und Vorderbeine sind nicht ganz scharf – ein Effekt der offenen Blende (kleiner Zahlenwert). Die Aufnahmeperspektive ist niedriger, aber nun ist im Hintergrund ein störendes Tischbein mit im Bild. Kopf und Ohren erschienen immer noch überproportional groß.

v Halbautomatik
Die Proportionen werden mit einer leichten Telebrennweite realistischer abgebildet. Durch das Schließen der Blende über die Blendenvorwahl (Av/A) kann die Schärfentiefe vergrößert werden, so dass nun auch die Nasenspitze im Foto scharf wird.

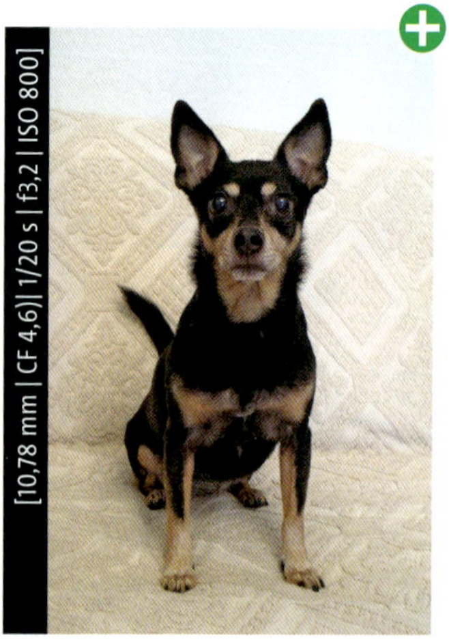

Gestaltungsmöglichkeiten

Wie in allen anderen Bereichen der Fotografie haben Sie auch bei Tierfotos eine ganze Reihe von Gestaltungsmöglichkeiten. Sie können das Tier in seiner Umgebung zeigen, egal, ob es sich dabei um eine eindrucksvolle Landschaft handelt oder um das Sofa bei Ihnen zu Hause. Je schöner die Umgebung, desto mehr können Sie davon zeigen, ohne dass Ihr Foto langweilig aussieht.

Mit einer offenen Blende und dem Teleobjektiv lässt sich die Schärfe gezielt auf einen bestimmten Punkt konzentrieren. Das genaue Arbeiten mit dem richtigen Autofokus-Punkt ist etwas zeitaufwendiger, liefert aber ausdrucksstärkere Fotos. Mit der Belichtungszeit steuern Sie, wie Bewegungen im Foto dargestellt werden: Mitzieher wirken sehr dynamisch und sind immer dann eine Option, wenn die Lichtverhältnisse schlechter werden.

Falls Sie Ihren Aufnahmestandort wechseln können, ergeben sich durch die verschiedenen Einfallwinkel des Lichts unterschiedliche Bildwirkungen: Gegenlicht betont die Umrisse oder erzeugt einen Lichtsaum um das Motiv, seitlich einfallendes Licht bringt Strukturen zum Vorschein, Licht von hinten lässt die Farben kräftig leuchten. Durch eine erhöhte oder sehr tiefe Aufnahmeperspektive können Sie nicht nur den Hintergrund stark beeinflussen, Sie erhalten auch interessantere Aufnahmen, als wenn Sie alles im Stehen fotografieren.

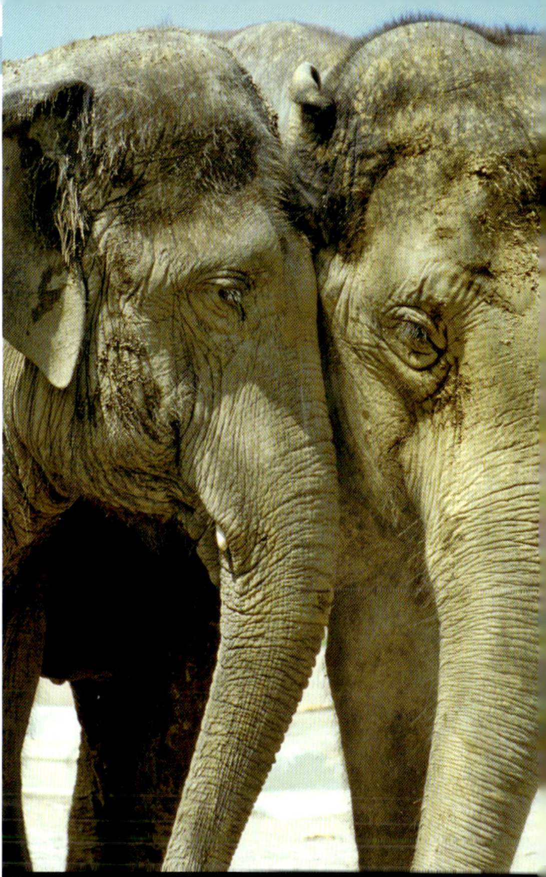

[150 mm | 1/320 s | f11 | ISO 100]

^ Elefanten-Doppel
Wagen Sie Anschnitte. Es muss nicht immer das ganze Tier im Foto zu sehen sein.

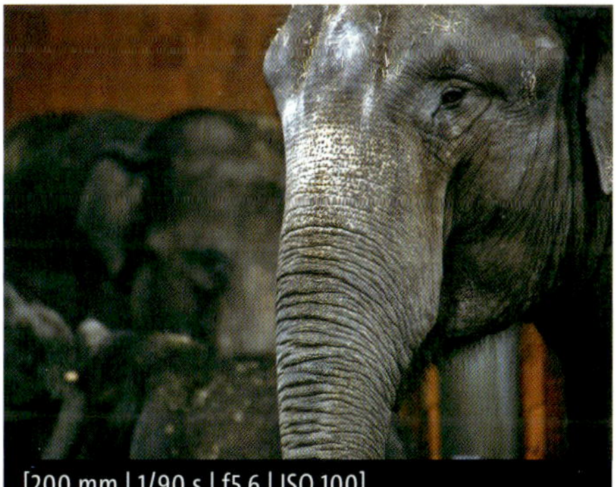

[200 mm | 1/90 s | f5,6 | ISO 100]

> Selektive Schärfe
Auch bei Tierfotos können Sie mit dem Teleobjektiv solche Akzente setzen, wenn das Hauptmotiv weit genug vom Hintergrund entfernt ist.

Ungewöhnliche Ansichten

In der Anfangsphase des Fotografierens freut man sich, wenn die Tierfotos scharf sind, wenn die Belichtung stimmt und die Fotos nicht mehr so unruhig aussehen wie bei den ersten Versuchen. Viele Tierfotos sind schön, aber man hat solche Motive schon oft gesehen. Mit zunehmender Fotopraxis wächst auch der Wunsch, Bilder zu machen, die interessanter, lustiger oder so ungewöhnlich sind, dass der Betrachter sie lange im Gedächtnis behält.

Um solche Bilder einfangen zu können, braucht man eine schussbereite Kamera, eine gewisse Geistesgegenwart und eine Portion Glück. Dem Zufall kann man auf die Sprünge helfen, wenn man längere Zeit am Aufnahmeort verweilt, um die Tiere in Ruhe beobachten zu können. Trotzdem ergibt sich manchmal kei-

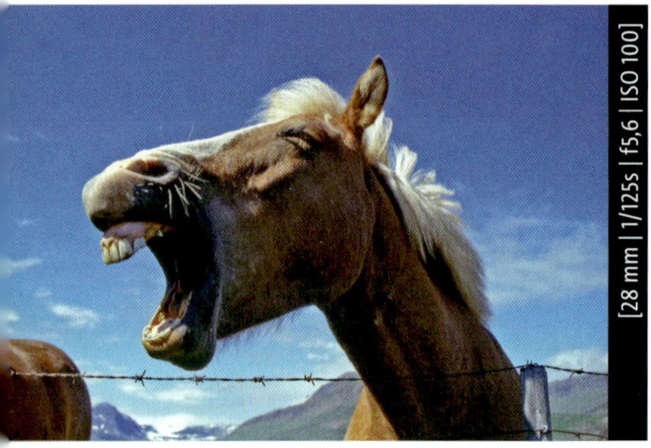

< Glückstreffer
Ein Moment, in dem das Weitwinkel ausnahmsweise nicht stört: Das Pferdemaul erscheint überdimensional groß und betont die Bildaussage.

˅ Doppelmuh im Vorbeigehen
Halten Sie die Kamera schussbereit für witzige Situationen.

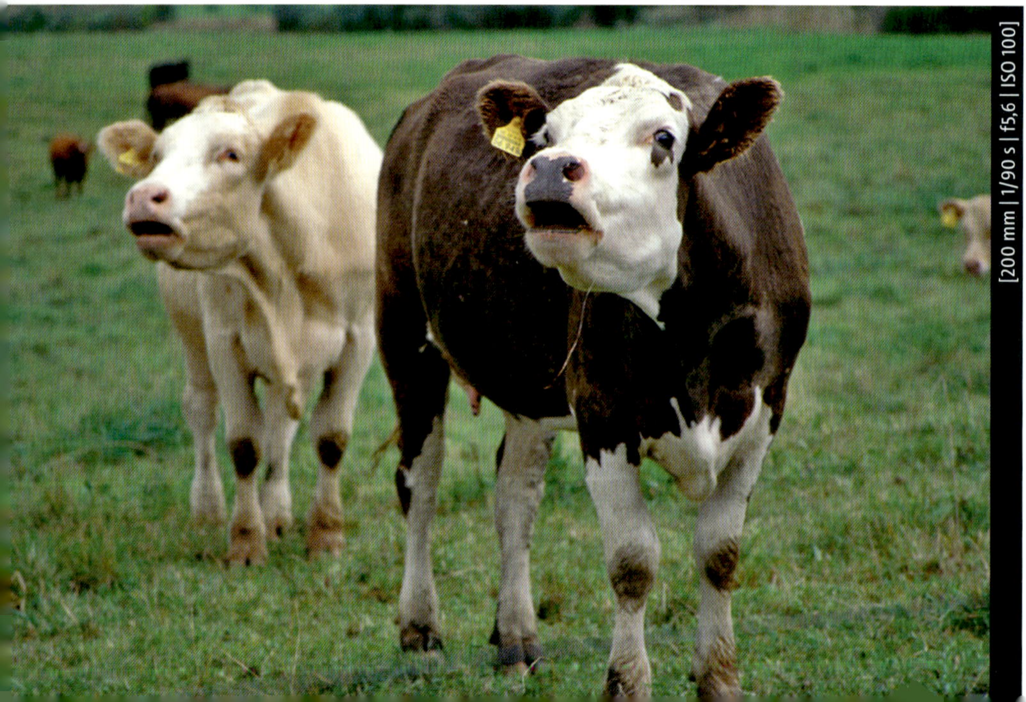

ne besondere Situation: Die tierischen Modelle liegen faul herum oder zeigen sich dem Fotografen nicht von ihrer allerbesten Seite. Profis verzichten manchmal ganz aufs Fotografieren, wenn es sich nicht lohnt. Vorher wird man aber stets versuchen, den Standort, die Perspektive oder den Bildausschnitt zu verändern.

Schauen Sie genauer hin: Gibt es vielleicht interessante oder typische Details? Schmutzige Pfoten, markante Hufspuren im Sand, abstrakte Muster im Fell, ein vorwitzig hochstehendes Büschel Haare? Wenn man mit den eigenen Haustieren gut vertraut ist, lassen sich solche Besonderheiten vortrefflich in Szene setzen. Die Tiere vertrauen Ihnen, und Sie können ihnen ganz nah auf den Pelz rücken oder sie an Plätze locken, an denen spannendere Bilder möglich sind. Bei Tieren im Freien können Sie mit dem Teleobjektiv Details herausarbeiten und sich durch unübliche Bildaus- und -anschnitte vom »0815-Motiv« verabschieden.

[28 mm | 1/125 s | f3,5 | ISO 100]

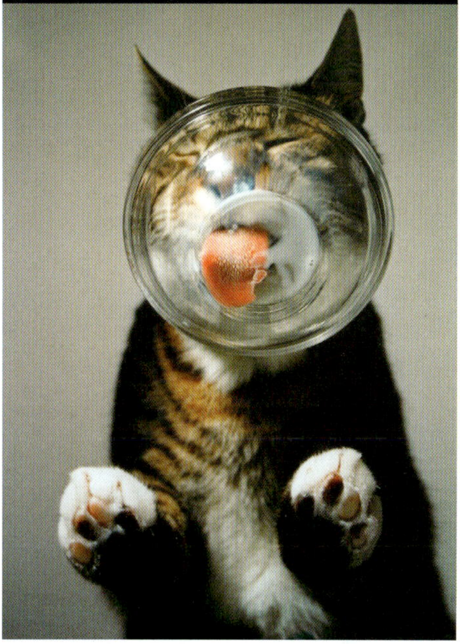

∧ Aufwendig inszeniert
Für ein lustiges Tierfoto brauchen Sie eine gute Idee und einen willigen – oder nach Leckereien gierigen – Mitspieler.

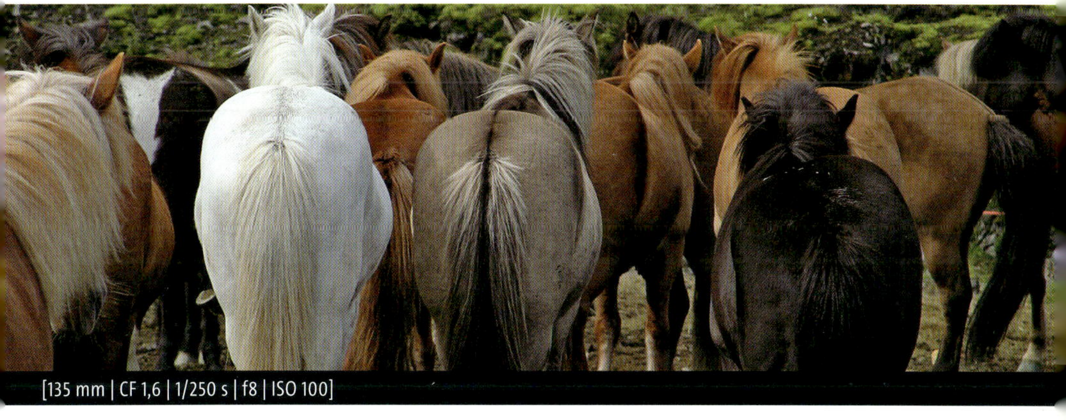

[135 mm | CF 1,6 | 1/250 s | f8 | ISO 100]

∧ Panorama von hinten
Tiere lassen sich nicht immer dirigieren. Wenn sich die Modelle einfach nicht umdrehen wollen und Sie weitermüssen, weil der Bus wartet, dann ist Ihr Einfallsreichtum gefragt …

Schnelle erste Hilfe: **Den Hintergrund gestalten**

Ein unruhiger Hintergrund zerstört in vielen Fällen die Bildwirkung. Wenn man auf einige Kleinigkeiten achtet, bekommt man auch ohne großen technischen Aufwand im Handumdrehen bessere Bilder. Vermeiden Sie alles, was besonders bunt oder sehr hell ist. Dazu müssen Sie oft nur eine ganz leichte Korrektur vornehmen, zum Beispiel die Kamera etwas höher oder niedriger halten, einen Schritt zur Seite gehen oder die Zoomeinstellung leicht verändern: Schon verschwinden die Störenfriede hinter dem Motiv, oder sie landen außerhalb des Bildrahmens.

Mit dem Hintergrund können Sie aber noch viel mehr bewirken. Je nachdem, von wo aus Sie Ihr Motiv fotografieren, können Sie unterschiedliche Lichtwirkungen nutzen oder verschiedenfarbige Hintergrundflächen ins Bild einbauen. Nehmen Sie sich etwas Zeit, um einen Ort zu erkunden. Es muss nicht immer gleich der entfernte Safari- oder Nationalpark sein, schon der nahe gelegene Stadtpark bietet viele Übungsmöglichkeiten. Meist genügen ein paar Schritte, und der Blick hinter die nächste Uferbiegung eröffnet neue fotografische Horizonte.

[300 mm | CF 1,6 | 1/400 s | f7,1 | ISO 200]

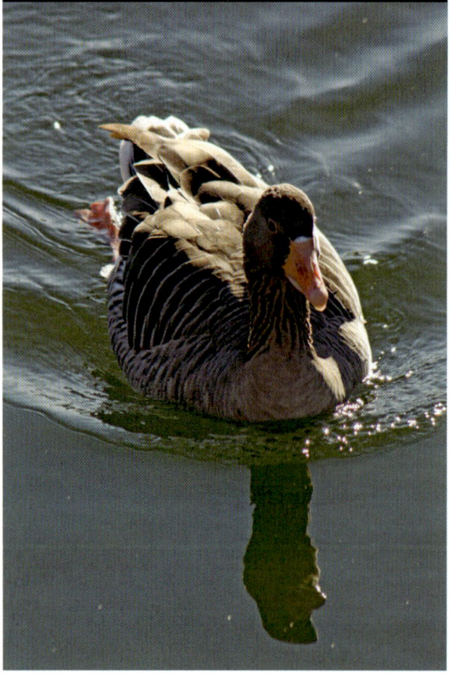

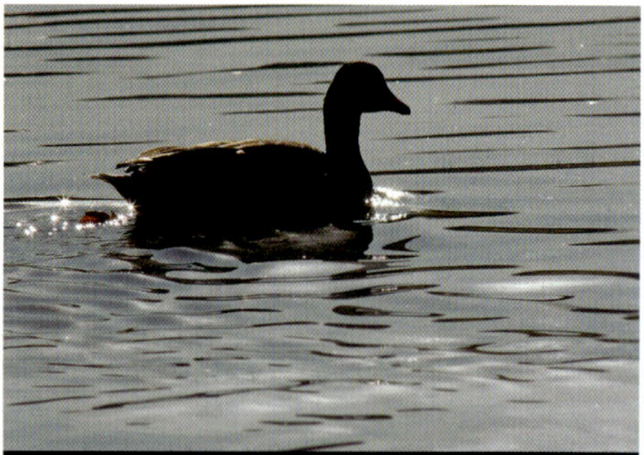

[300 mm | CF 1,6 | 1/1000 s | f11 | ISO 200]

∧ Grafische Wirkung
Dieses Bild wurde gegen das Licht fotografiert, wodurch sich die Lichteffekte auf dem Wasser verstärken. Das Motiv erscheint nur noch als Silhouette.

< Wildgans
So sehen viele Fotos von Gänsen aus: ein ganz passables Foto, bei dem die Wasserfläche einen ruhigen Hintergrund bildet und die Spiegelung vorn als netter Nebeneffekt hinzukommt.

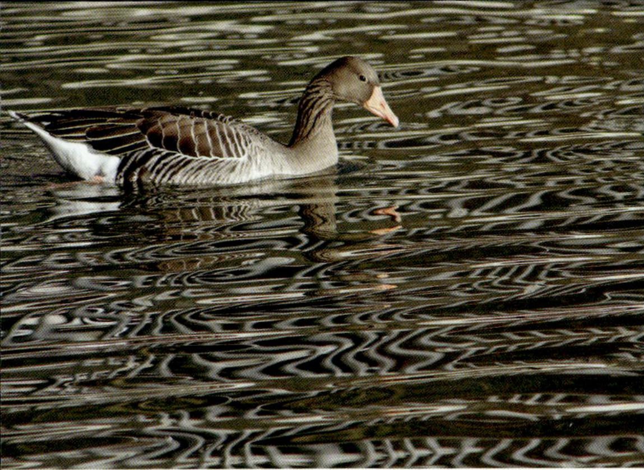

[300 mm | CF 1,6 | 1/500 s | f9 | ISO 320]

^> Spiegelung beeinflussen
Am Ententeich gibt es in diesem Fall noch eine andere Besonderheit: Die Gebäude am Ufer spiegeln sich im Wasser und erzeugen faszinierende grafische und farbige Spiegelungen, die für sich genommen bereits interessante, abstrakte Motive darstellen. Für solche Bilder muss man also nur den richtigen Platz finden und warten, bis sich eine Gans dorthin bewegt. Mit ein wenig Brot im Gepäck kann man Vögel auch an die gewünschte Stelle locken.

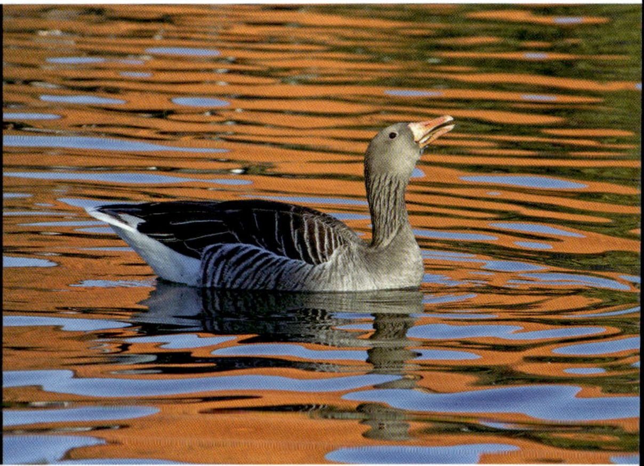

[300 mm | CF 1,6 | 1/500 s | f9 | ISO 400]

DAS WICHTIGSTE IN KÜRZE

- Für Fotos von Haustieren reichen kurze Brennweiten, für den Zoo oder Safaris sind starke Teleobjektive sinnvoller.
- Gegen die Verwacklungsgefahr mit dem Teleobjektiv helfen gutes Licht, das Erhöhen des ISO-Werts oder ein Stativ.
- Fotografieren Sie Tiere mit möglichst kurzer Belichtungszeit, um Verwackeln oder ungewollte Wischeffekte zu vermeiden.
- Für rasante Action-Aufnahmen brauchen Sie entweder eine kurze Belichtungszeit, oder Sie nutzen die lange Verschlusszeit für einen Mitzieher.
- Verzichten Sie weitestgehend auf den Blitz, auch bei Haustierfotos.
- Fotografieren Sie Tierporträts aus Augenhöhe des Tieres, und stellen Sie auf die Augen scharf.
- Für ungewöhnliche Bilder können Sie auch extreme Perspektiven einnehmen: steil von oben oder unten.
- Ein ruhiger Hintergrund verbessert die Bildwirkung.
- Nutzen Sie den Hintergrund und das Umfeld, um die Bilder zu gestalten.
- Halten Sie die Kamera schussbereit, oder nehmen Sie ungewöhnliche Perspektiven ein, um lustige Momente einzufangen.
- Ergänzen Sie Ihre Tierfotosammlung mit ungewöhnlichen Detailansichten.

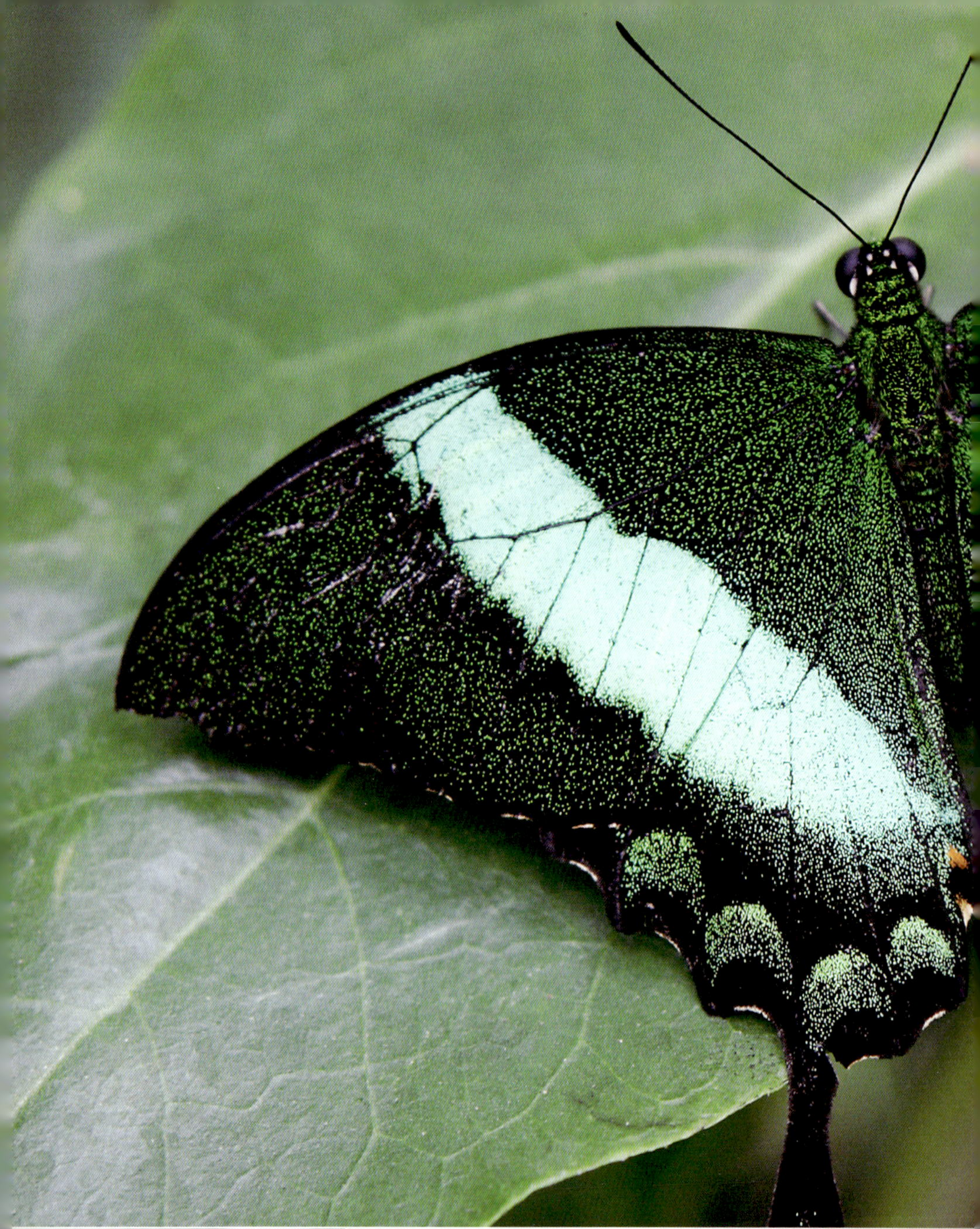
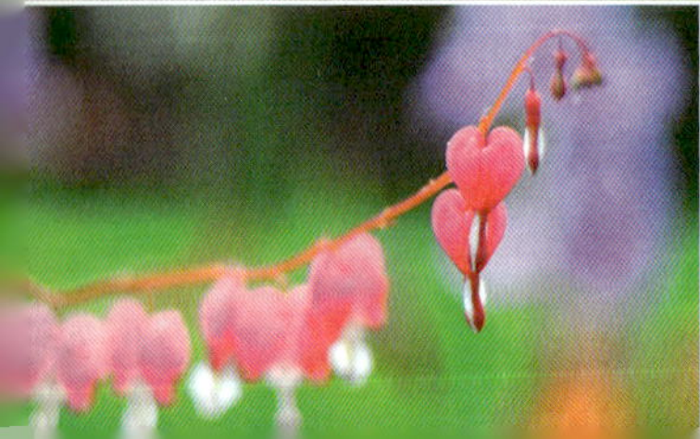
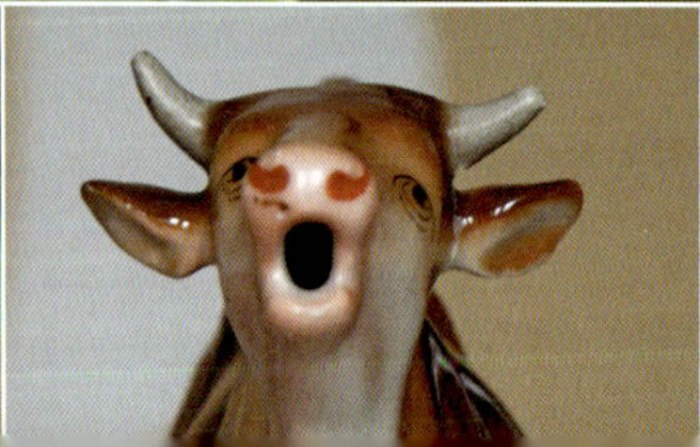
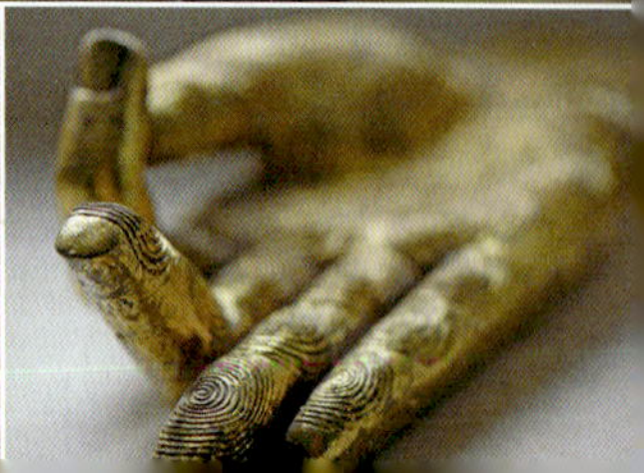

Kapitel 10
Nahaufnahmen

- Makro-Modus oder Makroobjektiv?
- Schärfe und Schärfentiefe
- Makrobilder gestalten
- Wichtiges Zubehör für Nahaufnahmen
- Schnelle erste Hilfe: Die Schärfe richtig platzieren

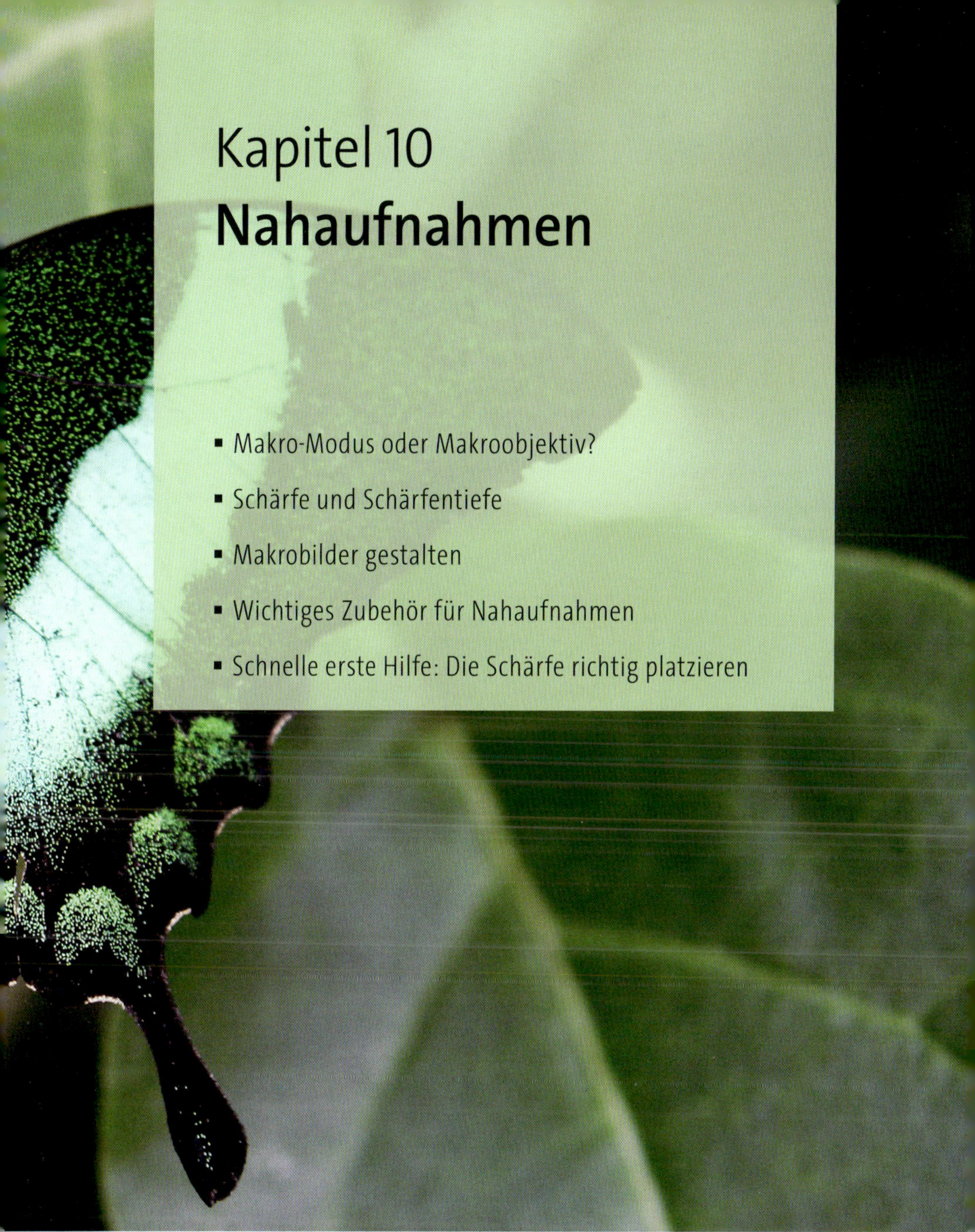

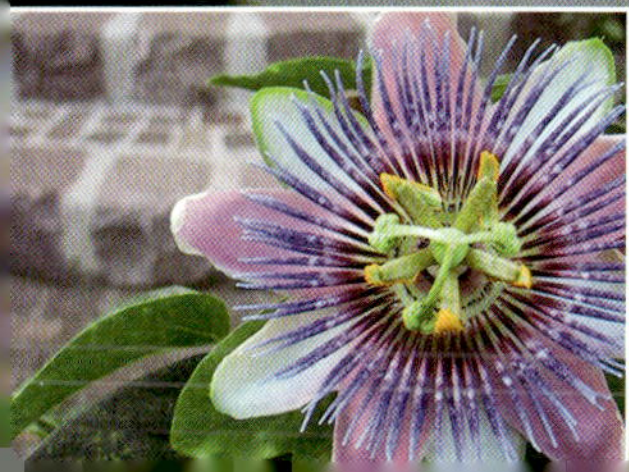

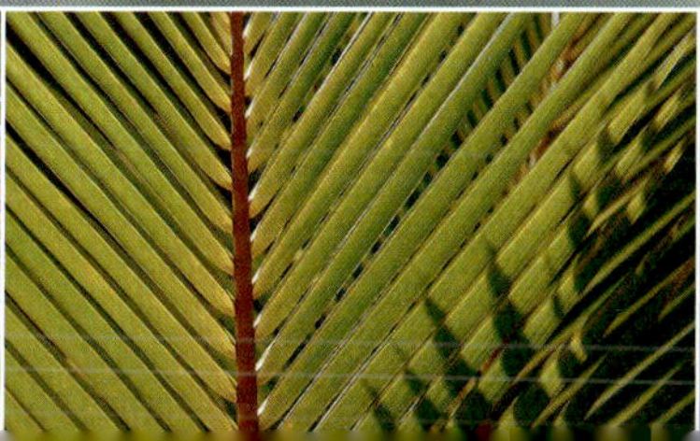

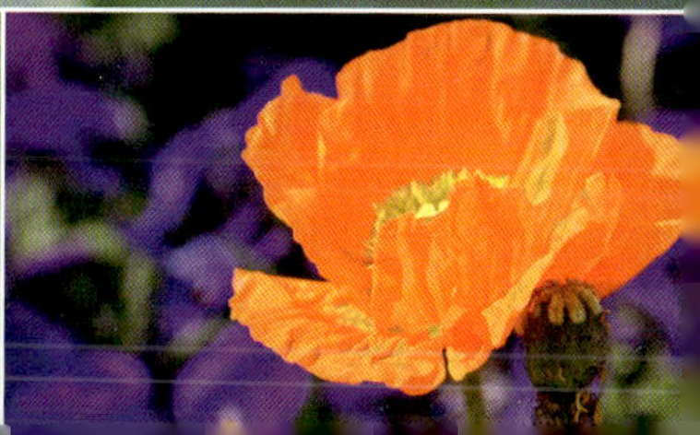

Makro-Modus oder Makroobjektiv?

Wenn es etwas gibt, worin Kompaktkameras den Modellen der großen Spiegelreflexkameras überlegen sind, dann sind es die Nahaufnahmen – zumindest, wenn Sie sich kein extra Zubehör zulegen möchten. Mit einer Kompakten können Sie die kleinen Dinge im Foto ganz groß rausbringen, indem Sie einfach auf den Nahaufnahme-Modus 🌷 umschalten. Einziges Manko: Die Motive dürfen dabei nicht flüchten, denn für eine Makroaufnahme müssen Sie ganz nah heran.

Makrofotografie bedeutet: Das Objekt wird auf dem Sensor genauso groß (1:1) oder sogar größer abgebildet, als es in Wirklichkeit ist. Nähert man sich dem Minimotiv mit der Standardbrennweite, wird der nötige Mindestaufnahmeabstand unterschritten, Scharfstellen ist nicht mehr möglich. Sehr kleine Objekte lassen sich dann nur mit viel unwichtigem und unnötigem Beiwerk fotografieren, das Bild wird oft zum »Suchbild«, in dem das Hauptmotiv nicht mehr klar auszumachen ist. In diesem Fall können Sie sich nur noch im Nachhinein am Rechner mit einer Ausschnittvergrößerung helfen.

Makrofotografie mit der Spiegelreflexkamera

Für Nahaufnahmen mit einer Spiegelreflexkamera müssen spezielle Makroobjektive angeschafft werden. Diese sind teuer, aber es gibt auch Vorteile: Die Abbildungsqualität dieser Objektive ist sehr hoch. Meist handelt es sich um Festbrennweiten mit 50, 60 oder 100 mm –

˅ Wer hat hier Angst vor wem?
Nicht immer kann man mit einer Kompaktkamera so nah ans Motiv.

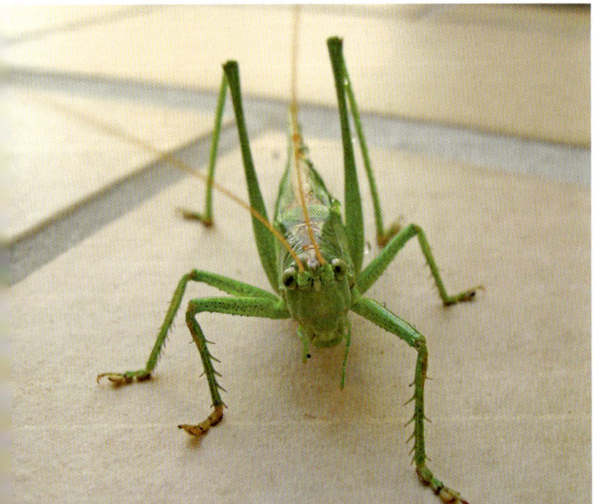

[6,1 mm | CF 4,6 | 1/400 s | f4 | ISO 80]

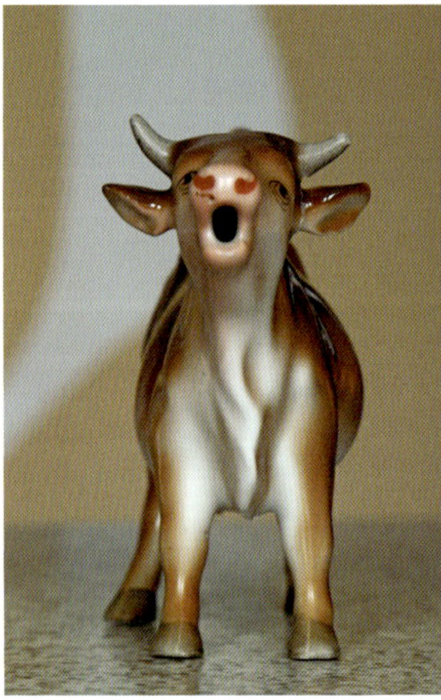

[135 mm | CF 1,6 | 1/10 s | f11 | ISO 200]

˄ Nur Blumen und Insekten?
Nahaufnahmen können Sie von allen möglichen und unmöglichen kleinen Gegenständen anfertigen.

Zoomen ist also nicht möglich. Beim Kauf müssen Sie sich entscheiden, ob Sie eine kurze oder eine längere Brennweite bevorzugen.

Wer vor allem Insekten fotografieren möchte, ist mit einer langen Makrobrennweite besser bedient, weil die Motive damit aus einer größeren Distanz abgelichtet werden können und man sie daher nicht gleich schon zu Beginn des Fotoshootings verjagt.

Wer nicht so viel Geld ausgeben möchte, findet in Zoomobjektiven mit Makroeinstellung einen Kompromiss und muss zudem auf Reisen nicht ständig Objektive wechseln.

Makro und Zoom

Bei Kompaktkameras hat die Kombination von Zoom und Nahaufnahme-Modus ebenfalls ihre Tücken. Man kann im Makro-Modus bei einigen Kameras zoomen, der Autofokus kann danach aber nicht mehr aufs Motiv scharf stellen. Sie sind also auch hier gezwungen, den Abstand zum Motiv zu verändern und die Bildelemente im Rahmen der Gegebenheiten anzuordnen.

Wer kein Makroobjektiv hat, kann die Teleeinstellung des Reisezooms nutzen: Wenn sich das Motiv aus größerer Entfernung anvisieren lässt, gelingen auch mit dem langen Zoom schöne Detailaufnahmen.

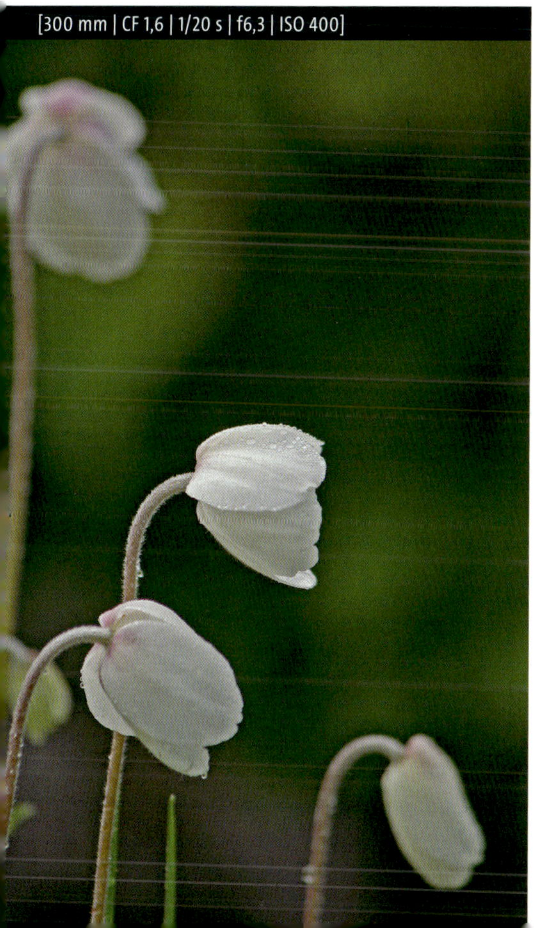

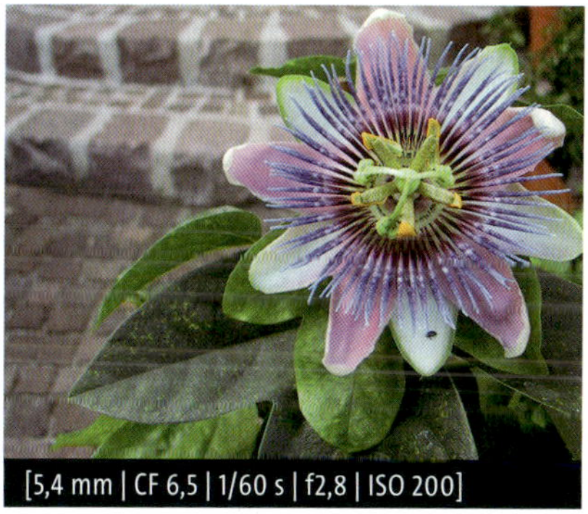

^ Näher war nicht möglich
Die sich hinter der Maracujablüte andeutende Treppe konnte als passender Hintergrund genutzt werden.

< Teleaufnahme
Kein Makro, aber dafür ein starkes Teleobjektiv? Aus großer Entfernung fotografiert, wird auch eine Nahaufnahme daraus.

Schärfe und Schärfentiefe

Egal, womit Sie Ihre Nahaufnahmen machen: Ab einer gewissen Entfernung zum Motiv werden die Fotos unscharf. Wenn Ihnen das passiert, prüfen Sie als Erstes, ob Sie den Makro-Modus an der Kamera eingeschaltet haben. Wenn ja, waren Sie möglicherweise noch zu nah dran. Das können Sie daran erkennen, dass es hinter Ihrem Motiv einen Bereich gibt, der scharf abgebildet ist. Vielleicht waren Sie auch zu weit entfernt. Der Makro-Modus funktioniert nur, wenn sich der Fotograf innerhalb eines vom Objektiv vorgegebenen Abstands zum Motiv befindet.

Geringe Schärfentiefe

Ähnlich wie beim Fotografieren mit einem langen Teleobjektiv besteht auch im Nahbereich eine große Verwacklungsgefahr. Weil der Abstand zum Motiv sehr gering ist, verursacht schon die kleinste Kamerabewegung Unschärfe. Makrofotografen benutzen deshalb gerne ein Stativ. Es hilft nicht nur gegen Verwacklung, sondern ermöglicht auch das Fotografieren mit einer großen Blendenzahl. Das wiederum ist besonders wichtig, denn das Fotografieren im Nahbereich hat eine optische Besonderheit: Die Schärfentiefe ist stark begrenzt, und sie verteilt sich anders. Es kommt bei diesen Aufnahmen also noch viel mehr darauf an, dass Sie auf den richtigen Punkt scharf stellen.

Autofokus nutzen

Wenn Ihre Kamera nur über einen zentralen Autofokus (AF) verfügt, dann komponieren Sie

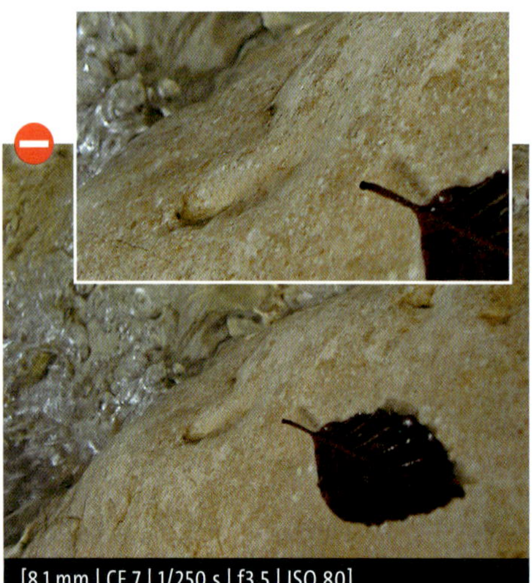

^ Zu nah dran
Die Steine im Hintergrund sind schärfer als das Blatt. Das nachträgliche Verschieben des Bildausschnitts funktioniert nicht.

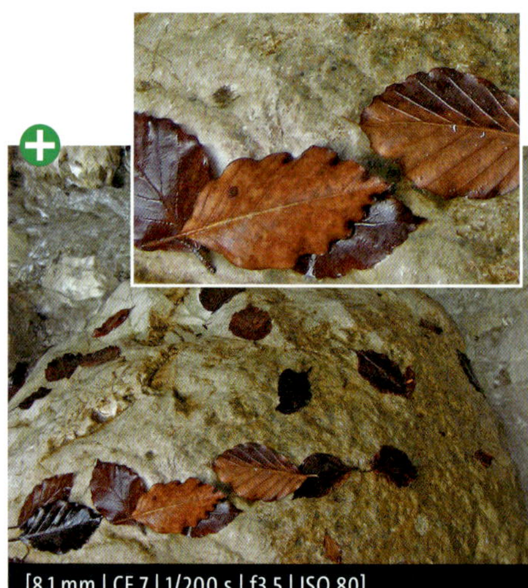

^ Flexibel bleiben
Aus einer etwas größeren Entfernung lässt sich ein ähnliches Motiv mit dem Nahaufnahme-Modus Ihrer Kamera umsetzen.

Ihre Bilder so, dass das AF-Messfeld genau auf die richtige Stelle zielt. Der Trick, mit halb heruntergedrücktem Auslöser zu fokussieren und den Bildausschnitt anschließend noch zu verändern, funktioniert im Nahbereich nur selten. Am besten ist es, wenn es an Ihrer Kamera ein seitlich angeordnetes oder bewegliches AF-Messfeld gibt. Nutzen Sie immer dasjenige, das dem wichtigsten Teil des gewählten Motivs am nächsten liegt. Wenn Sie mit fünf, sieben oder noch mehr AF-Messfeldern gleichzeitig arbeiten, orientiert sich die Kamera an den Strukturen im Motiv, die sie als Erstes oder am besten erkennt. Das sind aber nicht immer die Bereiche des Motivs, die Sie am wichtigsten finden. Auf dem Kameradisplay sieht vielleicht alles scharf aus: Das böse Erwachen kommt später am großen Bildschirm, auf dem man genau sehen kann, wenn etwas nicht geklappt hat. Deshalb brauchen Sie für Makroaufnahmen mehr Zeit und mehr Geduld. Mit dem Stativ zu arbeiten zwingt zu mehr Genauigkeit, führt aber auch zu exakteren Ergebnissen.

Lichtausbeute erhöhen

Vorsicht bei bewegten Objekten: Durch den Wind hin- und herwiegende Blüten oder flatternde Schmetterlinge lassen sich nur mit einer kurzen Belichtungszeit scharf abbilden. Sie stehen also vor dem Problem, dass Sie einerseits für mehr Schärfentiefe mit geschlossener Blende fotografieren müssen, andererseits aber auch eine kurze Verschlusszeit brauchen. Dieses Dilemma lässt sich nur lösen, wenn das Motiv hell beleuchtet ist. Sie können notfalls auch den ISO-Wert erhöhen, was aber zu mehr Bildrauschen führt – gerade bei Makroaufnahmen sollte man das jedoch vermeiden. Aber denken Sie daran: In der fotografischen Praxis erweisen sich die guten Ratschläge von Ex-

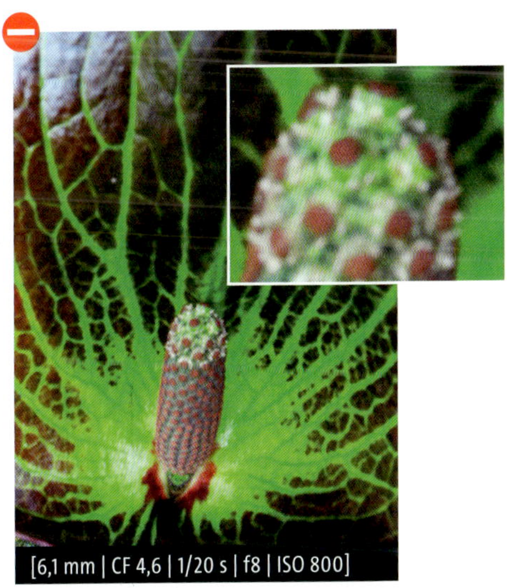

∧ Gründe für Unschärfe
Verwackelt oder nur vergessen, den Makro-Modus einzuschalten? Prüfen Sie die Kameraeinstellung, und wiederholen Sie die Aufnahme.

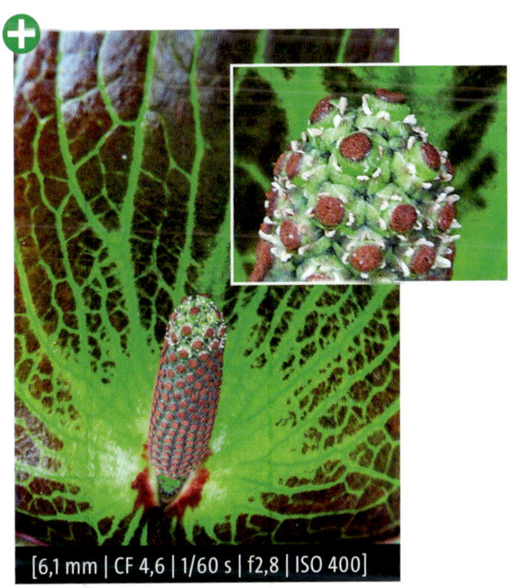

∧ Exakt fokussieren
Ein zentrales Autofokus-Feld kann zum Problem werden, wenn sich der wichtigste Punkt außerhalb der Bildmitte befindet.

perten und Buchautoren bisweilen als Hemmschuh. Sie wissen vielleicht, wie man es theoretisch machen müsste, aber Ihre Aufnahmesituation verlangt womöglich danach, dass Sie die Regeln brechen. Tun Sie es – wenn Sie ohne Stativ und mit hohem ISO-Wert zu einem guten Foto kommen, umso besser!

Wer vom Licht unabhängig sein möchte, kann sich über die Anschaffung eines speziellen Makroblitzgeräts Gedanken machen. Mehr dazu auf Seite 163.

Durchgehende Schärfentiefe

Nicht immer ist es möglich, ein Motiv komplett von vorn bis hinten scharf abzubilden. Selbst wenn Sie die Blende maximal schließen, gibt es Grenzen. Wahrscheinlich haben Sie schon Fotos mit extrem großer Schärfentiefe gesehen und wundern sich vielleicht, warum das bei Ihnen nicht funktioniert. Die Lösung des Rätsels ist relativ einfach: In der professionellen Produktfotografie kommen Spezialkameras zum Einsatz, mit denen solche außergewöhnlichen Schärfeeffekte möglich sind. Auch durch Mehrfachaufnahmen mit unterschiedlich gesetztem Schärfepunkt und einer anschließenden aufwendigen Nachbearbeitung (»Focus Stacking«) lässt sich mehr Schärfentiefe erzielen. Im fotografischen Alltag sind solche Methoden eher die Ausnahme: Nutzen Sie die Möglichkeiten, die Ihnen Ihr Objektiv bietet, oder verändern Sie die Perspektive: Von oben oder aus einem flacheren Winkel fotografiert, lässt sich die Schärfentiefe in der Regel einfacher handhaben. Und nicht zuletzt finden viele Betrachter Fotos mit einer selektiven Schärfe viel ästhetischer als Bilder, auf denen alles von vorn bis hinten gleich scharf ist. Mehr zu diesem Thema können Sie in Kapitel 4, »Richtig scharf stellen«, nachlesen.

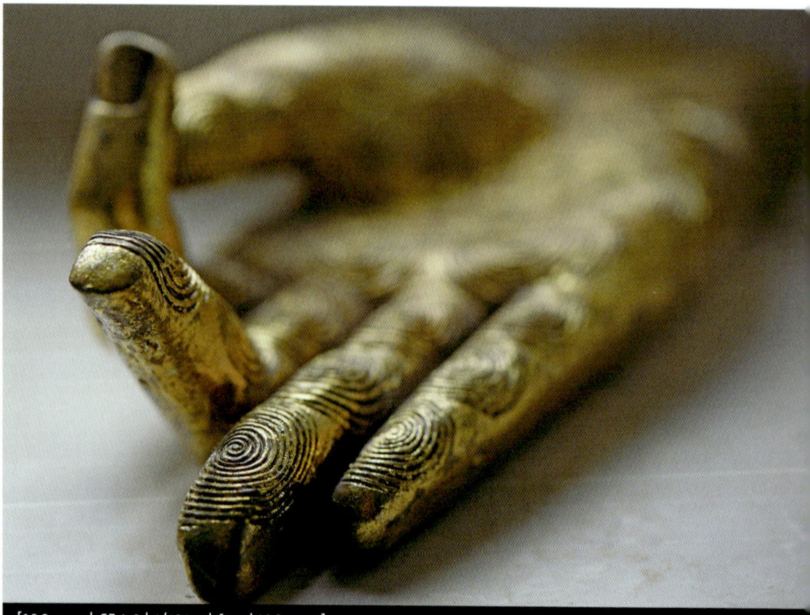

[100 mm | CF 1,6 | 1/125 s | f3,5 | ISO 400]

> Von vorn bis hinten scharf? Das ist nicht möglich, wenn sich das Motiv sehr weit in die Tiefe erstreckt.

Makrobilder gestalten

Für die Gestaltung von Nahaufnahmen gelten die gleichen allgemeinen Regeln, wie sie in Kapitel 6, »Bilder gestalten«, beschrieben werden. Als Besonderheit kommt hinzu, dass die Schärfentiefe im Makrobereich besonders gering ist: Genaues Arbeiten ist hier also gefragt.

Es liegt in der Natur der Sache, dass der Bildausschnitt bei Nahaufnahmen eng begrenzt ist. Trotzdem können sich immer noch störende Bildelemente einschleichen, die vom Hauptmotiv ablenken, oder andere Probleme, die man erst im Nachhinein entdeckt. Hell beleuchtete Stellen im Hintergrund, farbige Flecken am Bildrand oder Blattstängel und Äste zwischen den Blüten, auf die man beim Fotografieren nicht geachtet hat: All das kann ein Bild zunichtemachen. Manchmal muss man lange suchen, um den perfekten Winkel und den richtigen Bildausschnitt zu finden, und es ist nicht gesagt, dass es immer einen gibt. Kein Foto zu machen, ist dann die beste Option.

˅ Rot und Grün
Der Farbkontrast ist zwar sehr schön, aber die vielen Strukturen und Helligkeitsunterschiede im Hintergrund zerstören den Gesamteindruck. Bei genauem Hinsehen erkennt man auch, dass unten am Bildrand vertrocknete Blätter hängen und dass die Schärfe nicht auf dem richtigen Punkt liegt.

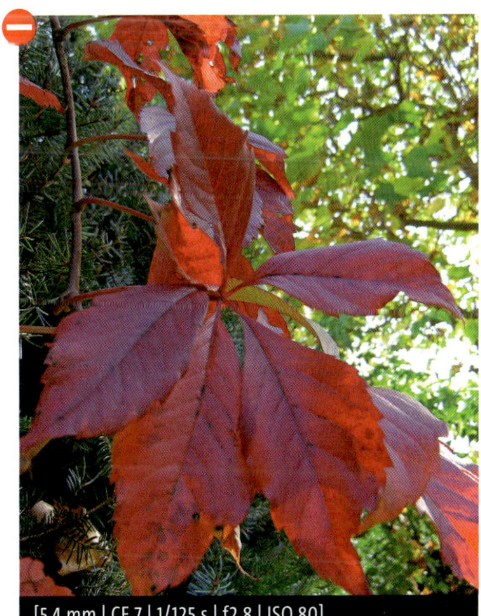
[5,4 mm | CF 7 | 1/125 s | f2,8 | ISO 80]

[70 mm | CF 1,6 | 1/250 s | f6,3 | ISO 100]
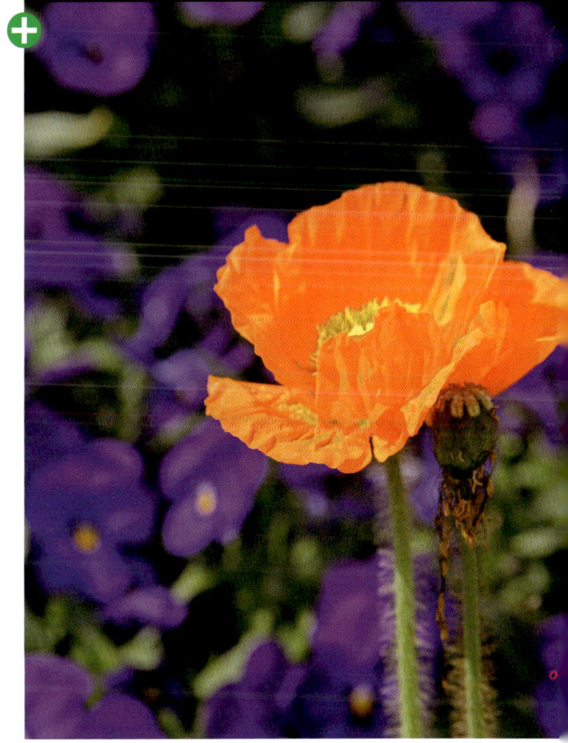

˄ Wirkungsvoller Farbkontrast
Vor einem dunklen Hintergrund heben sich helle Motive besser ab.

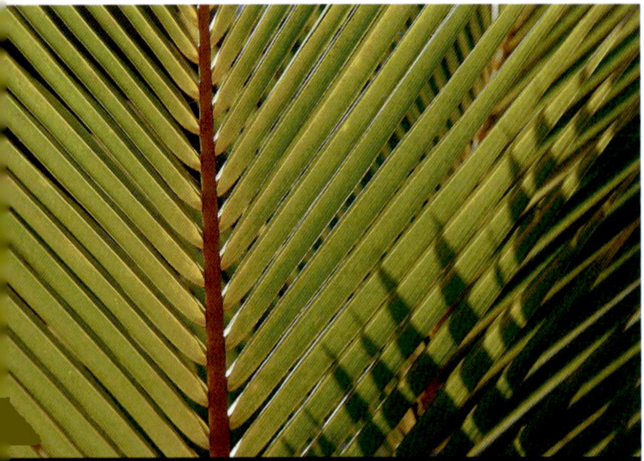

[100 mm | 1/80 s | f8 | ISO 100]

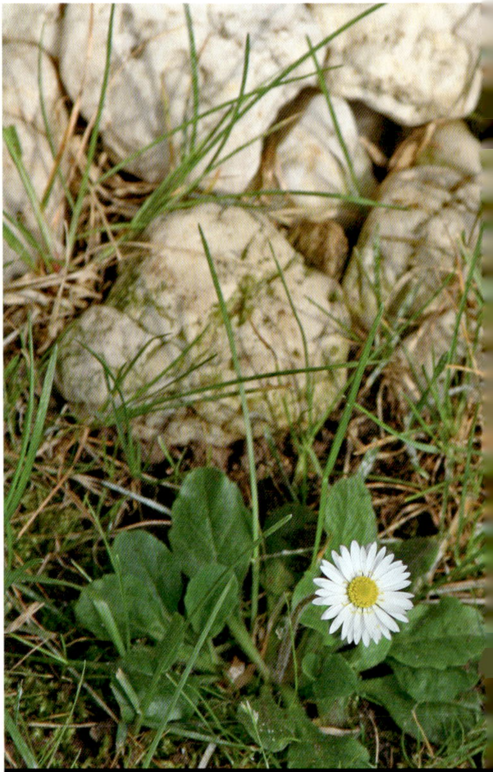

[135 mm | CF 1,6 | 1/250 s | f7,1 | ISO 100]

∧ Licht, Farben und Strukturen
Blätter bieten in der Nahansicht viele grafisch wirksame Fotomotive.

> Umgebung zeigen
Eine Nahaufnahme muss sich nicht immer nur auf eine Blüte konzentrieren.

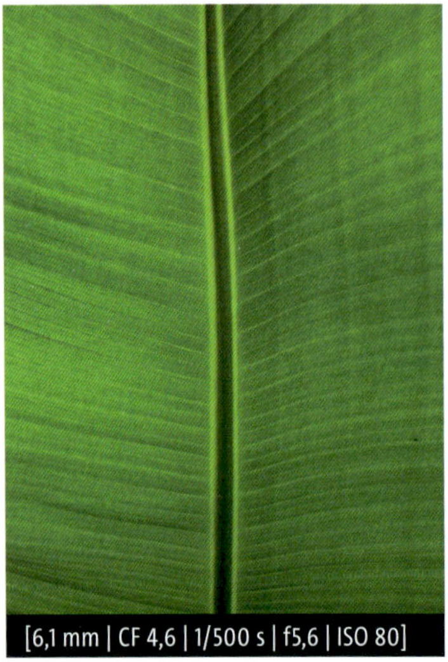

[6,1 mm | CF 4,6 | 1/500 s | f5,6 | ISO 80]

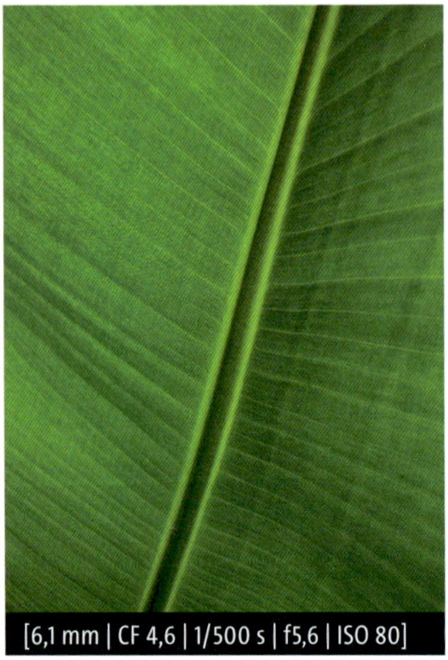

[6,1 mm | CF 4,6 | 1/500 s | f5,6 | ISO 80]

< Minimalistisch
Ein solches Motiv können Sie mit einer geraden oder einer leicht schräg angeordneten Linie aufnehmen. Wichtig ist, dass Sie sich ein makelloses Blatt aussuchen.

Wichtiges Zubehör für Nahaufnahmen

Für Kompaktkameras gibt es nur wenig und meist kein spezielles Makrozubehör. Für die Objektive von System- und Spiegelreflexkameras gibt es Vorsatzlinsen, die man ins Filtergewinde schrauben kann. Diese »Lupe« für die Kamera, die es in unterschiedlichen Stärken gibt, ist eine preiswerte Alternative für spezielle Makroobjektive. Angenehm ist auch, dass diese Linsen leicht sind und wenig Platz in der Fototasche benötigen. Was für den Einstieg ganz nützlich ist, macht langfristig allerdings keine große Freude, weil die Brillanz und Schärfe der Bilder mit den richtigen Objektiven deutlich besser ist.

Zwischenringe oder Balgengeräte, die zwischen Kamera und Objektiv angebracht werden, liefern eine bessere Qualität als Vorsatzlinsen. Damit sind auch extreme Detailaufnahmen möglich. Weil bei deren Einsatz die Verwacklungsgefahr allerdings sehr hoch ist, benötigen Sie ein Stativ. Hier stehen Ihnen verschiedene Modelle zur Auswahl.

Stative & Co.

Mit einem Einbeinstativ können Sie die Kamera stabilisieren und etwas längere Belichtungszeiten wagen als beim Fotografieren aus der Hand. Sie bleiben beweglich, aber eine absolute Sicherheit gegen das Verwackeln bietet dieses Stativ nicht. Ein weiteres Manko: Viele Motive befinden sich in Bodennähe, und das Einbeinstativ ist selbst im eingefahrenen Zustand dafür noch zu hoch.

Das Dreibeinstativ ist die stabilste und sicherste Lösung – leider auch die sperrigste und schwerste. Je kleiner und leichter die Kamera, desto leichter darf auch das Stativ sein. Achten Sie bei der Anschaffung auf die Herstellerangaben: Jedes Stativ ist auf ein bestimmtes Maximalgewicht ausgelegt. Wenn Ihre Kombination

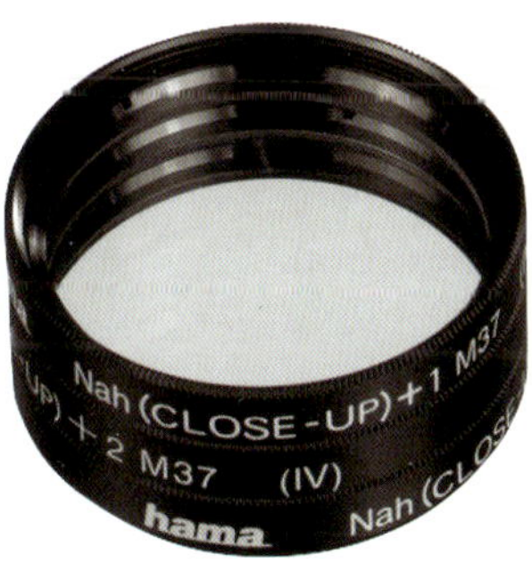

^ Näher heran
Vorsatzlinsen gibt es in verschiedenen Stärken (Bild: Hama).

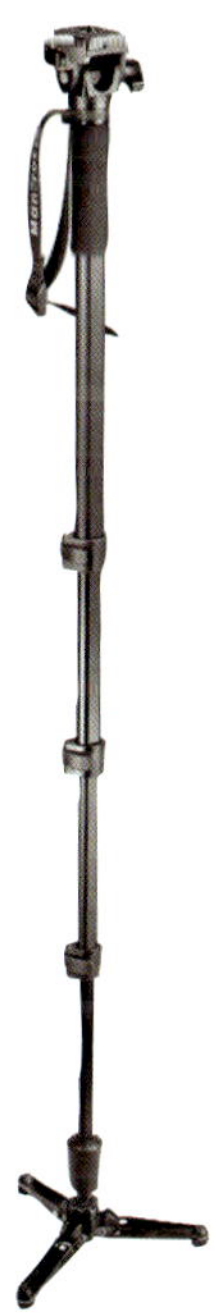

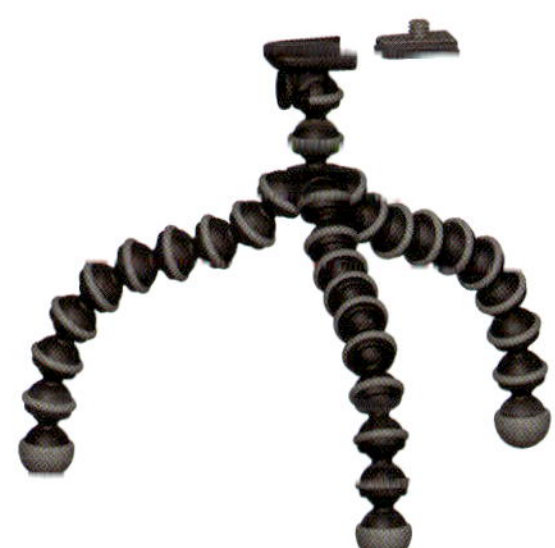

^ Flexibilität
Das niedrige GorillaPod lässt sich mit seinen beweglichen Beinen auch an Zäunen oder Geländern befestigen. Es gibt verschiedene Modelle, die sich jeweils für die gesamte Palette von Kompakt- bis Spiegelreflexkameras einsetzen lassen (Bild: Joby).

< Mobilität
Das Einbeinstativ ist klein und leicht zu transportieren, bietet aber keine 100%ige Garantie für scharfe Bilder (Bild: Manfrotto).

aus Kameragehäuse und Objektiv schwerer ist, vibriert sie auf dem Stativ. Damit sind verwackelte Fotos vorprogrammiert.

Ein weiteres wichtiges Element ist der Stativkopf, auf dem die Kamera befestigt wird. Hier haben Sie die Wahl zwischen einem Drei-Wege-Neiger, bei dem Sie drei Verriegelungen öffnen und wieder schließen müssen, bis die Kamera in Position ist, und einem Kugelkopf, bei dem nur eine Verriegelung gelöst wird, woraufhin sich die Kamera sofort in alle Richtungen bewegen lässt. Für sehr genaues Ausrichten ist der Drei-Wege-Neiger sinnvoller. Wer etwas schneller arbeiten möchte, wird mit dem Kugelkopf glücklicher.

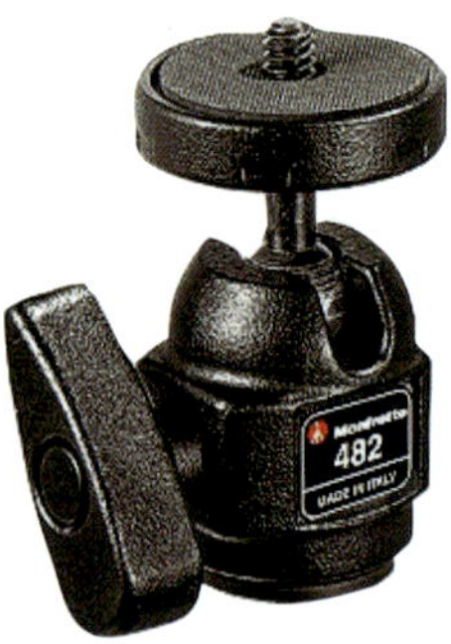

< Kugelkopf
Es muss nur eine Schraube betätigt werden, um die Kamera auszurichten (Bild: Manfrotto).

Fotografieren in Bodennähe

Stative, bei denen sich der Stativkopf mit der Halterung für die Kamera nicht von den Beinen trennen lässt, sind für sehr tiefe Aufnahmepositionen nicht geeignet. Für Motive in Bodennähe gibt es deshalb speziell konstruierte Stative, bei denen entweder die Beine sehr weit ausgeklappt werden können oder sich die Mittelsäule nach unten ausfahren lässt.

Ein relativ einfaches Hilfsmittel für Aufnahmen am Boden ist der sogenannte Bohnensack. Früher benutzte man tatsächlich ein mit Linsen oder Bohnen gefülltes Säckchen, um die Kamera darauf zu stabilisieren. Heute gibt es dafür spezielle Produkte: Entweder Sie kaufen sich einen solchen »Beanbag« im Fotofachhandel, oder Sie improvisieren wie eben beschrieben, indem Sie einen Sack einsetzen, den Sie zuvor mit Bohnen oder Linsen gefüllt haben.

Beim Fotografieren in einer derart tiefen Aufnahmeposition stehen Sie vor einer weiteren Herausforderung: Sie müssen durch den Sucher schauen können, um den Bildausschnitt zu wählen und die Schärfe zu kontrollieren. Hier sind Kameras mit Schwenkdisplay klar von Vorteil. Haben Sie keines zur Verfügung, können Sie für Spiegelreflexkameras einen Winkelsucher kaufen, mit dem Sie von oben Einblick in Ihren optischen Sucher bekommen. Relativ neu sind externe Displays. Wenn Ihre Kamera eine Live-View-Funktion hat, können Sie das Bild über ein Verlängerungskabel auf das separat zu erwerbende Display übertragen und müssen nicht auf allen vieren auf dem Boden herumkrabbeln.

Weil Bodenkontakt trotzdem oft unvermeidlich ist: Nehmen Sie eine wasserdichte Unterlage mit, auf die Sie sich bei Bedarf setzen oder knien können.

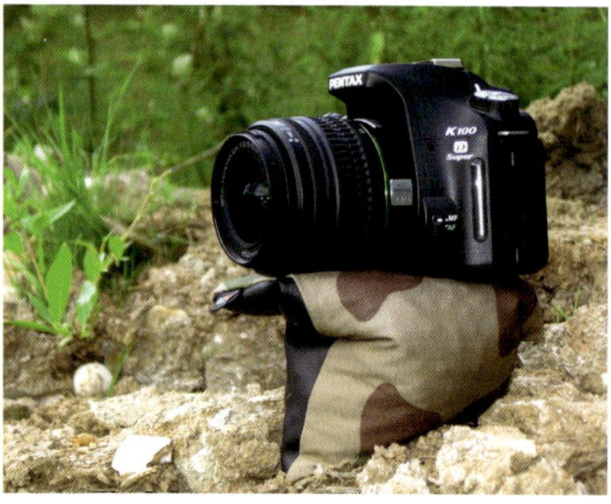

∧ »Kamerakissen«
Einen Bohnensack kann man auch selbst basteln. (Foto: *www.outdoor-stative.de*)

Das Motiv beleuchten

Eine andere wichtige Kleinigkeit, die in keiner Fototasche fehlen sollte, sind Materialien zum Beleuchten bzw. Aufhellen des Motivs. Im Fotofachhandel gibt es unterschiedlich große Faltreflektoren, aber es geht auch einfacher. Ein Stück Alu- bzw. Goldfolie oder ein festes weißes Papier erfüllt den gleichen Zweck: Das Tageslicht kann auf diese Weise auf die Schattenseite des Motivs reflektiert werden. Manche Fotografen verwenden auch kleine Schmink- oder Taschenspiegel, um Lichtreflexe auf ihren Makromotiven zu erzeugen.

Wenn Sie vom Tageslicht unabhängig sein wollen, dann lohnt sich die Anschaffung eines externen Blitzgeräts. Der eingebaute Kamerablitz eignet sich nicht, um kleine Gegenstände anzuleuchten, denn diese befinden sich oft so nah vor der Kamera, dass das nach vorn ausgestrahlte Blitzlicht über das Motiv hinwegleuchtet und es gar nicht erfasst. Ein separates Blitzgerät können Sie von der Kamera getrennt aufstellen und es über ein Kabel oder per Funk auslösen. Auf diese Weise erhalten Sie nicht nur genügend Licht, sondern ganz generell die Möglichkeit, Ihre Blitzmotive flexibler und interessanter anzuleuchten. Speziell für die Makrofotografie gibt es sogenannte Ringblitzgeräte. Diese werden nicht oben auf die Kamera, sondern vorn rund um das Objektiv angebracht. Sie leuchten das Motiv von allen Seiten an, was zu einer gleichmäßigeren und sehr weichen, hellen Beleuchtung führt, in der deutlich weniger störende Schattenwürfe auftreten.

Nicht jede Nahaufnahme ist ein Natur- oder Tiermotiv: Falls Sie zu Hause Fotos von kleinen Gegenständen machen, können Sie sich anstelle eines Blitzgeräts auch eine Ringleuchte anschaffen. Diese Lampen sind zwar nicht so hell wie ein Blitz, aber sie haben den Vorteil, dass Sie im Dauerlicht genau beurteilen können, wie Ihr Motiv beleuchtet ist.

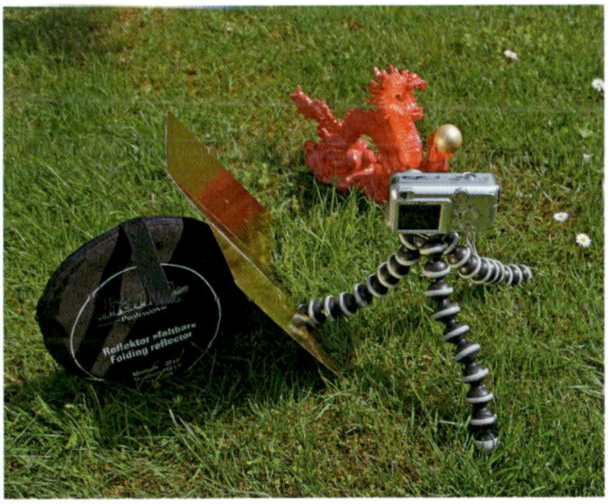

∧ Motiv aufhellen
Es muss kein (Falt-)Reflektor aus dem Fachhandel sein: auch mit einfachen Folien oder weißem Papier können Sie das Sonnenlicht auf das Motiv lenken.

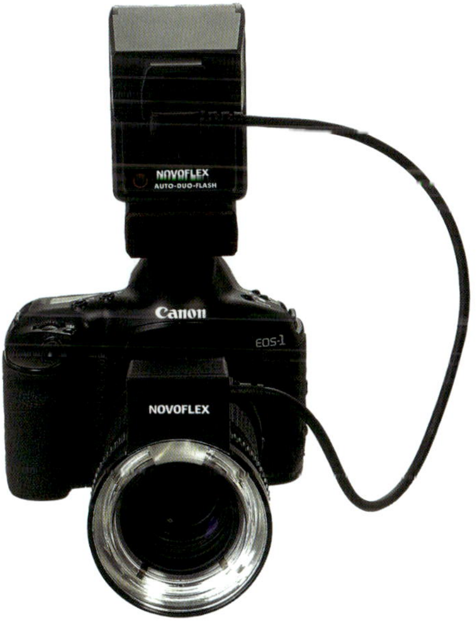

∧ Für Makrospezialisten
Der Ringblitz leuchtet genau dort hin, wo sich das Motiv befindet (Bild: Novoflex).

Schnelle erste Hilfe: **Die Schärfe richtig platzieren**

Flächige Motive sind am einfachsten zu fotografieren, weil man dabei keine große Schärfentiefe braucht und die Blendeneinstellung vernachlässigen kann. Sobald Sie jedoch einen Gegenstand fotografieren, der sich in die Tiefe erstreckt, müssen Sie den Blendenwert im Auge behalten. Je weiter sich die Schärfe in die Tiefe ausdehnen soll, desto weiter müssen Sie die Blende schließen (11, 16) und gegebenenfalls ein Stativ verwenden. Vermeiden Sie Einstellungen über f22: Objektive haben ihre beste Abbildungsleistung bei niedrigeren Werten. Wenn Sie mit dem Effekt von Schärfe und weichem Hintergrund arbeiten wollen, lassen Sie die Blende weiter offen (kleine Blendenzahlen wie z. B. f2,8), aber achten Sie ganz genau darauf, worauf Sie scharf stellen.

Der Fokuspunkt wird auf das vordere Drittel des Motivs gerichtet. Weil sich die Schärfentiefe nach hinten stärker ausdehnt als nach vorn, erscheinen sowohl die vorderen als auch die hinteren Motivteile scharf.

DAS WICHTIGSTE IN KÜRZE

- Mit kleinen Kameras können Sie Nahaufnahmen einfach und ohne zusätzliches Zubehör umsetzen.
- Für Insekten und andere kleine Tiere sind Kameras mit Wechselobjektiven sinnvoller, weil eine lange Makrobrennweite Aufnahmen aus größerem Abstand erlaubt.
- Die eingestellte Blende bestimmt die Schärfentiefe: Stellen Sie einen großen Blendenwert für eine große Schärfentiefe ein.
- Mit dem Abblenden steigt die Verwacklungsgefahr: Benutzen Sie ein Stativ oder einen Bohnensack.
- Um bei geschlossener Blende kurze Verschlusszeiten zu erhalten, brauchen Sie viel Licht. Erhöhen Sie, falls nötig, den ISO-Wert an Ihrer Kamera.
- Ein Ringblitz oder eine Ringleuchte für zu Hause reduziert die Abhängigkeit vom Tageslicht.
- Wählen Sie eine steilere oder parallele Aufnahmeperspektive, dann kommen Sie mit weniger Schärfentiefe aus.
- Machen Sie die Not zur Tugend, und arbeiten Sie ganz bewusst mit selektiver Schärfe, wenn sich das Motiv nicht von vorn bis hinten scharf abbilden lässt.
- Stellen Sie bei der selektiven Schärfe den Autofokus-Punkt exakt auf die gewünschte Stelle.
- Um eine möglichst große Ausdehnung der Schärfe zu erreichen, fokussieren Sie eher in den vorderen Bereich des Motivs, weil sich die Schärfe nach hinten weiter ausdehnt als nach vorn.
- Setzen Sie diese allgemeinen Gestaltungstipps entsprechend um, und nutzen Sie darüber hinaus Farbstimmungen, Linien und Strukturen, die Drittelregel usw.

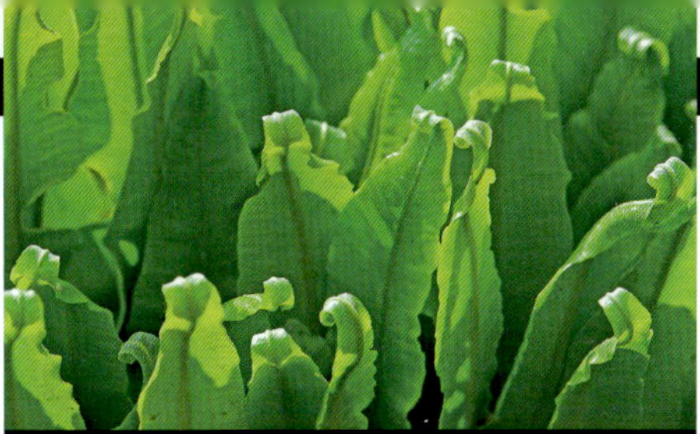

[50 mm | CF 1,6 | 1/125 s | f9 | ISO 100]

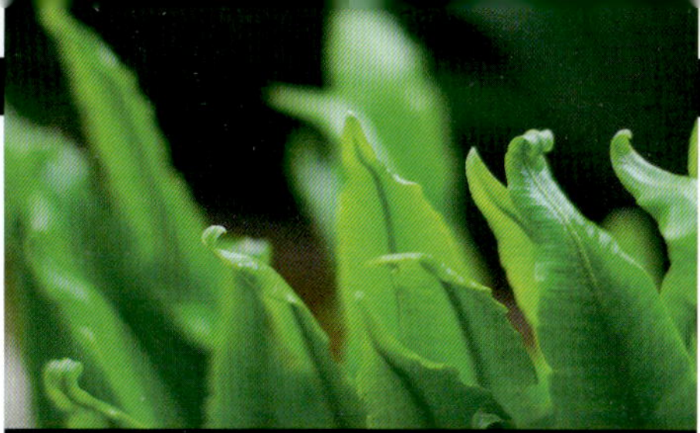

[50 mm | CF 1,6 | 1/1250 s | f1,8 | ISO 100]

^ Geschlossene Blende
Durch das Schließen der Blende vergrößert sich die Schärfentiefe im Bild. Eine leicht nach oben versetzte Aufnahmeperspektive vereinfacht die Sache zusätzlich.

^ Offene Blende
Der Fokuspunkt liegt auf den vordersten Blattspitzen, die Blendenöffnung erzeugt das weiche, diffuse Erscheinungsbild.

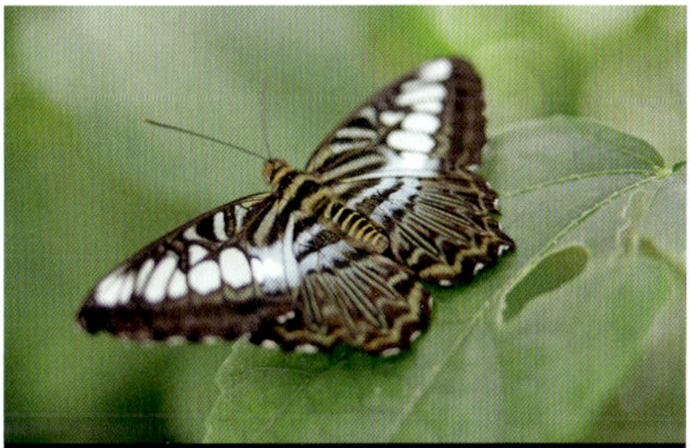

[70 mm | CF 1,6 | 1/60s | f2,8 | ISO 400]

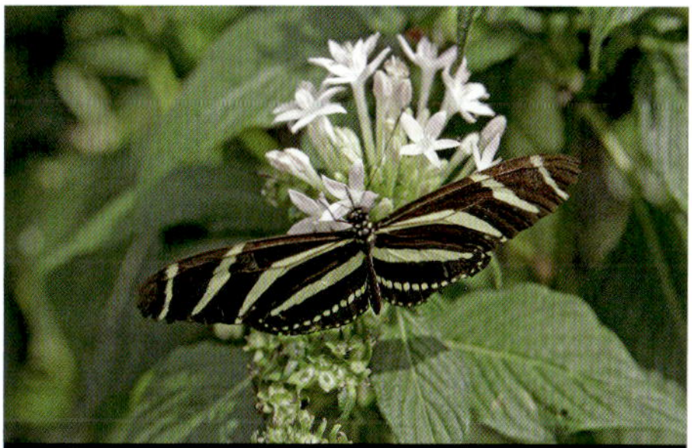

[70 mm | CF 1,6 | 1/250 s | f7,1 | ISO 400]

^ Diagonal angeordnetes Motiv
Nur ein kleiner Teil des Schmetterlings wird scharf. Starkes Abblenden würde die Schärfentiefe vergrößern, trotzdem reicht sie im Nahbereich oft nicht übers ganze Motiv.

^ Parallel zur Kamera
Mehr Schärfentiefe wird hier durch eine kleinere Blendenöffnung erreicht. Der Falter sitzt außerdem günstiger, so dass seine Flügel komplett scharf abgebildet werden.

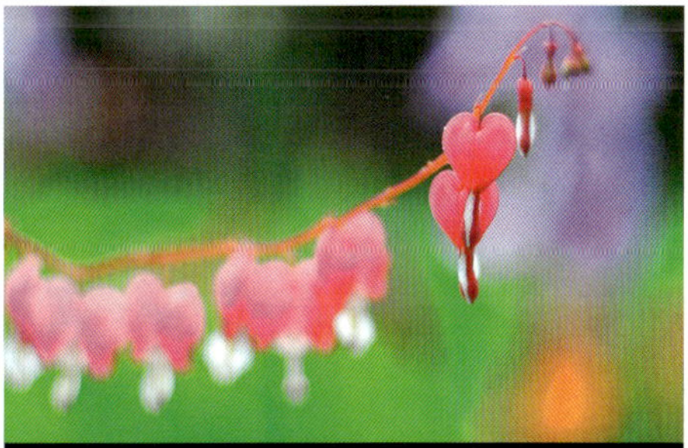

[50 mm | CF 1,6 | 1/1250 s | f1,8 | ISO 100]

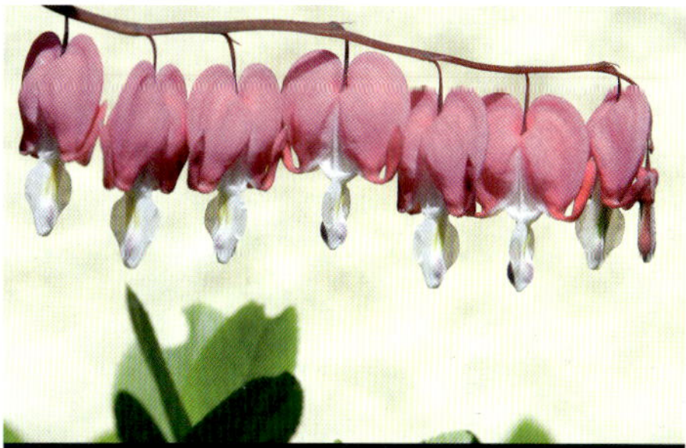

[135 mm | CF 1,6 | 1/320 s | f9 | ISO 100]

^ Geringe Schärfentiefe
Die selektive Schärfe lenkt den Blick. Dass genau zwei Herzen im Goldenen Schnitt platziert und scharf sind, ist kein Zufall.

^ Hohe Schärfentiefe
Nebeneinander angeordnete Blüten, die parallel zur Kamera ausgerichtet sind, lassen sich auch mit einer mittleren Blendeneinstellung (zum Beispiel f8) von vorn bis hinten scharf abbilden.

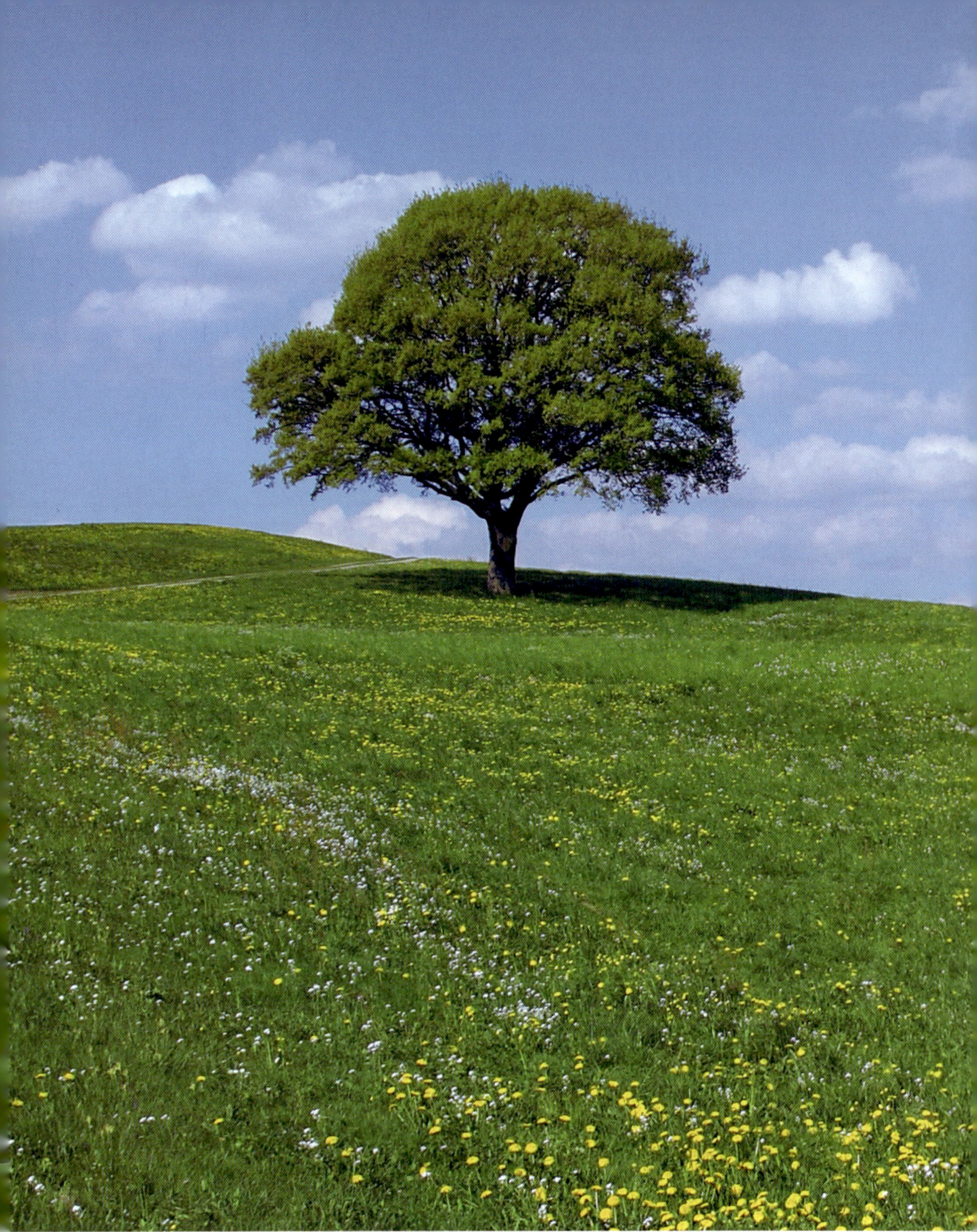
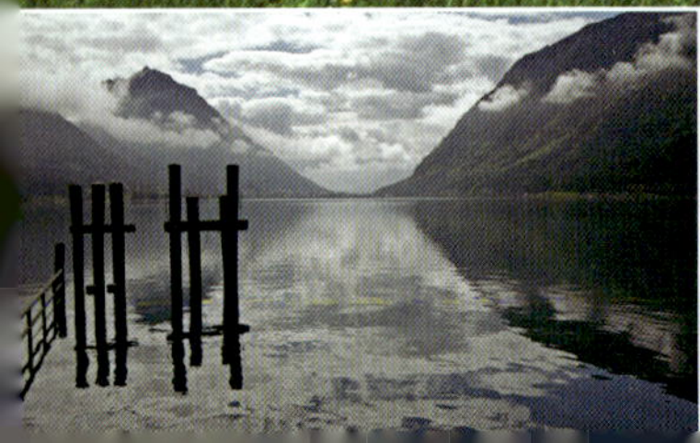
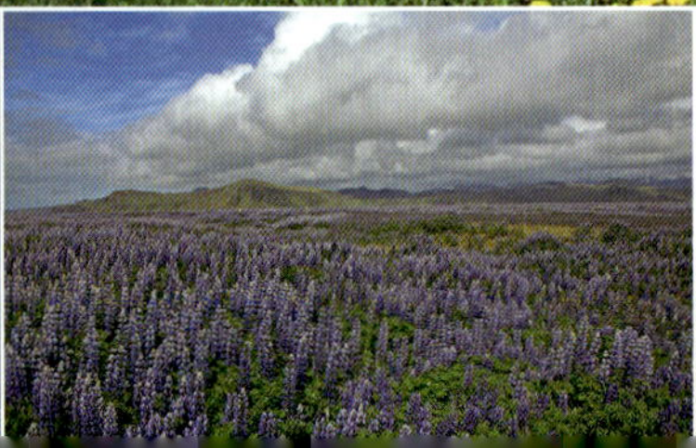
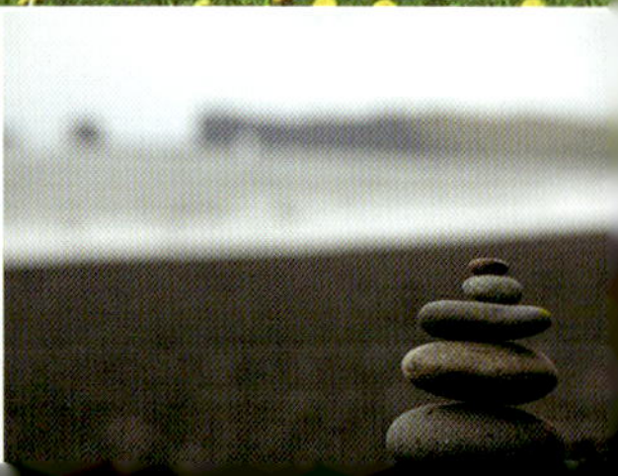

Kapitel 11
Landschaften aufnehmen

- Licht – die wichtigste Zutat
- Die richtige Brennweite für Landschaften
- Den Vordergrund gestalten
- Die Aufnahmeperspektive wechseln
- Bildformate nutzen
- Zubehör für den Landschaftsfotografen
- Schnelle erste Hilfe: Landschaftsfotografie bei schlechtem Wetter

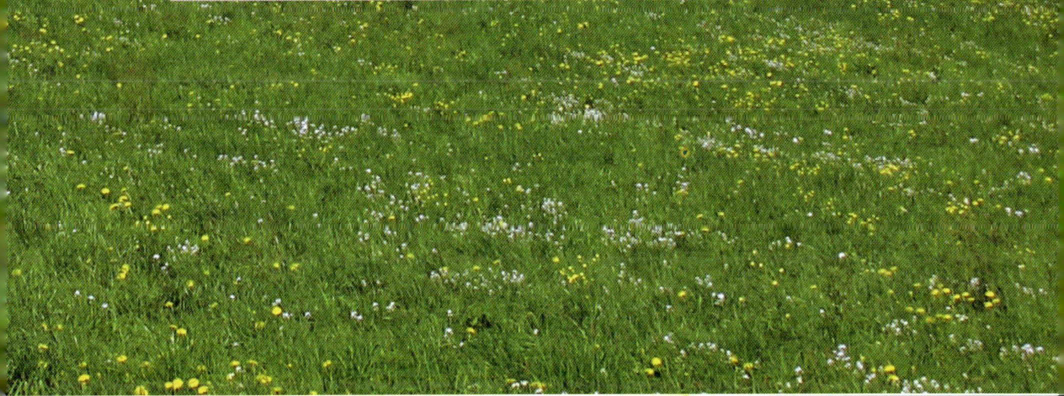

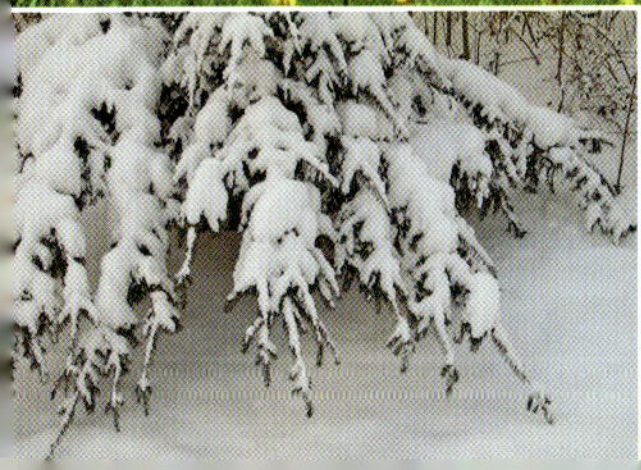

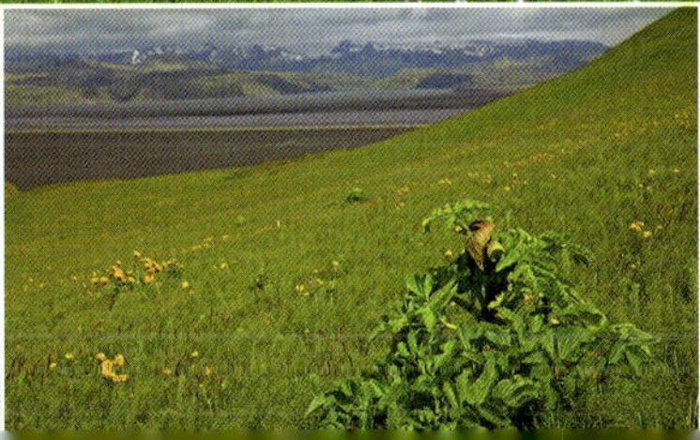

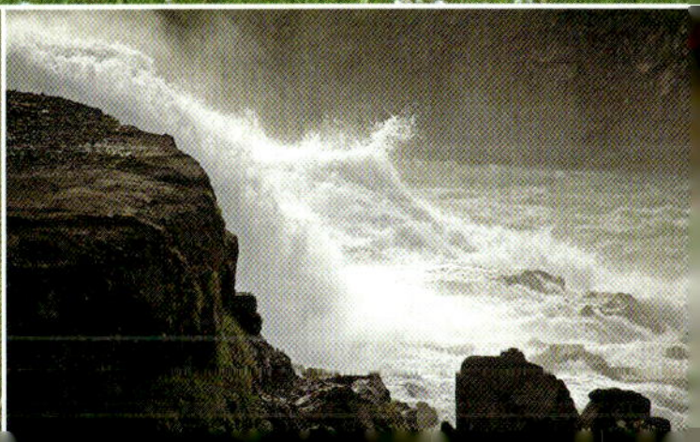

Licht – die wichtigste Zutat

Licht ist Stimmung. In allen Bereichen der Fotografie hängt das Gelingen einer Aufnahme von der Lichtsituation ab. Während Sie sich bei einem Porträt mit einer Verlegung des Aufnahmestandorts oder künstlichen Lichtquellen aus der Affäre retten können, sind Sie im Freien dem Wetter auf Gedeih und Verderb ausgeliefert. Hochnebel und Nieselregen kann man auf einer Städtereise noch mit Caféhaus- und Architekturmotiven überbrücken. In der freien Natur werden Schlechtwetterbilder schnell zu Frustnummern. Dabei ist strahlender Sonnenschein auch nicht immer ein Garant für schöne Fotos. Die eindrucksvollsten Landschaftsbilder entstehen oft an der Wettergrenze, wenn drohende Wolken aufziehen, oder an den Tagesrandzeiten, wenn die tief stehende Sonne die Welt in warmen Farbtönen erglühen lässt. Um die Mittagszeit gibt es selten gutes Licht. In Ländern rund um den Äquator ist das Fotografieren besonders schwierig, weil die Sonne das ganze Jahr über aus einem steilen Winkel einfällt. Der Sonnenauf- und -untergang dauert nur kurz, und die hohe Luftfeuchtigkeit sorgt tagsüber für einen diesigen, diffusen oder viel zu hellen Himmel, von dem man angesichts der hohen Temperaturen eigentlich ein strahlendes Blau erwarten würde.

˅ Wenig Landschaft, viel Himmel
Der Leuchtturm deutet an, wo sich diese Szene ereignet hat.

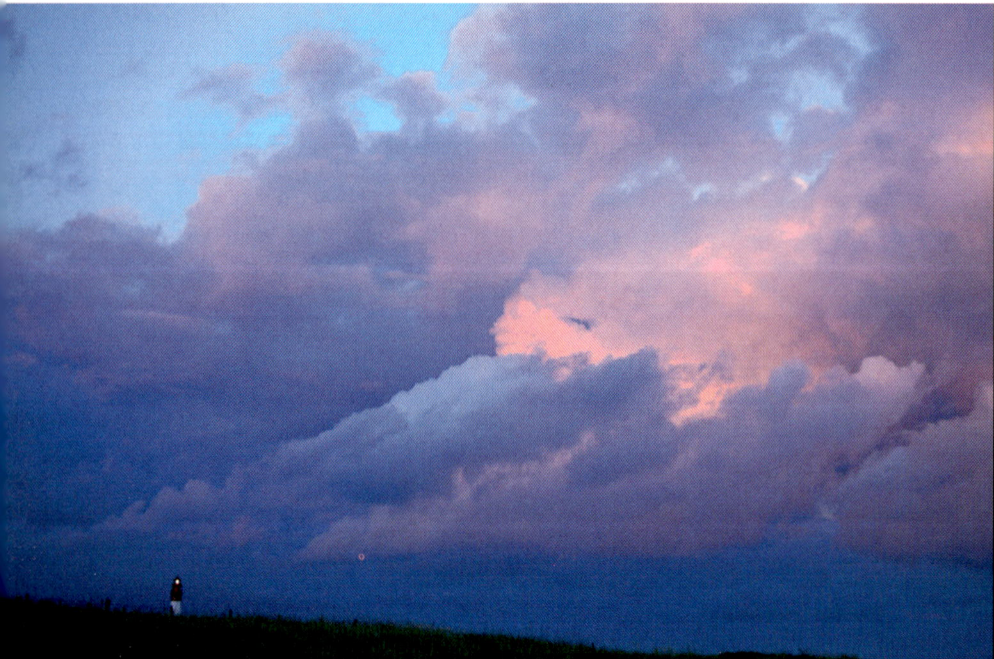

[20 mm | 1/30 s | f5,6 | ISO 100]

Die richtige Tageszeit

Die wichtigste Regel in der Landschaftsfotografie lautet: früh aufstehen oder die Abendstunden nutzen. Dummerweise verbringt man diese Zeit als Pauschalreisender meistens im Hotel. Wenn es also eine Möglichkeit gibt, das Abendessen zu verschieben, dann bleiben Sie lieber draußen. Tagsüber gibt es auch immer wieder Momente, in denen man schöne Landschaftsbilder schießen kann. Achten Sie auf die Farben und das Licht. An einem wolkenlosen Sonnentag sind die Schatten hart, aber kurz. Die Ausleuchtung der Landschaft wirkt dann oft flach und konturlos, den Bildern fehlt die räumliche Tiefe. Dafür leuchten die Farben sehr kräftig. Achten Sie bei dieser Beleuchtung darauf,

˅ »Gutes« Wetter
Die Kontraste im leichten Gegenlicht sind zu stark: Ein Teil des Motivs wird deutlich unterbelichtet.

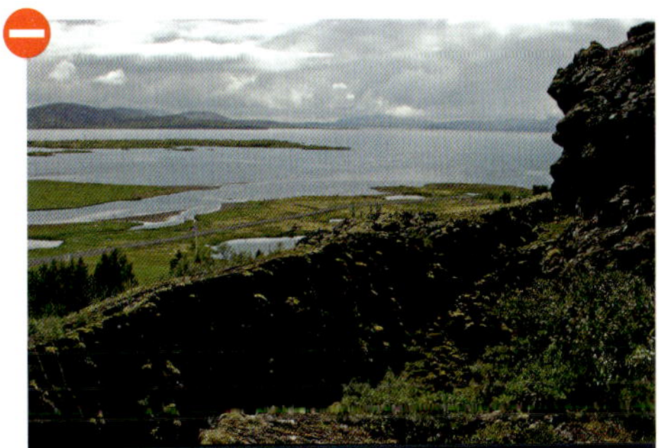
[30 mm | CF 1,6 | 1/200 s | f8 | ISO 100]

˅ Loipe im Schatten
Der automatische Weißabgleich reagiert mit einem leichten Blaustich.

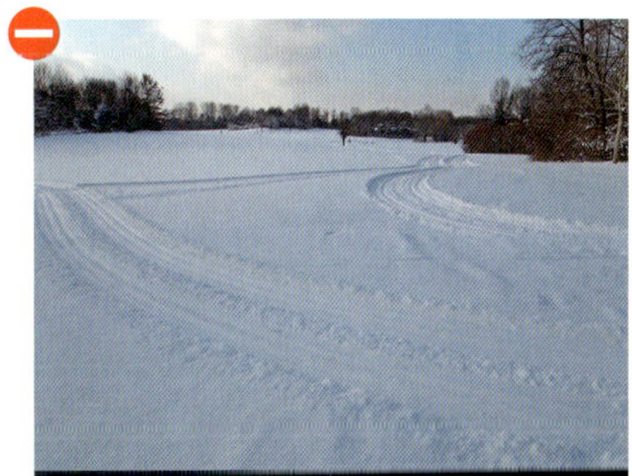
[14mm | CF 2 | 1/320 s | f7,1 | ISO 100]

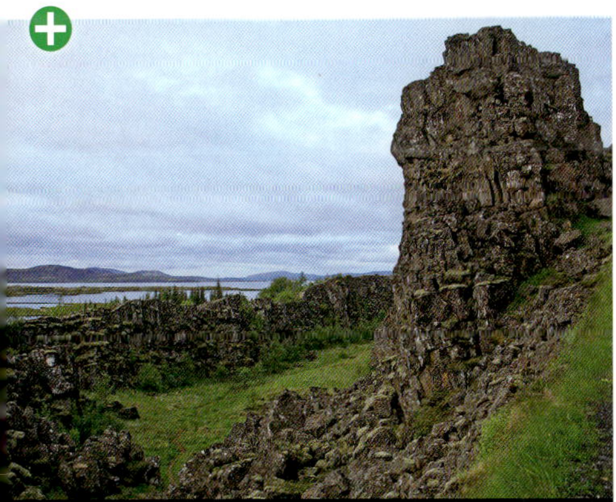
[28 mm | CF 1,6 | 1/60 s | f5 | ISO 400]

˄ »Schlechtes« Wetter
Andere Tageszeit, anderes Licht, leicht veränderter Bildaufbau: Hier ist die Schlucht das Hauptmotiv, der See im Hintergrund nur angedeutet.

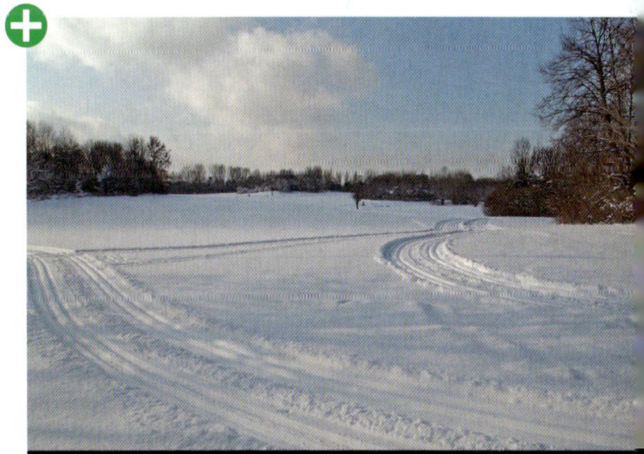
[14mm | CF 2 | 1/320 s | f8 | ISO 100]

˄ Loipe im Sonnenlicht
Nur eine Minute später gab die Wolke den Himmel frei: Sofort kommt mehr Leben in den Vordergrund.

dass im Motiv keine extremen Licht-Schatten-Kontraste auftreten, und versuchen Sie die räumliche Tiefe durch die Linienführung zu verbessern.

Sobald Wolken am Himmel ziehen, besteht die Möglichkeit, dass sich das Licht kurzfristig so verändert, dass eine Szene ganz plötzlich deutlich interessanter aussieht. Halten Sie also Ihre Kamera immer griffbereit, und machen Sie gegebenenfalls mehrere Aufnahmen hintereinander.

Lichtrichtung beachten

Die Richtung, aus der das Licht einfällt, bewirkt auch in der Landschaftsfotografie unterschiedliche Effekte. Licht von hinten lässt die Farben leuchten, seitlich einfallendes Streiflicht betont die Strukturen in der Landschaft, Gegen-

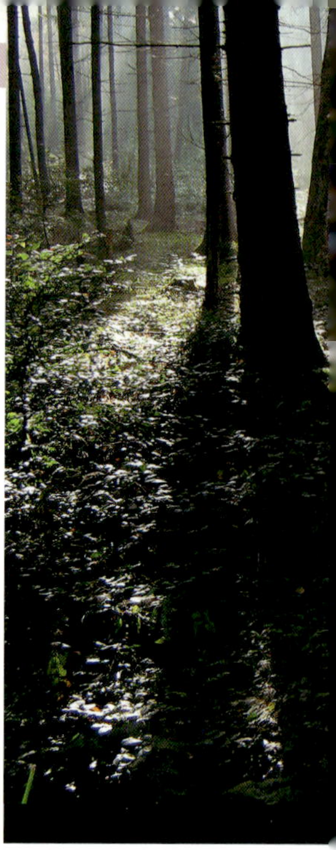

> Gegenlicht geschickt nutzen
Bleiben Sie mit der Kamera im Schatten eines Baumes, und benutzen Sie die Minuskorrektur.

˅ Sonne und Nebel im Kampf
Vor dem diffusen Schleier heben sich die Baumsilhouetten im Vordergrund gut ab.

[40mm | CF 1,6 | 1/500 s | f16 | ISO 100]

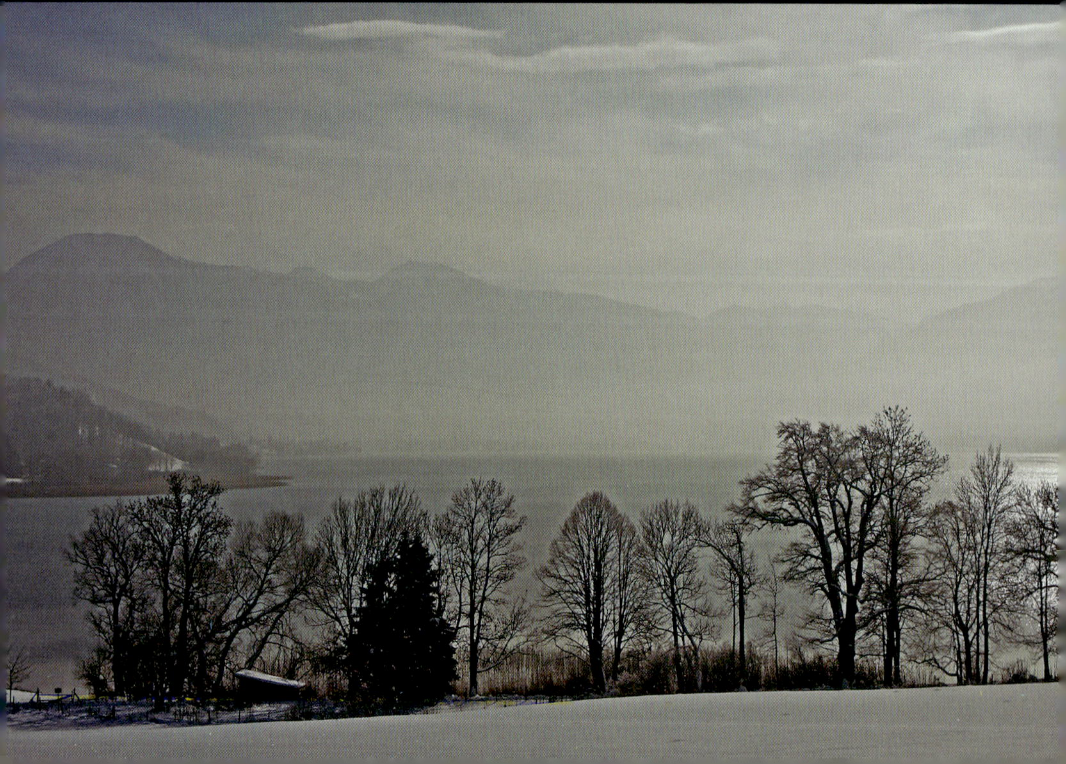

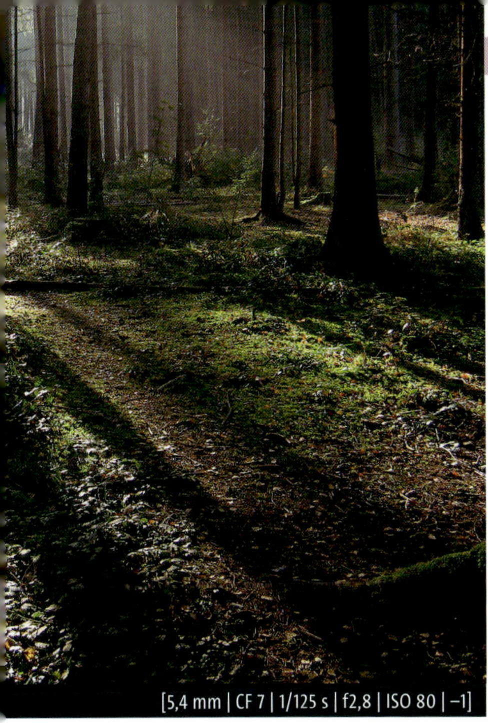

[5,4 mm | CF 7 | 1/125 s | f2,8 | ISO 80 | –1]

licht betont die Konturen und erzeugt starke Hell-dunkel-Kontraste. Sie können sich nicht aussuchen, von wo das Licht kommt – es sei denn, Sie haben genug Zeit, um zu einer anderen Tageszeit oder bei anderem Wetter wiederzukommen.

Im Tagesverlauf wandert die Sonne von Osten nach Westen: Was morgens im Schatten liegt, ist nachmittags beleuchtet und umgekehrt. Erfahrene Landschaftsfotografen recherchieren im Vorfeld, wo und wann sie für ein Motiv die beste Beleuchtung bekommen, und planen ihre Routen dementsprechend. Ein Luxus, den sich Hobbyfotografen nur selten leisten. Die Jahreszeit hat ebenfalls Auswirkungen auf die Lichtverhältnisse. Im Winter ist der Lichteinfall in nördlichen Breiten stets flacher als im Sommer.

Aufgrund all dieser wechselnden Bedingungen ist es schier unmöglich, eine tolle Landschaftsaufnahme, die man vielleicht in einem Kalender gesehen hat, einfach nachzufotografieren, selbst wenn man am gleichen Ort steht. Seien Sie also nicht enttäuscht, wenn es mit bestimmten Idealmotiven nicht so klappt: Nutzen Sie Ihren Erfindungsreichtum, und machen Sie aus dem, was Sie vorfinden, Ihre eigenen Bilder.

Im Wald

An bedeckten oder trüben Tagen kann man im Wald gute Aufnahmen machen. Sie haben dort zwar wenig Licht und müssen womöglich mit Stativ oder hohem ISO-Wert arbeiten, aber die Beleuchtung ist diffus und gleichmäßig. Sobald helles Sonnenlicht durch die Baumwipfel bricht, entstehen zwischen den Bäumen und am Boden helle Lichtflecken, daneben liegen dunkle Schattenzonen: eine fotografische Extremsituation, die oft nicht zu lösen ist. Vermeiden Sie deshalb alle Totalansichten, bei denen helle Lichtflecken am Boden zu sehen sind. Diese werden im Foto fast immer »ausbrennen«, also völlig überbelichtet.

Fotografisch reizvoll sind Aufnahmen im Wald in den Morgenstunden. Wenn die Sonne noch tief steht und leichter Morgennebel aus den Bäumen aufsteigt, ist Fotografierzeit. Hier sind zwei Dinge entscheidend: Ihr Aufnahmestandort und die Belichtungsmessung. Bleiben Sie am besten im Schatten eines dicken Baumes stehen, dann strahlt die Sonne nicht direkt ins Objektiv. Neigen Sie die Kamera so weit, dass am oberen Bildrand möglichst wenig heller Himmel durchscheint, denn auch der würde ausbrennen und die Konturen der Bäume rundherum auflösen.

Damit Ihr Foto nicht überbelichtet wird, stimmen Sie die Belichtung auf die hellsten Stellen im Motiv ab. Oft hilft es auch schon, wenn Sie die Belichtungskorrektur benutzen und in Richtung Minus einstellen – also knapper belichten als normal.

Die richtige Brennweite für Landschaften

Der überwältigende Eindruck einer weiten Landschaft lässt sich nur selten 1:1 in ein Bild übertragen. Es bedarf einiger Tricks, um das umfassende subjektive Erleben angemessen in ein zweidimensionales Bild zu übertragen.

Weitwinkel oder Tele?

Rufen Sie sich in Erinnerung, dass die Weitwinkeleinstellung Ihres Objektivs die unangenehme Eigenschaft hat, weit entfernte Dinge kleiner wiederzugeben, als sie in Wirklichkeit sind. Umgekehrt liefert das Telezoom ein Bild, bei dem entfernte Dinge größer abgebildet werden als in der Realität. Wenn Sie also am fernen Horizont eine fantastische Bergkette fotografieren wollen, dann besser nicht mit dem Weitwinkel. Nehmen Sie lieber einen Teilausschnitt, und benutzen Sie dafür die Telestellung des Objektivs.

Der richtige Ausschnitt

Bildausschnitte sind immer eine Gratwanderung: Oft genügt es, wenn Sie ein klein wenig zoomen, dann geht nicht zu viel vom Gesamteindruck verloren. Glücklicherweise ist es heut-

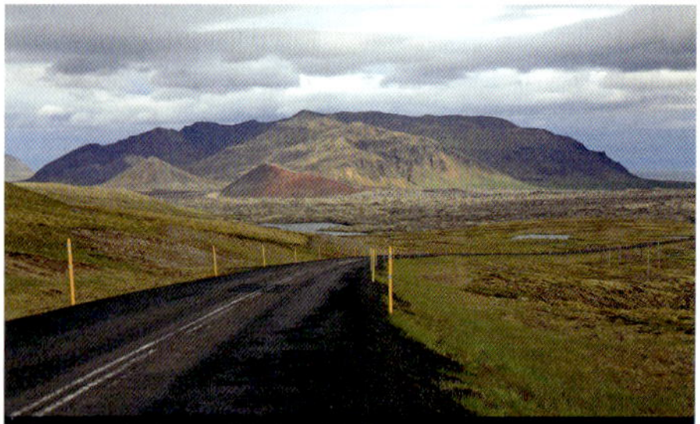

[50 mm | 1/200 s | f8 | ISO 50]

< 50 mm Brennweite
Der Straßenverlauf wird betont, und der Berg im Hintergrund wirkt eher klein und begrenzt.

v 100 mm Brennweite
So wirkt der Berg größer und mächtiger, der rote Hügel fällt zudem viel stärker auf.

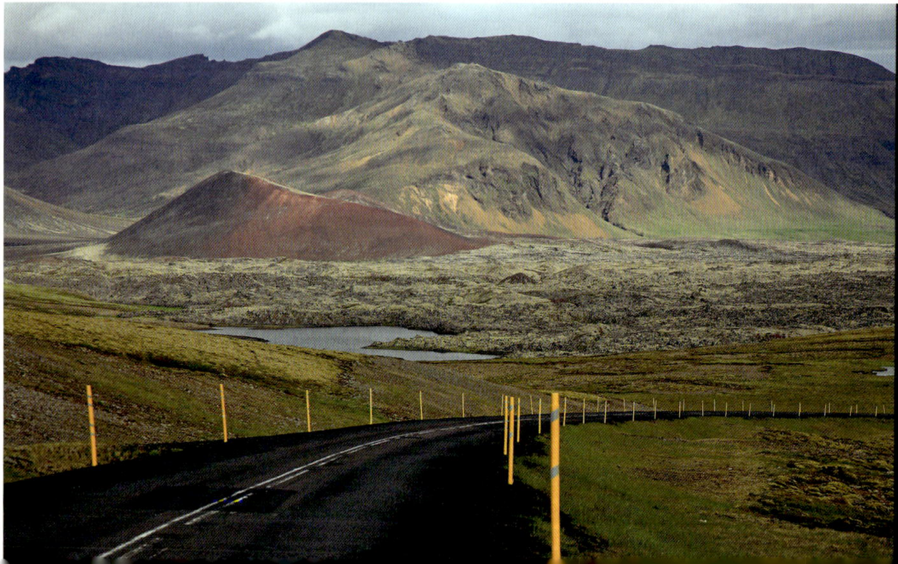

[100 mm | 1/160 s | f8 | ISO 50]

zutage ziemlich einfach geworden, aus mehreren Aufnahmen ein Panorama zusammenzusetzen. Damit lässt sich gut arbeiten, wenn es um das Aufzeichnen einer sehr großen Szene geht, aber am Ende begrenzt Ihr Bildschirm oder das DIN-A4-Druckformat die maximale Breite Ihres Bildes. Mehr zur Panorama-Erstellung erfahren Sie in Kapitel 14, »Panorama und HDR«, ab Seite 216.

Das Weitwinkelobjektiv ist nicht tabu für Landschaftsbilder: Sie müssen es nur geschickt einsetzen. Alles, was sich im Vordergrund befindet, wird mit dieser Brennweite größer wiedergegeben. Deshalb brauchen Sie für Weitwinkelaufnahmen einen schönen Vordergrund oder einen interessanten Blickfang.

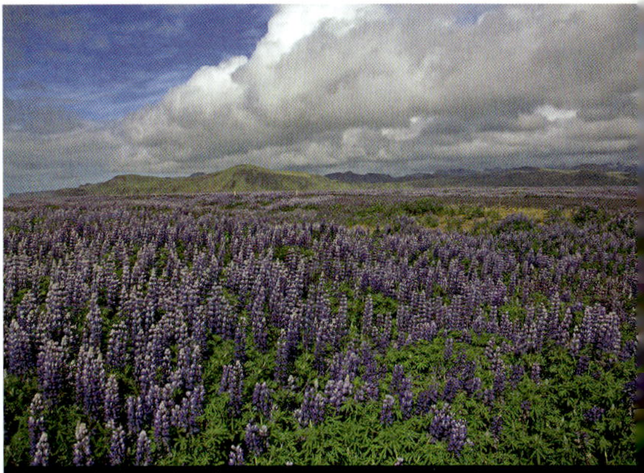
[28 mm | 1/250 s | f11 | ISO 50]

^ Lupinen überall
Mit dem Weitwinkel wird der schöne Blumenteppich im Vordergrund zum Hauptmotiv.

v Teleaufnahme
Die Bäume scheinen näher zusammenzurücken.

[80 mm | CF 1,6 | 1/250 s | f5,6 | ISO 100]
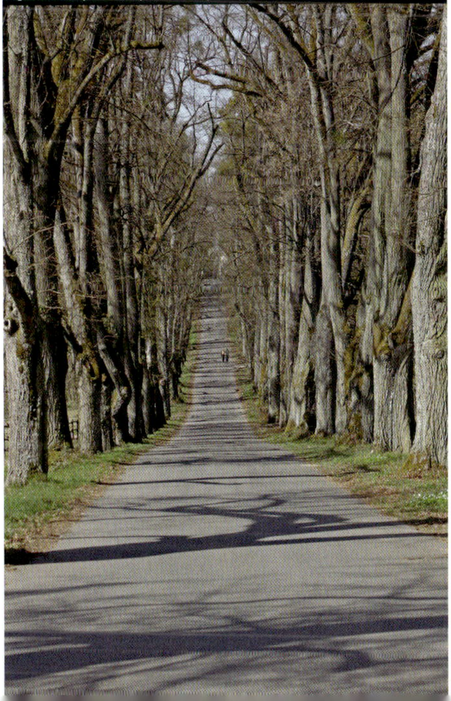

v Weitwinkelaufnahme
Die Bäume vorne scheinen weiter auseinanderzustehen.

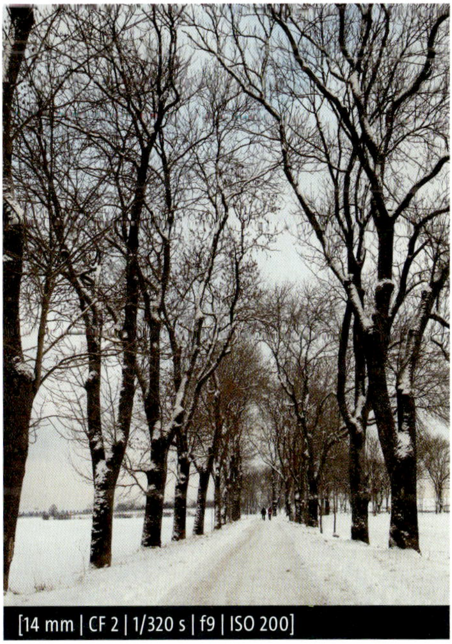
[14 mm | CF 2 | 1/320 s | f9 | ISO 200]

Den Vordergrund gestalten

Viele Landschaftsbilder sehen öde und leer aus, weil dem Vordergrund nicht genug Beachtung geschenkt wurde. Die untere Bildkante gehört mit zum Foto und wird unbewusst wahrgenommen, auch wenn sich die eigentliche Szene in der Mitte oder weiter hinten abspielt. Das Fotografieren aus Augen- oder Schulterhöhe ist eine Ursache dafür, dass der Vordergrund oftmals vernachlässigt wird. Der Blick des Fotografen schweift sofort in die Ferne. Dabei übersieht er so manches, was vom Weitwinkelobjektiv übergroß ins Bild übertragen wird. Nutzen Sie also den Vordergrund, er bietet eine Menge Gestaltungspotenzial.

Vordergrundmotiv finden

Manchmal ist es gar nicht so einfach, auf Anhieb ein Objekt zu finden, das sich als Blickfang eignet: Steine, Blumen, Zäune – halten Sie nach etwas Ausschau, was der Betrachter einordnen kann. Auf diese Weise erleichtern Sie ihm nicht nur den Einstieg ins Bild, es ist da-

Im Goldenen Schnitt
Die grüne Wiese allein wäre nicht attraktiv genug als Vordergrund.

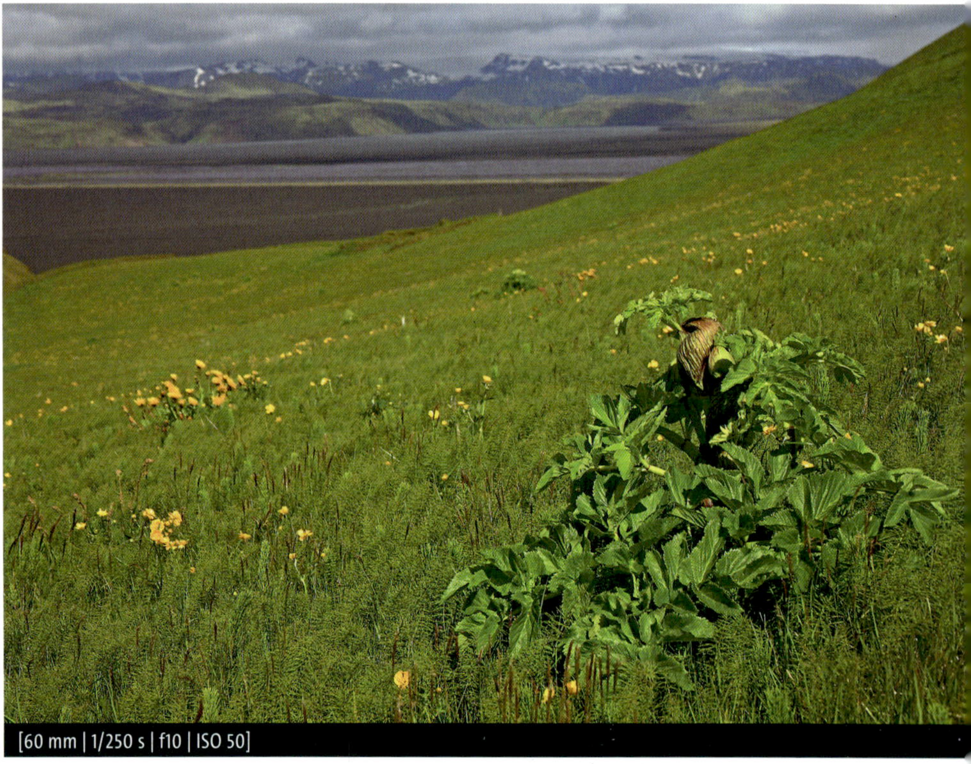

[60 mm | 1/250 s | f10 | ISO 50]

mit auch möglich, die Größenverhältnisse einer Szene darzustellen. Bilder von Berglandschaften sind oft ohne Bezugspunkt fotografiert. Diese Ansichten lassen sich in ihren Dimensionen oft schwer einordnen. Nicht umsonst sieht man auf den meisten Gebirgsbildern ein Gipfelkreuz, einen Zaun, entfernte Wanderer oder grasende Kühe.

Hinter- und Vordergrund gleichmäßig belichten

Wenn Sie den Bildausschnitt variieren, kann sich die Verteilung von hellen und dunklen Tonwerten innerhalb des Bildrahmens ebenfalls verändern. Die Belichtungsmessung der Kamera gewichtet dann beispielsweise den dunklen Vordergrund stärker, und das Foto wird heller. Dadurch gehen die Konturen im Himmel völlig verloren. Solche Probleme entstehen oft bei Landschaftsaufnahmen. Der Kontrast zwischen dem hellen Himmel und der schattigen Landschaft wird zu hoch. Um dem Himmel mehr Kontur zu geben, könnten Sie die Belichtungskorrektur in Richtung Minus benutzen. Eine andere Möglichkeit wäre der Einsatz eines Filters

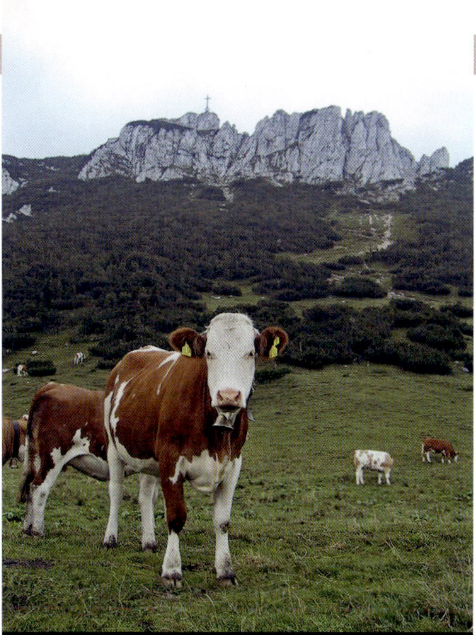

[5,4 mm | CF 7 | 1/125 s | f7,1 | ISO 100]

∧ Blickfang suchen
Kein schöner Himmel, aber dafür schaut die Kuh in die Linse. Eine Alternative, nicht nur bei ungünstigen Lichtverhältnissen.

mit Grauverlauf, der die hellen Bereiche schon bei der Aufnahme abdunkelt (siehe Seite 181). Die dritte Möglichkeit wird in Kapitel 14, »Panorama und HDR«, näher beschrieben.

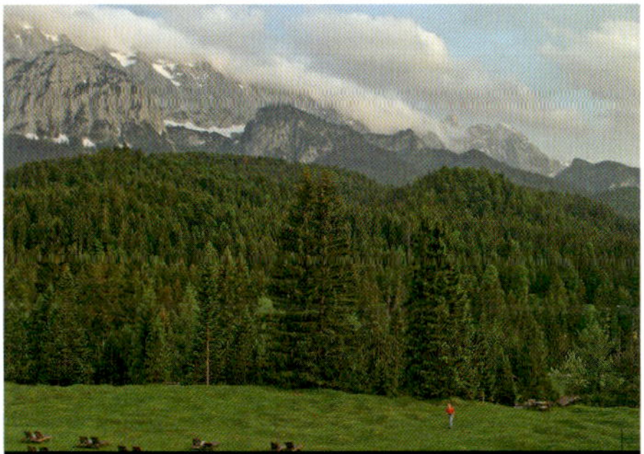

[28 mm | CF 1,6 | 1/90 s | f5,6 | ISO 200]

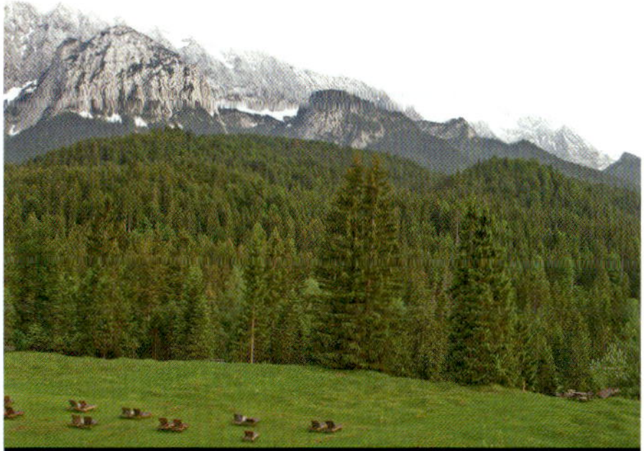

[28 mm | CF 1,6 | 1/45 s | f4,5| ISO 200]

∧ Wechselwirkung
Die Person mit dem roten Pullover wird zum ungewollten Hingucker (links). In der zweiten, »aufgeräumten« Version des Bildes (rechts) sind die Liegen im Vordergrund schöner platziert. Der neue Bildausschnitt verändert auch die Belichtung. Gegen einen überbelichteten Himmel hilft die Minuskorrektur oder ein Grauverlaufsfilter.

Die Aufnahmeperspektive wechseln

Wenn man sich einmal für ein bestimmtes Motiv entschieden hat, dann gibt es in einer Landschaft auf den ersten Blick wenige Möglichkeiten, die Perspektive zu verändern. Man möchte ja genau diesen Berg oder jenen Baum in der Ferne fotografieren. Mit einem Schritt zur Seite, wie beim Porträt oder Architekturmotiv, ist es meist nicht getan. Doch es gibt weitere Möglichkeiten: Die Brennweite haben Sie bereits als Gestaltungsmittel kennengelernt. Wenn Sie Ihre Fotos bisher immer aus Augenhöhe gemacht haben, dann versuchen Sie es jetzt einmal aus einer tieferen Aufnahmeposition. Dadurch verschieben sich die Linien im Bild, und es rücken ganz andere Elemente in den Vordergrund. Neigen Sie die Kamera nach unten, und verlegen Sie den Horizont weiter nach oben ins Bild. So vermeiden Sie einen langweiligen weißen Himmel. Oder Sie fotografieren aus der Froschperspektive gegen den Himmel, wenn weiße Wattewolken eine schöne Kulisse bilden.

Sie werden manchmal auch feststellen, dass von der gewählten Position aus kein schönes Foto möglich ist, obwohl die Szene sehr einladend aussieht. Wenn man nicht gerade an einem besonders schönen Aussichtspunkt steht, muss man sich das Landschaftsmotiv nicht selten erlaufen. Hinter der nächsten Wegbiegung eröffnet sich oft eine günstigere Perspektive.

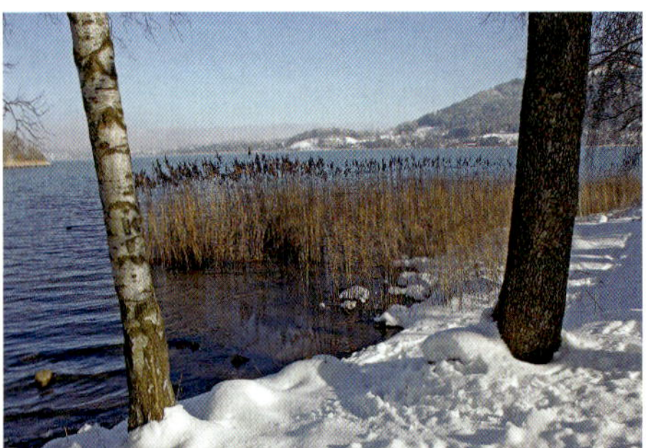

[18 mm | CF 1,6 | 1/200 s | f9 | ISO 100]

< Weitwinkelobjektiv
Die Kamera wurde leicht nach unten gekippt, so dass die Bäume die Szene umrahmen.

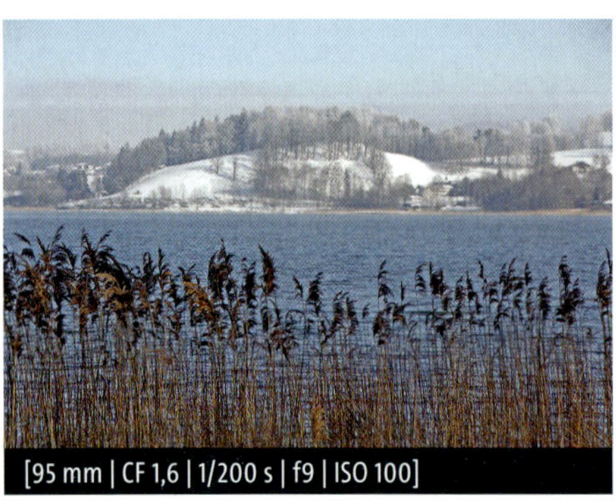

[95 mm | CF 1,6 | 1/200 s | f9 | ISO 100]

∧ Teleobjektiv
Das gegenüberliegende Ufer rückt näher an den Betrachter heran, und das Schilf dient als Blickfang.

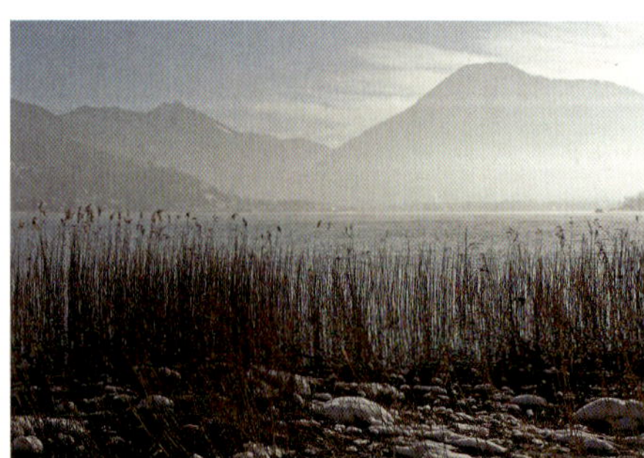

[40 mm | CF 1,6 | 1/400 s | f16 | ISO 100]

∧ Normalobjektiv
Aus einer tiefen Aufnahmeposition halten sich Vorder- und Hintergrund die Waage.

> Achensee I
Der Blick über den See war überaus beeindruckend, das erste Foto davon schlichtweg enttäuschend: hohe Kontraste zwischen Licht und Schatten, dazu ein leerer Vordergrund.

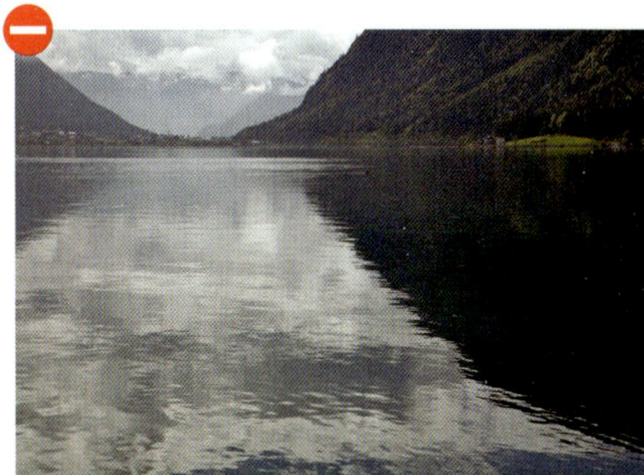
[70 mm | 1/800 s | f10 | ISO 160]

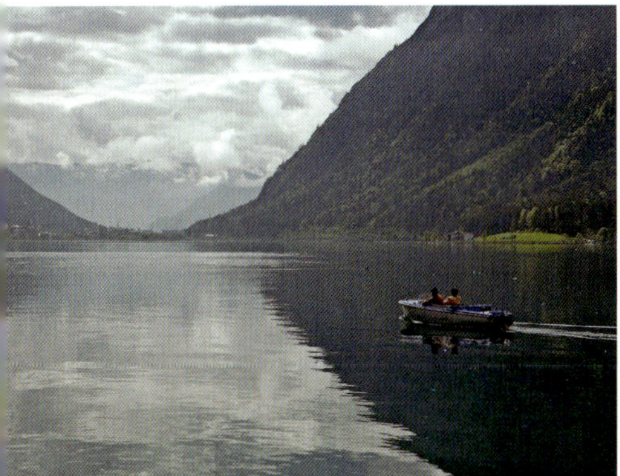
[70 mm | 1/800 s | f10 | ISO 160]

< Achensee II
Das kleine Boot im zweiten Bild wurde aufgenommen, als es den Punkt für den Goldenen Schnitt erreichte. Nun gibt es einen Blickfang, aber die Helligkeitsunterschiede zwischen der rechten und linken Bildhälfte sind noch zu unausgewogen.

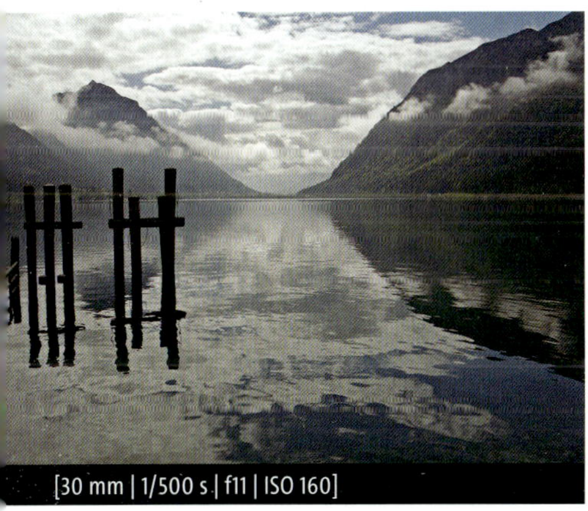
[30 mm | 1/500 s | f11 | ISO 160]

< Achensee III
Ein paar Schritte weiter, und schon lassen sich die dunklen Pfähle im Wasser ins Bild integrieren. Sie bilden ein Gegengewicht zur dunkleren rechten Bildseite. Zudem rückt der helle Bereich des Wassers, in dem sich der Himmel spiegelt, durch den veränderten Aufnahmestandpunkt vom linken Bildrand in die Mitte. Das Bild ist nicht mehr linkslastig.

[35 mm | 1/500 s | f11 | ISO 160]
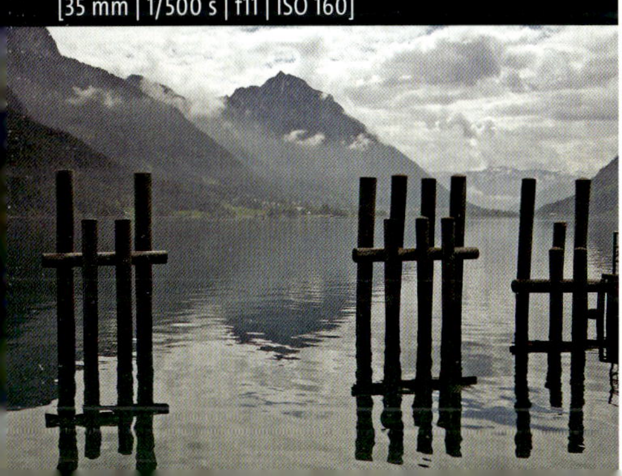

< Achensee IV
Noch ein paar Schritte weiter nach links, und die Pfähle rücken komplett in den Vordergrund. Sie sind sehr dominant und verstellen den Blick auf die dahinterliegende Landschaft, sind aber als eigenständiges Motiv stark genug für ein weiteres Bild, bei dem sich das Landschaftserlebnis der grafischen Wirkung unterordnet.

Bildformate nutzen

Für Landschafts- und Naturmotive bietet sich das Querformat an. Noch besser ist oft die lang gestreckte 16:9-Variante. Trotzdem gibt es Situationen, in denen ein Hochformat oder Quadrat sinnvoller wäre.

Viele Fotografen bleiben aus reiner Bequemlichkeit beim Standard-Querformat, aber es gibt auch gute Gründe, Bilder genau so aufzunehmen. Wenn man Fotos später an einem Computer- oder Fernsehbildschirm ausgibt, bleibt beim Hochformat die halbe Fläche leer. Auch bei einer Präsentation per Beamer oder beim Durchblättern in einer Internetgalerie

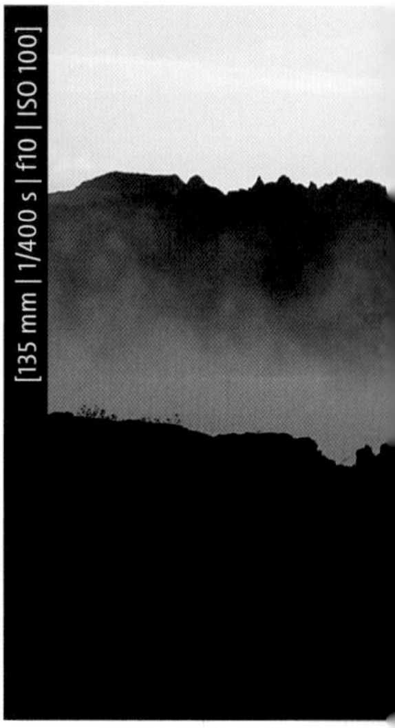

[135 mm | 1/400 s | f10 | ISO 100]

> Panorama
Das breite Panoramaformat entfernt unwichtige helle und dunkle Bereiche ober- und unterhalb des Hauptmotivs.

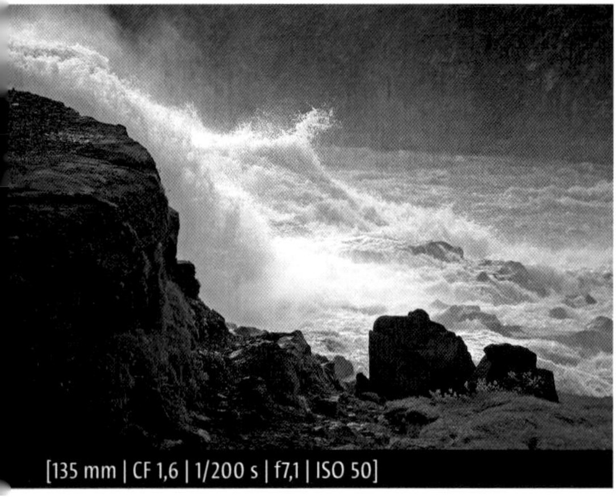

[135 mm | CF 1,6 | 1/200 s | f7,1 | ISO 50]

∧ Querformat
Das Querformat bietet genug Raum für die Bewegungsrichtung des Wassers. Das Format passt sich so der Bildaussage an.

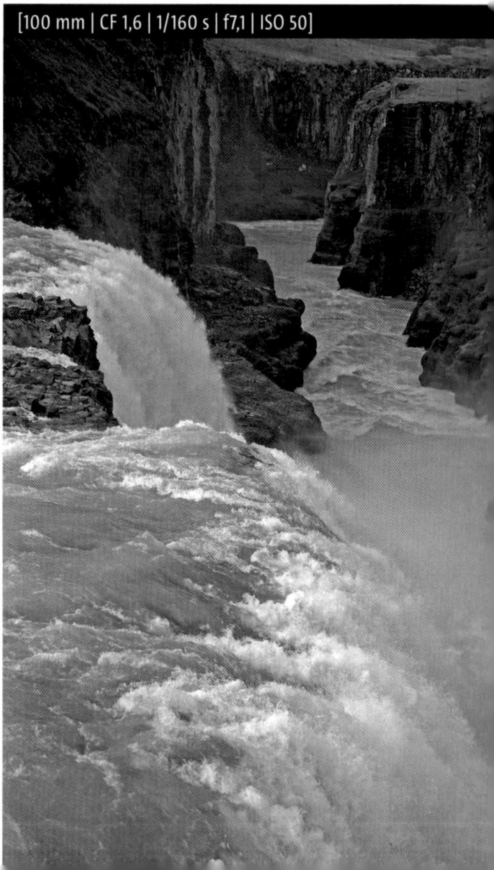

[100 mm | CF 1,6 | 1/160 s | f7,1 | ISO 50]

> Steile Perspektive von oben
Das Hochformat betont die Enge der Schlucht.

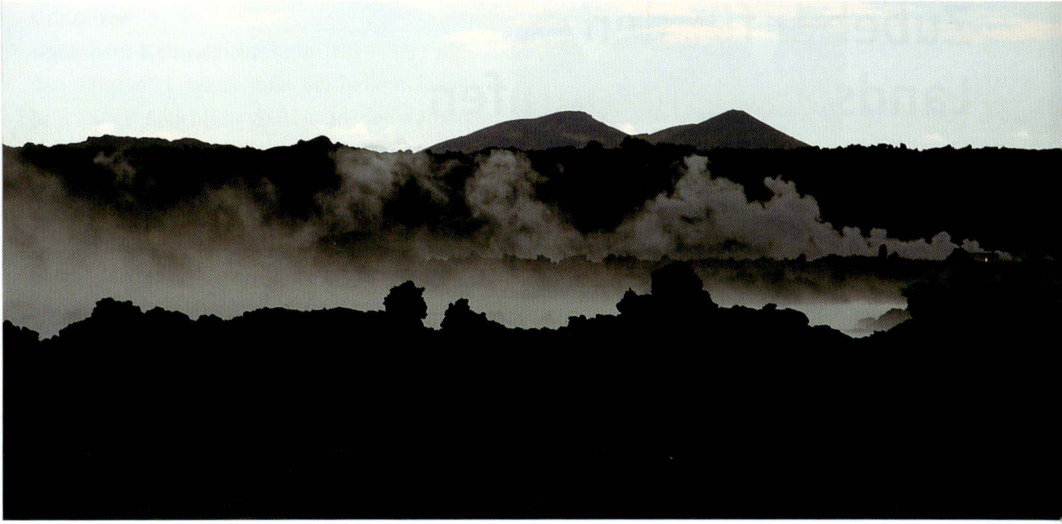

stört der ständige Wechsel der Formate. Deshalb ist in Hinblick auf die spätere Präsentationsform genau zu überlegen, ob man ein Motiv nicht vielleicht doch in beiden Versionen (hoch und quer) fotografieren sollte. Wer Fotobücher von seinen Bildern machen lässt, profitiert vom Wechsel der Formate. Auf den einzelnen Buchseiten kann man so die Fotos variantenreicher anordnen, das Durchblättern wird dadurch abwechslungsreicher.

Spielen Sie mit den unterschiedlichen Formaten! Wenn Sie sich nicht sicher sind, welche die richtige Lösung ist, nehmen Sie mehrere Versionen auf.

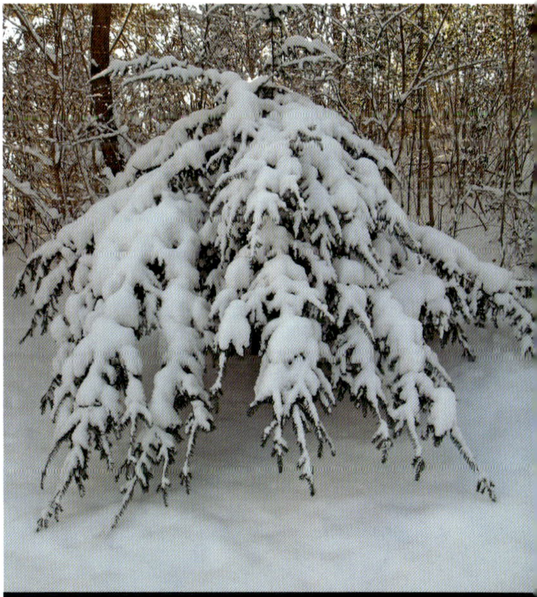

[14 mm | CF 2 | 1/125 s | f4 | ISO 100]

> Quadratisch, praktisch, gut
Wenn es rechts und links vom Motiv nichts gibt, was für das Bild wichtig wäre, kann man es auch weglassen.

Schnelle erste Hilfe: **Landschaftsfotografie bei schlechtem Wetter**

Was tun, wenn man eine tolle Reise macht, und das Wetter spielt nicht mit? Man muss es nehmen, wie es kommt, aber ein paar kleine Kunstgriffe gibt es doch. Zunächst müssen Sie sich von dem »inneren Bild« verabschieden, das Sie von Ihrem Motiv haben. Das heißt: Vergessen Sie das schöne Bild aus dem Reiseprospekt oder Bildband, das Sie vielleicht dazu animiert hat, diese Reise zu machen. So werden Sie die Szene nicht in den digitalen Kasten bekommen. Betrachten Sie Ihr Motiv. Was ist daran trotz Gruselwetter schön, was ist reizvoll? Konzentrieren Sie sich bei der Umsetzung auf diesen Aspekt. Fotografieren Sie nicht die gesamte Totalansicht, sondern mehrere Teilaspekte. Lassen Sie dabei den grauen Himmel weg. Dazu können Sie das Panoramaformat verwenden und den Vordergrund stärker betonen, oder Sie picken sich mit dem Teleobjektiv einen interessanten Bereich heraus.

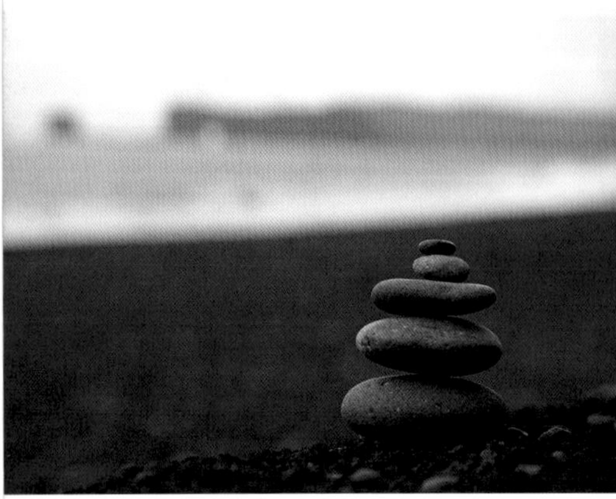

[135 mm | 1/320 s | f8 | ISO 200 | −2]

Schlechtes Wetter als Motiv

Vielleicht machen Sie das schlechte Wetter auch zum Thema Ihrer Bilder. Bevor Sie gar kein Foto aus Ihrer Urlaubsregion mitbringen, suchen Sie lieber nach schönen Details, die Sie in den Vordergrund nehmen oder als eigenständiges Motiv fotografieren können: Tiere im Regen, Pfützen, Pflanzen mit Wassertropfen, nasse Steine oder andere symbolische Motive, zu denen Sie den Zuhausegebliebenen eine Geschichte erzählen können.

Wenn Sie Ihre Reiseroute selbst beeinflussen können, konzentrieren Sie sich auf Motive, die bei trübem Wetter etwas hergeben. Dazu zählen Langzeitbelichtungen von Wasser oder Aufnahmen im Wald.

Kontrast zwischen Sonne und Wolken

Hohe Kontraste zwischen Licht und Schatten sind die häufigste Ursache für misslungene Landschaftsfotos. Einen schattigen Bergrücken identifizieren wir nicht als Problem, weil unsere Augen sich sehr schnell an die Unterschiede zwischen hellen und dunklen Bereichen anpassen können. Anders die Kamera: Sie schaut mit fester Blendeneinstellung (»Pupillenöffnung«) auf eine Szene, die halb hell und halb dunkel ist. Kein Wunder, dass sie dabei geblen-

< Symbolische Motive
Die triste Landschaft ist im Hintergrund schemenhaft angedeutet.

det wird. Sie erhöhen Ihre Chancen für ein gelungenes Bild, indem Sie den Bildausschnitt so wählen, dass der größere Teil des Bildes entweder hell oder dunkel ist. Am Display können Sie das Ergebnis überprüfen. Nutzen Sie bei Bedarf die Belichtungskorrektur. Wenn das nicht reicht, denken Sie über einen veränderten Bildausschnitt nach. Das kann auch bedeuten, dass Sie das Foto später am Rechner in ein anderes Format bringen.

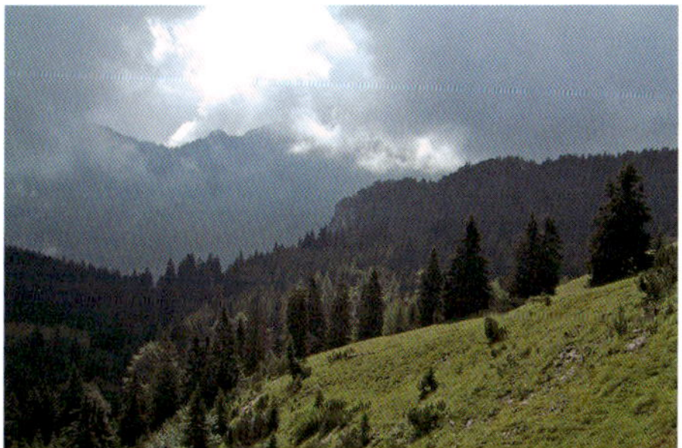

[5,4 mm | CF 7 | 1/350 s | f7,1 | ISO 100]

^ Hohe Kontraste
Keine uninteressante Lichtsituation, aber die weiße Wolke ist ein belichtungstechnisches Problem.

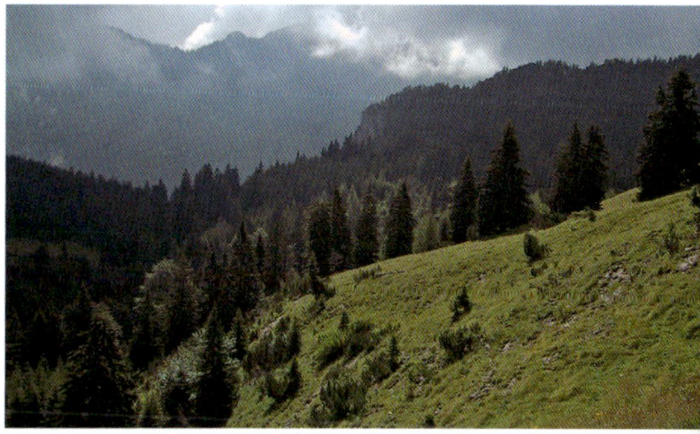

^ Kritische Bereiche vermeiden
Durch einen Beschnitt des Bildes ins breite Panoramaformat lässt sich das Problem umgehen.

DAS WICHTIGSTE IN KÜRZE

- Landschaftsfotografie lebt vom Licht – und somit auch von den Wetterbedingungen. Erzwingen lässt sich nichts.
- Beobachten Sie, wie Ihr Motiv beleuchtet ist, und vermeiden Sie Bildausschnitte mit extremen Kontrasten.
- Steiles Sonnenlicht reduziert die Tiefe im Bild: Nutzen Sie Bildgestaltungstricks, um mehr Tiefenwirkung zu erzeugen.
- Beobachten Sie den Lichtverlauf über den Tag. Wenn Sie Ihre Reiseroute selbst bestimmen können, besuchen Sie an trüben Tagen Motive, die etwas hergeben, zum Beispiel Wälder und Wasserfälle.
- Mit dem Weitwinkel erscheinen entfernte Objekte kleiner als in Wirklichkeit, der Vordergrund wird betont: Suchen Sie interessante Blickfänge.
- Zoomen Sie für eine stärkere Bildwirkung ggf. etwas aus der Weitwinkelstellung heraus.
- Mit dem Teleobjektiv werden entfernte Motive vergrößert, die räumliche Tiefenwirkung nimmt ab.
- Kombinieren Sie verschiedene Brennweiten mit unterschiedlichen Aufnahmestandorten und Vordergründen für abwechslungsreichere Bilderserien.
- Wechseln Sie zur Froschperspektive, oder fotografieren Sie von oben nach unten: Gestalten Sie mit der Horizontlinie.
- Nutzen Sie Hoch- und Querformat, Panorama und Quadrat, um Ihr Motiv unterschiedlich in Szene zu setzen.
- Mit dem richtigen Zubehör wird Ihre Landschaftsfotografie noch ausgefeilter.

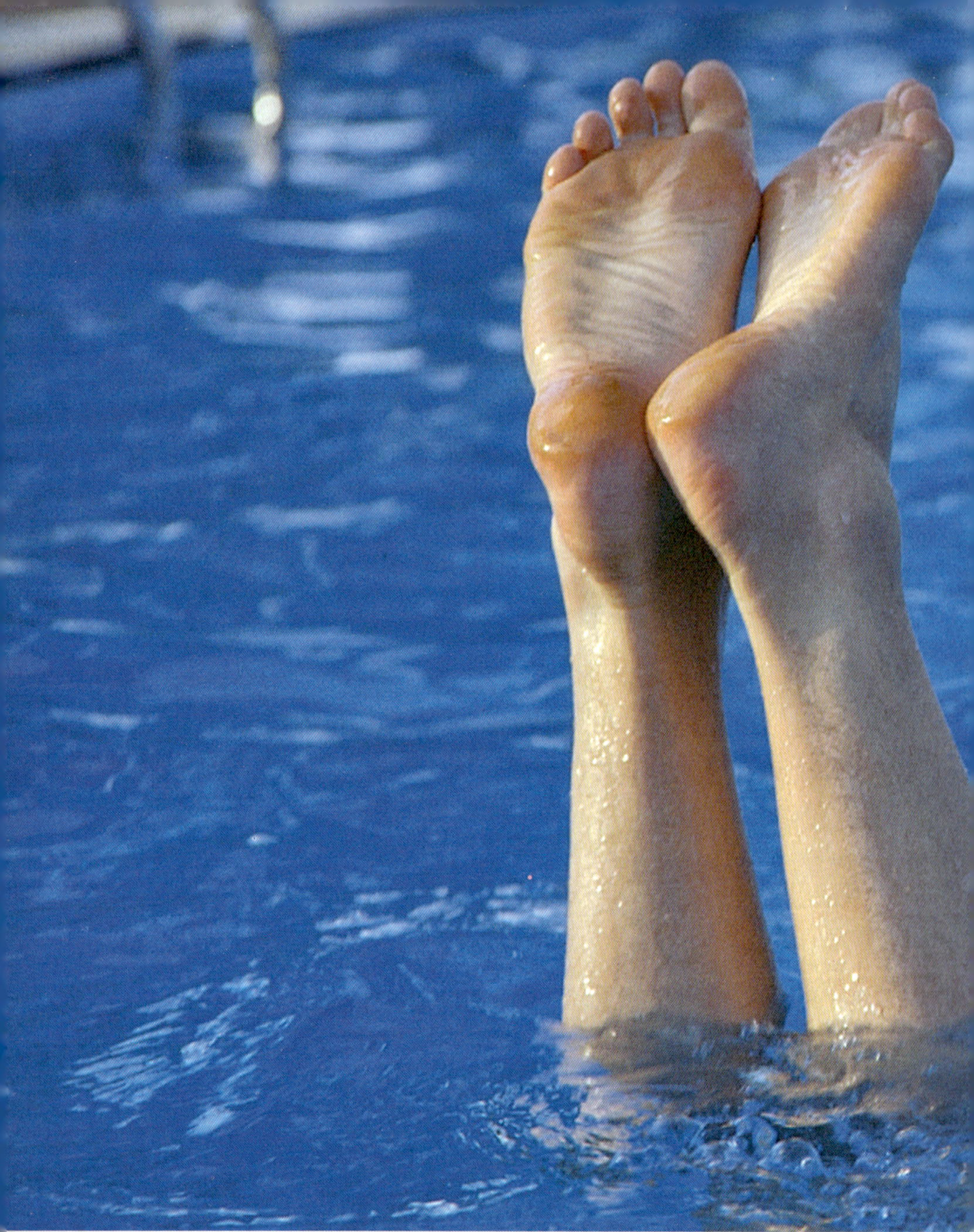
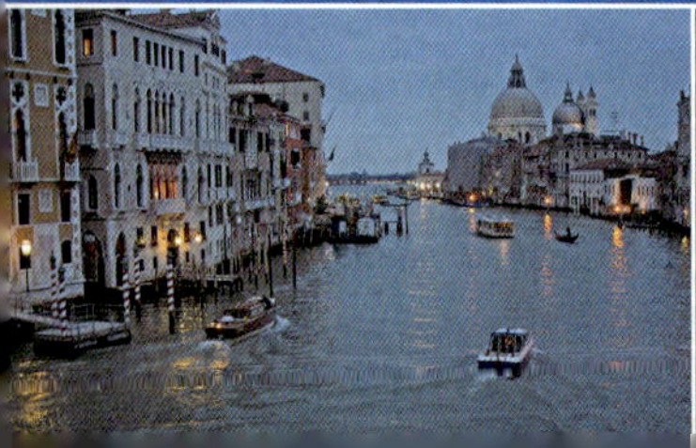
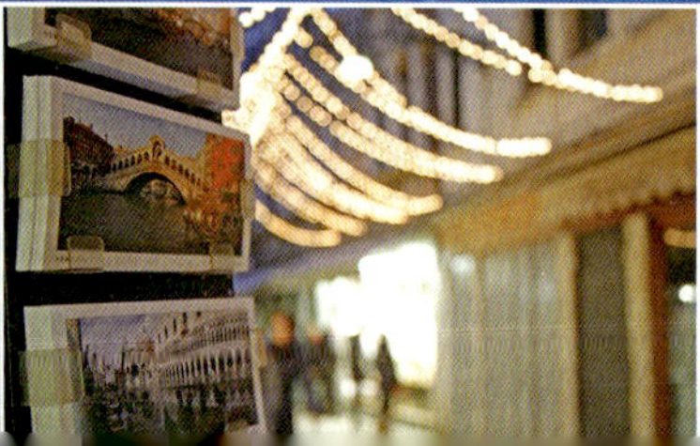
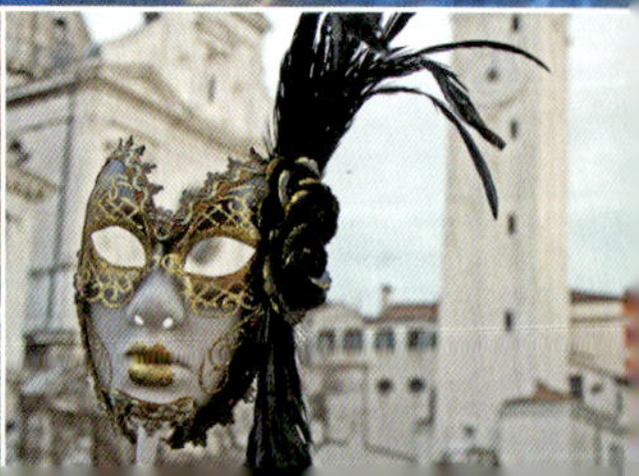

Kapitel 12

Fotografieren im Urlaub

- Tageszeit und Wetter beeinflussen das Motiv
- Brennweite und Aufnahmeposition wählen
- Besondere Momente festhalten
- Motive arrangieren
- Spontane Porträts
- Fotos bei Nacht
- Schnelle erste Hilfe: Touristen entfernen

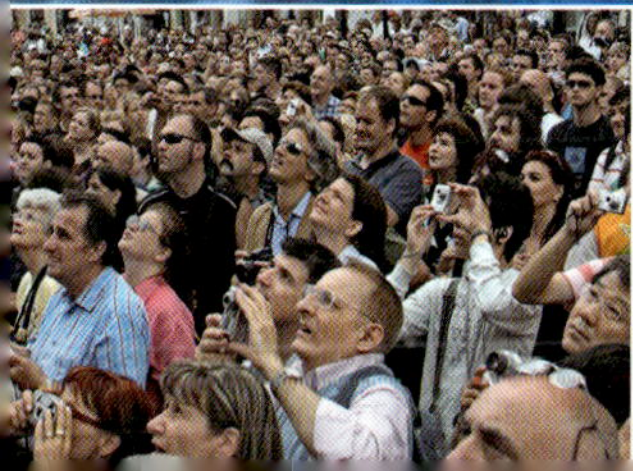

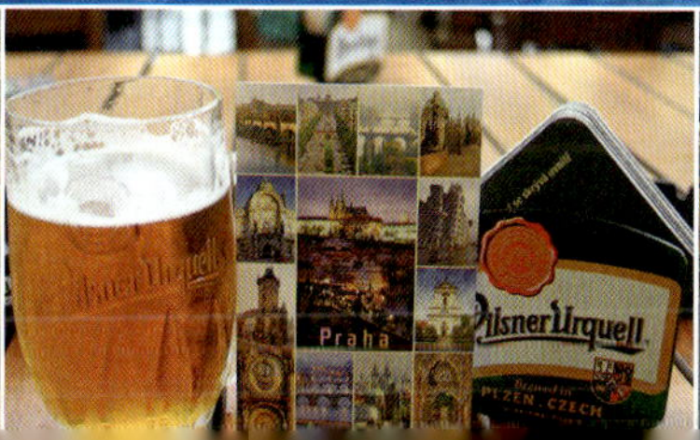

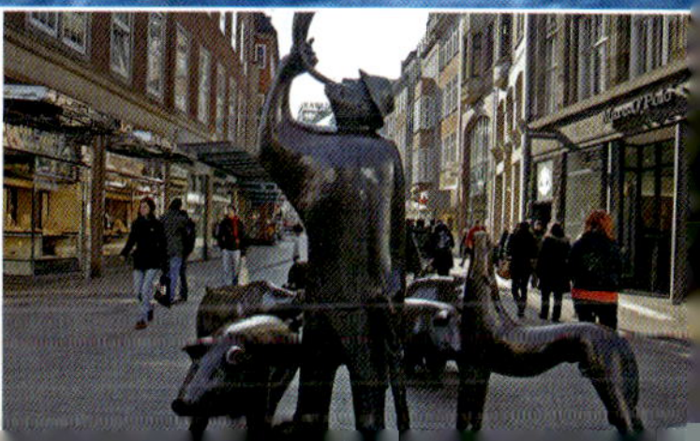

Tageszeit und Wetter beeinflussen das Motiv

Ein Motiv kann mittags langweilig und am späten Nachmittag total faszinierend aussehen: Das Licht spielt immer die Hauptrolle. Deshalb gibt es auch kein Patentrezept dafür, wie man ein Foto zu machen oder wie man eine Kamera allgemein einzustellen hat. Je nachdem, zu welcher Zeit und bei welchem Wetter Sie ein Motiv durch den Sucher betrachten, können bestimmte Bildausschnitte und Perspektiven günstiger sein als andere. Bei Sonnenschein werden Sie den strahlend blauen Himmel im Hintergrund mit fotografieren, bei trübem Wetter vielleicht eher eine Detailansicht wählen. Bleiben Sie flexibel in der Gestaltung. Man kann versuchen sein Konzept durchzuziehen, aber wenn Licht und Wetter nicht mitspielen, dann sehen die Fotos entsprechend unschön aus.

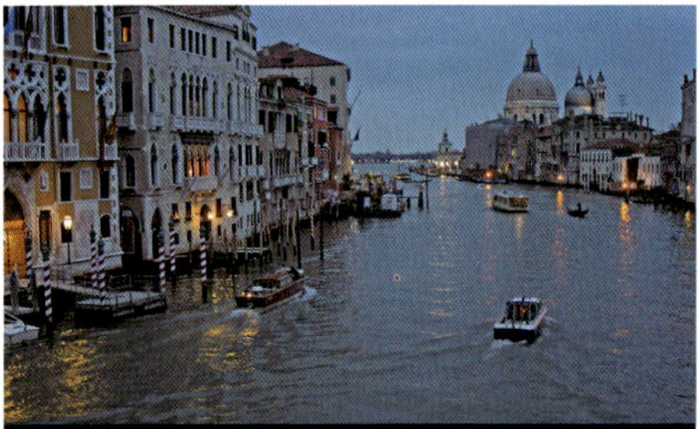
[28 mm | CF 1,6 | 1/800 s | f3,5 | ISO 800]

> Außergewöhnliche Lichtstimmung
In der Blauen Stunde gelingen besonders schöne Aufnahmen, auch wenn das Wetter tagsüber nicht so prickelnd war.

v Schlechtwetteralternative
Die Spiegelung symbolisiert zweierlei: den Ort der Reise und die Wetterlage.

[70 mm | CF 1,6 | 1/160 s | f4,5 | ISO 400]
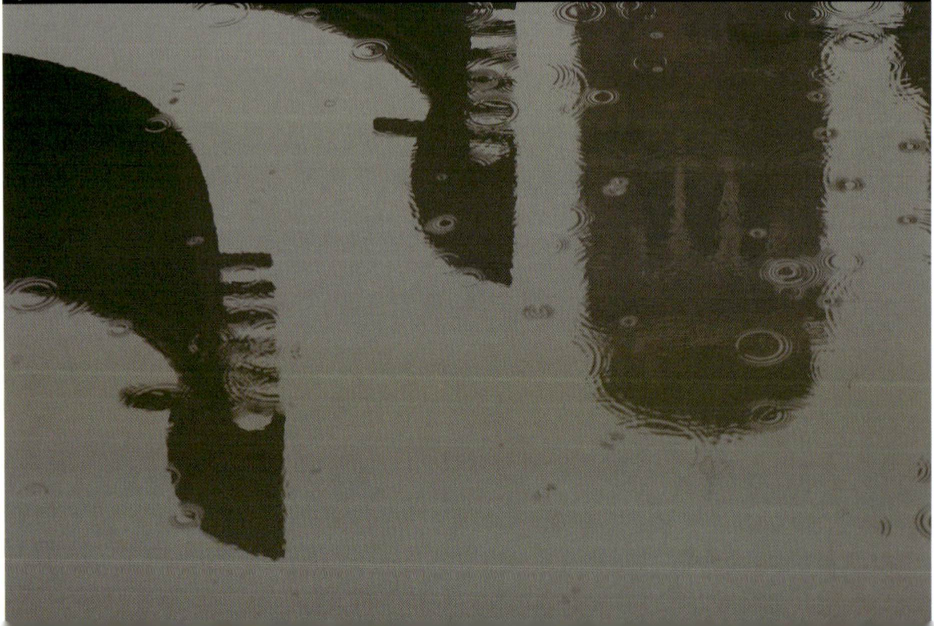

Die Blaue Stunde

Eine Ausnahme gibt es allerdings, bei der Sie vom Wetter weitgehend unabhängig sind: die sogenannte Blaue Stunde. Damit sind die Zeiten gemeint, in denen die Sonne noch nicht auf- oder gerade untergegangen ist. In dieser Phase leuchtet der Himmel bläulich, auch an bedeckten Tagen. Überall, wo es beleuchtete Straßen, Geschäfte oder Gebäude gibt, lassen sich zu dieser Tageszeit besonders farbenfrohe Bilder machen. Die Lichtintensität ist gering, weshalb Sie mit dem Stativ oder einem hohen ISO-Wert fotografieren sollten. Dann sorgt die Mischung aus dem kühlen Tages- und dem warmen Kunstlicht immer für eindrucksvolle Aufnahmen.

> **AUSZEIT ZUM FOTOGRAFIEREN**
>
> Um den Frieden im Urlaub nicht aufs Spiel zu setzen: Vereinbaren Sie mit der Reisegruppe oder der Familie eine Auszeit. Nehmen Sie sich eine halbe oder ganze Stunde, in der Sie allein und in aller Ruhe zum Fotografieren losziehen können.

Zeit zum Fotografieren

Professionelle Reisefotografen können mehrere Tage an einem Ort verweilen, bis das Wetter passt. Auf einer Gruppenreise muss man ohne diesen Luxus auskommen. Und selbst beim Familienurlaub sollte man die Nerven der Nichtfotografen nicht unnötig strapazieren. Damit Ihre Bilder trotzdem bestmöglich ausfallen, üben Sie schon während des Jahres, und sammeln Sie Erfahrung mit Ihrer Kamera. Je trainierter Sie in der Handhabung Ihres Gerätes sind und je geschulter Ihr Blick ist, desto schneller kommen Sie im Urlaub zu einem gut gestalteten Bild.

˅ Mittagslicht
Die Kontraste auf dem Motiv sind hart, aber das schräg einfallende Licht betont auch die räumliche Tiefe und verleiht Plastizität.

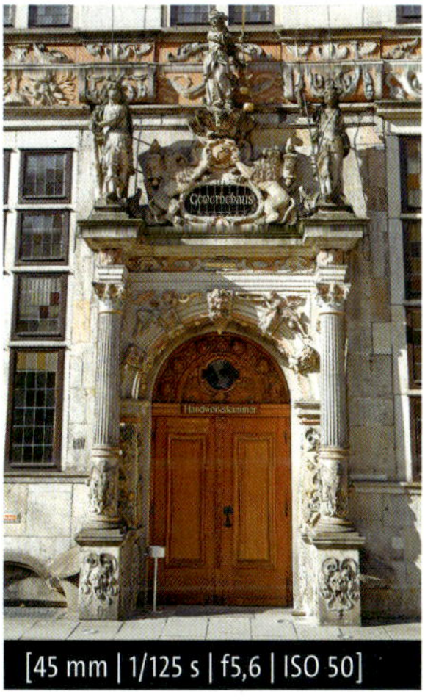
[45 mm | 1/125 s | f5,6 | ISO 50]

˅ Später Nachmittag
Das Motiv liegt nun im Schatten, auf der gegenüberliegenden Seite spiegelt sich die Sonne und akzentuiert eine der Figuren.

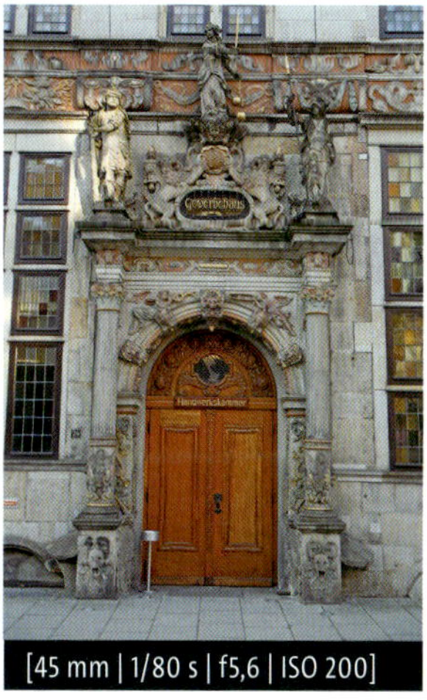
[45 mm | 1/80 s | f5,6 | ISO 200]

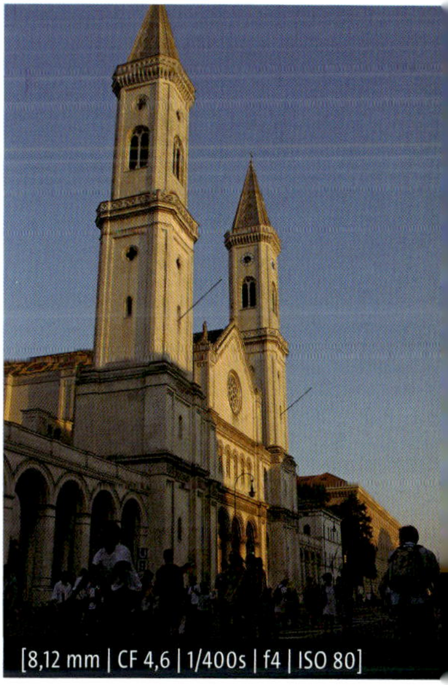
[8,12 mm | CF 4,6 | 1/400s | f4 | ISO 80]

˄ Goldenes Abendlicht
Die schattige Straße versinkt im Dunkeln, was nicht immer von Nachteil sein muss, denn störende Passanten erscheinen nur als Schatten.

Brennweite und Aufnahmeposition wählen

Fotografierende Menschen stehen oft unter dem Verdacht, dass sie ihren Urlaub erst wahrnehmen, wenn sie zu Hause am Rechner ihre Bilder begutachten. Genau das Gegenteil ist der Fall: Wer fotografiert, nimmt seine Umgebung sehr genau wahr und erinnert sich an mehr Details, auch wenn es möglicherweise andere Dinge als bei Nichtfotografen sind. Mit einer Digitalkamera können Sie beliebig viele Bilder machen, aber Ihre Reisebegleiter werden nur selten verstehen, warum Sie zehn Aufnahmen von einer Szene machen, wo doch eigentlich eine genügt hätte.

Bewusst eine Perspektive aussuchen

Die erstbeste Aufnahmeperspektive ist nicht immer die günstigste. Denken Sie daran: Sehenswürdigkeiten kann man von verschiedenen Seiten fotografieren. Im Sommer drängen sich vielleicht viele Touristen um Ihr Motiv.

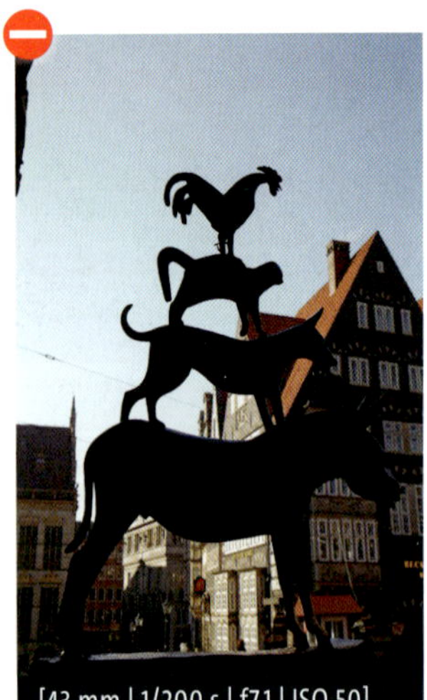

[43 mm | 1/200 s | f7,1 | ISO 50]

^ Gegenlicht
Die Bremer Stadtmusikanten erscheinen als Silhouette, aber die Skulptur lässt sich nicht ohne störende Elemente fotografieren. Für eine schöne Silhouette müssten Sie sich fast auf den Boden legen, damit nur der helle Himmel als Hintergrund dient.

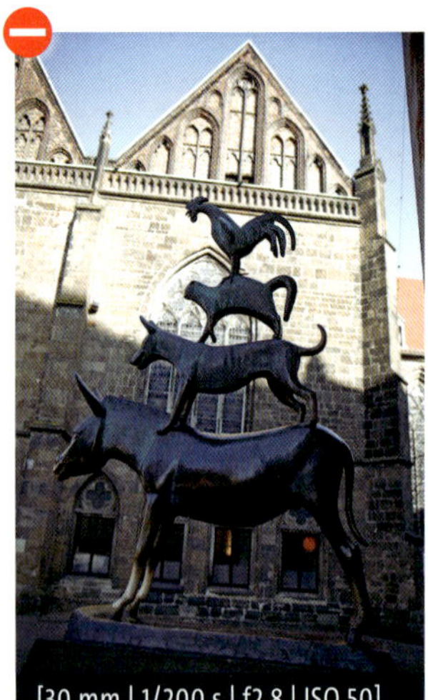

[30 mm | 1/200 s | f2,8 | ISO 50]

^ Schwierige Belichtung
Hier ist der Hintergrund schöner, aber das Motiv befindet sich im Schatten, die Hausfassade ist oben von der Sonne angestrahlt: Es entstehen hohe Kontraste. Hier könnten Sie das Gegenlicht mit dem Blitz ausgleichen

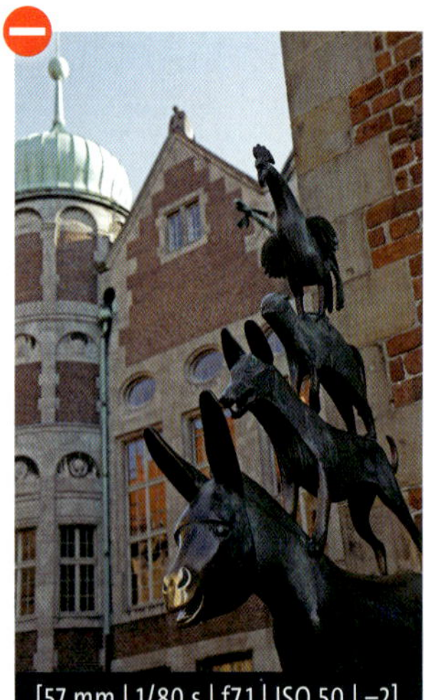

[57 mm | 1/80 s | f7,1 | ISO 50 | –2]

^ Schräge Perspektive
Die Figuren werden für einen noch schöneren Hintergrund leicht angeschnitten, aber nun ist das Licht auf dem Turm problematisch. Die HDR-Funktion der Kamera oder eine Belichtungskorrektur kann hier Abhilfe schaffen.

Während Sie auf einen ruhigen Moment warten, können Sie sich bereits Gedanken darüber machen, von welcher Seite eine gute Aufnahme möglich ist. Die Entscheidung hängt von zwei Dingen ab: Wo bekomme ich einen möglichst schönen Hintergrund? Wie sind die Lichtverhältnisse hinter meinem Motiv?

Das richtige Objektiv für die Reise

Mit einem sogenannten Reisezoom, das durch seinen großen Brennweitenbereich auftrumpft, bekommt man zwar nicht die allerbeste Bildqualität, ist aber für alle Eventualitäten gerüstet. Bei vielen Besichtigungstouren wechseln die Motive im Minutentakt: Einmal möchte man aus geringer Entfernung Details aufnehmen oder ein Porträt schießen, danach kommt man nicht nah genug an die wilden Tiere heran, die in einem Gehege auf der Lauer liegen. Nutzen Sie das gesamte Spektrum, das Ihnen zur Verfügung steht. Wenn Sie sich eine neue Kompaktkamera zulegen: Achten Sie auf ein gutes optisches Zoom. Ersetzen Sie bei einer Spiegelreflexkamera das Kit-Objektiv, das nur bis 55 mm reicht, durch ein gutes Reisezoom.

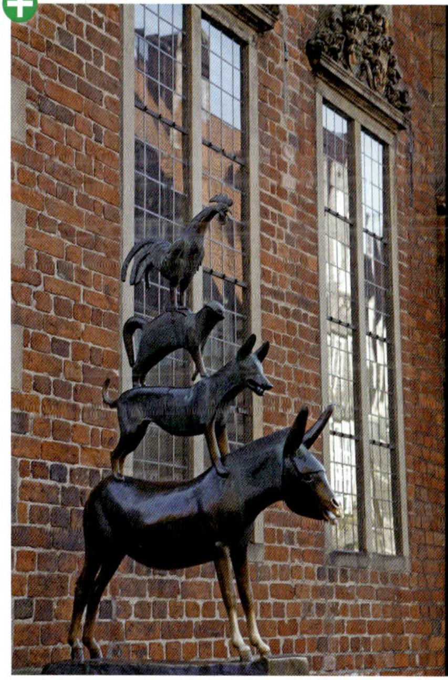
[70 mm | 1/25s | f7,1 | ISO 50]

^ Passende Aufnahmeposition
Diese Perspektive bietet die ausgewogenste Beleuchtung und den ruhigsten Hintergrund, zudem sind alle Figuren vollständig im Bild. Von hier aus könnte man auch das schönste Erinnerungsfoto mit Personen machen.

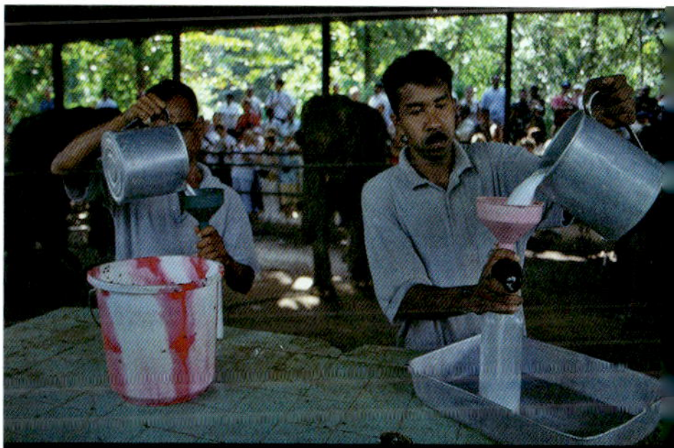
[28 mm | 1/40 s | f3,5 | ISO 100]

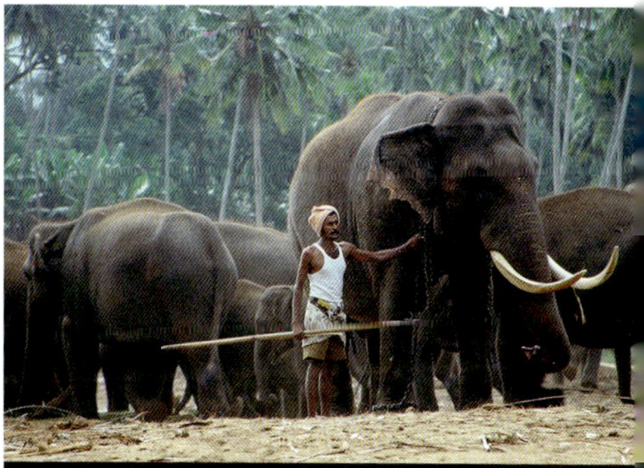
[300 mm | 1/125 s | f5,6 | ISO 100]

^ Ein Reisezoom oder mehrere Objektive?
Erst ein Porträt aus geringer Distanz (oben), dann wieder eine Aufnahme mit dem Tele (unten): Im Urlaub braucht man das ganze Brennweitenspektrum. Investieren Sie daher in eine entsprechende Kameraausstattung.

Besondere Momente festhalten

Jeder empfindet in seinem Urlaub andere Momente als »besonders«. Sehr beliebt sind feststehende Rituale, die sich an einem bestimmten Ort zu einem ganz konkreten Zeitpunkt abspielen. Wenn Sie ein Foto davon machen möchten, stehen Sie vor dem Problem, dass bestimmt unzählige andere Menschen die gleiche Absicht haben. Da heißt es nicht selten: Ellenbogen ausfahren für den besten Platz – oder frühzeitig da sein. Nicht jeder mag das Gedränge der Massen, aber wenn man schon mal da ist … Wie gelingen in einer solchen Situation halbwegs gute Aufnahmen?

Das Spektakel mit einbeziehen

Ich habe mir angewöhnt, den Rummel ganz bewusst mit ins Bild zu nehmen. Die Sehenswürdigkeiten werden zur Kulisse des Menschen-

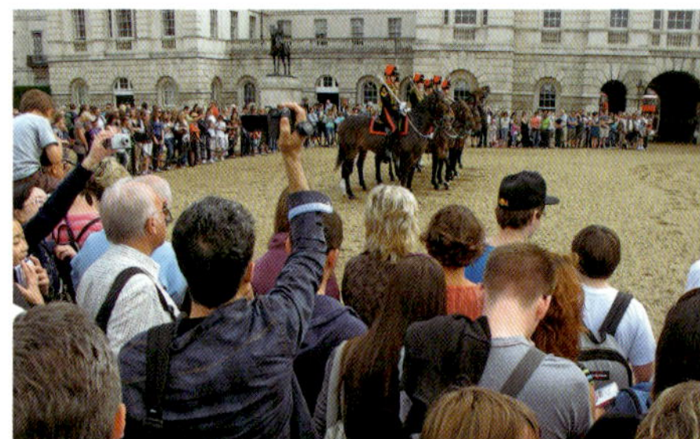

[6,1 mm | CF 4,6 | 1/250 s | f4 | ISO 80]

∧ Aus der fünften Reihe
Eine erhöhte Aufnahmeperspektive und ein Schwenkdisplay helfen bei Fotos im touristischen Gedränge.

[35 mm | CF 1,6 | 1/80 s | f5,6 | ISO 100]

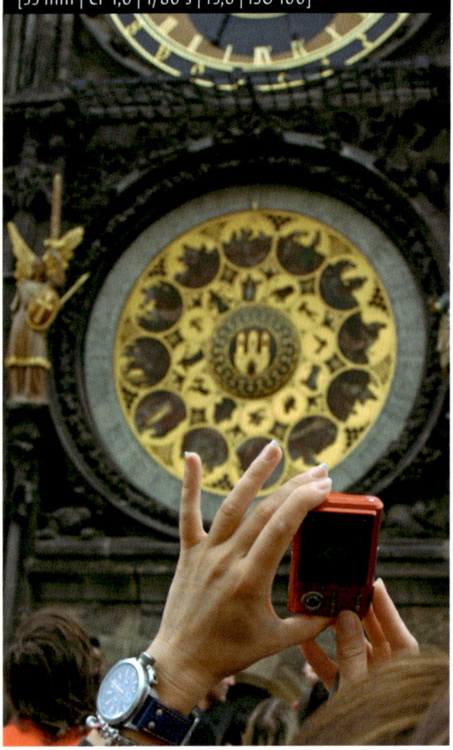

< Bild im Bild
Die Armbanduhr korrespondiert mit der runden Turmuhr, die rote Kamera mit dem roten Pullover. Die Schärfeverteilung zeigt dem Betrachter, dass die Bedeutung der Aufnahme im Vordergrund zu suchen ist.

∨ »Rudelschießen«
Hunderte von Touristen warten auf das Mittagsläuten: Das störende Umfeld wird zum Hauptmotiv.

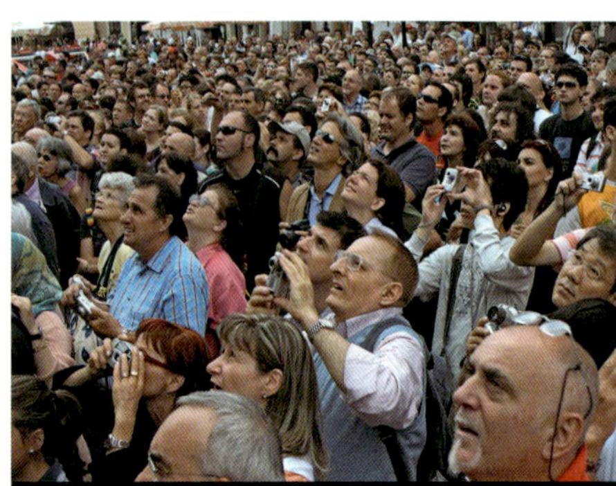

[35 mm | CF 1,6 | 1/100 s | f7,1 | ISO 100]

auflaufs. Im Urlaub dokumentieren meine Fotos inzwischen viel mehr subjektive Erlebnisse. Wenn ich Kalender- oder Postkartenmotive fotografieren wollte, müsste ich anders vorgehen: früh aufstehen oder nachts fotografieren, in der Nebensaison kommen und immer das richtige Licht abwarten. Als Tourist will ich keinen solchen Aufwand treiben, also schraube ich meine Ansprüche ein Stück weit herunter. Wenn sich eine Möglichkeit für ein »klassisches Postkartenfoto« ergibt: gut. Wenn nicht, dann finde ich andere Besonderheiten, die vielleicht noch nicht jeder gesehen oder gar fotografiert hat.

Selbstporträts im Urlaub

Die häufigste Form des touristischen Bildes ist das (Doppel-)Porträt vor einer Sehenswürdigkeit. Dazu braucht man immer eine weitere Person, die das Foto für einen macht. Und dabei kann einiges schiefgehen. Es gibt wirklich äußerst unbegabte Knipsassistenten: Abgeschnittene Köpfe und Füße, Suchbilder und Fehlfokussierungen sind an der Tagesordnung, wenn man fremden Menschen die Kamera überlässt. Kontroll-Freaks können die Sache selbst in die Hand nehmen: Arbeiten Sie mit Stativ und Selbstauslöser, oder nutzen Sie Spiegel, um sich und Ihre Reisebegleiter zu fotografieren. Damit man das Gesicht des Fotografen sieht, wird die Kamera in Brusthöhe gehalten. Für ein schöneres Bild kann man im Spiegel in Richtung Objektiv schauen: So ist sichergestellt, dass der Betrachter des Bildes mit den fotografierten Personen Blickkontakt aufnehmen kann. Bei Kompaktkameras kann man über das Display ganz gut kontrollieren, ob der Bildausschnitt wirklich stimmt. Bei Spiegelreflexkameras ohne Live View sind möglicherweise mehrere Versuche nötig, bis der Ausschnitt richtig sitzt.

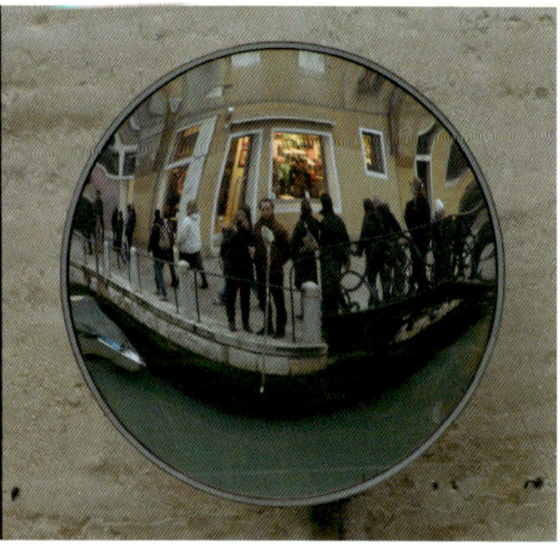

[135 mm | CF 16 | 1/60 s | f5,6 | ISO 400]

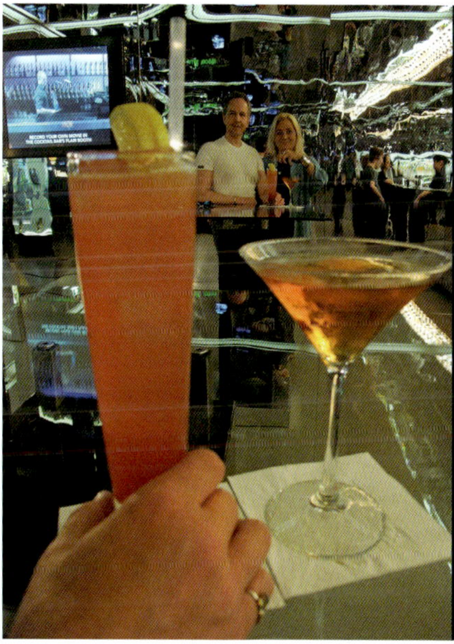

[6,1 mm | CF 4,6 | 1/25 s | f2,8 | ISO 800]

^ Arrangement mit Spiegelbild
Hätte die Kamera auf die Gläser fokussiert, wäre die Spiegelung unscharf geworden. Der Abstand ist zu groß, um beide Motive scharf abzubilden.

< Gut versteckt
Bei Spiegelreflexkameras mit optischem Sucher bleibt das Fotograf(inn)engesicht anonym.

Motive arrangieren

Sie wollen vermutlich authentische Bilder fotografieren und nichts Gekünsteltes inszenieren. Das ist mit der Abschnittsüberschrift »Motive arrangieren« auch gar nicht gemeint. Die meisten Hobbyfotografen nehmen eine Szene, wie sie ist. Hinterher stellt sich dann heraus: Es wäre doch noch schön gewesen, wenn ... Oft lässt sich Wünschenswertes gleich bei der Aufnahme ergänzen oder wegnehmen – vorausgesetzt, man merkt es rechtzeitig. Manchmal ist eine Szene schön, aber für ein gutes Bild fehlt noch eine Kleinigkeit. Beim Blick von der Rialto-Brücke in Venedig machten gerade mehrere Gondeln einer venezianischen Straßenbahn Platz. Klasse Motiv, aber mir war der Vordergrund zu leer. Beim Blick auf den Kanal war jedoch abzusehen, dass dem ersten großen Boot gleich noch ein zweites folgen würde. Warum also nicht stehen bleiben und warten, bis das erste Schiff den Vordergrund des Bildes füllt?

Auf den richtigen Moment warten

Fotografieren hat sehr viel mit Beobachten zu tun. Viele Fotografen entwickeln im Lauf der Zeit ein gutes Gespür dafür, was in den nächsten Sekunden passieren wird. Durch dieses vorausahnende Einschätzen einer Situation bleibt meistens genug Zeit, die Kamera in Position zu bringen. Dann muss man mit dem Auslösen nur noch warten, bis die bewegten Bildelemente am richtigen Platz sind.

Aufmacher fotografieren

Sie können Ihre Motive natürlich auch »richtig« arrangieren, zum Beispiel unter Zuhilfenahme landestypischer Gegenstände oder indem Sie Postkarten, Prospekte, exotische Geldscheine oder Souvenirs als Stillleben dekorieren. Die Gewohnheit, Fahnen, Wappen oder Postkarten des Reiselandes zu fotografieren, stammt aus einer Zeit, als man noch Aufmacher für Dia-

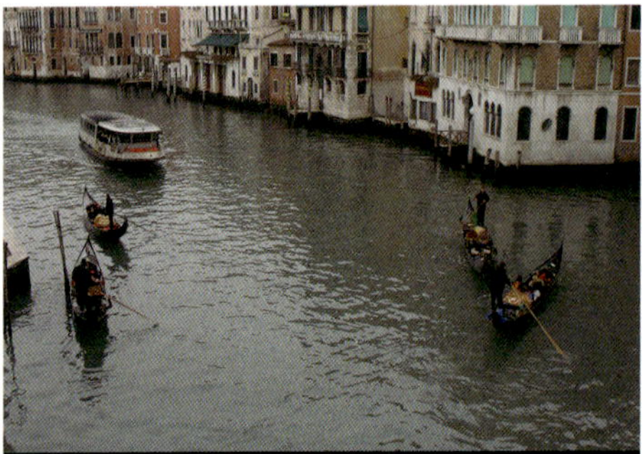

[28 mm | CF 16 | 1/200 s | f9 | ISO 400]

^ Leerer Vordergrund
Das herannahende Schiff eignet sich als Lückenfüller, also lohnt es sich, an dieser Stelle einfach ein wenig zu warten ...

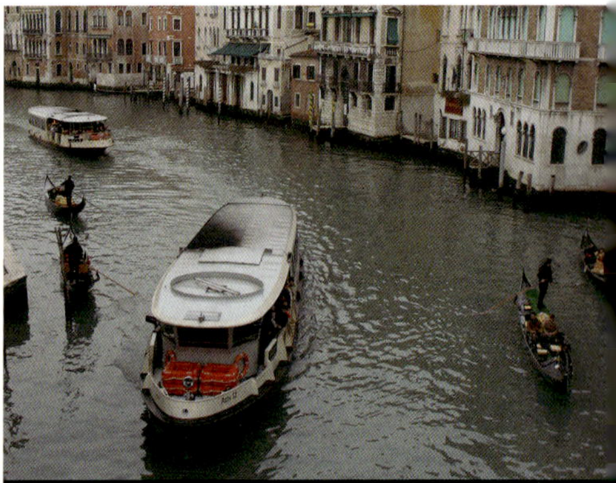

[28 mm | CF 16 | 1/200 s | f9 | ISO 400]

^ Ziel erreicht
Das Boot füllt den Vordergrund und befindet sich im Goldenen Schnitt. Dass noch ein zweites Boot im Hintergrund auftaucht, ist ein erfreulicher Zufall.

schauen benötigte. Heute kann man am Rechner alles nachträglich aus dem Internet zusammensuchen und beliebige Texte auf den Bildern anbringen. Aber vielleicht finden Sie auch Gefallen daran, ein authentisch fotografiertes Titelbild aus dem Reiseland aufs Cover Ihres Fotobuchs zu setzen?

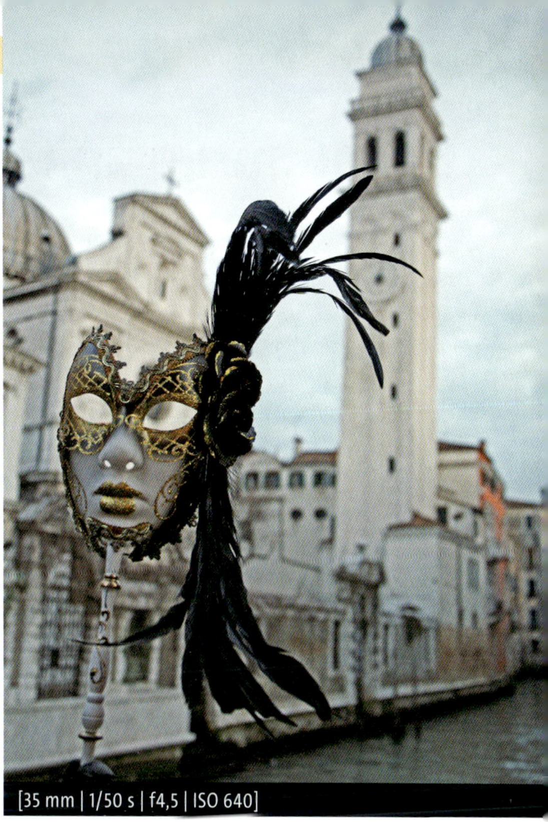
[35 mm | 1/50 s | f4,5 | ISO 640]

^ Zufällig und doch arrangiert
Die Besitzerin der Maske war so nett, sie für mein Foto hochzuhalten.

BILDER INSZENIEREN

Der Übergang vom »aufgeräumten« Foto (siehe Kapitel 6, »Bilder gestalten«, auf Seite 102) zum arrangierten Foto ist fließend. Es fängt damit an, dass Sie die Gläser auf dem Tisch so aufreihen, dass es fürs Foto besser aussieht, und im nächsten Schritt die störende Blumenvase beiseitestellen. Im nächsten Schritt werden Ihnen vielleicht noch weitere Regieanweisungen einfallen. Womöglich entdecken Sie auf diese Weise sogar eine neue Leidenschaft für große Inszenierungen.

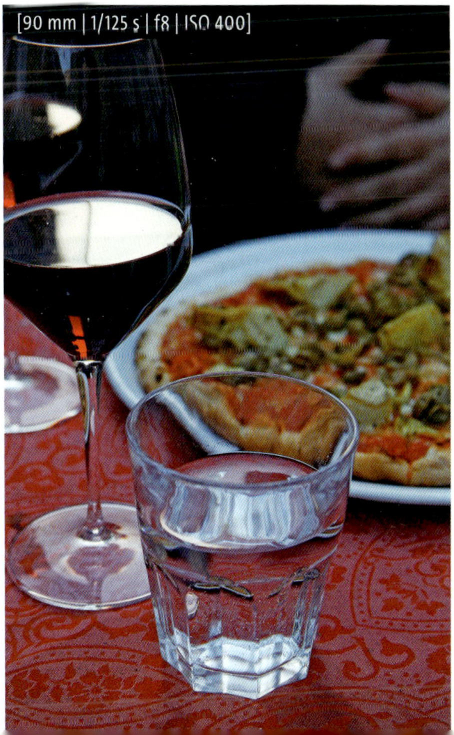
[90 mm | 1/125 s | f8 | ISO 400]

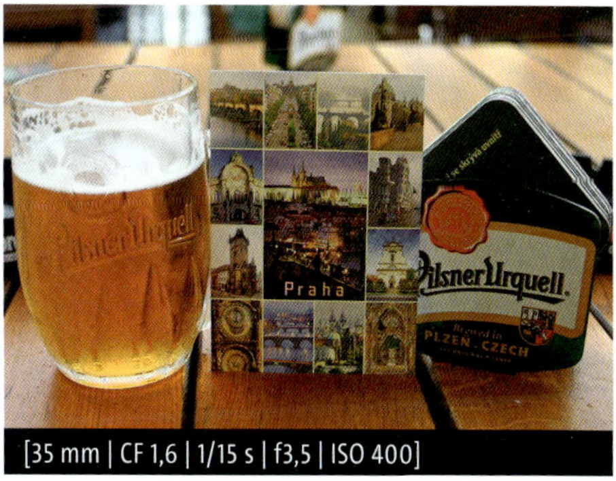

[35 mm | CF 1,6 | 1/15 s | f3,5 | ISO 400]

<^ Landestypisch kulinarisch
Bier in Prag, Wein und Pizza in Italien ...

Spontane Porträts

Es gibt unterwegs immer wieder mal Situationen, in denen man ein Bild von Personen machen möchte – am liebsten heimlich. Fotorechtlich gesehen dürfen Sie das auch, solange Sie die Bilder nicht veröffentlichen. Wenn Sie jemanden ansprechen und fragen, ob Sie ein Foto machen dürfen, ist das noch mal eine andere Situation. Andersherum kann es jedoch auch vorkommen, dass Sie als Fotograf/in aufgefordert werden, von den hübschen Jungs oder Mädels doch bitte ein Foto zu machen. Aber immer gern! Wer in aller Öffentlichkeit in die Kamera lächelt und für den Fotografen posiert, kann sich später nicht rausreden.

Tipps für gute Porträts

Bei Europa- und Weltmeisterschaften, im Karneval und bei öffentlichen Veranstaltungen ist es am einfachsten, mit fremden Menschen fotografischen Kontakt aufzunehmen. Dann gilt es, in kurzer Zeit an alles zu denken, was man für ein gutes Bild braucht:

- einen möglichst ruhigen Hintergrund,
- den richtigen Fokuspunkt,
- eine verwacklungsfreie Belichtungszeit (kürzer als 1/60 sek) und
- vielleicht auch einen Blitz.

⌄ Posieren für die Kamera
Freudentaumel nach dem WM-Sieg: 4:0 gegen Argentinien

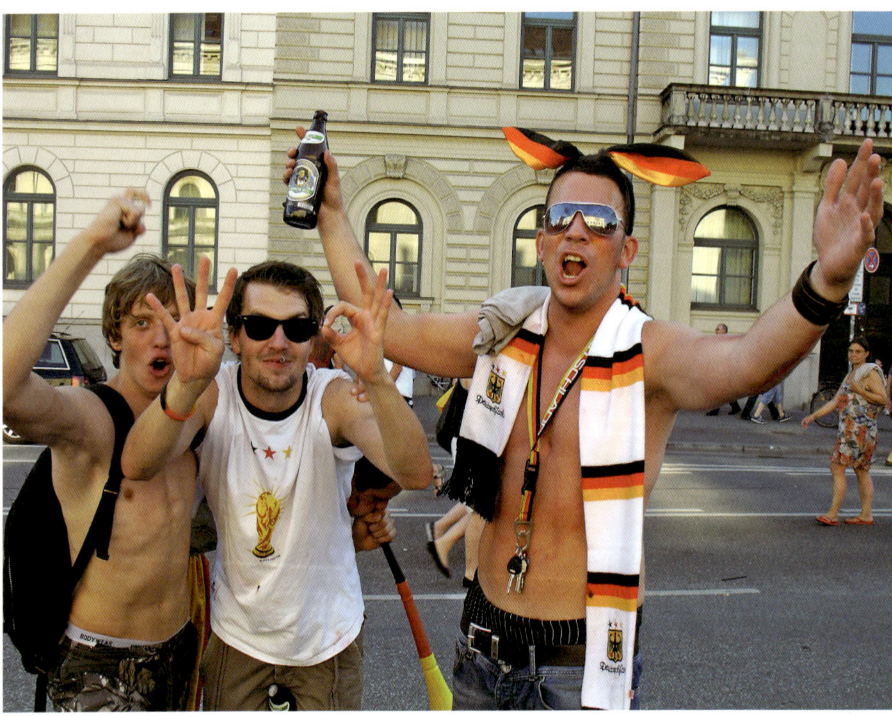

[8,9 mm | CF 4,6 | 1/160 s | f4 | ISO 80]

Machen Sie immer mehrere Fotos, falls eine der Personen blinzelt oder das Gesicht verzieht. Bei Gruppenbildern ist es oft günstig, die Personen zu bitten, für das Bild etwas enger zusammenzurücken. Wie eng die Leute auf Tuchfühlung gehen, hängt davon ab, wie gut sie sich untereinander kennen.

Um Erlaubnis fragen

Fotografieren aus dem Hinterhalt bringt natürliche, ungekünstelte Bilder, aber besonders nett ist es nicht gerade, Bilder auf diese Art und Weise zu »stehlen«. Wenn man charmant fragt, bekommt man oft die Erlaubnis, fremde Menschen zu fotografieren. Frauen hinter der Kamera sind da manchmal im Vorteil. Fragen kostet Mut und Überwindung, und es kann Ihnen auch passieren, dass jemand Geld für ein Foto verlangt. Ob Sie den Betrag dann bezahlen, ob Sie anfangen zu feilschen oder lieber auf das Bild verzichten, ist Ihre Sache. Auch wenn Sie einen Korb kriegen: Wenigstens haben Sie es versucht. Wenn Sie Ihr Foto machen dürfen, ist es natürlich Ehrensache, dem Porträtierten einen Abzug oder eine digitale Kopie des Bildes anzubieten. Nehmen Sie Visitenkarten mit oder einen Notizblock und einen Stift, um sich Adressen notieren zu können. Heutzutage haben die meisten Leute einen E-Mail-Zugang. Es kostet also nicht viel Mühe, sich zu bedanken.

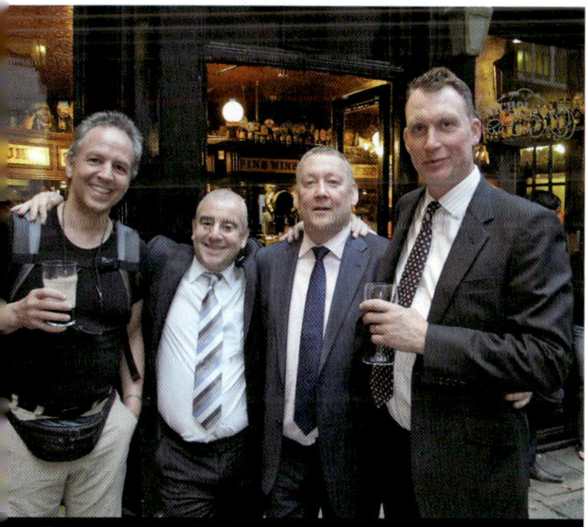

[6,1 mm | CF 4,6 | 1/15 s | f4 | ISO 320]

^ Gut aufgestellt
Der laue Sommerabend vor dem Pub mit Londoner Bankern wird den Beteiligten so noch lange in guter Erinnerung bleiben.

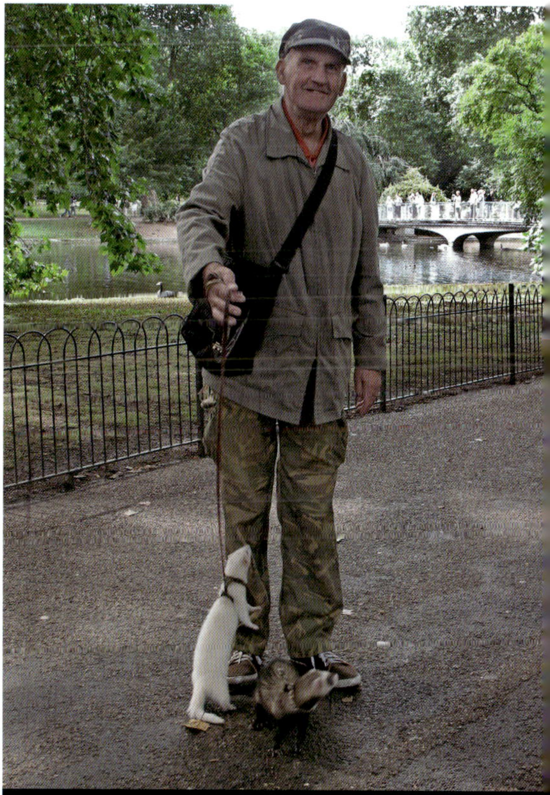

[9,8 mm | CF 4,6 | 1/50 s | f4 | ISO 80]

^ Kuriose Momente
Wer mit zwei Frettchen an der Leine im Park spazieren geht, posiert auch gern für Fotografen. Um Erlaubnis fragen sollten Sie aber immer.

Fotos bei Nacht

Fotografieren bei Nacht gehört zu den Sparten, in denen die Technik der Digitalkamera eine entscheidende Rolle spielt. Mit preiswerten Kompaktkameras sind Nachtaufnahmen eher frustrierend, und das Automatikprogramm können Sie hier ohnehin getrost vergessen.

Nachtporträts

Am besten gelingen Bilder mit dem **Night-Shot-Modus**, vor allem, wenn Sie Personenfotos machen wollen. Die Kamera verwendet eine etwas längere Belichtungszeit zusätzlich zum Blitzlicht, wodurch das Umgebungslicht stärker zur Geltung kommt. Wenn der Hintergrund angeleuchtet ist, wirken Porträts immer schöner als in völliger Dunkelheit.

Nächtliche Architekturaufnahmen

Eine noch größere Herausforderung für Fotograf und Kamera sind Aufnahmen von beleuchteten Gebäuden. Schalten Sie den Blitz aus: Er reicht in den meisten Fällen sowieso nicht weit

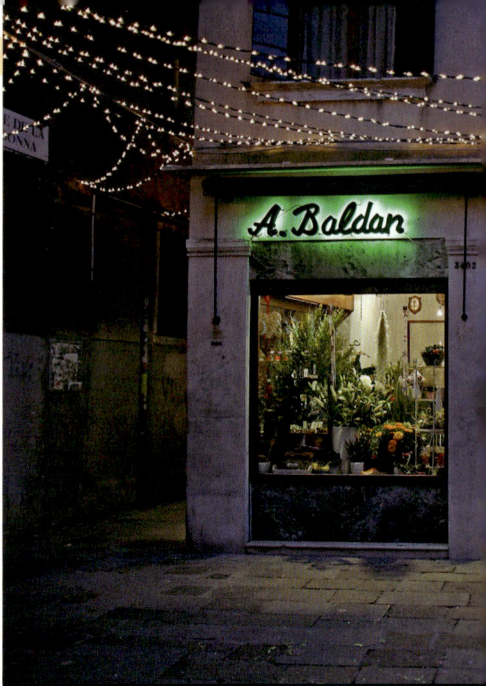

[28 mm | 1/40 s | f4 | ISO 800]

∧ Blaue Stunde
Beleuchtete Läden sehen schöner aus als bei völliger Dunkelheit, zudem verkürzt das Restlicht die Belichtungszeit. Spiegelreflexkameras liefern auch bei wenig Licht und hohem ISO-Wert erstaunlich gute Aufnahmen.

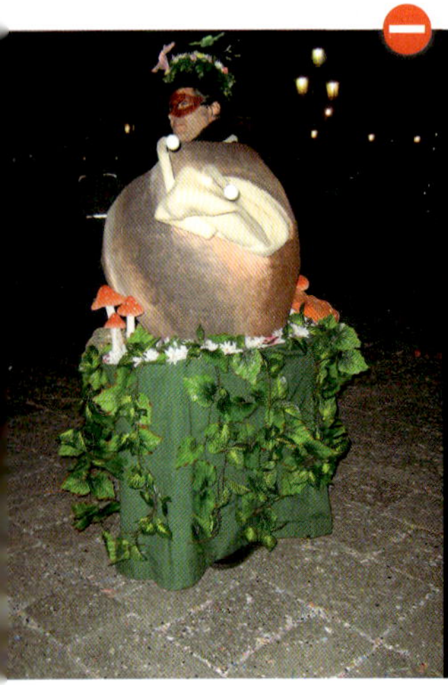

[5,4 mm | CF 7 | 1/60 s | f2,8 | ISO 250]

< Unnatürliche Bildwirkung
Der Automatikblitz feuert mit voller Leistung aufs Motiv.

[5,4 mm | CF 7 | 1/8 s | f2,8 | ISO 250]

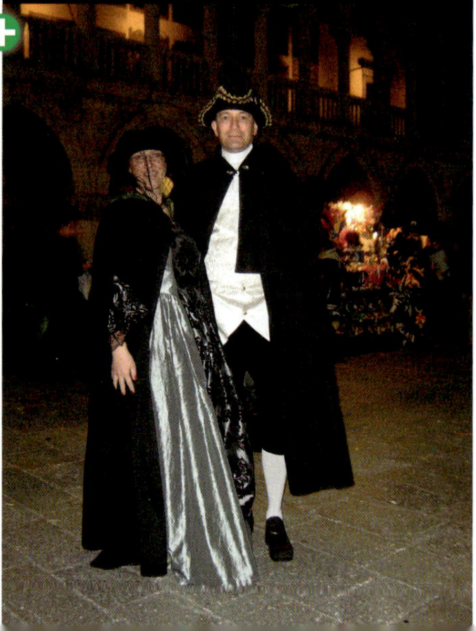

> Schöneres Licht
Die Blitzeinstellung Nachtporträt und ein beleuchteter Hintergrund sorgen für Stimmung.

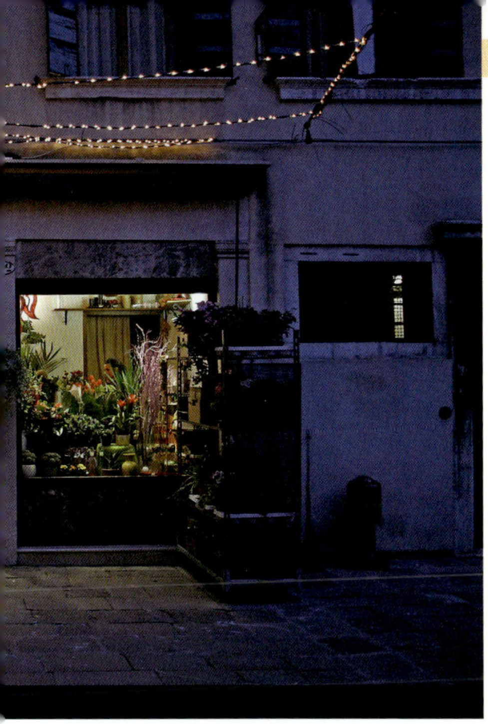

genug. Wählen Sie Motive, die möglichst hell beleuchtet sind. Was für unser Auge noch hell genug scheint, ist der Kamera längst zu dunkel. Je größer der Abstand zum Motiv, desto geringer fällt die Lichtwirkung auf dem Sensor aus.

Stabilisieren Sie die Kamera auf einem Stativ, Geländer oder einem anderen festen Untergrund. Verwenden Sie den Selbstauslöser für die Aufnahme, dann ist die Verwacklungsgefahr am geringsten. Wenn Sie den ISO-Wert nicht von Hand auf einen niedrigen Wert herunterregeln, wird die Kamera ihn für die Aufnahme erhöhen. Die Folge ist starkes Bildrauschen. Bis ISO 400 kann man bei vielen kleinen Kameras noch gehen, aber darüber hinaus macht es oft wenig Sinn. Hier sind die großen Spiegelreflexkameras wieder einmal klar im Vorteil.

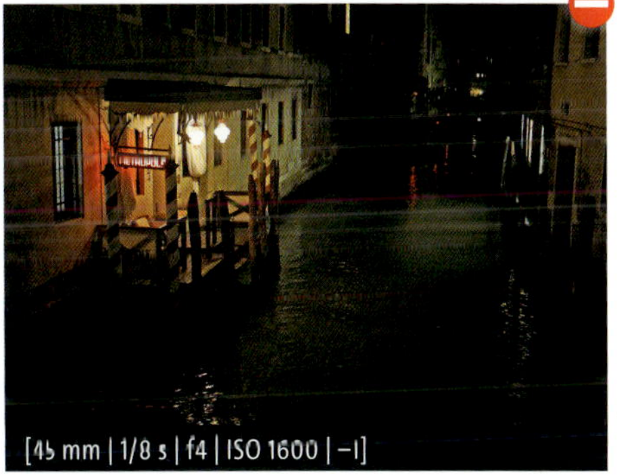

^ Zu dunkel
Der leere Kanal bietet nicht genug Futter für ein gutes Nachtmotiv. Rechts entsteht ein dunkles Loch im Bild.

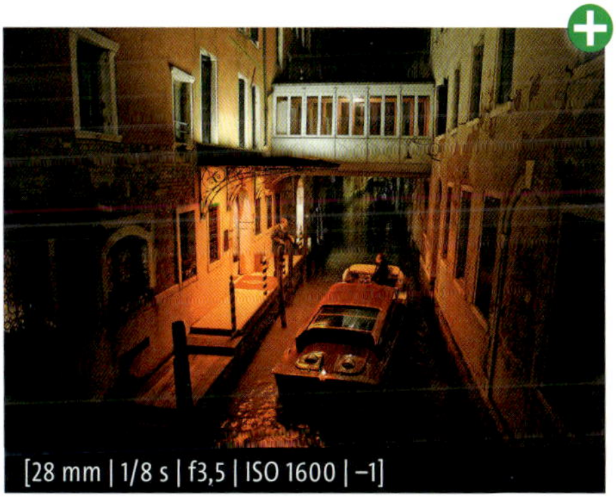

^ Mehr Licht
In der engeren Gasse wird die Helligkeit von der gegenüberliegenden Wand zurückgeworfen.

BÜHNENAUFNAHMEN

Ähnliche Lichtverhältnisse wie bei Nachtaufnahmen finden Sie auch in schummrig beleuchteten Ausstellungsräumen und bei Bühnenvorführungen vor. Hier kommt oft noch das Problem hinzu, dass Sie weder mit Blitz noch mit Stativ fotografieren dürfen, und die Akteure auf der Bühne bewegen sich obendrein.

Stellen Sie in solchen Situationen den ISO-Wert höher. Warten Sie mit dem Auslösen so lange, bis die Personen auf der Bühne in einer statischen Haltung verharren. Genau dann haben Sie die größten Aussichten darauf, ein Bild ohne Wackler und Wischbewegungen zu machen.

Schnelle erste Hilfe: **Touristen entfernen**

Nervig sind sie schon bisweilen, aber sie wollen alle nur das Gleiche wie Sie selbst: schön Urlaub machen. Beim Fotografieren müssen Sie also entweder warten können, bis eine Szene halbwegs leer geworden ist, oder Sie stehen sehr früh auf und sind bereits vor Ort, bevor die anderen kommen. Wenn beides nicht geht, dann bleiben noch ein paar fotografische Tricks. Der wichtigste lautet: Perspektive wechseln und Bildausschnitt anpassen.

Passanten »unauffällig« integrieren

Über die Köpfe von Passanten hinwegzufotografieren, funktioniert nicht, wenn einzelne Personen halb abgeschnitten sind. Fotos von Gebäuden, die halb in der Luft hängen, sehen auch nicht besonders schön aus. Nehmen Sie die Passanten dann lieber als Straßenszene mit ins Bild. Damit das mit den Passanten im Bild klappt, achten Sie auf signalfarbene Kleidung oder Taschen, die im Bild später stören können. Warten Sie, bis die farbigen Flecken verschwunden sind. Wenn die Szene zu belebt ist oder wenn Sie ein Foto haben möchten, das absolut ohne Menschen auskommt, dann gehen Sie näher heran und fotografieren eine Teilansicht des Gebäudes.

Alternativen suchen

Tauchen Sie ab, und fotografieren Sie ein Ersatzmotiv im Vordergrund. Das können Blumen sein oder ein anderer attraktiver Gegenstand, mit dem sich störende Personen verdecken lassen. Wenn Ihre Kamera die Möglichkeit bietet, mit weit geöffneter Blende zu fotografieren, können Sie auch auf ein Motiv in geringer Entfernung scharf stellen, und die Passanten verschwimmen im Hintergrund in Unschärfe. Solche Fotos sind nicht nur ein Kunstgriff, sie sehen auch viel atmosphärischer aus.

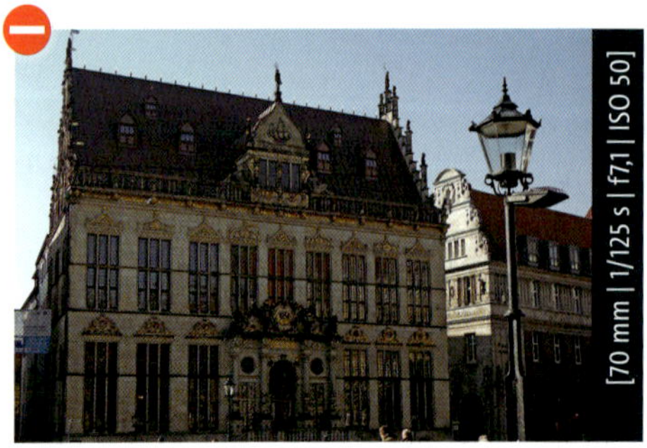

∧ Unausgewogen
Abgeschnittene Köpfe, Gebäude ohne Basis: Dies ist keine schöne Bildkomposition, und auch die Laterne im Vordergrund des Bildes stört.

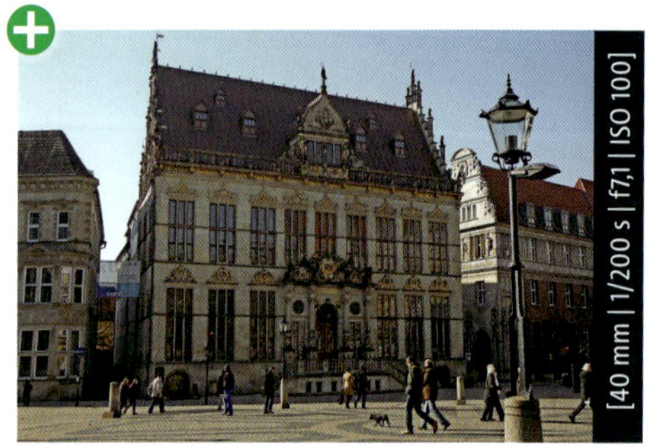

∧ Harmonisch
Der Bildaufbau mit Passanten wirkt harmonischer. Die Laterne hat jetzt einen Sockel und ist Teil des Bildaufbaus. Der Moment für die Aufnahme wurde bewusst gewählt: Alle Personen verteilen sich gleichmäßig im Vordergrund.

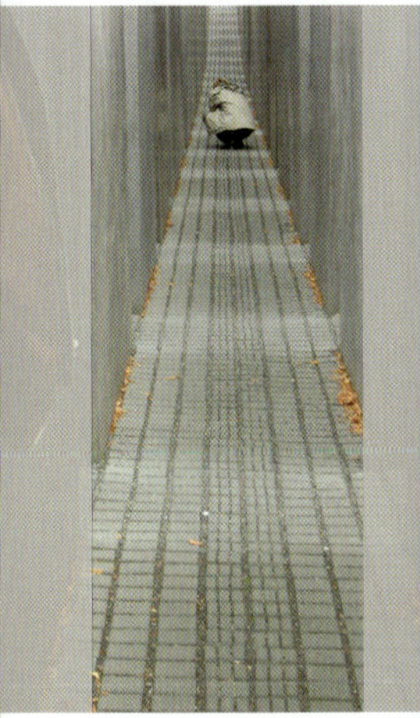

[14,4 mm | CF 7 | 1/100 s | f4,5 | ISO 80]

< Jemand läuft ins Bild?
Der Klassiker: Menschen, die einem im letzten Moment vor die Kamera huschen. Falls sich die Aufnahme nicht wiederholen lässt, ist eine Veränderung des Bildausschnitts in Photoshop & Co. oft die letzte Rettung.

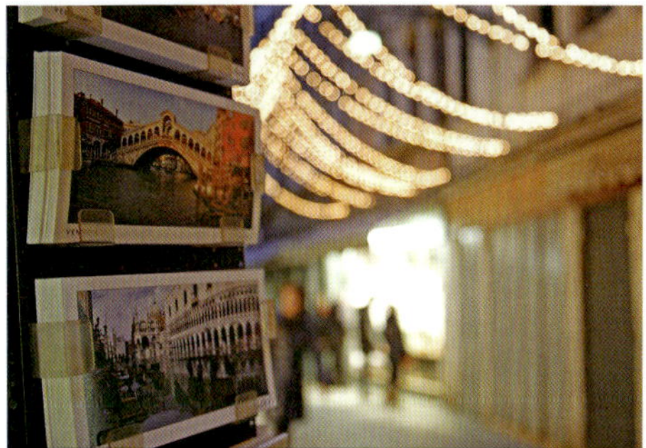

[40 mm | 1/15 s | f4 | ISO 1250 | –1 ⅓]

∧ Mit der Schärfe spielen
Passanten im Hintergrund verschwimmen zu diffusen Figuren.

DAS WICHTIGSTE IN KÜRZE

- Stimmen Sie Ihren Bildausschnitt auf die jeweils vorherrschenden Licht- und Wetterverhältnisse ab.
- In der Blauen Stunde haben Sie bei jedem Wetter besonders schönes Licht.
- Gestaltung ist oft wichtiger als die Technik: Achten Sie auf den Hintergrund, und vermeiden Sie kontrastreiche Stellen im Motiv.
- Suchen Sie verschiedene Aufnahmepositionen und -winkel, auch um störende Passanten auszublenden.
- Je größer der Brennweitenbereich, desto besser: Gute Objektive sind eine lohnende Investition.
- Schneiden Sie keine Köpfe ab, um Personen im Bild zu vermeiden: Integrieren Sie sie lieber in Ihre Straßenszenen.
- Nutzen Sie ein Ersatzmotiv, und arbeiten Sie mit selektiver Schärfe, um störende Elemente in Unschärfe verschwimmen zu lassen.
- Beobachten Sie die Szene, und warten Sie auf den richtigen Moment für das Bild.
- Fotografieren Sie symbolische Motive als Aufmacher für ein Fotobuch oder um Ihre besonderen Urlaubsmomente zu dokumentieren.
- Arrangieren Sie Gegenstände so, dass es im Foto schöner aussieht.
- Sprechen Sie Menschen auf der Straße an, wenn Sie ein Foto von ihnen machen wollen, und notieren Sie sich deren (E-Mail-) Adresse.
- Porträts am Abend und nachts gelingen mit dem Night-Shot-/Nachtporträt-Modus besser als mit dem Automatikblitz.
- Benutzen Sie für Nachtaufnahmen ein Stativ, oder legen Sie die Kamera auf eine stabile Unterlage.
- Hell beleuchtete Motive sind nachts einfacher zu fotografieren; Kameras mit kleinen Sensoren kommen im Dunkeln schnell an ihre technischen Grenzen.
- Fotografieren Sie Bühnenszenen ohne Blitz, und warten Sie auf einen ruhigen Moment.
- Wenn jemand ins Bild läuft und die Aufnahme kann nicht wiederholt werden: Schneiden Sie das Bild später am Rechner zurecht.

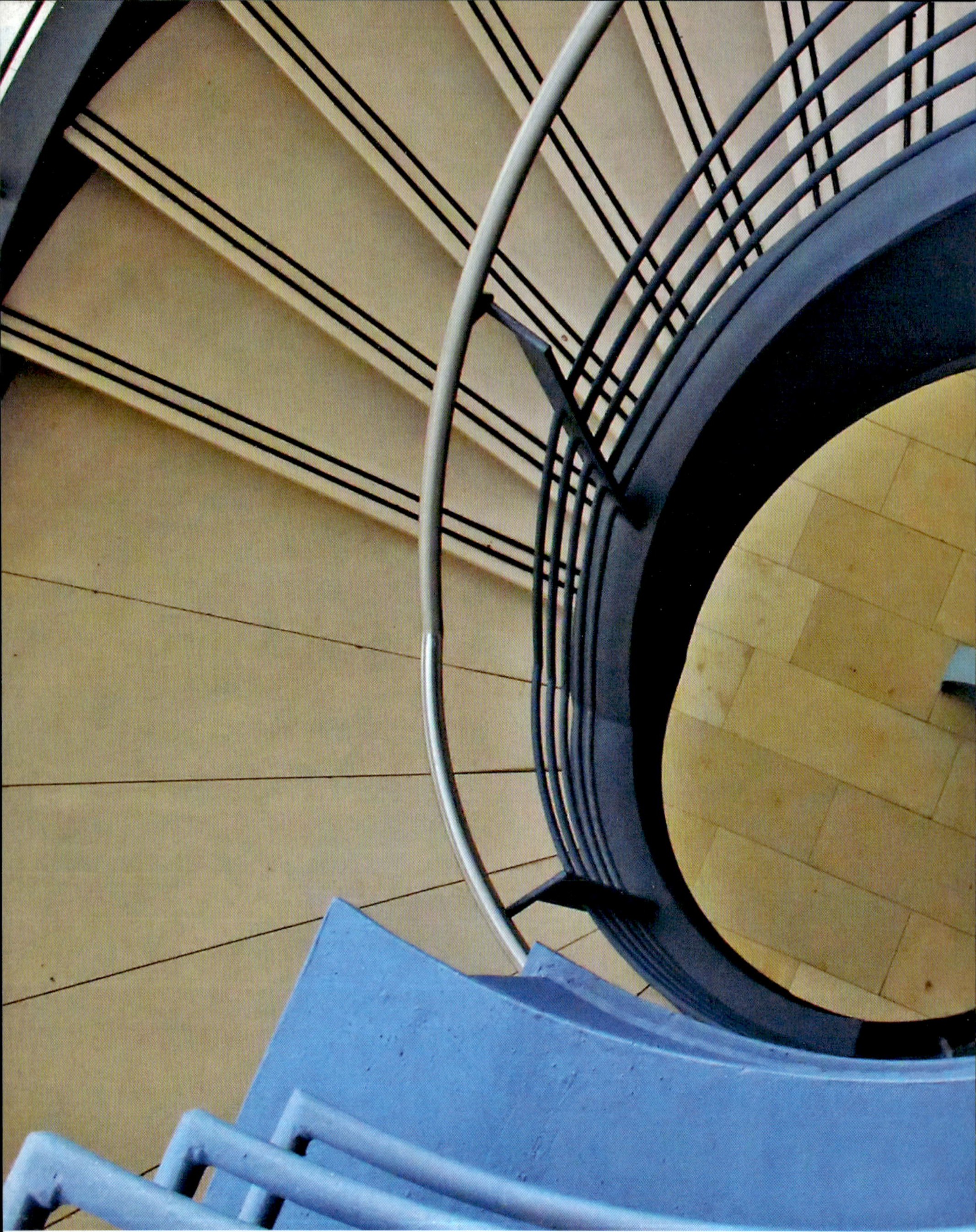
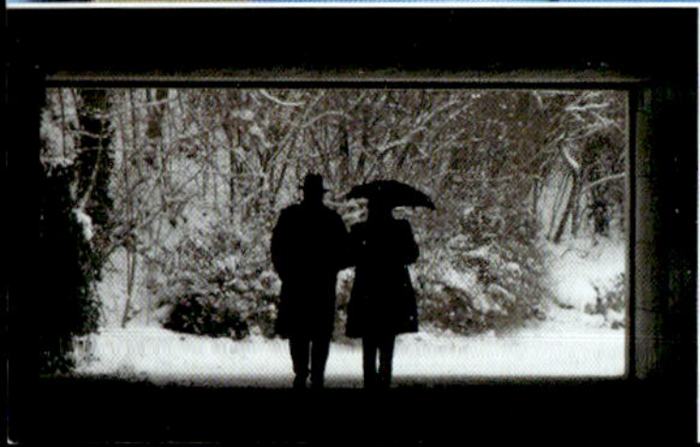
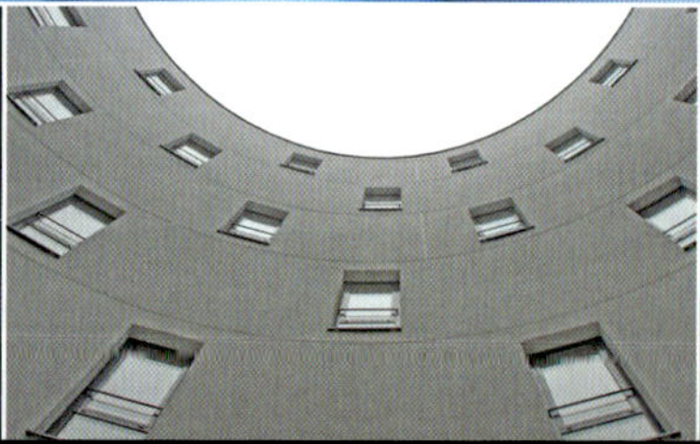
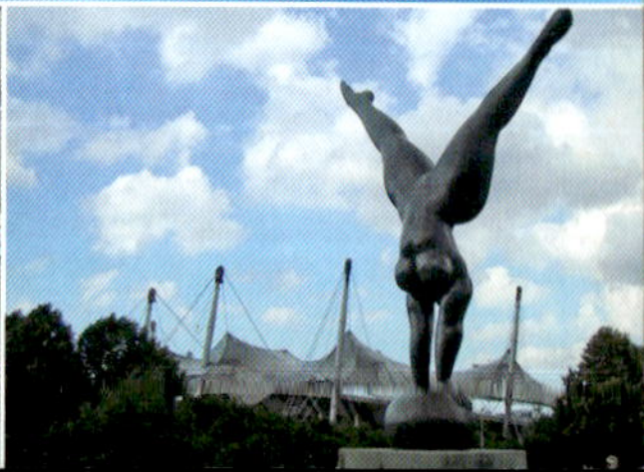

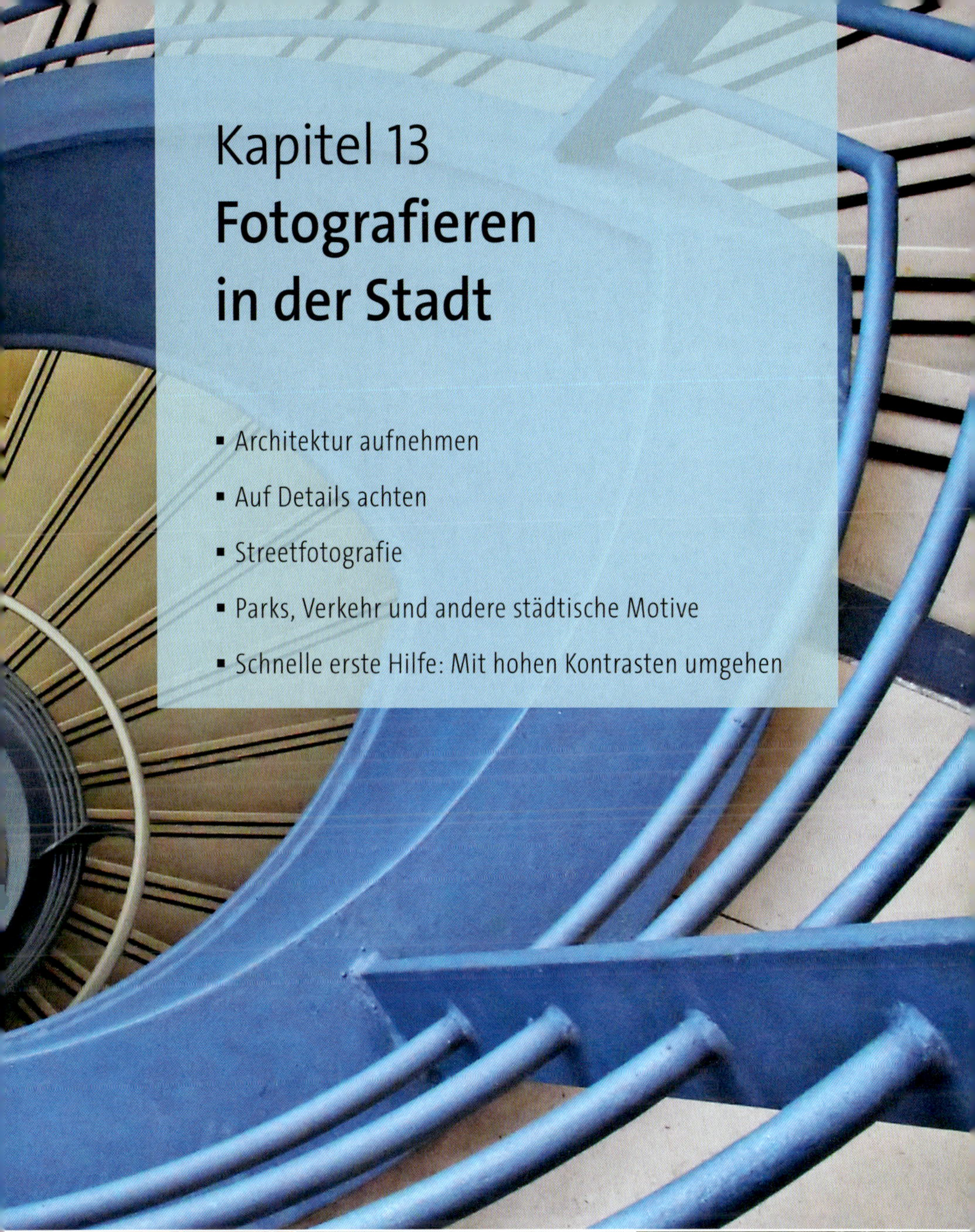

Kapitel 13

Fotografieren in der Stadt

- Architektur aufnehmen
- Auf Details achten
- Streetfotografie
- Parks, Verkehr und andere städtische Motive
- Schnelle erste Hilfe: Mit hohen Kontrasten umgehen

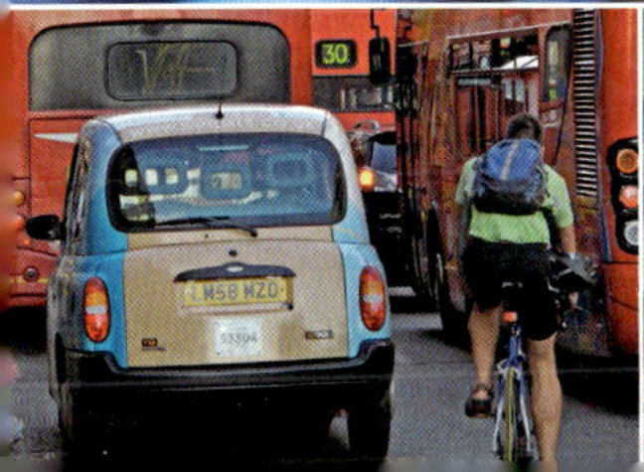

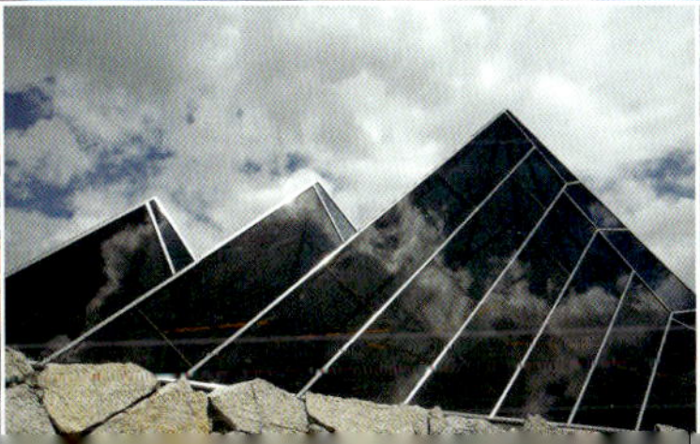

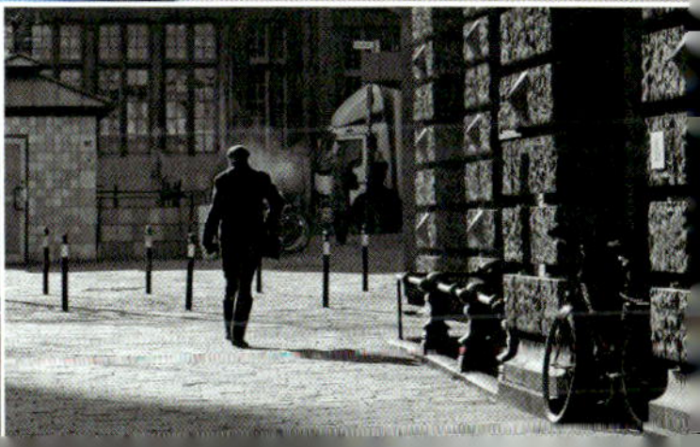

Architektur aufnehmen

Der Begriff Architektur umfasst die ganze Bandbreite von Innen- und Außenaufnahmen von Gebäuden. Berühmte Bauwerke, Kirchen und Treppen zählen zu den beliebtesten Fotomotiven. Schöne Architekturfotos gelingen immer dann, wenn man einen unverstellten Blick auf ein Gebäude hat oder wenn es möglich ist, das störende Umfeld auszublenden. Häufig sind Architekturmotive sehr reduziert auf abstrakte Linien und Formen. Daneben gibt es auch die eher praktische Form der Architekturfotografie: Abbildungen von Häusern, die zu verkaufen oder zu vermieten sind.

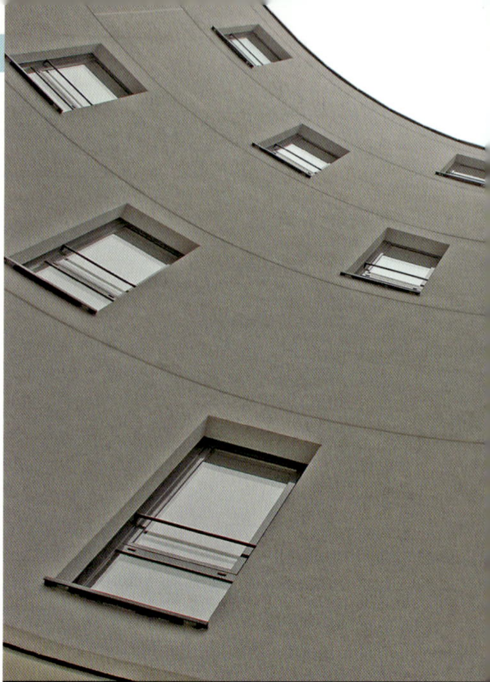

[28 mm | CF 1,6 | 1/160 s | f8 | ISO 100]

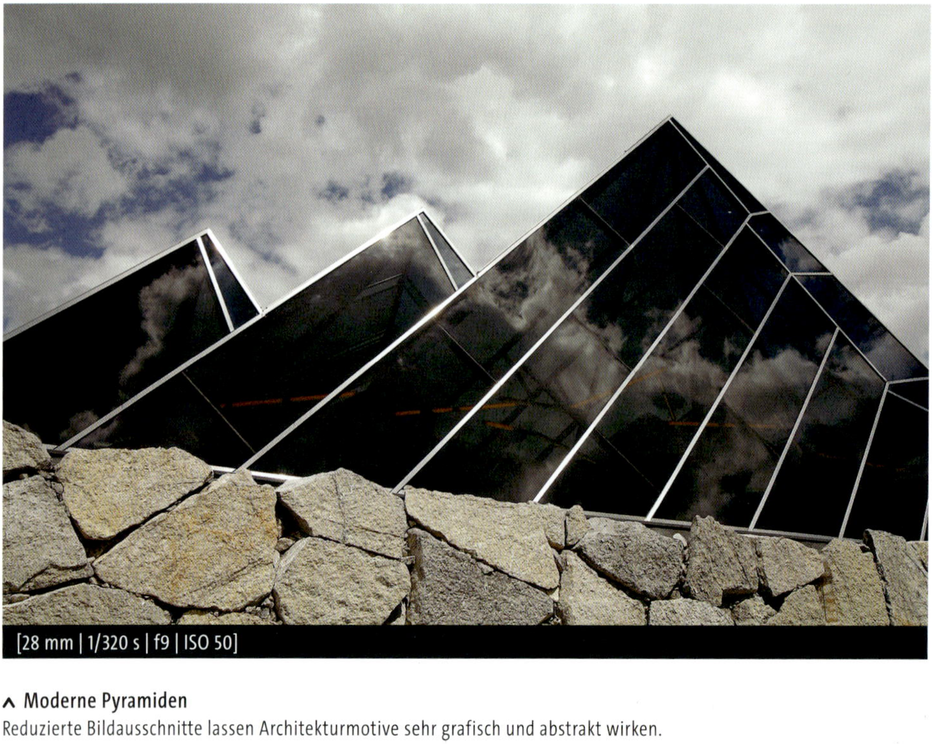

[28 mm | 1/320 s | f9 | ISO 50]

∧ Moderne Pyramiden
Reduzierte Bildausschnitte lassen Architekturmotive sehr grafisch und abstrakt wirken.

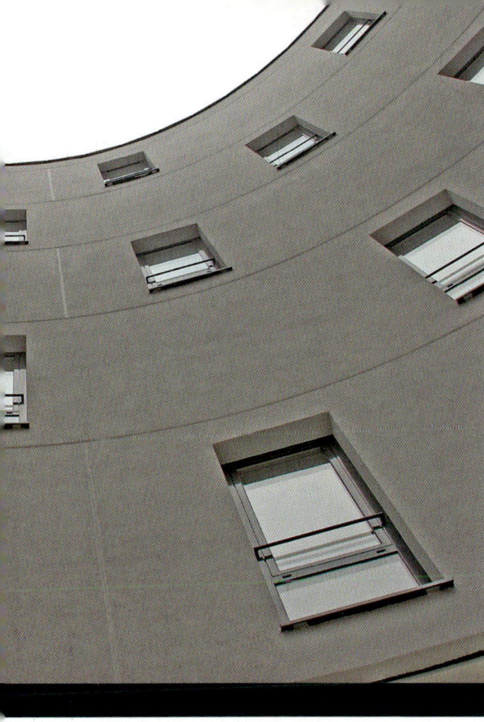

Auch wenn ich mich wiederhole: Auf das Licht kommt es an, denn die Beleuchtung setzt die Akzente. Sie beeinflusst nicht nur die Farbigkeit, sondern auch die dreidimensionale Wirkung jedes Objekts. Im Morgen- und Abendlicht leuchten Hausfassaden von Orange bis Zartrosa. Im Schatten oder an bewölkten Tagen sind die Farben zurückhaltender und kühler. Die Motive wirken eher flach, dafür gibt es auch keine störenden Schattenverläufe.

Aufnahmeeinstellungen

Bei Architekturmotiven ist es wichtig, eine große Schärfentiefe zu erreichen, deshalb be-

< Licht und Farbe
Das Wetter ist entscheidend: An einem wolkenlosen Tag sähe dieses Motiv völlig anders aus.

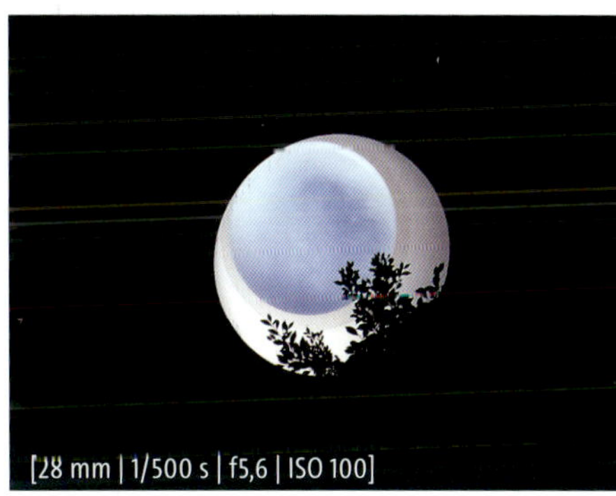

[28 mm | 1/500 s | f5,6 | ISO 100]

∧ Kontraste nutzen
Die auf den blauen Himmel abgestimmte Belichtung führt zu einer Gegenlichtsituation, bei der die weiße Decke des Gebäudes im Foto völlig schwarz erscheint.

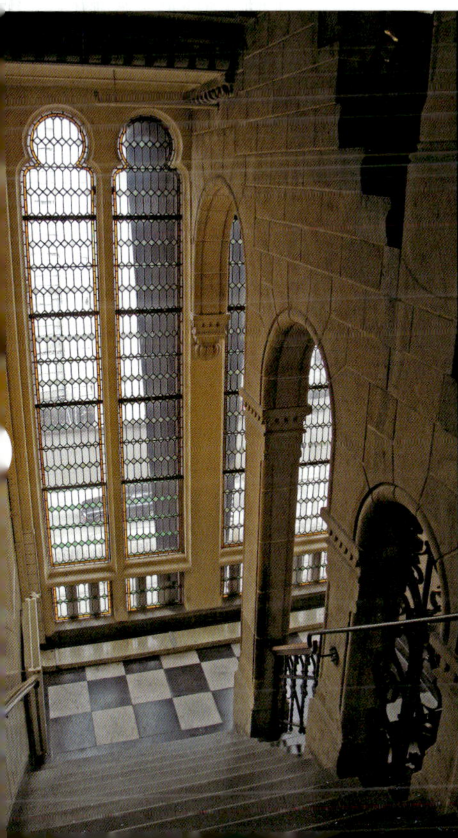

[5,1 mm | CF 4,6 | 1/30 s | f2,8 | ISO 100]

< Treppenhaus
Es muss nicht immer eine Wendeltreppe sein: Innenaufnahmen zählen ebenfalls zu den Architekturmotiven.

nutzt man die Blendenvorwahl mit einem mittleren bis hohen Blendenwert (f8 – f22). Für hohe Bildqualität verzichtet man auch hier auf hohe ISO-Einstellungen, was häufig den Gebrauch eines Stativs nach sich zieht. Der Vorteil des Stativs besteht darin, dass man die Kamera auch viel genauer ausrichten kann. Die genaue Positionierung der Kamera und des Bildausschnitts ist so wichtig, weil ein leicht schräger Aufnahmewinkel die Linien im Bild sofort verzerrt. Durch die Verwendung von Weitwinkelobjektiven kommt oft noch eine tonnenförmige Verzeichnung der Linien an den Bildrändern hinzu.

[28 mm | CF 1,6 | 1/200 s | f8 | ISO 100]

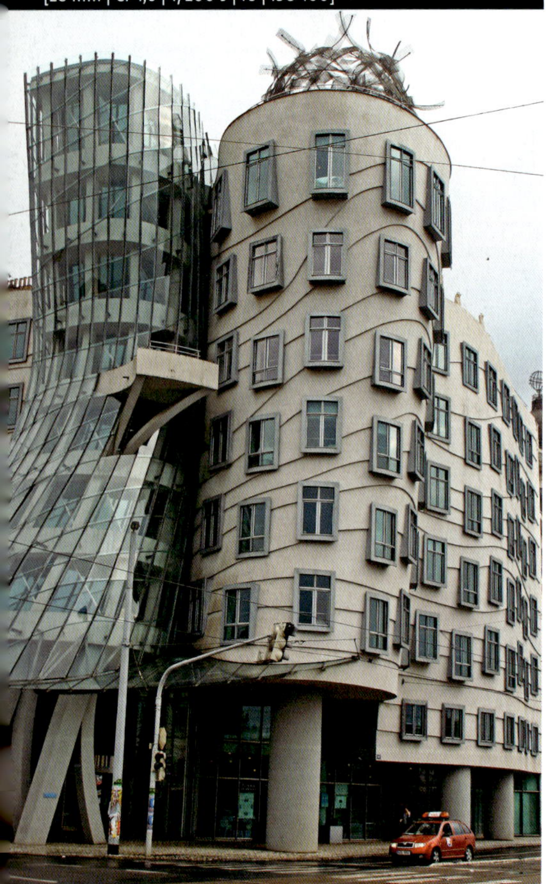

Architekturfotos gestalten

Gestalterisch steht man in der Architekturfotografie in erster Linie vor folgendem Problem: Wie viel vom Gebäude soll oder kann mit ins Bild genommen werden? In der klassischen Architekturfotografie dürfen keine Passanten erscheinen. Parkende Fahrzeuge oder andere Bildelemente wie Bushaltestellen, Oberleitungen, Plakate oder Laternenmaste können ziemlich stören. Im Alltag des Hobbyfotografen geht es nicht so streng zu. Hier ist es vor allem wichtig, auf das Licht und die genaue Ausrichtung der Kamera zu achten. Störenden Elementen kann man nachträglich mit Photoshop zu Leibe rücken.

Stürzende Linien

Mit der Weitwinkeleinstellung der Kamera bzw. des Objektivs lässt sich auf relativ kurze Distanz ein ganzes Gebäude im Bildrahmen unterbringen. Weil der Fotograf fast immer von unten nach oben fotografieren muss, entstehen durch die Neigung der Kamera die sogenannten stürzenden Linien. Gebäude scheinen nach hinten zu kippen, die Linien laufen zum oberen Bildrand hin aufeinander zu. Diesen unerwünschten Nebeneffekt kann man nur vermeiden, wenn man die Kamera so hält, dass die Sensorebene parallel zur Hauswand verläuft. Damit bekommt man aber nicht das ganze Haus ins Bild. Nur selten ist es möglich, in einem gegenüberliegenden Gebäude eine er-

< Moderne Architektur
Straße mit Passanten oder ohne? Der rote Pkw verstärkt den Farbkontrast des Bildes noch zusätzlich.

höhte Aufnahmeposition einzunehmen. Auf diesem Weg allerdings ließen sich stürzende Linien minimieren oder bestenfalls sogar ganz vermeiden.

In der professionellen Architekturfotografie benutzt man Spezialobjektive oder Fachkameras, mit denen sich die Verzerrung der Linien schon bei der Aufnahme korrigieren lässt. Der Umgang mit diesen Geräten ist jedoch alles andere als banal, und selbst engagierte Hobbyfotografen scheuen die Kosten für eine derart spezialisierte Ausrüstung. In der praktischen Fotografie hat sich das nachträgliche Korrigieren der Linien am Rechner mittlerweile durchgesetzt. Ob und wie stark Sie Ihre Bilder korrigieren, bleibt Ihnen überlassen. In vielen Fällen kann man mit dem Effekt leben, oft wirken Architekturbilder auch gerade durch eine extreme Übersteigerung der stürzenden Linien. Aus Froschperspektive mit dem Weitwinkel aufgenommen, sehen hohe Gebäude viel dramatischer aus, manchmal sogar spektakulär.

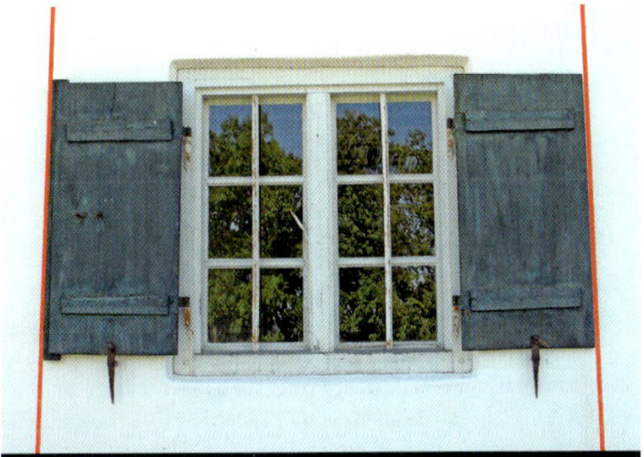

[9,8 mm | CF 4,6 | 1/125 s | f4 | ISO 80]

∧ Stürzende Linien
Schon bei einem Erdgeschossfenster verlaufen die vertikalen Linien nicht mehr parallel.

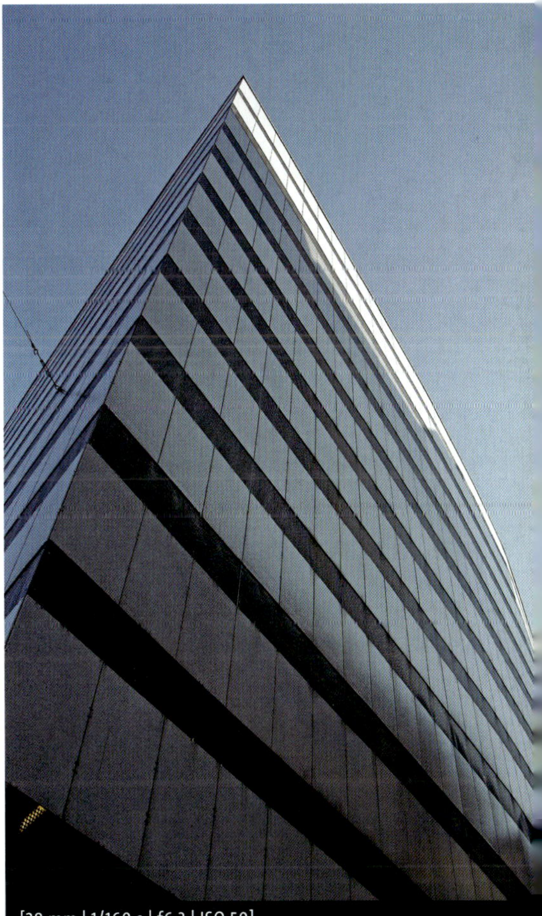

[28 mm | 1/160 s | f6,3 | ISO 50]

> Nur ein Parkhaus
Die Extremperspektive mit dem Weitwinkel lässt daraus eine fast monumentale Skulptur werden.

PASSANTEN AUSBLENDEN

Gegen Passanten gibt es bei Architekturbildern einen bewährten Trick: Die Aufnahmen werden vom Stativ mit einer langen Belichtungszeit gemacht – oft unter Zuhilfenahme von starken Graufiltern. Das hat zur Folge, dass Personen, die durch das Bild laufen, völlig verwischen und sich wie von Zauberhand in Luft auflösen: ein extremer Effekt der Belichtungszeit.

Auf Details achten

Genauigkeit ist in der Architekturfotografie das A und O. Beim Bild unten links können Sie sehen, dass es sehr exakt gestaltet wurde: Im Hintergrund ist eine weitere Skulptur mit einer goldenen Kugel zu sehen, die genau zwischen dem großen und dem ersten kleineren Rohr des Brunnens erscheint. Wenn der Fotograf nur einen halben Schritt weiter nach links oder rechts geht, wird diese Figur verdeckt oder verschwindet ganz. Solche Kleinigkeiten fallen fortgeschrittenen Fotografen sofort auf, und die Augen von Wettbewerbsjuroren sind darauf geeicht.

Ein Foto erhält oft mehr Spannung, wenn eine Person an einer bestimmten Stelle durchs Bild läuft. Einen solchen Moment kann man abwarten oder sogar inszenieren, indem man Freunde oder Mitreisende bittet, an der entsprechenden Stelle die Rolle des Passanten zu übernehmen. Dann wird der Mensch zum Eye-Catcher im Architekturbild, und hier beginnt der Übergang zur Streetfotografie.

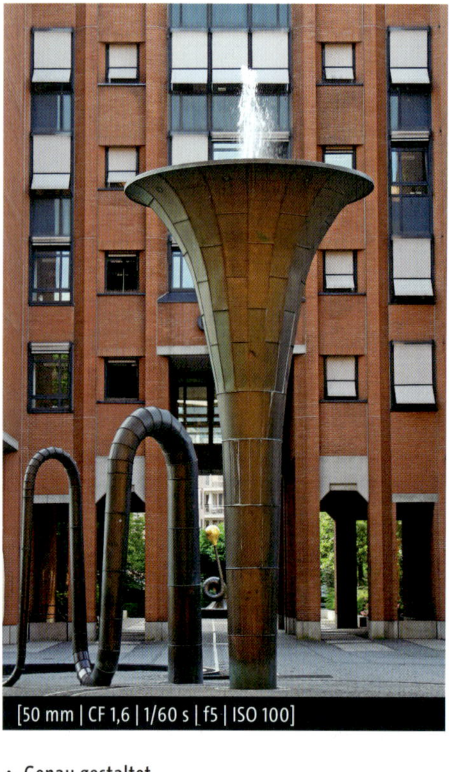

[50 mm | CF 1,6 | 1/60 s | f5 | ISO 100]

∧ Genau gestaltet
Die Linien sind gerade ausgerichtet, die Figur im Hintergrund ist exakt platziert.

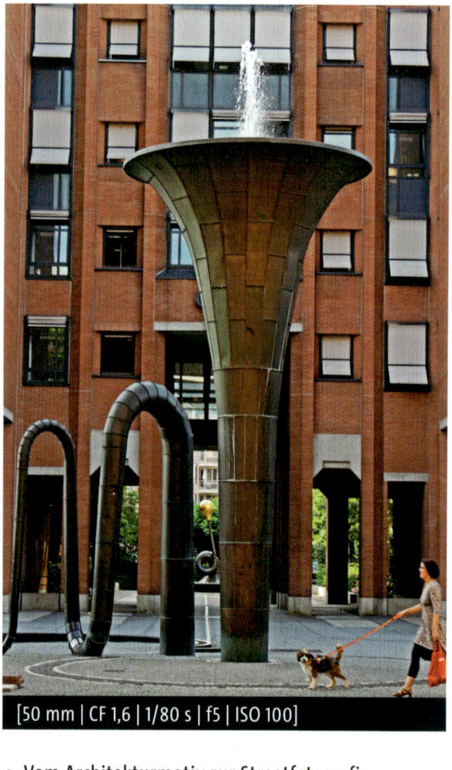

[50 mm | CF 1,6 | 1/80 s | f5 | ISO 100]

∧ Vom Architekturmotiv zur Streetfotografie
Die Passantin füllt die leere Fläche in der rechten unteren Bildecke und bringt Leben in die Szene.

Streetfotografie

Bei der Streetfotografie geht es um Menschen, aber nicht um die individuelle Person. Gezeigt werden alltägliche Situationen, wobei die Akteure prinzipiell austauschbar sind. Die eingefangenen Momente sind jedoch nicht zufällig, sondern enthalten stets eine gewisse Symbolkraft. In keiner anderen Sparte der Fotografie geht es so sehr um das Erfassen des richtigen Moments wie hier. Von einer Sekunde zur anderen kann sich etwas verändern, was aus einer mittelmäßigen eine interessante Szene macht: Beobachten Sie also die Situation sehr genau, und halten Sie Ihre Kamera stets schussbereit.

Voraussetzungen für die Aufnahme

Das Teleobjektiv ist das Handwerkszeug der Voyeure und Paparazzi, damit picken sie sich eine Einzelperson aus ihrem Umfeld heraus und machen sie zum Hauptmotiv. Das ist jedoch nicht das Ziel der Streetfotografie. Hier wird zwar auch unbemerkt fotografiert, um ei-

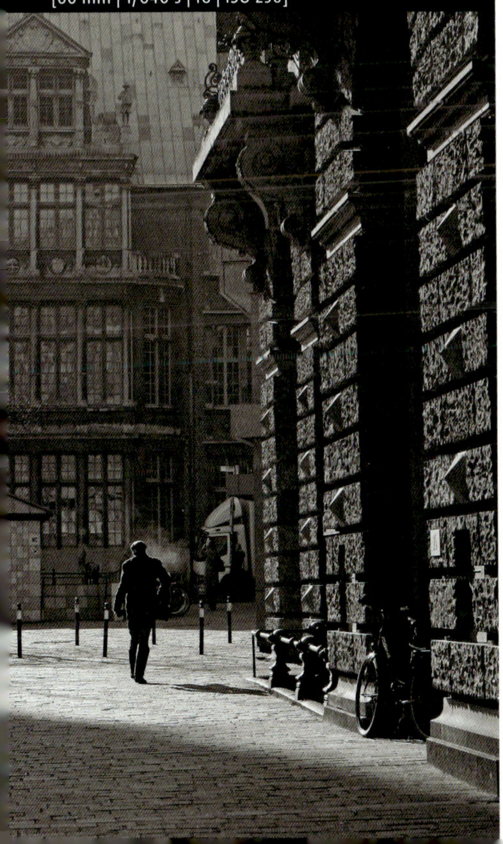

[60 mm | 1/640 s | f8 | ISO 250]

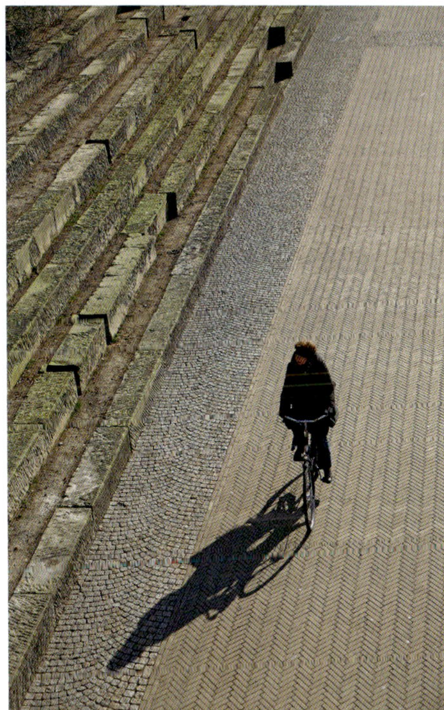

[70 mm | 1/500 s | f5,6 | ISO 50]

< Schwarzweißmotiv
Das Streiflicht betont den Passanten zwischen den altehrwürdigen Gebäuden, die Schwarzweißumsetzung ist typisch für Streetmotive.

∧ Gestaltung
Auch in der Streetfotografie gelten die Gestaltungsregeln: aufsteigende Linien, Goldener Schnitt, Reduktion auf wenige Elemente ...

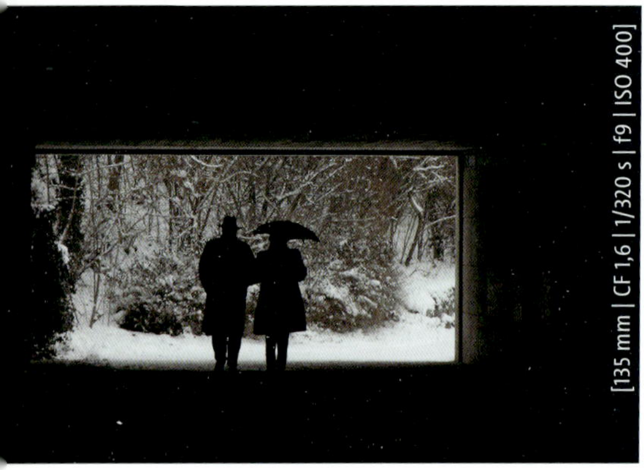

^ Winterspaziergang
Kontraste lassen sich gut für Silhouettenaufnahmen nutzen.

nen authentischen Moment nicht zu zerstören, aber es kommen eher kurze oder mittlere Brennweiten zum Einsatz. Es wird meist sehr viel vom Umfeld einer Person gezeigt, manchmal aber auch deutlich erkennbare Gesichter, was fotorechtlich nicht immer unbedenklich ist. Um die Persönlichkeitsrechte fremder Menschen zu schützen, kann man sie auch als Silhouetten zeigen.

Damit spontane Straßenszenen gelingen, ist es häufig nötig, den ISO-Wert zu erhöhen. Die beste Schnappschusseinstellung ist die Programmautomatik ohne Blitz oder die Blendenvorwahl mit einem niedrigen Wert (f5,6 oder weniger), um möglichst kurze Verschlusszeiten zu bekommen. Als Autofokus-Betriebsart ist der schnelle Nachführ-Modus ganz sinnvoll, es geht aber auch mit der etwas langsameren Standardeinstellung.

Fotografiert wird immer mit vorhandenem Licht (»*Available Light*«). Leichte Wischeffekte sind erlaubt, die Fotos müssen nicht immer perfekt scharf sein. Häufig werden die Bilder aus stilistischen Gründen in Schwarzweiß aufgenommen oder nachträglich in Schwarzweiß umgewandelt. Streetfotografie ist eine sehr subjektive Form der Dokumentarfotografie und eng mit der Reportagefotografie verknüpft. Der Unterschied zu reinen Erinnerungs- und Urlaubsfotos besteht darin, dass die Motive universell gültig sind, das heißt, die Szenen sind oft so typisch, dass jeder Betrachter sofort eigene Erinnerungen und Assoziationen mit dem Bild verknüpfen kann.

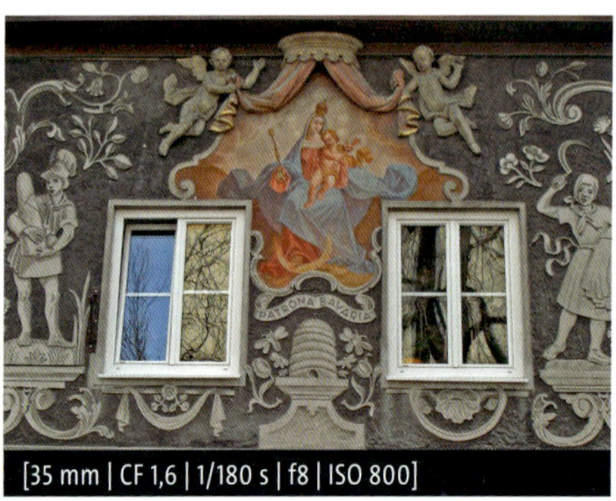

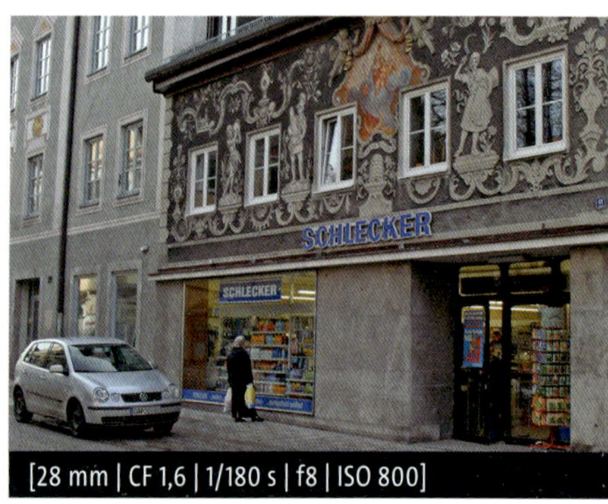

^ Unterschiedliche Aussagen
Bildaussage durch Bildausschnitt beeinflussen: Geht es eher um bayerische Tradition oder um moderne Zeiten? Welche Botschaft wollen Sie transportieren?

Parks, Verkehr und andere städtische Motive

Bei einem Wochenendausflug finden sich viele Motive. Vielleicht möchten Sie Ihren fotografischen Blick in der gewohnten Umgebung ein wenig trainieren? Dann machen Sie einen Sonntagsspaziergang, oder nehmen Sie die Kamera mit auf den Weg zur Arbeit. Wenn Sie in einer Gegend leben, die touristische Reize bietet, dann kennen Sie bestimmt alle Anziehungspunkte der Region. Machen Sie eine Tour dorthin, vielleicht laden Sie auch Ihre Freunde ein, und gehen Sie gemeinsam mit ihnen auf eine fotografische Entdeckungstour.

Freizeit und Erholung – raus ins Grüne!

Falls Ihnen die nahe gelegenen Tourismuszentren zu überlaufen sind, machen Sie Bilder von Ihren örtlichen Geheimtipps, sei es der Getreideacker oder der Baggersee nebenan. Selbst wenn Sie in einer trist anmutenden Ecke zu Hause sein sollten: Wetten, dass es auch hier etwas zu entdecken gibt? Stellen Sie sich doch einfach einmal vor, Sie müssten für ein neu eröffnetes Tourismusbüro ein paar einladende Bilder Ihrer Stadt oder Ihres Dorfes fotografieren. Was würden Sie zeigen? Vielleicht finden Sie wider Erwarten schöne Ecken, von denen Sie noch gar nicht wussten, dass es sie gibt. Oder Sie gestalten die Reportage mit einem Hauch von Ironie. Auch »Tote Hose in Unterbuxistan« eröffnet neue Einblicke und trainiert im Zweifelsfall Ihre Kompetenz im Umgang mit den Kameraeinstellungen.

[75 mm | CF 1,6 | 1/320 s | f8 | ISO 100]

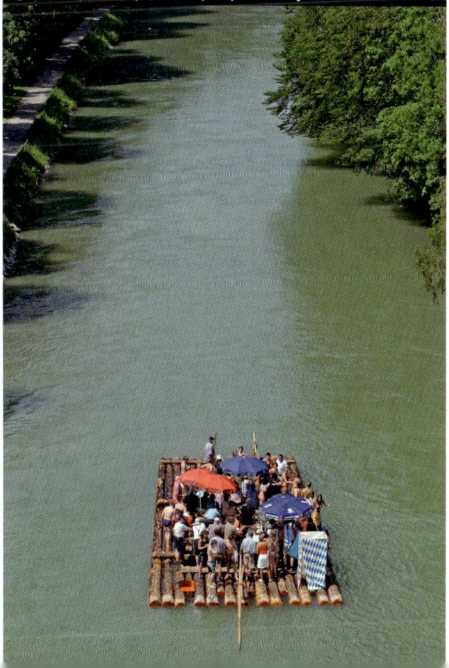

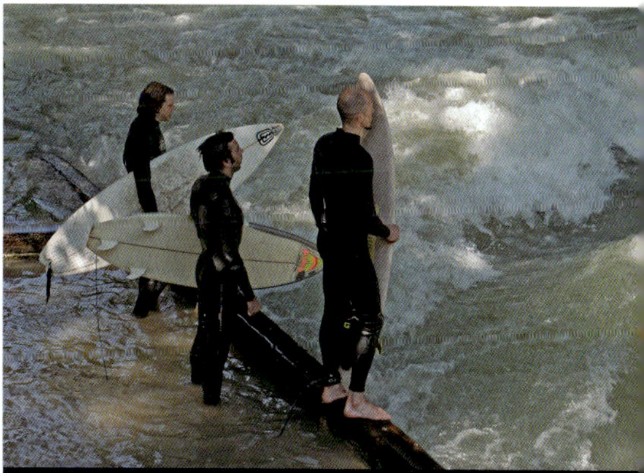

[55 mm | CF 1,6 | 1/200 s | f8 | ISO 400]

< Tourismusklassiker
Welche typischen Szenen gibt es in Ihrer Region? Nutzen Sie sie zum Üben.

∧ Licht und Schatten
Achten Sie immer auf die Beleuchtung der Szene.

Verkehr

Jede Stadt hat ihre ganz eigenen verkehrstechnischen Gesetzmäßigkeiten. Der Straßenverkehr zu Hause ist für die meisten Menschen im Alltag eher Ärgernis als Fotomotiv, und doch mag es Momente geben, in denen Sie sich vielleicht wünschten, Sie hätten eine Kamera dabei. Möglich ist alles: Man kann den nicht enden wollenden Stau dokumentieren oder einen schönen Oldtimer, der am Straßenrand parkt. In New York sind die gelben Taxen aus dem Straßenbild nicht wegzudenken, in London sind es die roten Doppeldeckerbusse. Was ist typisch in Ihrer Stadt, in Ihrem Reiseland? Versuchen Sie es fotografisch auf den Punkt zu bringen. Fototechnisch brauchen Sie nicht viel: Benutzen Sie die Programmautomatik, und lassen Sie den Blitz ausgeschaltet. Mit dem Teleobjektiv können Sie mehrere Objekte, die sich schräg hintereinanderbefinden, optisch näher aneinanderrücken. Mit dem Weitwinkel betonen Sie den Vordergrund, Sie können sogar die

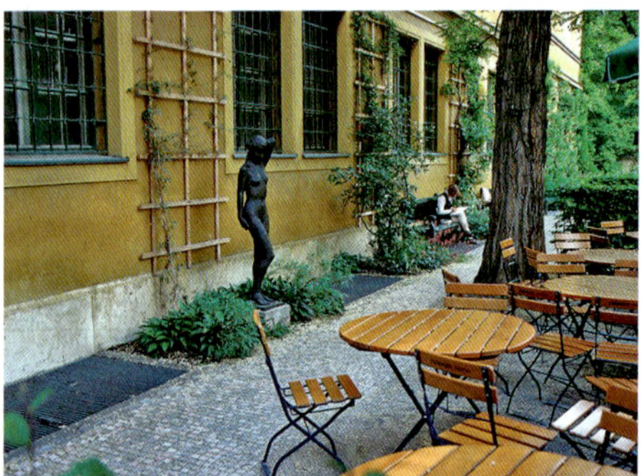

[28 mm | 1/30 s | f5,6 | ISO 100]

< Gestaltungselemente nutzen
Welche Farben, Linien oder Formen sind interessant?

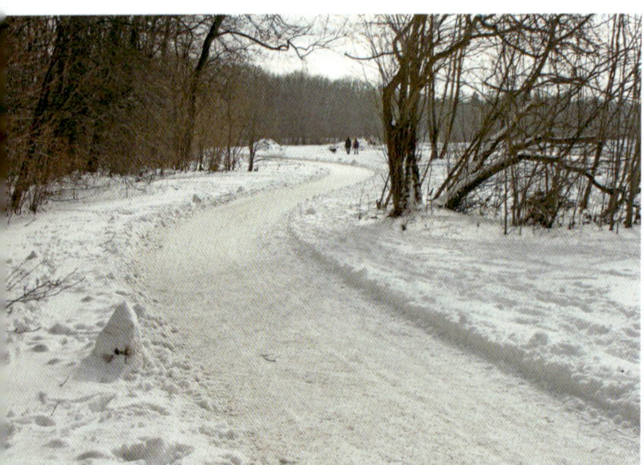

[30 mm | CF 1,6 | 1/250 s | f10 | ISO 100]

∧ Linienführung
Gestalten Sie den Bildaufbau in Vorder-, Mittel- und Hintergrund.

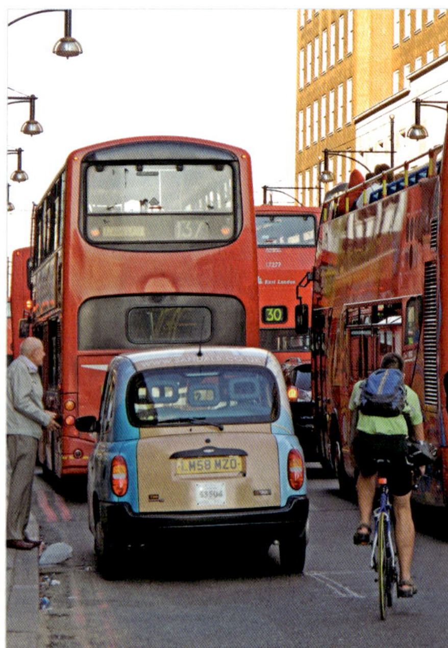

[30,5 mm | CF 4,6 | 1/100 s | f4,5 | ISO 80]

∧ Kein Durchkommen
Das Gewühle und Gedränge zur Hauptverkehrszeit ließ sich mit einer leichten Telebrennweite zu einem Bild verdichten, das ich immer wieder staunend und mit leisem Kopfschütteln betrachte: typisch London!

Motorhaube eines Autos verzerrt darstellen, indem Sie aus kurzer Distanz fotografieren. Achten Sie auf das Umfeld und den Hintergrund, damit nichts Störendes ins Bild mit hineingerät: Weniger ist wie so oft auch hier mehr.

Skulpturen und Denkmäler

Was ist so spannend an einer Statue, dass man ein Foto davon mit nach Hause nimmt? Ich kann es Ihnen nicht wirklich erklären. Zu Hause rennt man an den im öffentlichen Raum aufgestellten Skulpturen in der Regel achtlos vorbei. Die meisten Menschen wissen auch gar nicht, wer da gerade auf einem hohen Ross sitzt und warum. Trotzdem werden viele Bilder von Skulpturen und Denkmälern gemacht. Man kann diese Objekte gedankenlos knipsen, sie als zierendes Beiwerk für ein Erinnerungsfoto verwenden, oder man betrachtet sie als etwas Lebendiges. Im Foto werden Bewegungen durch eine kurze Belichtungszeit eingefroren: Ein gutes Foto von einem Pferd mit Reiter sieht womöglich genauso aus wie ein gutes Foto von einer Reiterstatue. Der Vorteil am Denkmal: Es bewegt sich nicht, und die Figur hat bereits die bestmögliche aller Haltungen eingenommen. Sie können um die Figur herumgehen und sie aus unterschiedlichen Perspektiven im Kontext ihrer Umgebung ganz verschieden darstellen: ein wunderbares Übungsobjekt!

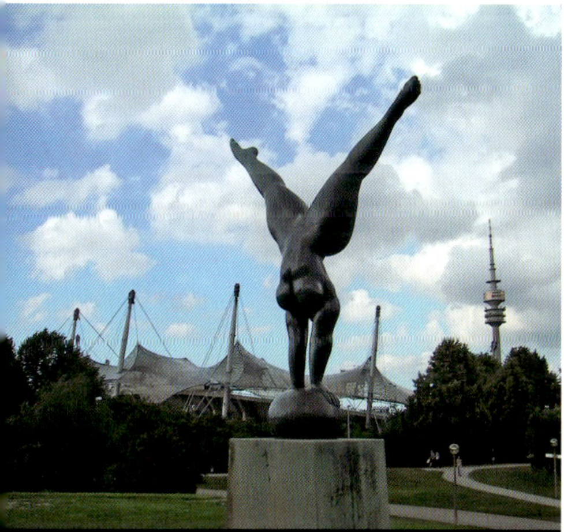

[5,4 mm | CF 7 | 1/350 s | f7,1 | ISO 200]

∧ Umgebung mit einbeziehen
Ziemlich sexy ist die Dame, die hinter dem Münchner Olympiastadion ihre Turnübungen macht.

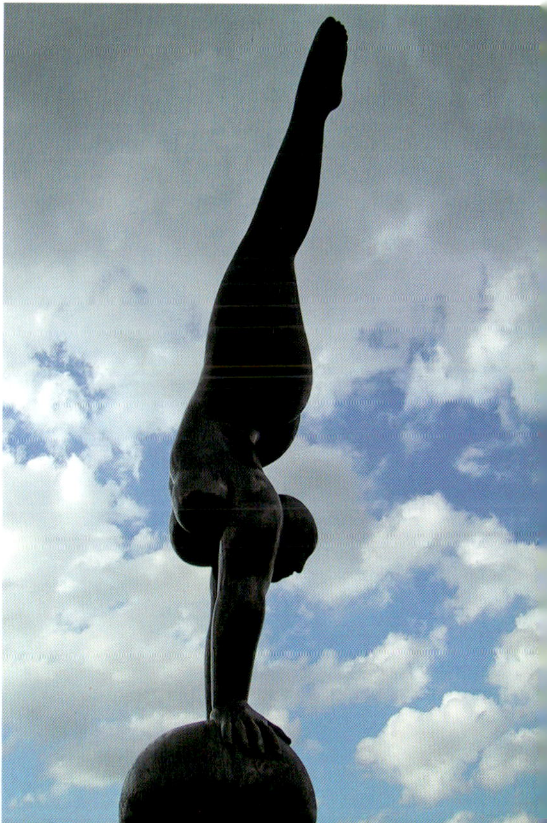

[5,4 mm | CF 7 | 1/400 s | f7,1 | ISO 100]

∧ Neutraler Hintergrund
Aus einer anderen Perspektive fotografiert, kann man nicht mehr erkennen, wo die Turnerin zu Hause ist.

Schnelle erste Hilfe: **Mit hohen Kontrasten umgehen**

Hohe Kontraste entstehen bei Sonnenschein im Freien, vor allem aber bei Innenaufnahmen von Kirchen. Sobald man die Kamera gegen ein Kirchenfenster richtet, wird der Innenraum zu dunkel abgebildet. Umgekehrt überstrahlt das schöne Fenster, wenn man versucht, den Raum korrekt zu belichten. Gegen dieses Dilemma, das prinzipiell in allen Innenräumen auftritt, gibt es drei grundsätzliche Maßnahmen:

- Sie entscheiden, was korrekt abgebildet werden soll und nehmen die Unter- oder Überbelichtung von Bildteilen in Kauf.
- Sie versuchen, die dunklen Bereiche zusätzlich zu beleuchten.
- Sie machen eine Bilderserie mit verschiedenen Helligkeitsstufen und exakt identischem Bildausschnitt, um die Bilder später in der Nachbearbeitung übereinanderzulegen (DRI, HDR).

Manchmal kann man mit einer partiellen Fehlbelichtung leben. Meist ist es jedoch günstiger, die Belichtung auf die hellen Stellen des Motivs abzustimmen. Dazu können Sie die Belichtungsmessart SPOT verwenden. Falls Ihre Kamera keine solche Einstellung hat, verwenden Sie die Belichtungskorrektur in Richtung Minus.

Mit Mischlicht umgehen

Ein großer Innenraum lässt sich mit dem eingebauten Kamerablitz nicht sinnvoll ausleuchten, der Blitz ist zu schwach. Dies funktioniert nur in sehr kleinen Räumen mit hellen Wänden, die das Blitzlicht reflektieren. Trotzdem sehen auch dann die Ergebnisse oft nicht gut aus, und in vielen Innenräumen ist das Blitzen ohnehin nicht erlaubt. In privat genutzten Räumen kann man alle Lampen einschalten oder zusätzliche Lichtquellen aufstellen. Dabei entsteht allerdings oft eine Mischlichtsituation,

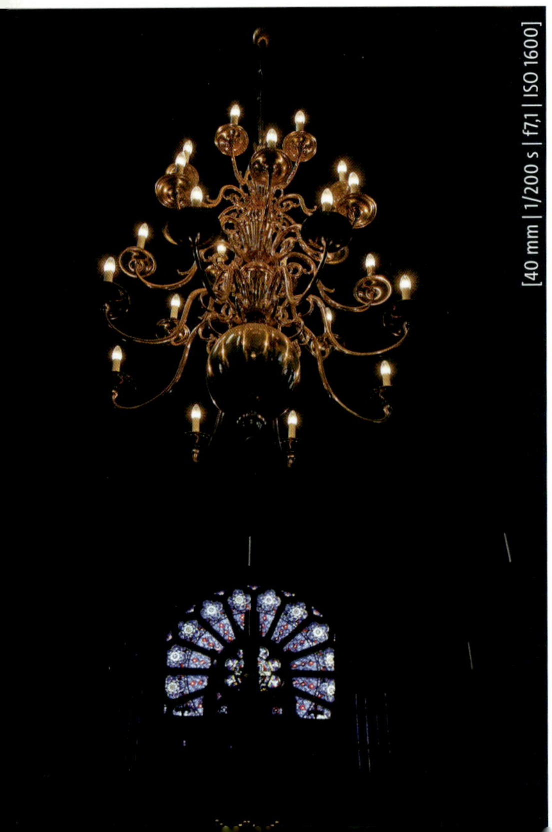

< Helle Bereiche im Fokus
Das Kircheninnere versinkt in tiefem Schwarz. Die goldene Lampe und das farbige Kirchenfenster haben intensive Farben und heben sich daher vom Hintergrund besonders gut ab.

das heißt eine Mischung aus Tages- und Kunstlicht, die für den Weißabgleich zur Herausforderung wird. Um hässliche Farbstiche zu vermeiden, ist eine Anpassung des Weißabgleichs oder eine spätere Nachbearbeitung der Bilder unvermeidlich.

Mehrfachbelichtung anfertigen

Die professionellste, aber auch aufwendigste Lösung ist das Aufnehmen einer Bilderserie für die spätere DRI- oder HDR-Umsetzung am Rechner (siehe Seite 230). Damit sich die Fotos später exakt übereinanderlegen lassen, müssen sie deckungsgleich sein und mit derselben Blendenstufe aufgenommen werden. Anderenfalls würde die unterschiedliche Schärfentiefe der Einzelbilder zu einem unscharfen Gesamtbild führen. Wenn Ihre Kamera bereits über einen HDR-Aufnahme-Modus verfügt: Probieren Sie ihn aus.

Anderer Bildausschnitt

Die einfachste fotografische Lösung für das Kontrastproblem liegt immer darin, einen Bildausschnitt zu suchen, bei dem es nicht nur sehr helle und sehr dunkle Bereiche gibt, sondern eine größere gleichmäßig beleuchtete Fläche.

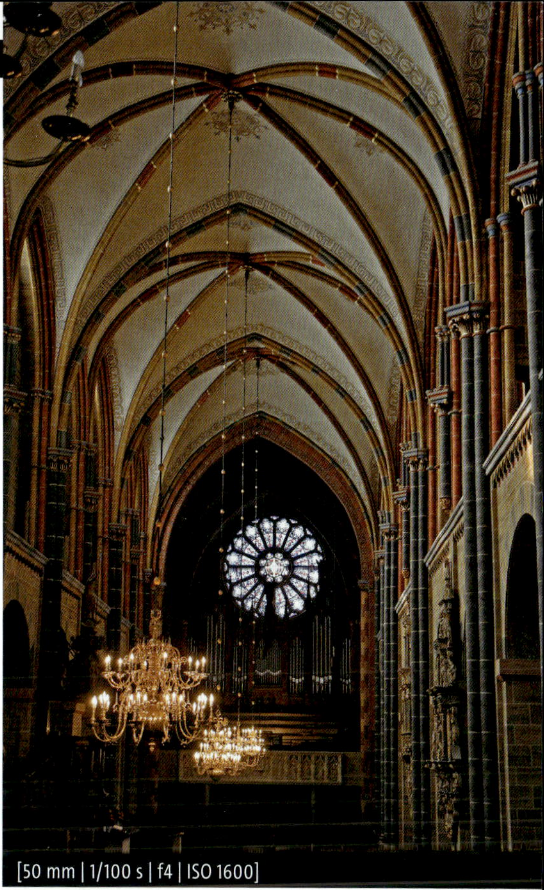

^ Angepasster Bildausschnitt
Die Beleuchtung ist nicht so kontrastreich, es lässt sich mehr vom Innenraum wiedergeben.

DAS WICHTIGSTE IN KÜRZE

- Architektur- und Städtemotive lassen sich auf sehr vielfältige Weise umsetzen: Ihr Blick und Ihre Absicht sind entscheidend.
- Detail- oder Totalansicht? Oft geht beides: Nutzen Sie unterschiedliche Brennweiten.
- Kein schöner Himmel? Reduzieren Sie den Bildausschnitt.
- Das Weitwinkel verzerrt die Perspektive: Nutzen Sie extrem stürzende Linien zur Gestaltung.
- Für maximale Schärfe wird mit niedrigem ISO-Wert und einer geschlossenen Blende fotografiert: Das Stativ hilft gegen Verwacklung.
- Starke Helligkeitskontraste lassen sich nicht immer vermeiden: Der Bildausschnitt ist entscheidend, um aufwendige Aufnahmetechniken zu umgehen.
- Achten Sie bei Mischlichtsituationen auf den Weißabgleich.

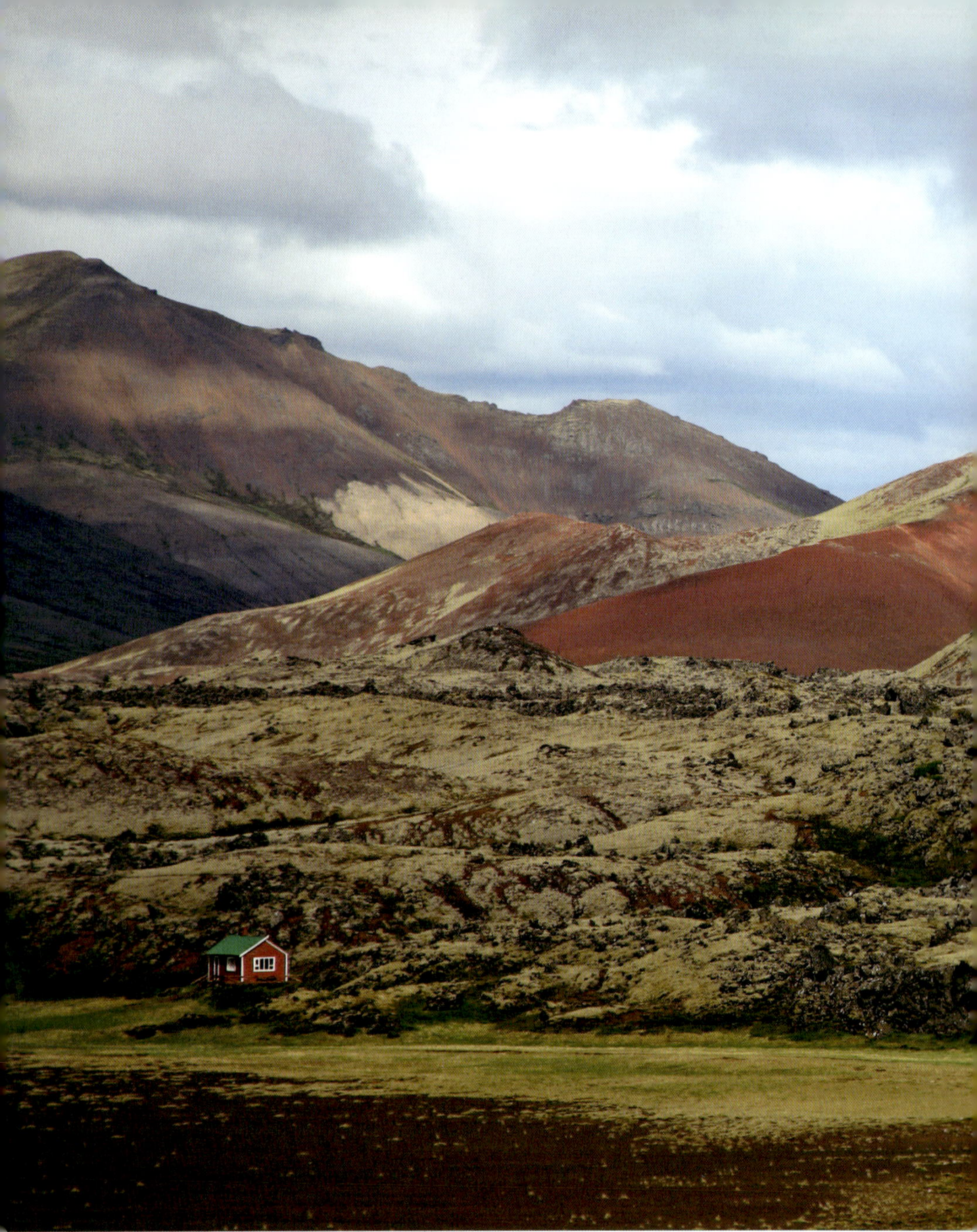
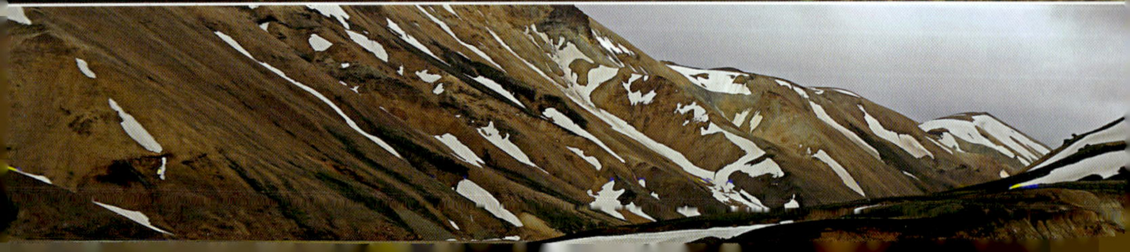

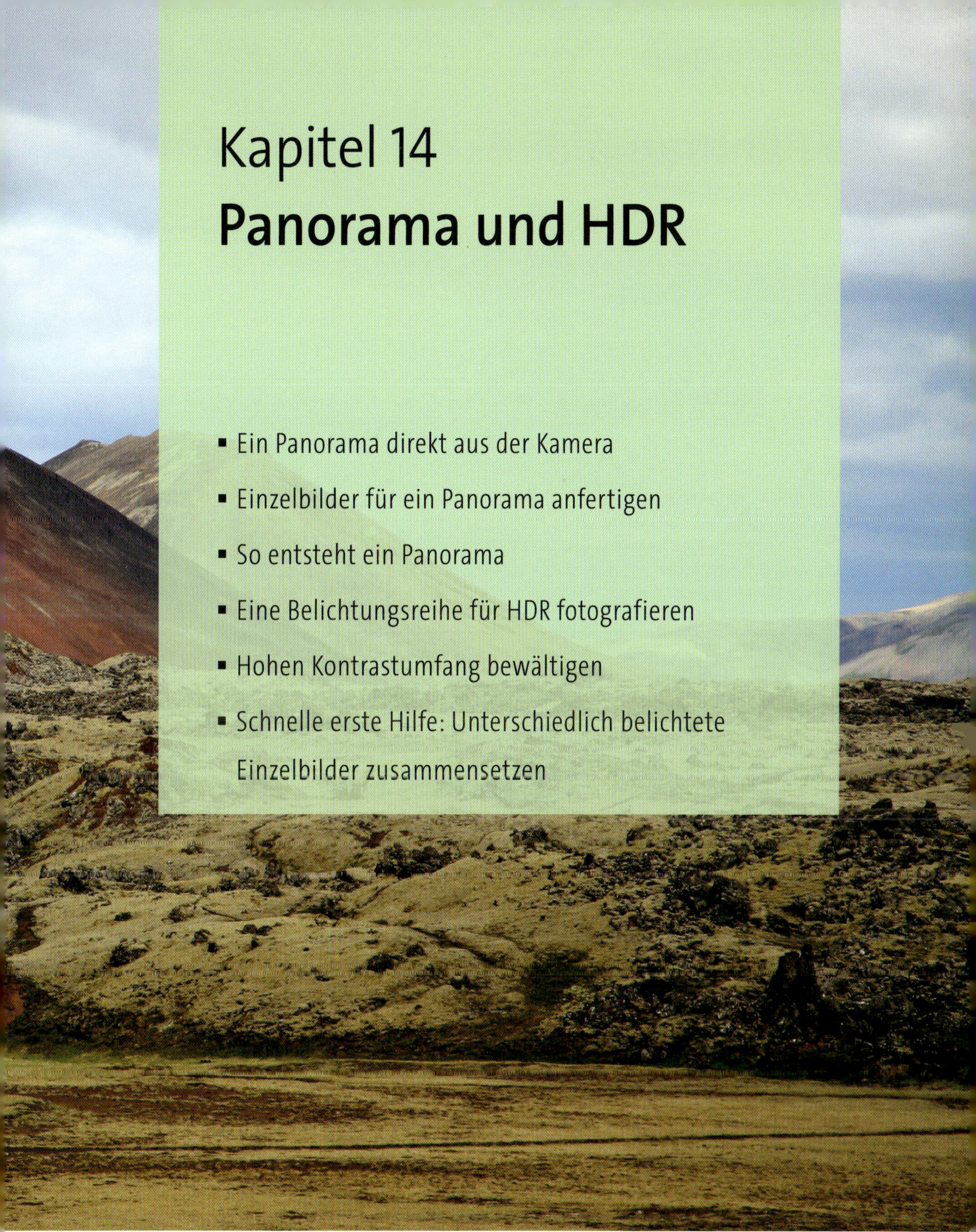

Kapitel 14
Panorama und HDR

- Ein Panorama direkt aus der Kamera
- Einzelbilder für ein Panorama anfertigen
- So entsteht ein Panorama
- Eine Belichtungsreihe für HDR fotografieren
- Hohen Kontrastumfang bewältigen
- Schnelle erste Hilfe: Unterschiedlich belichtete Einzelbilder zusammensetzen

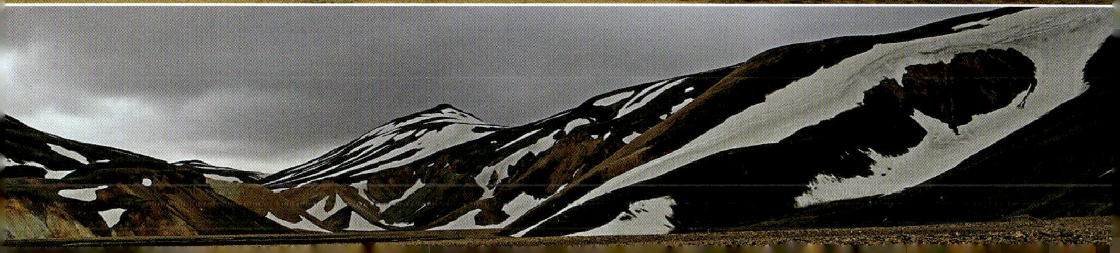

Ein Panorama direkt aus der Kamera

Eine Panoramaaufnahme kann zwei ganz unterschiedliche Dinge bedeuten: Manchmal versteht die Kamera darunter nur ein verändertes Bildformat, bei dem am oberen und unteren Bildrand ein Streifen fehlt. Das Foto wird dadurch einfach nur breiter, aber es wird nicht die volle Sensorfläche ausgenutzt, das heißt, die Datei enthält weniger Pixel und kann auch nicht größer gedruckt werden als ein normales Foto. Für ganz einfache Zwecke und zum Gestalten von Bildern ist diese Variante eine schnelle und pragmatische Lösung. Ein »richtiges« Panorama wird jedoch aus mehreren Aufnahmen zusammengesetzt. Das macht Spaß, denn mit diesem extrabreiten Aufnahmeformat kann man beeindruckende Landschaften

⌄ Pseudo-Panorama
Aus jedem normalen Foto kann man ein Panoramaformat herausschneiden. Ein echtes Panoramabild jedoch ist aus mehreren Aufnahmen zusammengesetzt.

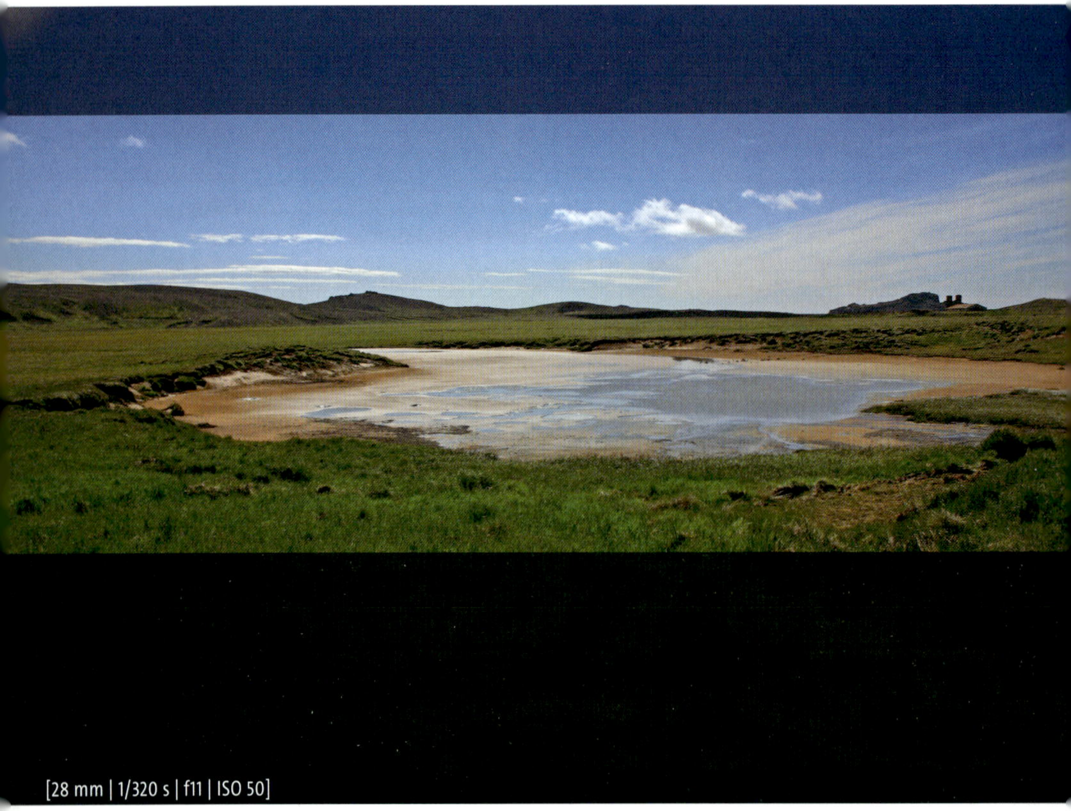

[28 mm | 1/320 s | f11 | ISO 50]

und Straßenzüge in ihrer maximalen Ausdehnung zeigen. Was früher nur Profis vorbehalten war, lässt sich heute relativ schnell und einfach mit jeder Kamera bewerkstelligen. Allerdings gibt es ein paar Hindernisse, auf die Sie achten müssen.

Kamera mit Panoramafunktion

Wer nicht viel mit Bildbearbeitungsprogrammen hantieren möchte, braucht eine Kamera mit einer sogenannten »*Stitching*«-Funktion (Panorama-Modus). Sie sorgt dafür, dass mehrere hintereinander aufgenommene Fotos später lückenlos aneinandergeheftet werden. Trotzdem geht es nicht ganz ohne Rechner: In den meisten Kameras werden die Einzelaufnahmen auch bei aktiviertem Panorama-Modus individuell gespeichert. Erst beim Herunterladen auf den Computer erkennt das mit der Kamera mitgelieferte Bildverwaltungsprogramm den Panorama-Modus und fügt die markierten Bilder automatisch zu einem neuen Bild zusammen.

˅ Orientierung am Display
Das erste Foto wird eingeblendet. Nun können Sie genau sehen, wo und wie Sie die zweite und alle nachfolgenden Aufnahmen ansetzen müssen.

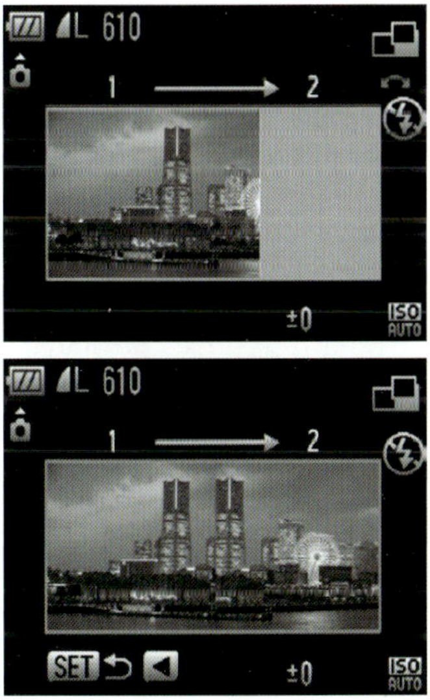

˅ Panoramabilder laden
Die Vorschaubilder sind mit dem Panoramasymbol markiert.

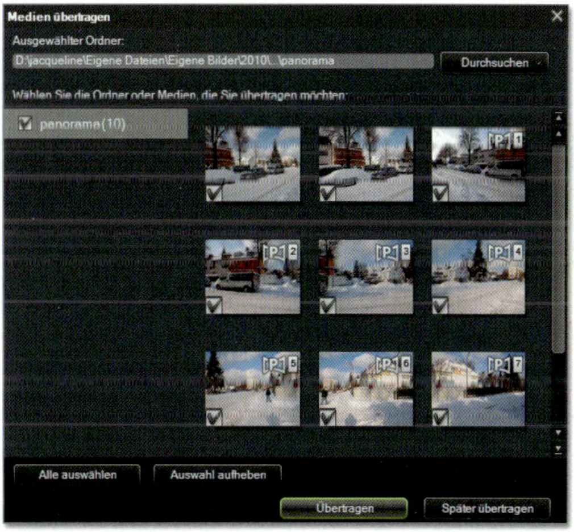

˅ Erster Eindruck
Straßen bekommen im zusammengesetzten Panorama oft eine unnatürliche Biegung.

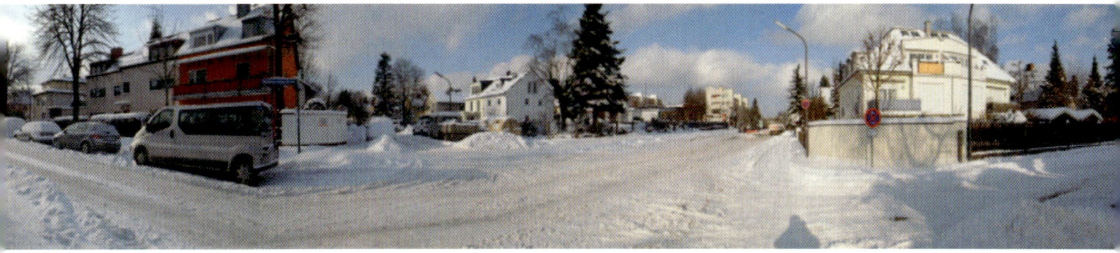

Im Idealfall sieht man dort zwischen den ursprünglichen Einzelbildern keine Brüche mehr, die Nahtstellen gehen weich ineinander über. Das Ergebnis dieses *Stitching*-Vorgangs ist ein besonders breites Bild mit einer sehr viel höheren Auflösung und Datenmenge, das sich zum Beispiel ideal für großformatige Poster eignet.

Einzelbilder aufnehmen

Zunächst aktivieren Sie den Panorama-Modus und fotografieren das erste Bild. Bei einigen Kameramodellen wird dieses Foto sofort seitlich versetzt auf dem Display eingeblendet, und Sie können sehen, wo und wie Sie das zweite und dritte Bild anstückeln müssen. Manchmal kann man nur nach rechts anstückeln, bei anderen Kameras geht das wahlweise auch nach links. Wie viele Bilder Sie aneinanderstückeln können, hängt von der Kamera ab, bis zu 20 ist keine Seltenheit. So viele Einzelaufnahmen sind aber nur selten nötig. Fünf bis acht Aufnahmen reichen für die meisten Zwecke aus. Achten Sie beim Fotografieren darauf, dass sich die Bilder gut überlappen, 20 bis 30 Prozent sind ideal.

Bildfehler ausfindig machen

Der *Stitching*-Assistent schützt leider nicht hundertprozentig vor Fehlern. Das Programm macht das Beste aus dem, was Sie fotografiert haben. Wenn es irgendwo eine Lücke gibt oder wenn sich der Winkel zwischen Motiv und Fotograf zwischen den Aufnahmen verändert hat, steigt das Programm beim Zusammenfügen aus, oder es gibt im Panorama einen unschönen Knick. Manchmal verschwinden an den Nahtkanten Bildelemente, und man sieht Linien, die ins Leere laufen, oder Hausfassaden, die schräg angesetzt wurden. Das passiert vor allem, wenn sich der Fotograf mit der Kamera in der Hand um die eigene Achse dreht. Die Kamera sollte aber immer am gleichen Platz bleiben. Deshalb ist die Verwendung eines Stativs sehr zu empfehlen, denn hier dreht sich der Fotograf um die Kamera, nicht umgekehrt. Wenn Sie kein Stativ dabeihaben: Nehmen Sie einen Stock oder einen anderen langen Gegenstand, um die Kamera wenigstens symbolisch an einer Stelle zu fixieren.

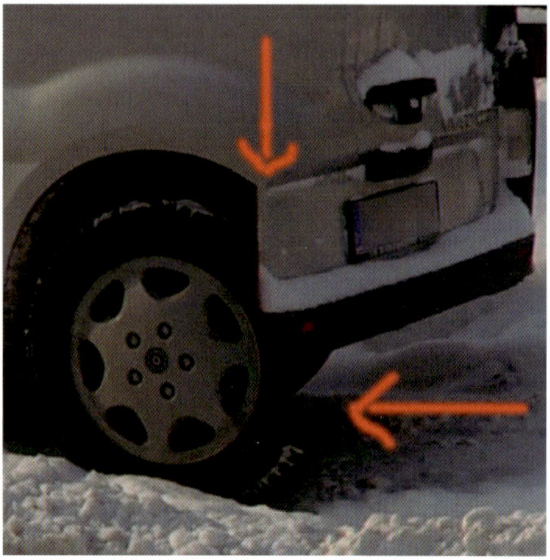

^ Fehler finden
Bei genauem Hinsehen erkennt man, wo man beim Fotografieren nicht genau genug angesetzt hat. Hier ist eine ganze Ecke des Fahrzeugs verschwunden.

Einzelbilder für ein Panorama anfertigen

Wie viele Bilder Sie für ein Panorama benötigen, hängt vom Motiv ab: Ein 180°-Panorama braucht mehr Einzelbilder als ein breites Landschaftsbild, und ein 360°-Panorama verlangt natürlich noch mehr. Drei bis vier Bilder sollten Sie für ein einfaches Panorama einplanen.

Je mehr Einzelbilder Sie anfertigen, desto größer und speicherintensiver wird Ihr späteres Gesamtbild. Da können schon mal mehr als 20.000 Pixel Kantenlänge herauskommen. Die Anzahl von Bildern, die Ihr Computer gleichzeitig öffnen und bearbeiten kann, wird durch den vorhandenen Arbeitsspeicher und die Prozessorgeschwindigkeit begrenzt. Wenn Sie einen älteren Computer haben, nehmen Sie weniger Einzelfotos, denn jedes weitere Bild verlängert die Verarbeitungszeit zusätzlich.

Die Aufnahme vorbereiten

Am einfachsten sind Panoramaaufnahmen von Landschaften, weil es hier weniger Linien gibt, die beim *Stitchen* falsch angestückelt werden könnten. Suchen Sie sich als Erstes einen passenden Aufnahmestandort. Wenn Sie die Sonne im Rücken haben, geht es leichter, denn die Kamera wird das gleichmäßig ausgeleuchtete Motiv überall gleich hell (Belichtungsmessung) und in der gleichen Farbigkeit (Weißabgleich) aufzeichnen. Hier können Sie sich auch auf die Automatik verlassen.

Suchen Sie einen markanten Punkt im Motiv, an dem die Aufnahme beginnen soll. Bevor Sie die Bilder machen, gehen Sie den ganzen Schwenk durch, um die passende Aufnahmehöhe herauszufinden. Legen Sie Brennweite, Höhe und Aufnahmeperspektive so fest, dass das größte und das höchste Detail des Gesamtmotivs in das Bild hineinpasst, ohne dass Sie dazu die Kamera nach oben oder unten kippen müssen. Die Weitwinkelstellung des Objektivs ist dafür oft am günstigsten. Lassen Sie oben und unten etwas mehr Raum als üblich, damit Sie das Panorama noch zuschneiden können. Panoramaprofis machen ihre Einzelaufnahmen deshalb nicht im Querformat, sondern stückeln Hochformate aneinander.

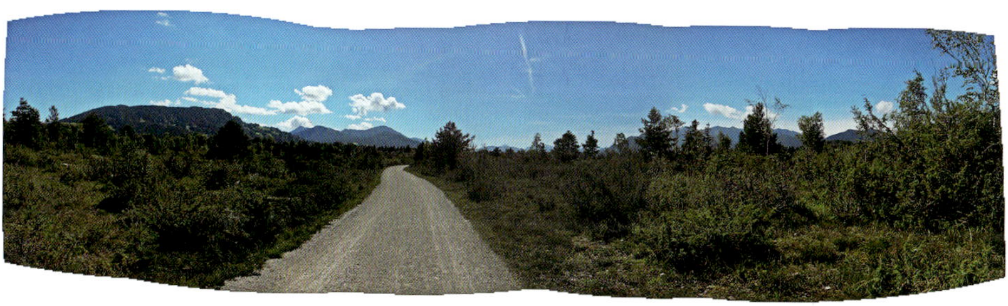

^ Panorama aus der Hand
Manchmal ist das Ergebnis gar nicht so schlecht. Hier handelt es sich um ein Panorama aus fünf Einzelaufnahmen einer Kompaktkamera.

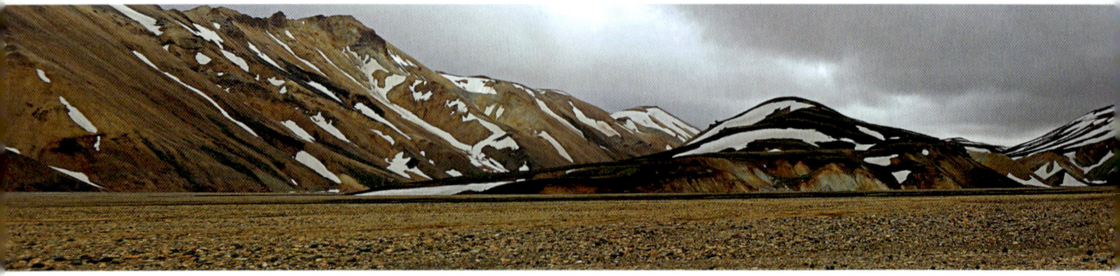

Fotografieren Sie die Einzelbilder so, dass sie sich an den Rändern überlappen, lieber etwas mehr als zu wenig. 20 bis 30 Prozent sind hier das Minimum. Sie können sich an markanten Punkten innerhalb des Motivs orientieren und diese in den nacheinanderfolgenden Aufnahmen jeweils mit fotografieren. Drehen Sie die Kamera mit jeder Aufnahme ein Stückchen weiter, und fotografieren Sie die komplette Serie in einem Durchgang. Ein Bild, das Sie in der Mitte verpatzt haben, können Sie am Ende nicht so leicht nachfotografieren. Machen Sie im Zweifel lieber eine zweite vollständige Serie.

Belichtungseinstellungen anpassen

Schwierig sind ungleichmäßig beleuchtete Szenen: Starke Kontraste, helle Lichter und tiefe Schatten führen dazu, dass die Kamera in der Automatikeinstellung für jedes Einzelbild unterschiedliche Kombinationen aus Blende und Verschlusszeit verwendet. Dadurch können einzelne Bilder der Serie deutlich heller oder dunkler ausfallen. Beim Zusammenfügen der Bilder entstehen dann deutlich sichtbare Abweichungen. Für professionelle Panoramen wird die Belichtung für den hellsten und dunkelsten Bereich des Gesamtmotivs gemessen und ein Mittelwert genommen, den man über den manuellen Modus (M) einstellt.

Die ISO-Automatik könnte Bilder liefern, die mal mehr oder weniger stark rauschen: Machen Sie Ihre Fotos deshalb mit fest eingestell-

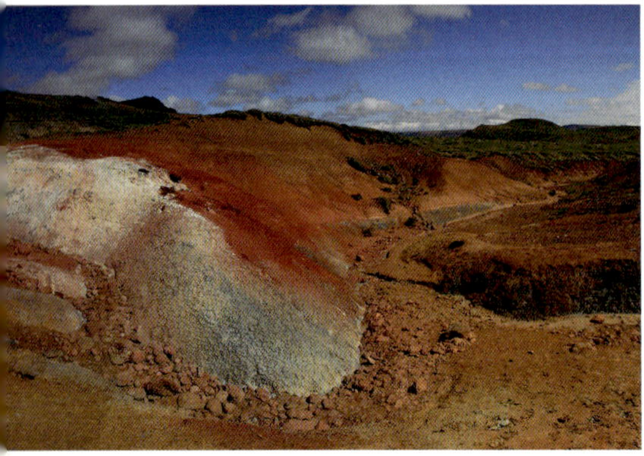

∧ Aus Hochformatbildern
Kaum als Panorama zu erkennen gibt sich diese Aufnahme, die aus vier Hochformatbildern besteht.

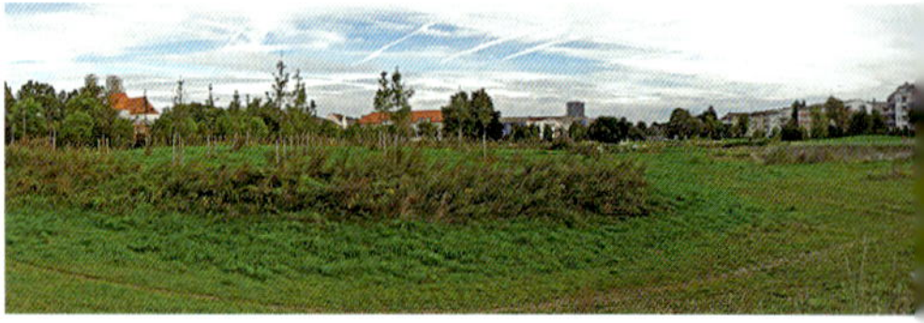

∧ 360°-Panorama
Bei 18 Einzelaufnahmen aus unterschiedlichen Richtungen werden Helligkeitsunterschiede deutlich sichtbar.

> Gleichmäßige Belichtung
Sonne im Rücken erleichtert das Aufnehmen eines 180°-Panoramas. Ein passables Panorama mit der Automatik ist nur dann möglich, wenn das Motiv gleichmäßig beleuchtet ist und der Autofokus auf unendlich zielen kann. Professionelle Panoramen benötigen oft einen hohen Aufwand.

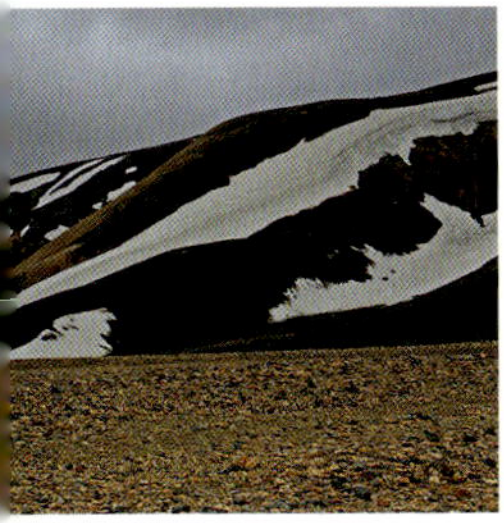

< Flach und breit
Bei manchen Motiven bietet sich die Kombination von querformatigen Bildern an. Hier handelt es sich um ein Panorama aus sechs Einzelaufnahmen.

tem ISO-Wert. Je niedriger, desto besser. Beim Fotografieren von Straßenszenen mit Kunst- oder Mischlicht korrigiert der automatische Weißabgleich Farbstiche unterschiedlich stark. Hier können einzelne Fotos eher kühl, andere wärmer im Farbton ausfallen. Auch das fällt beim zusammengesetzten Bild störend auf. Einzelaufnahmen im RAW-Format können Sie später sehr genau aufeinander abstimmen, aber das macht auch mehr Arbeit.

Die richtige Einstellung für perfekte Schärfe

Ein weiterer wesentlicher Aspekt ist die Schärfe. Wenn Sie den Autofokus benutzen und die Kamera schwenken, wird die automatische Entfernungseinstellung jedes Mal unterschiedliche Details im Bildfeld als Schärfebereich ansteuern, die mal näher, mal weiter entfernt sind. Diese unterschiedliche Schärfeverteilung ist bei Spiegelreflexkameras oft so deutlich sichtbar, dass eine Kombination von Automatikbildern nicht möglich ist. Benutzen Sie daher eine feste Blende, zum Beispiel Av/A mit f8 bis f16. Dadurch vergrößert sich die Schärfentiefe, und leichte Unterschiede fallen nicht so stark ins Gewicht. Die Kombination aus niedrigem ISO- und hohem Blendenwert verlangt natürlich nach dem Stativ.

Bei Kompaktkameras ist der Schärfefokus nicht so kritisch: Hier ist die Gesamtschärfe meist so hoch, dass unterschiedliche Entfernungseinstellungen im Bild weniger sichtbare Auswirkungen haben.

HORIZONT

Der Horizont sollte immer in der gleichen Höhe verlaufen, etwa im oberen oder unteren Drittel. Das erleichtert die spätere Ausrichtung. Ein Raster aus Gitterlinien, wie es sich an vielen Kameras einblenden lässt, hilft Ihnen bei der Ausrichtung.

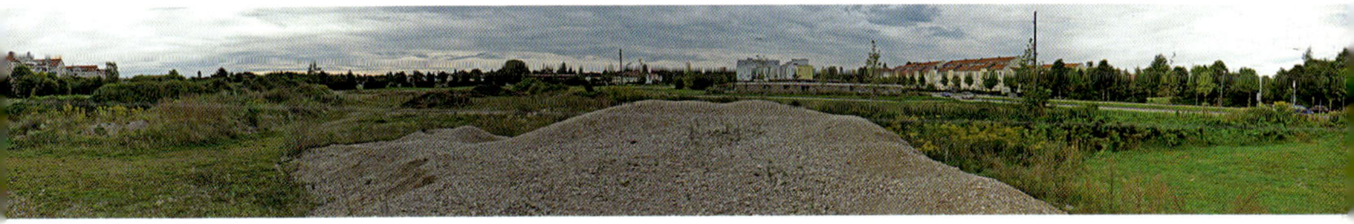

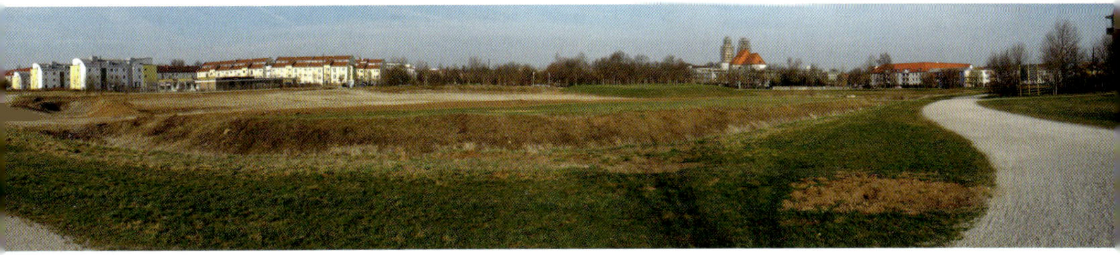

So entsteht ein Panorama

Wenn Sie eine gute Bilderserie fotografiert haben, ist das Zusammensetzen der Einzelfotos ein Kinderspiel: Das meiste macht das Bildbearbeitungsprogramm.

Starten Sie dazu den EDITOR, das Bearbeitungsmodul von Photoshop Elements, und öffnen Sie alle Dateien, aus denen Sie das Panorama zusammensetzen wollen. Dann wählen Sie aus dem Menü DATEI • NEU den Befehl PHOTOMERGE-PANORAMA.

Einzelbilder zusammenfügen lassen

Mit einem Klick auf den Button GEÖFFNETE DATEIEN HINZUFÜGEN werden Ihre Bilder schnell geladen. Links können Sie die LAYOUT-Methode wählen, mit der bestimmt wird, wie die Bilder zusammengefügt werden. Beginnen Sie mit der Einstellung AUTOMATISCH. Ein Häkchen bei KORREKTUR DER GEOMETRISCHEN VERZERRUNG ist vor allem bei Architekturmotiven empfehlenswert.

Sobald Sie mit OK bestätigen, laufen verschiedene Arbeitsschritte automatisch ab. Die Bilder werden in eine neue Datei kopiert, ausgerichtet und überblendet. Dieser Vorgang kann mehrere Minuten dauern. Ein eingeblendeter Infokasten informiert Sie über die einzelnen Schritte. Wenn Sie sich rechts das Fenster mit den EBENEN-Informationen und das RÜCKGÄNGIG-PROTOKOLL im Menü FENSTER einblenden lassen, können Sie mitverfolgen, was im Einzelnen passiert.

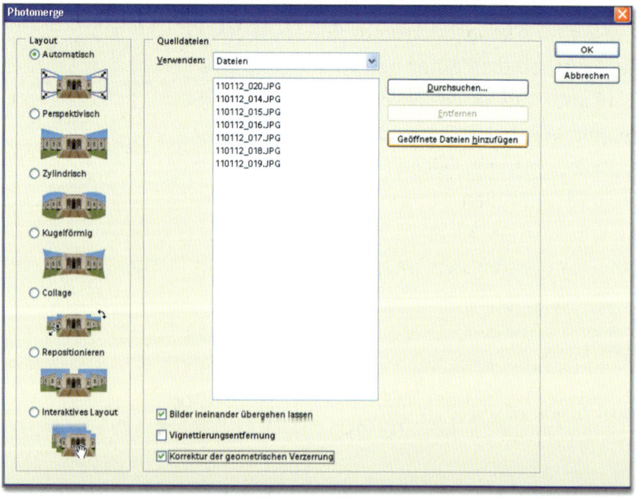

> Photomerge-Dialog
Hier stellen Sie ein, wie die Einzelbilder zusammengesetzt werden sollen.

v Einzelbilder laden
Im PROJEKTBEREICH sehen Sie die geöffneten Dateien.

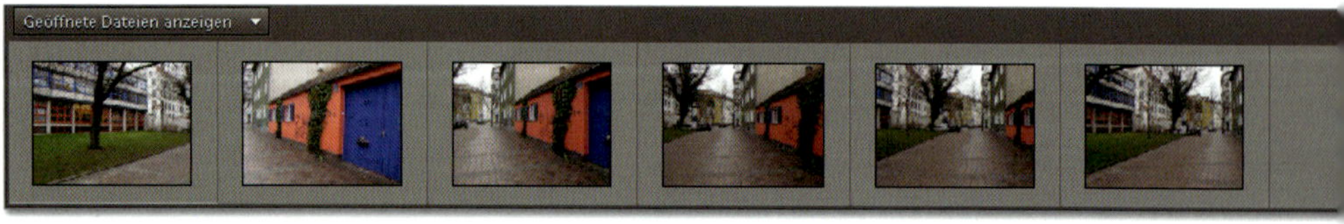

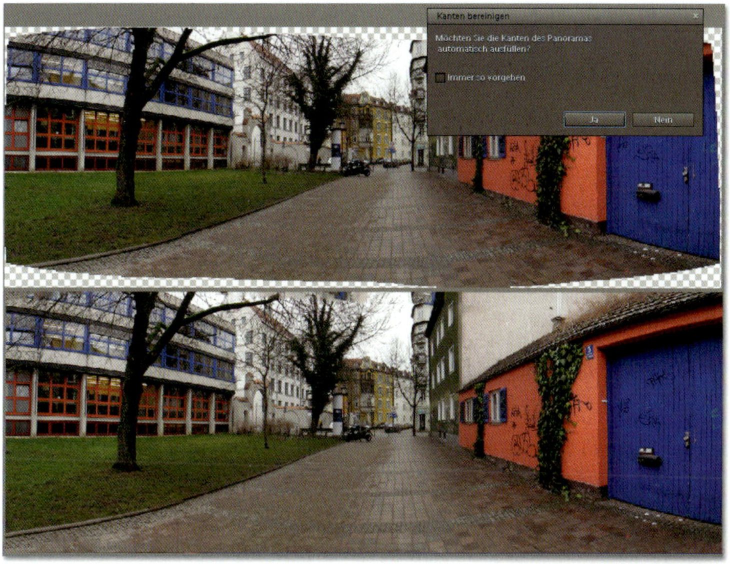

< Kanten ausfüllen
Das Füllen der Fläche hat zumindest an der rechten Bildkante ganz gut funktioniert.

Panorama beschneiden

Das Panorama ist nun fast fertig. An den Rändern des zusammengesetzten Bildes sind freie Stellen, der Rand ist krumm. Ein Dialogfenster fragt, ob die Kanten, also die leeren Bereiche, automatisch gefüllt werden sollen. Wenn Sie hier auf JA klicken, wird das Programm versuchen, die freien Flächen mit passenden Bildinhalten zu füllen. Sie können aber auch jetzt schon auf NEIN klicken und das Panorama mit dem Freistellungswerkzeug in eine rechteckige Form bringen.

Das fertige Panorama besteht aus mehreren übereinandergelegten Ebenen und kann nur im Photoshop(PSD)- oder TIFF-Format gespeichert werden. Insbesondere das PSD-Format benö-

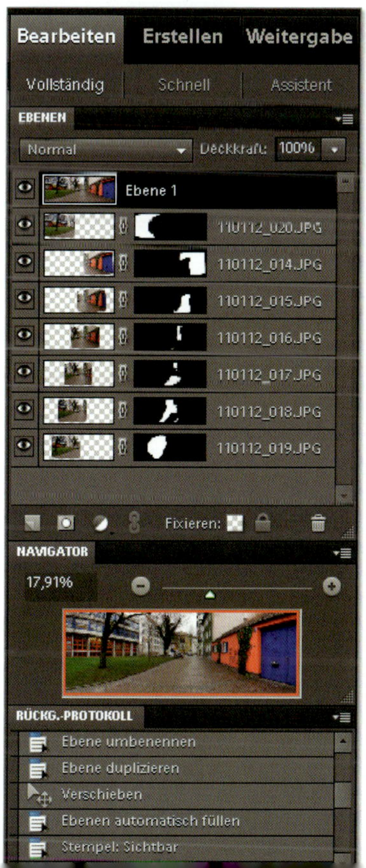

> Informationen
Das EBENEN-Fenster zeigt, wie die Einzelbilder überblendet wurden. Im RÜCKGÄNGIG-PROTOKOLL können Sie ablesen, welche Einzelschritte das Programm durchgeführt hat. Das Bild besteht jetzt noch immer aus mehreren Ebenen und kann nicht als JPEG gespeichert werden.

tigt sehr viel Speicherplatz. Um ein JPEG daraus zu machen, das Sie zum Beispiel für den Fotohändler oder fürs Internet benötigen, müssen Sie die Ebenen entfernen. Mit dem Befehl EBENE • AUF HINTERGRUNDEBENE REDUZIEREN werden die Ebenen fest zusammengefügt. Nun lässt sich die Datei als JPEG speichern.

Qualitätskontrolle

Mit dem Lupen-Werkzeug oder über das Fenster NAVIGATOR sollten Sie sich das Bild noch einmal genauestens anschauen. Passen wirklich alle Übergänge? Die problematischen Bereiche können Sie eigenhändig retuschieren oder einfach mit dem Freistellungswerkzeug wegschneiden.

Das fertige Bild hat nun sehr große Abmessungen: Es ist über 5.000 Pixel breit und hat eine Dateigröße von 24 MB – zu groß für jedes E-Mail-Postfach. Auch das Laden in einem Bildbetrachter dauert sehr lange. Bewahren Sie das Original für Druckzwecke auf, und machen Sie eine verkleinerte Kopie für andere Anwendungen. Mit dem Befehl BILD • SKALIEREN • BILDGRÖSSE können Sie die Abmessungen prüfen und das Foto durch Eingeben der gewünschten Maße verkleinern.

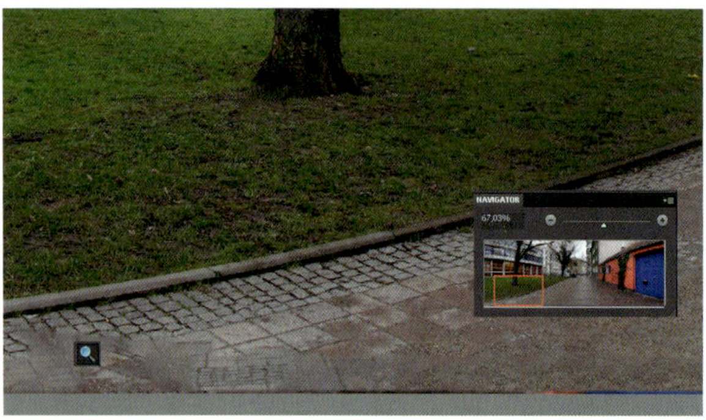

∧ Fehlersuche
Der NAVIGATOR ist eine gute Hilfe: Schieben Sie den roten Rahmen über das Bild, um Details zu begutachten, oder benutzen Sie die Lupe zum Einzoomen. Hier ist beim automatischen Auffüllen der freien Fläche an den Rändern etwas schiefgegangen.

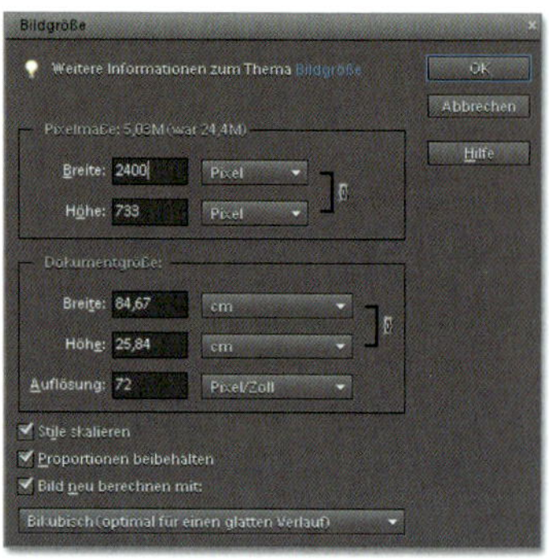

∧ Datenmonster
Das Panorama hatte ursprünglich eine Größe von 24,4 MB. Im Dialog BILDGRÖSSE können Sie die Datei verkleinern.

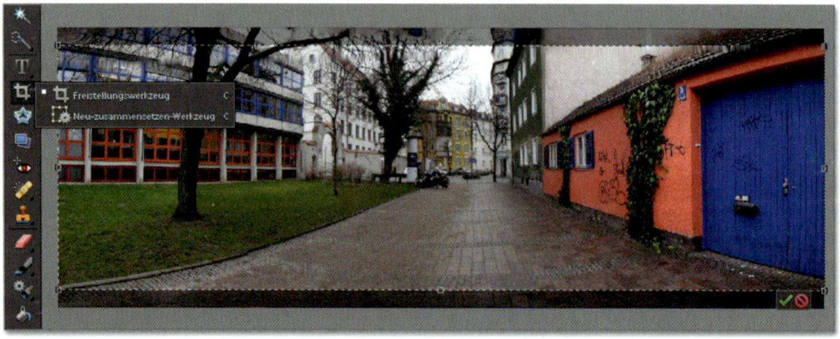

< Bild zuschneiden
Die problematischen Bereiche am Rand kann man bei diesem Motiv einfach weglassen.

Eine Belichtungsreihe für HDR fotografieren

HDR-Fotos werden aus einer Serie von LDR-Fotos konstruiert. Diese müssen deckungsgleich sein und unterschiedliche Helligkeitsstufen aufweisen. Der Fotograf muss bei seiner Arbeit einige Regeln beachten und sorgfältig arbeiten, damit das Ergebnis am Ende stimmt.

Kameraeinstellungen

Wichtig ist, dass die Blendeneinstellung für alle Aufnahmen einer Serie gleich bleibt, dass die Kamera nicht verrutscht, angestoßen oder verschoben wird und dass sich der Schärfepunkt nicht verändert. Natürlich ist auch das Drehen am Zoom zwischen den einzelnen Aufnahmen absolut tabu. Weil die Bilder anschließend in einem Spezialprogramm übereinandergelegt und ihre Pixel miteinander verrechnet werden, würde sich die unterschiedliche Schärfe bei diesem Vorgang zu einem großen Bereich diffuser Unschärfe vermischen.

Einzelne Belichtungen ermitteln

Manchmal genügen drei Aufnahmen für ein HDR-Bild, in anderen Fällen sind fünf, sieben oder noch mehr Bilder nötig. Wie viele Fotos Sie machen müssen, hängt vom Kontrastumfang Ihres Motivs ab. Bei einfachen Motiven im Tageslicht sollte immer eine korrekt belichtete Aufnahme in der Serie sein, dazu jeweils eine stark über- und eine stark unterbelichtete. Bei Nachtaufnahmen, in denen es vom schwarzen Himmel bis zu hell leuchtenden Straßenlaternen alle Abstufungen gibt, reicht eine Belichtungsreihe über die Belichtungskorrektur-

BELICHTUNGSREIHE ERSTELLEN

- Fotografieren Sie grundsätzlich mit dem Stativ, und stellen Sie den ISO-Wert auf eine niedrige Stufe, um Bildrauschen zu vermeiden.
- Passen Sie den Weißabgleich der fotografierten Szene an bzw. stellen Sie das RAW-Format ein.
- Legen Sie den Bildausschnitt fest.
- Stellen Sie die Kamera auf die Blendenvorwahl Av/A (Zeitautomatik), und wählen Sie eine Blende, die Ihr Motiv in der gewünschten Schärfentiefe abbildet.
- Fokussieren Sie auf den gewünschten Punkt. Schalten Sie danach den Autofokus ab.
- Fertigen Sie nun mindestens drei Bilder an, indem Sie einmal die von der Kamera ermittelte Verschlusszeit übernehmen und für die anderen beiden (oder vier) Aufnahmen die Belichtungskorrektur auf –2 und +2 bzw. zusätzlich auf –1 und +1 setzen. Sie können auch eine automatische Belichtungsreihe von der Kamera machen lassen, bei sehr starken Kontrasten ist dabei aber oft noch zu wenig Zeichnung in den Lichtern.
- Lösen Sie die Kamera mit einem Fernauslöser oder dem Selbstauslöser aus, um die Gefahr einer Verwacklung durch Vibration zu minimieren.
- Es sollte mindestens eine korrekt belichtete, eine über- und eine unterbelichtete Aufnahme entstehen. Für hochwertige HDR-Produktionen lautet die Empfehlung: mindestens sieben.
- Während der Aufnahme sollten möglichst keine bewegten Objekte das Bildfeld durchqueren.

funktion nicht mehr aus. Sie müssen die Kamera manuell einstellen und die Verschlusszeiten stufenweise verkürzen oder verlängern.

Welche Zeiten sinnvoll sind, ermitteln Sie am besten, bevor Sie die Kamera aufbauen und einrichten. Stellen Sie die gewünschte Blende ein, und aktivieren Sie die Spotmessung [•]. Richten Sie das zentrale Messfeld der Kamera auf die hellste Stelle des späteren Motivs, und tippen Sie den Auslöser an. Im Sucher oder Display sehen Sie den gemessenen Wert für die Verschlusszeit. Notieren Sie sich diese Zahl, es ist der Wert für die kürzeste Zeit, mit der das hellste Licht im Bild korrekt wiedergegeben wird. Richten Sie danach das Messfeld auf die dunkelste Stelle im Motiv, und wiederholen Sie die Schritte. Dieser zweite Wert ist die längste Verschlusszeit, die Sie benötigen, um die dunkelsten Bereiche des Motivs mit Zeichnung wiederzugeben. Zwischen diesen beiden Werten können gerade nachts viele Belichtungsstufen liegen. Machen Sie in einer solchen Situation mindestens sieben Bilder, besser noch neun oder zwölf.

Das RAW-Format nutzen

Das RAW-Format bietet Ihnen in dieser Situation eine größere Sicherheit, denn es hat eine größere Farbtiefe und einen höheren Dynamikumfang als ein JPEG,

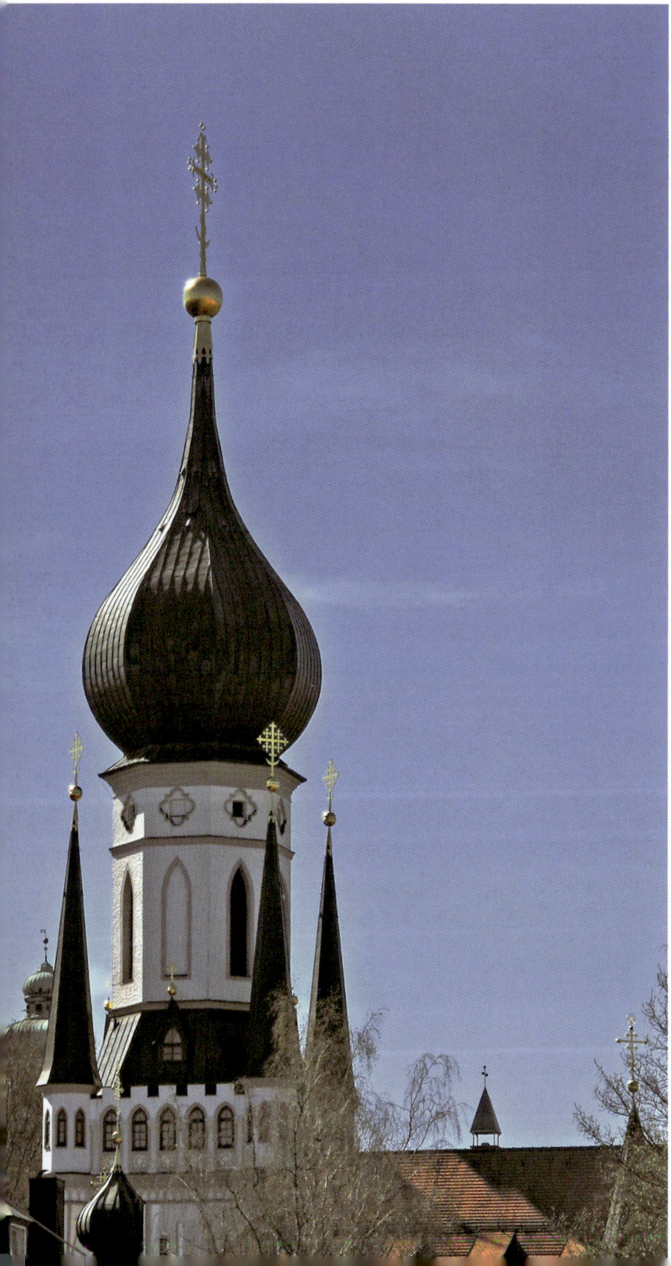

< Gegenlicht ausgleichen
Die HDR-Technik eignet sich häufig auch zum Aufpeppen von Bildmotiven, die man nicht bei optimalem Licht fotografieren konnte.

und Sie müssen vielleicht nicht zwölf Aufnahmen machen, sondern lediglich sieben oder sogar nur fünf.

Weil das Erzeugen von HDR-Bildern momentan noch eine sehr statische und langwierige Angelegenheit ist, kann man von Personen oder anderen bewegten Motiven keine echten HDR-Bilder erzeugen: Jede noch so kleine Bewegung ruiniert die Aufnahme. Passanten erzeugen im HDR sogenannte geisterhafte Erscheinungen. Diese können zwar mittlerweile von einigen Programmen wieder herausgerechnet werden, aber besser ist es, wenn sie gar nicht erst erscheinen. Ein Pseudo-HDR ist für solche Motive eine Alternative: Aus einem RAW-Bild wird ein unter- und ein überbelichtetes Bild erstellt, und diese werden anschließend zusammen mit dem normal belichteten Bild verrechnet.

˅ Beinahe unwirklich
Nach der Überblendung zu einer HDR-Aufnahme werden Innen- und Außenbereich korrekt belichtet wiedergegeben. Die bunten Farben sind typisch für HDR-Bearbeitungen, können für eine natürlichere Wiedergabe aber auch anders justiert werden.

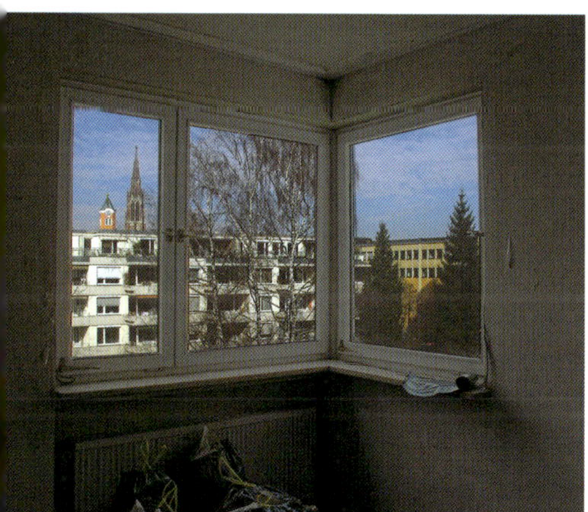

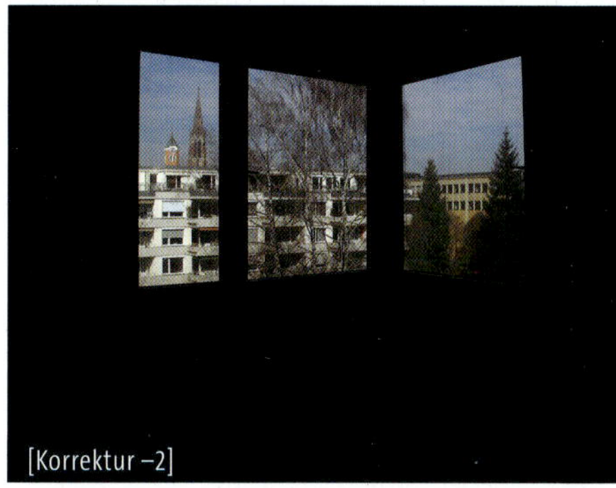
[Korrektur –2]

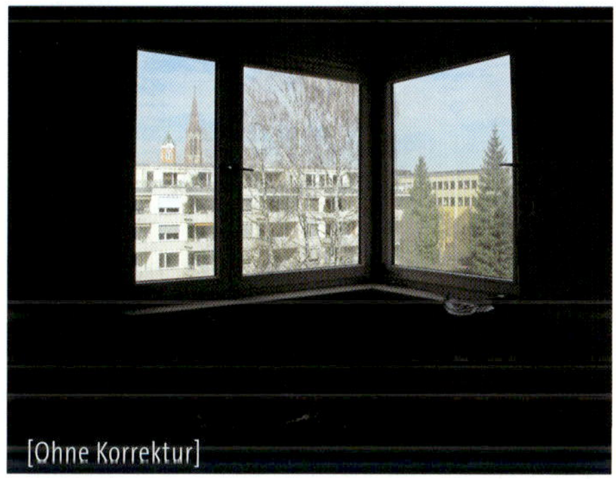
[Ohne Korrektur]

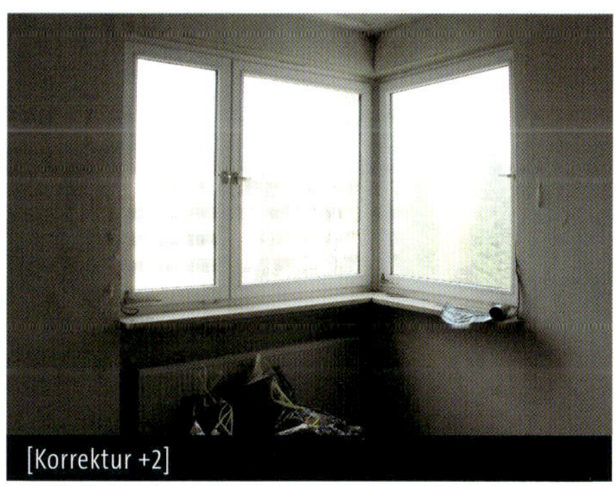
[Korrektur +2]

˄ Belichtungsreihe von –2 über 0 bis +2
Draußen ist es hell, drinnen dunkel: Wird die Belichtung auf die hellen Bereiche abgestimmt, wird der Innenraum fast schwarz wiedergegeben (oben). Hier ist der Raum zumindest angedeutet, aber immer noch zu dunkel, der Außenbereich gerät bereits etwas zu hell (Mitte). Der Raum wird jetzt annähernd korrekt wiedergegeben, dafür sieht man vom Außenbereich überhaupt nichts mehr (unten).

Hohen Kontrastumfang bewältigen

Das Problem mit hohen Kontrasten im Bild ist uns schon an vielen Stellen begegnet. Dort, wo helles Licht und tiefe Schatten im Bild aufeinandertreffen, ist eine gleichmäßige Belichtung nicht mehr möglich. Entweder werden die Lichter zu hell oder die Schatten zu dunkel. Das passiert nicht nur bei Gegenlichtaufnahmen, sondern auch bei Szenen im Sonnenschein, wenn man Innenräume mit Fenstern fotografiert, oder bei Nachtaufnahmen. Hier ist stets eine Anpassung der Kontraste nötig.

DRI, LDR und HDR

DRI steht für *Dynamic Range Increase*, was Erhöhung des Kontrast- bzw. Belichtungsumfangs bedeutet. Man unterscheidet zwischen herkömmlichen Fotos, die in diesem Zusammenhang als LDR(I) (*Low Dynamic Range Image* = Bild mit geringem Kontrastumfang) bezeichnet werden und HDR(I)-Bildern (*High Dynamic Range Image* = mit hohem Kontrastumfang). Letztere haben sowohl in den dunklen als auch in den hellen Bereichen sehr viel Zeichnung. Die Schatten sind heller, und die Lichter überstrahlen nicht. Diese Fotos sind farbiger und brillanter, sie sehen manchmal aber auch fast ein wenig künstlich aus.

Kontraste reduzieren

Durch verschiedene Bildbearbeitungsschritte lässt sich ein einzelnes herkömmliches JPEG in seiner Wirkung so auffrischen, dass es schon beinahe aussieht wie ein HDR-Bild. Dazu verwendet man entweder die TIEFEN/LICHTER-Korrektur oder ein einfaches *Exposure Blending*. Ein echtes HDR ist das zwar noch nicht, aber mit dem Befehl TIEFEN/LICHTER aus dem Menü BILD • KORREKTUREN in Photoshop Elements lassen sich die Helligkeitswerte bereits deutlich verändern.

Selbst ein Anfänger, der von Bildbearbeitung wenig Ahnung hat, kann durch das Verschieben der Regler eine falsch belichtete Aufnahme korrigieren. Die Bildpixel des JPEG-Bildes werden dabei stark beansprucht, aber die Wirkung ist verblüffend.

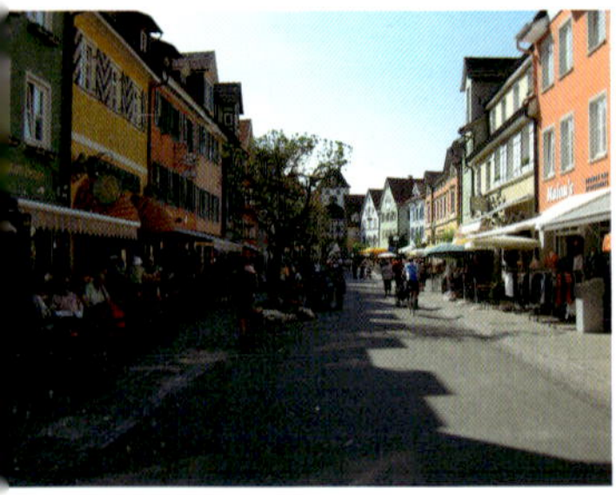

∧ Halb Sonne, halb Schatten
Das normale LDR-Bild ist so belichtet, dass die hellsten Stellen korrekt wiedergegeben werden, die Schatten jedoch saufen ab.

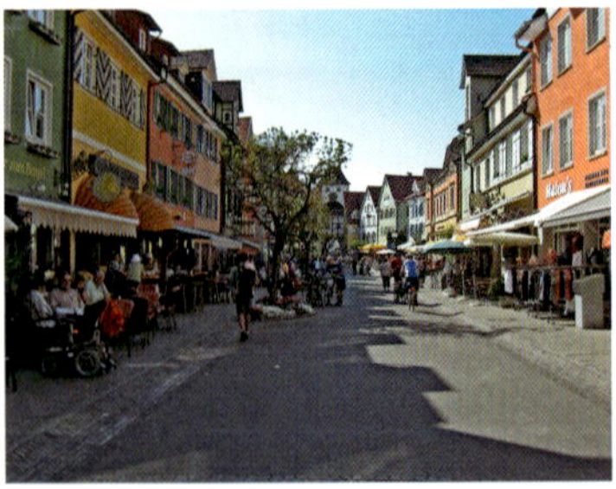

∧ Kontrastanpassung
Nach einer TIEFEN/LICHTER-Korrektur weichen die hellen und die dunklen Bereiche weniger stark voneinander ab. Die Farbigkeit nimmt bei der Korrektur deutlich zu.

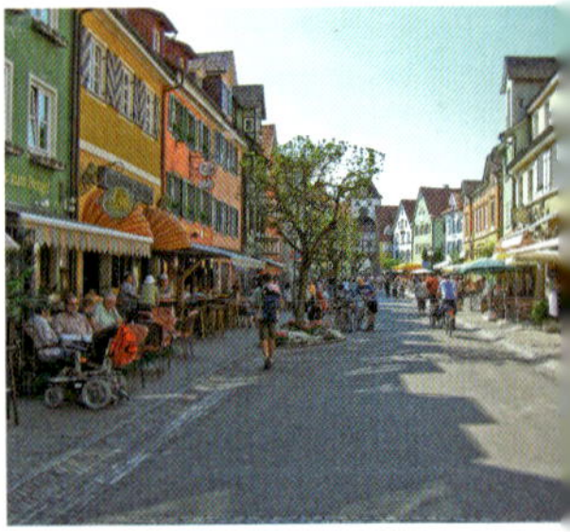

∧ Lutschbonbon
DRI-Bilder, in denen die hellen und die dunklen Bildbereiche durchgezeichnet sind, wirken oft eher künstlich.

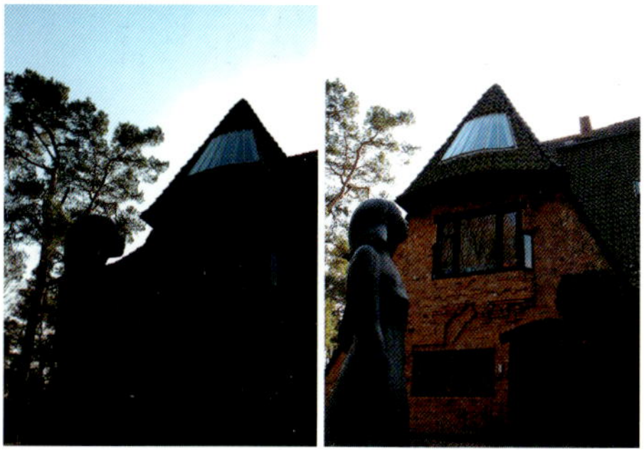

^ Typischer Kamerafehler
Der blaue Himmel wird im Bild nur sichtbar, wenn man das Foto stark unterbelichtet (links). Dann aber sind die Vordergrunddetails nicht mehr zu erkennen.

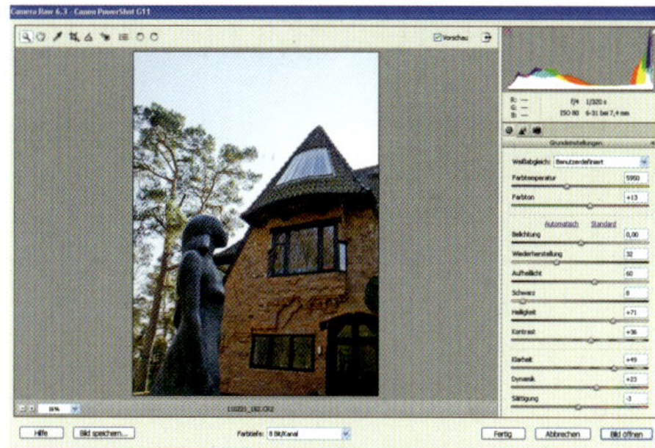

^ Aufgehellt
Korrigieren Sie die RAW-Datei mit Photoshop Elements: Nutzen Sie die Farbtiefe, um die Schatten aufzuhellen und die Farben kräftiger zu machen.

Ein tendenziell unterbelichtetes Bild enthält mehr Potenzial für die Nachbearbeitung, weil man aus den Tiefen noch Details herausholen kann, während die weißen Bereiche eines überbelichteten Fotos keinerlei Informationen mehr enthalten. Problematisch ist jedoch, dass beim Aufhellen unterbelichteter Stellen unschönes Bildrauschen sichtbar wird. Deshalb kann man das Motiv mehrmals mit unterschiedlichen Helligkeitseinstellungen fotografieren, um die jeweils gut belichteten Bereiche der Einzelbilder mit Hilfe von Ebenen und Masken zu einem Foto zusammenzufügen (*Exposure Blending*).

HDR und Farbtiefe

Noch einen Schritt weiter geht das HDR-Verfahren: Unterschiedlich belichtete Bilder werden dabei zu einem einzigen Bild mit hoher Farbtiefe und damit erhöhtem Tonwertumfang verrechnet. Ein normales JPEG hat nur eine Farbtiefe von 8 Bit pro Farbkanal. TIFF-Dateien bis zu 16 und RAW-Formate bis zu 24 Bit. HDR-Bilder sind Dateien mit einer Farbtiefe von 32 Bit – damit lässt sich natürlich noch mehr Information aus den Originaldateien herausarbeiten. Ein echtes HDR-Bild muss in einem eigenen Format gespeichert werden, das diese Farbtiefe unterstützt, das heißt, Sie benötigen dafür eine spezielle Software wie zum Beispiel Photomatix.

Sie können das Verfahren als simple Erweiterung der technischen Möglichkeiten nutzen. Dann wird man Ihre Fotos weiterhin als natürlich empfinden. Sie können Ihre Bilder aber auch deutlich sichtbar verfremden. Bedenken Sie bei allen technischen Möglichkeiten aber auch, dass es nicht immer nötig ist, alle Bereiche eines Fotos korrekt zu belichten. Manche Motive werden durch eine partielle Über- oder Unterbelichtung erst wirklich interessant.

SOFTWARE FÜR HDR-BEARBEITUNG

Ihr Windows-Rechner benötigt Windows XP ab Service Pack 2 oder Windows Vista, beim Macintosh ist es Mac OS X Version 10.4.8.

- Photomatix (Windows/Mac, Testversion kostenlos)
- easyHDR (Windows, Testversion kostenlos)
- FDRTools (Windows/Mac, Freeware)
- Photoshop kann ab Version CS2 ebenfalls HDR-Fotos erzeugen.

Schnelle erste Hilfe: **Unterschiedlich belichtete Einzelbilder zusammensetzen**

Fotos von Kirchenfenstern gehören zu den klassischen Einsatzgebieten der HDR-Technik bzw. des *Exposure Blendings*: Die Innenräume sind stets dunkel, während die farbigen Fenster hell leuchten. Photoshop Elements verfügt über eine Vorstufe der HDR-Funktion, das *Exposure Blending*. Hierbei wird nicht von der großen Farbtiefe Gebrauch gemacht, sondern mehrere unterschiedlich belichtete (JPEG-)Dateien werden so miteinander verrechnet, dass die Abstimmung von hellen und dunklen Bereichen ausgewogener ausfällt. Sie benötigen dazu mindestens zwei bis maximal zehn Einzelfotos.

Exposure Blending mit Photomerge

Öffnen Sie eine Belichtungsreihe in Photoshop Elements. Wählen Sie den Befehl Datei • Neu • Photomerge-Belichtung. Bestätigen Sie im Dialogfenster, dass alle zuvor geöffneten Bilder verwendet werden sollen.

Es öffnet sich ein Bearbeitungsfenster, in dem Sie das automatisch korrigierte Bild sehen. Wählen Sie hier die Option Selektives Überblenden. Nun können Sie mit den Reglern auf der rechten Seite weitere Feinabstimmungen vornehmen.

Je weiter Sie den Regler Markierungsdetails nach rechts ziehen, desto stärker werden die hellen Bereiche des Kirchenfensters korrigiert. Mit dem Regler Tiefen korrigieren Sie die dunklen Bereiche. Der Regler Sättigung verändert die Farben. Oftmals sind die zusammengerechneten Fotos bunter als die Wirklichkeit. Wenn Sie es etwas dezenter haben wollen, ziehen Sie den Regler leicht nach links.

Sobald Sie mit dem Ergebnis zufrieden sind, klicken Sie auf Fertig, das neue Bild wird erstellt, und Sie sehen wieder die normale Oberfläche von Photoshop Elements. Das Bild besteht nun aus mehreren Ebenen. Um es als JPEG speichern zu können, müssen Sie die Ebenen mit dem Befehl Ebene • Auf Hintergrundebene reduzieren miteinander verschmelzen. Diesen Vorgang können Sie nicht mehr rückgängig machen, sobald Sie die Datei schlie-

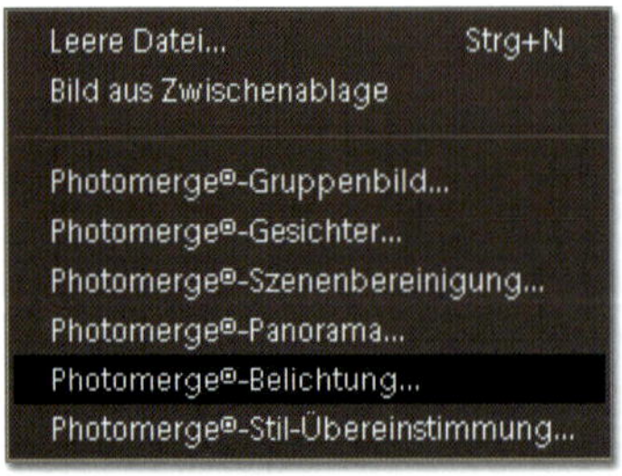

Photomerge-Belichtung
Drei unterschiedlich helle Aufnahmen werden miteinander kombiniert.

PSEUDO-HDR

Wenn Sie keine Belichtungsreihe von Ihrem Motiv gemacht haben, können Sie aus einer RAW-Datei, manchmal sogar aus einem JPEG, durch Bildbearbeitung unterschiedlich helle Versionen herstellen und diese für das anschließende **Exposure Blending** benutzen. Die Funktion der Tiefen/Lichter-Korrektur ist mittlerweile aber so gut, dass dieser Zwischenschritt oft gar nicht mehr nötig ist.

ßen. Solange Sie die Originaldateien der Belichtungsreihe aufbewahren, ist dies aber kein Problem: Sie können aus diesen Originaldateien stets wieder eine neue Version der Photomerge-Belichtung erzeugen. Speichern Sie das neue Bild unter einem neuen Dateinamen als JPEG oder TIFF. Sie können dieses Bild natürlich bei Bedarf auch noch weiter bearbeiten.

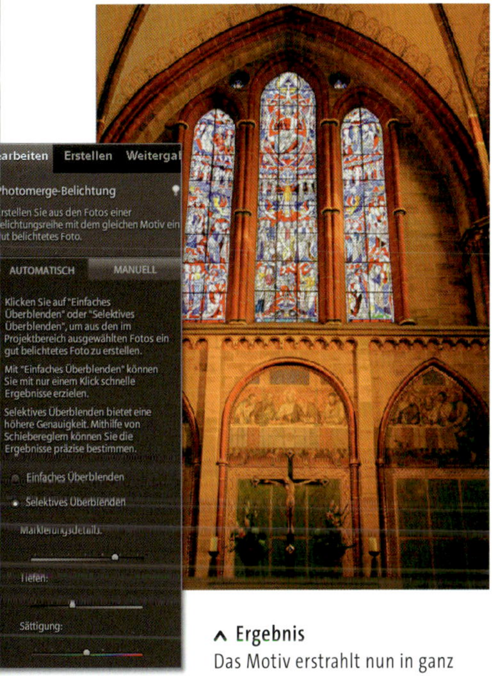

∧ Ergebnis
Das Motiv erstrahlt nun in ganz neuem Glanz.

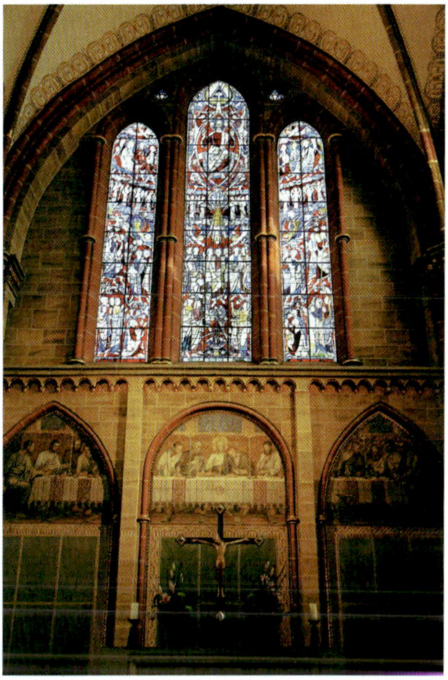

∧ Natürliche Farbwiedergabe
Sie können das fertige Bild anschließend noch farblich korrigieren.

DAS WICHTIGSTE IN KÜRZE

- Einzelaufnahmen lassen sich einfach zu Panoramen zusammenfügen, wenn die Fotos aus dem richtigen Winkel und mit ausreichender Überlappung aufgenommen werden.
- Eine gleichmäßige Ausleuchtung des Motivs vereinfacht das spätere Zusammenfügen.
- Für Aufnahmen von kontrastreichen Motiven gibt es die Korrekturmöglichkeit TIEFEN/LICHTER, das *Exposure Blending* aus mehreren Einzelaufnahmen oder die aufwendigere
- Beim Fotografieren von sauberen Panoramen und HDR-Aufnahmen ist ein Stativ erforderlich.
- Für ein optimales Ergebnis müssen die Fotos nach bestimmten Regeln aufgenommen werden. Eine genaue Einstellung der Schärfe ist dabei unbedingt erforderlich: Benutzen Sie für die Aufnahmen stets die Blendenvorwahl/Zeitautomatik (Av/A).

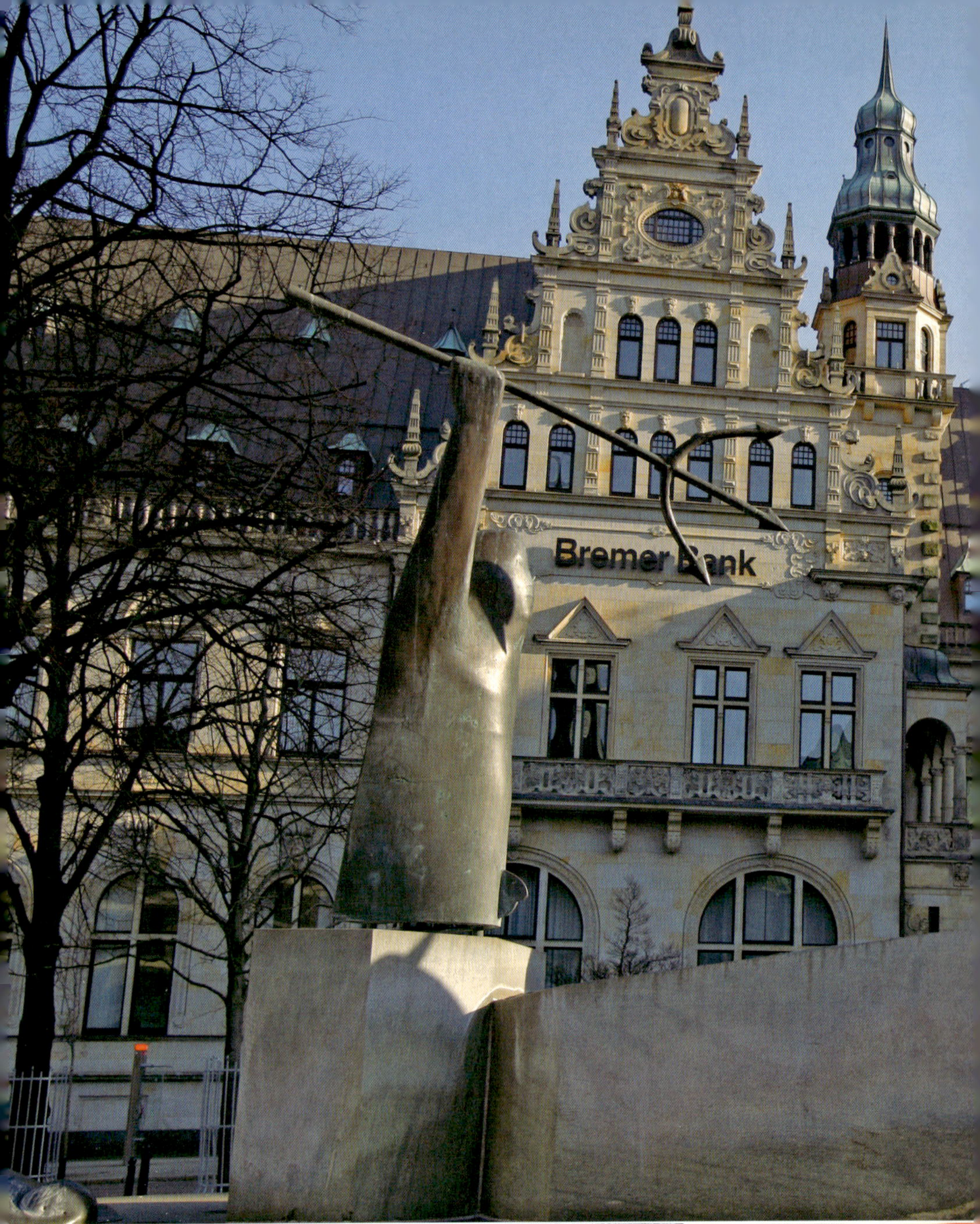
Bremer Bank
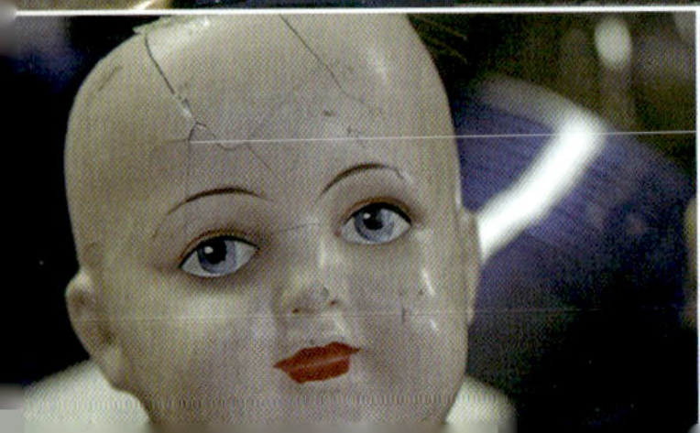
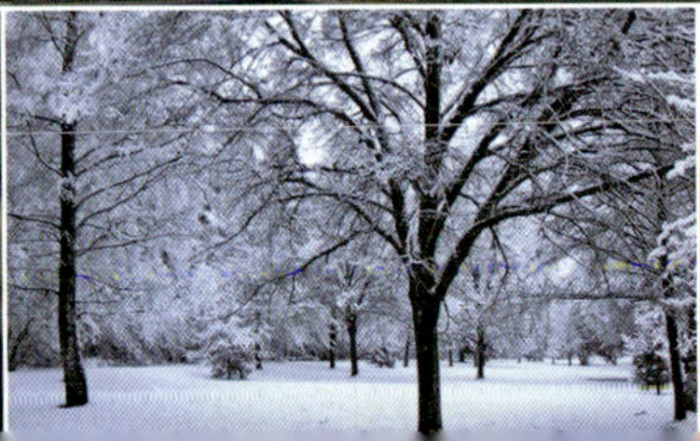
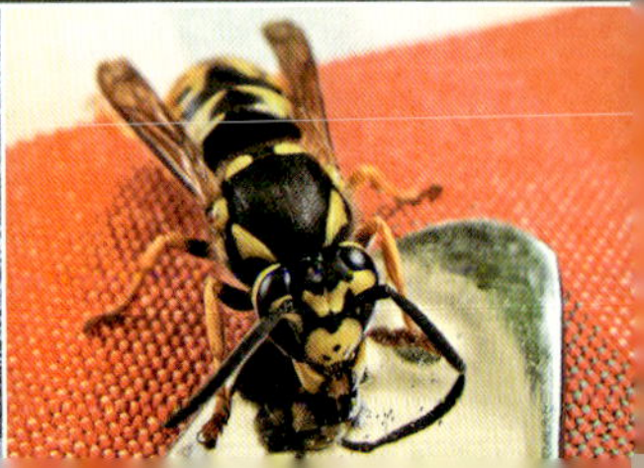

Kapitel 15

Bilder bearbeiten

- So ist Photoshop Elements aufgebaut
- Bilder richtig schärfen
- Ausrichtung anpassen
- Bildausschnitt korrigieren
- Störende Elemente retuschieren
- Farben verfremden
- Text auf Bilder schreiben
- Rote-Augen-Korrektur
- Bildauflösung anpassen
- Schnelle erste Hilfe: Helligkeit, Kontrast und Farbe

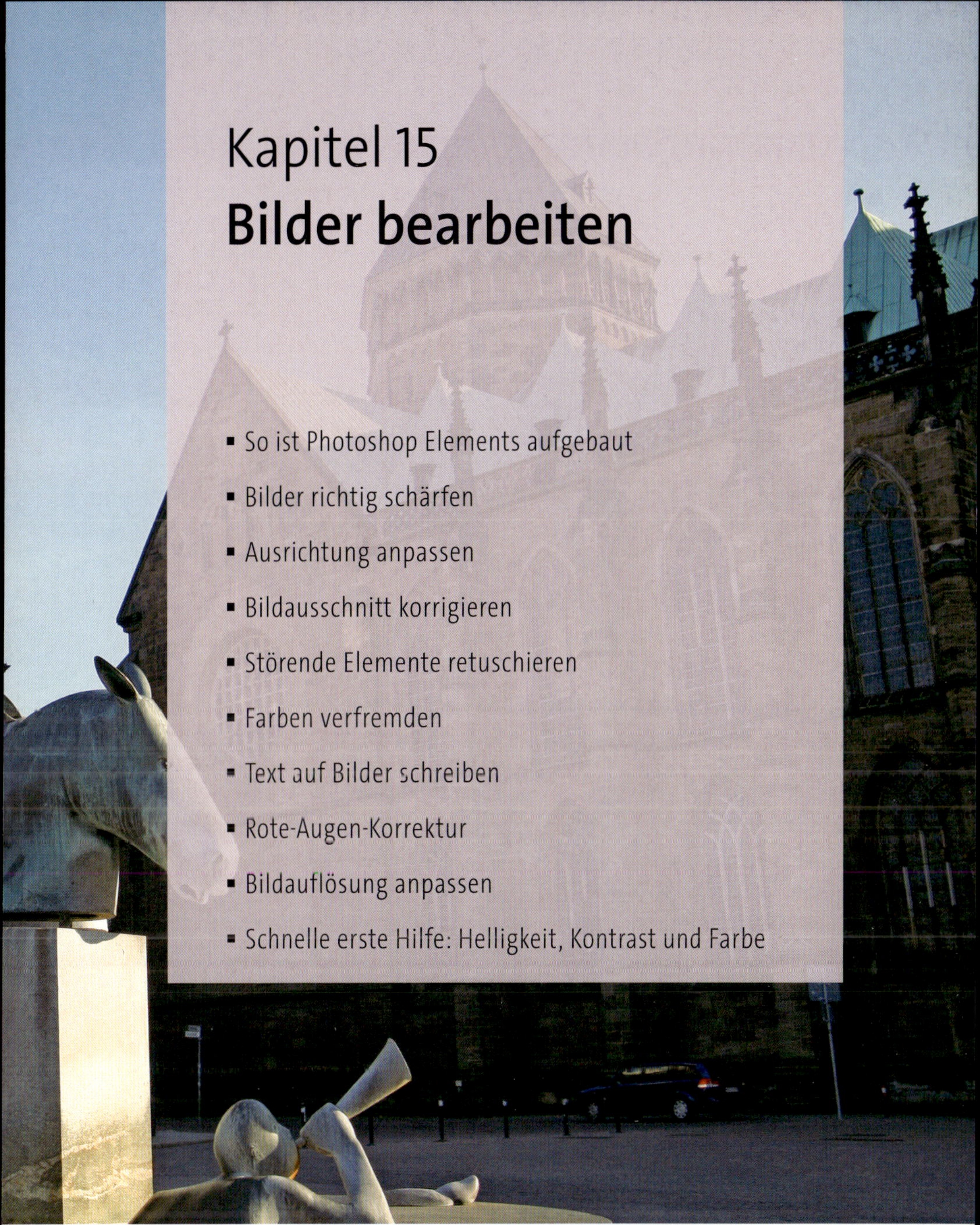

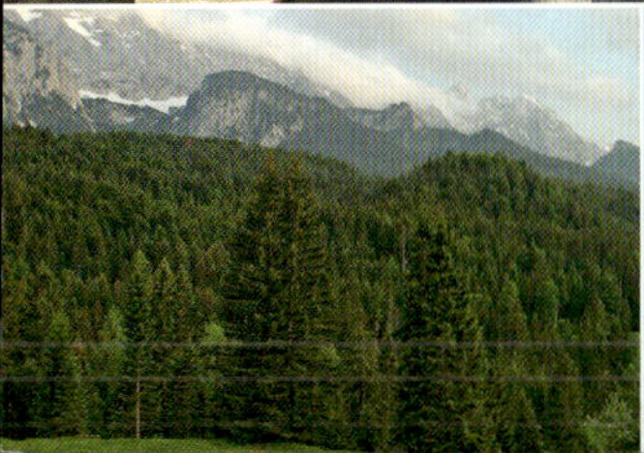

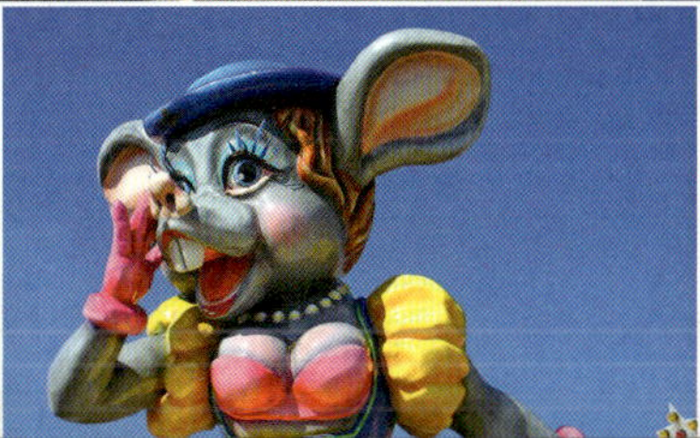

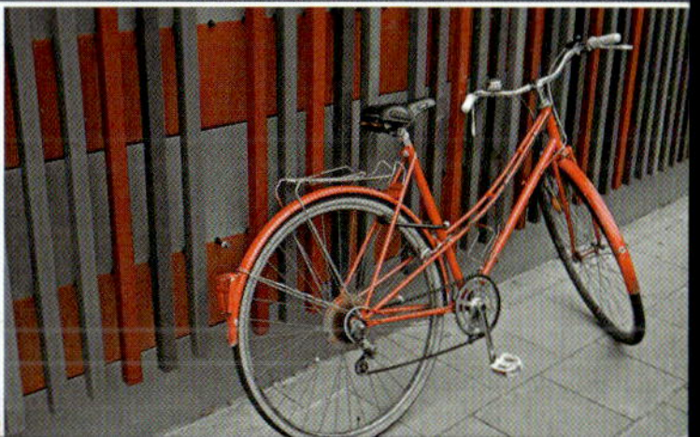

So ist Photoshop Elements aufgebaut

Photoshop Elements (PSE) erscheint jedes Jahr in einer neuen Version. Die wichtigsten Grundzüge bleiben jedoch erhalten. Das Programm ist aus verschiedenen Modulen aufgebaut, mit denen Sie Bilder bearbeiten und verwalten, Diashows, Kalender u. Ä. erstellen oder Bilder an andere Anwendungen (Mail, Webseiten) weitergeben können.

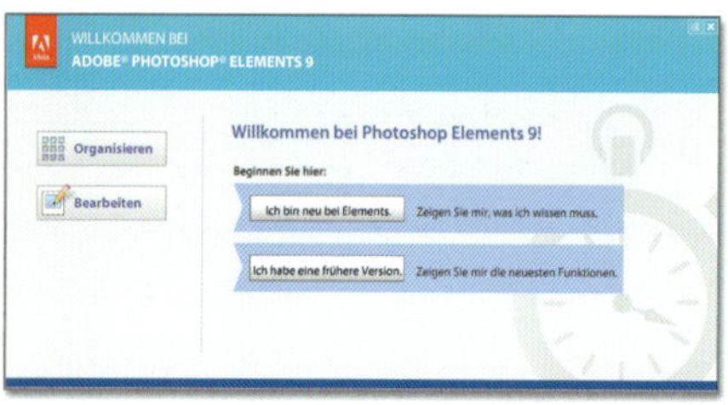

^ Organisieren oder Bearbeiten
Der Startbildschirm von Photoshop Elements

Mit den Schaltflächen Bearbeiten und Organisieren auf der linken Seite des Startbildschirms können Sie sofort zu den beiden wichtigsten Modulen gelangen: zum Bearbeiten (Modul Editor) oder zum Verwalten bzw. Organisieren von Bildern (Modul Organizer).

Bilder bearbeiten mit dem Editor

Der Editor ist in mehrere Unterbereiche gegliedert. Auf der Arbeitsfläche 3 sehen Sie das zuletzt geöffnete Bild. Im Projektbereich 5 darunter werden alle geöffneten Fotos als Miniaturen angezeigt. Hier können Sie schnell und einfach zwischen geöffneten Bildern hin- und herwechseln. Das aktive Bild ist mit einem hellen Rahmen unterlegt 6. Ganz oben befindet sich die Befehlszeile 1 mit verschiedenen Datei- und Bearbeitungsbefehlen. Links sehen

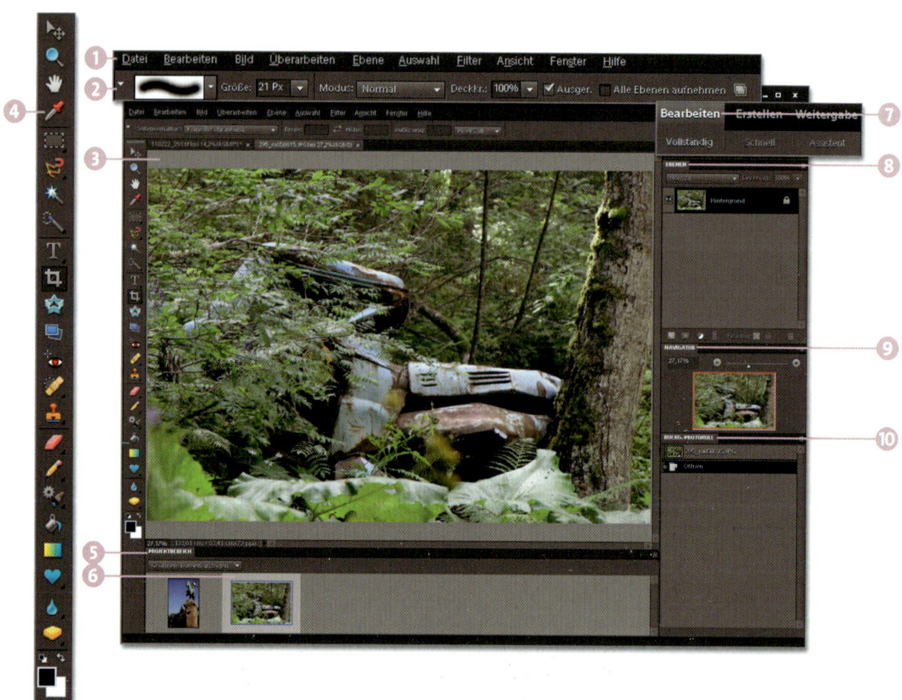

Sie eine Leiste mit den Werkzeugen ④. Viele dieser kleinen Symbole haben ein kleines dunkles Dreieck an der Seite. Das bedeutet: Hier gibt es mehrere Werkzeugvarianten, die sich zusätzlich aufklappen, wenn Sie auf das Dreieck klicken.

Oberhalb des Bildes befindet sich eine Leiste mit Werkzeug-Optionen ②. Aussehen und Inhalt dieser Zeile verändern sich, je nachdem, welches Werkzeug Sie links anklicken. Rechts sehen Sie mehrere Reiter ⑦: Bearbeiten mit den Unterfunktionen Vollständig, Schnell und Assistent sowie Schaltflächen zu den Modulen Erstellen und Weitergabe.

Rechts sehen Sie außerdem die Fenster Ebenen ⑧, Navigator ⑨ und Rückgängig-Protokoll ⑩. Diese Fenster können Sie über den Befehl Ansicht • Fenster ein- und ausblenden lassen. Die Größe und Lage der Fenster und Werkzeugleiste können Sie durch Ziehen mit der Maus verändern und den gesamten Arbeitsbereich des Programms individuell an Ihre Bedürfnisse anpassen.

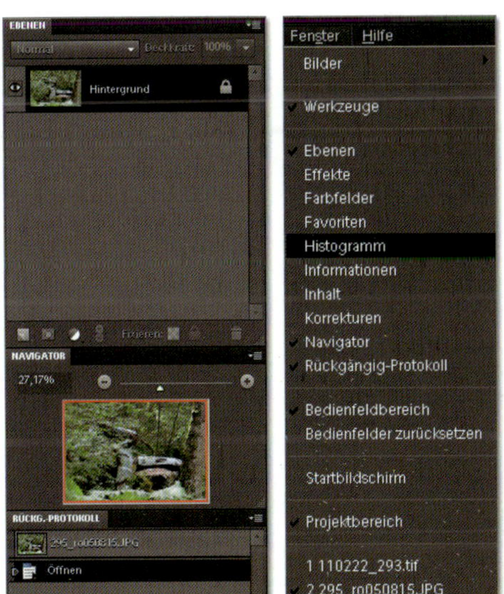

Werkzeuge und Befehle

Mit den **Werkzeugen** können Sie auf einzelne Bereiche oder Pixel innerhalb des Bildes direkt zugreifen, punktuelle Retuschearbeiten durchführen, Text auf das Foto schreiben und sogenannte Auswahlen erstellen. Die **Befehle** in der oberen Leiste (Datei, Bearbeiten, Bild, Überarbeiten usw.) werden auf das gesamte Bild angewendet, wenn zuvor keine Auswahl mit einem der Werkzeuge erfolgt ist. Speziell im Menü Überarbeiten finden Sie umfangreiche Möglichkeiten für Farb- und Helligkeitskorrekturen; das Menü Bild enthält wichtige Dreh- und Transformierungsfunktionen. Mit den Filtern können Sie Bilder verfremden, und das Ebenen-Menü enthält Befehle und Funktionen, mit denen trickreiche Bildcollagen und -montagen möglich sind.

Fenster

Die Fenster erleichtern den Überblick beim Arbeiten: Mit dem Rückgängig-Protokoll können Sie mit wenigen Mausklicks mehrere Bearbeitungsschritte wieder rückgängig machen, der Navigator erleichtert das Ein- und Auszoomen, und wenn Sie mit Text oder anderen Ebenen arbeiten, steuern Sie über das Ebenen-Fenster, auf welchen Teil des Bildes Sie zugreifen. Für Korrekturen von Helligkeit und Farbe sind die Fenster Korrekturen und Histogramm nützlich. Je mehr Sie mit dem Programm arbeiten, desto individueller können Sie die Fenster und Funktionen ganz nach Ihrem Bedarf einstellen.

< Fenster
Über das Menü Fenster können die unterschiedlichen Überblicksfenster ein- und ausgeblendet werden.

Bilder organisieren und verwalten

Mit PSE können Sie Ihre Fotosammlung strukturieren und verwalten. Dazu werden die Fotos von der Festplatte oder aus der Kamera in den ORGANIZER importiert. Bei diesem Vorgang erstellt PSE eine kleine Kopie jedes Bildes und merkt sich, wo die jeweilige Originaldatei gespeichert ist. Wenn Sie durch Ihre Bilder blättern, greift das Programm auf die Bildkopien zu, was die Arbeitsgeschwindigkeit deutlich erhöht. Erst beim Bearbeiten wird das Originalfoto geöffnet. Damit die Zuordnung funktioniert, dürfen Sie Ihre Fotos auf der Festplatte nicht verschieben oder löschen.

Die Funktionen des ORGANIZERS sind vielfältig. Der größte Vorteil von STICHWORT-TAGS besteht darin, dass Sie über die Suchfunktion Bilder mit klar definierten Inhalten schnell aus einer großen Anzahl von Fotos herausfiltern können. Personen, Orte, Ereignisse und Sonstiges sind als mögliche Stichworte vorgegeben, Sie können aber auch eine ganz eigene Systematik aufbauen.

Im KATALOG werden die Fotos chronologisch sortiert. Ein ALBUM ist eine Teilmenge des Katalogs. Hier können Sie die hinzugefügten Fotos in eine von Ihnen definierte Reihenfolge bringen. Aus den ALBEN werden über das Modul ERSTELLEN Diashows generiert, und mit dem Modul WEITERGABE wird eine Internetgalerie gestaltet.

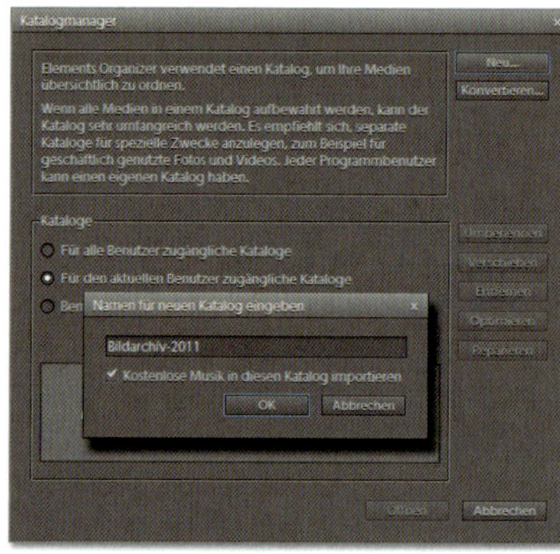

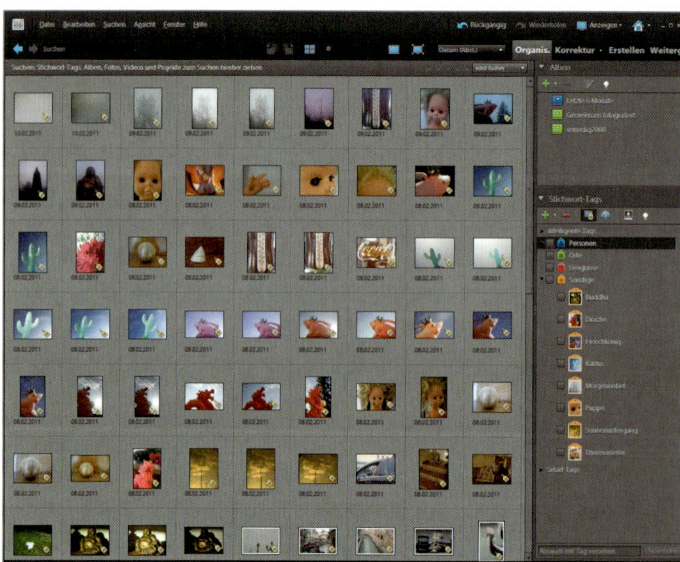

∧ Bilder laden
Importieren Sie Bilder mit dem Befehl DATEI • FOTOS UND VIDEOS LADEN. Mit dem Katalogmanager legen Sie den Namen Ihrer Bilderkataloge fest und bestimmen, wer darauf zugreifen darf.

< Der Katalog
Ein gefüllter Katalog, in dem Alben angelegt und Stichwort-Tags definiert wurden, kann so aussehen.

Bilder richtig schärfen

Zunächst müssen Sie wissen, welche Form von Unschärfe im Bild vorliegt. Handelt es sich um ein Problem der Schärfentiefe, ist es eine Verwacklung oder ein Wischeffekt, also Bewegungsunschärfe? Nicht alles lässt sich reparieren. Die nachträgliche Schärfung ist lediglich eine optische Aufbesserung des Bildes. An den Kanten eines fotografierten Objekts wird der Kontrast erhöht, dadurch sehen die Bilder schärfer aus. Wo es keine klaren Konturen gibt, kann die Kontrasterhöhung auch nicht richtig ansetzen.

Im Menü ÜBERARBEITEN finden Sie zwei verschiedene Befehle: UNSCHARF MASKIEREN und SCHÄRFE EINSTELLEN. Setzen Sie beim UNSCHARF MASKIEREN die Regler RADIUS auf maximal 1 Pixel, höhere Werte würden das Foto zu grob erscheinen lassen. Je höher Sie den SCHWELLENWERT setzen, desto weicher fällt der Effekt aus, den Sie beim Regler STÄRKE verwenden. Falls ein Foto mehrmals geschärft wird, sind höhere Schwellenwerte nützlich. Normalerweise sollten Sie Ihre Fotos aber nur **einmal** schärfen und diesen Arbeitsschritt ganz **am Ende** der Bearbeitungen durchführen.

Das Schärfen ist ein sehr destruktiver Vorgang, der die Bildpixel massiv beansprucht. Wenn Sie ein geschärftes Foto wieder öffnen und weiterbearbeiten, vielleicht sogar erneut schärfen, nimmt die Bildqualität deutlich ab. Für den Druck ist ein stärkeres Schärfen notwendig als für Bilder, die nur am Rechner betrachtet werden. Ein großes, hochauflösendes Bild mit vielen Pixeln muss stärker geschärft werden als ein Foto, das fürs Web verkleinert wurde. Speichern Sie zunächst eine ungeschärfte Version des Bildes. Machen Sie davon weitere Kopien, zum Beispiel in verschiedenen Größen (Druck, Bildschirm) mit unterschiedlichen Schärfungsgraden.

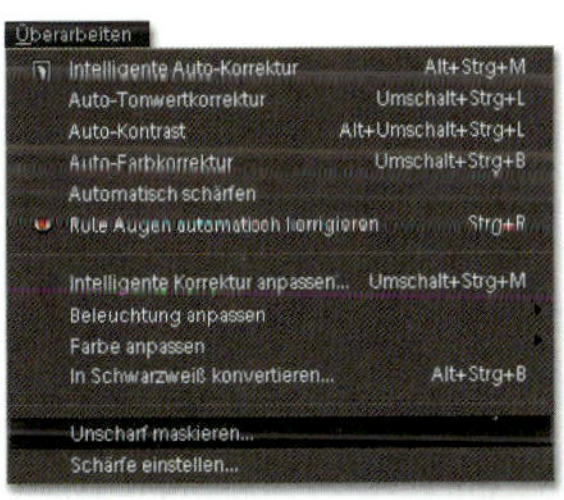

< Bilder schärfen
Die SCHÄRFEN-Befehle finden Sie im Menü ÜBERARBEITEN.

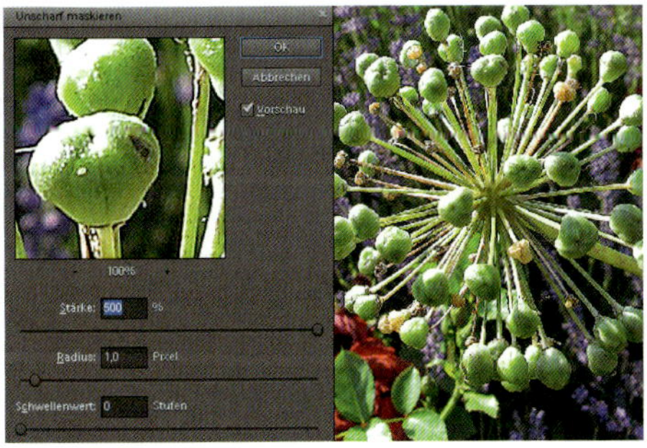

^ Ein häufiger Fehler
Maximales Schärfen zerstört das Bild und macht es unansehnlich.

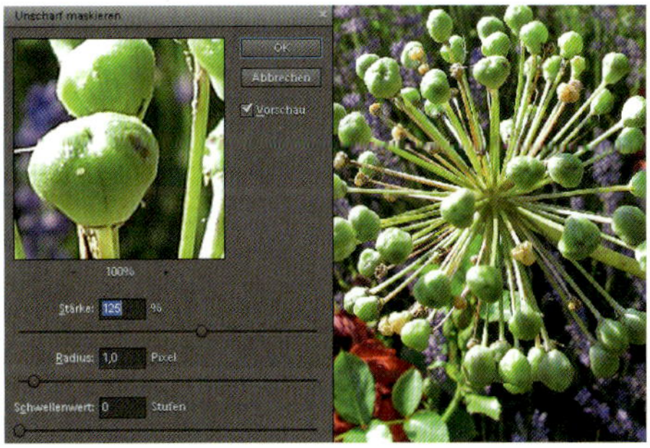

^ Geringere Stärke
Für Bildschirmanwendungen muss nicht so stark geschärft werden wie für den Druck.

Ausrichtung anpassen

Einer der häufigsten Fehler, die man bei der Aufnahme nicht sofort bemerkt, sind schräge Linien. Kippende Horizonte sieht man am Bildschirm oder in einem viereckigen Bilderrahmen besonders deutlich, deshalb ist es sinnvoll, Fotos gerade auszurichten. Dafür gibt es in Photoshop Elements den Befehl BILD • GERADE AUSRICHTEN. Bei einfachen Motiven funktioniert er gut, denn er orientiert sich meist an dominanten waagerechten Linien.

Mit komplexeren Motiven, die aus vielen Linien bestehen, wie es bei Architekturbildern oft der Fall ist, hat die Automatik allerdings so ihre Probleme. Hier ist manchmal nicht eine schief gehaltene Kamera, sondern vielmehr eine perspektivische Verzeichnung die Ursache. Folglich müssen Sie hier mit Augenmaß arbeiten. Blenden Sie sich ein Hilfsraster ein, um die Fotos gerade auszurichten.

Wählen Sie den Befehl ANSICHT • RASTER, um die Hilfslinien ein- und auszublenden. Wenn

˅ Schiefer Horizont
Das leichte Kippen des Horizonts kann mit dem Befehl BILD • DREHEN • BILD GERADE AUSRICHTEN korrigiert werden.

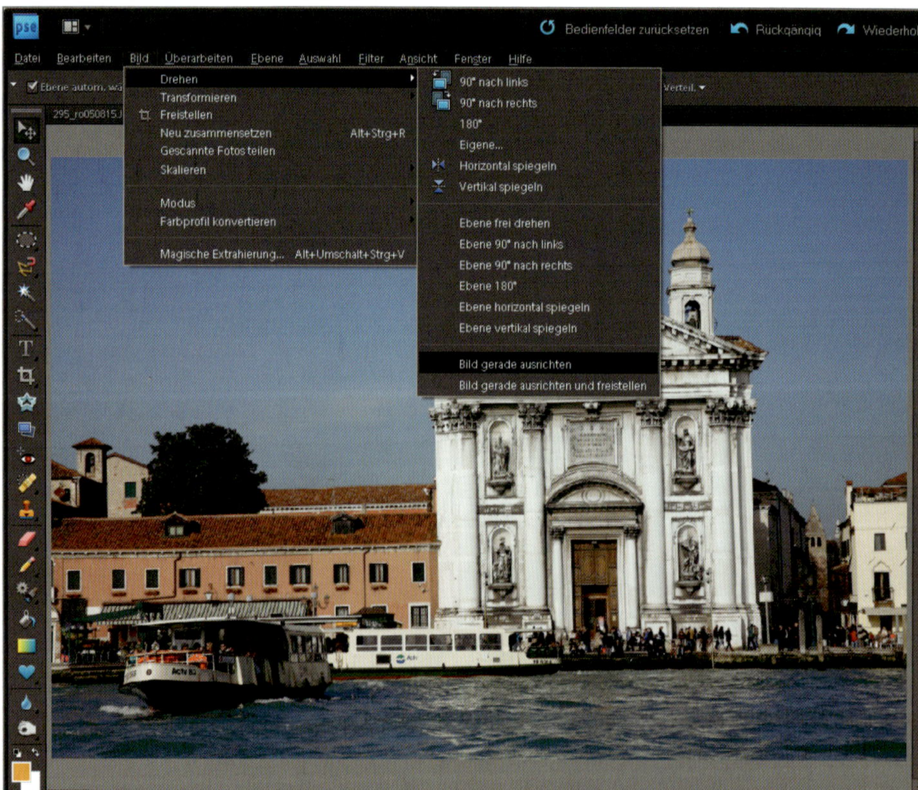

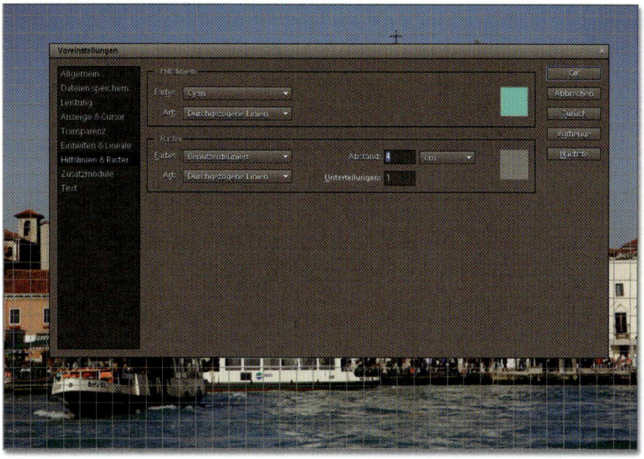

< Gitterlinien
Um ein Raster einzublenden, sind zwei Schritte nötig.

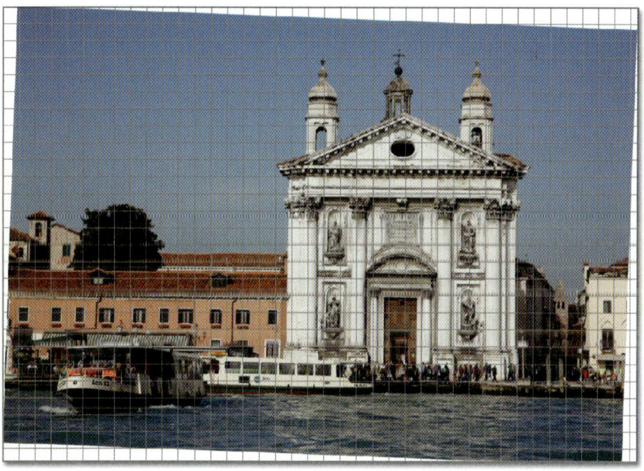

< Korrekt ausgerichtet
Das Bild hat jetzt weiße oder farbige Ecken und muss zurechtgeschnitten werden.

das Raster zu grob oder zu fein strukturiert ist, ändern Sie die Einstellungen über das Menü BEARBEITEN • VOREINSTELLUNGEN • HILFSLINIEN & RASTER. Um das Bild nach eigenem Ermessen zu drehen, benutzen Sie den Befehl BILD • DREHEN • EIGENE und geben in das kleine Dialogfenster den gewünschten Winkel und die Drehrichtung ein.

Nach dem Drehen muss das Foto noch zurechtgeschnitten (»freigestellt«) werden. Wenn beim Fotografieren wichtige Teile des Bildes sehr nah an den Rändern platziert werden, werden sie möglicherweise abgeschnitten. Den Vorgang BILD AUSRICHTEN UND FREISTELLEN können Sie von der Automatik in einem Arbeitsgang durchführen lassen. Wenn Sie die Schritte selbst durchführen, erhalten Sie genauere Ergebnisse.

FARBENSPIEL

Wenn Ihr Foto nach dem Drehen farbige Kanten hat, dann liegt dies an den Einstellungen von Vorder- und Hintergrundfarbe (Werkzeugleiste). Mehr Informationen dazu finden Sie auf Seite 246 (»Text auf Bilder schreiben«).

Bildausschnitt korrigieren

Wählen Sie aus der Werkzeugleiste das Freistellen-Werkzeug, und setzen Sie die Werkzeugeinstellungen oberhalb des Bildes so, dass das ursprüngliche Seitenverhältnis der Originalaufnahme beibehalten wird. Dazu wählen Sie aus der Dropdown-Liste die Option FOTOVERHÄLTNIS VERWENDEN.

Sie können Ihr Bild natürlich auch nach eigenem Gutdünken (KEINE BESCHRÄNKUNG) zurechtschneiden und jedes beliebige Seitenverhältnis verwenden. Bei späteren Präsentationen, Ausdrucken oder Fotoabzügen haben Sie dann allerdings keine Standardmaße mehr und bekommen unter Umständen viel Verschnitt (weiße Ränder). Im schlimmsten Fall werden bei einer Posterbestellung Teile des Bildes abgeschnitten.

Ziehen Sie mit der Maus einen Rahmen, der alle bildwichtigen Teile enthält. Alles, was weggeschnitten wird, erscheint am Bildschirm abgedunkelt. Sobald die Größe des Rahmens definiert ist, können Sie die Maustaste loslassen und erneut in den Rahmen klicken, um ihn mit gehaltener Maustaste noch einmal zu verschieben. Erst wenn Sie auf das grüne Häkchen klicken, wird das Foto endgültig zurechtgeschnitten. Ein Klick auf den roten Kreis unterbricht den Vorgang, und Sie können neu ansetzen.

Rahmen aufziehen
Richten Sie den Bildausschnitt genau aus, und bestätigen Sie die Aktion mit einem Klick auf das grüne Häkchen.

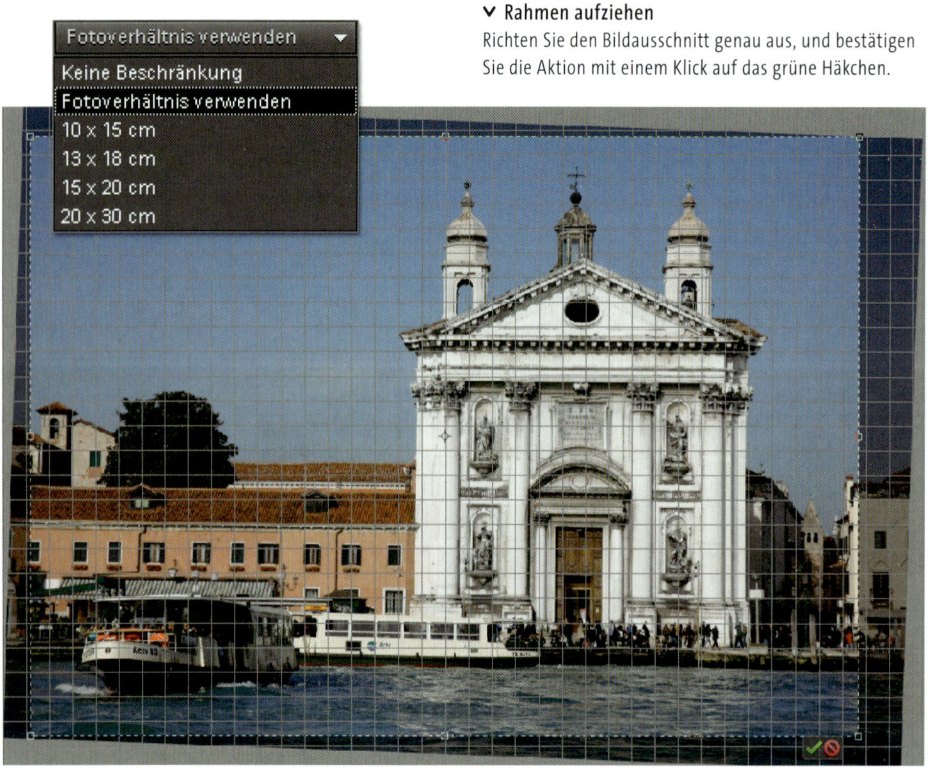

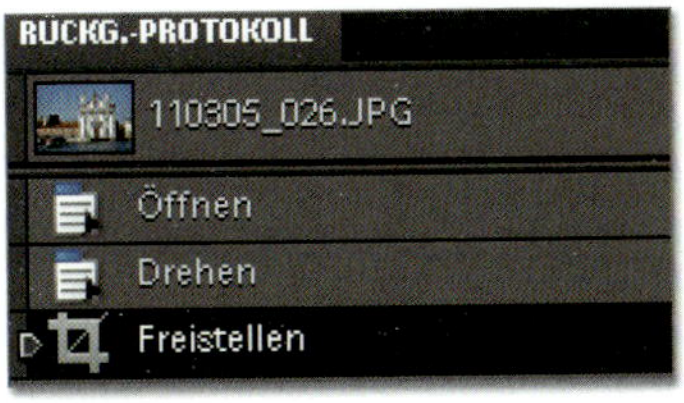

∧ Korrektur
Falls Sie versehentlich auf OK geklickt haben, benutzen Sie den RÜCKGÄNGIG-Befehl oder das RÜCKGÄNGIG-PROTOKOLL.

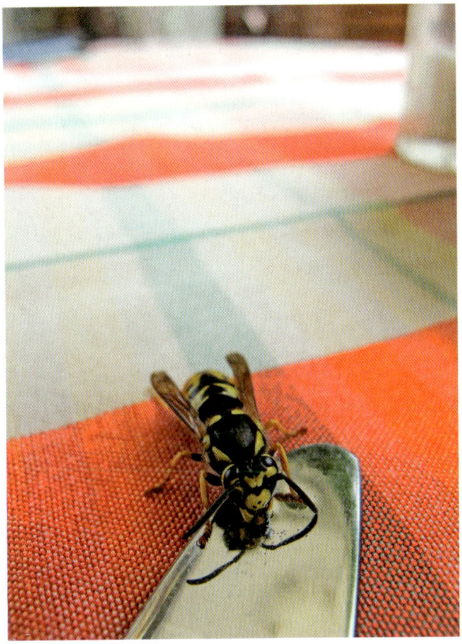

>∨ Klarer Fokus
Viele Bilder haben einen unruhigen Hintergrund, zeigen das Motiv zu klein, oder etwas lenkt vom Hauptmotiv ab. Auch hier ist Freistellen eine nützliche Hilfe. Lassen Sie alles weg, was nicht nötig ist.

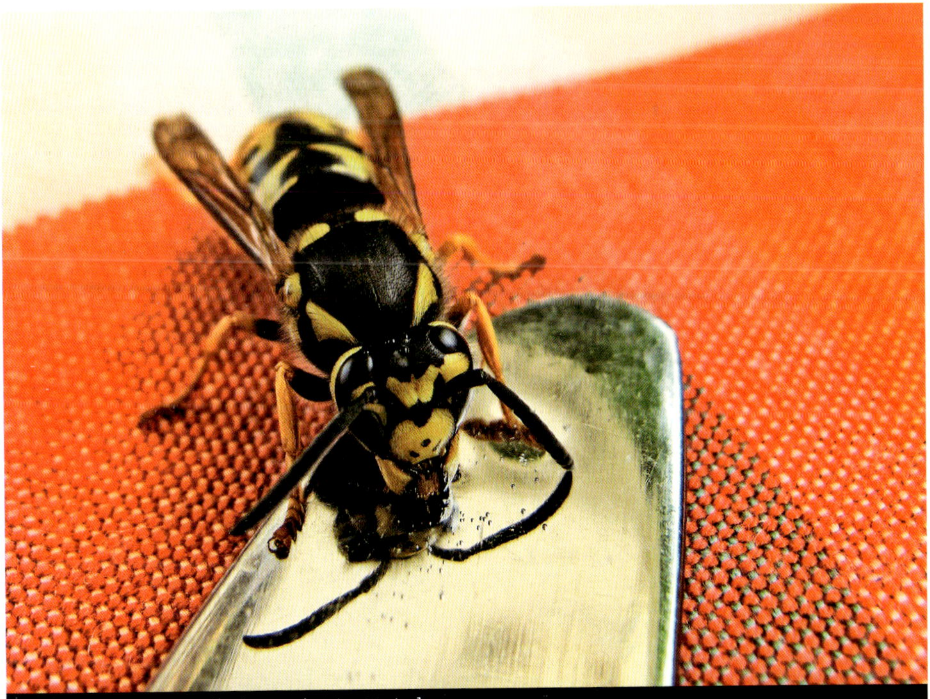

[6,1 mm | CF 4,6 | 1/160 s | f4 | ISO 80 | Makro-Modus]

Störende Elemente retuschieren

Telegrafendrähte, Zigarettenkippen oder Papierschnipsel am Boden, Staubflecken auf dem Sensor einer Spiegelreflexkamera oder Personen, die versehentlich ins Bild gelaufen sind – alles dies kann den Bildgenuss trüben.

Retuschewerkzeuge

Um solche störenden Elemente zu entfernen, gibt es die Retuschewerkzeuge Kopierstempel, Reparatur-Pinsel, Bereichs-Reparatur-Pinsel; und manchmal genügt auch schon der Radiergummi. Da der Himmel in unserem Beispiel fast weiß ist, könnte man die störenden Pixel auch einfach wegradieren. Sobald aber nur ein ganz feiner Grauschleier erkennbar ist, würde man das Radieren bemerken. Ziel jeder Bearbeitung ist, dass man keinerlei Spuren der Retusche sieht. Günstiger ist deshalb meistens der Reparaturpinsel oder, für sehr feine und komplexe Retuschearbeiten, das Stempelwerkzeug.

Mit den Werkzeugen arbeiten

Bei allen Retuschearbeiten kommt es auf Genauigkeit an. Wählen Sie daher für die Werkzeuge die jeweils passende Größe, Form und Weichheit der Pinselspitze. Weiche und runde Pinsel sind oft günstiger als harte und eckige. Das Arbeiten mit dem Kopierstempel und dem Reparaturpinsel ist anfangs etwas gewöhnungsbedürftig, denn man muss zunächst

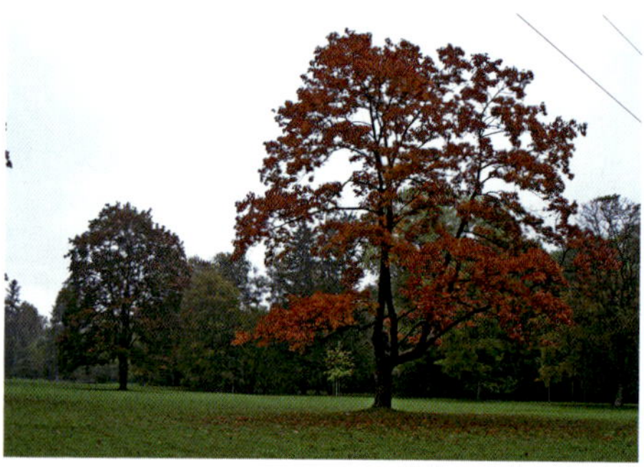

^ Störende Elemente
Bei diesem Bild stören die Telegrafendrähte und die links am Rand hereinragenden Blätter.

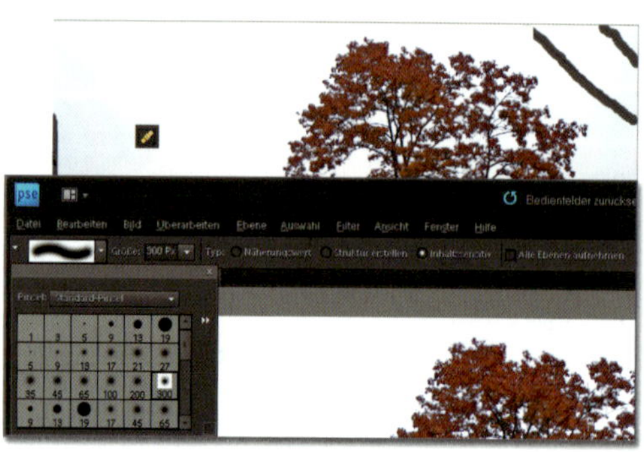

^ Elemente entfernen
Wählen Sie die passende Größe und Form der Pinselspitzen. Drei Anwendungen des Bereichsreparatur-Pinsels genügen, um die fehlerhaften Stellen zu entfernen.

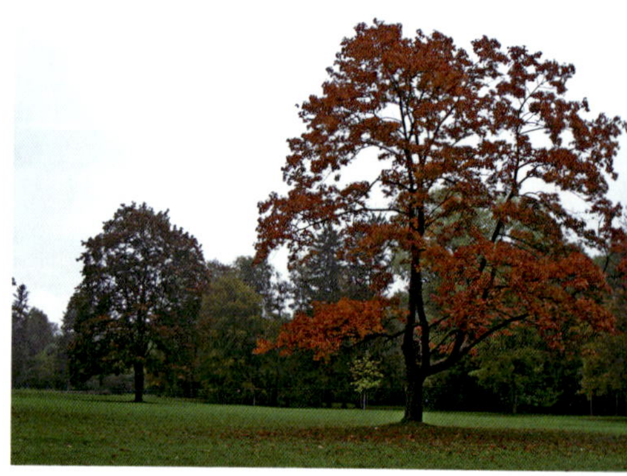

^ Ergebnis
Bei genauem Hinsehen erkennt man noch feine Schleier an den bearbeiteten Stellen. Wiederholen Sie gegebenenfalls den Vorgang.

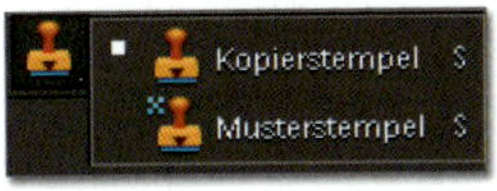

∧ Stempel
Der Kopierstempel überdeckt störende Stellen mit benachbarten Pixeln. Dazu legen Sie mit gehaltener [Alt]-Taste und linkem Mausklick fest, welche Pixel Sie kopieren wollen.

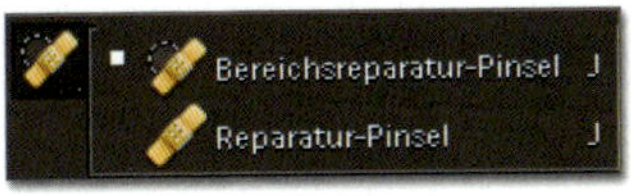

∧ Pinsel
Der Bereichsreparatur-Pinsel versucht, die störende Stelle automatisch mit passenden Pixeln aus der Umgebung zu füllen. Beim Reparatur-Pinsel müssen Sie wie beim Stempel die Quellpixel selbst definieren.

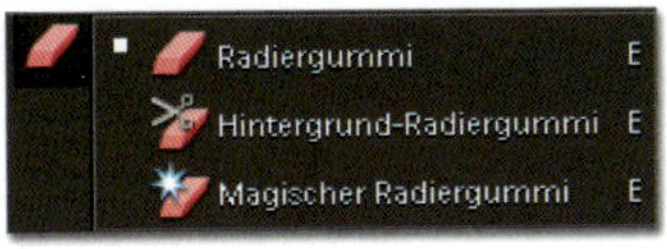

∧ Radiergummi
Der Radiergummi entfernt Pixel beziehungsweise färbt sie mit der eingestellten Hintergrundfarbe ein.

selbst festlegen, von wo die Pixel kopiert werden sollen. Dazu drücken Sie die [Alt]-Taste und klicken mit der linken Maustaste auf die Pixel, die Sie brauchen (Quelle festlegen). Nun lassen Sie die [Alt]-Taste los und klicken mit der Maus auf die fehlerhafte Stelle. Mit jedem Klick werden die Pixel von der zuvor festgelegten Stelle übertragen. Dabei wandert der Quellpunkt mit: Wenn Sie die Maus nach rechts bewegen, folgt der Quellpunkt und bewegt sich im gleichen Abstand nach rechts weiter. Irgendwann erreicht der Quellpunkt eine Stelle, die nicht mehr geeignet ist, und es werden falsche Pixel dupliziert. Bei größeren Retuscheflächen müssen Sie den Quellpunkt mehrmals neu definieren und gegebenenfalls zwischendurch auch die Größe der Werkzeugspitze ändern.

Die Retusche dient dem Korrigieren von Fehlern, es eröffnen sich damit aber auch sehr schnell kreative Spielräume. Alles ist möglich, ein Bild muss heute nicht mehr nur die Wirklichkeit zeigen.

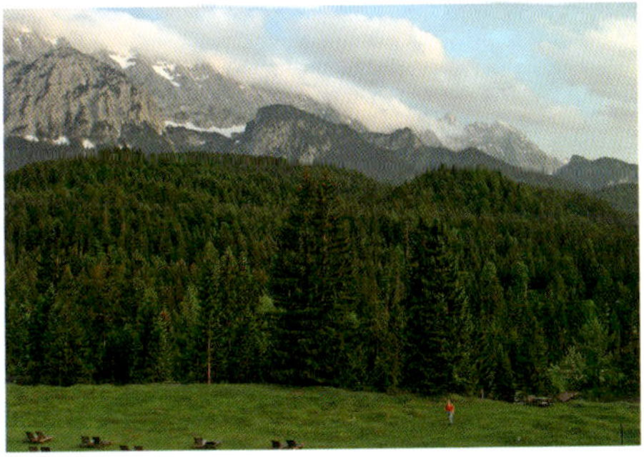

∧ Vorher
Die Landschaft im Hintergrund sieht schön aus, aber der Vordergrund mit den teils angeschnittenen Sonnenliegen ist nicht so gut gelungen.

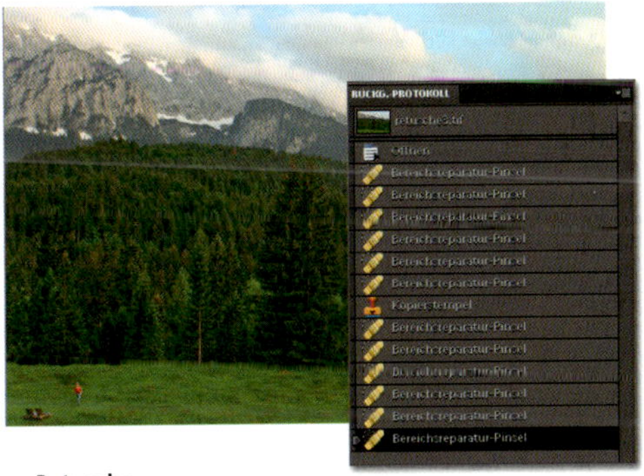

∧ Retusche
Im ersten Schritt entfernen wir mit dem Bereichsreparatur-Pinsel die störenden Elemente aus dem Vordergrund. Es bleiben nur die Person und eine Liege übrig. Mit dem Kopierstempel wird der Wanderer nun nach links kopiert, so dass er jetzt auf die Liegen zuläuft. Mit dem Bereichs-Reparaturpinsel kann man den »Original-Mann« anschließend von der ursprünglichen Stelle komplett entfernen: Der Vordergrund ist nun »aufgeräumt«.

Farben verfremden

Die Farbkorrektur ist manchmal nötig, zum Beispiel wenn der Weißabgleich an der Kamera nicht richtig eingestellt war oder wenn die Farben der Umgebung einen ungewollten Farbstich auf dem Motiv erzeugt haben. Darüber hinaus kann man Bilder aber auch ganz bewusst farblich verfremden, um einen interessanteren Bildeindruck zu erzeugen. Das Tonen war bei Schwarzweißfotografen früher sehr beliebt, andere Trends sind das Verstärken oder Verringern der Farbigkeit (Entsättigen), auch das selektive Entfärben kann zu einer verblüffenden Bildwirkung führen.

Im Menü ÜBERARBEITEN finden Sie eine ganze Reihe von Befehlen, mit denen Sie die Farbigkeit Ihres Bildes detailliert steuern können. Die Möglichkeiten der SCHNELLKORREKTUR finden Sie in Abschnitt »Schnelle erste Hilfe: Helligkeit, Kontrast und Farbe« ab Seite 250.

Farbstiche entfernen oder hinzufügen

Wenn die Fotos extrem blau oder gelborange aussehen, liegt meist ein Fehler des Weißabgleichs vor. Hierfür gibt es in Photoshop Elements die Korrekturfunktion FARBSTICH ENTFERNEN. Sie finden sie im Menü ÜBERARBEITEN • FARBE ANPASSEN. Ein Dialogfenster fordert Sie auf, eine Stelle im Bild anzuklicken, die ganz weiß oder ganz schwarz sein soll. Danach erfolgt eine automatische Korrektur. Wenn die Anpassung des Bildes noch kein ganz zufriedenstellendes Ergebnis liefert, setzen Sie zusätzliche Bearbeitungsschritte ein. Eine automatische Kontrastkorrektur (ÜBERARBEITEN • AUTO-KONTRAST) ist eine mögliche Option, oder Sie nehmen eine Feinjustierung der Farben mit den im Folgenden beschriebenen Methoden vor.

Das erste Ergebnis war in diesem Fall noch nicht überzeugend, es brauchte noch eine automatische Kontrastkorrektur und eine Reduktion der Sättigung um 50%.

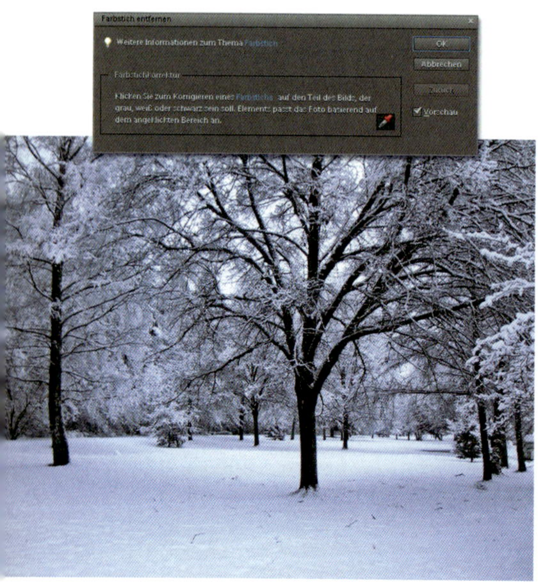

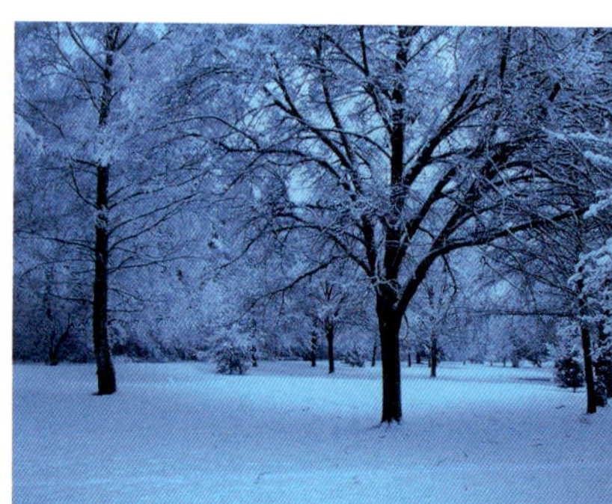

[5,4 mm | CF 7 | 1/15 s | f2,8 | ISO 200]

^< Farbstich entfernen
Winterblau, entstanden durch den automatischen Weißabgleich (oben). Nach der Bearbeitung sieht das Motiv so aus, wie man sich einen Wintermorgen vorstellt (links).

Farben intensivieren

Manchmal sind die Farben im Bild nicht so kräftig, wie man sie bei der Aufnahme wahrgenommen hat. Durch das Erhöhen der Sättigung mit dem Befehl ÜBERARBEITEN • FARBE ANPASSEN • FARBTON/SÄTTIGUNG werden Ihre Fotos bunter und plakativer. Bei Bedarf können Sie die Wirkung verstärken, indem Sie die Kontraste erhöhen und/oder die dunklen Bereiche aufhellen (TIEFEN/LICHTER, AUTO-KONTRAST).

Entsättigen

Beim Reduzieren der Farben geht man den umgekehrten Weg wie beim Farben intensivieren: Hier wird der Regler SÄTTIGUNG nicht nach rechts, sondern nach links geschoben. Das Entsättigen erzielt eher künstlerische Effekte und dient seltener als Korrekturmaßnahme. Bilder, die eigentlich sehr bunt sind, können auf Alt getrimmt werden, wenn man ihre Farbigkeit zurücknimmt.

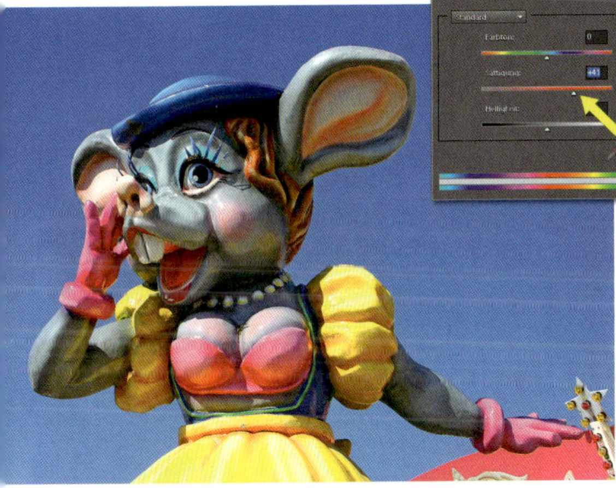

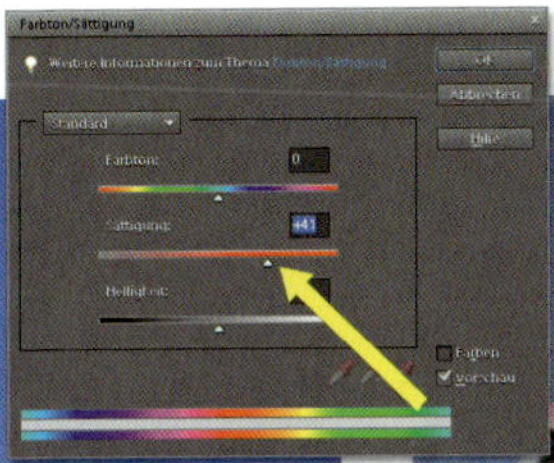

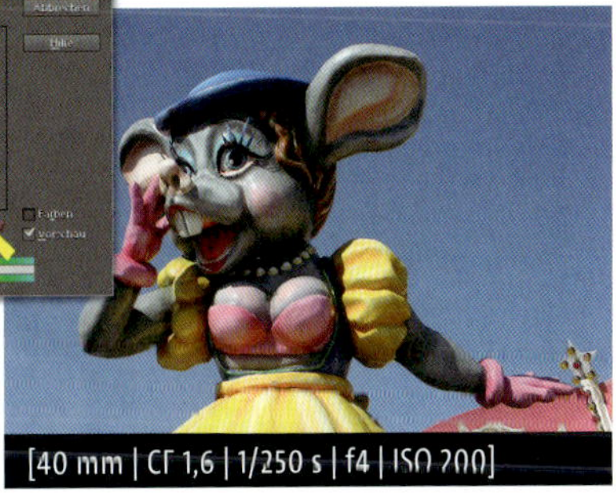

^< Sättigung erhöhen
Bunt, aber noch etwas matt (oben). Der Regler SÄTTIGUNG wird nach rechts gezogen. Nach der Korrektur ist das Bild quietschbunt (links).

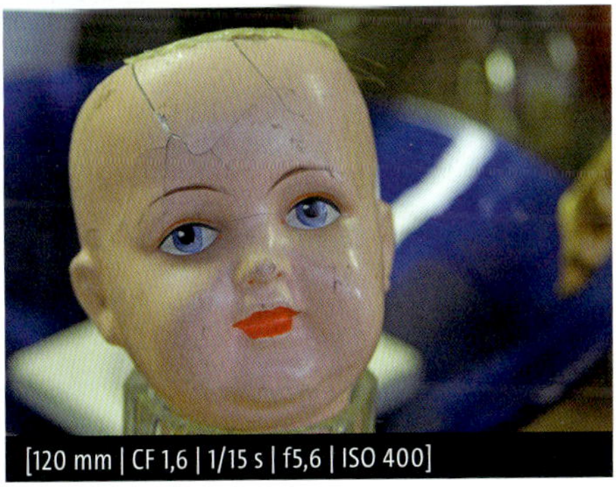

^> Sättigung verringern
Das bunte Foto wirkt eher aufdringlich (oben). Die Entsättigung betont den antiken Charakter des Puppenkopfes (rechts).

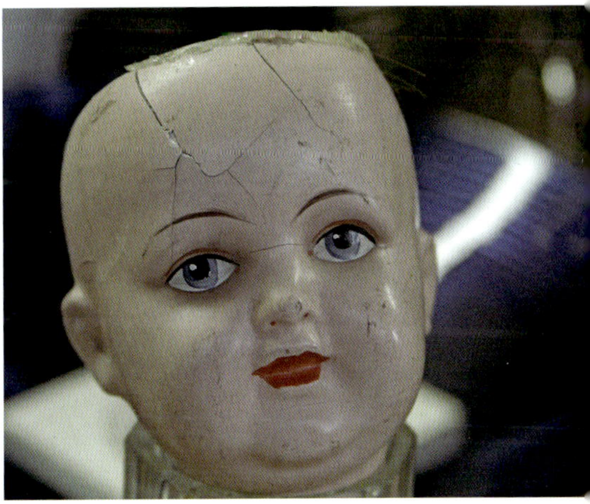

Text auf Bilder schreiben

Mit dem Textwerkzeug können Sie Fotos beschriften. Klicken Sie zunächst auf das T in der Werkzeugleiste und anschließend auf die Stelle im Bild, an der der Text erscheinen soll.

Schriftgröße

Wenn Sie Text auf ein Bild schreiben, das in voller Auflösung vorliegt, kann es zunächst passieren, dass Sie die Buchstaben gar nicht sehen. Die Größe der Buchstaben wird wie bei Textverarbeitungsprogrammen in »Punkt« angegeben. Während eine Schriftgröße von 14 oder 16 Punkt normalerweise ein eher großes Schriftbild erzeugt, sind diese Maße beim Beschriften von Bildern oft winzig. Ändern Sie die Schriftgröße bei den WERKZEUG-OPTIONEN. Das Dropdown-Menü geht bis zu 72 Punkt, wenn das noch zu klein ist, markieren Sie die Zahlenangabe mit der Maus und geben die Größe über die Tastatur ein. In unserem Beispielfoto sind 300 Punkt gerade richtig.

Schriftfarbe

Um den Schriftzug zu verändern, markieren Sie den Text mit der Maus, wie Sie es auch in einem anderen Programm machen würden. Danach können Sie Schriftart, Größe, Ausrichtung, Fett-/Kursiv-Auszeichnungen und die Farbe bearbeiten. Um die Farbe zu wählen, klicken Sie in das obere Farbfeld. Es öffnet sich daraufhin ein Dialogfenster mit dem FARBWÄHLER. Nun können Sie mit der Maus ins Foto klicken,

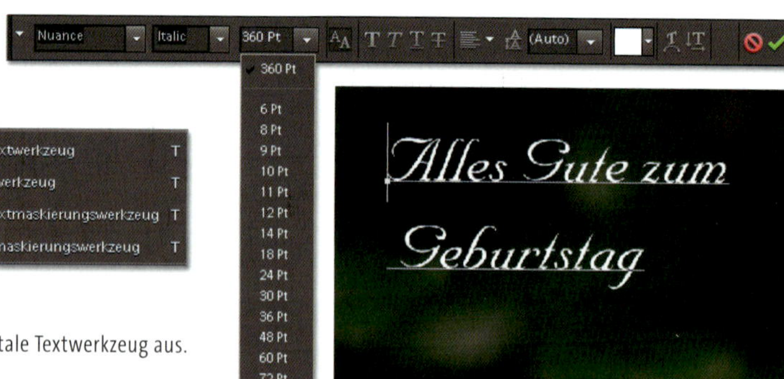

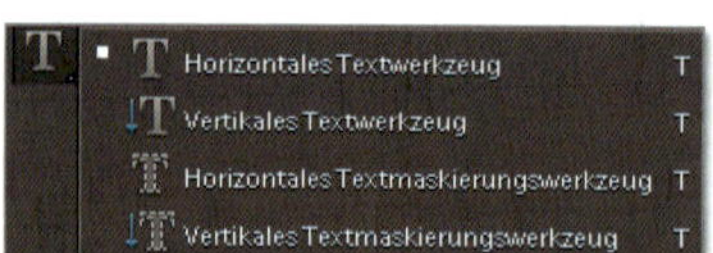

^ Schriftwerkzeuge
Wählen Sie das Horizontale Textwerkzeug aus.

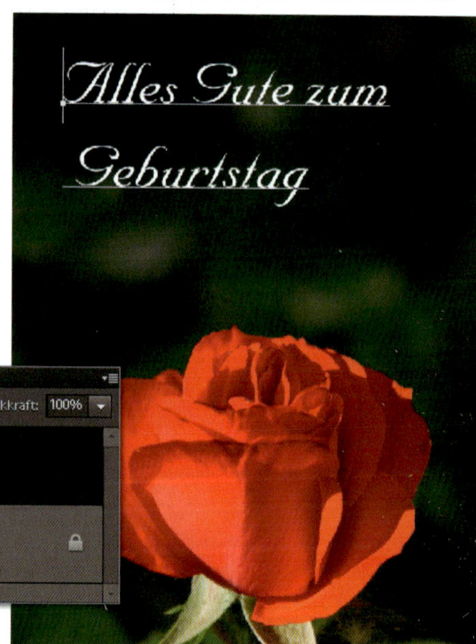

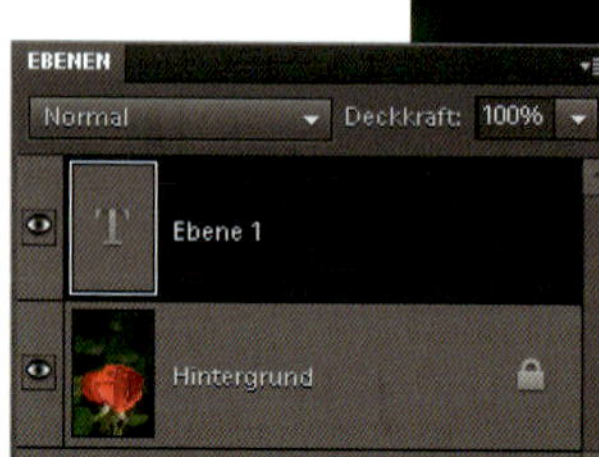

> Eigenschaften zuweisen
Die Größe und Farbe der Schrift definieren Sie über die WERKZEUG-OPTIONEN. Der Text liegt jetzt als separate Ebene auf dem Foto.

um sich von dort eine Farbe zu holen. Andernfalls klicken Sie in das angezeigte Farbfeld, oder Sie ziehen die kleinen weißen Dreiecke nach oben/unten, um zum gewünschten Farbbereich zu gelangen. Wenn Sie ganz bestimmte Farben verwenden möchten und deren RGB-Werte kennen, können Sie diese auch in die Felder eintippen. Bestätigen Sie die Auswahl der Farbe mit OK.

Sobald Sie mit den Bearbeitungen fertig sind, sollten Sie das Foto speichern. Dazu müssen Sie die aufgesetzte Textebene mit der Hintergrundebene verbinden. Danach sind weitere Textkorrekturen nicht mehr möglich.

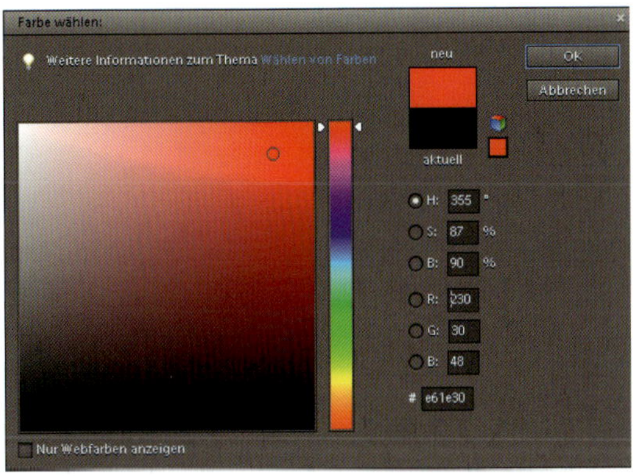

∧ Farbwahl
Die Farbwahl kann durch Anklicken der Farbfelder erfolgen, Experten können hier sogar genaue Zahlenwerte eintippen. Übrigens: Der Farbwähler für Vorder- und Hintergrundfarbe, den Sie links unten in der Werkzeugleiste finden, funktioniert genau gleich. Mit der Pipette holen Sie die Farbe direkt aus dem Foto.

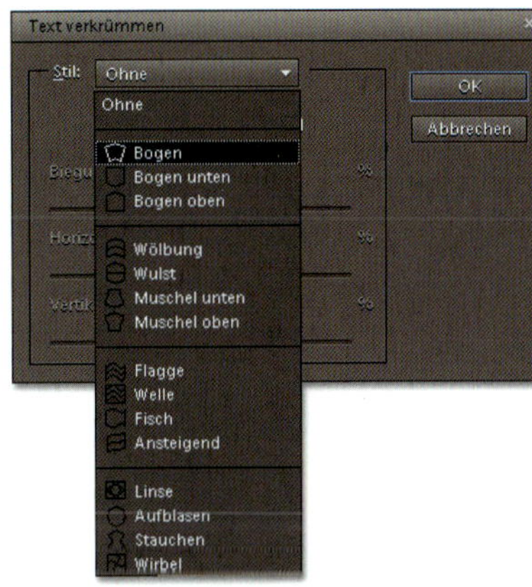

∧ Textform ändern
Sie können dem Text noch weitere Formatierungen zuweisen: Bogen, Schattierungen u.v.m.

EIN RATSCHLAG ZWISCHENDURCH

Bildbearbeitungsprogramme bieten eine so große Bandbreite an Möglichkeiten, dass manchmal der Eindruck entsteht, man könne das alles kaum bewältigen. Lassen Sie sich Zeit! Sie müssen beileibe nicht alle Befehle und Werkzeuge kennen oder bereits benutzt haben. Fangen Sie mit den Schnellkorrekturen an, und wenn Sie Lust haben, probieren Sie weitere Funktionen aus. Fotografieren ist ein Hobby, und Bildbearbeitung kann sehr viel Spaß machen, wenn man sich dabei nicht zu sehr unter Druck setzt. Spielen Sie mit den Einstellungen herum, probieren Sie verschiedene Sachen aus. Alles, woran Sie wirklich denken müssen, ist, Ihr Bild immer unter einem neuen Namen abzuspeichern, damit Sie Ihre Experimente nicht verlieren und die Originaldateien trotzdem sicher verwahren. Regelmäßige Datensicherungen auf eine externe Festplatte sind ebenfalls empfehlenswert!

Rote-Augen-Korrektur

Rote Pupillen bei Personenfotos sind der wohl unangenehmste Nebeneffekt des Blitzlichts. Wo man früher oft noch mühevoll retuschieren musste, gibt es mittlerweile sehr einfache und intelligente Automatikfunktionen, mit denen sich der Fehler schnell korrigieren lässt. Im Menü ÜBERARBEITEN finden Sie die Funktion ROTE AUGEN AUTOMATISCH KORRIGIEREN. Das Programm analysiert den Bildinhalt und ersetzt die roten Pixel durch schwarze.

Wenn das automatische Korrigieren nicht klappt, finden Sie in der Werkzeugleiste das Rote-Augen-Entfernen-Werkzeug. Damit können Sie die Augen markieren, und das Programm wird die Korrektur dann ebenfalls automatisch ausführen. Bei Haustieren leuchten die Augen nicht rot, sondern oft unnatürlich blau, manchmal auch gelb. Hier steigt die automatische Korrektur aus. Benutzen Sie dann das Nachbelichter-Werkzeug, um die Helligkeit der Augen zu verringern. Stellen Sie die Pinselgröße so ein, dass sie etwa so groß ist wie der zu korrigierende Bereich. Fahren Sie mit der Maus mehrmals über die leuchtenden Augen, bis sich deren Helligkeit sichtbar verringert.

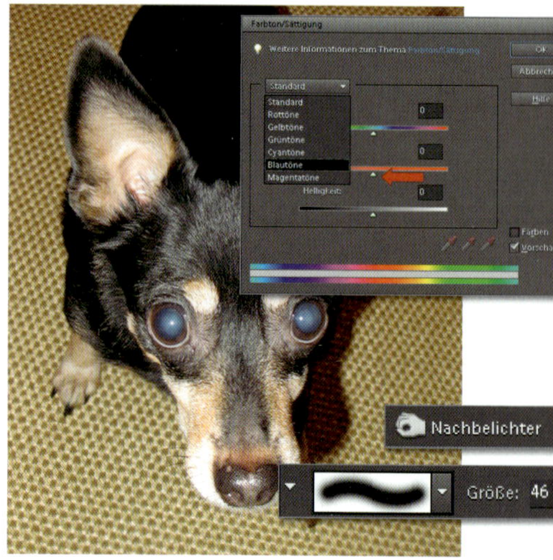

^ Alternative Korrektur
Mit dem NACHBELICHTER können Sie die Augen abdunkeln. Die blaue Farbe mildern Sie mit dem ÜBERARBEITEN-Befehl BELEUCHTUNG • FARBE ANPASSEN ab, indem Sie den Regler SÄTTIGUNG bei den Blau- und Cyantönen nach links schieben. Doch Vorsicht: Wenn im Bild auch andere Bereiche die Farben Blau oder Cyan enthalten, werden diese mit entfärbt.

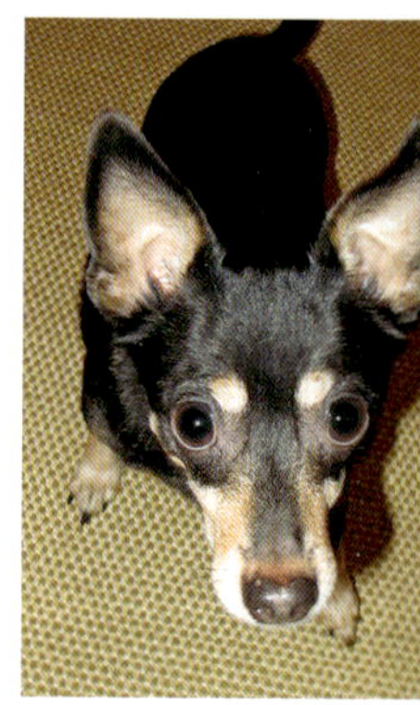

^ Ergebnis
Für eine natürlich wirkende Korrektur des Problems sind fortgeschrittene Techniken nötig.

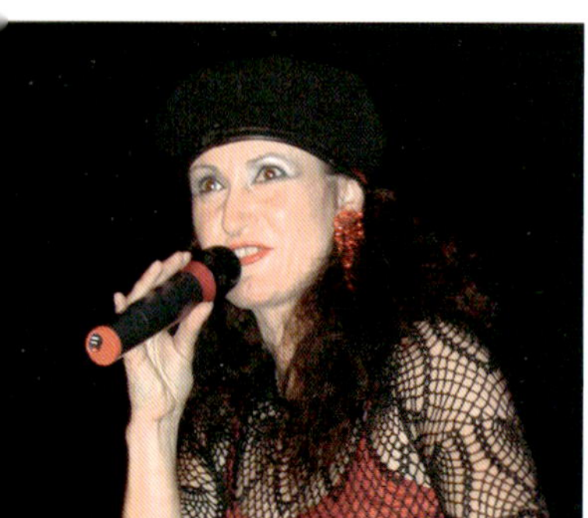

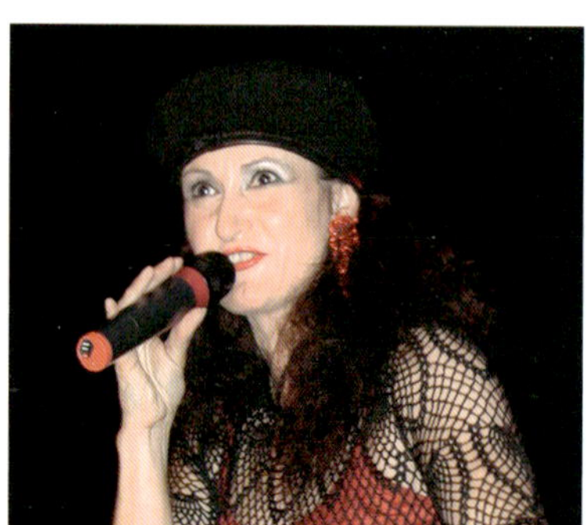

< Blitzfehler korrigieren
Die Rote-Augen-Korrektur funktioniert bei Personenfotos sehr gut.

Bildauflösung anpassen

Um ein Foto zu verkleinern, benutzen Sie den Befehl BILD • SKALIEREN • BILDGRÖSSE und geben anschließend beispielsweise die benötigte Anzahl Pixel für eine der Kanten über die Tastatur ein.

Die AUFLÖSUNG sollte nicht unter 72 dpi liegen. Für den Bildschirm benötigen Sie 72 bis 96 dpi. Bei PROPORTIONEN BEHALTEN muss ein Häkchen gesetzt werden, anderenfalls wird das Foto beim Skalieren gestaucht und verzerrt.

Bei der Neuberechnung des Bildes werden Übergänge optimiert, aber es erfolgt in der Standardeinstellung keine automatische Schärfung. Als letzter Arbeitsschritt wäre das jedoch sinnvoll. Wenn Sie keine weiteren Bearbeitungen am Foto vornehmen und das Schärfen nicht selbst vornehmen wollen, wählen Sie die unterste Option aus dem Dropdown-Menü. Skalieren bedeutet verkleinern oder vergrößern. Wenn Sie ein Foto vergrößern, werden Pixel dazugerechnet. Dieser Vorgang ist nie so wirklich genau und liefert auch nicht den Detailreichtum und die Schärfe, die Sie von den »echten« Pixeln aus der Kamera erhalten. Als Faustregel fürs Vergrößern gilt derzeit, dass Fotos auf bis zu 125 % ihrer Originalgröße »aufgeblasen« werden können.

Speichern Sie Ihr verkleinertes Bild anschließend unbedingt unter einem neuen Namen, damit Sie nicht versehentlich das große Original überschreiben (Befehl DATEI • SPEICHERN UNTER). Es gibt auch die Möglichkeit, die Datenmenge, Qualität und Größe des Bildes mit dem Befehl DATEI • FÜR WEB SPEICHERN noch weiter zu reduzieren.

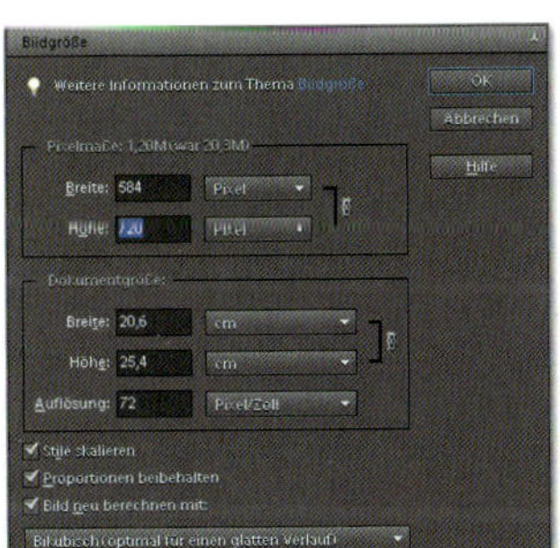

∧ Größenangaben
Geben Sie die Höhe oder Breite ein, die Ihr Foto haben soll. Wenn Sie nicht selbst schärfen wollen, benutzen Sie die Option BIKUBISCH SCHÄRFER.

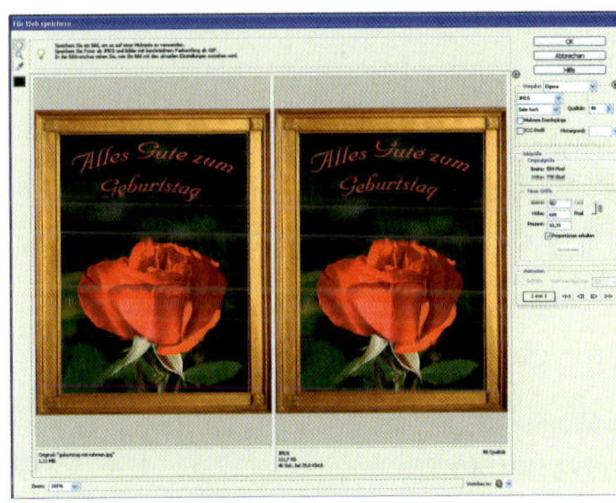

∧ FÜR WEB SPEICHERN
Im Dialog können Sie die Größe noch einmal korrigieren und die Qualität des JPEGs fein einstellen.

BILDGRÖSSE

Für die Anzeige an einem querformatigen Full-HD-Bildschirm benötigen Sie 1.920 × 1.080 Pixel, das heißt, für ein Hochformat genügen bereits 1.080 Pixel Höhe. Wenn Sie einen großen Bildschirm für den PC haben, sind es vielleicht um die 1.680 × 1.050 Pixel. Mehr als 2.000 Pixel Breite oder 1.200 Pixel Höhe braucht man für Bildschirmanwendungen keinesfalls.

Schnelle erste Hilfe: **Helligkeit, Kontrast und Farbe**

Viele Bilder lassen sich bereits mit wenigen Mausklicks optimieren. Sie können dazu im EDITOR von Photoshop Elements die SCHNELLKORREKTUR verwenden. Klicken Sie auf die Schaltfläche SCHNELL auf der rechten Seite unter BEARBEITEN. Es öffnet sich daraufhin ein Dialogfenster mit verschiedenen Schiebereglern.

Generelles Vorgehen

Auf der Arbeitsfläche sehen Sie das ausgewählte Foto in der Vorher-Nachher-Ansicht. Links haben Sie eine reduzierte Werkzeugleiste, mit der Sie das Bild zum Beispiel freistellen, die Ansicht verschieben oder eine Schnellauswahl vornehmen können. Die Bearbeitungen, die Sie rechts mit den Schiebereglern vornehmen, werden im rechten Foto sofort als Vorschau angezeigt. Sie können die Einstellungen also mehrmals nachkorrigieren. Bestätigen Sie am besten jeden Einzelschritt mit einem Häkchen oberhalb des jeweiligen Abschnitts (BELEUCHTUNG, FARBE, BALANCE usw.). Falls Sie das vergessen, klicken Sie ganz am Ende wieder auf die Schaltfläche VOLLSTÄNDIG. Dann werden die Änderungen im Bild mitgenommen, und Sie kehren zurück zum EDITOR, in dem Sie das Foto – am besten unter einem neuen Dateinamen – mit DATEI • SPEICHERN UNTER sichern.

Schritt für Schritt

Wenn Sie die Einstellungen individuell vornehmen möchten, dann gehen Sie die einzelnen Abschnitte zu BELEUCHTUNG, FARBE und BALANCE nacheinander durch.

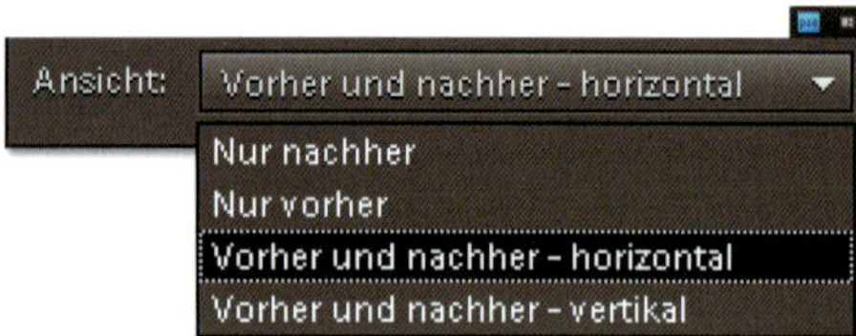

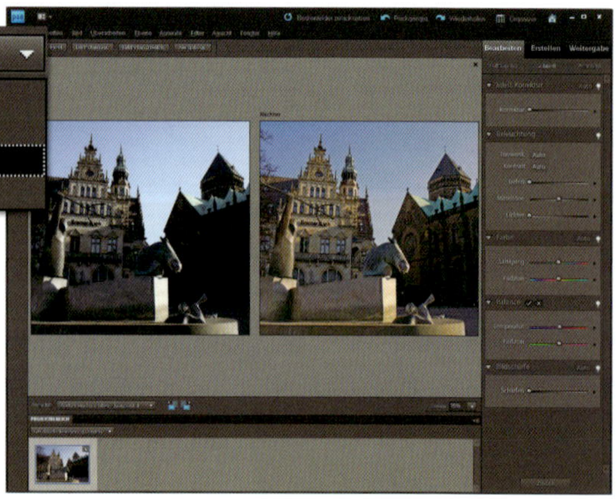

> Vorher – nachher
Leichtes Korrigieren ist per Schieberegler im Schnellbearbeitungsmodul möglich. Stellen Sie die Vorher-Nachher-Ansicht so ein, dass die wichtigsten Teile des Bildes groß angezeigt werden.

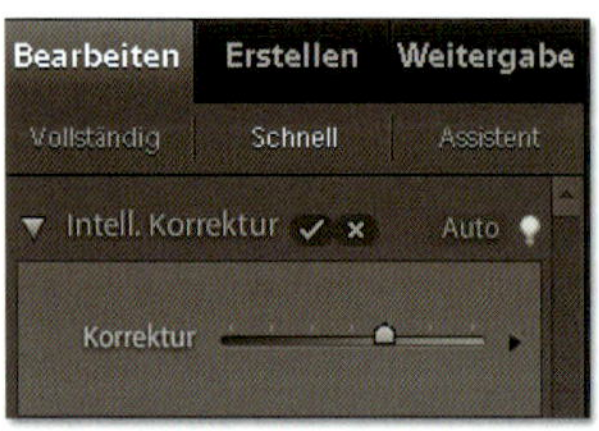

< Automatische Anpassung
Womöglich reicht es schon, wenn Sie die schnelle Automatikkorrektur anwenden. Dazu klicken Sie entweder auf AUTO, oder Sie ziehen den Regler KORREKTUR nach rechts, bis Sie zufrieden sind.

Wenn Sie mit den Beleuchtungseffekten fertig sind, bestätigen Sie die Einstellungen durch Anklicken des Häkchens. Mit X setzen Sie die Einstellungen zurück, um neu zu beginnen.

Für den FARBTON gibt es zwei Regler, einmal im Abschnitt FARBE und ein zweites Mal im Abschnitt BALANCE. Während der erste sich gut für eine Tonung von Bildern eignet, erzeugt der zweite Farbstiche, wie man sie vielleicht von alten Farbfotos oder Dias her kennt. Je nachdem, wie Ihr Foto beschaffen ist und welche spätere Note Sie erzeugen wollen, ist der eine oder andere Regler sinnvoll(er).

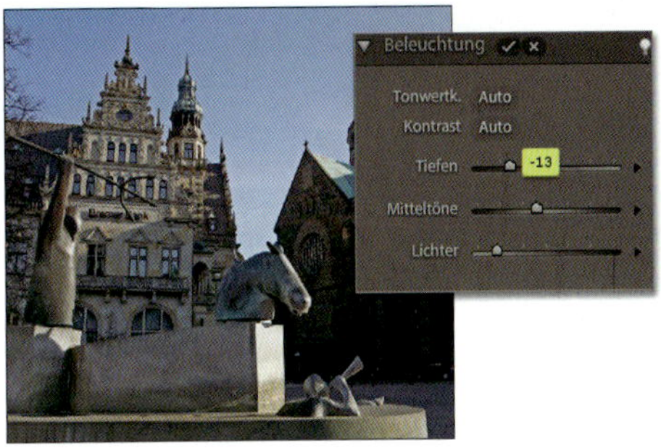

∧ Kontraste anpassen
Der Regler MITTELTÖNE verändert die Kontraste im Bild: Nach rechts wird erhöht, nach links vermindert.

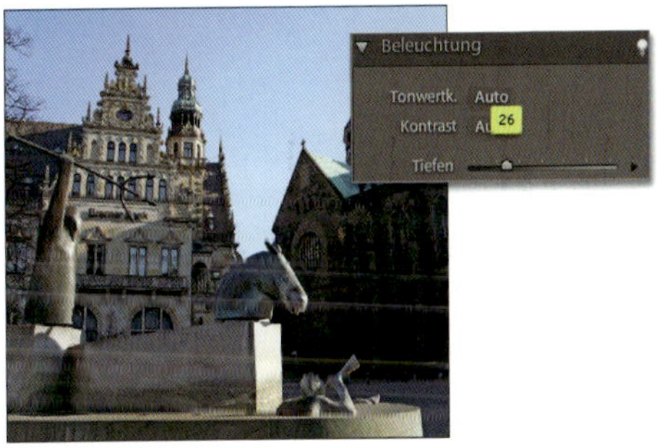

∧ Aufhellen
Der Regler TIEFEN hellt die dunklen Bereiche auf.

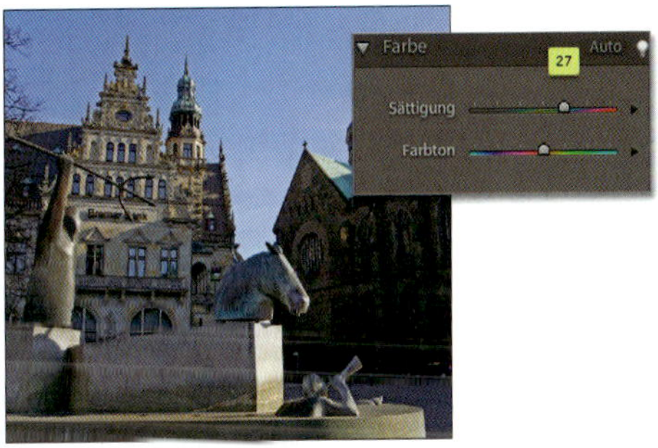

∧ Farben verändern
Der Regler SÄTTIGUNG verstärkt (nach rechts) oder reduziert (nach links) die Farbintensität.

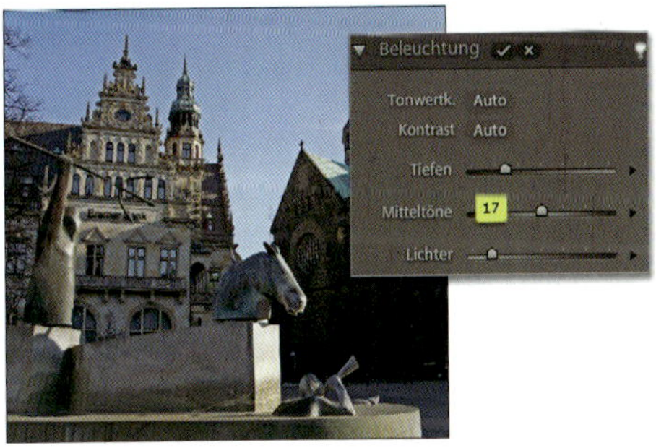

∧ Abdunkeln
Der Regler LICHTER macht die hellen Bereiche dunkler. Achten Sie darauf, dass an den harten Übergängen von dunklen zu hellen Bereichen kein leuchtender »Heiligenschein« entsteht.

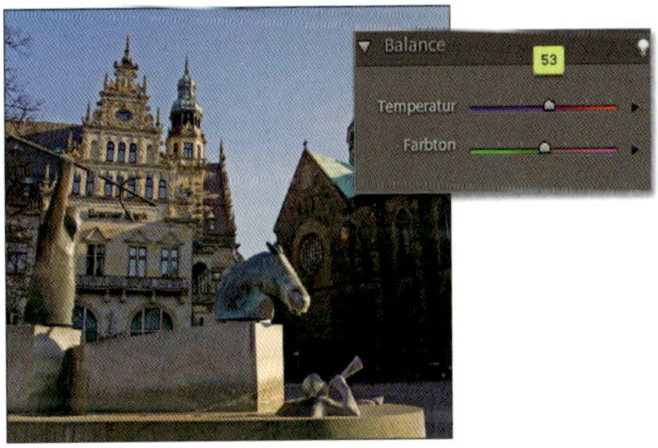

∧ Farbstimmung anpassen
Mit dem Regler TEMPERATUR können Sie eine wärmere (nach rechts) oder kühlere (nach links) Farbnote im Bild erzeugen.

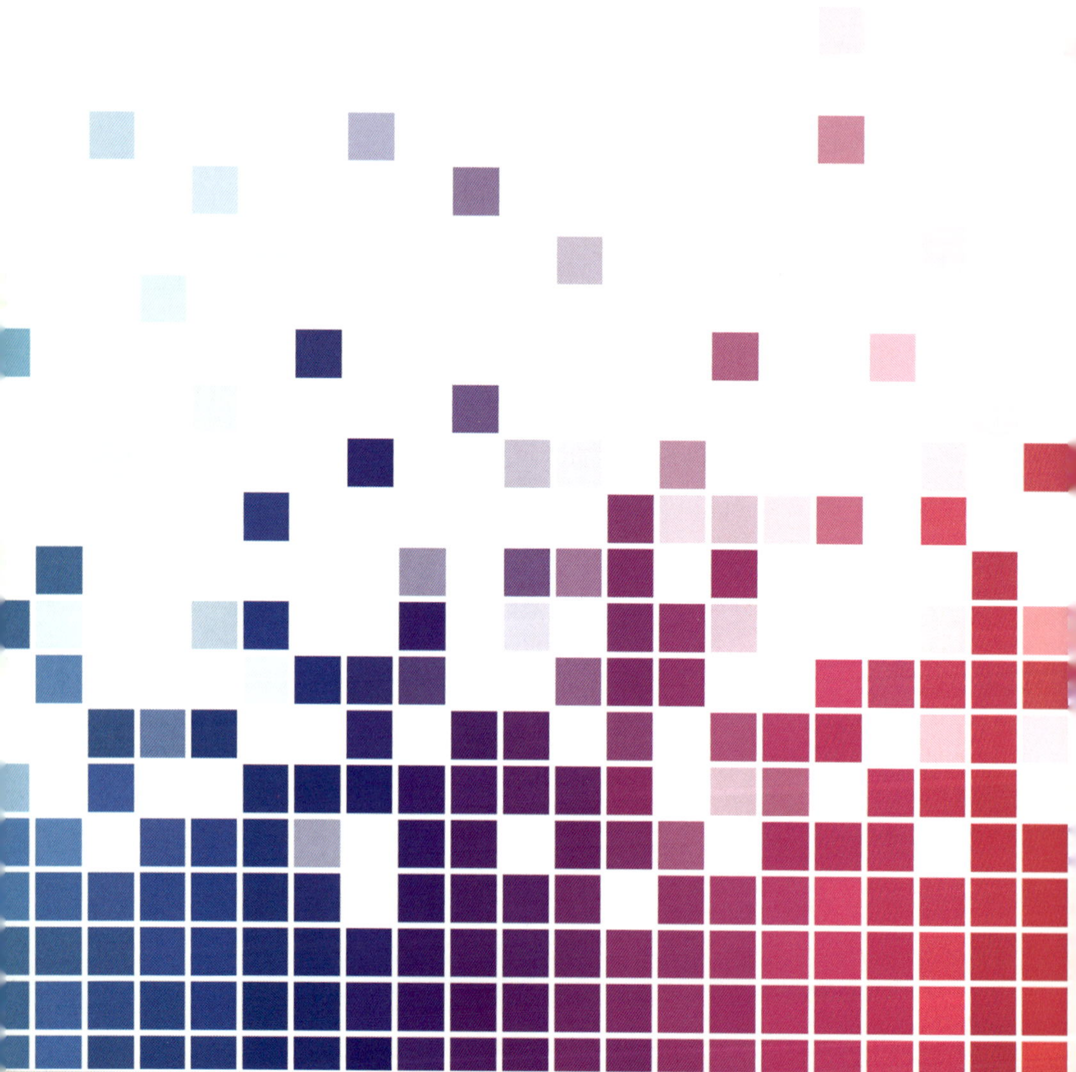

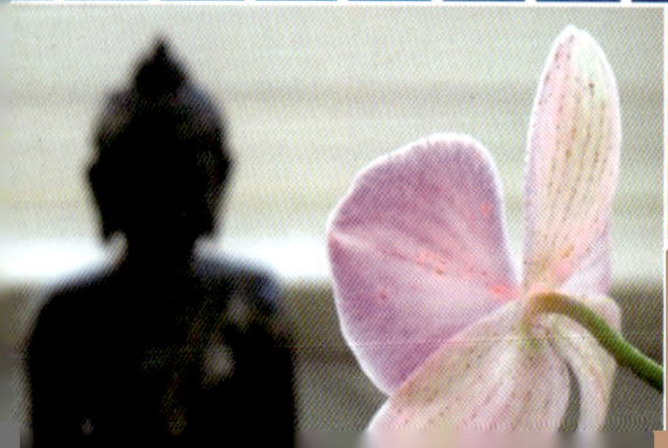

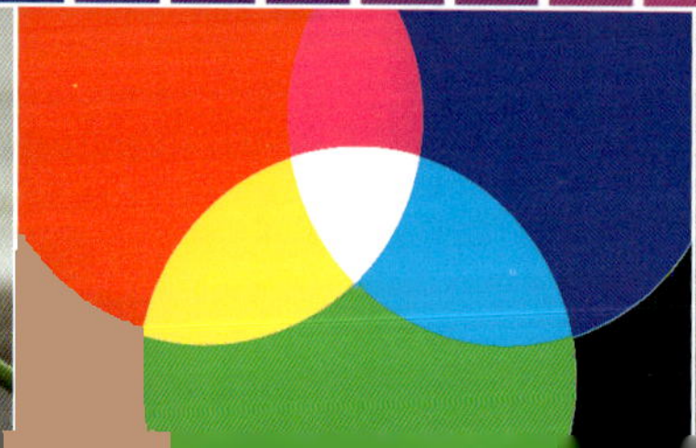

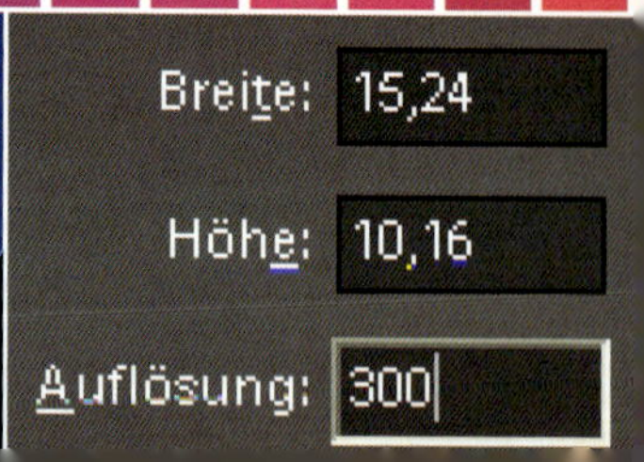
Breite: 15,24
Höhe: 10,16
Auflösung: 300

Kapitel 16

Bilder drucken

- Druckertypen und Druckmedien
- Farbräume: RGB und CMYK
- Einfache Bildschirmkalibrierung
- Druckauflösung beachten
- Fotoabzüge bestellen
- Schnelle erste Hilfe: Lebendige Farben erzielen

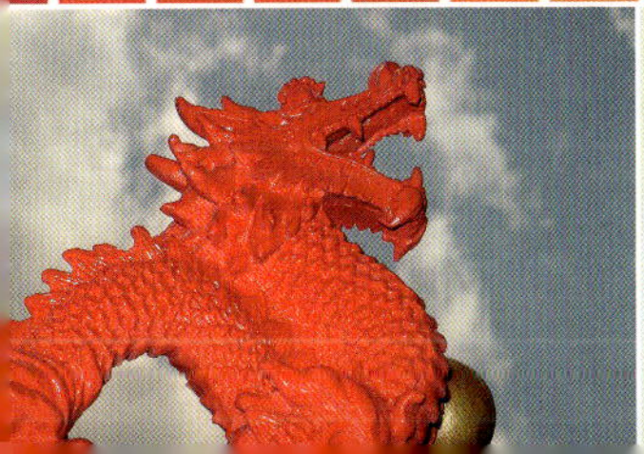

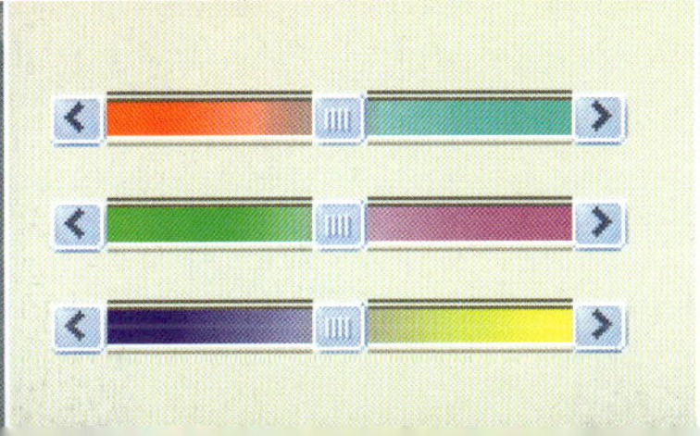

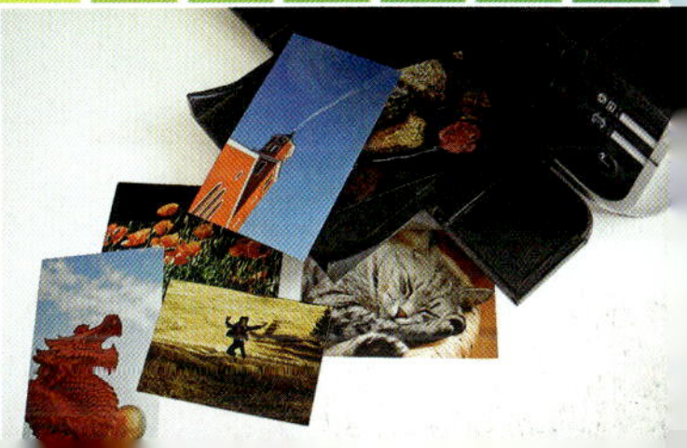

Druckertypen und Druckmedien

Wenn Sie Ihre Fotos schon einmal selbst gedruckt haben, werden Sie sicher bemerkt haben, dass die Bilder auf dem Papier oft nicht so brillant und klar aussehen wie auf dem Bildschirm. Manchmal weichen die Farben schon beim Druck deutlich vom Original ab, oder sie verblassen innerhalb kurzer Zeit. Um farblich korrekte und dauerhaft haltbare Ausdrucke zu erhalten, muss man ein paar Dinge beherzigen.

In den meisten Haushalten gibt es einen Rechner und dazu einen Drucker, der für alle anfallenden Belange verwendet wird. Fotos drucken ist oft nur eine von vielen Aufgaben, besonders beliebt sind daher auch Multifunktionsgeräte, die zusätzlich als Scanner benutzt werden können. Die meisten Geräte sind in der Lage, Fotos zu drucken. Die Farbqualität und Haltbarkeit eines Ausdrucks hängt weniger vom Drucker ab, als davon, welche Materialien zum Einsatz kommen.

Grundsätzlich gibt es drei verschiedene Arten von Druckern: Die gebräuchlichsten sind Farbtintenstrahldrucker, Laserdrucker und Thermodrucker. Die meisten Geräte sind auf Standardseiten im Format DIN A4 ausgelegt, wobei kleinere Fotopapiere manchmal in ein separates Fach eingelegt werden können. Für größere Ausdrucke benötigt man zum Beispiel ein DIN-A3-fähiges Gerät, das entsprechend teurer ist.

Thermodrucker

Bei einem Thermodrucker wird die Farbe in mehreren Durchläufen auf ein Spezialpapier aufgedampft. Es handelt sich dabei um eine Wachsfarbe, die zunächst geschmolzen und anschließend aufs Papier gebracht wird. Die Dicke der Farbschicht ergibt die Intensität der Farbe. Weil jede Farbe einzeln aufgetragen werden muss, dauert der Druckvorgang relativ lang, das Ergebnis kann sich aber sehen lassen. Recht beliebt für den Fotodruck im Kleinformat sind kleine Geräte, die man teilweise auch mit Akkus bestücken und mitnehmen kann.

Besonders lange haltbar sind die Thermodrucke leider nicht, und wenn man im Handbuch nachliest, was man mit den Ausdrucken alles nicht machen darf, dann vergeht einem der Spaß ziemlich schnell. Ein Abzug aus dem Fotohandel ist nicht nur strapazierfähiger und haltbarer, sondern auch preiswerter.

Tintenstrahldrucker

Tintenstrahldrucker sind günstig in der Anschaffung und wahre Multitalente: Ob Text, Grafik oder Bild – sie drucken einfach alles und sind dabei oft auch sehr schnell. Der größte Kostenfaktor ist der Tintenverbrauch. Die Originaltinten sind oft sehr teuer, deshalb gibt es auch billigere Varianten von Fremdherstellern oder sogar Nachfüllpackungen. Wer viel druckt und dabei auf Farbgenauigkeit und Dauerhaftigkeit keinen großen Wert legt, kann mit dem Nachfüllen eine Menge Geld sparen. Am zuverlässigsten funktioniert das Drucken mit Tinten

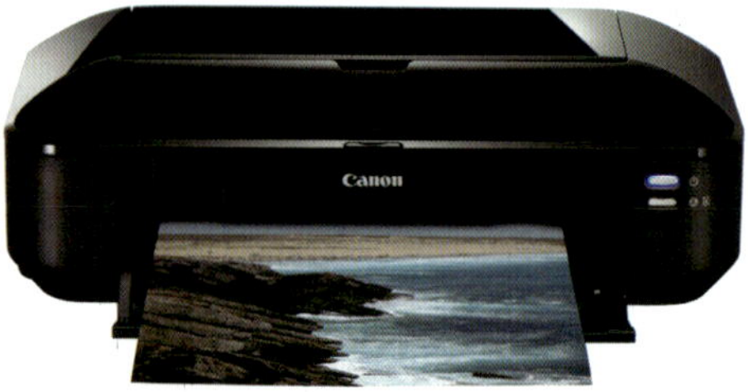

^ Tintenstrahldrucker
Die beste Wahl für das Selbstdrucken (Bild: Canon)

vom Hersteller oder mit Qualitätstinten eines Fremdherstellers. Diese geben auch Auskunft darüber, wie lange ein Ausdruck durchschnittlich halten sollte.

Um Fotos gut drucken zu können, sollte der Drucker vier verschiedene Patronen mit den Farben Cyan (Blau), Magenta (Rot), Y (Yellow/Gelb) und K (*Key*/Schwarz) haben. Damit die feinen Düsen nicht verstopfen oder die Patronen austrocknen, muss jeder Tintenstrahldrucker regelmäßig benutzt werden.

Papier

Neben der Tinte kommt dem verwendeten Papier eine wichtige Bedeutung zu: Das Verbleichen und Verschießen der Farben hat nicht nur etwas mit dem Lichteinfall zu tun, sondern auch mit der Qualität des Papiers. Es gibt normale Standard- und spezielle Fotopapiere mit verschiedenen Stärken (Dicken), die sich darin unterscheiden, wie sie hergestellt worden sind. Beschichtete Papiere nehmen nicht so viel Farbe auf wie unbeschichtete, säurefreie Papiere vergilben nicht, die Drucke sind länger haltbar. Auf einem hochwertigen Fotopapier sehen die Bilder brillanter aus als auf einem einfachen Standardpapier.

Finden Sie die Papiersorte(n) und einen Tintenhersteller, mit deren Preis-Leistungs-Verhältnis Sie gut leben können, und dann bleiben Sie dabei. Alle weiteren Schritte beim Drucken legen Sie auf Basis dieser Kombination(en) fest.

Licht: Feind der Bilder

Die UV-Anteile des Lichts nagen an den Pigmenten. Ein Foto, das Sie an die Wand hängen, wird im Lauf der Zeit durch den Lichteinfall verblassen. Insgesamt hat sich die Qualität von tintenbasierten Ausdrucken im Lauf der Jahre zwar deutlich verbessert, aber nur bei sehr hochwertigen, das heißt UV-beständigen Tinten lässt sich der Zerfallsprozess verlangsamen. Die meisten Drucker arbeiten mit normalen Tinten, und die ganz billigen Materialien sind eher kurzlebig. Erwarten Sie also nicht, dass ein Ausdruck ewig hält. Fotoabzüge aus dem Fotohandel bieten eine recht gute Lichtbeständigkeit.

LASERDRUCKER

Farblaserdrucker sind extrem teuer, sowohl in der Anschaffung als auch im Unterhalt. Selbst wenn Sie Zugang zu einem solchen Gerät haben: Die Farben lassen sich nicht so fein steuern – Lasergeräte sind generell keine Option für Fotos.

Fotos schnell und einfach drucken

An einigen Druckermodellen kann die Kamera direkt mit dem Kabel angeschlossen werden. Der Drucken-Dialog wird dann über ein kleines Display am Drucker gesteuert. Hier können Sie oft auch automatische Bildkorrekturen oder einfache Helligkeitsanpassungen über das Menü durchführen. Im Normalfall lädt man die Fotos aber zunächst auf den PC und druckt sie von dort.

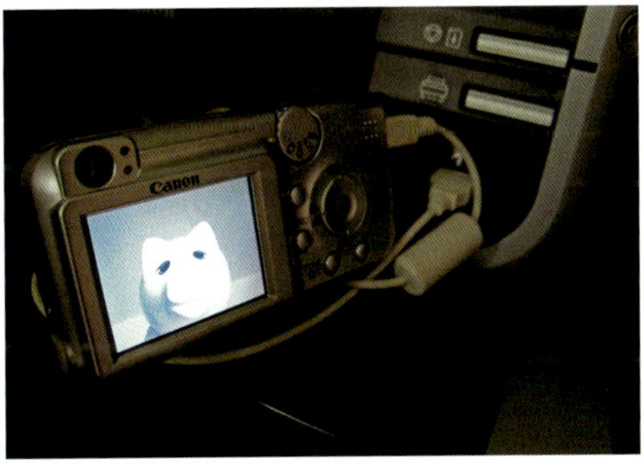

∧ Schnelldruck
Direkt von der Kamera in den Drucker

Farbräume: RGB und CMYK

Kamera und Bildschirm arbeiten mit durchleuchteten Medien. Der technische Farbraum, in dem das Foto vorliegt, ist der RGB-Modus. RGB steht für Rot – Grün – Blau. Die Farben werden addiert: Daher spricht man von einem additiven Farbmodell. Im Gegensatz dazu werden beim Drucken die verschiedenfarbigen Tinten (CMYK) auf ein nicht transparentes Material aufgetragen, man spricht von einem subtraktiven Farbsystem. Beim Druckvorgang werden die Daten vom RGB- in den CMYK-Modus (Cyan, Magenta, Yellow, Key/Schwarz) umgerechnet. Diese Aufgabe übernimmt bei vielen Anwendungen der Druckertreiber unbemerkt im Hintergrund. Dieser Druckertreiber wird automatisch installiert, wenn Sie das Gerät in Betrieb nehmen.

Wer den Prozess der Umwandlung selbst steuern will, kann die Umwandlung im Bildbearbeitungsprogramm auch selbst vornehmen. Hierzu ist aber ein solides Farbmanagement erforderlich, also die genaue Abstimmung (Kalibrierung) aller Geräte. Zusätzlich muss man Fotos für den Druckprozess aufbereiten, also zum Beispiel die Farben, Kontraste und die Helligkeit so anpassen, dass die Druckwiedergabe dem Bildschirmeindruck entspricht. Neben der technischen Kalibrierung mit entsprechenden Geräten und der jeweiligen Software kommt meist noch eine Phase, in der man die Einstellungen mit Testdrucken auf das jeweils verwendete Papier feinjustiert. Das TIFF-Format ist für den professionellen Druck sinnvoller als das JPEG, das allerdings für den Hausgebrauch durchaus ausreichend ist.

Beim RGB-Modus gibt es noch eine weitere Unterscheidung zwischen dem größeren Adobe RGB und dem kleineren sRGB(Standard-RGB)-Farbraum. Viele Kameras bieten die Option, den Adobe-RGB-Modus zu verwenden. Aber Vorsicht: Der Standard-Online-Fotohändler verarbeitet nur JPEGs im sRGB-Modus: Es wird einfach der kleinere Farbraum verwendet, und eventuell werden gewisse Farb- und Helligkeitsnuancen nicht wiedergegeben. Auch kleine Fotodrucker erkennen Fotos im Adobe-RGB-Format nicht immer. Mit dem sRGB sind Sie auf der sicheren Seite, wenn Sie nicht viel Zeit investieren wollen, um sich spezielles Know-how anzueignen. Wenn Sie höhere oder sehr hohe Ansprüche an Ihre Ausdrucke stellen, sollten Sie sich mit dem Thema Farbmanagement jedoch intensiver befassen.

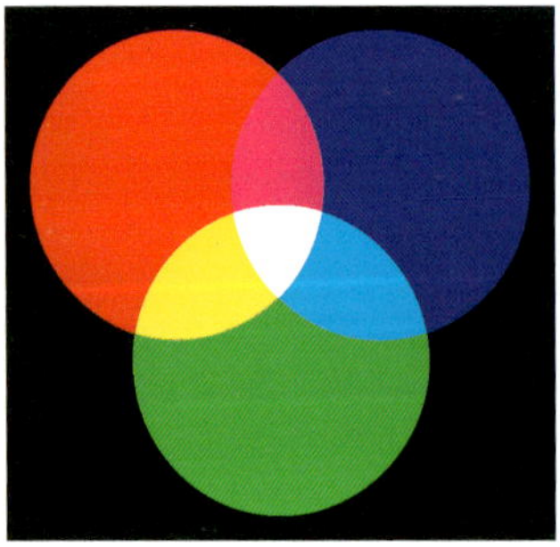

< RGB
Mit dem additiven RGB-Farbmodell werden die Bilder auf Displays und durchleuchteten Medien dargestellt.

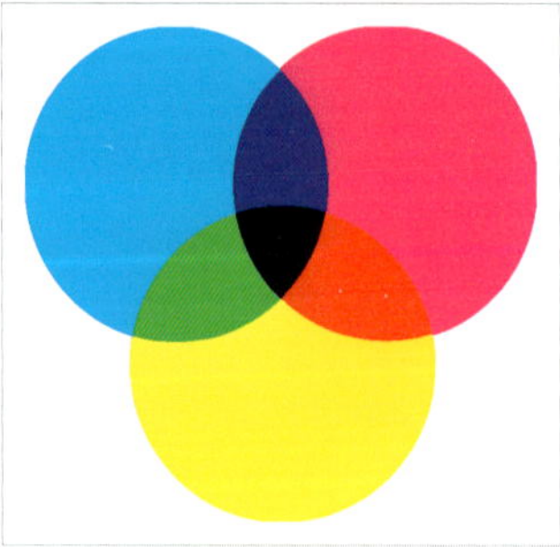

< CMYK
Das subtraktive CMYK-Farbmodell wird beim Drucken verwendet.

Einfache Bildschirmkalibrierung

Ein Foto kann auf verschiedenen Ausgabegeräten recht unterschiedlich wiedergegeben werden. Zwar arbeiten alle mit dem sRGB-Modus, aber jedes Gerät interpretiert die Daten ein bisschen anders. Ein weiterer Faktor ist die Helligkeit der Umgebung: Ein Foto auf einem Bildschirm in einem hellen, sonnigen Raum sieht vielleicht flach und flau aus, die Leuchtkraft nimmt nachts in einem unbeleuchteten Zimmer jedoch deutlich zu.

Bildschirm einstellen

Damit die Fotos auf der Kamera und dem Bildschirm annähernd gleich ausgegeben werden, sollte zumindest eine einfache Bildschirmanpassung (Kalibrierung) erfolgen. Die preiswerteste Möglichkeit ist die visuelle Einstellung, aber das Auge eignet sich nicht unbedingt als exaktes »Farbmessgerät«. Es korrigiert automatisch nach und erkennt die hellste Stelle als »exakt weiß«, auch wenn sie leicht grau ist oder einen minimalen Farbstich aufweist. Im Internet gibt es eine Reihe von Testbildern, die man sich zur Kontrolle der Einstellungen herunterladen kann. Diese Bilder bestehen aus einer Reihe von Graustufen, die von Schwarz bis Weiß verschiedene Töne enthalten. Sind am Bildschirm alle Abstufungen zu erkennen, ist zumindest die Helligkeit exakt eingestellt. Wenn nicht, kann man am Bildschirm die Tasten für Helligkeit und Kontrast entsprechend betätigen, bis alle Abstufungen erkennbar sind. Die visuelle Farbkalibrierung funktioniert ebenfalls nach diesem Muster. Auch hier kann man am Bildschirm das Verhältnis der Farben zueinander »hardwareseitig« verändern. Eine Garantie, dass die Farben nachher auch beim Drucken stimmen, ist allerdings auch das nicht.

FEHLERSUCHE

Wenn Sie immer wieder sehr starke Abweichungen zwischen den Bildern auf dem Kameradisplay, dem Bildschirm und dem späteren Ausdruck feststellen, versuchen Sie die Fehlerquelle zu orten. Stimmen die Farben von Kameradisplay und Druck gut überein, dann ist der Bildschirm falsch eingestellt. Klappt es mit Bildschirm und Drucker gut, aber die Bilder sehen an der Kamera ganz anders aus, dann überprüfen Sie die Einstellungen des Kameradisplays. Eine hundertprozentig exakte Wiedergabe auf allen Geräten ist selten zu erreichen. Beim Druck müssen Sie leichte Abstriche in Kauf nehmen und gegebenenfalls Ihre Bilder zum Drucken etwas heller machen sowie die Sättigung und Schärfe erhöhen.

Bildschirm messen und anpassen

Am sichersten und genauesten ist die Verwendung eines sogenannten Kolorimeters. Es wird an den Computer angeschlossen und installiert. Das dazugehörige Programm führt in einem einfachen Dialog durch den Kalibrierungsvorgang, in dessen Verlauf die Grundfarben (Rot, Grün, Blau) sowie Weiß und Schwarz am Bildschirm angezeigt werden. Das Gerät misst die jeweilige Farbe und stellt das Farbprofil korrekt ein. Hier handelt es sich um eine softwaregesteuerte Kalibrierung, die das Standardprofil für den Monitor über das Betriebssystem definiert.

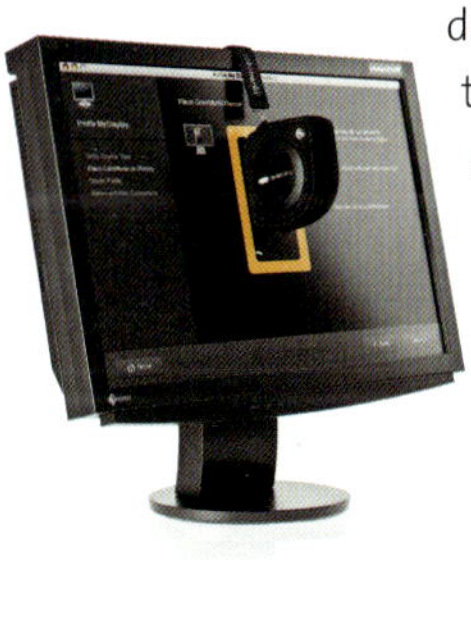

< Kolorimeter
Das Gerät misst die Farbwerte und erstellt ein Farbprofil (Bild: X-rite).

Druckauflösung beachten

Wenn man zu Hause druckt, ist eine Ausgabegröße von bis zu 20 × 28 cm (ca. DIN A4) die Regel, für die meisten Bilder ist das kein Problem. Sobald man aber größere Poster oder Fotobücher drucken lässt, kommt die Auflösung der Bilder ins Spiel.

dpi und ppi

Bei der Bildauflösung gibt es zwei wichtige Begriffe: dpi und ppi. dpi steht für *dots per inch,* also (Bild-)Punkte pro Zoll (2,54 cm). Diese Abkürzung bezieht sich auf den Druck, also auf die Menge an Punkten, die ein Drucker pro Zoll drucken kann. Je mehr Punkte pro Streckeneinheit, desto feiner (hochauflösender) ist das Bild, desto mehr feine Details können wiedergegeben werden. ppi steht für *pixels per inch,* also dafür, wie viele Pixel pro Zoll auf der Sensorfläche untergebracht sind. Kameras liefern häufig Dateien mit 72 bis 180 ppi. Für den Druck benötigt man 300 ppi/dpi. Die in 72 ppi vorliegenden Kameradaten werden beim Drucken oftmals automatisch auf die benötigte dpi-Größe umgerechnet. Reicht die Gesamtzahl der Pixel für den Druck nicht aus, entsteht Unschärfe, manchmal sieht man auch kantige, treppenförmige Stellen im Bild: Das sind Bildpixel, die beim Rechenvorgang künstlich vergrößert wurden, um die erforderliche Auflösung doch noch zu erreichen. Bei Poster- und Fotobuchbestellungen erhalten Sie einen ernst zu nehmenden Warnhinweis, dass die Qualität des Bildes nicht ausreichen wird.

Die beste Vorsorgemaßnahme gegen dieses Phänomen besteht darin, die Fotos mit der an der Kamera verfügbaren maximalen Auflösung (L) zu machen. Wer Riesenposter mit 80 oder 100 cm Kantenlänge machen möchte, braucht eine Kamera, die sehr hohe Auflösungen liefert. Wer sich einen DIN-A3-Drucker anschafft, sollte bei der Kamera die 10-Megapixel-Grenze nicht unterschreiten.

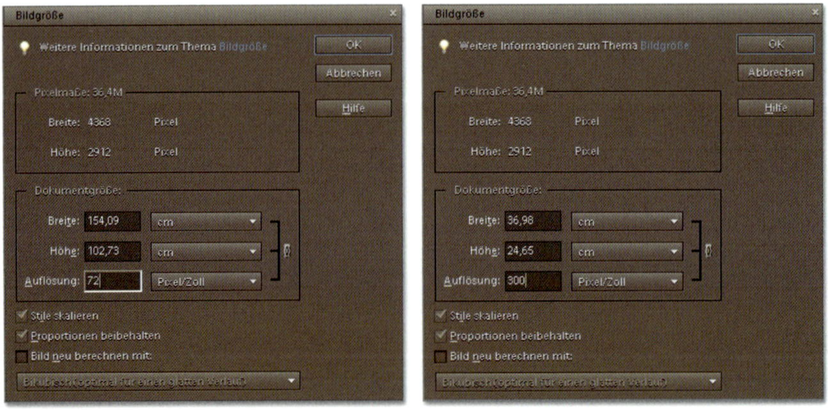

^ Hohe Auflösung

Ein Bild mit dieser hohen Pixelzahl kann im Format 24 × 36 cm mit 300 dpi gedruckt werden.

Maximale Bildgröße ermitteln

Mit Photoshop Elements können Sie ausrechnen, ob sich ein Foto für einen großformatigen Ausdruck eignet. Dazu öffnen Sie das Bild im EDITOR und wählen den Befehl BILD • SKALIEREN • BILDGRÖSSE. Deaktivieren Sie das Häkchen bei BILD NEU BERECHNEN, und geben Sie anstelle der vorgegebenen Auflösung (72 oder 180) in das Feld AUFLÖSUNG den Wert 300 ein. Die Werte bei Höhe und Breite ändern sich daraufhin: Sie sehen jetzt die Abmessungen in Zentimetern. Falls die Zentimeterangabe nicht automatisch eingeblendet wird, wählen Sie sie rechts aus dem Dropdown-Menü (kleines weißes Dreieck). Im Beispiel sehen Sie, dass das Originalbild bei einer Auflösung von 72 dpi 4.368 × 2.912 Pixel groß ist und eine Ausgabegröße von stattlichen 102 × 154 cm hat. Solange der Drucker nur 72 dpi druckt, kann also ein Riesenposter gemacht werden. Für eine gute Qualität sind jedoch 150 bis 300 dpi nötig. Nach der Umrechnung auf 300 dpi bleiben als Ausgabegröße 24 × 36 cm übrig, das ist etwas größer als DIN A4, also alles andere als ein Riesenformat.

Benutzt man als Ausgangsmaterial ein Bild, das nur 1.800 x 1.200 Pixel bei 72 dpi hat, sieht es noch kritischer aus: Die Ausgabegröße bei 300 dpi beträgt jetzt nur noch 10 × 15 cm, also Postkartenformat.

Die Anforderung von 300 dpi betrifft vor allem hochwertige Druckprodukte, also Fotobücher o.Ä. Einige Posteranbieter können mit den Originaldaten auch bei 150 bis 200 dpi große und ansehnliche Poster drucken. Sobald jedoch der Warnhinweis auftaucht, dass die Qualität nicht reicht, nehmen Sie lieber ein kleineres Format.

DRUCKFORMAT UND AUFLÖSUNG

S an der Kamera bedeutet in der Regel 640 × 480 Pixel bei 72 dpi, das reicht nur für ein Druckformat in der Größe von 9 × 13 cm. Aktuelle Kameras liefern in der Einstellung L Auflösungen von 7 Megapixel und mehr. Für einen qualitativ hochwertigen Ausdruck auf DIN A4 Papier ist das ausreichend.

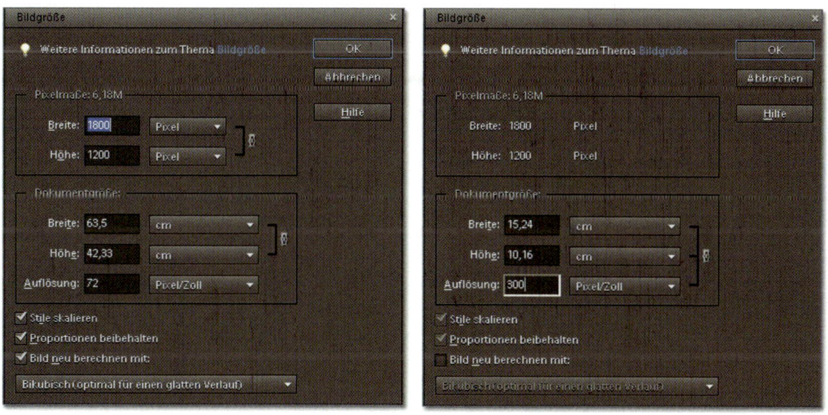

∧ Niedrige Auflösung
Nach der Umrechnung (rechts) wird deutlich, dass hier nur ein Postkartenformat in bester Qualität gedruckt werden kann.

Fotoabzüge bestellen

Wenn Sie Ihre Fotos bei einem Fotodienstleister im Internet bestellen oder im Drogeriemarkt drucken lassen, ist der Bestellablauf im Prinzip überall gleich, nur die Bearbeitungsoptionen und der Bedienkomfort beim Bestellvorgang sind von Anbieter zu Anbieter unterschiedlich.

Fotos hochladen

Zunächst werden die Fotos vom Computer auf den Server des Dienstleisters geladen. In Ihrem Kundenkonto können Sie oft eigene Ordner zu verschiedenen Themen oder Bestellungen anlegen, die auch längere Zeit gespeichert bleiben können. Der Vorteil solcher Online-Alben besteht darin, dass Sie schöne Fotomotive jederzeit nachbestellen und sogar einen beschränkten Zugriff für Freunde und Bekannte einrichten können: Ihr ganz privates Fotoalbum im Internet. Bei Familienfeiern wollen die Beteiligten vielleicht ein paar Abzüge: Dann schicken Sie den Link zu Ihrem Album an alle Interessierten, und jeder kann sich die Fotos selbst aussuchen und auf eigene Rechnung bestellen – weniger Arbeit für Sie. Der Dienstleister hat natürlich auch etwas davon: neue Kunden. Diese Option müssen Sie nicht nutzen, und Sie können Ihre Fotos nach abgeschlossener Bestellung auch wieder löschen. Für Menschen, die ohnehin Fotos in Facebook oder Flickr präsentieren, gibt es die Möglichkeit, eine Verbindung zu den Alben herzustellen und die Fotos zum Dienstleister hinüberzukopieren.

Optionen beim Upload

Ein wichtiger Schritt beim Hochladen sind die Optionen: Sie können meist wählen, ob Sie einen schnellen oder einen langsamen Upload (Hochladen) wünschen. Für Poster und Fotobücher brauchen Sie in erster Linie eine hohe Qualität. Darüber hinaus können Sie ankreuzen, ob Sie eine automatische Fotooptimierung wünschen oder nicht. Für Fotos, die überhaupt noch nicht bearbeitet wurden, kann diese Optimierung oft sinnvoll sein. Falls Sie aber vorher bereits selbst Hand angelegt haben, könnte diese zweite Bearbeitung zu unschönen Ergebnissen führen. Vor allem, wenn Sie Ihre Bilder schon stark geschärft haben, entstehen durch eine weitere Schärfung oft helle Linien an den Kontrastkanten (Überschärfung), manchmal sieht der Abzug dann unschärfer aus als am Bildschirm. Deaktivieren Sie also gegebenenfalls diese Option.

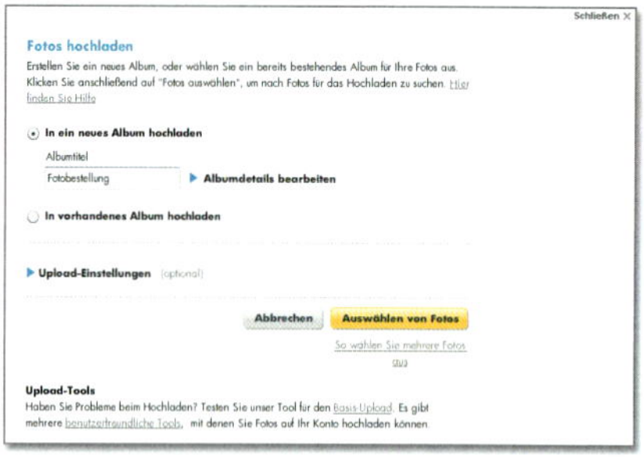

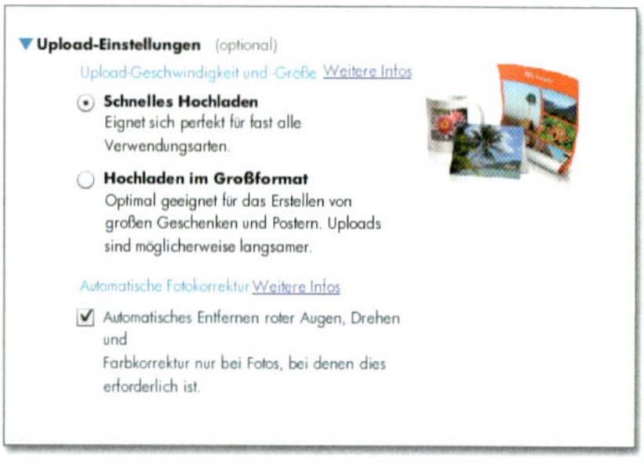

∧ Bilder hochladen
Bei den Upload-Einstellungen können Sie angeben, ob Sie eine Bearbeitung wünschen und ob die Fotos in maximaler Qualität – also langsamer – übertragen werden sollen.

Bei manchen Anbietern müssen Sie Ihr Kundenkonto mit Ihrer E-Mail-Adresse gleich zu Beginn anlegen und dann auf die entsprechende Bestätigungs-E-Mail warten, bei anderen gehen Sie gleich in den Bestellprozess und geben alle Daten (Anschrift, Zahlungsmethode) erst am Ende des Bestellvorgangs ein. Die Lieferung dauert in der Regel nur wenige Tage.

Lieferung

Meine Erfahrungen mit verschiedenen Online-Bilderdiensten sind sehr gut, die Bilder werden im Handumdrehen per Post ins Haus geliefert. Der einzige Pferdefuß kann darin bestehen, dass die Versandkosten nicht ganz sauber kommuniziert werden: Wenn Sie in einem Bestellvorgang unterschiedliche Produkte bestellen, wird nicht immer alles in einem Paket geliefert. Fototassen, Poster und kleine Abzüge kommen womöglich am gleichen Tag in drei verschiedenen Verpackungen – und jede kostet dann eigene Gebühren, was die Sache unnötig verteuert. Wenn Sie Fotoprodukte bestellen, lohnt es sich beim Blick auf die Versandkosten immer, eine größere Sammelbestellung zusammenkommen zu lassen – oder Sie gehen in einen Fotoladen oder Drogeriemarkt, bei dem keine Versandkosten anfallen.

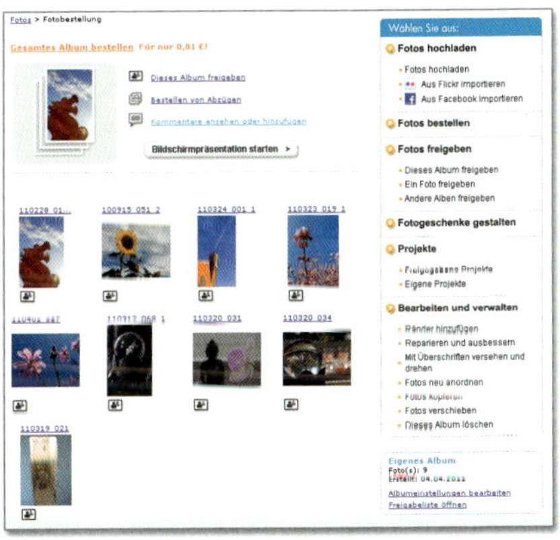

^ Nach dem Upload
In der Übersicht können Sie einzelne Fotos zur Bearbeitung ansteuern oder weitere hinzufügen. Sie können auch ein Album anlegen, auf das Freunde und Bekannte zugreifen können: Ideal, wenn Sie nach einer Feier nicht für alle Leute Abzüge bestellen wollen. Das kann jeder für sich selbst machen!

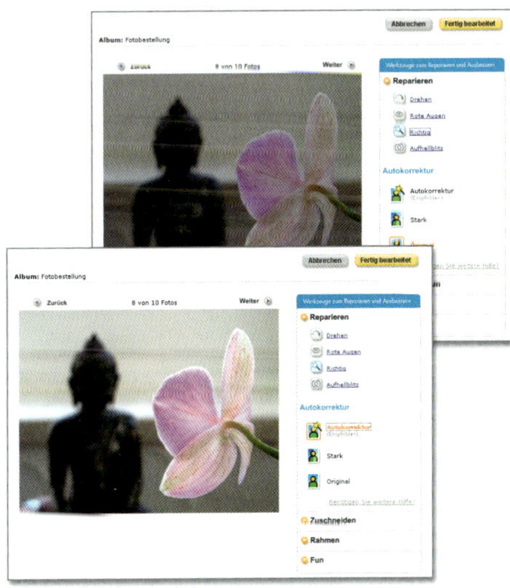

^ Bildanpassungen
Probieren Sie aus, ob die Autokorrektur gute Ergebnisse liefert. Ansonsten korrigieren Sie lieber manuell.

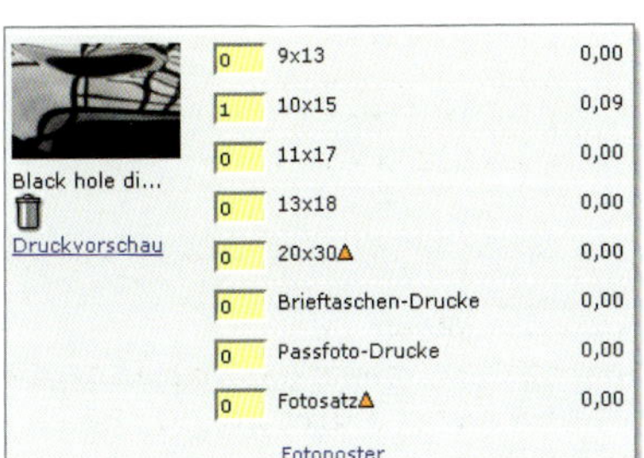

< Bestellung prüfen
Im Bestellfenster können Sie Mengen und Größen anpassen und mit einem Mausklick aktualisieren. Der Warnhinweis (orangefarbenes oder rotes Dreieck) signalisiert: Die Auflösung des Bildes reicht nicht für dieses Format.

Schnelle erste Hilfe: **Lebendige Farben erzielen**

Über die Druckereinstellungen können Sie Ihre Ausdrucke verbessern, ohne dass Sie die Fotos zuvor bearbeiten müssen. Wählen Sie den Befehl DATEI • DRUCKEN. Zunächst sehen Sie das Drucken-Menü von Photoshop Elements, in dem Sie bereits erste Einstellungen machen können, zum Beispiel bezüglich des Seitenformats, der Ausrichtung und des Papiertyps. In der Vorschau sehen Sie, wie das Foto auf der Seite ausgerichtet wird.

Optionen für den Druck festlegen

Es nutzt nichts, als Option HOCHAUFLÖSENDES PAPIER zu wählen, wenn Sie nur NORMALPAPIER einlegen. Die Papiereinstellung legt Menge und Intensität fest, mit der die Tinte aufs Papier aufgetragen wird, das heißt, ein normales Papier saugt unter Umständen mehr Tinte auf als ein hochauflösendes Papier: Der Ausdruck mit einer falschen Papiersorte wird fett, matschig und unscharf oder zu dünn. Ein beschichtetes Hochglanzpapier benötigt weniger Tinte als ein normales Papier usw.

Sobald Sie auf ERWEITERTE EINSTELLUNGEN klicken, öffnet sich ein Menü, das von den Möglichkeiten Ihres eigenen Druckers abhängig ist.

Drucken aus dem Organizer

Nicht alle Drucker verfügen über ein umfangreiches Optimierungsangebot. Sie können den Drucken-Befehl auch über das ORGANIZER-Modul von Photoshop Elements (PSE) steuern, dann erhalten Sie zusätzliche Gestaltungsmög-

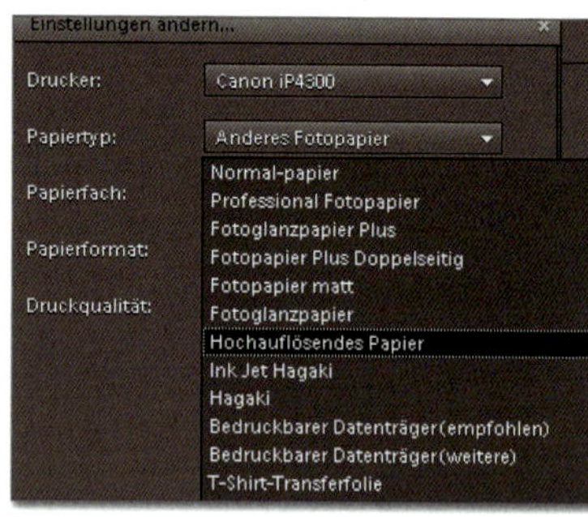

^ Papiertyp
Hier wird die passende Option für das eingelegte Papier gewählt.

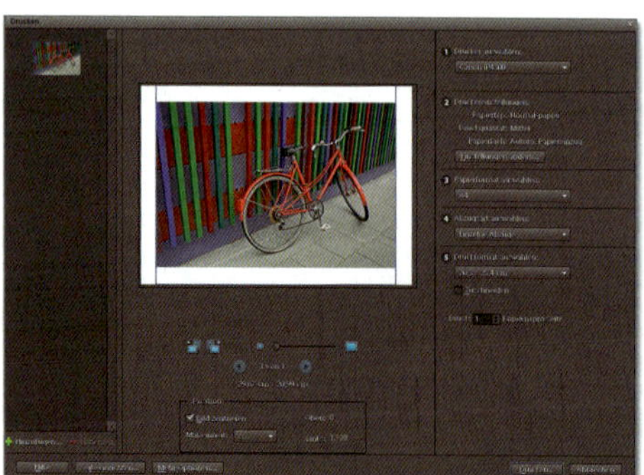

^ Drucken-Dialog
Im Menü sehen Sie eine Vorschau, wie das Bild auf der Seite aussehen wird.

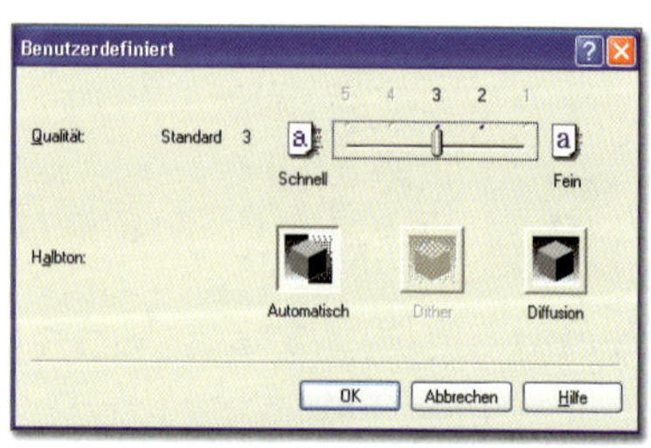

^ Benutzerdefinierte Druckqualität
In diesem Menüpunkt kann man die Qualität verändern.

lichkeiten. Sie können dann zum Beispiel mehrere Bilder auf eine Seite drucken (BILDPAKET) oder verschiedene Rahmeneffekte hinzufügen. Sowohl Helligkeit als auch Farbigkeit werden jedoch immer über die Druckersoftware gesteuert. Falls Sie dort gar keine Eingriffsmöglichkeiten vorfinden, bearbeiten Sie eine Kopie Ihres Bildes mit den Bildbearbeitungsfunktionen (Schnellkorrektur) von PSE, um ein helleres und intensiveres Ergebnis zu erzielen. Für den Druck muss bzw. kann ein Foto oft stärker geschärft werden als für die Verwendung am Bildschirm. Speichern Sie solche Druckdateien stets in einem separaten Ordner bzw. unter einem anderen Namen, um sie von den Originalen unterscheiden zu können.

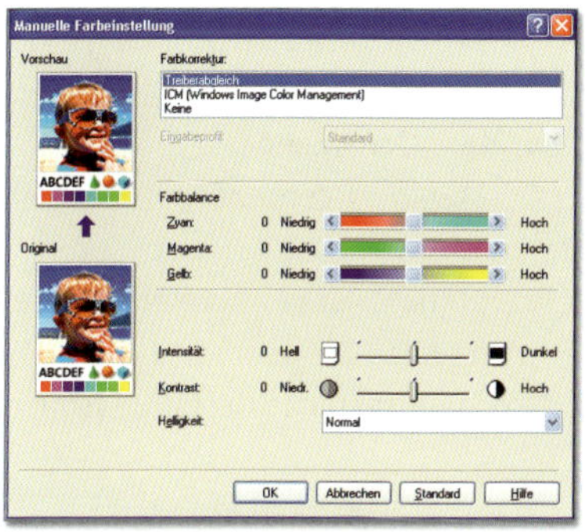

^ Manuelle Farbeinstellung
Hier lassen sich Farbbalance und Helligkeit variieren.

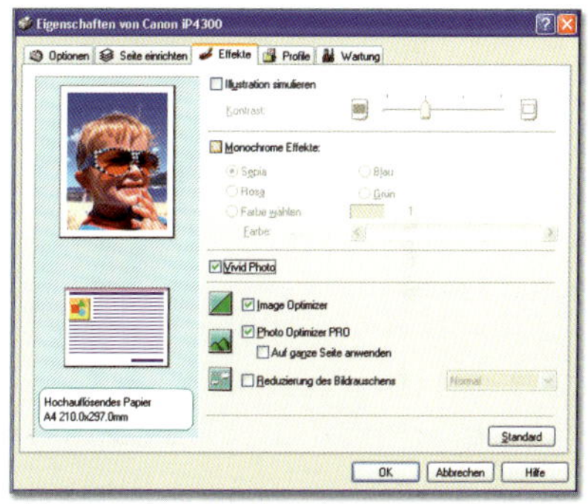

^ Zusätzliche Effekte
Prüfen Sie, ob Ihr Drucker Bildoptimierungen für Farbe, Schärfe und Farbeffekte anbietet.

DAS WICHTIGSTE IN KÜRZE

- Selbst drucken geht schnell, ist aber nicht immer die preisgünstigste Lösung.
- Gutes Fotopapier und hochwertige Tinten sind etwas teurer, liefern aber deutlich brillantere Ausdrucke.
- Wählen Sie die passende Papieroption zu dem jeweils eingelegten Material.
- Durch Nachbearbeitung oder spezielle Einstellung im Drucken-Menü können Sie die Farben beim Ausdruck intensivieren.
- Für lichtbeständige Drucke benötigen Sie (teure) Spezialtinte, säurefreies Papier erhöht die Haltbarkeit.
- Ausgedruckte Bilder sind nicht so haltbar und robust wie Abzüge vom Fotodienstleister.
- Für eine hohe Farbtreue ist es sinnvoll, den Bildschirm zu kalibrieren.
- Ein Kolorimeter, das die Farben über das Betriebssystem steuert, ist genauer und zuverlässiger als eine Justierung nach Augenmaß am Bildschirm.
- Der sRGB-Modus wird von allen Geräten und Anbietern unterstützt, der Adobe-RGB-Farbraum ist größer und bietet mehr Raum für feine Nuancen.
- Gedruckt wird im CMYK-Modus: Die Umrechnung übernimmt der Druckertreiber.
- Für große Poster benötigen Sie hochauflösende Bilder: Stellen Sie an der Kamera die maximale Qualität L ein.

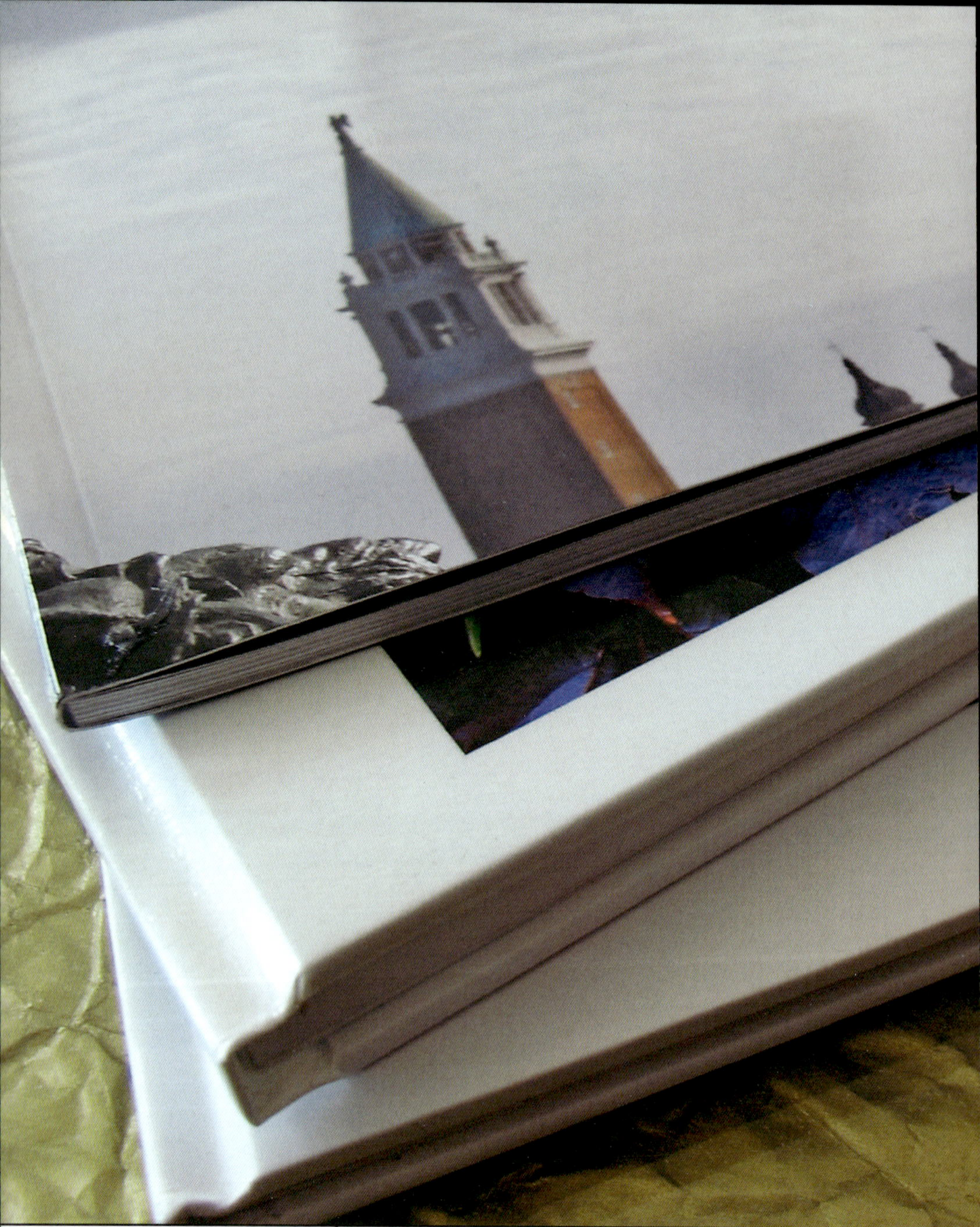

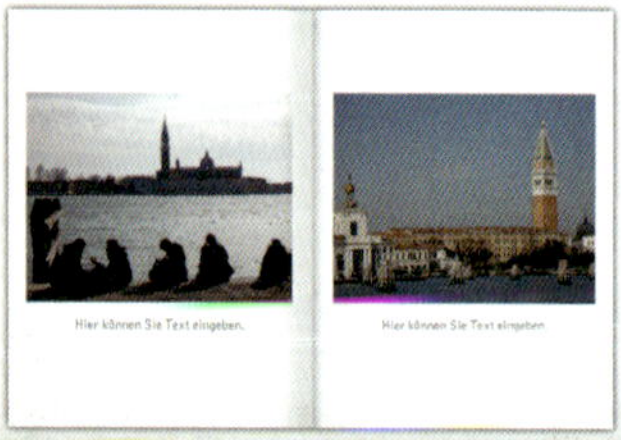
Hier können Sie Text eingeben.
Hier können Sie Text eingeben.

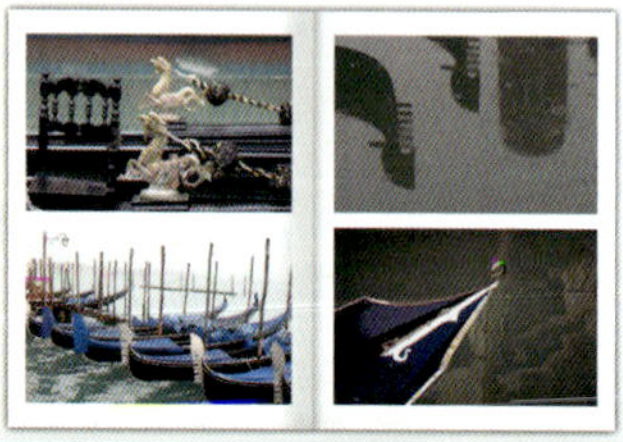

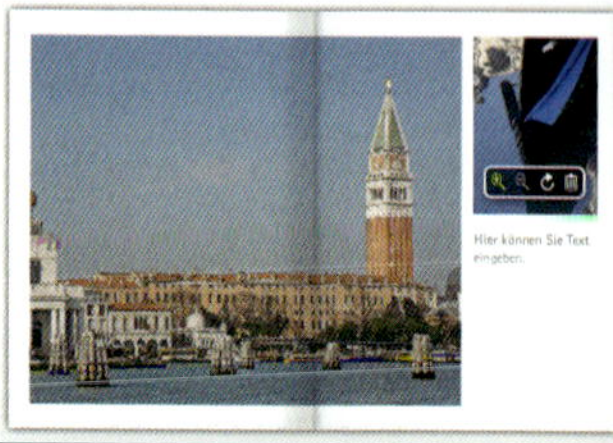
Hier können Sie Text eingeben.

Kapitel 17

Ein Fotobuch herausbringen

- Formate und Qualitäten
- Ein gutes Layout
- In Ruhe gestalten
- Schnelle erste Hilfe: Die Dramaturgie

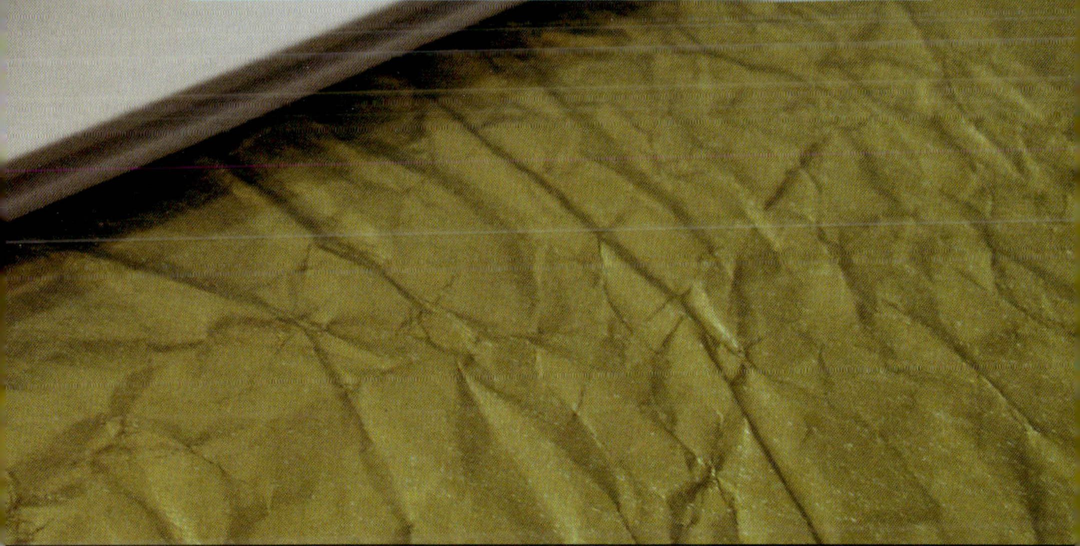

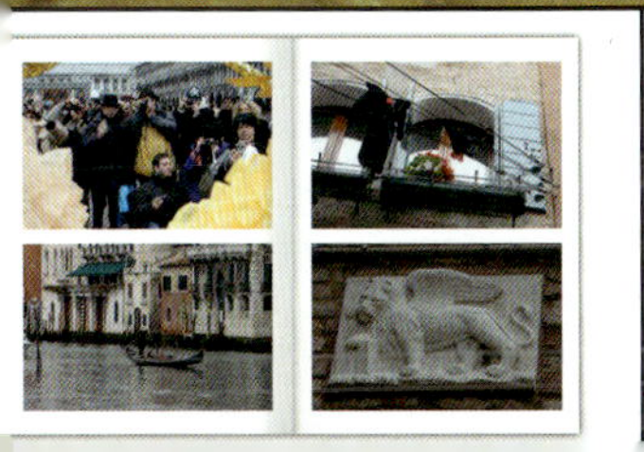

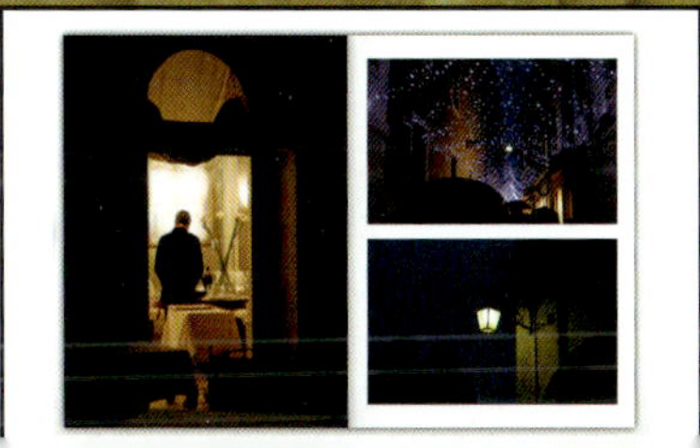

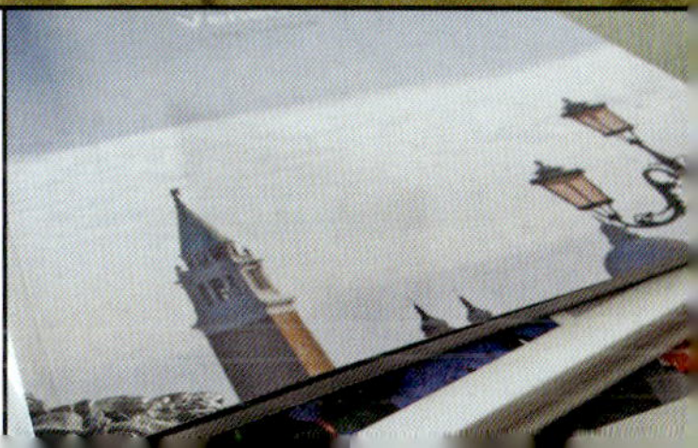

Formate und Qualitäten

Die Auswahl an Fotobüchern ist riesig. Bevor Sie sich für einen Hersteller und ein Produkt entscheiden, lohnt es sich, zunächst ein paar grundsätzliche Überlegungen anzustellen. Ein Softcover-Buch oder eine Spiralbindung im Format bis zu DIN A4 ist für den Einstieg eine gute Wahl, denn diese Produkte sind preisgünstig, und Sie können damit erste Erfahrungen sammeln. Gebundene Bücher (Hardcover) sind grundsätzlich teurer, große Formate ebenfalls. Hier müssen Ihre Fotos in einer hohen Auflösung vorliegen, damit sie auch im Großformat gedruckt werden können.

Die Grundpreise für Bücher von bis zu 24 Seiten sind bei den meisten Anbietern ähnlich, hinzu kommen noch Versandkosten und Aufschläge für zusätzliche Seiten. Mit 24 Seiten kommt man nur selten aus, deshalb lohnt sich der Preisvergleich. Die maximale Anzahl an Seiten ist produktionstechnisch bedingt und hängt auch vom gewählten Papier bzw. der Bindung ab; 60 bis 120 Seiten sind hier möglich.

EINBAND UND PAPIERSORTE

Entscheidungen, die Sie bei den hochwertigen Büchern treffen müssen bzw. können, sind Fragen nach Einband und Papier. Die meisten Anbieter drucken im Digitaldruck auf Hochglanzpapier, andere haben auch echtes Fotopapier im Programm. Das macht Ihr Buch dicker und schwerer, die Fotos kommen aber brillanter und professioneller daher – für ambitionierte Fotografen, die ihre besten Bilder (Portfolio) als Buch drucken lassen, daher die beste Wahl. Für die meisten Zwecke genügt jedoch der einfache Digitaldruck. Auch hier haben Sie die Möglichkeit, sich für einen hochwertigen Leder- oder Leineneinband zu entscheiden.

Ein Format wählen

Wenn Sie sich für ein Hardcover-Buch entschieden haben, stehen Ihnen meist Hoch- und Querformat, manchmal auch quadratische Bücher zur Auswahl zur Verfügung. Das ist nicht nur eine Frage des Geschmacks. Ein DIN-A4-Querformat passt vielleicht gar nicht in Ihr Bücherregal und muss hochkant gelagert werden – dann sieht man den seitlich aufgedruckten Titel nicht mehr.

Auch die vorgegebenen Layouts für die querformatigen oder quadratischen Seiten können sich stark von denen unterscheiden, die Sie bei Hochformatbüchern bekommen. Je nach Software, die herstellerabhängig ist, lässt sich im Nachhinein noch einiges ändern, über Format und Qualität müssen Sie aber stets ganz zu Beginn entscheiden. Das quadratische Format ist besonders knifflig, wenn Sie eine Reihe von Hochformatbildern unterbringen wollen: Ein hoch- und ein querformatiges Bild lassen sich nur auf einer quadratischen Seite kombinieren, indem beide Bilder sehr klein oder jeweils einzeln auf einer Doppelseite gedruckt werden – das heißt, Sie verschenken eine Menge Platz. Manchmal passen die Fotos auch nicht exakt in die vorgegebenen Layoutrahmen, dann wird an den Bildrändern etwas abgeschnitten. Die meisten Layoutvorgaben gehen davon aus, dass die Mehrzahl der Fotos im Querformat vorliegt.

Für die Gestaltung des Fotobuchs benötigen Sie eine spezielle Fotobuch-Software, die Ihnen vom Anbieter kostenlos zur Verfügung gestellt wird. Sie können sich eine Fotobuch-CD zur Installation zuschicken lassen oder das Programm aus dem Internet herunterladen und installieren. Das geht sehr einfach, Sie müssen nur den

Anweisungen am Bildschirm folgen. Es geht aber auch ganz ohne Installation.

Fotobuch online erstellen

Die einfachste und schnellste Methode besteht darin, ein Fotobuch online zu gestalten. Auf der Seite des Anbieters klicken Sie das gewünschte Produkt an. Nach Auswahl des Formats und der gewünschten Seitenzahl erscheint das Bearbeitungsfenster der Fotobuch-Software. Sie können nun sofort mit dem Gestalten Ihres Fotobuchs beginnen. Doch Vorsicht: Bei dieser Methode besteht keine Möglichkeit, die einzelnen Arbeitsschritte zu speichern. Wenn Sie den Internetbrowser oder den Tab versehentlich schließen, während Sie am Fotobuch arbeiten, geht alles verloren!

Auch bei einer langsamen oder instabilen Internetverbindung ist die Online-Gestaltung nicht zu empfehlen. Wählen Sie diese Methode daher nur, wenn Sie sich sicher sind, dass Sie das Buch in einer Sitzung von vorn bis hinten zu Ende gestalten werden. Für kleine überschaubare Projekte ist diese Vorgehensweise ideal, denn so viel ist sicher: Man wird in der Regel mehr Zeit mit dem Heraussuchen von Bildern und der anschließenden Layoutgestaltung verbringen, als man eigentlich vorhatte. Aus diesem Grund gibt es bei der Online-Software auch nur sehr wenige Gestaltungsoptionen.

Schritt 1: Produkt, Format und Seiten wählen

Eine Fotobuch-Software ist stets so aufgebaut, dass Sie auf der linken Seite ein Feld vorfinden, mit dem Sie Ihre Fotos auf der Festplatte ansteuern. Rechts sehen Sie die Buchseiten: Die jeweils aktuell zu gestaltende Seite liegt auf der Arbeitsfläche, darunter oder darüber befindet sich eine Leiste, mit der Sie sich das geplante Layout aller Seiten ansehen können. Die grauen Flächen zeigen an, wie viele Bilder pro Seite geplant sind und wie die Fotos ausgerichtet werden. Dieses Layout können Sie später noch verändern.

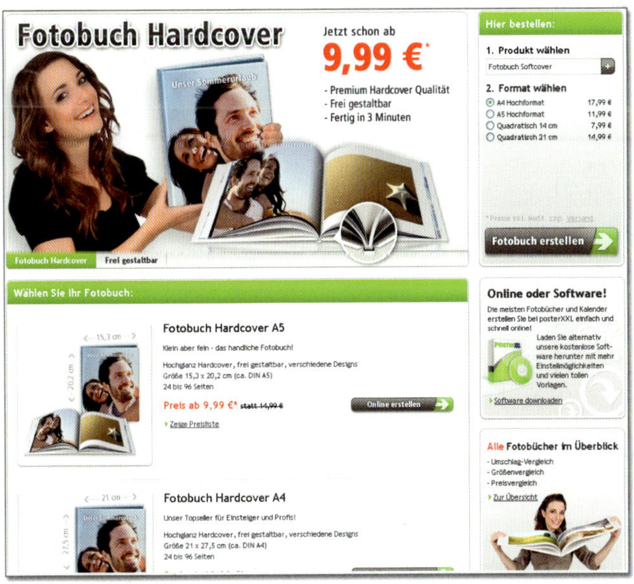

< Ohne Installation gestalten
Sie wählen das gewünschte Fotobuch, entscheiden sich für ein Format und klicken dann auf FOTOBUCH ERSTELLEN.

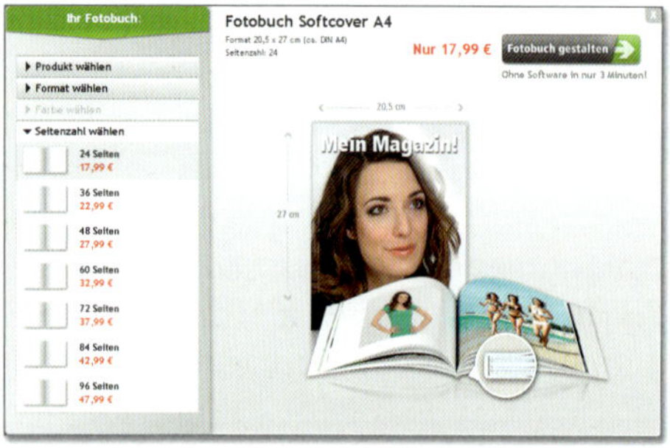

∧ Seitenanzahl
Als Nächstes wählen Sie die Anzahl der Seiten. Im Verlauf der Gestaltung können stets weitere Seiten hinzugefügt werden.

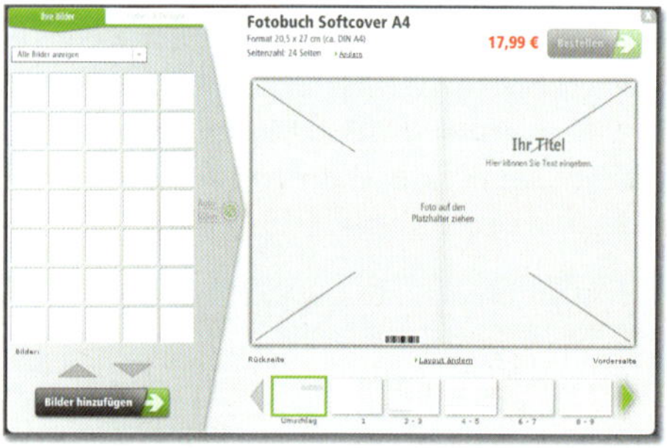

∧ Schon geht's los
Die Fotobuch-Software wird online zur Verfügung gestellt, Sie müssen nichts installieren.

Schritt 2: Bilder laden

Mit einem Klick auf BILDER HINZUFÜGEN öffnet sich der Zugang zu Ihrer Festplatte. Die Fotos werden erst beim Bestellvorgang auf den Internetserver des Herstellers geladen, Sie können also großzügig auswählen. Die Software analysiert die Bilder, überprüft deren Ausrichtung (Hoch-/Querformat) und Größe, und sie erstellt verkleinerte Miniaturansichten der Bilder.

Sie tun sich einen großen Gefallen, wenn Sie die Fotos, die Sie für Ihr Buch verwenden wollen, schon vorher in Ruhe aussuchen und sie vielleicht sogar in einen gemeinsamen Ordner kopieren. Dann müssen Sie an dieser Stelle nur noch mit der Schaltfläche BILDER HINZUFÜGEN auf einen einzigen Ordner zugreifen. Sie können die Fotos natürlich auch aus verschiedenen Ordnern einzeln in das Programm laden. Wenn Sie von einem Bildmotiv mehrere Varianten haben, zum Beispiel im Hoch- und Querformat, laden Sie beide: Im späteren Layout haben Sie dann mehr Gestaltungsmöglichkeiten.

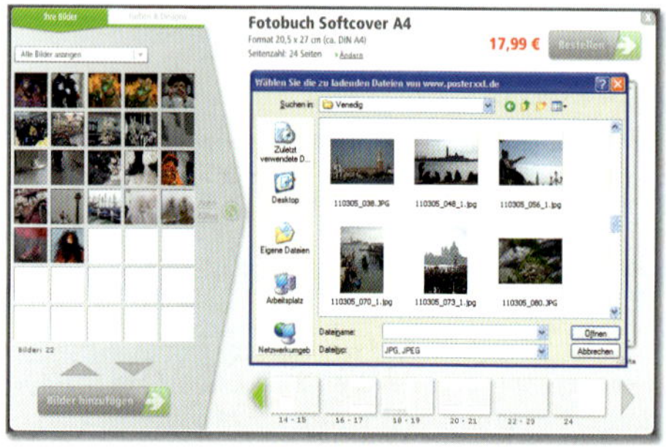

∧ Bilder hochladen
Bilder von der Festplatte ins Programm laden: Es handelt sich nur um Vorschaubilder.

Schritt 3: Seiten gestalten

Das automatische Füllen der Seiten nimmt Ihnen Arbeit ab und spart Zeit, aber Sie müssen trotzdem alles genau überprüfen. Es kann dabei nämlich passieren, dass ein Hochformatbild in einen Querformatrahmen gesetzt wird, und die Sortierung ist auch nicht ganz unwichtig. Eine Sortierung nach Datum kann beispielsweise bei einem Urlaubsbuch genau das Richtige sein, wenn Sie die Bilder in exakter chronologischer Abfolge haben wollen. Doch es gibt auch noch weitere wichtige Aspekte, auf die wir später zu sprechen kommen werden.

Das Füllen der Seiten ist ganz einfach: Sie ziehen das gewünschte Foto einfach mit gehaltener Maustaste vom Vorschaubereich auf die Arbeitsfläche. Dort, wo Sie Text eingeben kön-

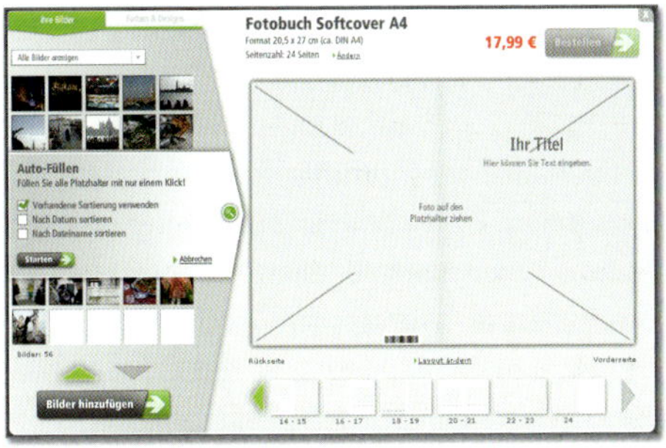

∧ Automatisch füllen
Wenn es schnell gehen soll, lassen Sie das Programm einen ersten Vorschlag machen.

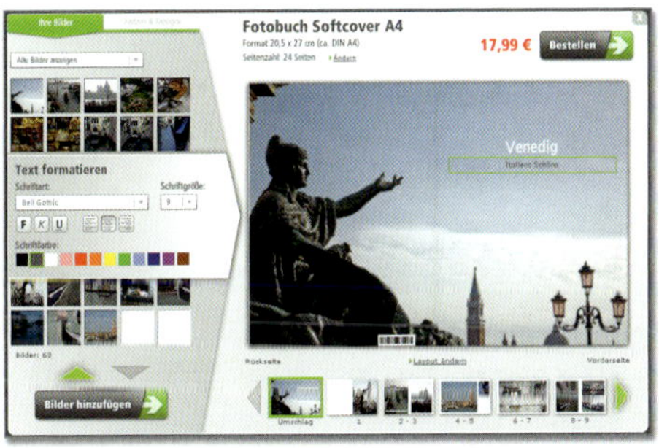

∧ Titelbild
Die Titelseite ist Ihr Aufmacher: Wählen Sie ein starkes Foto.

nen, gibt es Platzhalter, die Sie anklicken und beschriften können. Anschließend lässt sich der Text formatieren. Wie viele Schriftarten und -farben Ihnen dabei zur Verfügung stehen und wie Sie die Formatierung ansteuern, ist durch die jeweilige Software vorgegeben. Bei dem einfachen Bestellvorgang in unserem Beispiel sind es nur sechs Schrifttypen und einige Grundfarben, auch die Platzierung und die Größe der Textfelder sind vorgegeben. Das Formatierungsfenster öffnet sich automatisch, wenn Sie ins Textfeld klicken, bei anderen Programmen müssen Sie vielleicht per Doppelklick oder über einen Menü-Button das Formatierungsfeld öffnen.

Ist die erste Seite gestaltet, blättern Sie weiter zur nächsten. Wenn Sie das automatische Füllen gewählt haben und Sie wollen ein anderes Foto, müssen Sie einfach nur Ihr Wunschfoto auf die Seite ziehen, und das automatisch vorgeschlagene Bild wird ersetzt. Ist ein Foto zu klein für den geplanten Druck, wird ein Warnsymbol eingeblendet. Das sollten Sie auf jeden Fall ernst nehmen und das Motiv entweder kleiner drucken oder es ganz aus dem Layout entfernen.

Die Layouts sind so angelegt, dass die Bücher für den Betrachter einen angenehmen Wechsel aus großen und kleinen Bildern enthalten, Sie können die Seiten aber auch jederzeit an Ihre individuellen Wünsche und Bedürfnisse anpassen. Dazu gibt es in den Programmen die Funktionen LAYOUT oder LAYOUT ÄNDERN.

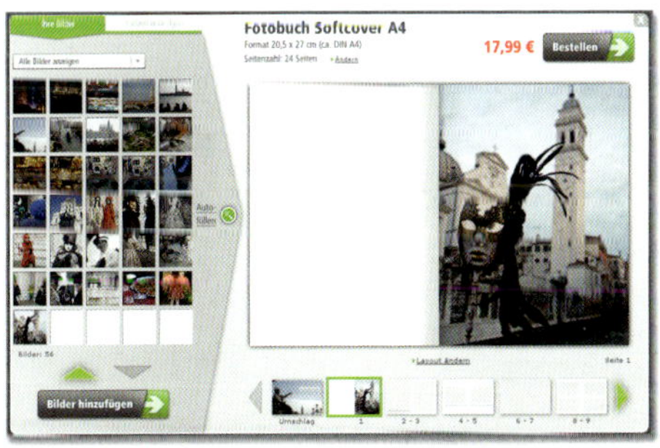

∧ Bilder tauschen
Ziehen Sie die gewünschten Fotos auf die Seiten, um vorhandene Bilder zu ersetzen.

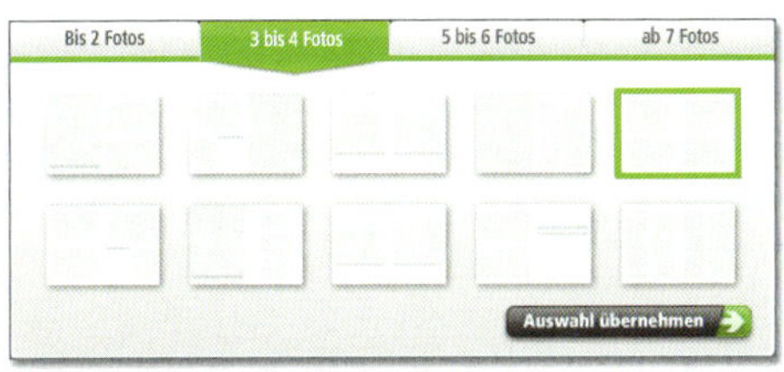

∧ Layout ändern
Sie bestimmen, wie viele Fotos auf einer Seite erscheinen.

Ein gutes Layout

Wenn man schon mal ein Fotobuch macht, dann sollen auch möglichst viele Bilder ins Buch – so könnte man meinen. Schaut man sich allerdings die Standardlayouts an, dann werden selten mehr als vier Fotos pro Seite vorgeschlagen. Die Fotobuch-Hersteller wollen Sie natürlich auch dazu animieren, insgesamt mehr Seiten zu spendieren, aber das ist nicht der Hauptgrund. Wenn man auf einer DIN-A4-Seite fünf oder noch mehr Bilder unterbringen möchte, müssen die Einzelfotos naturgemäß kleiner gedruckt werden, und das heißt: Sie haben am Ende Bilder, die kleiner sind als ein Fotoabzug im Format 9 × 13 cm. Da müssen Sie Ihre Motive teilweise schon mit der Lupe suchen.

Wenn Sie Ihre Bilder im Buch platzieren, geht es auch um den Gesamteindruck der Doppelseite. Die Fotos, die sich gegenüberstehen, müssen zueinanderpassen und im Doppelpack gut wirken. Eine chronologische Sortierung dokumentiert vielleicht den Ablauf einer schönen Reise ordnungsgemäß, aber wenn sich die Fotos »beißen«, zerstört man den harmonischen Gesamteindruck. Auch die Idee, dass zwei gleichartige Motive stets gut zusammenpassen, kann trügen.

Mehrere Bilder stimmig platzieren

Bei vier oder noch mehr Bildern brauchen Sie ebenfalls Motive, die farblich, inhaltlich und

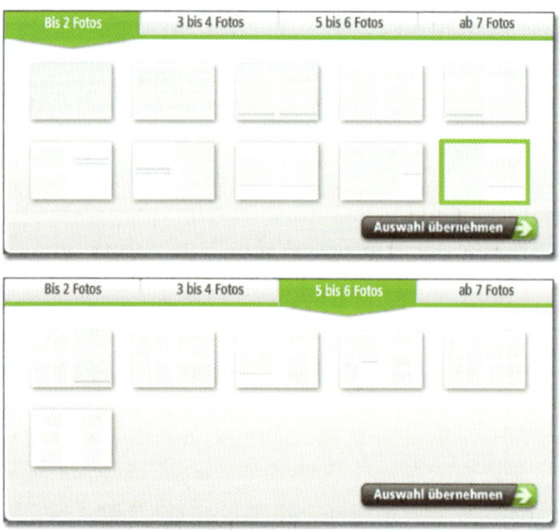

^ Anzahl der Fotos
Je weniger Fotos Sie auf einer Doppelseite präsentieren, desto stärker wirken die einzelnen Aufnahmen. Bei mehr als fünf Bildern pro Doppelseite werden die Einzelfotos schon recht klein.

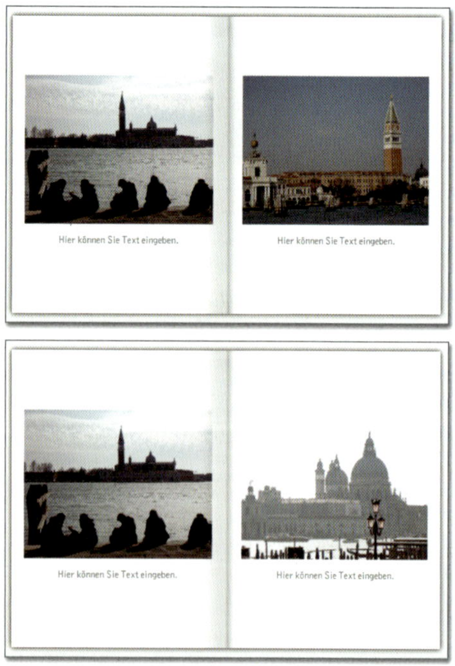

^ Passendes Bild finden
Zweimal Kirche am Wasser, einmal im Gegenlicht, einmal mit Sonne im Rücken: Diese Kombination ist unharmonisch (oben). Die beiden Bilder im Gegenlicht passen bezüglich ihrer Lichtstimmung und Farbigkeit viel besser zusammen (unten).

stimmungsmäßig miteinander harmonieren. Die Automatikfunktion fügt die Bilder einfach der Reihe nach ins Layout ein. Wenn Sie sowieso lauter tolle Bilder haben, dann funktioniert auch ein zufälliges Ensemble, aber in jeder Fotoserie gibt es in der Regel stärkere und schwächere Motive. Der Trick an einem guten Layout besteht darin, die guten groß und die schlechten kleiner zu drucken. Motive mit vielen Details machen sich besser, wenn man sie größer druckt, weil man dann die Einzelheiten genauer sehen kann. Klare und einfache Motive wirken auch im Kleinformat.

Auf die Blickrichtung achten

Beim Layouten kommt es nicht nur darauf an, dass die Fotos farblich und bezüglich ihrer Helligkeit zusammenpassen. Die Blickrichtung ist ebenfalls wichtig. Bei der Doppelseite mit den venezianischen Gondeln sind die Bilder auf der linken Seite nach rechts und die auf der rechten Seite nach links gerichtet, so dass insgesamt ein geschlossener Eindruck entsteht: Der Blick wandert im Kreis, während er bei der zweiten Variante nach links bzw. rechts außen gelenkt wird. Das Motiv, bei dem der helle Himmel nach oben offen ist, stößt an eine dunkle

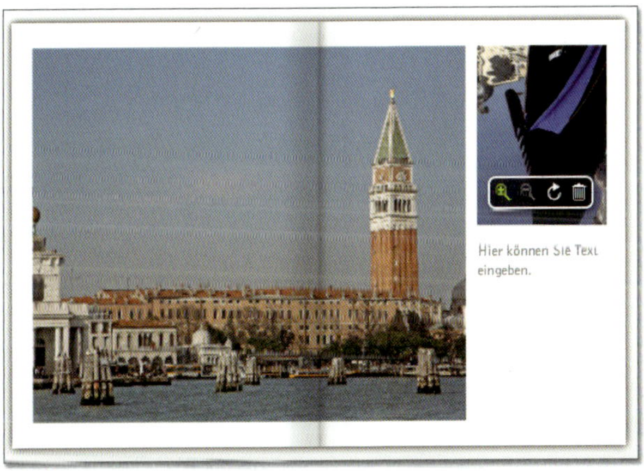

KLEINER TIPP

Ein Fotobuch ist etwas Besonderes, es kostet viel Geld und sollte den besten Bildern vorbehalten sein. Die dürfen dann auch ruhig etwas größer gezeigt werden Seien Sie daher sparsam mit der Anzahl der Bilder. Eine überfrachtete Seite schaut man sich nicht so gerne an, zudem ist es viel schwieriger, eine Seite mit vielen Fotos gut zu gestalten.

^ Achten Sie auf Kleinigkeiten
Im kleinen Motiv sieht man oben eine störende helle Stelle: Das Bild kann innerhalb des Rahmens so vergrößert und verschoben werden, dass der Fleck verschwindet.

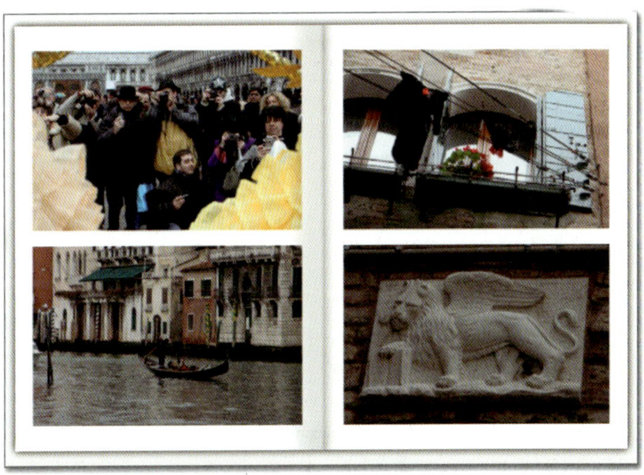

> Bunt zusammengewürfelt
Die Automatik nimmt die Bilder, wie sie kommen.

Kante: Oben rechts ist der optimale Platz für dieses Bild.

Bei manchen Fotobuch-Programmen kann man Bilder auch spiegeln und dadurch die Blickrichtung anpassen – vorausgesetzt, das Motiv enthält keine verräterischen Elemente, wie zum Beispiel Schrift, die den Kunstgriff als solchen sofort erkennen ließen.

In der einfachen Online-Variante des Bestellprogramms können die Fotos nur gedreht und vergrößert werden, andere Bearbeitungsmöglichkeiten fehlen. Wenn Sie beim Bestellen feststellen, dass einzelne Bilder noch zurechtgeschnitten oder aufgehellt werden müssen, haben Sie nur die Möglichkeit, die Fotos in Ihrem Bildbearbeitungsprogramm zu optimieren und die alte Version im Fotobuch-Programm durch die geänderte zu ersetzen.

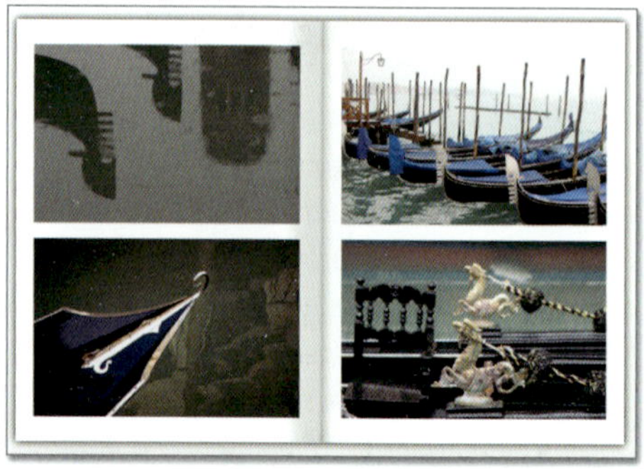

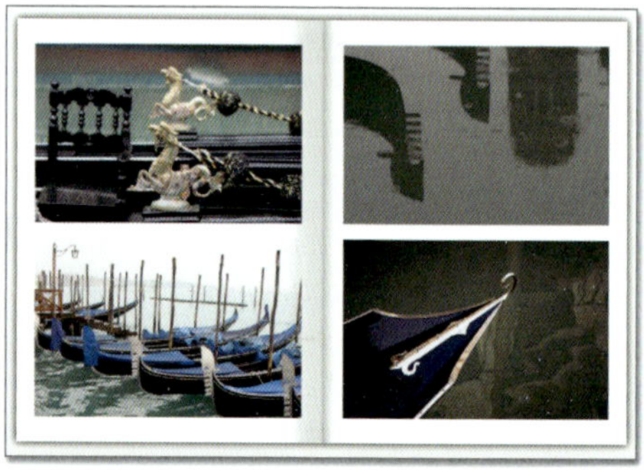

^ Venezianische Impressionen
Jeweils vier Variationen des Gondelmotivs: Die untere Zusammenstellung funktioniert weniger gut.

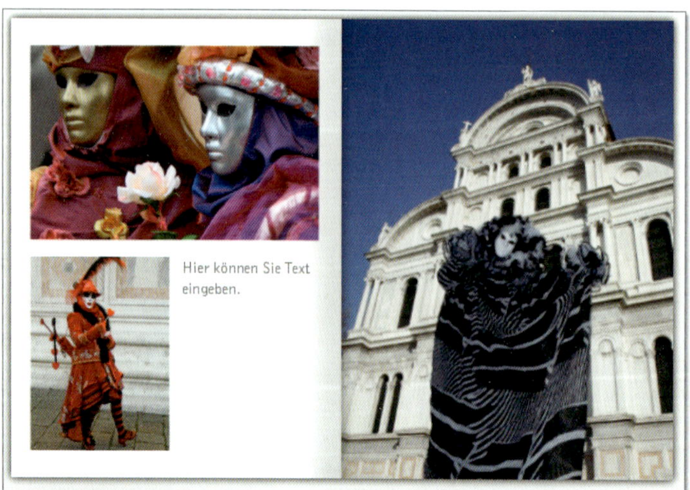

< Fotos spiegeln
Die Blickrichtung muss korrigiert werden, und auch die Farbkombination der linken Seite ist grenzwertig.

In Ruhe gestalten

Vielleicht sind Sie bereits zu dem Schluss gelangt, dass Sie etwas mehr Zeit für die Gestaltung Ihres Werks brauchen. An einer Fotobuch-Idee kann man lange feilen, und je mehr Gestaltungsmöglichkeiten zur Verfügung stehen, desto mehr Zeit vergeht, bis das »perfekte Buch« fertig ist. Deshalb sollten Sie auch die Möglichkeiten kennenlernen, die jenseits von schlicht gestrickter Online-Software auf Sie warten.

Software installieren

Laden Sie die Software Ihres Anbieters auf den eigenen Rechner herunter, und installieren Sie sie. Sie können auch eine möglicherweise vorhandene ältere Installations-CD verwenden. Die Programme werden bei bestehender Internetverbindung auf ihre Aktualität überprüft, und bei Bedarf wird automatisch die neueste Version installiert. Der Vorgang dauert nur wenige Minuten und bietet den Vorteil, dass Sie Ihr Projekt lokal speichern, jederzeit beenden und später wieder daran weiterarbeiten können.

Wie komfortabel eine Software ist und ob man damit wirklich alles machen kann, was man möchte, bemerkt man leider erst, wenn man sie benutzt. Bei der Gestaltung von Layoutvorlagen oder Seitenhintergründen kommt es zudem auf den persönlichen Geschmack an: Jeder Anbieter hat eigene Designs. Eine Fotobuch-Software mit professionellen Gestal-

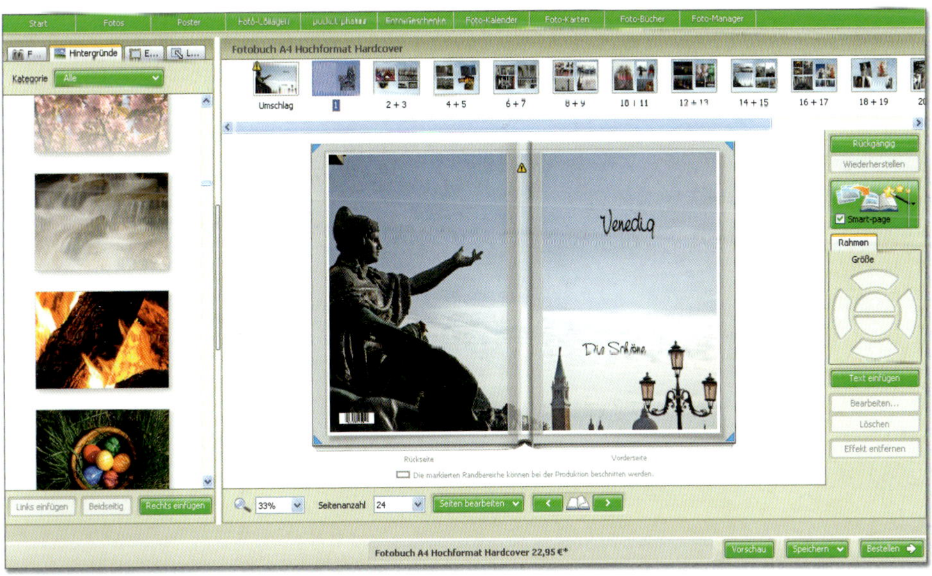

^ Arbeitsoberfläche
Diese Fotobuch-Software hat verschiedene Reiter, die Zugang zu Ihrer Dateistruktur auf dem Rechner bieten, sowie Hintergrundmotive, Effekte und Layouts, die sich thematisch sortiert anzeigen lassen.

tungsoptionen erkennen Sie immer daran, dass die Benutzeroberfläche deutlich komplexer aussieht, also mehr Schaltflächen und Reiter zum Anklicken bereithält. Im Idealfall hat eine solche »Profi-Software« einen Assistenten-Modus für Einsteiger, den man als erfahrener Benutzer auch ausschalten kann.

Auswahlkriterien für eine gute Fotobuch-Software

Die Software bietet:

- eine große Auswahl an Hintergrundmotiven, vor allem aber schlichte, einfarbige Seiten,
- die Möglichkeit, jede Seite mit einem unterschiedlichen Hintergrund zu gestalten,
- eine große Auswahl an verschiedenen vorgegebenen Layouts, aber auch freie Gestaltung (zum Beispiel die Möglichkeit, Bilder frei zu platzieren),
- eine große Auswahl an Schriftarten und Formatierungsmöglichkeiten für Text,
- beliebig wählbare Textfarbe,
- die Möglichkeit, Text frei zu platzieren, auch auf Bildern,
- Bildbearbeitung innerhalb des Layoutprogramms mit Funktionen wie Aufhellen/Abdunkeln, Freistellen, Drehen, Spiegeln, Schärfen,
- die Möglichkeit, Bilder versetzt übereinanderzulegen,
- Ein-/Ausschalten der automatischen Bildoptimierung für alle oder, noch besser, für einzelne Bilder,
- automatische Speicherung in bestimmten Intervallen,
- eine Übersicht oder einen Warnmechanismus, wenn Bilder doppelt verwendet wurden oder wenn auf einer Seite Bilder fehlen,
- Filtereffekte und
- Layouts für längeren Fließtext.

Je mehr Optionen eine Software bietet, desto höher sind natürlich auch die Anforderungen an den Benutzer, der damit umgehen kön-

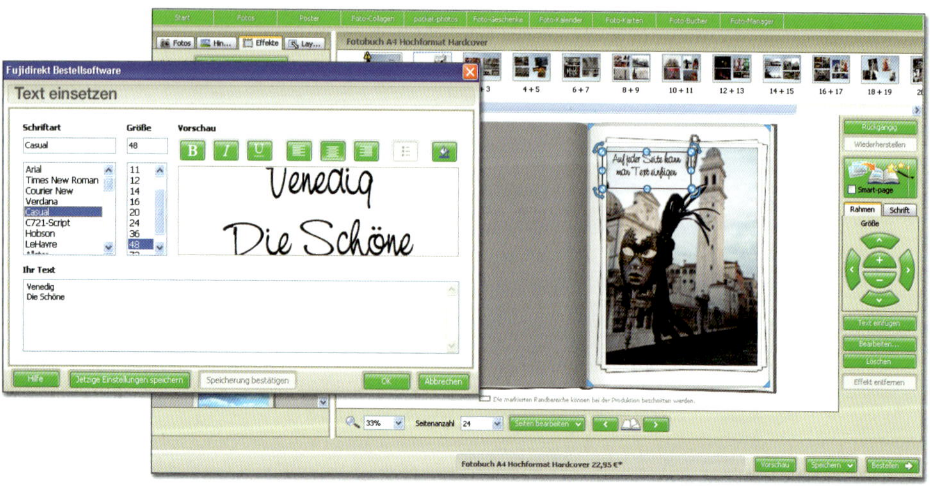

^ Text platzieren

Auch ein Auswahlkriterium für Fotobuch-Software: Hier stehen zum Beispiel 35 verschiedene Schrifttypen zur Auswahl, und Sie können jede beliebige Farbe wählen. Sie können Textfelder frei platzieren, auch auf Bildern.

nen muss. Wenn Sie am Computer kein völliger Neuling sind, ist die Bedienung der Fotobuch-Software aber in der Regel sehr intuitiv, und Sie werden schnell Erfolge erzielen.

Wenn Sie nun loslegen, denken Sie daran: Weniger ist mehr! Auch wenn das Programm quasi alles kann, Sie müssen nicht unbedingt alles benutzen. Speziell beim Seitenhintergrund kann man sich schnell »verkünsteln«, indem man für jede Seite ein anderes Design wählt. Hier ein Strandmotiv, dort ein paar Herzchen – das ist nett, aber es geht im Wesentlichen um Ihre Fotos. Zu viel Schnickschnack lenkt von der Hauptsache ab, einige wenige Akzente mit einem passenden Hintergrundfoto allerdings machen Ihr Buch zu einem echten Hingucker. Viel Spaß beim Ausprobieren und Gestalten!

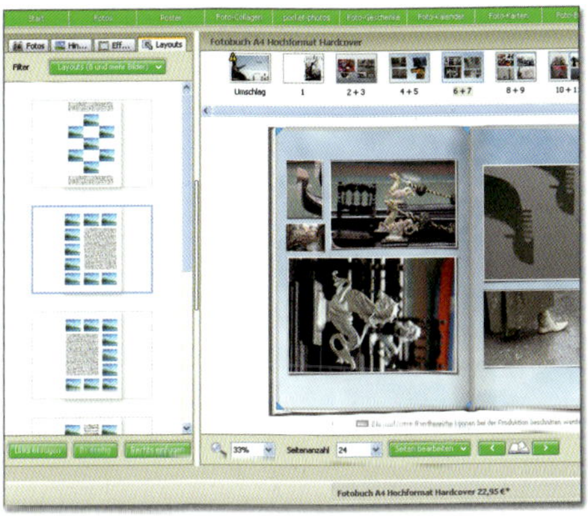

^ Layoutvarianten
Es gibt jede Menge Layouts, auch für Fließtext – ideal beispielsweise für Reiseberichte.

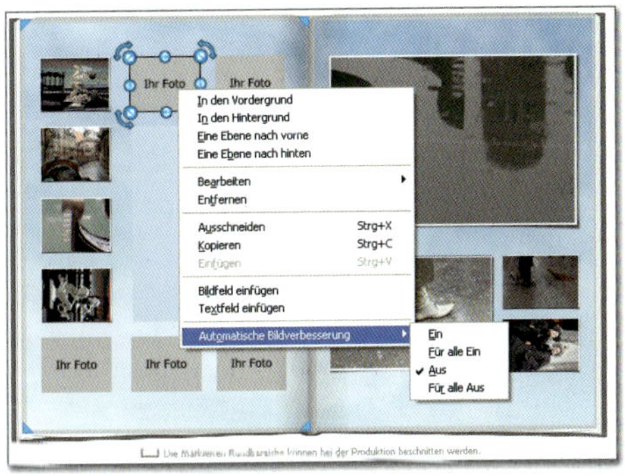

^ Bilder anordnen
Die Platzhalter für die Bilder können beliebig mit der Maus verschoben, gedreht, skaliert oder übereinandergelegt werden. Mit der rechten Maustaste gelangen Sie zu einem Kontextmenü mit weiteren Auswahloptionen.

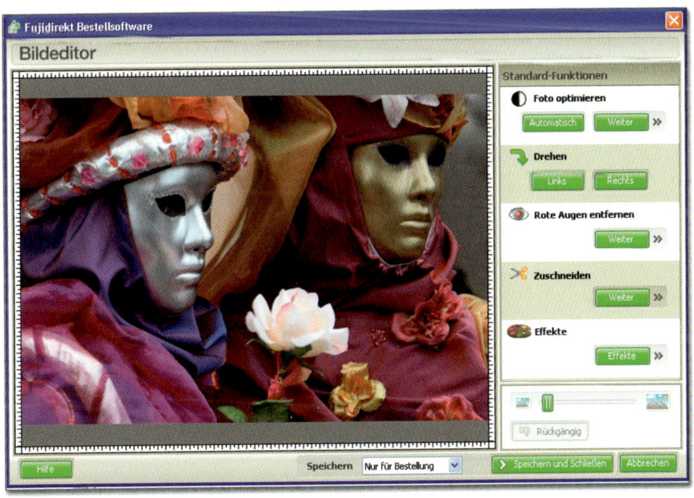

> Bildbearbeitung
Ein Doppelklick aufs Bild öffnet einen Editor, mit dem Sie Bildkorrekturen vornehmen können. Spiegeln fehlt hier leider als Option.

Schnelle erste Hilfe: **Die Dramaturgie**

Sie sollten sich immer zunächst Gedanken über die Dramaturgie des Gesamtwerks machen. Worum geht es in Ihrem Fotobuch? Für wen machen Sie es? Wollen Sie eine Reise dokumentieren, ein Familienalbum zusammenstellen, Hochzeitsfotos präsentieren oder ein Geschenkbüchlein mit schönen Blumenfotos oder Detailaufnahmen machen, dazu ein bisschen Text oder inspirierende Zitate?

Den roten Faden finden

Ein gutes Fotobuch ist wie ein Krimi oder ein spannender Roman, es hat einen Anfang und ein Ende, dazwischen entwickelt sich die Geschichte, und es sollte auch einen oder mehrere Höhepunkte geben. Daher gehören die stärksten Bilder an den Anfang und an den Schluss. Dazwischen darf es auch mal plätschern, aber nicht zu lange, sonst verliert der Leser Ihrer Bildgeschichte die Geduld. Finden Sie einen Titel, vielleicht sogar einen Untertitel, der etwas darüber verrät, was den Leser erwartet. »Mein Familienalbum 1990–2010« ist zwar eindeutig, weckt aber nicht so viel Neugierde wie »Klaus – 20 Jahre Abenteuer«.

Welchen roten Faden gibt es – inhaltlich und fotografisch? Der Titel gibt das Thema vor, aber Sie müssen nicht unbedingt chronologisch vorgehen. Vielleicht lässt sich das Buch in verschiedene Kapitel oder Abschnitte untergliedern: Kinder, Großeltern, Freunde, Haustiere usw.

Die richtigen Bilder auswählen

Suchen Sie zunächst alle Bilder aus, die für das Buch infrage kommen. Wählen Sie lieber ein paar mehr aus, damit Sie diejenigen weglassen können, die aufgrund des Formats, der Farben, Beleuchtung oder Ausrichtung nicht zusammenpassen. Beim Sichten der Motive ergeben sich oft ganz automatisch bestimmte Bildgruppierungen, die Sie dann auch im Layout zusammen anordnen können.

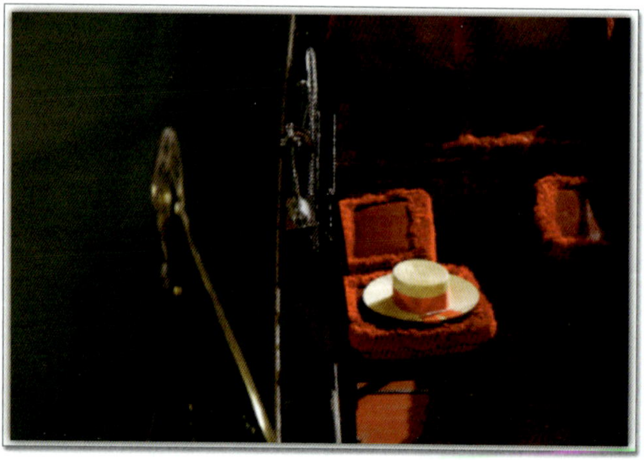

< Doppelseite
Achten Sie auf den Buchfalz in der Mitte: Er sollte keine wichtigen Teile des Motivs durchtrennen.

Es werden wahrscheinlich auch Bilder dabei sein, die nicht ganz so toll sind, aber es gibt eben nur diese, und sie müssen unbedingt mit hinein: Spendieren Sie eine eigene Seite für »Misslungenes«. Wenn Sie gern Texte schreiben, dann erzählen Sie die Geschichte der Entstehung dieser Bilder. Richtig tolle Fotos dürfen Sie auch über eine Buch-Doppelseite aufziehen. Wechseln Sie zwischen ruhigen Seiten mit wenigen, starken Motiven, und setzen Sie die Seiten mit fünf und mehr schwächeren Bildern dazwischen. Vor allem Bilderserien des gleichen Motivs bieten sich an, um im Sechserpack zusammengefasst und kleiner gedruckt zu werden.

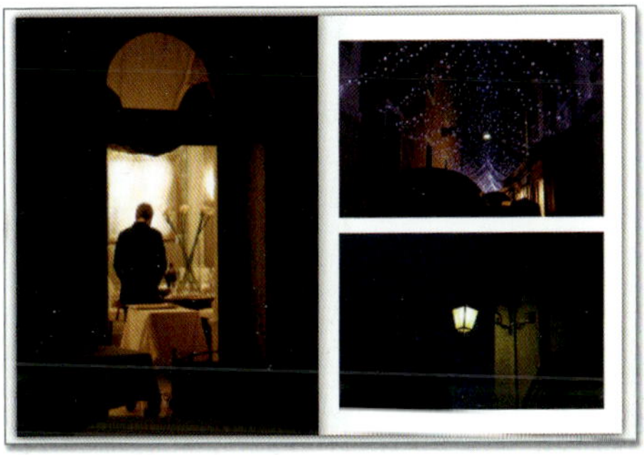

Gelungener Abschluss
Abendstimmung am Ende des Fotobuchs

EIN BEISPIEL

Die Bildbeispiele, die Sie in diesem Kapitel sehen, stammen von drei verschiedenen Reisen zum Karneval nach Venedig. Die Dramaturgie des Fotobuchs ist so aufgebaut, dass zunächst Bilder der Stadt zu sehen sind, sortiert nach Wetter: mal Sonne, mal Regen. Dann wechselt das Thema, und es werden Karnevalsmasken gezeigt. Im dritten Teil gibt es Aufnahmen, die abends und nachts entstanden sind. Den Übergang zwischen den einzelnen thematischen Abschnitten bilden Fotos, auf denen jeweils beides zu sehen ist: »Architektur und Masken« sowie »Masken und Nacht«. Durch die thematische Aufteilung nimmt man zuerst die Stadt wahr, dann die Personen, und am Ende des Fotobuchs endet auch der Tag der »Geschichte«.

DAS WICHTIGSTE IN KÜRZE

- Fotobücher zu gestalten macht sehr viel Spaß, aber es dauert meist länger, als man denkt.
- Starten Sie mit kleinen, überschaubaren Projekten und einer einfachen Software, um erste Erfahrungen zu sammeln.
- Benutzen Sie eine Software, bei der Sie das Projekt zwischenspeichern können.
- Weniger ist mehr: lieber wenige große Bilder und nur vereinzelte Seiten mit mehr als fünf Fotos.
- Achten Sie darauf, dass die Fotos auf einer Doppelseite in Farbigkeit, Lichtstimmung und Blickrichtung miteinander harmonieren.
- Gliedern Sie das Buch in verschiedene thematische Abschnitte oder Kapitel.
- Beginnen Sie mit den stärksten Fotos, und hören Sie mit starken Fotos auf.
- Bringen Sie schwächere Fotos auf Seiten mit fünf oder mehr Bildern unter.
- Detailreiche Fotos wirken in einem großen Format besser, schlichte und klare Motive können etwas kleiner gesetzt werden.
- Setzen Sie Effekte und auffällige Hintergrunddesigns eher sparsam ein.
- Entwerfen Sie einen Regieplan, bevor Sie mit dem Gestalten der einzelnen Seiten beginnen.

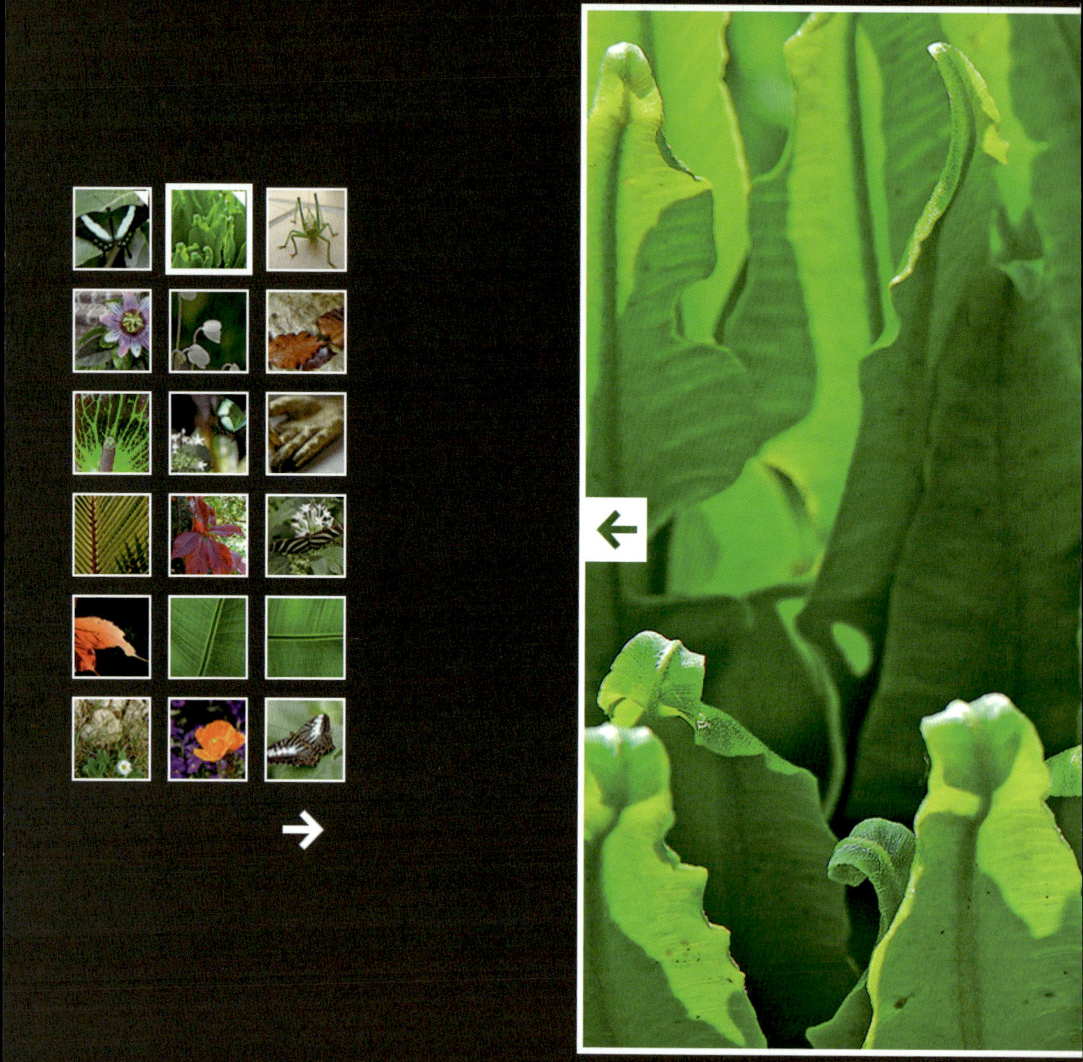

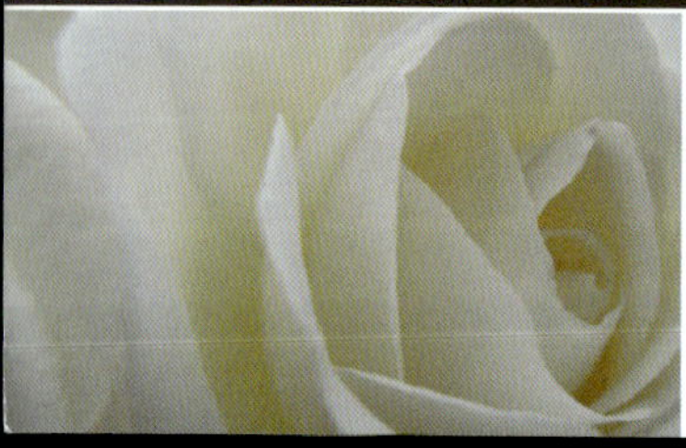

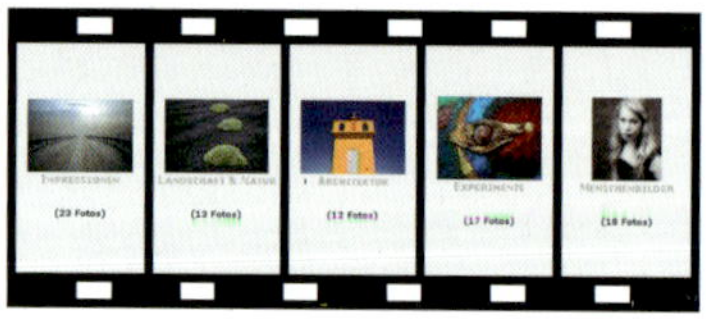

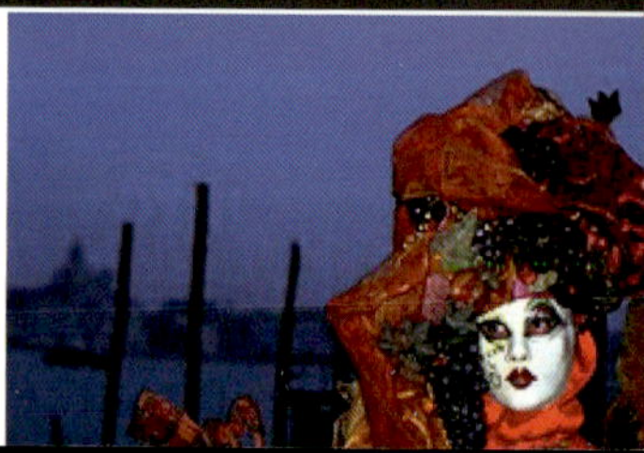

Kapitel 18

Foto-Webseite gestalten

- Kostenlose Webpräsentation
- Eigene Foto-Homepage einrichten
- Ein paar Hinweise zum Fotorecht
- Schnelle erste Hilfe: Die richtige Auflösung fürs Web

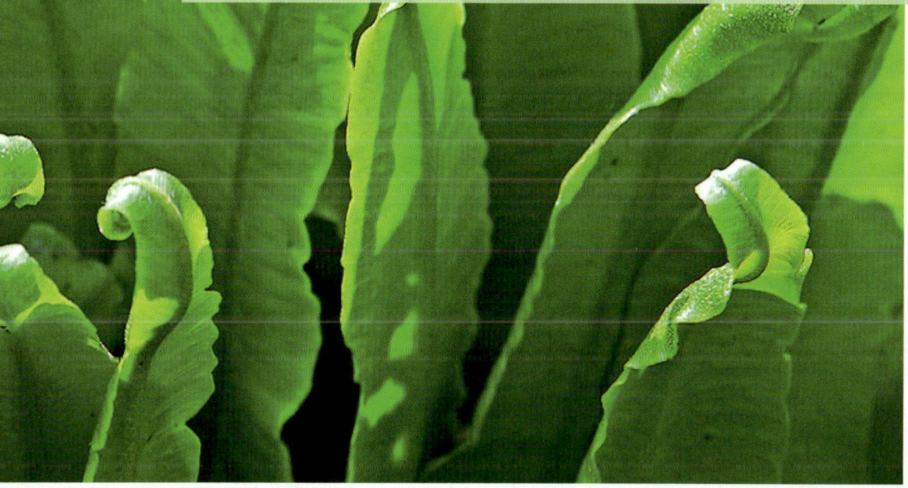

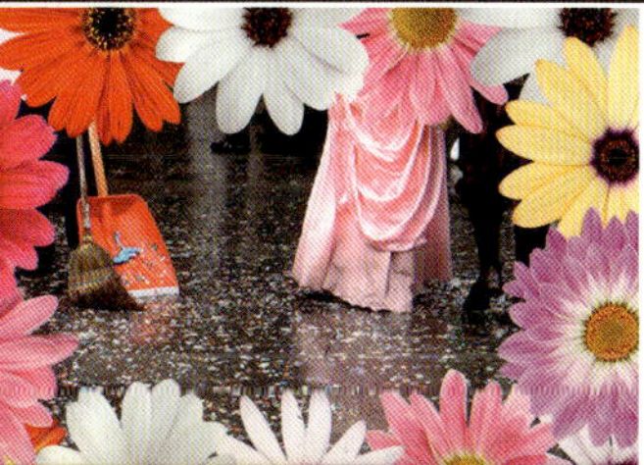

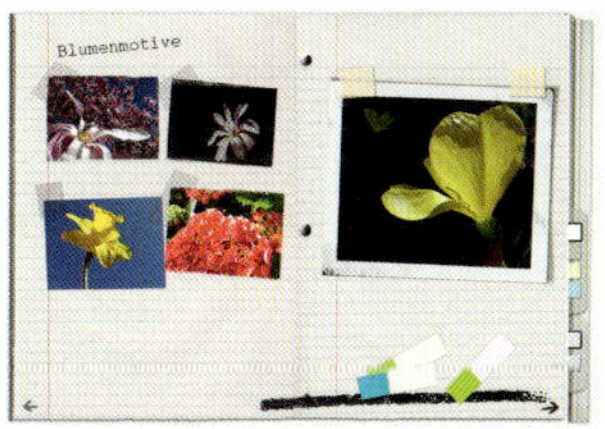

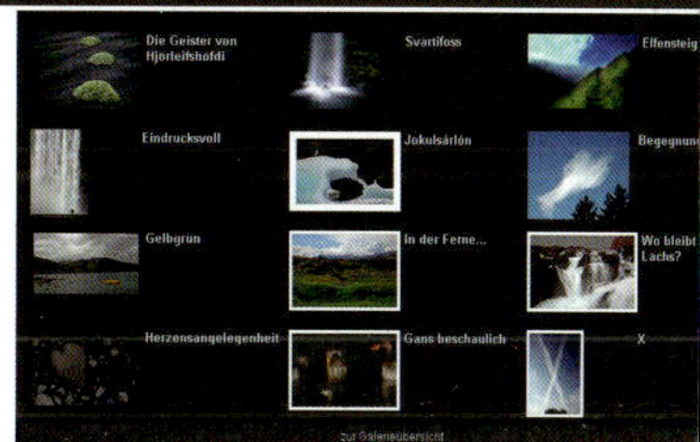

Kostenlose Webpräsentation

Bei all den Diskussionen um Privatsphäre gibt es vielfach Bedenken, ob man seine Fotos »einfach so« ins Internet stellen sollte. Es spricht vieles dafür, sich genau zu überlegen, was man öffentlich präsentiert und was nicht. Aber wenn jemand schöne Landschafts- und Naturmotive, Tierfotos oder andere unbedenkliche Bilder im Archiv hat: Warum sollte er diese nicht mit anderen Menschen teilen?

Dem Wunsch nach Kontrolle über eine mögliche Verbreitung der Bildmotive kommen auch die kostenlosen Anbieter nach: Es gibt mittlerweile ausgeklügelte Methoden, mit denen man genau steuern kann, wer auf die Bilder zugreifen darf und wer nicht.

Flickr, Fotocommunity, Picasa und Facebook

Zu den bekanntesten und am häufigsten genutzten Fotoplattformen zählen die deutsche Fotocommunity (fc), das englischsprachige Portal Flickr, die Picasa-Webalben von Google und soziale Netzwerke wie Facebook. Die Ideen, die hinter den verschiedenen Portalen stehen, sind unterschiedlich. Während man bei Facebook die Galerien nur als eine von vielen Funktionen mit benutzt, sind die anderen Plattformen

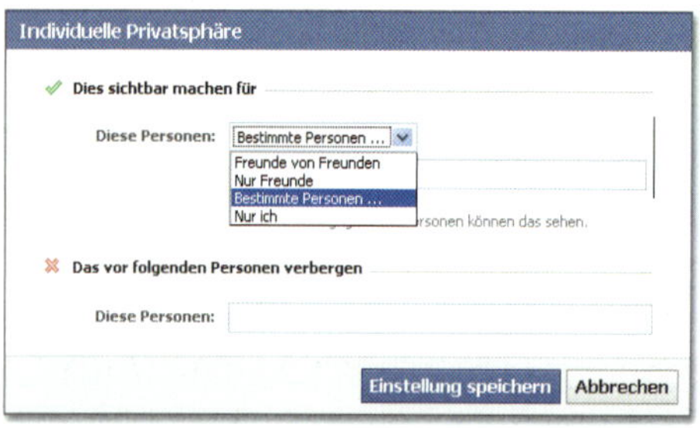

^ Freigabe
Die Privatsphäre-Einstellungen bei Facebook kann man für alle Bilder oder bestimmte Galerien genau steuern.

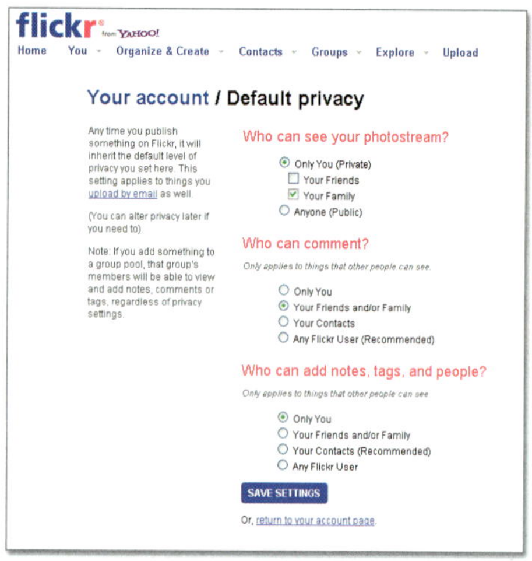

^ Einstellungen
Bei der englischsprachigen Plattform Flickr sind die Angaben zur Privatsphäre sehr genau steuerbar.

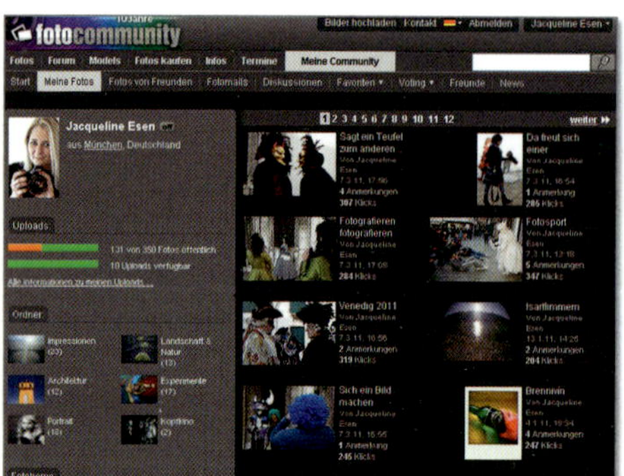

< Profil und Fotogalerie
Die Fotoseite in der Fotocommunity

in erster Linie auf die Präsentation von Bildern ausgerichtet, wobei Flickr und die Fotocommunity den Dialog über die eingestellten Bilder besonders unterstützen. Die Anzahl der Bilder, die man auf kostenlose Portale laden kann, ist entweder auf eine bestimmte Stückzahl pro Woche (fc) begrenzt oder auf eine vorgegebene Datenmenge (zum Beispiel 200 MB). Wer eine größere Anzahl von Bildern präsentieren möchte oder besondere Designwünsche hat, kann für eine monatliche Gebühr Zusatzfunktionen und Speicherplatz dazubuchen.

Wer nicht so sehr daran interessiert ist, mit anderen Besuchern in den Dialog zu treten, wird sich vielleicht eher für einen Blog oder eine eigene Foto-Homepage entscheiden. In der Fotocommunity gibt es keinen rein privaten Bereich, die hochgeladenen Fotos sind stets öffentlich, das heißt für jedermann zugänglich. Bei einer eigenen Homepage kann man die Seiten mit einem Passwortschutz belegen. Dies setzt unter Umständen jedoch etwas mehr Kenntnisse in der Webseitenprogrammierung voraus.

Weitere einfache Möglichkeiten, Fotos mit nur wenigen Menschen aus dem Familien- oder Freundeskreis zu teilen, sind die Seiten von Fotodienstleistern wie Snapfish (HP) oder Softwareanbietern wie ACDSee Pro. Gäste werden per E-Mail auf die Galerieseite eingeladen, wodurch der Anbieter neue E-Mail-Adressen erhält. Hier muss man allerdings damit rechnen, dass anschließend Werbebotschaften per E-Mails folgen. Bei seriösen Anbietern kann man sich mit einem Mausklick aus dem Verteiler entfernen lassen. Die Liste der Anbieter und Portale ist lang: Wenn Sie sich für eine kostenlose Galerie entscheiden, nehmen Sie eine, die Ihren Bedürfnissen in Sachen Privatsphäre am ehesten entspricht. Und laden Sie nur Fotos ins Netz, bei denen Sie sicher sind, dass niemand etwas dagegen hat.

Eine kostenlose Galerie aufbauen

Der Ablauf ist stets der gleiche: Als Erstes müssen Sie beim Anbieter Ihrer Wahl ein Konto bzw. ein Profil erstellen. Dazu benötigen Sie natürlich einen Internetzugang und eine E-Mail-Adresse. Legen Sie für Internetzwecke einen eigenen E-Mail-Account an, so können Sie private bzw. geschäftliche Mails stets von Ihrem Fotohobby trennen. Fotograf-XY@web.de verrät nichts über Ihren realen Namen, wenn Sie anonym bleiben möchten. Als Urheber schöner Fotos wollen Sie aber vielleicht doch irgendwann, dass man Ihren Namen kennt und mit Ihren Werken in Verbindung bringt: Dann können Sie sich später immer noch »outen«.

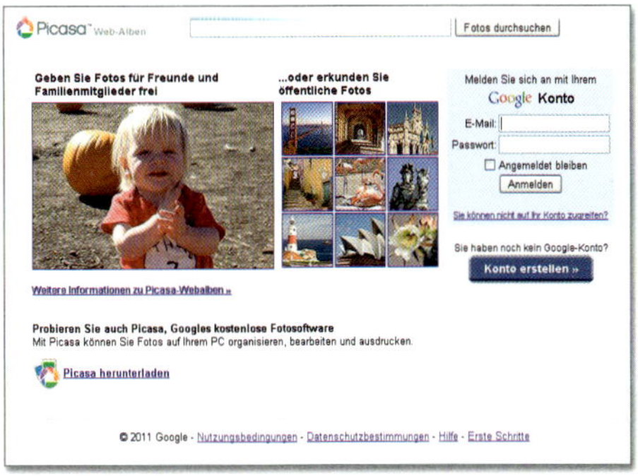

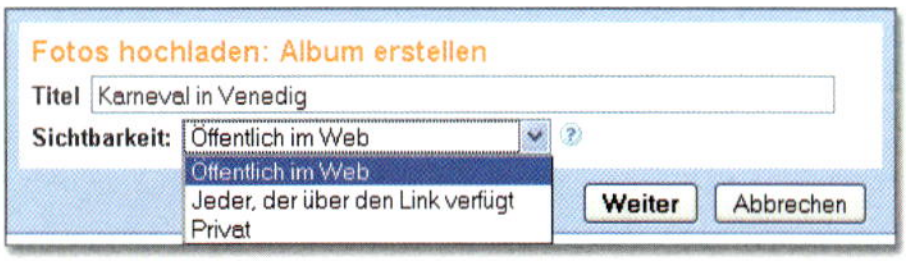

∧ Privatsphäre
Es besteht die Möglichkeit, Ihr Album nur für bestimmte Leute freizugeben.

< Benutzerkonto anlegen
Wenn Sie ein Webalbum bei Picasa erstellen wollen, klicken Sie auf den Button Konto erstellen.

Sobald Sie Ihr Profil angelegt haben, müssen Sie den per E-Mail zugeschickten Link anklicken und das Benutzerkonto aktivieren. Bereits jetzt können Sie die Privatsphäre-Einstellungen festlegen und mit dem Hochladen beginnen.

Bilder hochladen und sortieren

Sie können Ihre Fotos in voller Auflösung ins Album laden, Picasa hat damit kein Problem. Wenn Sie allerdings große Mengen an Bildern zeigen wollen, ist Ihr Speicherplatz schnell aufgebraucht. Besser: nur die schönsten Fotos auswählen und/oder die Galeriebilder etwas verkleinern. Die Fotos werden auf der Internetseite in voller Bildschirmgröße angezeigt. Eine Verkleinerung auf 2.000 Pixel (1.920 Pixel für Full-HD) Seitenlänge oder die halbe Originalgröße reicht aus. Wenn Sie Ihre Fotos noch kleiner machen, werden sie am Bildschirm automatisch vergrößert und erscheinen dann pixelig und unscharf. Wie Sie die Fotos verkleinern, erfahren Sie auf Seite 289.

Sobald Ihre Fotos auf den Server geladen sind, sehen Sie alle Bilder in einer Miniaturansicht. Nun können Sie über das Menü BEARBEITEN Bilder löschen, kopieren, in andere Alben verschieben oder mit dem integrierten Bearbeitungsprogramm picnik bearbeiten.

Besonders nützlich ist der Befehl ORGANISIEREN UND NEU ANORDNEN: Damit können Sie die Bilder durch Ziehen mit gedrückter Maustaste ganz einfach in die gewünschte Reihenfolge bringen. Ähnlich wie bei einem Fotobuch, kann auch in einer Foto-Galerie eine bestimm-

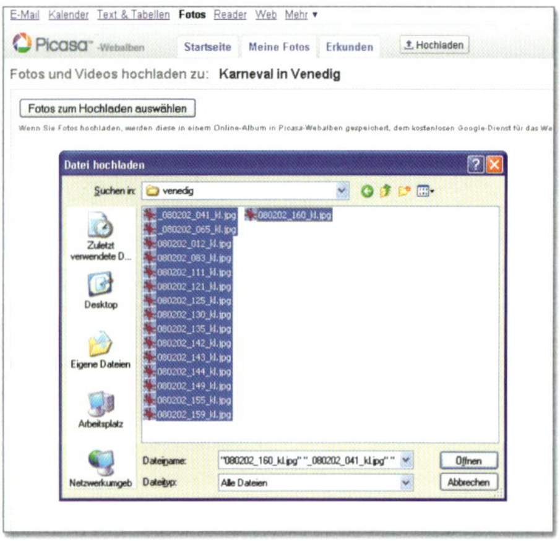

^ Upload beginnen
Wählen Sie die Dateien von Ihrer Festplatte aus. Je nach Größe der Dateien und Geschwindigkeit der Internetverbindung kann das Laden ein paar Minuten dauern.

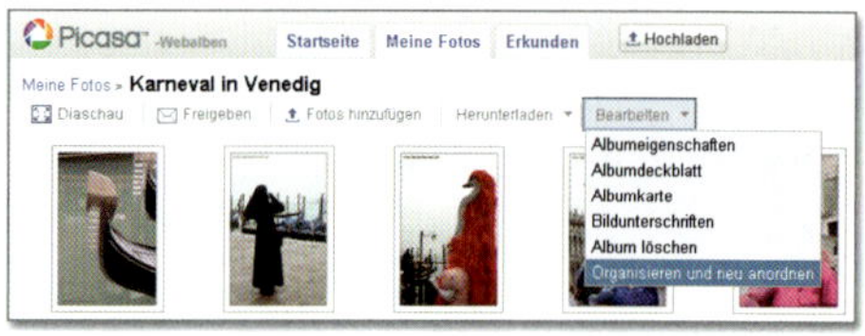

^ Album sortieren
Sie sehen alle hochgeladenen Bilder in einer Miniaturansicht und können verschiedene Bearbeitungen vornehmen. Sortieren Sie gegebenenfalls Hoch- und Querformate separat, das ist angenehmer beim Durchblättern einer Galerie.

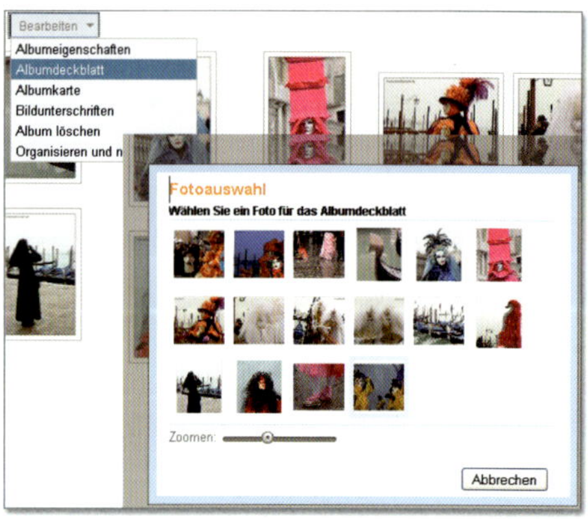

> Albumdeckblatt
Legen Sie ein schönes Titelbild fest.

te Reihenfolge die Dramaturgie der Bilderserie positiv beeinflussen.

Sobald Sie mit Ihrem Album fertig sind, können Sie über den Button FREIGEBEN eine Nachricht an Ihre Freunde und Familie schicken. Das Titelbild wird automatisch mitgeschickt und ein Link angefügt, mit dem die Seiten direkt aufgerufen werden können. Dieser Link ist wichtig, weil Sie in den Sicherheitseinstellungen auch eine Option wählen können, die da heißt: Zugreifen darf, wer diesen Link kennt. Wenn nun jemand aus Ihrem Verteilerkreis die Nachricht weiterverbreitet, können natürlich alle anderen, die den Link kennen, ebenso auf die Bilder zugreifen. Falls Sie das nicht wünschen, bitten Sie Ihre Empfänger, diesen Link vertraulich zu behandeln.

Alben verwalten

Sobald Sie neue Fotos hochladen, können Sie diese in ein neues Album legen (HOCHLADEN) oder an ein bereits bestehendes Album anhängen (FOTOS HINZUFÜGEN). Genauso ist es möglich, jederzeit Fotos und Alben zu löschen. Die Handhabung des Picasa-Webalbums ist sehr einfach, und die deutschsprachige Oberfläche erleichtert die Bedienung. Die Möglichkeit, bis zu ein Gigabyte Daten oder 1.000 Fotos in ein Album zu laden, verführt zu einem sehr großzügigen Umgang mit Bildern. Bedenken Sie, dass der Besucher Ihrer Online-Galerie nicht immer Hunderte von Fotos anschauen möchte. Nicht nur, weil das sehr ermüdend sein kann, sondern auch, weil die Server manchmal nicht so schnell arbeiten. Dann kann es – gerade bei großen Bilddateien – unerträglich lange dauern, bis jedes Foto im Vollformat am Bildschirm angezeigt wird. Auch eine Privatgalerie sollte nicht mehr als 100 Fotos enthalten und die Datenmenge pro Bild so »schlank« sein, dass man die Fotos rasch durchklicken kann. Wenn Sie mehr als 100 Fotos von einem Ereignis haben und davon ausgehen, dass die eingeladenen Besucher der Galerie wirklich alles sehen wollen, dann teilen Sie die Bilder in verschiedene thematische Alben auf.

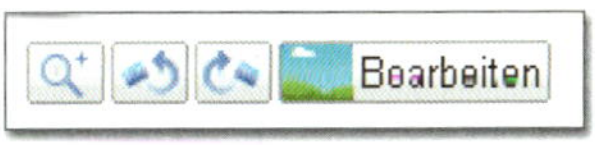

^ Bildanpassungen
Mit dem Button BEARBEITEN wird ein Bearbeitungsprogramm geladen, mit dem Sie Ihre Fotos optimieren konnen.

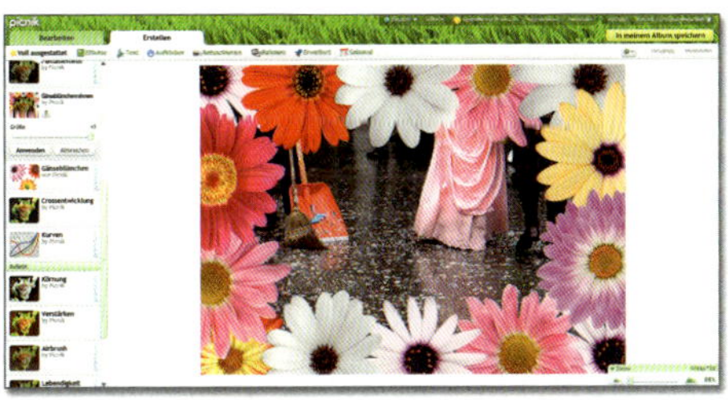

^ Auto-Korrektur, Drehen ...
Das Tool picnik verfügt über die wichtigsten Funktionen. Es gibt sogar Effekte, doch einige davon sind kostenpflichtig und können erst angewendet werden, wenn Sie sich extra für diesen Dienst registrieren.

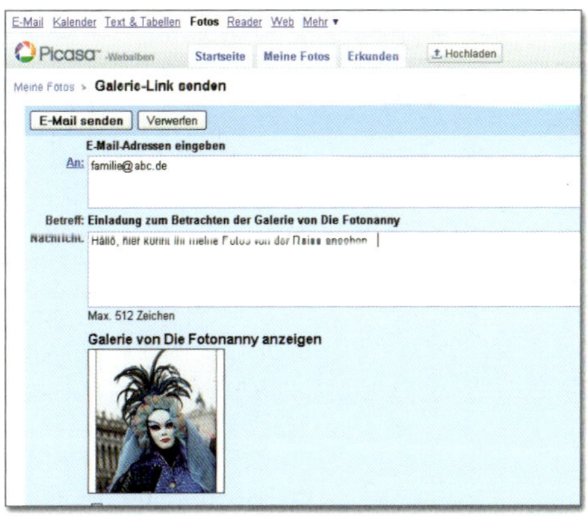

^ Einladung
Per E-Mail können Sie Ihre Freunde und Bekannten einladen, die Bilder anzuschauen.

Eigene Foto-Homepage einrichten

Vielleicht mögen Sie die Umgebung eines kostenlosen Anbieters nicht so gerne und träumen von einer selbst gestalteten Galerieseite. Auch dafür gibt es Möglichkeiten: Je nachdem, ob Sie Ihre Bilder mit Text garnieren oder eine reine Galerieseite erstellen wollen, können Sie entweder einen (kostenlosen) Blog einrichten (Blog = *web log*) oder sich für wenig Geld eine eigene Internetseite reservieren.

Der Vorteil einer eigenen Seite besteht darin, dass Sie sich einen passenden Domain-Namen (Adresse Ihrer Seite, zum Beispiel *www.meine-fotoseite.de*) aussuchen und auch eigene E-Mail-Adressen dazu einrichten können (zum Beispiel hans@meine-fotoseite.de). Bei der Auswahl des Pakets gibt es große Preisunterschiede, je nach Anbieter, verfügbarem Speicherplatz und Zusatzfunktionen. Die Verträge werden meist mit einem Jahr Laufzeit abgeschlossen und sind schon ab 20 EUR jährlich zu haben. Nach Vertragsabschluss erhalten Sie den Zugang und die Passwörter für das Hochladen Ihrer Galerien. Mit den Funktionen von Photoshop Elements können Sie Ihre Seiten erstellen und auf das eigene Konto beim Provider hochladen. Ab diesem Moment sind die Bilder dann unter der von Ihnen gewählten Adresse im Internet sichtbar.

Worauf Sie bei der Auswahl achten müssen

Ihre Fotos werden auf dem Server des Internetproviders gespeichert, dazu benötigen Sie ein gewisses Kontingent an Speicherplatz. Ebenfalls wichtig ist der sogenannte Traffic: Der entsteht, wenn Ihre Seiten und die Bilder aufgerufen werden. Bei manchen Anbietern ist dieser begrenzt, und es kostet zusätzliche Gebühren, wenn das Volumen überschritten wird. Da Sie nicht wissen können, wie viele Leute Ihre Fotos anklicken, kann das zur Kostenfalle werden. Achten Sie deshalb auf Angebote mit unbegrenztem Traffic. Wenn Sie Ihre Fotos verkleinern, reichen 200 MB Webspace für den Anfang aus. Schön, aber nicht unbedingt nötig sind Musterseiten und Funktionen, mit denen Sie Ihre Galerien mit den Mitteln des Providers gestalten können.

Blog einrichten

Wenn Sie gerne Texte schreiben und diese mit Bildern garnieren möchten, bietet sich ein Blog an. Auch hier gibt es kostenlose werbefreie Portale. Blogspot gehört zu Google, Wordpress ist eines der am weitesten verbreiteten Systeme, das auch in einer überwiegend deutschsprachigen Oberfläche verfügbar ist. Das Registrieren ist genauso simpel wie das Einrichten eines kostenlosen Webalbums. Nach der Anmeldung haben Sie Zugriff auf das sogenannte Dashboard, das nur Sie sehen können. Über diese Seite laden Sie Fotos hoch, verändern das Aussehen des Blogs und schreiben Ihre Textbeiträge. Das Arbeiten mit dem Blog bietet viele Möglichkeiten und Funktionen – vielleicht sogar etwas zu viel für ungeübte Einsteiger.

Fotogalerie mit Photoshop Elements erstellen

Um Ihre Fotos in ein Galeriedesign zu setzen, öffnen Sie den ORGANIZER von Photoshop Elements (PSE). Legen Sie ein neues ALBUM an, indem Sie rechts bei Alben auf das grüne Pluszeichen klicken und NEU auswählen. Geben Sie einen Namen für das Album ein, und ziehen Sie mit der Maustaste die gewünschten Bilder von links nach rechts in das schmale Feld.

Falls einige der Bilder noch nicht in der korrekten Ausrichtung auf der Arbeitsfläche liegen, klicken Sie die Miniaturen auf der linken Arbeitsfläche an und wählen dann den DREHEN-Befehl. Die Fotos in der Auswahl rechts werden dann automatisch mit gedreht. Mit einem Klick auf den Button FERTIG wird das Album erstellt.

Häufige Wechsel zwischen Hoch- und Querformaten sehen nicht schön aus: Klicken Sie auf die Albumansicht. Links sehen Sie jetzt die ausgewählten Bilder, die mit Zahlen versehen sind. Durch Anklicken und Ziehen können Sie die Reihenfolge verändern. Setzen Sie Bilder hintereinander, die in Farbe, Helligkeit und Ausrichtung gut miteinander harmonieren.

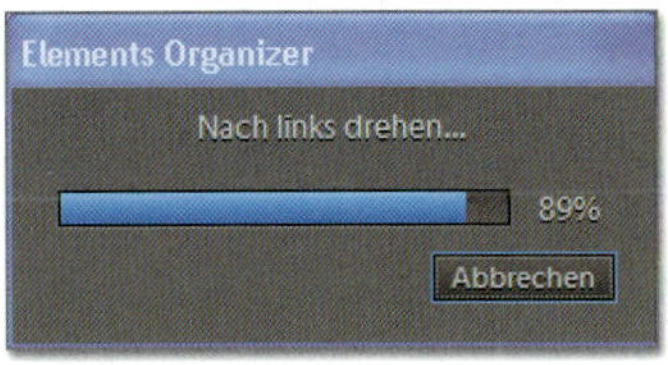

∧ Bilder sortieren
Drehen Sie falsch ausgerichtete Bilder, bevor Sie das Album erstellen, und sortieren Sie sie für eine schönere Dramaturgie.

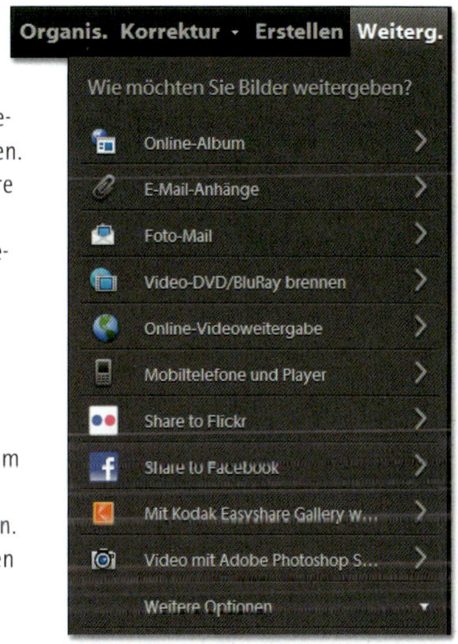

> Bilder präsentieren
Das Modul WEITERGABE bietet Ihnen mehrere Optionen. Wenn Sie die Bilder auf Ihre Facebook- oder Flickr-Seite übertragen, wird kein Galeriedesign angewendet.

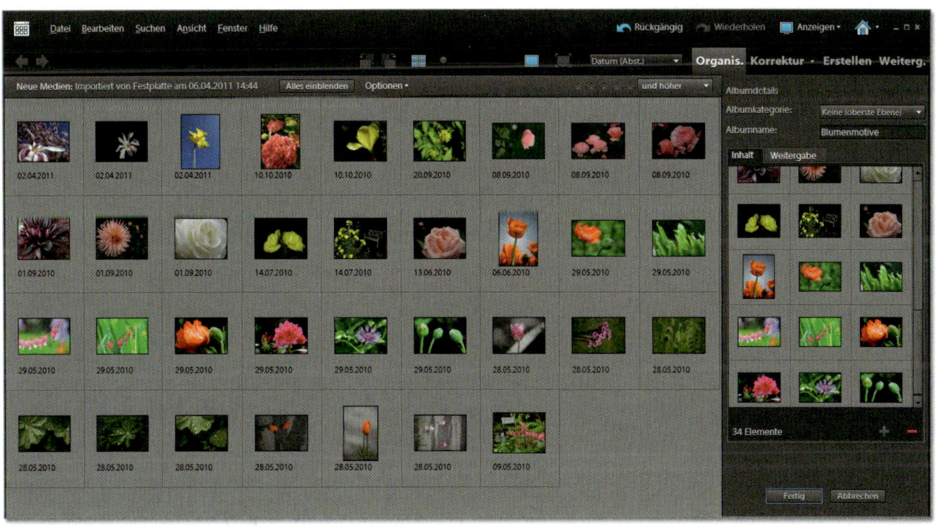

∨ Neues Album anlegen
Dieser Vorgang ist nötig, um die Galerie an die nächste Anwendung weiterzugeben. Ziehen Sie die gewünschten Bilder nach rechts in den Kasten.

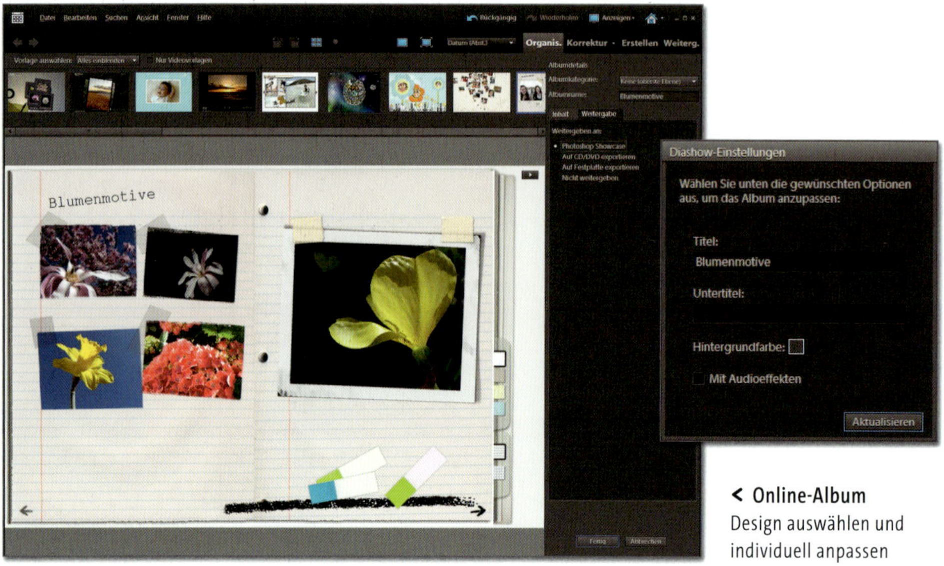

< Online-Album
Design auswählen und individuell anpassen

Bei der Option Online-Album wählen Sie ein Design für Ihre Webseite aus. In der Leiste oberhalb der Vorschau finden Sie dafür viele Auswahlmöglichkeiten und Optionen. Für viele Designs gibt es zudem die Möglichkeit, einen Untertitel, Hintergrundfarben oder andere Effekte zu definieren.

Galerie exportieren und ins Internet laden

Wählen Sie die Option Auf Festplatte exportieren, und legen Sie einen eigenen Ordner für Ihre Homepage an. PSE speichert nun Ihre Galerie in einen Unterordner mit dem Titel Ihrer Galerie. Innerhalb dieses Ordners finden Sie verschiedene Dateien und Ordner, vor allem aber eine index.html-Datei. Diese ist der Startpunkt für Ihren Internetauftritt.

Sie benötigen ein sogenanntes FTP-Programm, mit dem Sie den Inhalt des Galerieordners auf den Server laden. Ein kostenloses Tool ist beispielsweise WS FTP, das Sie aus dem Internet herunterladen können. Nach der Installation starten Sie das Programm und klicken auf Connect, um sich zu verbinden. Da noch keine Verbindungsdaten gespeichert sind, legen Sie diese mit Neu an. In die Felder geben Sie die Adresse Ihrer Homepage-Adresse und Ihr Passwort ein. Das erste Passwort erhalten Sie vom Provider, auf dessen Seite Sie es bei Bedarf auch ändern können. Die Zugangsinformationen sind ungefähr so wichtig, wie die PIN-Nummer zu Ihrer Kreditkarte: Bewahren Sie sie also sicher auf.

Sobald die Verbindung zum Server hergestellt ist, sehen Sie zwei Fenster: links Ihre Festplatte, rechts die »Festplatte« bei Ihrem Internet-Provider. Öffnen Sie im linken Fenster den Ordner Ihres Albums. Markieren Sie mit der Maus die Datei index.html und alle weiteren Dateien, die innerhalb des Ordners liegen. Danach klicken Sie auf das kleine Kästchen mit dem Pfeil nach rechts – nun werden Ihre Daten auf den Server geladen. Sobald die Übertragung abgeschlossen ist, ist Ihre Galerie un-

> Export
Um Ihre Webseite ins Internet zu laden, müssen Sie sie zunächst auf die Festplatte exportieren.

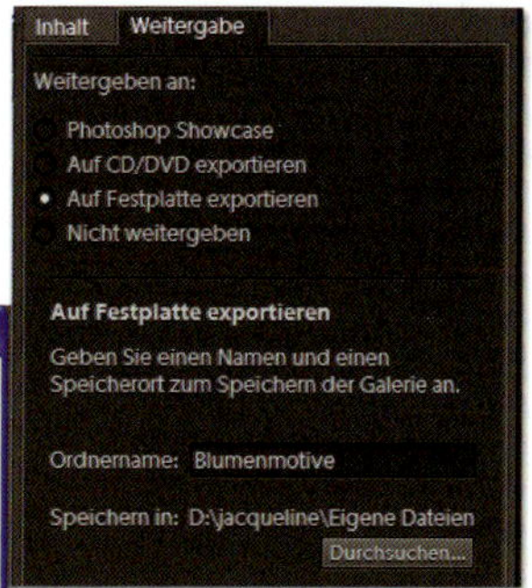

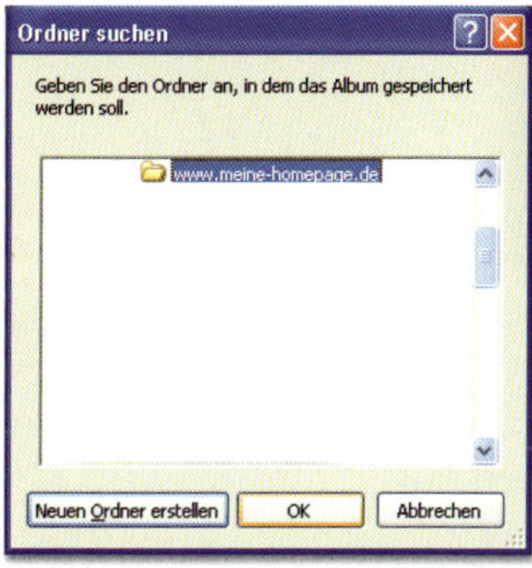

∨ FTP-Verbindung einrichten
Tragen Sie hier die Verbindungsdaten ein. Sobald die Daten angekommen sind, sehen Sie eine Liste im rechten Fenster.

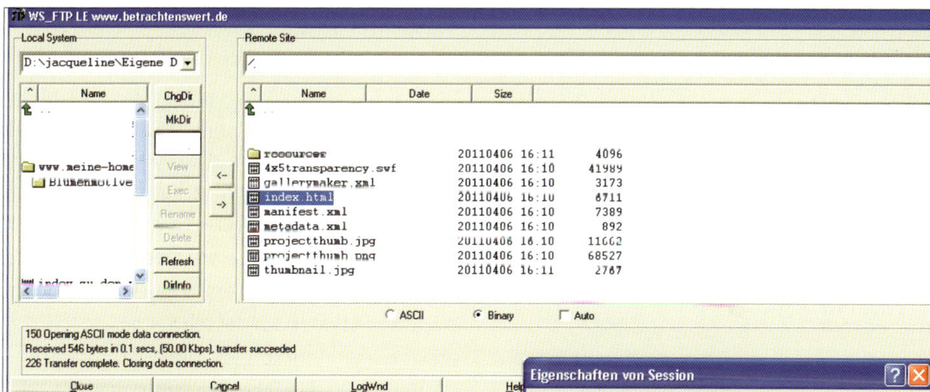

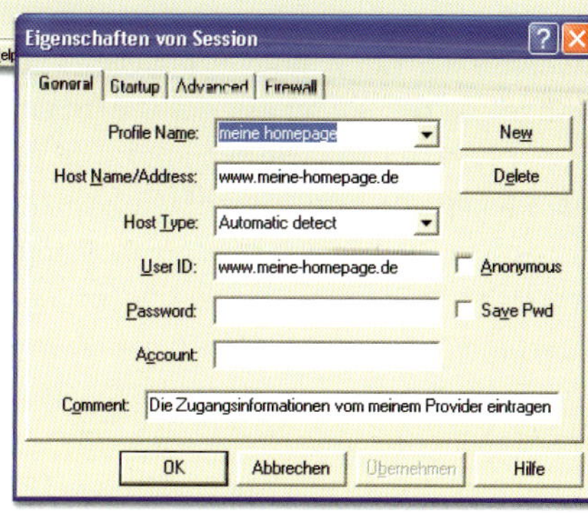

ter Ihrer Homepage-Adresse zu sehen. Die Datei index.html ist bei den meisten Providern automatisch die Einstiegsseite, so dass Sie nichts weiter tun müssen. Falls es dennoch Probleme mit der Anzeige gibt, finden Sie bei Ihrem Provider entsprechende Anleitungen, wie die Ordner Ihrer Fotogalerie und die Indexdatei hochzuladen sind.

Die für dieses Buch erstellte Blumengalerie finden Sie übrigens im Internet unter *www.fotoprojekte.net/Blumenmotive*.

Ein paar Hinweise zum Fotorecht

Das Fotografieren hat mittlerweile solche Ausmaße angenommen, dass rechtliche Aspekte immer mehr Aufmerksamkeit bekommen. Der Begriff Fotorecht umfasst die Bereiche Persönlichkeits-, Urheber- und Markenrecht. Grundsätzlich dürfen Sie zwar fremde Personen fotografieren, aber die Bilder nur mit dem ausdrücklichen Einverständnis der abgebildeten Person(en) veröffentlichen (Persönlichkeitsrecht). Das Hochladen ins Internet ist eine solche Veröffentlichung. Zwischen den juristischen Vorschriften und der alltäglichen Praxis gibt es himmelweite Unterschiede und eine große Grauzone. Solange niemand bemerkt, dass sein Bild im Internet veröffentlicht wurde, haben Sie zwar nichts zu befürchten, aber hüten Sie sich davor, Fotos von Personen zu Wettbewerben einzusenden. Die eingereichten Bilder werden später häufig für kommerzielle Zwecke benutzt, auch wenn Sie nichts gewonnen haben. Sollte eine abgebildete Person damit nicht einverstanden sein, muss der Fotograf eventuell Schadensersatz zahlen.

Häuser dürfen von der Straße aus fotografiert werden, allerdings nur ohne Hilfsmittel. Eine Leiter oder ein langes Stativ, mit dem Sie über einen Gartenzaun lugen, sind nicht erlaubt, wohl aber ein ganz normales Bild aus Augenhöhe, solange Sie sich auf einer öffentlichen Straße befinden. Fotografieren auf Privatgelände – also auch in Innenräumen – muss vom Eigentümer bzw. Wohnungsinhaber genehmigt werden. Für einige Gebäude gelten besondere Regeln: Sie sind urheberrechtlich geschützt. Für private Zwecke ist es zwar meist kein Problem, ein Bild von einem Schloss, einer Treppe, einer Kirche oder vom nächtlich beleuchteten Eiffelturm zu machen, aber sobald Sie Bilder veröffentlichen wollen oder zu Wettbewerben einreichen, sollten Sie vorher genau recherchieren.

Viele Dinge des alltäglichen Lebens fallen unter das Markenrecht. Hier kann der Markeninhaber (Coca Cola, BMW usw.) gegen die Veröffentlichung eines Fotos Einspruch erheben. Kunstwerke und kunsthandwerkliche Gegenstände sind durch das Urheberrecht geschützt, ein Maler, Bildhauer, Töpfer oder Goldschmied kann Ihnen das Fotografieren verwehren. Erlaubt hingegen ist das Fotografieren von Kunstwerken, die dauerhaft im öffentlichen Raum aufgestellt sind.

Haustiere von fremden Leuten dürfen Sie in aller Öffentlichkeit fotografieren, aber es ist trotzdem netter, wenn Sie die Tierbesitzer vorher fragen. Überhaupt lassen sich viele Missverständnisse und Animositäten aus der Welt schaffen, wenn man freundlich mit den Leuten spricht. Es wäre schade, wenn jeder immer nur auf sein theoretisches Recht pocht und das Fotografieren in der Öffentlichkeit irgendwann so stark eingeschränkt wird, dass man nur noch zu Hause in den eigenen vier Wänden mit bezahlten Fotomodellen oder Familienmitgliedern Bilder machen darf. Ein bisschen Fingerspitzengefühl und Respekt gehören auch zum Fotografieren dazu.

Natürlich sind auch Ihre Bilder durch das Urheberrecht geschützt: Wenn jemand unerlaubterweise Fotos nutzt, die Sie gemacht haben, können Sie juristische Maßnahmen ergreifen. Sie müssen dann den Nachweis erbringen, dass Sie das Foto gemacht haben. Deshalb ist es sinnvoll, im Internet keine hochauflösenden Originaldateien zu präsentieren, sondern immer nur verkleinerte Kopien.

Schnelle erste Hilfe: **Die richtige Auflösung fürs Web**

Damit Ihre Fotos für die Betrachter nicht zu unverdaulichen Datenbrocken werden, ist es nötig, die Bilder für den E-Mail-Versand oder für Internetgalerien zu verkleinern. Einige Plattformen verlangen keine verkleinerten Dateien: eBay und die Fotocommunity haben beispielsweise einen eingebauten Filter, der sofort erkennt, wenn ein Foto zu groß ist. Dann wird das Bild – teilweise ohne Ihr Wissen oder Zutun – automatisch verkleinert und abgespeckt. Dieser Vorgang kann die Qualität Ihres Bildes deutlich verschlechtern, je nachdem, wie gut oder schlecht der Umrechnungsprozess ist. Wenn Sie eine gute Qualität schätzen, ist es also besser, Fotos selbst zu verkleinern. Auch wenn Sie Fotos über ein Album zum Beispiel an Flickr schicken oder eine eigene Webgalerie erzeugen, werden die Bilder automatisch skaliert.

Eine sehr praktische Methode, um mehrere Bilder mit wenigen Mausklicks zu verkleinern, ist die sogenannte Stapelverarbeitung. Im EDITOR von PSE finden Sie den Befehl DATEI • MEHRERE DATEIEN VERARBEITEN. Dieser Dialog hat es in sich: Sie können die Fotos eines kompletten Ordners ansteuern und automatisch verkleinern, dazu ein Wasserzeichen auf den Fotos anbringen und die Fotos schärfen. Die Einstellungen im Einzelnen:

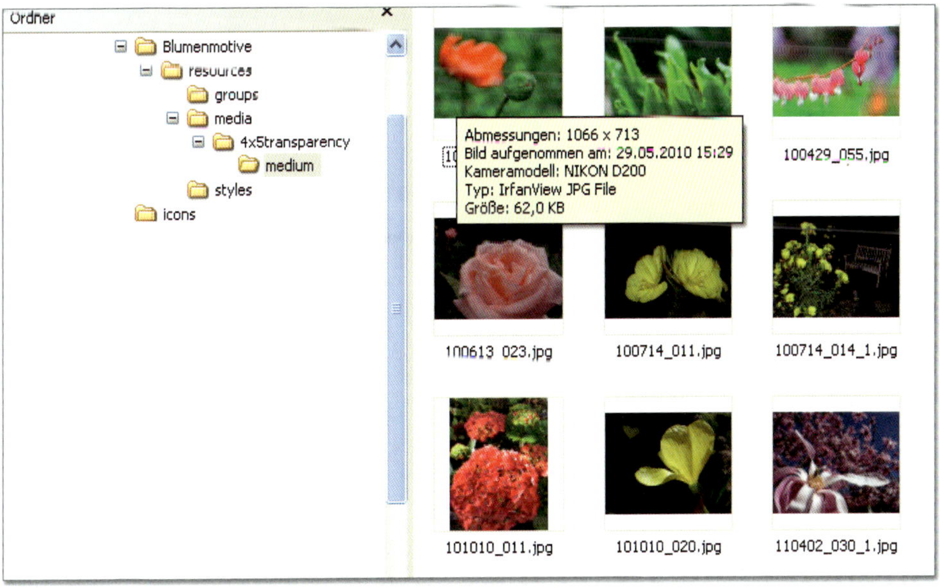

∧ Automatisch verkleinert
Die Fotos für die Webgalerie liegen in einem Unterordner. Dort können Sie sehen, dass die Fotos auf 1.066 Pixel verkleinert wurden. Diese Bilder könnten Sie bei Bedarf sofort für den E-Mail-Versand benutzen.

1. Wählen Sie als Option Ordner, wenn Sie alle Bilder verkleinern wollen. Wenn nicht, öffnen Sie nur die Dateien, um die es geht (Option Geöffnete Dateien).
2. Wählen Sie den Ordner aus, in dem die Bilder liegen (Quelle) und wohin die kleinen Kopien gespeichert werden sollen (Ziel). Es ist ratsam, für die Kopien einen separaten Ordner anzulegen, zum Beispiel »Verkleinert«.
3. Damit Sie die großen Originaldateien und die kleinen Kopien nicht durcheinanderbringen, machen Sie bei Umbenennen ein Häkchen und wählen rechts die Option Erweiterung. Dieses Wort können Sie überschreiben, zum Beispiel mit dem Wort klein.
4. Setzen Sie ein Häkchen bei Skalieren, und geben Sie die gewünschte Bildgrösse ein: 1.920 Pixel wäre das Maß für die volle HD-Auflösung (Querformat). Lassen Sie das zweite Feld frei und das Häkchen bei Proportionen beibehalten unbedingt gesetzt.
5. Die Einstellung JPEG hohe Qualität ist optimal. Wenn die Dateien noch zu groß sind, wählen Sie eine mittlere Qualität oder eine geringere Pixelzahl. Probieren Sie den Durchlauf gegebenenfalls erst einmal mit einem oder zwei Fotos aus, um die Qualität zu testen.
6. Schnellkorrektur: Falls gewünscht, können Sie Ihre Dateien automatisch korrigieren und schärfen lassen – aber machen Sie erst einen Test.

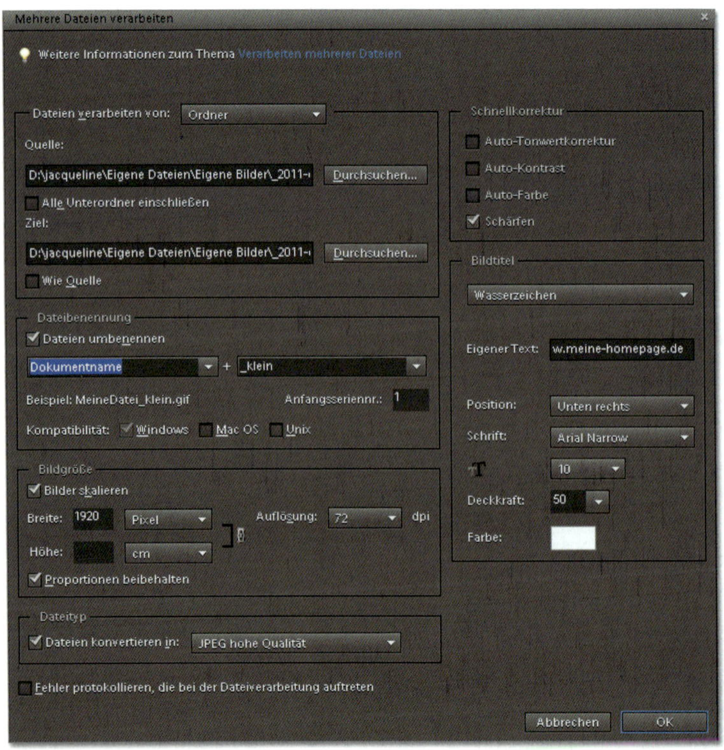

< Mehrere Dateien verarbeiten
Der Dialog zur Stapelverarbeitung in PSE beschleunigt Ihre Arbeitsabläufe.

7. Um Ihre Signatur auf dem Foto zu hinterlassen, was durchaus sinnvoll ist, um den Bilderklau im Internet zu erschweren, tragen Sie den gewünschten Text in das Feld ein, zum Beispiel Ihren Webseitennamen. Die Schriftgröße, Schriftart, Farbe und Anordnung des Textes können Sie hier ebenfalls beeinflussen.

Wenn Sie mit OK bestätigen, fängt PSE an, alle geöffneten Dateien bzw. den ganzen Ordner abzuarbeiten. Je nachdem, wie viele Bilder es sind, können Sie das Ergebnis bereits nach einigen Sekunden oder Minuten begutachten.

KLEINE FALLSTRICKE

- Ausrichtung: Bei der Stapelverarbeitung unterscheidet PSE nicht zwischen hoch- und querformatigen Bildern. Dadurch werden die Hochformate anders skaliert und sind größer als die Querformate. Deshalb ist es nötig, zwei Stapelbearbeitungen anzustoßen: zuerst für die Quer- und dann für die Hochformate, wobei man jedes Mal die jeweils längere Seite auf die gewünschte Länge (in Pixeln) einstellt.
- Maßeinheit: Achten Sie auch darauf, dass wirklich »Pixel« und nicht »Zentimeter« angegeben ist. Das Menü springt zurück auf die Zentimeterangabe, wenn man es erneut öffnet: Und eine Seitenlänge von 1.920 Zentimeter erzeugt eine riesengroße Datei, und der Rechner wird sehr langsam!
- Beste Qualität erhalten Sie, wenn Sie Fotos individuell von Hand skalieren, unscharf maskieren und FÜR WEB SPEICHERN. Die einzelnen Arbeitsschritte sind auf Seite 249 erläutert.

DAS WICHTIGSTE IN KÜRZE

- Bilder kostenlos ins Netz stellen: Das geht bei vielen Plattformen und ist sehr einfach.
- Wenn Sie Bilder nur mit wenigen Leuten teilen wollen, benutzen Sie Seiten, bei denen Sie die Privatsphäre entsprechend einstellen können.
- Für ambitionierte Fotoamateure sind Fotocommunity und Flickr die besten Anlaufstellen.
- Für den Austausch von größeren Mengen privater Bilder eignet sich zum Beispiel das Picasa-Webalbum.
- Laden Sie nur Bilder hoch, bei denen Sie sich sicher sind, dass die abgebildeten Personen
- Lesen Sie Wettbewerbsbedingungen genau durch.
- Eine eigene Homepage mit eigener Internetadresse muss nicht teuer sein. Verwenden Sie eine separate E-Mail-Adresse für Internetzwecke.
- Das Erstellen der Seiten und das Hochladen der Dateien sind etwas aufwendiger als ein einfaches Webalbum, eigene Seiten sehen aber eindrucksvoller aus.
- Verkleinern Sie Ihre Fotos für E-Mails und das Internet: PSE bietet dafür verschiedene Funktionen, unter anderem im Modul WEITERGABE.

Glossar

Abbildungseigenschaften
Form und Größe des Kameragehäuses sowie die Größe des Sensors beeinflussen die Art und Weise, wie ein Gegenstand abgebildet wird. Auch Objektive haben unterschiedliche Abbildungseigenschaften.

Abblenden
Schließen der Blendenöffnung, Erhöhung des Zahlenwerts der Blende. Durch Abblenden wird eine größere Schärfentiefe im Foto erzeugt. Abblenden verlängert die Belichtungszeit, was häufig zur Verwacklung führt.

Action/Sport
Aufnahmemodus für schnell bewegte Motive

Adobe DNG
Von der Firma Adobe entwickeltes Format für Rohdaten. Die herstellerspezifischen RAW-Formate können weitgehend verlustfrei in Adobe DNG umgewandelt werden, um sicherzustellen, dass alte Ursprungsformate auch in vielen Jahren von neuen Bearbeitungsprogrammen noch erkannt werden.

AE/AEB
Abkürzung für *Automatic Exposure*, Automatische Belichtung; an vielen Kameras können automatische Belichtungsreihen erzeugt werden, d.h. die Kamera fotografiert das Motiv dreimal mit unterschiedlichen Einstellungen für Helligkeit und/oder Weißabgleich.

AF (Autofokus)
Automatische Scharfstellung: Die Kamera misst die Entfernung zum anvisierten Motiv und steuert einen Motor, der die Linsen im Objektiv so justiert, dass das Motiv scharf abgebildet wird.

AF-Modus, AF-Betriebsart
Es gibt unterschiedliche Methoden, wie die Kamera die Scharfstellung vornimmt. Bei bewegten Motiven muss ein schnellerer Modus eingestellt werden als bei unbewegten Objekten.

AF-Messfeld, AF-Zone
Um die Entfernung zum Motiv zu messen, verwendet die Kamera mehrere über das Sucherfeld verteilte Sensoren. Diese können bei vielen Kameras individuell aktiviert und gesteuert werden.

Analoge Fotografie
Fotografieren auf Film (Dia, Farbe, Schwarzweiß). Die Entwicklung von Filmen und Papierbildern erfolgt durch chemische Verfahren.

Anfangsöffnung
Größtmögliche Blendenöffnung eines Objektivs, wird ausgedrückt durch einen im Idealfall kleinen Zahlenwert (z.B. f1,8) → *Lichtstärke*

Aufhellblitz
Der Blitz wird nicht als Hauptlichtquelle eingesetzt, sondern dient z. B. bei Tageslicht dazu, Gegenlicht und Schatten im Motiv aufzuhellen.

Autofokus
→ *AF*

Auflösung
a) Anzahl der auf dem Sensor bzw. in einem Bild vorhandenen Bildpunkte (Pixel) pro Inch (2,54 cm). Am Bildschirm verwendet man 72 bis 96 ppi für die Darstellung, für den Druck benötigt man 300 ppi. Beim Drucken spricht man von dpi (*dots per inch*)
b) Fähigkeit eines Objektivs, feine Details darzustellen

AWB
Abkürzung für *Automatic White Balance*, Automatischer Weißabgleich; zur Korrektur von Farbstichen im Foto

B (Bulb)
Einstellung an der Kamera für Langzeitbelichtungen. Solange der Auslöser gedrückt wird, bleibt der Verschluss offen.

Bedienelemente
Einstellräder und Tasten an der Kamera, mit denen die Funktionen angesteuert und verändert werden können.

Belichtung
Vorgang, bei der die Kamera den Verschluss öffnet und Licht auf den Sensor gelangen kann. Die Belichtung erfolgt bzw. startet beim Herunterdrücken des Auslösers und wird von komplexen Mess- und Steuervorgängen geregelt.

Belichtungskorrektur
Auch Plus-Minus-Korrektur. Der Fotograf benutzt die Funktion, um die Helligkeit des Fotos individuell zu steuern (heller oder dunkler), wenn das Bild mit den automatisch ermittelten Messwerten nicht den Erwartungen entspricht.

Belichtungsmessung
Vorgang, bei dem die Kamera ermittelt, wie viel Licht für eine korrekt belichtete Aufnahme benötigt wird. An der Kamera stehen oft mehrere Messmethoden zur Verfügung: mittenbetonte Messung, Mehrfeldmessung und Spotmessung.

Belichtungszeit
Die Dauer, die ein Film oder Kamerasensor der Wirkung des Lichts ausgesetzt ist. Moderne Kameras konnen von sehr kurzen Verschlusszeiten (z. B. 1/8000 sek bis zu mehreren Sekunden oder Minuten belichten). Klassische und am häufigsten verwendete Belichtungszeiten bei Standardmotiven: 1/10 – 1/15 – 1/30 – 1/60 – 1/125 – 1/250 – 1/500.

Bildprozessor
Kombination aus Hardware (Prozessoren) und Software (Algorithmen). Die »Bildentwicklungsmaschine« in der Kamera, die über Farbe, Rauschen und Schärfe entscheidet. Geschwindigkeit des Prozessors und Qualität der Algorithmen sind wesentliche Gütemerkmale einer hochwertigen Kamera.

Bildrauschen
Störstrukturen, die vor allem in sehr dunklen Bereichen digitaler Bilder auftreten. Das Rauschen ist abhängig von der Qualität und Größe des Sensors. Es nimmt bei erhöhten ISO-Werten deutlich zu. Man unterscheidet zwischen Farbrauschen und Luminanzrauschen.

Bildstabilisierung
Mechanische und elektronische Verfahren in der Kamera zur Vermeidung von Verwacklungsunschärfe.

Bildwinkel
Gibt an, welcher Bereich einer Szene vom Objektiv noch erfasst wird. Wird gewöhnlich diagonal, horizontal oder vertikal in Grad ausgedrückt. Ein Weitwinkelobjektiv (kurze Brennweite) hat einen großen Bildwinkel, ein Teleobjektiv (lange Brennweite) hat einen engen Bildwinkel. Beim Zoomobjektiv verändert sich der Bildwinkel mit der Zoomstellung.

Bit/Byte
Kleinste Einheit jeder digitalen Information. Der Wert eines Bits beträgt 0 oder 1. Die Größe digitaler Dateien wird in Byte angegeben. Jedes Byte besteht aus 8 Bit und kann 256 Werte darstellen. Die Speicherkapazität von digitalen Aufnahmemedien wächst beständig: 1.048.576 Byte = 1 Megabyte (MB), 1.024 Megabyte = 1 Gigabyte (GB), 1.024 Gigabyte = 1 Terabyte (TB) usw. Diese etwas krummen Zahlen können Sie sich aber für den Alltag grob genähert so merken: 1 TB = 1.000 GB, 1 GB = 1.000 MB, 1 MB = 1.000 Kilobyte = 1.000.000 Byte.

Blende
Aus Lamellen bestehende Vorrichtung in einem Objektiv, zum Einstellen der Lichtmenge. Der Blendenwert wird mit dem Buchstaben f gekennzeichnet. Eine große Zahl repräsentiert eine kleine Öffnung, eine kleine Zahl repräsentiert eine große Blendenöffnung.

Blendenautomatik
Halbautomatik an der Kamera (Tv/S/Sv): Der Fotograf wählt die gewünschte Verschlusszeit, die Kamera ermittelt, welche Blende für eine korrekt belichtete Aufnahme benötigt wird und stellt die dazu passende Blende (f) ein.

Blitzbelichtungskorrektur
Funktion an der Kamera, mit der die Intensität des abgefeuerten Blitzlichts reduziert oder verstärkt werden kann.

Blitzlicht
Künstliche Lichtquelle, die ein helles, nach vorne gerichtetes und farblich neutrales Licht aussendet. Die Reichweite des Blitzes ist abhängig von der Leistung des verwendeten Blitzgeräts. Man unterscheidet zwischen dem eingebauten Kamerablitz, einem als Zubehör erhältlichen Aufsteckblitz, und großen Studioblitzanlagen.

Blitzsynchronzeit
Die kürzeste Verschlusszeit, bei der die Kamera mit Blitzlicht belichten kann (je nach Modell 1/60 – 1/125 oder 1/250 sek).

Bohnensack
Zubehör, um die Kamera bei langen Belichtungszeiten zu stabilisieren.

Bokeh
Begriff, der die subjektive, ästhetische Qualität von unscharfen Bereichen in einem Foto beschreibt. Jedes Objektiv erzeugt ein etwas anderes Bokeh. Dabei geht es nicht um die Stärke der Unschärfe, sondern darum, wie die Unschärfebereiche aussehen.

Brennweite
Die Brennweite (f) ist der Abstand vom Mittelpunkt der Linse eines Objektivs bis zu dem Punkt, an dem sich das Licht parallel einfallender Strahlen im Objektiv bündelt. Dieser Punkt wird als Brennpunkt bezeichnet, trifft sich auf dem Sensor und wird mit dem Buchstaben F beschrieben. Die Brennweite wird in Millimeter angegeben. Kleine Zahl = kurze Brennweite = Weitwinkel; große Zahl = lange Brennweite = Teleobjektiv.

Bridgekamera
Kamera ohne Wechselobjektive, die die Eigenschaften von Spiegelreflexkameras und Kompaktkameras vereint, meist mit leistungsstarken Zoomobjektiven und elektronischem Sucher ausgestattet.

CMYK
Abkürzung für Cyan (Blau), Magenta (Purpurrot), Yellow (Gelb), Key (Schwarz). Vierfarbsystem, das beim Drucken verwendet wird.

Cropfaktor (CF)
Aufgrund unterschiedlicher Größe eines Films in einer analogen Kamera und dem Sensor einer digitalen Kamera verkleinert sich bei gleicher Brennweite der Bildwinkel bei der digitalen Kamera. Der Cropfaktor wird auch als Formatfaktor, manchmal auch als Verlängerungsfaktor bezeichnet.

Dateiformat
Computerdateien werden nach den Erweiterungen ihrer Dateinamen erkannt und unterschieden. Die typischen Formate von Fotodateien sind JPG/JPEG, TIFF, GIF, PNG und die herstellerspezifischen Rohdatenformate (CRW, NEF ...). Photoshop-Dateien haben die Endung .PSD. Das Dateiformat kann durch Bildbearbeitung verändert werden. Siehe auch *Adobe DNG*.

Dateigröße
Menge an Speicherplatz, die eine Computerdatei benötigt; die Datenmenge wird in Byte angegeben (Megabyte, Gigabyte, Terabyte). Je nachdem, wie groß der Sensor in einer Kamera ist, und welche Qualitätseinstellung an der Kamera gewählt wird, ist eine Fotodatei ein bis mehrere Megabyte groß. Die Dateigröße kann durch Bildbearbeitung verändert werden.

Diffuses Licht
Licht, das z. B. durch Wolken gestreut wird, erzeugt eine weiche und kontrastarme Beleuchtung von Fotomotiven.

Digitales Negativ
Bilder, die im Rohdatenformat (RAW) aufgenommen werden, bezeichnet man als digitales Negativ.

Digitalzoom
Die Kamera rechnet beim digitalen Zoomen die Größe eines Fotos künstlich hoch. Dieser Vorgang geht immer zu Lasten der Bildqualität und stellt keinen Ersatz zum optischen Zoom dar.

Display
Miniaturbildschirm an der Kamerarückseite zur Anzeige/Wiedergabe von Bildern oder Ansteuerung von Kamerafunktionen.

DPI
dots per inch → Auflösung

DSLR
Digital Single Lens Reflex, digitale Spiegelreflexkamera; Kamerasystem bestehend aus einem Kameragehäuse (Body) und auswechselbaren Objektiven. Das Gehäuse enthält ein Spiegelsystem, mit dem das Bild in den optischen Sucher übertragen wird. Der Sensor, der das Bild aufzeichnet, liegt hinter dem Spiegel. Zwischen Sensor und Spiegel befindet sich der Verschluss. Während der Belichtung öffnet sich der Verschluss und der Spiegel klappt nach oben, damit das Licht auf den Sensor gelangen kann. Dabei entsteht das typische Auslösegeräusch.

Elektronische Bildverarbeitung (EBV)
Allgemein: die Aufbereitung und Speicherung von visuellen Informationen; in der Digitalfotografie: Bildbearbeitung mit einem Bildbearbeitungsprogramm, beginnend mit kleinen Korrekturen von Farben, Helligkeit und Schärfe bis hin zur Bildmanipulation (Retusche) oder dem Erstellen von komplexen Bildmontagen (Composings) aus mehreren Bildern.

Entfesseltes Blitzen
Der Blitz befindet sich nicht auf der Kamera, sondern an einer be-

liebigen Stelle im Raum und wird über ein Kabel oder Funksystem ausgelöst. Ermöglicht eine kreativere Ausleuchtung von Räumen mit Blitz.

Exif
Exchangeable Image File Format, ein Standard für das Dateiformat, in dem moderne Digitalkameras Metadaten über die aufgenommenen Bilder speichern, z. B. Angaben über Kameramodell, Blende, Verschlusszeit, ISO-Wert, Brennweite und vieles mehr.

f
Kurzbezeichnung für die Blende

Farbtemperatur
Maßeinheit für die Farbe des Lichts, ausgedrückt in Kelvin. Der Wert bei Sonnenschein beträgt: 5.500–5.600 K, bei Kunstlicht ist die Farbtemperatur niedriger (3.500K), im Gebirge durch den hohen UV-Anteil höher. Die Kamera misst den Kelvin-Wert. Nach der Aufnahme führt der Weißabgleich eine Anpassung durch, um Farbstiche zu vermeiden.

Farbtiefe
Die Menge der Farbinformationen in einem digitalen Bild: 8-Bit-Farbe (JPEG) bietet 256 unterschiedliche Farbtone, 16-Bit-Farbe (TIFF, RAW) bietet über 65.000 Farben. Das menschliche Auge kann etwa 16 Millionen Farbtöne unterscheiden (32-Bit-Farbe).

Fernauslöser/Drahtauslöser
Zubehör, mit dem die Kamera berührungs- und damit verwacklungsfrei oder aus einiger Entfernung ausgelöst werden kann.

Festbrennweite
Objektiv, dessen Brennweite sich nicht verändern lässt, dadurch ist es einfacher und günstiger zu produzieren. Im Vergleich zu Zoomobjektiven sind das Auflösungsvermögen und die Abbildungsqualität besser, auch die Lichtstärke ist höher.

Focus Stacking
In der Bildbearbeitung das Überblenden mehrerer Bilder mit unterschiedlichen Schärfeebenen, um ein Einzelbild mit hoher Schärfentiefe zu erhalten.

Fokus
Auch Brennpunkt; der Punkt, an dem sich alle parallel zur optischen Achse eines Objektivs einfallenden Lichtstrahlen treffen. An diesem Punkt ist das Bild scharf.

Gegenlicht
Licht, das von vorne in Richtung Kamera scheint.

Gegenlichtblende
Zubehör für Objektive, speziell geformte Plastikblende, die unerwünschte Lichtbrechungen bei schräg einfallendem Licht vermeiden hilft

Graufilter
→ *ND-Filter*

GIF
Graphics Interchange Format, Dateiformat für das Internet. Für Fotos nicht geeignet.

Histogramm
Diagramm, das den Tonwertumfang, also die Helligkeitswerte eines Bildes, grafisch darstellt. An einigen Kameras gibt es auch Histogrammanzeigen für die einzelnen Farbkanäle (Rot, Grün, Blau).

Indirekt Blitzen
Das Blitzlicht wird nicht direkt auf das Motiv gerichtet, sondern z. B. an die Zimmerdecke, von wo es weich gestreut auf das Motiv zurückreflektiert wird. Diese Blitztechnik ist nur möglich mit einem externen Aufsteckblitz mit schwenkbarem Blitzkopf.

ISO-Wert
Lichtempfindlichkeit des Sensors (früher des Films, damals auch ASA oder DIN). Normalempfindlichkeit ISO 100 bis 200, digital sind bis zu ISO 12.800 und mehr möglich. Je nach Qualität und Größe des Sensors entsteht bei höheren ISO-Werten verstärktes Bildrauschen.

JPG/JPEG
Joint Photographic Experts Group. Standard-Bildformat für Fotodateien, internetkompatibel. Die Bildinformation kann mehr oder weniger stark komprimiert werden, um Speicherplatz zu sparen.

K
Abkürzung für Kelvin → *Farbtemperatur*

KB
a) Abkürzung für das Standard-Kleinbildformat (24 × 36 mm)
b) Abkürzung für die Datenmenge Kilobyte (1.000 Byte)

Kissenförmige Verzeichnung
Gerade Linien am Rand eines Bildmotivs werden vom Objektiv verzerrt abgebildet, die Linie wölbt sich nach innen in Richtung Bildmitte, typisch für Teleobjektive.

Kompaktkamera
Kamera mit fest eingebautem (Zoom-)Objektiv, meist ohne optischen Sucher. Aufgrund ihrer Bauweise liefern Kompaktkameras eine sehr große Schärfentiefe.

Kontrast
Helligkeitsunterschied innerhalb eines Motivs, z. B. zwischen hellen Sonnenstrahlen und schattigen Bereichen. In der Bildgestaltung gibt es verschiedene Kontrastarten: Hell-dunkel-Kontrast, Kalt-warm-Kontrast, Qualitätskontrast, Simultankontrast u. v. m.

Leitzahl (LZ)
Kennzahl für die Leistungsfähigkeit eines Blitzgeräts, Maßeinheit für die Reichweite des Blitzlichts. Je niedriger die Leitzahl, desto geringer die Leistung/Reichweite.

Lichter
Die hellen Partien eines Bildes.

Lichtstärke
Lichtstarke Objektive haben eine große maximale Blendenöffnung (z. B. f1,2). Damit verbunden ist eine sehr geringe Schärfentiefe. Nur Festbrennweiten erlauben eine Lichtstärke von weniger als 2,8.

Live View
Funktion an einer digitalen Spiegelreflexkamera, bei der das Sucherbild direkt auf das rückwärtige Display übertragen wird.

M (Manuell)
Einstellungsmodus an der Kamera, bei dem der Fotograf alle Einstellungen von Hand und nach eigenem Ermessen vornehmen kann.

Makro/Makroobjektiv
Objektiv zur Abbildung im Maßstab 1:1 (natürliche Größe) oder bis 10:1 (zehnfache Größe). Makroobjektive für Spiegelreflexkameras sind Festbrennweiten mit 50, 60 oder über 100 mm. Bei Kompaktkameras erlaubt die Makrofunktion Nahaufnahmen aus sehr geringem Abstand.

Megapixel
Eine Million Pixel, Maßeinheit für die Anzahl von Bildpunkten, die eine Kamera aufzeichnen und wiedergeben kann. Die Menge der Pixel ist nicht automatisch ein Qualitätskriterium, da auch die Größe der Pixel und die Sensorgröße eine Rolle spielen.

Monochrom
Einfarbig, häufig verwendet für Schwarzweißbilder. Ein monochromes Bild kann aber auch andersfarbig sein (Sepia, Blautöne ...)

Motivprogramm
Manchmal auch *Scene* oder *Best Shot*. Kameraeinstellung für spezielle Motivsituationen wie Porträt, Landschaft, Sport etc. Die Kamera benutzt je nach Motiv unterschiedliche Einstellungen bei der Aufnahme und verwendet andere Algorithmen in der Bildverarbeitung.

Nahaufnahme
→ *Makro*

ND-Filter
ND = Neutraldichte, auch Graufilter. Wird verwendet, um bei viel Helligkeit die Verschlusszeiten verlängern zu können.

Nachtporträt/Night Shot
Aufnahmemodus, bei dem die Kamera- und Blitzeinstellungen auf nächtliche bzw. dunkle Umgebungen optimiert werden.

Normalobjektiv (50 mm)
Objektive mit einer Brennweite, die etwa der Diagonalen des Aufnahme-Bildformats entspricht. Damit ergibt sich unabhängig vom Aufnahmeformat ein diagonaler Bildwinkel von etwa 53 Grad.

Objektiv
Optisches System aus verschiedenen Linsen, das eine reelle optische Abbildung eines Gegenstandes (Objektes) erzeugt. Man unterscheidet zwischen Festbrennweiten und Zoomobjektiven. Ein Objektiv kann fest mit der Kamera verbunden sein (Kompakt-, Bridgekamera) oder am Gehäuse einer Spiegelreflex- oder Systemkamera nach Bedarf gewechselt werden (Wechselobjektiv).

Optischer Sucher
Erlaubt eine genaue Kontrolle des Bildes, heute nur noch Standard bei Spiegelreflexkameras. Kleine Kameras haben nur das Display, Bridge- und spiegellose Systemkameras verwenden einen elektronischen Sucher. Inzwischen werden vermehrt elektronische Sucher oder Aufsätze als Zubehör für Kompaktmodelle angeboten.

Pixel
Abkürzung für *picture element* – Bildelement. Jede lichtempfindliche Zelle des Bildsensors liefert einen Bildpunkt, der später Teil des digitalen Bildes darstellt.

Polarisationsfilter
Abgekürzt Polfilter; vermeidet Reflexionen auf spiegelnden Flächen, erhöht die Farbsättigung und trennt weiße Wolken vom Himmelsblau.

Porträtobjektiv
Umgangssprachliche Bezeichnung für ein leichtes Teleobjektiv mit einer Brennweite von 85 bis 105 mm.

PPI
pixel per inch → Auflösung

Rauschen
→ Bildrauschen

RAW
Rohdatenformat aus der Digitalkamera, bei der nur eine minimale Bildverarbeitung durch den kamerainternen Prozessor stattfindet. Die Ausarbeitung im RAW-Konverter durch den Fotografen erlaubt eine maximale Ausnutzung der Bildinformationen. Jeder Hersteller hat ein eigenes Rohdatenformat und ein eigenes Konvertierungsprogramm. Der RAW-Konverter von Adobe ist in der Lage, die meisten Rohdatenformate zu erkennen und zu verarbeiten. Siehe auch *Adobe DNG*.

RAW-Konverter
Programm zur Bearbeitung von RAW-Dateien und Umwandlung in andere Dateiformate wie JPEG oder TIFF.

Reisezoom
Zoomobjektiv, das vom Weitwinkel bis zum Tele alle Brennweitenbereiche stufenlos abdeckt. Erlaubt bequemes Arbeiten ohne Objektivwechsel, liefert aber nicht in allen Einstellungen optimale Bildqualität.

RGB
Farbmodell für die additive Mischung aus den Grundfarben Rot/Grün/Blau. sRGB wird von allen Systemen erkannt und unterstützt. Das an vielen Kameras einstellbare Adobe RGB enthält zwar mehr Farbnuancen, verursacht aber bei manchen Anwendungen Probleme und muss dann in sRGB umgewandelt werden.

Schärfe/Schärfentiefe
In einem Foto ist streng genommen immer der Punkt bzw. die Ebene exakt scharf, auf die fokussiert (scharf gestellt) wird. Davor und dahinter entsteht Unschärfe. Der Bereich, den das menschliche Auge als scharf empfindet, wird als Schärfentiefe bezeichnet. Die Ausdehnung der Schärfentiefe ist abhängig von der verwendeten Kamera, der eingestellten Blende und dem Abstand zum Motiv.

Selbstauslöser
Funktion an der Kamera, um das Auslösen zeitlich zu verzögern. Wird nicht nur für Gruppenaufnahmen mit Fotograf im Bild benutzt, sondern eignet sich auch um verwacklungsfrei auszulösen, z. B. bei Langzeitbelichtungen vom Stativ.

Sensor
Auch Bildsensor (umgangssprachlich auch als »Chip« bezeichnet); besteht aus mehreren Millionen winzig kleiner lichtempfindlicher Fotozellen, die in Form eines Rechtecks (= Aufnahmeformat) angeordnet sind. Hier wird das einfallende Licht in elektrische Signale umgewandelt, bevor diese vom Prozessor zum Bild weiterverarbeitet werden.

Sensorflecken
Staub auf dem Bildsensor verursacht in hellen Bereichen eines Fotos graue, matschige Flecken; bei stärkerem Abblenden treten Sensorflecken deutlicher (dunkler, schärfer) in Erscheinung. Abhilfe schafft die Sensorreinigung.

Speicherkarte
Auch Speicherchip; Datenträger zur Aufzeichnung digitaler Daten, insbesondere Bilder. Man unterscheidet zwischen CF (Compact Flash), Secure Digital (SD), Secure Digital High Capacity (SDHC), Microdrive (MD), Memory Stick (MS), Multimedia Card (MMC) und xD-Picture Card (xD). Die Kapazität der Karten begann mit wenigen MB und wächst seither beständig.

Spiegelreflexkamera
→ DSLR

Stativ
Das Stativ verhilft der Kamera zu einem sicheren Stand und ermöglicht ein verwacklungsfreies Bild. Die meisten Stative sind in der Höhe verstellbar, wobei sich alle Füße sowie die Mittelstange variabel ausziehen lassen. Dreibeinstative garantieren maximale Stabilität, das Einbeinstativ erlaubt mehr Bewegungsfreiheit. Je nach Einsatzzweck sind Stative kombinierbar mit verschiedenen Stativköpfen.

Streulicht
Diffuses Licht, das durch Reflexionen innerhalb von Objektiven und Kameragehäusen entsteht und im Foto störende Effekte erzeugt.

Streulichtblende
→ Gegenlichtblende

Stürzende Linien
Optischer Effekt, der beim Kippen der Kamera auftritt und nach oben zusammenlaufende Linien im Bild erzeugt, obwohl die Linien in Wirklichkeit parallel zueinander verlaufen. Besonders stark bei Weitwinkelobjektiven.

Synchronkabel
Verbindungskabel zwischen Kamera und Blitzgerät.

Systemkameras
Spiegellose Kameras mit Wechselobjektiven – eine neue Entwicklung auf dem Kameramarkt, für die es noch keine eindeutige kurze Bezeichnung gibt. Entsprechen in der Funktionsweise einer Spiegelreflexkamera, sind aber kleiner und kompakter.

Tags
Tag = Stichwort, Schlagwort. In Bildverwaltungsprogrammen werden Fotos mit Tags versehen, um sie anhand der Begriffe in einer Datenbank suchen zu können.

Teleobjektiv
Brennweiten zwischen 80 und 400 mm; Objekte im Hintergrund erscheinen größer, nahe Objekte kleiner.

Thumbnail
Englisch: Daumennagel(groß). Steht für Miniatur bzw. Miniaturansicht eines Bildes.

Tiefen
Die dunklen Partien eines Bildes.

TIFF
Tagged Image File Format, Dateiformat für Bilddaten, das mehr Farb- und Helligkeitsinformationen speichern kann als ein JPEG und daher auch mehr Speicherplatz benötigt.

Timer
Zeitgesteuerter Intervall- oder Selbstauslöser.

Tonnenförmige Verzeichnungen
Gerade Linien am Rand eines Bildmotivs werden vom Objektiv verzerrt abgebildet, die Linie wölbt sich nach außen, typisch für Weitwinkelobjektive.

Überbelichtung
Der Sensor hat zu viel Licht erhalten, das Foto erscheint zu hell oder vollständig weiß.

Überstrahlung
Das Foto ist insgesamt korrekt belichtet, aber an einigen wenigen Stellen zu hell, die Kanten um den hellen Fleck lösen sich diffus auf.

Unterbelichtung
Der Sensor hat zu wenig Licht erhalten, das Foto erscheint zu dunkel oder vollständig schwarz.

UV-Filter
Blockiert ultraviolettes Licht, hebt Dunstschleier im Gebirge und am Meer auf.

Verschlusszeit
→ *Belichtungszeit*

Verzeichnung
Optische Verzerrungen, Abbildungsfehler. Siehe auch *Kissenförmige* bzw. *Tonnenförmige Verzeichnung*.

Vignettierung
Objektivfehler: Dunkle Ecken an den Bildrändern.

Weißabgleich
Farbkorrektur in der Kamera: Die Lichtfarbe des Umgebungslichts wird beim Antippen des Auslösers gemessen und je nach Einstellung automatisch oder manuell korrigiert. Dabei wird der gesamte Farbraum des Bildes so weit gestreckt, bis der hellste im Bild vorkommende Ton weiß ist.

Weitwinkelobjektiv
Brennweite bis 35 mm; bei geringem Aufnahmeabstand ist ein großer Aufnahmewinkel möglich; günstig für Innenaufnahmen; erzeugt große Schärfentiefe. Nahe Objekte erscheinen größer, weit entfernte kleiner.

Zeitautomatik
Halbautomatik an der Kamera (Av/A): Der Fotograf wählt die gewünschte Blende, die Kamera ermittelt, welche Verschlusszeit für eine korrekt belichtete Aufnahme benötigt wird und stellt die dazu passende Zeit automatisch ein.

Zoomobjektive
Die Brennweite kann stufenlos verändert werden, dadurch sind unterschiedlich enge oder weite Bildausschnitte ohne Positionswechsel möglich.

Zwischenringe/Konverter
Zubehör, mit dem die Brennweite von Objektiven verändert werden kann.

Bildnachweis

Hans Swist: Seite 125 (unten), 126 (rechts), 128, 129 oben, 130, 134 (links unten), 135, 137
Holger Hingst: Seite 131, 133 rechts oben, 134 rechts
Daniela Fischer: Seite 126/127
Michaele Franz: Seite 6 (2. von links), 125 (Mitte), 132
Alexandra Rauhut: Seite 125 (Titel)

Fotomodelle
Lena: *www.model-kartei.de/sedcard/modell/260532/*
Sabrina: *www.model-kartei.de/sedcard/modell/159062/*
Tanja: *www.model-kartei.de/sedcard/modell/253966/*

Nicole, Sylvia und Thomas

Dank für die Bildfreigabe an
Thomas, Liesel, Hubertus und Roland Kabierschke, Laura & Tobias,
Patrick & Christine, Holger, Ben, Bernadette & Hermann,
Stefanie Albrecht (*www.voice-of-venus.de*), Michael Flannagan,
The London guys, Vera Brauner, Peter Buck & Familie sowie den Familien Ehlers,
Hingst und Hans Swist

Index

T

U

V

W

Z

Sie haben Fragen, Wünsche oder Anregungen zum Buch?
Gerne sind wir für Sie da:

Anmerkungen zum Inhalt des Buches: christine.keutgen@vierfarben.de
Bestellungen und Reklamationen: service@vierfarben.de
Rezensions- und Schulungsexemplare: sophie.herzberg@vierfarben.de

An diesem Buch haben viele mitgewirkt, insbesondere:

Lektorat Christine Keutgen, Alexandra Rauhut
Korrektorat Angelika Glock, Wuppertal
Herstellung Vera Brauner
Coverentwurf Daniel Kratzke
Coverfotos oben links: Andrey Armyagov, iStockphoto, Nr. 3760390; oben rechts: Canon; unten links: Igor Goncharenko, iStockphoto, Nr. 14257526; unten rechts: Andrew Howe, iStockphoto, Nr. 14802459
Layout Vera Brauner
Satz rheinsatz, Köln
Druck aprinta druck, Wemding

Gesetzt wurde dieses Buch aus der TheSans (8,75 pt/12,5 pt) in Adobe InDesign CS5.
Und gedruckt wurde es auf mattgestrichenem Bilderdruckpapier (135 g/m²).
Hergestellt in Deutschland.

Bibliografische Information der Deutschen Nationalbibliothek
Die Deutsche Nationalbibliothek verzeichnet diese Publikation in der Deutschen Nationalbibliografie; detaillierte bibliografische Daten sind im Internet über http://dnb.d-nb.de abrufbar.

ISBN 978-3-8421-0018-3

1. Auflage 2011, 6., korrigierter Nachdruck 2014

Vierfarben ist ein Verlag der Galileo Press GmbH
Rheinwerkallee 4, D-53227 Bonn
www.vierfarben.de

Der Verlagsname Vierfarben spielt an auf den Vierfarbdruck, eine Technik zur Erstellung farbiger Bücher. Der Name steht für die Kunst, die Dinge einfach zu machen, um aus dem Einfachen das Ganze lebendig zur Anschauung zu bringen.